中华当代学术著作辑要

公共财政论纲

张　馨 著

商务印书馆
创于1897 The Commercial Press

图书在版编目(CIP)数据

公共财政论纲/张馨著.—北京:商务印书馆,2022(2023.8重印)
(中华当代学术著作辑要)
ISBN 978-7-100-20053-0

Ⅰ.①公… Ⅱ.①张… Ⅲ.①公共财政—财政管理—研究 Ⅳ.①F810.2

中国版本图书馆CIP数据核字(2021)第114763号

中华当代学术著作辑要

公共财政论纲

张 馨 著

商 务 印 书 馆 出 版
(北京王府井大街36号 邮政编码100710)
商 务 印 书 馆 发 行
北京通州皇家印刷厂印刷
ISBN 978-7-100-20053-0

2022年9月第1版 开本 710×1000 1/16
2023年8月北京第2次印刷 印张 49½
定价:248.00元

中华当代学术著作辑要

出 版 说 明

学术升降，代有沉浮。中华学术，继近现代大量吸纳西学、涤荡本土体系以来，至上世纪八十年代，因重开国门，迎来了学术发展的又一个高峰期。在中西文化的相互激荡之下，中华大地集中迸发出学术创新、思想创新、文化创新的强大力量，产生了一大批卓有影响的学术成果。这些出自新一代学人的著作，充分体现了当代学术精神，不仅与中国近现代学术成就先后辉映，也成为激荡未来社会发展的文化力量。

为展现改革开放以来中国学术所取得的标志性成就，我馆组织出版"中华当代学术著作辑要"，旨在系统整理当代学人的学术成果，展现当代中国学术的演进与突破，更立足于向世界展示中华学人立足本土、独立思考的思想结晶与学术智慧，使其不仅并立于世界学术之林，更成为滋养中国乃至人类文明的宝贵资源。

"中华当代学术著作辑要"主要收录改革开放以来中国大陆学者、兼及港澳台地区和海外华人学者的原创名著，涵盖语言、文学、历史、哲学、政治、经济、法律、社会学和文艺理论等众多学科。丛书选目遵循优中选精的原则，所收须为立意高远、见解独到，在相关学科领域具有重要影响的专著或论文集；须经历时间的积淀，具有定评，且侧重于首次出版十年以上的著作；须在当时具有广泛的学术影响，并至今仍富于生命力。

自 1897 年始创起，本馆以"昌明教育、开启民智"为己任，近年又确立了"服务教育，引领学术，担当文化，激动潮流"的出版宗旨，继上世纪八十年代以来系统出版“汉译世界学术名著丛书”后，近期又有“中华现代学术名著丛书”等大型学术经典丛书陆续推出，“中华当代学术著作辑要”为又一重要接续，冀彼此间相互辉映，促成域外经典、中华现代与当代经典的聚首，全景式展示世界学术发展的整体脉络。尤其寄望于这套丛书的出版，不仅仅服务于当下学术，更成为引领未来学术的基础，并让经典激发思想，激荡社会，推动文明滚滚向前。

商务印书馆编辑部

2016年1月

再版序言

20年前出版的本书，当时曾在财政界产生了较大影响，并一直延续至今。这次商务印书馆将其列入"中华当代学术著作辑要"再版，就是对本书学术价值与影响的肯定。在本书即将再版之际重新审视全书，感触还是颇多的。

一

本书出版于我国财政改革的关键时刻，此时已走过20年改革历程，计划经济体制构架已全面打破，市场经济体制框架已初步构建。具体到财政领域，是国家财政制度构架的全面打破和公共财政制度的初步构建，但"公共财政"还是一个崭新与陌生的事物，尤其是还缺乏理论上的把握与认识，建立公共财政还遭到强烈质疑与反对。为此，如何立足于我国国情形成自己的公共财政理论，是当时财政学界最为迫切的核心任务。本书就是在这种背景下产生的。

本人认为，本书的主要学术贡献有：

首先，填补了我国公共财政理论的空白。

在此之前，系统的计划经济性质的财政理论有之，完善的市场经济性质的财政理论有之，唯独缺乏从计划经济向市场经济转型时期的财政理论，本书系统阐述与论证了体制过渡期的公共财政问题，就填补了我国财政理论的这一空白。

众所周知，西方的财政理论就是公共财政理论，但那是建立于完善的市场经济基础上的公共财政理论，而此时存在于我国的只是初步搭建的公共财政制度框架，还具有很强的计划经济和国家财政的实质与内容，人们的思维与行为还有着很强的旧体制定式与惯性。为此，照搬照抄西方的公共财政论，是难以解答和解决我国财政改革根本问题的。如何针对体制过渡状态形成我国特色的公共财政论，去解答计划经济基点上构建公共财政这一前无古人的问题，是一个崭新的任务和挑战，是极为艰难的探索，更是我们这一代人义不容辞的历史使命。这就是本书撰写时的背景、动机与心态。

其次，改革实践的理论总结与升华。

本书从四个基本特征入手，系统阐述论证了我国公共财政的基本问题：

(1)它跳出了西方公共财政论仅从市场失效入手的理论窠臼。本书对于四大基本特征的分析，除“弥补市场失效”之外，“一视同仁”“非赢利性”和“法治化”等都不是西方公共财政论的核心内容，本书将后三者提升到与“弥补市场失效”同等的理论地位，由此共同构成的系统分析，就很好地对我公共财政问题作了理论分析与论证。

(2)它对我国财政改革基本问题作了应有的理论答复。此时尽管公共财政改革目标已经明确，但已进行的改革是否正确，现存的种种问题如何看待，进一步的改革应当如何推进，等等，都没有现成的目标和模式可供参照，都亟需理论上的说明与指导。当时财政改革问题集中表现在：一方面财政已发生了巨大的变化，财政已大幅度大范围“退出生产领域”，税收已很大程度上统一了税制，财政大体上只局限于“非生产性投资”以及财税预算法制建设有了很大进展等，这些是公共财政四个基本特征，即“弥补市场失效”“一视同仁服务”“非赢利性财政”和“法治化的财政”等正在形成的表现与反映；另一方面，财政直接介入和干预市场、区别对待不同的经济成分、直接从事赢利性活动和人治财政等现象仍大量存在。这些都是计划经济赋予国家财政的基本特征和典型表现，此时仍深层次地顽固存在着。它们充分表明，此时我国尚未根本摆脱国家财政本性，公共财政尚未实质性形成，因而本书关于四个基本特征的概括与总结，就从理论上对已有财政改革给出基础性的答案，既肯定了财政改革的公共取向，又为进一步公共化改革提供了有力的理论支撑和依据。

第三，市场经济视角的我国财政问题分析。

我国改革是市场化改革，立足于市场经济基点来分析，似乎是理所当然的，本来不值一提，其实不然。

市场型财政理论早已存在于西方，这就是公共财政理论，因此，本书的分析和论证充分借鉴了西方公共财政论，但如果仅停留于此是远远不够的，根本原因在于西方的基础是完善的市场经济，而我国则处于体制的过渡阶段。它在财政领域的表现则是，传统的计划型财政理论仍居主流地位，人们的思维和行为还处于其根本约束下，此时各种财政活动不管是还是不是，都被冠以"公共财政"之名。此时如果仅就公共财政论公共财政，往往产生偷换概念的问题。因此，我国公共财政问题的分析只能直接从市场经济基点出发，才能厘清纷繁复杂的财政改革现象，进而作出理论总结与提升。唯其如此，始终立足于市场经济，不断通过与计划经济及其财政的比较分析，就成为本书最为鲜明的特色之一。

第四，财政"公共性"的创新性分析。

这是本书试图解答的核心问题，也是论证我国公共财政的关键性难题和最大障碍。财政是国家的分配活动，而国家作为社会中心组织，使得它的活动从广义看似乎都具有公共性。这样，"公共"就不是市场经济下财政的特殊性，而是自然经济财政和计划经济财政都具有的基本性质了。如果不能回答这一问题，则不仅公共财政理论难以成立，也谈不上财政开展公共化改革了,因为“公共财政”早在计划经济时期就已存在了。这一问题西方是没有答案的,因为它们只有市场经济及其“公共”财政,而我国则还有计划经济及其财政。

本书答案是这样的,不同的经济体制本性决定了各自财政的根本性质。计划经济下,整个社会是一个国营大工厂,企业是国家的附属物,个人是企业的附属物,企业生产经营的收入原本就是作为所有者的国家的,财政从企业取走税利安排使用,是国家自己用自己的钱,所以它是“国家”财政;市场经济下,企业和个人是独立的市场主体,市场收益是它们的私人收入,财政活动是对私人钱款的“公共”集中与使用,所以它是“公共”财政。换言之,计划经济不存在“私人范畴”,其财政就不具有“公共性”;而市场经济存在“私人范畴”,决定了其财政具有“公共性”。这就回答了上述的质疑与否定。

最后,独立形成了自己的理论体系。

本书由三编组成,它们共同构成了全书的理论体系框架。第一编“基本特征”,前文已有介绍,这儿要补充的是,除了“弥补市场失效”分析可借鉴西方公共财政论之外,其余问题都是沿用我国原有理论进行的梳理、总结与辨析,其中政府预算问题分析更是如此。这些对我国财政改革实践进行了体系性的理论分析。

第二编“理论概括”,在前文解决了公共性问题之后,本书进一步指出,不仅经济体制决定着财政类型,而且反过来财政类型也服务于、巩固着、强化着经济体制。换言之,没有特定的经济体制,就没有特定的财政类型,反之亦然。两者共生共荣、相辅相成。本书分别分析了自然经济与家计财政、计划经济与国家财政以及市场经济与公共财政等三种形态,系统地剖析了我国传统的财政理论,尤其是此时仍占主流地位的国家分配论,探讨了如何从国家财政向公共财政转化等基本问题。

第三编“学说简史”,介绍的是西方的财政理论发展史,进一步服务于"公共"财政的把握与论证。此前的财政研究大多为政策或制度、体制的研究,从思想史梳理的角度去研究一个概念或现象,在我国财政领域本书是第一部。

总之,全书的第一编侧重于财政实践的总结,第二编是直接的理论阐述,第三编则是西方财政思想史的研究,它们完成了我国公共财政论的多维度研究,构成了相对系统完整的理论体系。它标志着国家财政论向公共财政论的转变。

二

在谈了本书的贡献之后,接下来谈谈公共财政论的后续发展问题,这很大程度上是对本书的补充、匡正和加深。

本书开宗明义第一句就是:"什么是公共财政?这显然是本书首先要回答的问题。"现在来看,对这一问题,还需要作进一步的说明。

如同本书所指出的,西方财政学并没有将"什么是公共财政"升华到定义的高度,而只是给出种种财政现象之后,就着手论述市场失效等问题,进而展开全书的。因此,西方财政学本身就存在着概念不明的问题,它影响了对公共财政问题阐述的明晰度。但西方财政学的这种缺陷对其财政实践运作影响相对小,因为现实的公共财政制度自动弥补了这一缺陷。我国则缺乏现实的公共财政制度,使得我国财政制度的公共化构建是非常需要理论指导的,但问题恰好是理论本身就很不完善。为此,这儿首先要补充一个较为明确的"公共财政"定义。

本书已指出,"'公共财政'指的是国家或政府为市场提供公共服务的分配活动或经济活动,它是与市场经济相适应的一种财政类型和模式"。现在看来,这样定义"公共财政"是不够的,其定义应当是这样的:所谓"公共财政",指的是为市场提供公共服务的财政,是社会公众的财政，是与市场经济体制相适应的财政制度。具体分析如下：

（一）公共财政是"为市场提供公共服务"的财政

这第一条含义本书已有较详细的分析，也是比较容易理解与把握的，就不多说了。财政学讲"弥补市场失效"，换个角度讲，就是为市场提供公共服务，就是造福于所有市场活动主体的"公共"服务。这是"公共"财政的第一层含义。

（二）公共财政是"社会公众"的财政

这第二条含义是本书所没有的，但得出这一结论的道理并不深奥，可以从以下几个方面来具体认识和详细分析：

1. 此时财政收支是"公共"收支。财政收入绝大部分来自税收，少部分来自收费及其他的收入，其缴纳主体是无数的企业和私人，来源是它们的市场收益。这是"聚众人之财"。财政支出是将取自社会公众的收入安排使用出去，为它们提供公共服务。这是"办众人之事"。换言之，这是人们耳熟能详的"取之于民、用之于民"的活动。

2. 此时公共收支具有"私人"钱款的实质。计划经济时期也讲财政"取之于民、用之于民"，但当时财政收入大体来源于国营经济，钱原本就是"国家"自己的，收入的过程实际上是国家将钱从无数分散的国营企业财务集中到国家预算。这是国家自己集中自己的钱。当时财政支出主要投入到国营经济，这是国家将自己的钱返用于"国家"自己。当然，由于国家代表人民，国营经济为"全民"所有的，从根本上看是"取之于民、用之于民"，但直接意义上仅是国家"取之于己、用之于己"。公共财政则不同，其钱款直接来源于独立的市场主体，这是企业和私人的钱，原本不是"国家"的。其支出服务于无数个体的"公共"需要。这是直接意义上的"取之于民、用之于民"。

3. 此时财政的运作由社会公众决定。财政直接表现为是政府的收支活动,但政府只是钱款的经手人,它是否拥有财政的决定权,依是否拥有钱款所有权而决定。如果钱款所有权是国家的,则国家拥有决定权;反之,如果钱款所有权是社会公众的,则决定权归社会公众。如同一个大家族,管家和账房经手的钱款是家族的共款,属于主人而不属于管家是一样的道理。计划经济下,企业和个人只是国家的行政附属物,其钱款本身就是国家的,国家是财政收支的"决定者"。市场经济下企业和私人是独立的市场主体,不是政府的行政附属物,财政钱款的"主人"是社会公众,财政决定权当然归社会公众;而政府只是"管家",只拥有财政的执行权,执行的是主人的指令,服务于主人的意愿与偏好。

这些决定了计划经济下的财政是"国家"财政,而市场经济下的财政是"公共"财政。

应指出的是,"为市场提供公共服务的财政"的命题,直接立足于财政与市场的关系,对公共财政的分析和探究偏重于其表象与特征;而"社会公众的财政"的命题,则立足于整个社会,对公共财政的分析和探究更趋于问题的实质与本源。其实,"公共"一词的含义,就是"社会的""公众的""大家的""集体的",等等,因此被称为"公共"财政,从字面看就是"社会公众"的财政。如果要最通俗和简明扼要地解释"什么是公共财政",不妨可以说:"公共财政是'老百姓的财政'、是'大家的财政'。"正是由于具有这一本性,因而党的十九大报告提出的"坚持人民当家作主"的基本方略,公共财政制度将是其实现与贯彻的基本途径和重要工具。

(三)公共财政是与市场经济体制相适应的财政制度

这是第三层含义,本书已有涉及,但深度和广度不够,这儿补充拓展之。

从计划经济体制转向市场经济体制,决定了从国家财政制度向公共财政制度的转变;反过来,财政制度的公共化,又支持和确保了经济体制的市场化。

一方面,经济体制的市场化改革,使得财政的公共性逐步形成,开始了构建公共财政制度的过程:(1)财政从为国家自身服务,逐步转向为市场提供公共服务上来。20 世纪 90 年代末期,财政已从计划经济时期主要地和基本地服务于经济活动、直接从事生产活动、全面介入社会经济生活,退到了非竞争性领域,而将市场竞争性活动大体上留给了企业和私人。这样,政府和财政已基本退到市场失效领域,提供公共服务成为基本的活动内容。(2)企业和个人逐步摆脱政府和单位的行政附属物的地位,成为独立的市场主体和独立的公民,财政收支逐步从国家对自身钱款的收支,转变为对社会公众取得收入和安排支出的公共收支。

另一方面,财政制度的公共化改革,为经济体制的市场化改革提供了基础性的条件和直接保证。

市场经济是由无数的企业和私人活动构成的,它们从经济角度看是市场活动主体,从社会角度看则是社会公众。换言之,社会公众就是市场主体,市场主体也就是社会公众,两者是一而二、二而一的事。这样,企业和私人的意愿即社会公众的意愿,也就是市场的意愿。这样,社会公众决定公共财政活动,也就是市场决定政府活动。明了这点,对于理解市场如何起决定性作用具有特殊意义。

政府是非市场主体,从事的是非市场活动,又有着自己独立的意志和强大的权力,一旦政府活动不符合市场的意愿和根本要求,将对市场产生危害,严重者将根本否定市场经济体制的存在。因此,所谓“市场起决定性作用”,其关键就是市场决定政府活动。但市场是由无数主体自发活动形成的有机统一体,所谓市场意愿和要求,就是无数主体意愿和要求的集合,这就需要有一工具和途径,去集中和表达市场的意愿与要求，传递给政府并强制执行之。

所谓“财政”，就是政府的收支。财政的钱款构成了政府的“钱袋子”，由于政府任何活动都离不开“钱”，“财政”就成为政府命脉，维系和支撑着政府的存续与运作活动。掌控了财政决定权，就支配和决定了政府活动。这样，公共财政作为中介与工具，确保了政府及其官员只能按照市场的意愿执政、行政和财政，只能弥补市场失效，而不能危害和侵犯市场正常正当活动，不能违背社会公众的意愿和危害社会公众的利益，从而确保了市场决定性作用的发挥。

市场化改革使得财政的公共性逐步形成，财政的决定权逐步从“国家”向“社会公众”转移，这就确保和落实了市场的“决定性作用”，确保和支持了市场经济体制的逐步形成。我国有着长期的计划经济传统，政府一直对经济有着强有力的支配和控制，能否实现从国家决定到市场决定的转变，是我国市场化改革能否推进和成果的关键，所以，财政制度的公共化变革，对于经济体制的市场化改革的成功，其作用是极为重要的。

上述公共财政的三层含义，前两种共同构成了财政的“公共性”，正是由于具有这两种含义从而被称为“公共”财政；后一种则是制度的基础与根本，无此则公共性无以覆盖、浸淫全社会而形成为公共财政制度。本书的“公共性”一词，就是在这些意义的基础上使用的。

三

我国 1998 年年底提出“明年初步构建公共财政基本框架”的改革任务，此后大约直到 2004 年，都是每年财政工作会议的最主要任务，和财政理论研讨会的基本主题。这种探讨，是以公共财政基本框架尚不存在，需要改革以构建之为假设前提的。现在回头看，这里是存在认识误区的。其实,我国初步构建公共财政基本框架的任务早在1994—1995年就已完成,而不是迟至1998—2004年才完成的。

作为制度的"基本框架",它应当是构成该制度基本的主要的支柱性子制度,按此分析,公共财政的基本框架应当由以下的财政制度所构成:

1. 税收制度。(1)税收是公共财政基本的和主要的收入来源,其他各种财政收入所占比重和作用都无法与税收相比拟。因此,在整个公共收入制度中,税收制度唯我独尊,其他各个收入制度是相对次要的。(2)税收制度是"纳税人"通过立法机构以法律形式确立的。这是社会公众同意将自己的部分收入和财富交给政府,政府必须依税法课税。财政就是由此开始形成自己的公共性。作为公共化的源头与基础,税收制度是公共财政制度的基本框架之一。

2. 财政体制。(1)在政府各科层之间划分财权财力的制度,就是财政体制。财政活动是由政府各科层分散进行、共同完成的,没有财政体制,政府各科层的分散收支活动就无法形成有机统一体,就无法开展规范有序的活动。所以,财政体制是财政活动的基本支架。(2)与公共财政相适应的是"分税制"财政体制。这是一种类联邦式的财政体制模式,此时各级财政是相对独立的财政体,下级财政并不是上级财政的附属物,各级财政分别由本行政辖区的社会公众决定、约束、规范和监督。于是,财政的公共性就具体落实到各级财政身上。作为财政公共化的支架与保证,财政体制也是公共财政制度的基本框架之一。

3. 政府预算制度。(1)政府的年度收支计划就是政府预算,由此形成的一整套制度就是政府预算制度。在西方,政府预算制度是在从自然经济向市场经济过渡的过程中,顺应着体制转轨根本要求而逐步产生的崭新财政制度,是财政新生的公共性的集中体现。由于全部的政府收支都必须纳入预算,因而财政的公共性是伴随着政府预算制度而形成的。(2)政府预算由立法机构审议、修订、批准,确立了的政府预算具有法律效力,必须严格执行。只有获得政府预算授权,政府才能拨付款项;反之政府一分钱也不能支用。在预算执行中变动预算须经由立法机构的追加追减,否则任何人不得更动。(3)政府预算最鲜明地体现出社会公众对财政收支的决定、约束、规范和监督。作为公共财政的核心制度,政府预算制度是财政制度公共化的集中体现。

财政除了以上三大基本制度外,主要的还有:公共支出制度、公共收入制度、公共债务制度、社会保障收支制度、财政管理制度以及财政政策等,但它们都不是公共财政制度的基本骨架:①(1)没有单独的公共支出制度,涵盖公共支出的制度是政府预算制度;(2)公共收入制度中税收制度是基本的和主要的,其他的政府收入制度重要性相对低得多;(3)公债只是补充性的财政收入形式,公债制度不是基本财政制度;(4)社会保障收支制度涉及的只是部分财政收支,显然不是财政的基本制度;(5)财政管理制度更多的是各项财政收支制度的补充,并不是基本制度;(6)财政政策是"政策"而不是"制度";等等。如果这些财政制度都归为公共财政的基本框架,那么制度的"基本框架"将等同于整个财政制度,那就无所谓"基本框架"了,从而可能冲淡财政改革重心,模糊改革主线和影响改革进程。

因此,公共财政基本框架只由税收制度、财政体制和政府预算制度所构成,它们三足鼎立、相互配合、相互制约、缺一不可,共同支撑起公共财政的大厦。政府的财政活动涉及的分配关系可分为对外和对内两大类:税收制度处理的是政府与企业和私人间的分配关系,这是政府的

① 本人在10余年前就是认为,这些都是公共财政制度的基本框架性制度,见拙著《财政公共化改革:理论创新·制度变革·理念更新》(中国财政经济出版社2004年7月第1版)、《构建公共财政框架问题研究》(经济科学出版社2004年8月第1版)。现在看来,这种看法是错误的。

对外分配关系；财政体制处理的是政府内部各科层间的分配关系，这是政府的对内分配关系；政府预算制度处理的是全部的财政关系，横跨政府的对外和对内分配关系。这三大制度就涵盖了财政活动主要的和基本的内容与分配关系，共同构成了公共财政制度的基本框架。

按此公共财政制度的基本框架衡量，“初步构建”的任务早在1994—1995年间就已经完成了。1994年我国进行了构建社会主义市场经济体制的大改革，根本决定了财政三大基本制度开始具有了较强的公共性。

1. 税收制度。1994年进行了“统一税制、公平税负、简化税制”的税收制度（以下简称“94’税制”）改革，它是此次经济体制大改革的主要组成部分。它统一了内资企业所得税，否定了多种所有制企业所得税并存的计划型税制格局；增值税成为新税制的主体税种，否定了传统的产品税不利于市场流通和专业分工等弊端。这些改革使得税收制度较为有利于市场竞争和市场流通，大大提高了税收制度服务于市场的能力。

2. 财政体制。1994年进行“分税制”财政体制（以下简称“94’体制”）改革，也是此次经济体制大改革的主要组成部分，人们往往将它与此次税收制度改革合称为财税体制改革。这一改革按照税种来确定中央与地方之间的财政分配关系，改变了全国财政实质上吃大锅饭、体制规定年年变更的弊端，中央与地方间财政关系相对稳定下来，地方政府开始相对稳定地拥有自主的财权财力及发展本地社会经济的责任，初步适应了市场经济要求政府分权以利于市场发展的根本要求。

3. 政府预算制度。从1994年起公债收支从预算收支中剔除，财政赤字一律不得再向银行透支或借款来弥补，革除了这些预算制度对市场活动的危害作用。1995年开始正式实施《预算法》，社会公众和各级人大对政府预算的法律约束开始形成。这就否定了计划型国家预算制度,开始转向市场型政府预算制度。

所有这些改革,都使得财政开始制度性地形成了为市场提供公共服务的能力,从而具有了一定的公共性。在新的基本框架下,财政完全摒弃了计划经济时期的制度框架和外形,而与西方公共财政的制度框架和外形基本相似了。尽管在内容和实质上仍有严重的计划型财政制度痕迹,公共性也还只是初步形成,但就"初步"构建"公共财政基本框架"而言,是已经符合标准了。

四

接下来探讨的是"如何构建公共财政"的问题,这是目前我国公共财政改革的核心与根本问题。

2013 年 11 月通过的《中共中央关于全面深化改革若干重大问题的决定》,意味着改革进入了全面深化状态,其中提出"建立现代财政制度"的要求,表明财政改革的任务已从基本框架的构建,转入整个公共财政制度的构建。

本书出版几年后本人已形成了明确的"如何构建公共财政"观点,并形成了专著。① 本人的研究心得是,西方的公共财政制度是以税收制度的公共化为源头,以政府预算制度的形成为中心,经过市场和社会公众的自发作用,在数百年中财政制度逐步公共化而形成的。现在看来,还应加上以"财政体制的'分税制'为支柱"。因此,我国的公共财政制度的构建,也应当以其三大基本制度,即税收制度、财政体制和政府预算制度的公共化为基本内容和根本支柱,将公共化进程扩

① 见拙著《财政公共化改革:理论创新 · 制度变革 · 理念更新》和《构建公共财政框架问题研究》。

展至整个财政制度来完成的。这样,“如何构建公共财政”的基本主线,就是“公共性”的不断扩展,最终成为整个财政制度的根本性质。

按此分析,1994—1995 年我国已经形成了具有初步公共性质的财政基本框架,此后 20 余年中财政的公共性得到逐步增强,它主要有:(1)“94’税制”经过若干改革,其明显的和直接的缺陷基本得到克服,分设的内外资企业所得税于 2008 年合并为统一的企业所得税,增值税于 2009 年从生产型转为消费型,并于近年进行了“营改增”改革等,大大顺应了市场对税制的要求;(2)“94’体制”经过若干改革,逐步化解了保既得利益的弊端、财政体制实行了所得税共享、改进了转移支付制度、逐步向省以下分税等,各级政府间财政关系进一步理顺;(3)1995 年施行的《预算法》进行了多次改进,尤其是 2014 年全国人大常委会通过的修订案,作了很大的修补和改进,强调了预算编制的计划程序和约束,所有的政府收支都必须纳入预算,政府预算必须公开,违反政府预算所应负的法律责任等,政府预算制度的四性有了较大的提高。“四性”是财政公共性的典型特征和核心内容,加上税收制度和财政体制公共性的进展,我国财政制度的公共性有了较大的提高。

然而,在另一面,财政改革同样未取得根本突破,仍然存在着较大的局限与缺陷:(1)从税收制度看,目前我国大部分税种不是依据人大的立法,而是依据政府颁布的税收条例确立的。社会公众对税收的法律约束,启动了财政的公共化进程,是公共财政的源头。政府法规由政府自行制定,受社会公众的决定和约束力度较弱。税法多是政府法规,意味着我国税收的公共化程度还不高。(2)从财政体制看,税种制定权至今仍然属于中央,仍然是中央决定各税种收入在各级政府的归属或共享。这种不是分税种而只是分税入的财政体制不是真正的分税制。财政体制之所以要“分税制”,根本目的是以法律明确划分和规范各级政府间财政关系,同时分别由各级议会决定和约束本级财政收支。

而我国并没有以基本法形式确立各级政府间财政关系，同时各级人代会尽管有一定的发言权和监督权，但各级财政的决定权仍然掌握在政府手中。(3)从政府预算制度看，"四性"仍未根本建成，社会公众仍然没能获得预算编制的完整知情权，全部政府收支是否已纳入预算还存在很大争议，尤其是《预算法》的执行与落实还存在很大问题，因而预算的实际决定权至今仍归政府而不属于社会公众。

上述这些缺陷，决定了财政制度公共化改革尚未取得根本进展，公共性尚未根本形成，其原因主要不在于制度设计与市场活动的不适应，而在社会公众不具有根本的财政决定权。这么多年来，我国各项财政制度都在按有利于市场的标准不断改革，直接与市场相抵触的制度规定已越来越少了；而社会公众对财政预算活动的决定、规范、约束和监督，尽管几十年来也在不断进步，但根本的进展尚未取得。党的十九大报告提出了"坚持全面依法治国"的基本方略，强调"坚持依法治国、依法执政、依法行政共同推进，坚持法治国家、法治政府、法治社会一体建设"。这样，我国财政全面深化改革的核心内容，就应当是落实"依法财政"，确保党的十九大报告提出的"体现人民意志、保障人民权益、激发人民创造活力，用制度体系保证人民当家作主"的落实。

至于如何具体深化财政制度改革，既不是本文篇幅所能容纳，更不是本文的任务，这儿仅提出一些原则性看法，它主要有：(1)落实税收的法定原则，政府税收法规的时效只能是短期的和有限的，税收立法权应当由人代会主导和掌控，置于社会公众的约束和监督下；(2)财政体制应以宪法或财政基本法来确立"分税"框架与基本内容，明确赋予各级政府一级独立预算的法律地位及各自的财政责权，以法律形式赋予各级人大以财政的决定权和监督权；(3)政府预算制度应当在现行《预算法》基础上进一步改革，切实落实政府预算的"四性"；(4)国有资本经营预算覆盖的是资本性质的政府财力，而不是公共性质的政府财力，两者不应相混淆，这在本书中已有详细分析，这儿只是强调一下而已。所有这些改革，其关键在于将财政制度置于法治之下，从而确保财政制度公共性的根本形成。

当然，由于财政活动涉及社会经济政治生活的方方面面，其改革涉及面极广，除了需要财政其他制度的配套改革之外，还需要财政领域之外的各种配套改革，这些，是专题论著的任务，作为再版序言就不具体探讨了。

本人几乎是在改革开放之际踏入财政学领域的，此后 40 年一直浸淫于财政问题的教学与研究，而关心和著述的重心始终在公共财政问题上。至今脑海中还常常冒出这么些改革之初的景象，这就是当时人们常常憧憬“本世纪末”的情景，认为到那时经过 20 年左右的变革，改革开放将已经成功，“四个现代化”也已经实现，那该是多么美好的情景。而改革尚未完成在当时是不可想象的。这是因为，20 年是整整一代人的时间段，在这么长时间内如果改革还未成功，其结果可能是灾难性的。改革是旧制度的典革和新制度的创立，是制度剧烈变动期而缺乏一个相对稳定的制度，按照生产力与生产关系相互关系的理论，这就难以为经济发展提供有利的制度环境，时间拖延越久，制度不稳的副作用就越大，最终将严重危害经济发展和社会稳定并毁掉改革……

然而，倏忽之间改革已走过了 40 年，但这种情景并没有发生。相反，实际情景却是经济持续高速增长，整个社会翻天覆地变化，人民生活水平大大提高，而同时改革难度也愈益加大，如何攻坚克难实现改革的根本性突破，是目前面临的基本问题之一。财政的公共化改革是其中重要组成部分，甚至是关键部分，因为没有财政制度的公共化，就没有“市场的决定性作用”，就没有政府的“依法执政”和“依法行政”，也就谈不上整个改革的根本突破。正因如此，本来不应当写得过长的再版序言，却占用了上万言的篇幅。这点，还请读者原谅。

作为“再版”，除了对原书的若干校勘错误作了订正之外，保留了原书的原貌。非常感谢商务印书馆为本书提供了再版机会，尤其是要感谢责任编辑李珂同志和宋伟同志、质检老师、校对老师为本书再版付出的努力和辛劳。

张馨

2018.02.14 于厦门大学

前　言

本书涉及的是“公共财政”这一我国财政界目前的中心问题和热点问题，但决不是紧跟形势的凑热闹之作。

“公共财政”是市场经济的产物，同时反过来也是确保市场经济得以正常存在和顺利运转的关键条件。因此，“公共财政”问题在我国的出现，“公共财政论”的探讨和争论，均不始于今日。中文的“公共财政”一词，至少在20世纪初就已在我国出现，不过这是当时照抄照搬西方财政学的结果。新中国成立后，随着计划经济体制的建立与苏联财政理论的引入，导致了“公共财政”及其理论在我国的几近绝迹。而改革开放的深入和市场因素的逐步增强，则使得“公共财政”一词重新出现于我国。进入90年代中期，随着建立社会主义市场经济目标的提出，我国应实行“公共财政”的呼声开始高涨，同时对于“公共财政论”的批评乃至批判也逐步升温。在这些似乎呈现为纷纷攘攘的争吵的背后，从根本上看，是对于市场经济看法的分歧，甚至是对于市场经济的批判。

出于自己独立严肃的思考，近年来，本人撰文对“什么是公共财政”及其相关问题作了较多的阐述，从而深陷于我国目前的“公共财政”旋涡之中。由此也形成了本人的“公共财政”观点，这一观点在获得很多支持和鼓励的同时，也成为我国财政学界批评乃至批判“公共财政论”的典型和靶子，一时间大有泰山压顶之势。

应该说，学术性的争论是繁荣我国财政理论必不可少的途径。值此经济体制新旧交替之际，财政模式推陈出新之时，充分地开展“公共财政”问题的争论，对于人们认识“什么是市场经济下的财政模式”，对于如何开展我国现实的财政活动，如何推进我国财政模式改革等问题，都将是大有裨益的。

本书就是这一争论的产物之一。笔者正是在与各种或明或暗的批评或批判观点的探讨或论战过程中，大大深化了自己的公共财政观，逐步形成了自己系统的公共财政论。本人去年 7 月份就已开始了本书的创作，而去年 12 月份的全国财政工作会议则使得“公共财政”问题突显出来，也加速了本书的完成。因此，本书并非是赶风潮、趋时髦之作，而是本人对公共财政问题理论研究的自然结果。

本书是以严肃认真的学术态度完成的。在我国特有的环境中，有时进行学术思索和探讨是非常困难的，以至于有科学入口无异于地狱入口之说。这样说可能绝对了些，但用以形容从事学术研究的艰难与险恶，则是贴切的，尤其是在我们这种屡兴文字狱的国度就更是如此了。改革开放的过程，是一个思想解放的过程，但这一过程至今尚远未完结。在我国财政学界对“公共财政论”的批评和批判中，几十年来的陋习依旧，即学术上的论战，依靠的不是以理服人，而是寄希望于政治压力，希冀通过扣帽子、打棍子并上纲上线来压服对方。当然，这种企图，在即将进入 21 世纪的我国已是不可能得逞了。因此，不理睬这些“帽子”和“棍子”，而是系统全面地阐述自己的公共财政观，就成为本书的宗旨之一。

不过，作为学术专著，本书对于各种不同的观点，仍然是要提出自己的看法，是要进行学术上的争论，同时显然也要答复这些批评和批判的。

应指出的是，在关于“公共财政”问题的论战中，热衷于大批判的人毕竟只是少数，对于公共财政论的反对，也有许多是真正意义上的学术争鸣。真正的学术争鸣，是应该指名道姓地争辩的。然而，随着我国的学术争鸣在历次运动中逐步消失，政治上的批判之风倒是愈刮愈烈了。改革开放以来，政治上的批判气氛已不那么浓烈了，但仍然没能恢复指名道姓这一有益的传统。

所幸的是，在我国财政理论界近两三年来批评或批判“公共财政论”浪潮中，本人的名字倒是时常被点出的，并且几乎可以说是唯一被点出的名字。这是一种殊荣。这至少表明，本人的公共财政理论和观点是切中要害的，是真正对我国现存的计划型财政理论构成致命威胁的。否则的话，为什么 20 年来我国实际部门不时有人使用“公共财政”一词，我国理论界不时有人提出建立公共财政模式的主张，却均无反响，但对本人的公共财政论则群起而攻之？这样，以专著形式将自己这些年的研究成果系统化，就更显得必要了。而出于上述考虑，本书对于公开见诸刊物的各种争辩意见，不管是学术型的还是非学术型的，不管是同辈学者还是学界前辈，均将采用指名道姓的方式，“一视同仁”地分析和争辩。

由于目前我国财政界对于公共财政问题的认识尚很不完善，新的公共财政论也尚处于构建之中，这就使得尽管已明确了公共财政这一改革目标模式，但如何形成系统全面详细的公共财政论，则尚需我国财政理论界付出艰辛的努力。本书就是这种努力的一个组成部分。尽管本人对公共财政问题的思索和研究已有多年，并且也已初步形成了自己的理论框架与体系，但作为一种全新理论的构建，毕竟还嫌准备与功力不足。但不管怎样，本书的基本框架与主要观点，均是自己独立思考的产物，是自己独辟蹊径独立探索的结果。在这里作为一家之言提出，既接受实践的检验，也希冀能起到抛砖引玉的作用，以促进我国公共财政理论的完善和繁荣。至于其中的缺点和错误，自当由本人负责。

我国的公共财政论大量地借鉴了西方的有关理论,而当代西方公共财政论给人最深刻的印象主要有:(1)紧紧围绕着市场经济这一基点,对财政问题进行阐述与研究;(2)始终从“公共”角度对财政问题进行分析与探讨;(3)公共产品论所具有的市场型思路与结论。这些,都与我国计划型财政理论迥然不同,对于我国公共财政问题的研究是有着根本启示的。

正是由于从市场经济的基点来认识公共财政问题,才可以理解为什么本书分析的对象是“公共财政”,即强调的是具有“公共性”的“财政”,而不包括其他性质的“财政”,或者用我国财政理论界的习惯语言来说,研究分析的是市场经济条件下的“财政特殊”,而不是纵贯数千年的各种经济体制条件下的“财政一般”。这样,本书除了某些章节需要涉及财政本质问题之外,不再探讨财政本质问题,而只是在既有的财政定义,即财政是国家(政府)的分配活动或经济活动这一定义的基础上,探究财政的“公共性”问题的。因此可以说,“财政”是本书的基础,而“公共性”则是本书的主题线索。

由计划经济向着市场经济的转变,对于我国乃至整个世界来说,都是史无前例的。具体到我国财政领域来看,如何实现从计划型财政向市场型财政的转化,则也是前无古人的。面对着这种全新的活动实践,人们产生思想的混乱和认识的模糊是不可避免的。为此,只有坚持了市场经济这一分析基点,才能避免认识混乱,而使公共财政问题的研究处于正确的轨道上。

我国目前的市场经济和公共财政仅处于初创阶段,在这种财政经济环境中形成的我国公共财政理论,是不可能十全十美的,但这并不成为拒绝和否定目前在我国开展公共财政问题研究的依据。20 年的改革,使我国的市场经济和公共财政因素已极大增强,并且正以加速度形成着完整的体制模式,因而研究公共财政问题早已不是空中楼阁了。

相反，对应着不完善的实践，理论研究不仅是可行的，而且从指导公共财政实践的角度看，是更为必要的。

所有这些，都决定了本人必须将近10年来关于公共财政问题的思考心得写下来，把研究成果集中起来，不揣粗陋在此将公共财政论的一己之见和盘托出，敬呈于广大读者之前，如果能对我国的经济和财政改革有所裨益，能起到抛砖引玉的效果，则本书的任务就算是完成了。

本书是在许多人的关心、支持和帮助下才得以顺利完成并出版的。袁东、杨志勇、郝联峰等同志对本书起了重大的作用，正是在他们的提议下，本人才下了撰写的决心。而在具体的写作过程中，他们又承担了许多搜集资料的工作。这里一并表示深深的谢意。

张馨

1999年2月完稿于厦门大学财政金融系

目　　录

第二编 理论概括

第三编 学说简史

绪　论

什么是公共财政？这显然是本书首先要回答的问题。

"公共财政"一词在新中国成立后很长一段时期内，似乎从我国销声匿迹了，改革开放以来才又出现于我国。但直至90年代中期，"公共财政"及其理论仍未成为人们关注的重心。我国财政学界发生激烈的公共财政臧否之争，大约是近两三年的事。1998年底召开的全国财政工作会议，提出了初步建立公共财政基本框架的改革目标①，它意味着我国财政实践活动在经过20年的量变改革过程之后，财政模式改革的质变即将发生。这实际上是市场经济改革目标模式的确立与体制框架的创建，对我国财政所产生的决定性影响的反映。为此，我国市场化的财政模式变革，光"摸着石头过河"已是远远不够了，它需要有明确的目标指引并付诸实践。"公共财政"目标模式的确立，以及明确地开始构建这一框架体系，就是这一客观要求的产物。

在这种背景下专门论述"什么是公共财政"问题，人们也许会问，既然已经要建立这一模式了，怎么还要论述？这不等于还没弄清"什么是公共财政"吗？没有弄清，还谈什么建立框架体系？

乍一看，这的确是一个悖论呈现在人们的眼前了。在形形色色的

---

① 参见《中国财经报》1998年12月16日《准确把握形势继续实行积极的财政政策——财政部部长项怀诚在全国财政工作会议上的讲话（摘要）》和《李岚清副总理在全国财政工作会议发表重要讲话强调，实施积极财政政策必须——全国一盘棋》的有关内容。

反对“公共财政”的观点中,就有一种是这么认为的:“公共财政”是一个模糊不清的概念,因此不能提“公共财政”,当然公共财政论也就是不能成立的了。

其实不然。作为概念,是客观现实的反映和概括。“公共财政”的概念,就是对现实中已客观存在的某种特定财政类型根本特征的概括和归纳。这一客观存在性,是不以人们对财政实践作出什么样的理论上概括和归纳而转移的。

在20年的市场化改革中,我国财政发生了巨大的变化:

——我国的财政支出,呈现出一种全面“退出生产领域”的趋势。传统的计划经济时期那种尽可能集中精力和财力于“生产性投资”上的状态,让位于“一要吃饭,二要建设”的考虑和安排。所谓“吃饭财政”,大体上是消费性支出的通俗表达;而所谓“建设财政”,则是生产性投资的通俗表达。社会性消费从来就是公共财政的核心内容,而以生产性投资为主,则是计划型财政的典型表现。这就表明了“退出生产领域”所具有的否定我国财政原有的计划性,而转向公共化的趋势。

——在我国财政支出中,不仅投资支出比重已大大缩小,而且所余下的投资,也主要不是投向传统的工农业等“生产领域”,而是投向了能源交通等“重点建设”领域,用以大大加强对各类基础设施和公用设施的投资。基础设施和公用设施为市场活动提供着必不可少的公共服务,因而改革中对于能源交通和基础设施等投资的“还欠债”,也就鲜明地体现了我国财政的公共化趋势。

——我国财政收入结构,从税收和上缴利润大体各占一半,已转变为以税收为唯一的基本财政收入形式。利润上缴是计划型财政的典型表现,是当时国家集中全社会几乎所有剩余产品价值和基本折旧基金,并以计划方式配置社会资源的关键手段。相反,税收作为公共产品的“价格”,则是市场型财政的典型收入形式。这样,我国财政收入的税收化，也表明了整个财政的公共化趋势。

——我国的税收，也从原有的促进国营经济发展，压抑其他经济成分并迫使它们向国营经济过渡，逐步转向对所有的经济成分一视同仁对待的制度模式上来。“一大二公”是传统的计划经济的典型状态，而多种经济成分共同发展则是市场经济的典型状态。税收服务于所有的经济成分而不仅仅是单一的国营经济，也就自然地体现出了财政的公共化趋势。

——我国正在进行的费改税，也是财政公共化的具体内容。在市场经济条件下，绝大部分的财政收入均需以税收形式来取得，而税收又必须是依据税法来征纳，其实质就是社会公众通过法律程序，依靠法律手段，从根本上决定、约束和规范了政府的财政行为。这样，费改税就是全面克服我国政府财政缺乏有效的法律约束状态，将我国政府及其财政行为纳入法治轨道的关键性步骤之一，因而也意味着我国财政的公共化趋势。

——我国的社会保障制度，从原有的“单位”保障，正逐步地向着“社会”保障转化。我国的财政，也正在从过去的间接介入社会保障活动，向着直接介入转化。社会保障制度是普遍存在于现代市场经济国家的一种社会福利制度，对于现代市场经济体制来说是必不可少的，因而我国财政在社会保障活动中角色的变更，实质上也就是其公共化趋势的具体表现之一。

…………

所有这些，共同构成了20年来我国财政改革的总体趋势。可见，在市场化改革中，我国财政逐步地然而是日益公共化了。这是我国财政部门提出“公共财政”的根本依据和客观基础。然而，作为与市场经济相配套的财政模式，由于我国的市场经济尚未完全建立起来，因而我国也只能是“初步建立”公共财政。实践的不完善性，决定了我国财政理论界对于“公共财政”问题是准备不足的，至今对于“什么是公共财政”问题仍然没有得到解决,就是其典型的例子。

这样,当改革开放使得我国财政实践逐步向着“公共性”转化之时,提出公共财政的目标模式,显然是允许的。此时提出“什么是公共财政”的问题,既可以对过去20年的财政改革实践作一归纳总结,也可以通过理论上的升华,更好地指导我国财政的进一步改革,并在此过程中使我国财政理论得到全面更新。因此可以说,解决“什么是公共财政”问题,此其时也。

实际上,人们对于许多新生事物的理论总结和概念界定,往往是落后于客观实际的发展的。不仅“公共财政”问题是这样,就是现在人们已耳熟能详的许多概念,诸如“市场经济”“资本主义”“社会主义”等也均如此,只要稍微关心理论动态的人都明白,理论界至今对这些概念仍然有着激烈的争论,对它们的看法仍然存在种种分歧,也没有形成统一明晰的结论。对此,黄仁宇关于“资本主义”一词的论述是颇耐人寻味的。他指出:

> 虽然一般作家认为资本主义形成一种经济生活的现象,首先在13至14世纪之间出现于意大利半岛,可是资本主义(capitalism)这一名词却产生在几百年后。……[法国历史家布罗代尔(Fernand Braudel)研究资本主义多年,他的考证如下:]事实上要到20世纪之初,“资本主义”这个名词才在政治论坛的争辩中,轰轰烈烈的被视为社会主义的反面。……在很自然的情况下,这个马克思从未使用的名词,却被归并于马氏的规范之中。自此,奴隶社会、封建制度与资本主义,被视为《资本论》作者的三阶段之演进。①

---

① 〔美〕黄仁宇:《资本主义与二十一世纪》,北京,生活·读书·新知三联书店1997年5月第1版,第1—3页。

回到我国来看,“社会主义”一词人们也是对其定义和内涵有着激烈争论的,就这个意义上看,也可以说是“模糊不清”的,但并没有人据此否定“社会主义”的客观存在。至于“市场经济”一词在我国被承认之前,更是遭到了激烈的乃至上纲上线的反对,其中一个重要的否定依据,也是该词的“模糊不清”。所有这些,无论是“资本主义”“社会主义”还是“市场经济”等概念,至今都难以说是已从理论上完全解决了“什么是”问题的。然而,由于“资本主义”“社会主义”和“市场经济”等词毕竟都是某种客观存在物的反映,因此已为我国理论界的大多数人所接受。这样,这些概念的“模糊不清”,并不妨碍人们形成对它们的大致共识,从而在实际工作和理论分析时使用这些概念。

我国目前所面临的公共财政问题也同样如此。这就是我国财政的公共化实践已走在前头,而理论界尚且处于争论不休之中。因此,现在要解决的已经不是“公共财政”存在与否的问题,而是如何更好地总结和认识有我国特色的“公共财政”及其理论的问题。

* * *

那么,什么是公共财政呢?

本人认为,“公共财政”指的是国家或政府①为市场提供公共服务的分配活动或经济活动,它是与市场经济相适应的一种财政类型和模式。这些,本书第五章和第六章的主要部分将进行分析和介绍。

---

① 就财政学上所指的“国家”或“政府”等词,在传统意义上都只是指“政权组织”。然而,在我国,“国家”或“政府”不仅是政权组织,而且还是生产资料所有者或资本所有者,从而具有着两重身份。改革开放中,如何将国家或政府的社会管理者和资产所有者两重身份分开,是一直困扰着理论界和实际部门,并且至今尚未根本解决的关键问题之一。公共财政是以传统的国家或政府身份为活动主体的,因而本书的“国家”或“政府”等词,将是在传统的意义上,即“政权组织”的意义上使用的。至于如何认识社会主义市场经济下政府以资本所有者身份开展财政活动的性质及类型等问题,则将在本书第三章关于双元财政论的分析中予以探讨。

应指出的是,这一“公共财政”的定义,并不是依据中外参考资料形成的。一般来说,在学术研究上都是应当参考有关资料的,否则将是很不严谨的一种治学态度。然而,在“公共财政”的定义问题上,笔者只能基本上依据自己的思索来形成,其中的根本原因就在于,无论在国内还是国外,大体上都不存在相关的参考资料①,而不是本人不想借鉴和参考前人的成果。

公共财政最初产生于西方社会,并且至今为止,公共财政模式也只存在于西方社会中,同时我国的“公共财政”一词也是从西方的舶来品,20 年来我国财政的种种重大改革举措,也几乎无一不是借鉴西方财政的产物。这样,在我国的公共财政模式尚未真正形成的背景下,对于“什么是公共财政”问题的解答,人们很自然地会将目光转向西方社会,首先会问道,西方财政学是如何解答这一问题的?

然而,在“公共财政”的定义问题上,向西方公共财政论寻求借鉴的结果,似乎是令人失望的。西方公共财政学产生后的 200 余年来,有关财政问题的论著尽管可以用“汗牛充栋”来形容,但似乎都没有明确地给出这一问题的答案,至少依据我国教科书的标准,是没有给出合格的答案的。这点,与西方理论界没有开展我国式的“财政本质”之类的纯学术争议,即有着不同的学风是直接相关的。在西方的公共财政学中,往往只是对所论述的对象给出一个概念,并概要地予以描述,然后就转入了具体介绍和详细分析之中,而基本上没有进行带有神秘色彩的“本质”探究。依据我国的学术传统来看,这是不成其为“学术”,也不具有“科学性”的。然而,这实际上是西方理论具有很强务实性的充

① 可能本人在这里又存在孤陋寡闻的问题,即可能中外学术界还有对公共财政定义的专文论述,而本人则遗憾地尚未见到。

分体现,它避免了在无谓争论中的空耗精力,又没有影响和阻碍西方财政理论的发展。

回到我国来看,不作基本概念上的探讨和争论是不行的。这是因为,几十年来,我国财政理论界对于与“公共”相联系的观点和理论,都采取了批评、反对乃至批判的态度,对于“公共财政”也不例外。时至今日也未见改观。

遗憾的是,20 年来人们尽管频繁地提到了“公共财政”一词,尤其是近几年来我国财政学界还就这一问题进行了激烈争论,但除了本人曾专文探讨过“什么是公共财政”之外,则大体上再无人专文论及这一问题。① 这其中的原因,除了公共财政实践目前在我国尚不成熟外,还在于对这类错综复杂的巨大现象概括总结的困难。这点,黄仁宇对于定义“资本主义”一词的困难的生动描述,是颇具参考价值的:

> “资本主义”是一个常用的名词,不时出现于众人笔下和口语之中。可是要给这名词适当的定义,则非常困难。不仅各种书刊作者坚持己见,即使我们引用到“资本主义”这四个字,也可能前后用意不同,更害怕旁人顿生误解。……
>
> 以一个常用名词而会产生如此多问题,大概因为资本主义在世界上牵涉的地区广泛,历时久远,迄今尚未停顿,且又与现代生活发生了密切的关系。

黄仁宇还援引了布罗代尔的有关论述:

---

① 见拙文:《论公共财政》,载《经济学家》1997 年第 1 期。此外,可能还有其他一些阐述“什么是公共财政”的专文,但本人尚未见到。

> 事实上自20世纪初年以来,资本主义即被重重堆压着不同的意义,而尤以1917年俄国革命之后更盛,曾使很多人感到尴尬。有声望之历史家如希亚通(Herbert Heaton)曾提议将之废弃不用。他曾说:“在各种主义之中,最扰乱听闻的乃是资本主义。这字眼有了如此五花八门的解释与定义,任何人都可以说,资本主义与帝国主义相似。”费伯微(Lucien Febvre)认为它既然被过度滥用,实应自此放弃。可是如果我们真的放弃,又必立刻感到怅然若失。商非德(Andrew Shonfield)说得好:“还在继续使用资本主义这个名词的原因之一,是没有人,最严峻的批评者在内,能提出个较好的字来代替。”①

上述分析,如果以“公共财政”一词替换“资本主义”一词,则是完全可以成立的。但是,不管怎么困难,人们毕竟还是可以依据客观现象进行抽象和归纳,而得出自己的“公共财政”定义的。就本人而言,之所以主张市场经济下的财政是公共财政,其基本的立论依据就在于公共财政的客观存在性。

作为“财政”,并不是什么看不见摸不着的虚无缥缈、神秘莫测的事物,而是人们在长期的实践中所形成的名词,它指的就是“国家(政府)收支(经济)”的这类活动。我国财政学领域许多人之所以面对“财政”一词感到迷惘不解,在很大程度上是由于过分强调“财政本质”争论所产生的消极作用。“本质”是看不见摸不着的,是只能透过现象来把握的。这似乎使人可以透过政府收支这一“现象”,而得出种种不同的“财政本质”,即使得出的“本质”与“现象”相距十万八千里,也被认为是无关紧要的。对这一问题,本书第六章将具体探讨。但这里要指

① 〔美〕黄仁宇:《资本主义与二十一世纪》,第1、3、4页。

出的是,本人上述关于公共财政的定义,就是在这一“国家(政府)收支(经济)”的基点上展开的。国家已存在于人类文明史中数千年了,这期间经历了数种经济体制的变化,但国家(政府)收支(经济)活动则是始终存在的。这样,“国家(政府)收支(经济)”就成为所有类型的财政的共性。在这个意义上可以说,财政就是“国家财政”。

既然财政就是国家财政,又为何加上“公共”二字,成为“公共财政”呢?其原因就在于,是市场经济要求着财政的“公共性”,决定着财政具有“公共性”,“公共性”就成为市场型财政的根本性质,“公共”财政就成为市场经济下特有的财政类型。不同的经济体制有着不同的运行机制和活动特点,决定着不同体制下财政的根本性质差异,从而形成着不同的财政类型。在自然经济和计划经济下,是不存在公共财政的。

可见,公共财政问题的要害,是“公共性”。作为政府财政,在市场经济下直接涉及的根本问题,就是如何处理政府与市场的关系问题,如何规范政府及其财政的活动使之适应市场经济的根本要求的问题。建立公共财政模式,就是要以“公共性”作为根本准则,去约束和规范政府及其财政与市场的关系。

尽管理论界尚未形成统一的“什么是公共财政”的看法,但人们对于“公共财政”所应有的基本特征和内涵,毕竟是有着某些基本共识的,不管这些共识是明确地认识到的,还是下意识地感觉到的。

那么,公共财政具有哪些基本的特征和内涵呢?它主要有:

1. 公共财政是弥补市场失效的财政。人们常说,在市场经济下,市场能干的,政府就不应去干;而市场不能干的,政府就应当去干。这句话对于市场经济下的财政来说,显然是必须遵循的。那么,具体来看,什么是市场不能干的呢?那就是共同消费性存在的领域。由于具有共同消费性,这类活动大体上是难以通过市场来提供的。这就产生了所谓的“市场失效”问题,也就是人们所说的“市场不能干”的问题。

反过来,由于政府的活动是从整个社会的角度进行的,因而共同消费性活动大体上是只能由政府来解决的。这样,政府通过自身收支活动而满足共同消费需要,就直接弥补着市场失效。

在现实生活中,市场难以承担的活动是无法计数的,即市场失效的范围是极为广泛的。弥补市场失效要耗费掉原本可用于市场运营和发展的资源和要素,即弥补市场失效的成本费用是要由市场来承担的,因而市场需要弥补的失效状态,只能是整个市场失效中很小的一个部分。这样,政府及其财政弥补的,只能是市场需要弥补的那部分失效。这样,公共财政的市场失效准则,具体来看,其基本内涵就是“市场能干的,政府和财政就不要去干;市场不能干的,但市场又需要弥补的,政府和财政就应当去干”。

这一市场失效准则,很好地区分了政府和财政与企业和私人之间的活动范围。这就是企业和私人活动于市场有效的范围内,而政府和财政则活动于市场失效的范围内。由于政府对市场失效的弥补,满足着社会公众的“共同消费”需要,也就具有了鲜明的“公共性”。

2. 公共财政必须为市场活动提供一视同仁的服务。市场经济的效率性,是通过人们的等价交换活动实现的。而要做到等价交换,必须具有公平竞争的外部环境。政府及其财政活动直接作用于市场活动主体,直接影响着它们的市场行为。因此,政府及其财政就必须一视同仁地对待所有的市场活动主体。否则的话,对不同的市场活动主体采取不同的措施和待遇,就意味着政府直接支持了某些主体的市场活动,而抑制了另一些主体的市场活动。这样,政府就以其非市场的手段,而直接介入和干预了市场正常活动。这显然是违背市场经济的根本要求的。

而从“一视同仁”来看,在财政支出方面,就意味着其提供的服务,是适用于所有的市场活动主体的,或者是服务于所有的市场活动主体的根本利益的。比如,政府修建的高速公路,就不应当是只有国有经济才能使用;政府的环境卫生服务,不可能是只为国有企业提供,而不清除非国有企业门前的垃圾的;等等。在税收方面,对于某些经济成分征收较高的税率,而对另一些征收较低的税率,就造成了纳税人不同的税收负担,政府就人为地破坏了等价交换准则,就造成了不公平的市场竞争条件。

可见,财政必须采取“一视同仁”的政策,才能避免政府活动对市场公平竞争条件的破坏。而“一视同仁”的服务,也就是“公共”服务。

3. 公共财政具有非市场赢利的性质。赢利性是人们市场活动的直接动力,之所以会产生市场失效问题,其基本原因之一,就是因为无法确保应有的或正常的市场赢利。这样,只能处于市场失效领域内的政府及其公共财政,就不能直接进入市场去追逐赢利,而只能以社会利益为活动目的,只能从事非赢利性活动,从而具有非赢利性。

尽管企业活动于市场有效领域内,而政府活动于市场失效领域内,这是划分两者活动范围的基本准则。然而,现实的经济活动是错综复杂的,大量的活动是需要企业和政府共同介入和承担的。为此,非赢利性就提供了一个具体标准,来界定两者在共同活动中的各自参与程度。

当某些行业的活动为社会公众所需要,并且可以有一定的市场收入,但又达不到市场平均赢利水平之时,政府和企业是可以共同承担这类活动的。这就是政府通过公共财政的投资或补贴等,使得投入到该行业的企业具有获得平均利润率的能力,从而政府通过自身的无偿投入,支持了该行业的发展,而为整个社会的利益服务。与此同时,企业由于可以获得平均利润率,而承担起了部分的乃至主要的投资任务,从而大大减轻了财政的支出负担。这样,财政的非赢利性活动,就直接与为市场提供公共服务相联系了。

4. 公共财政是法治化的财政。市场经济是一个法治经济,对于政府来说,其活动和行为也应当置于法律的根本约束规范之下。财政作为政府直接进行的活动,在市场经济下显然也是必须受到法律的约束和规范的,从而具有了法治性。

财政的法治化,意味着社会公众通过议会和相应的法律程序,其中具体地通过政府预算的法律权威,而根本地决定、约束、规范和监督着政府的财政行为,从而使得此时的财政鲜明地体现出是社会公众的财政。此时的税收是依据税法征收的,没有议会的批准授权,有关税法是无法确立的;而没有获得议会批准的政府预算,政府是一分一毫也无权随意使用的。这实际上表明,政府是代表着社会公众在使用他们的"钱",而直接地体现出了此时的财政具有"公共性"。

总之,市场经济下的财政具有"弥补市场失效""提供一视同仁服务""非市场赢利性"和"法治化"四大基本特征,它们分别从不同的侧面,共同地表现了此时财政所具有的"公共性"。因此,市场型财政就是公共财政。这些,本书的前四章将分别介绍分析之。

* * *

史论结合,是进行社会科学研究的基本方法之一,本书也将采用这一方式来阐述自己的公共财政观。为此,本书将以最后三章,即第八、第九、第十等三章,以及第五、第六章的部分章节,来介绍公共财政及其理论的发展简史。据此,读者将可以清晰地看出,至今为止,人类社会已有的公共财政,是仅产生于封建社会末期的西欧,是随着市场经济在西欧的建立而逐步形成和发展起来的。相应地,建立于公共财政实践基础之上的公共财政论,也只是近代社会的产物,是伴随着市场和资本的发展过程,而逐步产生、形成、发展和完善起来的。"公共性"就是市场经济对于西方财政及其理论根本影响的具体化,这就是为什么近现代财政理论一直是围绕着"公共性"来论述财政问题的根本原因。这样,将西方财政理论归纳为"公共财政论",是理所当然的。

中世纪的西欧社会,处于政治上支离破碎的诸侯分封割据状态之中,这时候的封建君主实质上与一般的领主没有什么区别,其统治权限所达范围,实际上难以超出自身的领地。此时领地内的财产是封建领主的私人财产,而领地内的居民则是封建领主的附庸、陪臣和农奴。这种“国家”状态,决定了此时封建君主收支具有私人收支的根本性质。因此,这一财政类型被称为“家计财政”。西欧的公共财政,就是在对家计财政的否定过程中逐步形成起来的。这一否定过程,是在经济上市场化和政治上民族国家化的基础上逐步完成的。其中国家预算制度的形成及其对专制君主的财政权的剥夺,就是家计财政转向公共财政的具体过程。

西欧公共财政的形成和发展过程,如同其市场经济一样,也是在自发的状态下完成的,因而也呈现出实践远比理论先行的鲜明特征。在分封割据状态之下,西欧社会不存在着系统的财政理论,也不存在着“公共财政”概念,是很自然的。而随着西欧市场因素的发展和民族国家的形成,国家财政活动现象愈益频繁,规模愈益扩大,决定了财政理论的逐步形成和发展。不过,西方财政学即公共财政学的创立仍然走过了一个漫长的过程,即直到 1776 年亚当・斯密《国富论》(*An Inquiry into the Nature and Causes of the Wealth of Nations*)的发表,作为具有完整体系的财政学才最终形成。尽管这样,斯密却没能对财政现象用某一概念来加以概括。在该书中,斯密对于财政现象的表述,最多的是使用 Public 即“公共”一词来加以界定。他频繁地分析了公共支出、公共收入、公共债务等问题,但就是没能提出一个单一的名词来概括之。这种现象一直延续到 1892 年,巴斯塔布尔才首次使用了 Public Finance 一词来概括公共财政这一范畴,到了本世纪又出现了 Public Economy(-ics)(公共经济)等词。

在几百年的发展过程中,西方理论界对于“什么是财政”问题,一直未能得出一个共同认可的概念。这与我国普遍认可“财政”这一概念的状态,是形成鲜明对照的。不过,西方财政学界也存在着认识高度一致的现象,这就是都以 Public(公共性)来界定财政范畴。应该说,这是西方财政实践具有"公共性"的客观现实在理论上的反映。同时,这也在更深层次上表明了,对于市场和资本来说,是否把握"财政"这一事物相对不重要,因为即使在封建性质的自然经济状况下,"财政"也是存在的,此时资本性质的市场经济所否定的,并不是"财政",而是与封建自然经济相适应的财政的"家计"性质。这样,"财政"仍然存在,但从"家计"性质的财政变成了"公共"性质的财政。此时强调财政的"公共性",则鲜明地体现了市场经济的根本性质。

上述的分析还表明了,我国在没有完全解决"什么是公共财政"的背景下,就提出建立"公共财政"的目标模式问题,是允许的。它明确地以"公共"一词去界定我国市场经济下的财政,实际上就表明了人们的这么一种基本共识:在市场经济环境下,"什么是财政"并不重要,因为不管人们给出什么样的财政本质,"财政"都已经作为一个既定事物而存在着,并不会由于人们看法不同而消失。而肯定和赞同财政的"公共性"与否,则对于如何处理政府与市场的关系,如何开展市场经济下的财政运作是至关重要的。

西方理论把握和分析的对象,实际上仅限于"公共财政"。亚当·斯密所处的经济环境就是市场经济,其财政理论所处的财政环境就是公共财政,因而其分析、把握和论证的对象,就是市场经济以及与其相适应的公共财政。这样,就给人以这么一种假象,似乎财政就是公共财政,而公共财政也就是财政,从而提"公共"财政是同义反复,只要提"财政"就行了。其实不然。因为对于我国来说,"财政"与"公共财政"是不同的概念。否则的话,就不会一论证"公共财政"这一定义,立即就在我国财政理论界引起着那么大的反感,导致了那么强烈的反应和反对。

我国财政长期处于计划经济环境下，当时就直接与西方市场经济下的财政遥相对立，而形成着不同性质的财政类型，即计划型的“国家”财政类型。

我国的计划型财政，是只为“国家”自身的经济活动服务，而不是为独立于国家的企业和个人提供“一视同仁”服务的财政。此时企业是国家的附属物，个人是企业的附属物，整个社会再生产活动表现为仅是国家的活动，因而此时的财政只是国家为自身服务的“国家”财政。此时国家通过财政直接为整个社会供应了大部分的建设资金，直接实现着对社会资源的计划配置。同时国家还以财政为手段，而直接否定着企业的独立性。此时整个社会以财政为中心形成了一个大企业财务，此时财政也就只能为作为生产组织者的“国家”服务。因此，此时存在于我国的是“国家”财政类型，而不是“公共”财政类型。

这样，计划经济时期的财政就不仅本质上是“国家财政”，而且在类型上也是“国家财政”。这种只为“国家”自我服务的“国家财政”类型，鲜明地区别于只为君主自我服务的“家计财政”类型，区别于只为市场服务的“公共财政”类型。目前我国正在转到市场经济基础上来，就决定了我国财政理论不能仅从单一经济体制环境，来考虑、分析和把握财政定义问题，而必须作出财政本质与财政类型的区分。

这就是从整个人类的文明史来看，财政就是国家财政或政府财政，这是贯穿于不同经济体制的所有财政的共性。而使用“公共”二字来界定财政，则概括的正是与市场经济相适应的财政类型，即公共财政。这也正是为什么我国以往没有，而在构建市场经济体制框架之际，却提出了建立公共财政的根本原因所在。否则的话，如果说财政就是公共财政，或者反过来说公共财政就是财政，则公共财政在计划经济时期就已存在了，现在提出建立公共财政，不等于是主张恢复或坚持计划型财政了吗？

西方财政学界是在公共财政已经发展了数百年,并且已经处于较为完善状态之时,才从理论上对公共财政问题进行总结的,因而基本上没有发生“什么是公共财政”的争论。而我国则是在公共财政正在形成却又未最终形成之际提出“公共财政”这一问题的,发生争论就很自然了。这种争论尽管直接表现为是针对财政问题进行的,但其实质更多地是对于市场经济的争议。意见的分歧,往往是由于对市场经济的不同看法和认识而产生的。正因如此,正确认识和把握公共财政问题,就关系到如何从财政角度正确认识市场经济的问题。

尽管市场经济在西方国家早已存在并充分地发展完善了,但对于我国来说,则至今“市场经济”仍然是一个需努力才能建立起来的体制模式。就西方国家而言,存在于其中的就是“公共财政”。然而,我国将要建立的是“社会主义”的市场经济,而不是西方式的“资本主义”的市场经济,这促使人们提出了又一个疑问,究竟公共财政是仅与资本主义市场经济相适应的,还是也与社会主义市场经济相适应的财政模式?或者换句话说,是否公共财政论仅是资产阶级的财政理论,“公共性”就是资产阶级掩盖自身剥削性的遁词?

对这些问题的解答,实际上直接关系到是从经济体制的角度,还是从生产关系的角度来认识市场型财政的问题。当人们解决了市场经济是既不姓“资”也不姓“社”的问题之后,就应将其具体化到各个领域内,这对于市场型财政也如此,即“公共”财政也是既不姓“资”也不姓“社”的。如果人们继续囿于以往的所谓阶级分析,继续只是从“不讲阶级”和“不讲剥削”的角度来批判公共财政论,则不仅难以顺应我国财政改革实践的客观变化趋势,无力指导我国财政实践的进一步改革,而且还可能起着阻碍公共财政从而否定在我国建立健全市场经济的客观效果。

在欧美国家的经济和财政实践中,公共财政不仅表现为对于市场经济的顺应和服从，而且还表现为是强有力地影响、服务和促进着市场经济的发展的。从我国来看，尽管市场经济尚未真正作为一种体制形式而存在，但20年的市场取向改革，已使得市场体系在我国逐步形成，市场因素在我国已得到很大的培育和增强，相应地"公共性"也正逐步成为我国财政的基本特性，即我国的公共财政也正处于逐步形成，并发挥着愈益巨大的积极作用的过程中。这样，财政的"公共性"与经济的"市场性"，是处于共同形成、相互影响、互相促进状态中的。经济"市场性"的形成和发展壮大，决定了财政"公共性"的形成和发展壮大；而财政"公共性"的增强，又反过来支持和加速了经济"市场性"的巩固和发展。在这一实践背景下，从理论上进行总结和归纳，并回答有关问题，已是当务之急了，它直接关系到我国财政理论能否尽快摆脱滞后于实践的窘境，而为我国的财政改革作出应有贡献的根本问题。

我国财政在经历了20年的改革风雨之后，目前明确提出了构建公共财政模式的改革目标，这是具有重大的现实意义的：

1. 计划经济下，我国政府对整个社会资源进行计划配置，决定了财政包揽了几乎所有的事务，介入了几乎所有的经济活动之中。市场化改革，使得政府及其财政必须全面退出市场机制能够有效配置资源的领域。这样，只有以市场失效为基本准则，才能正确界定我国市场型财政的活动范围，避免政府及其财政对正常和正当的市场活动的不应有干预。

2. 计划经济下，我国财政是政府执行其全面国有化政策的关键工具之一，从而形成了对于国有经济的优惠，与对于非国有经济的歧视。改革开放的20年，也是我国财政努力消除对不同的经济成分"区别对待"的20年，但至今仍然未能完全做到真正的"一视同仁"。而只有依据公共财政的要求，根本消除对不同经济成分的不同财政待遇，才能确保我国市场经济体制的最后建成。

3. 我国各级政府目前仍然直接间接或明或暗地从事市场赢利活动,这种对市场赢利的追逐,是我国政府在很大程度上不愿从市场脱身,仍然在继续干预和直接控制市场活动的根本原因之一。为此,严格遵循非赢利性准则以区分政府与企业的行为,是正确处理政府及其财政与市场的具体关系的基础。

4. 我国财政行为目前尚未形成法治状态,这是目前我国政府及其财政行为严重紊乱,浪费、低效、腐败现象难以有效克服,而财政则日益陷于难以脱身的极度困难等弊端的直接原因。为此,大力加强我国财政的法制建设,将政府的财政行为纳入法治化轨道,则不仅对我国财政困难和问题的解决,更主要的还在于对我国市场经济体制的建立健全,都是具有重大意义的。

然而,至今为止,我国财政距公共财政的上述要求尚有相当距离,要真正建立公共财政还将遇到许多阻力和困难。在此,不妨借《公共财政路漫漫》一文的有关论述来说明:

> "政府借了钱去办企业,私人捐了钱去办教育"——这话一针见血地指出了当前我国财政支出结构的根本弊端。长期以来,财政在竞争性领域包揽过多,但对于应由财政承担的一些社会公共需要却无力保障。该管的没管好、不该管的管得太多,这是对财政最常见的批评,而与这种批评相对应的,要求建立公共财政的呼声越来越高。……
>
> (在市场取向的改革中)财政也应逐步从竞争性和生产性领域退出来。然而,对这项转变一直认识不一,步履艰难,进展迟缓。
>
> 对于财政部门来说,退出某个领域可不像进入某个领域那么容易。尤其在地方财政,一些党政领导或因不懂经济热衷重复建设,或为快出政绩而盲目乱铺摊子。财政部门作为政府的一部分,

> 十有八九顶不住顶头上司的命令。有些企业和行业主管部门出于部门利益,也总是指望着财政拨钱来促进发展。这些部门的分管领导也不是“吃素的”,“这个副市长还不见得比人家的副市长说话算数呢!”在这种情况下,退出竞争性、生产性领域谈何容易?
>
> 实际上,在中央财政一级,目前用于竞争性和生产性的财政支出已经不多了,甚至可以说中央建立公共财政并不太难,难就难在地方。除了上面说的问题以外,还有一些地方财政部门担心,实施公共财政后可能会背上“阻碍经济发展”的罪名。比如明年各级财政要大幅减少财政预算中的生产性基建投资和企业挖潜改造资金,一些地方就担心减少以后,企业或项目效益一旦不好,就会把责任推到财政部门头上。……①

这篇于去年全国财政工作会议期间发表的文章,清楚地指明了在我国实行公共财政的根本难点所在。建立公共财政模式,实际上是在我国的市场化改革中,政府的自我改革、自我革命的一次关键性举措。而触动自己的既得利益,否定自己习以为常的思维方式和行政习惯,显然是一件痛苦的事。然而,我国的市场化改革又是由政府主动推行的,是在各级政府的直接控制和具体操作下进行的。这样,各级政府能否正确地依循市场经济的要求办事,就直接关系到改革大业能否最终在我国获得成功的根本问题。财政直接代表着政府的利益,直接维系着政府的运转,因而遇到政府内部的阻力,是毫不奇怪的。

“青山遮不住,毕竟东流去。”我国的市场化改革也如此,它毕竟是要依循历史的客观趋势走下去的。我国政府能够顺应历史潮流,提出建立社会主义市场经济的改革目标,也很自然地要依据这一总目标,提

① 宋镜:《公共财政路漫漫》,载《中国财经报》1998年12月16日。

出财政领域改革的分目标,即建立公共财政的目标的。公共财政目标的提出,表明了我国财政最高决策层的眼光和魄力,而20年来的各项财政改革,也使得我国财政已朝着公共财政的方向迈出了很大的步伐。这些,都为我国最终建立公共财政提供了应有的基本条件。所以,就如《公共财政路漫漫》一文紧接着指出的那样:“但毫无疑问,……实施公共财政是早晚都要干的。”①

① 宋镜:《公共财政路漫漫》。

第一编　基本特征

作为市场经济下特有的财政类型,公共财政具有着弥补市场失效、提供一视同仁的服务、非市场赢利性和法治化等四大基本特征。这些基本特征共同体现出财政的“公共”根本性质。本编共四章,每章分别介绍公共财政一个基本特征。

第一章　弥补市场失效

公共财政论是立足于市场经济基点分析的结果。正是市场经济决定了此时的政府及其财政具有公共性，而政府及其财政也正是以其公共性为市场服务的。这样，在政府及其财政与市场之间，就呈现出相辅相成、相互支持、共同发展的状态，对于公共财政问题的分析，也就必须从市场经济这一基点出发。然而，市场型财政之所以具有"公共性"，首先是直接导因于市场失效的存在。正是市场失效决定了政府与公共财政在市场经济下存在的必要性。因此，公共财政首先是与市场失效问题相联系的，因而本书首先从市场失效及其与公共财政的关系谈起。

第一节　市场效率

"市场失效"是"市场有效"的对应词。在市场经济环境中，市场机制发挥着基础性的资源配置功能，是市场经济之所以能最佳配置社会资源的根本条件。然而，在充分发挥和尊重市场机制这一作用的前提下，市场经济还必然形成和存在着若干市场的失效状态。因此，"市场有效"是"市场失效"的前提和基础，故而本章首先要介绍市场效率问题。

一　经济体制比较

公共财政问题的分析以市场经济为特定背景，因而市场经济就成为本书的分析起点。

在市场经济条件下,财政的根本问题,是财政与市场的关系问题。财政是政府的分配活动或经济活动,因而市场经济下的财政与市场关系,就是政府与市场关系问题。那么,市场经济下政府与市场应该有着什么样的关系？用一句通俗的话来说,就是“市场能干的,政府就不要去干;市场不能干的,政府就要去干”。

那么,什么是市场能干的？什么是市场不能干的？

答案是:市场能够有效运行或正常发挥作用的领域,就是“市场能干”的,也就是政府及其公共财政不应插手的场合和领域;而市场不能有效配置资源或正常发挥作用的场合和领域,就是“市场不能干”的,也就是政府及其公共财政能够插手的场合和领域。这样,要正确理解公共财政问题,首先就要弄清楚什么是“市场效率”。

“效率”问题是经济体制首要的和基本的问题。市场经济作为一种经济体制模式,其基点和核心问题,也是社会资源的配置问题,而不是社会制度问题,即不是姓“社”姓“资”的问题。依据资源配置的特点分类,人类社会已经存在过的经济体制有自然经济、市场经济和计划经济等。在这几种经济体制中,市场经济是最有效率的,即具有着最佳的配置社会资源的能力,这点已为人类社会数千年的文明史所充分证明。

最先存在于人类社会的是自然经济的体制形态,但它只是与社会生产力发展水平的初始的和较低的阶段相适应的经济体制。进到近代社会以来,就经济体制问题而言,数百年来实际上呈现出的是一种市场经济对于自然经济的全面胜利进军状态。在这里,市场因素的发展壮大是与社会生产力的迅速扩张直接相关联的,从而市场经济的取代自然经济,就鲜明地体现出是一种与较高经济发展阶段相匹配的体制形态的出现。

在自然经济状态中，人们的活动大体上处于相互隔绝状态之中，“鸡犬之声相闻，民至老死不相往来”，老子的这句话用来形容自然经济固然绝对了些，但却是生动形象的。在这种状态下，社会资源被分别固着于一个一个极为狭小的地域范围内而互不流动，显然也就谈不上在广阔的疆域内优化资源配置的问题。市场经济打破了自然经济的封闭状态，将处于凝固僵化的配置状态下的资源“解放”出来，实现了社会资源在越来越大的范围内的交往，并通过在整个社会范围内的全面流动，而大大优化了资源和要素的配置状况，“比较利益”就是对市场经济优于自然经济的精确表述。市场经济相对于自然经济的这种优越性，在即将进入 21 世纪的今天，应该是没有什么人怀疑了。

到目前为止，市场经济已存在了数百年了，而计划经济的存在则还不到一百年。市场经济在西方社会的出现，导致了社会生产力的迅速发展而表现出蓬勃朝气，但也出现了愈益严重的社会分配不公和宏观经济不稳的问题，而可能导致市场经济制度的覆亡。尤其是其所赖以存在的资本主义生产关系，则更招致了大量的诟病与非议，这又被算到市场经济的账上，成为否定市场经济的根本理由之一。这样，扬弃市场经济，即保持其效率性而克服其在公平和稳定等问题上的缺陷，并由此而建立一个理想社会的愿望，是导致计划经济制度产生的直接动因。这样，市场经济和计划经济作为现代社会并存的两种经济体制形态，自计划经济诞生伊始就展开了激烈的竞争和较量，并且由于掺和进意识形态问题而极大地复杂化了。

如果以计划经济于本世纪 20 年代末 30 年代初形成于苏联算起，两大经济体制的既共存又较量经历了半个多世纪。在这期间，西方的市场经济最终完成了从自由放任阶段到政府干预阶段的转化，同时克服了本世纪 30 年代的世界性经济大危机，在保持其有效配置社会资源的能力的同时，在缓解社会分配不公和稳定宏观经济波动等基本问题上也取得了很大的进展,从而继续显示了强大的生命力。而在东方,计划经济曾以摧枯拉朽之势迅速地替代了市场经济,并且在最初也曾取得了很大的成就,使得原本落后的东方国家不仅实现了社会分配的相对公平,而且在经济上也有了长足的进展。一时之间,人们似乎相信计划经济比市场经济具有优越性。

然而,随着时间的推移,计划经济显示出的致命弱点是,实行计划经济的国家无一例外地都没能解决经济效率问题,这就使得计划经济在与市场经济的较量中,最终处于劣势和下风。这就是为什么到了90年代的今天,几乎所有的计划经济国家都在变革或改革中转向了市场经济的根本原因所在。

从我国来看,70年代末开始的对计划经济的改革,不能不说是带有很大的被迫性和勉强性的。在革命战争年代,“苏联的今天就是我们的明天”口号,在当时起了强有力的激发斗志和鼓舞人心的作用。而“今天的苏联”就是计划经济的诞生地和当时的计划经济的实践样板。这样,新中国成立后很快就建成了计划经济,是极其自然的。在经过20余年的实践之后,尤其是对于“大跃进”和“文化大革命”等惨痛教训的总结,曾经参与计划经济创建的人们对自己的缔造物进行了革命性的改革,其根本原因就在于,我国的经济建设实践充分证明了,计划经济是无法根本解决效率问题的,市场取向的改革是必不可免的。但即使这样,改革所经历的复杂与曲折过程还是充分地证明了,向市场经济迈进的道路不可能是平坦顺畅的,更不可能是轻松愉快的。

时光如梭,很快地,我国市场取向的经济改革已过去20年了。这期间尽管有着种种的困难乃至挫折,有着强大的抵制和反对,但世界潮流,浩浩荡荡,顺之者昌,逆之者亡。我国的改革不断克服着各种艰难险阻,而始终保持了其市场取向的基本特征,并终于明确了社会主义市场经济的改革目标模式。20年来我国取得了巨大的成就,经济高速发展，综合国力迅速提高，同时改革也在一步一步地取得进展，市场经济体制也已开始构建。相反，在这期间，没有进行市场取向的经济体制改革的苏联和东欧国家，则发生巨变，不仅抛弃了计划经济体制，而且连同其社会主义制度也一起被葬送。这些事实，都从正反两面雄辩地证明了，计划经济被市场经济所取代并不是某些人头脑发热的产物，而是客观历史进程的必然结果。

人类社会的发展历程终于归一到市场经济上来，这就以其实践充分证明了：到目前为止，最有效率的经济体制是市场经济。市场经济，不管其是资本主义性质的还是社会主义性质的，是人类社会不可逾越的发展阶段。

二　两种资源配置机制

人类经济活动的关键问题，在于如何最佳地配置人们所能掌握利用的稀缺性资源，以提供各种产品和服务，而最大限度地满足人类自己的需要。对资源的不同配置方式，就形成着不同的经济体制。

在市场经济中，总的来看，配置社会资源和要素的机制有两种：

一是市场机制。这是在市场经济中起基础性资源配置作用的机制，它对市场的运转和活动发挥着直接的作用。市场活动主体是"经济人"，即追求自身利益最大化的理性的经济主体，包括法人和自然人。他们依据市场价格信号，在追求自身最大利益动机的驱动下，从事自己的经济活动和进行市场交往，从而形成了资源和要素的配置结果。这样，市场机制就通过市场价格信号的指引而自发地发挥着作用。为此，人们形象地将其比喻为是"看不见的手"。

二是计划机制或行政机制。它对市场经济中的公共部门的活动起直接作用。在公共活动中，政府安排公共支出而提供着公共产品，并为此征税而取得相应的公共收入。此时的政府活动，或者直接索取和支配了部分的资源和要素，或者通过将货币转移给家庭或企业，也直接引起了资源和要素的流动。这些，都是政府直接以计划和行政手段对资源和要素的配置。这是“看得见的手”在配置着资源。此外，政府还可以通过对私人和企业的市场运营的不同程度管制，改变着它们的活动状态和结果，而间接地影响着社会资源的配置格局。

在完全和充分的竞争状态下，市场机制是能够引导社会资源和要素达到最佳配置格局的。此时私人与企业的经济活动，在自愿交换的纽带下联成统一体。此时产品与服务的生产和提供，以及这些产出的价格体系，都是由竞争性的市场来决定的。这种价格体系将能充分反映出消费者个人的偏好与收入约束。在市场价格信号的引导下，即在市场机制这只“看不见的手”的作用下，追求自身利益最大化的私人和企业独立自主的市场活动，是能够达到社会资源最佳配置结果的。此时政府就不能以行政和计划手段去干预和扭曲市场的正常运行，也不能介入企业的正常市场运营之中。这是实现市场机制对社会资源的基础性配置作用的基本条件之一。

在经济理论中，社会资源的配置是否达到最佳结果，是以帕累托效率概念来衡量的。帕累托效率概念认为，在既定的个人偏好、生产技术和要素投入量下，当任何重新配置资源的结果不可能在不使他人处境变差的同时使任何一个人的处境变好，则此时的社会资源配置处于最佳效率状态中。这种状况，称为帕累托最佳(Pareto optimality)。相反，如果通过资源的重新配置，在使某人处境变好的同时，却不导致任何他人的处境变差，则此时的社会资源配置效率提高了。这种状况，称为帕累托改善(Pareto improvement)。在不可能再发生帕累托改善的状态下，社会资源配置就达到了帕累托最佳状态。为此，“经济效率”一词，通常是指帕累托最佳状态。而“经济效率提高”一词，才指的是帕累托改善状态。在充分竞争的条件下，市场运行的结果将使社会资源的配置处于帕累托最佳的状态之中,即此时的市场运行是有效率的。

帕累托效率概念是以个人为基点的:(1)它关心的仅是个人的处境和福利,而不是不同的个人之间的生活好坏的相对关系,即它不考虑分配上的是否公平问题。这样,资源的重新配置即使引起最富的人生活得更好,同时又不使他人生活得更糟的状态,也被认为是效率的提高,是帕累托改善,尽管它加大了社会的不公平程度;(2)它以每个个人都拥有自己的福利函数为基础,是自我对于自身福利的感觉与判断;(3)每个人对于自己福利的拥有,是与消费者主权的概念相一致的。消费者主权认为,每个人都对自己的需要与欲望,以及什么是自己的最佳利益等,有着最好的判断。

三　市场效率条件

在市场经济下,帕累托效率的实现是需要其效率条件的。或者换句话说,满足了这些效率条件,社会资源的配置也就达到了帕累托效率状态。

为了分析市场机制对资源配置的作用能力,首先应假设一种纯粹的市场运行状态。在这种状态下,政府经济及其计划机制和行政手段被舍弃,而假设整个社会处于完全的私人经济和市场机制作用之下。这一分析,以生产技术水平、要素投入数量和个人偏好等已经确定以及价格机制能够充分发挥作用等为假设前提,而以一个高度抽象的社会经济环境为对象。在这一社会中,只有两个人 A 和 B,两种产品 X 和 Y,以及两种要素即劳动 L 和资本 K。为了求得市场效率条件,可分为三步来进行分析:

第一步,求出交换效率条件。所谓交换效率,指的是将既定的产品 X 和 Y 分配给 A 和 B 两个人后,形成了要重新分配 X 和 Y 而使一人过得更好,是只能以另一人过得更坏为代价的状态。当

$$MRS_{XY}^{A}=MRS_{XY}^{B}$$

时，社会处于交换效率状态中。这里 *MRS*(marginal rate of substitution)为边际替代率，即消费上的边际替代率。MRS_{XY}表示某个消费者为了获得一个新增 *X*，而愿意放弃的 *Y* 的数量，也可视为是最后一单位 *X* 和最后一单位 *Y* 的相对价格比例 $\Delta Y/\Delta X$。满足交换效率条件的点有无数个，它们共同构成了效用可能性曲线。这是一条向右下方倾斜的曲线，如图 1-1 所示：

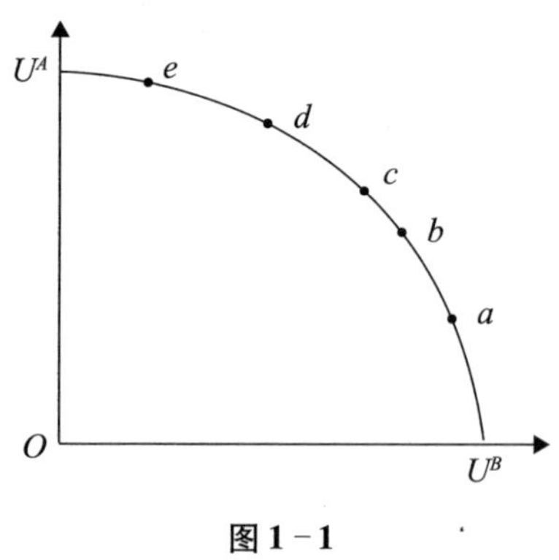

图 1-1

第二步，求出生产效率条件。所谓生产效率条件，指的是生产要素 *L* 和 *K* 的配置，已达到要增加一种产品的产出，就只能以减少另一种产出为代价的状态。当

$$MRTS_{KL}^{X}=MRTS_{KL}^{Y}$$

时，社会处于生产效率状态中。这里 *MRTS*(marginal rate of technical substitution)为边际技术替代率。$MRTS_{KL}$表示在既定的产出水平下，生产者为了获得一个新增 *K*，而愿意放弃的 *L* 的数量，也可视为是 *K* 的边际产量 MP_K和 *L* 的边际产量 MP_L的比，即 MP_L/MP_K。

满足生产效率条件的点有无数个，其轨迹可用生产可能性曲线来表示。这也是一条向右下方倾斜的曲线，如图 1-2 所示：

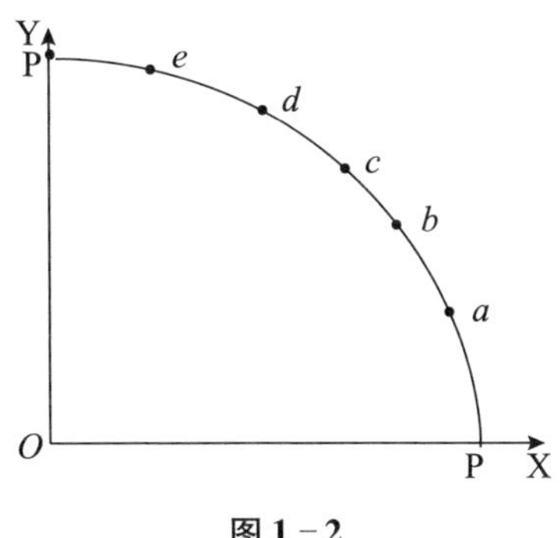

图1－2

该生产可能性曲线上的任何一点的斜率，称为 X 对 Y 的边际转移率 MRT（marginal rate of transformation）。MRT_{XY}表示在 L 和 K 投入量既定的前提下，生产者为了获得新增 X，而愿意放弃 Y 的产量。它也可以视为是 X 的边际产量与 Y 的边际产量的价格比例，即 $\Delta Y/\Delta X$。

第三步，求出全面效率条件。由于上述效率条件是分别从消费领域和生产领域得出的，它们各自都不能单独代表整个社会的资源最优配置状态。这就需要将两个领域结合起来考虑才能获得整个社会资源的帕累托最佳条件，即全面效率条件。由于 $MRS_{XY}=\Delta Y/\Delta X$，$MRT_{XY}=\Delta Y/\Delta X$，因而全面效率条件为：

$$MRS=MRT$$

由于满足这一效率条件的解也有无数个，它们的轨迹所构成的曲线，称为总效用曲线 GG（grand utility possibility curve），或称契约曲线（contract curve）。

至此，我们已获得帕累托效率所需的条件，在充分竞争的市场经济中，追求自身效用最大化的个人在其市场交易活动中，通过市场价格及相关的产品购买数量，能真实地表达出自己的偏好与欲望。这样，在市场价格信号的指引下，将能够确保上述效率条件的实现，从而充分竞争的市场是能够达到全面效率状态的。

但分析至此还不够。从福利经济学的观点来看,社会资源配置效率还必须结合公平准则的考虑,才能获得圆满的解决。为此,在上述分析给出了总效用曲线之后,还需引入社会福利函数曲线。只有总效用曲线与社会福利函数曲线的切点,才既符合效率条件,又最大限度地满足了社会公平准则的要求,因而该切点被称为"极乐点"(bliss point)。其图示如下(图1-3)。

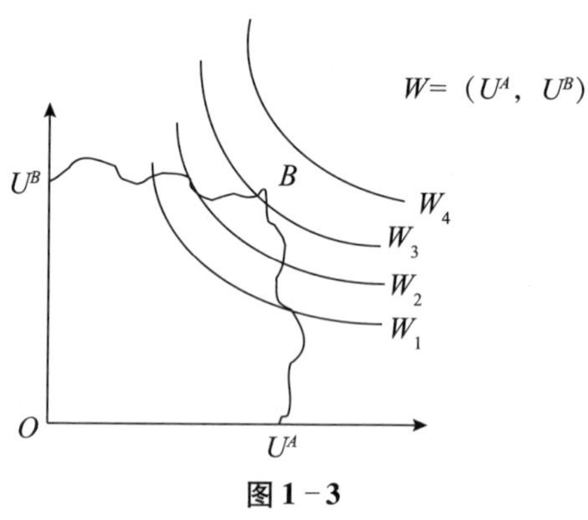

图1-3

至此,我们已极简略地介绍了微观经济学关于效率问题的分析。应指出的是,它实际上只是关于在市场经济下,私人部门经由市场途径生产个人产品时的效率分析,它的分析过程和结论,并不直接适用于政府部门和公共产品的效率条件分析。不过,上述分析表明了,市场效率存在的地方就是市场能够充分发挥作用的领域。或者说,"市场有效"的领域,就是"市场能干的",就是政府及其公共财政不应插手的场合和领域。在作了这样的分析之后,接下来我们将正式转入对市场失效问题的分析,即解决"什么是市场不能干的"这一问题。

第二节　市场失效

然而,市场机制尽管能够发挥极为重要的和基础性的资源配置作用，却并不等于在任何场合和领域它都能有效地发挥这种作用。这就是一旦市场运行无法获得充分竞争这一条件时，市场机制对于社会资源的配置将是无效或低效的，即产生了“市场失效”问题。

一　公共产品的存在

市场失效一词，是英语 Market Failure 的中文译词，也译为“市场失灵”“市场失败”“市场缺陷”，等等。所谓的市场失效，指的是在市场充分发挥其基础性资源配置作用的基础上，市场所天然无法有效配置资源，或难以正常发挥作用的状态。

市场失效一词，包含着以下若干基本含义：

1. “市场失效”是“市场有效”的对立词，即它指的仅是市场经济中的某种状态，是相对于市场有效运行状态而言的。在自然经济和计划经济条件下，市场机制从根本上看是无法正常发挥作用的，从这个意义上可以说自然经济时期和计划经济时期也存在着市场失效状态，但这不是允许市场发挥作用时市场本身的无能，而是市场机制根本就不被允许发挥作用，这就无所谓“有效”与“失效”问题。即没有“市场有效”，也就没有对立的“市场失效”。

2. 市场失效状态的分析，是以市场机制真正能够发挥其基础性资源配置作用为前提的。这就是我们所常说的，“市场能干的就由市场去干”，或者说是以尽可能尊重市场机制的作用，尽可能确保市场发挥作用为前提的，是一切活动首先考虑由市场承担，而市场在没有人为干预的情况下，仍然无法履行相应的职责，仍然难以提供相应的产品和服务之时，此种状态才是市场失效状态。

3. 由前两点决定了，所谓的市场失效是天然的失效，而不是人为干预市场、限制市场和否定市场的产物。在计划经济条件下，也存在着商品货币因素和市场交换形式，但这些因素和活动的总和并不构成市场经济体制,其根本原因就在于人为地否定了这些因素和活动的市场交换实质,留下的只是国家以国民经济计划去配置社会资源服务的商品货币外壳,从而此时的经济体制是计划经济,而不是市场经济。

归纳起来,市场失效的主要表现状态有公共产品、外溢性、自然垄断、风险与不确定性、社会分配不公和宏观经济失衡等,本节将具体分析之。

公共产品的存在,是市场失效的首要原因,也是人们最初分析的市场失效状态。

“公共产品”一词,英语为 Public Goods,也译为“公共物品”“公共财富”“公共货物”“公共商品”“公共财产”“公共品”等。所谓公共产品,它指的是具有共同消费性质的产品和服务。它是个人产品的对立物。从财政的角度看,公共产品就是政府提供的公共服务。

前述的市场效率,是针对个人产品或私人产品(private goods)的分析得出的。一般来说,人们关于“产品”的认识,通常局限于个人消费性质的产品即个人产品上。由于个人产品的个人消费性质,使得个人产品的生产者或提供者能够排他性地保有产品的所有权,使得个人为了消费该产品,就必须在市场上付出相应的价格,才能获得并拥有消费该产品的权利。

然而,在市场经济中,人们活动的对象并不仅限于个人产品。在个人产品之外,还存在另一类型的“产品”,即公共产品。与个人产品的个人消费性质不同,公共产品具有联合的、共同的、公共的消费性质。如国防,如收音机和电视节目的播放,如防洪设施,等等,都是具体的例子。关于公共产品定义和概念的具体分析,我们将在第九章和第十章中,结合公共产品论的发展史和公共财政学的发展史去完成。这里我们只简单地对公共产品问题作一分析。

决定一种产品和服务是否公共产品的根本特征,在于其是否具有

共同消费性,它具体又表现为以下两个特征:

1. 消费时的非排他性(non-excludability)。这就是只要有人提供了公共产品,不管该提供者是否愿意让其他人也消费该产品,在该公共产品的效应覆盖范围和区域内,任何人都能够“消费”该产品。这时产品的提供者要想不让某人消费该产品,或者是技术上做不到,或者是阻止他人消费该产品的成本费用过于昂贵也实际上不可能,因而是无法排除该区域内任何一个社会成员享受该产品的效用的。这点,与个人产品所具有的消费时的排他性,即产品只能由提供者或购买者自己个人消费,而可以不让他人也参与该产品的消费,是形成鲜明的对比的。

2. 消费时的非对抗性(non-rivalness)。这就是只要有人提供了公共产品,则该产品效应覆盖范围和区域内的消费者人数多寡,是与该公共产品的数量和成本的变化无关的。或者说,新增消费者引起该公共产品的边际成本为零。原有消费者在已有的公共产品数量下所享用的消费量和效用程度,丝毫不会由于新消费者加入而有所减少和损失。这点,与个人产品具有消费时的对抗性,即某一消费者对于某一产品的消费,其他人是不能同时消费该产品,或者说新增消费者必须增加该产品的供应量,否则就得减少原有消费者的消费量的特点,也是形成鲜明对比的。

此外,由于这两个特征,还可以派生出公共产品的另一个特征,即消费时的非拒绝性。这就是对于消费者个人来说,一旦有人提供了公共产品,只要自己是处于该产品效应覆盖的范围内,则必然地和自然地受到该产品的服务和影响,而不以个人是否希望、愿意和需要这些消费和服务的意志为转移的。

共同消费性决定了公共产品存在的领域,是市场失效的领域。

在市场活动中,追求自身利益最大化是市场活动主体的理性行为。而公共产品的共同消费性,使得消费者产生了“免费搭车(者)”(free rider)和“囚犯困境”(prisoner's dilemma)等问题。在公共产品问题上,这些问题指的是人们不顾对自己根本利益的危害,而试图自己不提供公共产品,或不为其提供费用,希望坐享他人提供公共产品的效用的行为和现象。对于个人产品来说,追求自身利益最大化的个人,显然也会有坐享其成的动机和心理。这些,本书将在第七章作进一步的说明。而对于个人产品来说,由于消费时的可排他性,使得只要确定了产品的所有权,消费者个人要想消费该产品,就必须通过市场付出相应的价格,才能获得并消费该产品。这就是在市场经济条件下,为什么竞争性的市场价格能够充分正常发挥作用,从而个人产品能够并且也必须由市场提供的根本原因所在。

然而,公共产品消费时所具有的非排他性,使得消费者个人能够不经过市场,更无需付出相应的价格,只要别人提供了公共产品,他也就能够享受到该产品。对于追求自身利益最大化的市场活动主体来说,显然每个人都希望别人提供公共产品而自身“免费搭车”。这就决定了市场是无法提供公共产品的,或者说在公共产品供应上,市场价格难以存在,市场机制也就无法引导必要数量和质量的社会资源配置于该领域。可见,在公共产品存在的领域内,产生市场失效的结果是很自然的。

二　外溢性的存在

外溢性的存在,是市场失效的一个重要原因。

“外溢性”英语为 Externalities,也译为“外部效应”“外部经济”“外部影响”“外部性”“外在性”等。与公共产品一样,在翻译上也见仁见智,不一而足。

所谓“外溢性”,指的是人们的行为对他人产生的利益或成本影响。典型的如工厂排放的废水、废气、废料等对周围环境的污染,严重地减少了被影响者的个人或企业的利益,或增大了其生产成本和生活费用。

外溢性与公共产品有着很大的共性,这就是在外溢性的效应覆盖范围和区域内,也具有共同消费性,即消费时的非排他性和非对抗性。不管外溢性的收益者或受害者是否愿意,其外溢影响也具有非拒绝性。因此,外溢性现象与公共产品现象密切相关,实际上是公共产品的一种特例,对于外溢性问题的分析,大体上可以归入准公共产品问题中。

然而,之所以单独将外溢性问题列为市场失效的一种状态,是由于外溢性与公共产品之间又存在着差异:(1)公共产品本身就是正产品,而外溢性则不过是私人或企业行为的一种副产品和伴生物而已,是他们在提供个人产品的过程中附带产生的。(2)公共产品的提供者以提供公共产品为行为目的,是有意识地提供的。而外溢性的产生者的行为目的则是个人产品,通常来说不以产生外溢性为目的,因而往往是非故意产生的。譬如造纸厂的生产目的是生产纸张,至于在生产过程中形成的废水和废料等,并非是该厂的生产目的物,而仅是生产过程不得已的派生物,生产者从主观上还是不希望产生环境污染的。

外溢性的共同消费性,决定了外溢性存在之处也存在市场失效,并且其分析与公共产品是一样的。然而,外溢性的活动又具有个人消费与共同消费、个人利益与社会利益相混杂的特点,它与公共产品仅具有共同消费性和社会利益是不同的,这决定了两者的市场失效是有区别的。这就是公共产品处于市场无效状态,而外溢性则是处于市场低效状态。当然,无论是无效还是低效,都是市场失效的表现。

外溢性具有的共同消费性尽管是不完全的,但也足以产生“免费搭车”和“囚犯困境”等问题,使得市场及其价格体系无法发生作用,即市场价格无法对外溢性本身的成本和效益作出评价。此时就产生外溢性的正产品而言，它本身是个人产品，其市场价格是存在的，这就使得具有外溢性的生产是能够经由市场进行的，社会资源也能够在市场机制的作用下配置到这一领域。然而，此时形成的市场价格评价的仅是具有外溢性活动的正产品部分，而不包括外溢给社会的成本和利益。在追求自身利益最大化的动机下，人们市场活动所考虑的显然只是自身的成本和利益，而不会考虑市场价格所不反映的社会成本和社会利益。这样，具有外溢性的产品的市场价格，是不完全的市场价格，是扭曲的市场价格。人们经由市场开展的具有外溢性的活动，是不能通过市场价格信号实现社会资源的有效配置的，这就产生了市场失效状态。

对于外溢性来说，它又可依据是利益还是成本外溢，而分为两大类：

一类是正外溢性，指的是将利益外溢给了社会的那类行为与活动。诸如森林，它除了能够提供木材等产品外，还具有调节气候、保持水土、涵养水分等功能，对社会全体成员都提供着巨大的利益。然而，其中只有木材之类的产品才是森林的正产品，这是个人消费性质的产品，森林的所有者能够拥有它并索取市场价格而获得个人收益。而调节气候等作用对于森林所有者来说，则是派生的，是外溢给社会的副产品，森林的所有者是难以拥有的，也就不能通过索取市场价格以获得个人收益。

正外溢性的主要例子，还有水库等。水库的发电、通航、灌溉等作用，都是能够通过市场价格获得个人报酬的，但其防洪、美化环境等作用，则是难以收取市场价格的。

一类是负外溢性，指的是将成本外加给了社会的那类行为与活动。人们对负外溢性是比较熟悉的，典型的是环境污染问题。工厂的生产在获得正产品的同时，也排放了废水、废料和废气等派生物。正产品是个人消费性质的产品，产品的所有者能够拥有并获得个人收益。而派生物则是共同消费性质的产品，其产生的污染则由社会承担了成本，没有在市场价格体系中反映出来,而正产品的所有者反而获得了未经市场努力的个人收益。

这样,具有正外溢性的产品和服务,其所有者所能获得的个人效用,将由于利益外溢而小于他所产生的利益总量。成本利益对称,是市场等价交换原则的具体表现,是人们的市场活动所必须遵循的基本准则之一。在个人利益小于成本的情况下,正外溢性的提供者将缩小其正产品的生产和提供的规模,使得具有正外溢性的活动规模小于社会最佳规模。如个人建造花园,优化了周围的环境而向社会外溢了利益。这样,花园的建造者承当了全部成本,却只获得部分效用。成本利益的失衡,使得花园的建造规模可能小于社会所需要的规模,或者说在花园的建造上,市场配置的资源是不足的。反之,对于产生负外溢性的活动,成本外溢使提供者只承当了生产正产品的实际成本的一个部分,但却获得了全部利益。为此,成本利益的倾斜,将导致市场过度配置资源的结果,使得这类活动大于社会所需的规模。

社会资源的有效配置应是最适配置,即不多不少处于最佳点上。资源配置不足,显然不处于最佳点上。“过”犹不足,资源配置的过度,则不仅意味着过量资源的低效使用,而且意味着其他部门资源配置的不足,因为社会资源的总量是既定的,因而也不处于最佳状态之上的。可见,无论是成本外溢还是利益外溢,都将导致社会资源的低效配置,而产生市场失效的结果。

三　规模报酬递增状态

规模报酬递增所导致的自然垄断,是市场失效的又一重要表现。所谓“规模报酬递增”(increasing returns to scale)指的是某一产品或行业的净收益的增长速度,超过其生产规模的扩大速度的现象或状态。

充分的和完全的竞争，是只存在于规模报酬固定或递减的状态下的。而在规模报酬递增状态下，充分竞争的市场最终将必然走向自然垄断。这是因为，在规模报酬递增的状态下，愈大的生产规模必将产生着愈高的收益率和回报率。这样，大企业的生产经营规模大，在竞争中就处于明显有利的地位，就可以更低的市场价格不断地排挤同行业的小企业，迫使小企业退出该领域，或使得规模较小的其他资本难以进入该行业。这样，在规模报酬递增领域，即使最初存在着无数的企业，但市场竞争的结果，是必将通过不断淘汰而仅余下少数几个乃至单独一个大企业的。此时竞争局面消失了，存在的只是自然形成的垄断结果，即自然垄断状态。

因此，所谓“自然垄断”，指的是由于规模报酬递增特点所决定的天然垄断现象和状态。这是一种特殊类型的垄断，即与“人为”垄断相对立的“自然”垄断。“垄断”在现代经济活动中是普遍的现象。资本主义由自由竞争阶段转向垄断阶段而成为帝国主义，在我国是属于常识性的问题。但那大体上指的是人为垄断，是市场竞争中人为努力而实现的结果。由于垄断否定着市场的充分竞争，否定着市场效率，以损害社会公众的利益而获得超额利润，即垄断利润，因而即使在西方国家也是遭到谴责的。在那里，垄断组织和市场垄断行为也是受到种种限制的，诸如美国的《反托拉斯法》就是其典型的表现。这样，人为的垄断也将受到人为的否定。

而自然垄断则是由于生产的规模报酬递增性质所必然产生的结果，是客观经济进程的产物，是不以人们的意志为转移的。它与人为垄断有着不同的特点。作为一种垄断，它也损害着市场竞争，也可能为垄断者带来垄断利润，因而也有其损害社会公众利益的一面，但作为一种自然形成的结果，它又带给社会公众以巨大的利益。典型的自然垄断现象发生在城市公用事业上，如城市的自来水、煤气、电力、电话、公共交通和邮电通讯等服务,都以少数几家乃至独家经营为效率最高。这只要试想一下自来水的提供,无数家自来水公司的竞争,将导致同一城市或同一区域内无数条自来水主管道的并列铺设。从整个社会的观点来看,这显然是一种低效浪费的状态。相反,当某一城市或某一区域内的自来水供应仅集中到单一的厂家手中,从而形成单一而又合理的供水管道分布状态,这样才可能形成最佳的资源配置结果的。因此,这些行业的市场自发竞争,在天然产生以"大"吃"小"或挤"小"状态,从而形成垄断局面的同时,它毕竟为社会节约了资源,优化了配置效率,因而从根本上看又是符合社会公众的利益的。所以,对这种"垄断"是不能绝对地和简单地否定的。

但反过来,市场对于社会资源的有效配置是以充分竞争为基本条件的,这又以无数的平等竞争者参与为前提。自然垄断状态的形成,同样意味着垄断企业能够凭借自身的经济实力,在本行业内阻止和排斥其他资本,而否定着充分竞争的。可见,自然垄断也仍然是一种垄断,也同样有着不利于社会资源的优化配置的另一面。

经济学分析指出,能够达到效用最大化的价格,是由边际成本与边际收益的均衡点来决定的。但在规模报酬递增的状态下,即使竞争性的市场存在,由于边际成本曲线始终低于边际收益曲线,因而是无法产生市场运行的定价均衡点的。这样,如果按边际成本定价,则总是会产生亏损的,这就决定了此时的价格信号,是无法引导私人和企业进入该领域的。但在现实生活中,仍然存在着私人资本通过市场进入该领域的大量现象,是因为实际形成的价格是高于边际成本的垄断价格。在垄断价格下,市场是能够配置资源于自然垄断行业中的。但过高的价格意味着过多的资源和要素为这些行业所攫取,仍然产生"过犹不及"的市场失效问题,这是一种市场可以配置但难以最佳配置资源的市场失效状态。

四 风险与不确定性状态

风险与不确定性(risk and uncertainty)状态的存在,也引起着市场失效的结果。

充分竞争的市场可以导致资源最佳配置的结论,是以消费者和生产者都知道现在与未来所有产品和要素的确切价格为前提的。否则,不确定的价格,将可能是与现实价格相背离的不正确的价格。人们的市场活动是依靠理性预期来作出决定的,市场价格更多地体现为预期价格。或者换句话说,市场价格信号是通过预期价格来传达的。因而预期价格的正确与否,就直接关系到市场机制能否正确引导资源和要素的流动,以实现其最佳配置的问题。在风险和不确定性存在的状态下,生产者和消费者只能按照不确定的预期价格行事,并且必须将可能的风险损失等均打入价格中。由于预计的风险与实际的结果总是存在着或多或少差距的,这就无法保证市场价格信号的始终正确。而一旦预期价格与市场价格发生严重背离,则意味着人们是依据错误的价格信号去配置资源的,其结果显然是不可能最佳化的。所以,风险与不确定性状态的存在,也将导致市场失效的结果。在对于“市场经济”激烈的臧否之争中,人们往往指出市场所具有的诸如盲目性等缺陷,就是风险和不确定性状态导致市场失效的典型结果。

但应指出的是,如果说其他市场失效状态只存在于某些领域、某些部门和某些行业的话,则风险和不确定性对于市场来说,却是无所不在、无处不有的,其中的差别仅是程度的大小和范围的宽狭而已。这是因为,市场经济就是风险经济,市场经济是以无数人的自发活动为基础的,是通过市场机制的自发作用而实现社会资源的配置的。在充分竞争状态下,任何人都无法将自己的主观意愿凌驾于他人、凌驾于市场之上。这样,对于任何一个市场活动参与者来说,市场活动的结果均存在着风险和不确定性。因此,人们的经济活动要想不存在风险和不确定性,从理论上看,只能由一个社会中心对整个社会经济活动统一计划安排和控制才行,并且还必须以所有活动都能准确执行该计划为前提条件。但这已经不是市场经济,而是计划经济了。而进一步看,对整个社会经济全面的计划安排和控制,又要以该社会中心掌握所有的经济活动信息为前提。但在目前的科学技术和信息手段下,这是不可能实现的,计划经济的失败充分地证明了这种想法的空想性质。

这样,对于市场经济来说,就不是存在风险和不确定性与否的问题,而是风险和不确定性程度的大小及其对市场有效配置资源的影响如何的问题。在市场活动中,大量的风险和不确定性的程度是很小的,因而往往是可以忽略不计的。人们心目中的"风险",大体指的是对市场活动产生较大影响的那一类风险和不确定性。从这个意义上看,市场活动并不表现为人们的一举一动均处于风险之中,引起人们注意和担忧的风险和不确定性,尽管很多,但不是无处不在的。不过,不管风险和不确定性的程度大小,它都使得市场竞争难以完全充分。这样,所谓市场机制能够最佳配置社会资源的提法,只能是在相对意义上才成立的,是相比现存的各种经济体制而言的。这样,市场的自发活动具有很大的盲目性就不足为奇了,人们不管是赞同还是反对市场经济,都不能将市场绝对化理想化。

五　其他市场失效状态

此外,还存在着其他类型的若干市场失效状态,主要有社会分配不公和宏观经济不稳等问题。

(一)社会分配不公

上述四类市场失效状态,都是由于市场竞争的不充分而产生的。这是以市场无法最佳配置社会资源为基础的市场失效状态。然而,自发运行的市场即使处于充分竞争和最佳资源配置状态下，也会产生若干市场自身所无法克服的弊病。这是另一类型的市场失效，即市场难以正常发挥作用的市场失效状态。社会分配不公和宏观经济不稳就是这类市场失效的典型表现。

所谓社会分配不公，指的是在特定时期内，所存在的与当时社会公认的公平准则不相符合的收入、财富和社会福利的分布状态。

人们的市场活动是可能产生多种结果的，其中若干乃至许多可能是符合帕累托效率的，即社会资源的多种配置格局都可能处于最优状态。不过，此时每一种效率状态，都对应着一种收入和社会福利的分布状态。这就产生了同为资源最佳配置状态，却可能相对着公平的或不公平的收入和福利分布状态的不同结果。所以，一旦有效运行的市场所产生分配状态不符合公平准则要求时，市场本身是无法改正和克服的。这其中的主要原因，本书将在第七章详细分析。由于在公平问题上市场机制无法正常发挥作用，从而产生了又一种市场失效状态。

（二）宏观经济总量失衡

这是最后一类主要的市场失效状态。所谓宏观经济总量失衡，指的是市场经济在自发运行过程中所必然产生的失业、通货膨胀和经济危机等现象。

在西方市场经济数百年的自由放任发展史中，高失业率、过度通货膨胀以及经济的萧条与危机等等，总是不间断地周期发生着。而在这一时期中，西方政府是听之任之而没进行干预的。但是，随着市场经济的发展，其经济危机不仅不能消除，反而还呈现出愈益严重的状态，不仅危机愈益频繁，规模愈益增大，而且危害也愈益加剧。这样，西方市场经济数百年的发展史，就是一部与经济危机相伴随而变化的历史。我国这两年出现了前所未有的经济低迷状态，则是与我国开始构建市场经济体制同时发生的，这显然不是一种巧合。这样，人类实践已经证明并且仍将证明，市场经济是不可能根除经济危机的。

在经济危机状态下，社会资源处于程度不同的闲置状态中，大量的工人失业和设备物质闲置，社会生产力也遭到很大破坏，往往已有的产品被人为销毁，而不是无偿分发给急需这些产品的社会贫穷阶层。从整个社会看，此时的经济运行远未达到社会生产可能性曲线上。这样，经济危机不仅在经济上，而且对于整个社会都产生着灾难性的影响，严重者甚至可能导致整个市场经济制度的灭亡。

然而，宏观经济总量失衡尤其是经济危机状态的出现，并不是由于市场竞争的不充分，市场运行不处于效率状态而产生的。相反，即使是在充分竞争的状态下，市场的自发运行也可能，甚至是必然产生这些结果。这样，周期性的失业和经济危机状态，在经济学中被认为是市场失效的最典型症状，是最严重的市场失效。

宏观经济总量失衡这一市场失效状态，与前五种市场失效状态是有区别的。它们的差异之处在于，前五种市场失效是微观经济学意义上的市场失效，而宏观经济总量失衡则是宏观经济学意义上的市场失效。所以，应附带指出的是，讲充分竞争的市场能够达到最佳效率状态，仅是指微观经济而言，它对于宏观经济是不完全适用的。一旦出现了宏观经济总量失衡的状态，私人和企业是无法扭转这些市场自发运行的结果的。

总之，上述的市场失效都是在肯定市场机制的基础性作用，而市场又天然无能为力的前提下得出的。然而，克服这些市场失效状态，又是确保市场正常运行的必不可少的前提与条件。这样，就必须寻求非市场的解决办法。这就是要求政府及其公共财政的介入。因此，在市场经济条件下，市场失效是公共财政存在的经济根源，或者说“市场失效”就是“市场不能干的”，因而是政府及其公共财政能够去做的。

第三节　市场失效准则

由于市场本身的无能为力,这就只能依靠市场之外的力量,依靠公共活动,依靠政府力量的介入,才能纠正市场失效状态。这就导致了市场经济下公共财政存在的必要性。

一　弥补市场失效的必要性

上一节的分析表明,市场失效总是与市场经济相伴随而产生和存在的。然而,有许多市场失效的领域和事项,对于市场领域的正常有效运行,对于社会公众的正常生活,又是必不可少的。这就需要对市场失效进行弥补,需要通过非市场的手段,使必要的资源和要素被配置到市场失效的领域内,从而保证市场的正常运行。

上述各类市场失效的弥补,对于市场的正常运行来说,往往具有不可或缺的意义。这大体上可分为两大类:

一类是市场机制几乎完全难以将资源和要素配置于其间的活动,主要包括以下内容:

1. 建立国家防务等活动。一个国家的国防等活动,在日常生活中对于人们来说,似乎是看不见摸不着的,因而是并不感觉到它们的重要性的。但只要试想一下没有这类活动时的状况,就可以清楚地意识到这类活动对于社会公众的生活,对于市场正常运转的必要性。一个不具备应有规模和质量防务的国家是难以生存的,或至少是无法保证和维护自己的正当利益的。整个国家和民族将直接间接地处于被奴役被欺辱的境地,此时要想进行正常的市场竞争,个人和资本要想在市场上追逐利润和发财致富,都将是一句空话。这样,市场和资本从其所掌握和支配的资源与要素中,抽出一个部分用于国防等活动,显然是必要的。

2. 维持社会秩序等活动。一个社会如果没有必要的治安，则不可能维持正常的社会秩序，也就谈不上市场的正常运转。试想一下，如果一个社会充满了杀人越货、抢劫犯罪等现象，人们能够安心进行生产和生活吗？即使勉强从事市场活动获得了利润，还要整天处于被偷被抢的担惊受怕境地。这样，市场和资本显然也有必要均出一部分资源和要素用于这类活动。

3. 建造公共工程等活动。对于一个社会来说，建造防洪堤、下水道、道路、桥梁和路灯，清理垃圾，建立消防队伍等，都是须臾不可或缺的。否则的话，滔滔洪水将使一切市场运营成果化为乌有；如果城市处于污水横流，交通梗阻，垃圾成山等状态之中，则是难以想象如何去开展市场活动的；而路不平、灯不明、水不流、话不通，等等，缺乏这些基础设施，不仅生活十分艰难，而且现代生产更是无法进行；至于消防设施和队伍的设立，只要看一下不时出现于报纸杂志上的火灾损失报道，就可以十分清楚其重要性了。此外，公园和各种文化娱乐设施的提供，不仅有利于增强人们的身体健康，而且更主要的还在于有利于提高整个民族的文化素质水平，从根本上看，也是有利于资本通过市场获得更好的收益的。所有这些活动，显然也都是值得市场和资本提供一部分资源和要素用于其间的。

应当指出的是，以上的三项必须得到弥补的市场失效活动，大体上也就是亚当·斯密在《国富论》的第五篇中论述的君主应履行的三项职责。

4. 为市场竞争提供规则。市场的充分竞争，是由无数的市场主体自发进行的，这是一个错综复杂、纷繁动荡、光怪陆离的有机统一体。在这一极为复杂的市场交往过程中，每个市场主体都在追求着自身利益的最大化。而要获得个人利益，除了正当的市场经营之外，以非正当的欺蒙拐骗、巧取豪夺乃至强抢硬夺等手段，利益反而会更容易到手。如果听任各种非正当手段和行为发展而不予阻止，则整个市场的正常经营秩序就会崩溃，市场经济根本就无法存在，更不用侈谈什么市场的充分竞争和有效配置资源了。可见，阻止和惩罚非正当的市场活动，对于任何市场经济来说都是极其需要的。

然而，“商品是天生的平等派”①，在市场活动中，各经济主体相互之间的地位是平等的，谁也没有权威去制定有关法律、法规、制度、条例等，去约束其他经济主体的行为。但正当竞争的规则对于市场来说又是必不可少的，在正常的市场竞争秩序下，人们将能够通过正当竞争而获得相应的利益，这是符合私人和企业的根本利益的，因而也是市场和资本必须付出部分资源和要素予以弥补的市场失效。

5. 再分配以纠正社会不公程度。处于分配不公状态下的社会，是不可能保持社会稳定的。社会分配不公程度较严重之日，也必定是各种犯罪活动层出不穷之时。在贫富悬殊状态下，即使没有出现社会动乱，那至少也离动乱不远了。在社会犯罪频仍、骚乱不断，以及社会大动乱的背景下，市场怎么谈得上正常运转！为此，对市场有效运行所形成的分配结果进行再分配，使之符合社会当时公认的公平准则的要求，从而缓和社会矛盾以保证市场的正常运转，也是市场和资本的根本利益所要求的，因此社会分配不公问题也是必须弥补的市场失效。

6. 稳定宏观经济。宏观经济的周期波动，尤其是生产过剩型的经济危机，其受害对象是所有的社会成员。此时不仅贫穷阶层将被抛入灾难的深渊，就是富裕阶层也将遭受严重的利润损失。因此，缓解经济周期的波动程度，减少其产生的危害，保持宏观经济的相对稳定增长，

---

① 〔德〕马克思：《资本论》第一卷，北京，人民出版社 1975 年 6 月第 1 版，第 103 页。

既是符合市场和资本的根本利益，符合社会全体成员的根本利益，也是避免现代市场经济制度崩溃的直接要求。这就决定了宏观经济不稳也是必须弥补的市场失效。

不过，与社会分配不公一样，宏观经济不稳的问题，自西方的市场经济制度形成之后，在很长一段时期内是不严重的，此时它们都没有对市场经济制度构成有影响的威胁。因此，它们尽管从市场经济诞生伊始就都是市场失效的表现状态，但此时的市场尚未要求对它们进行弥补。这就是为什么在数百年的自由放任发展过程中，西方社会的公平和稳定问题曾长期处于市场管不了而政府又不管的境地。而到了现代社会，公平和稳定问题已激化到再不管将危及市场经济制度生存的地步了，这就引起了政府及其公共财政的介入，形成了西方市场经济从自由放任到政府干预的转变。这点，本章后文将具体分析。

一类是市场机制能够配置资源和要素于其间，但由于价格信号的不正确而难以达到效率状态的。这类市场失效主要有：

1. 外溢性的影响。外溢性有正负之分，无论是正外溢性还是负外溢性，只要其外溢效应超过一定的程度，较为严重地影响了社会经济生活的正常进程，就是必须弥补的市场失效。从正外溢性看，典型的如森林，如果一个国家的森林面积过小，将破坏正常的气候和水土保持，自然灾害大大加剧而危害着人民的生命财产，威胁着经济的正常进行。而从负外溢性来看，其典型则是各种环境污染。人们的经济活动乃至日常生活，往往伴随着污染行为，而经济的现代化过程从某种意义上看，就是一个污染扩大和加剧的过程。这些，都是需要社会付出必要的代价予以治理的。

2. 自然垄断的影响。作为一种垄断，如果听之任之，则自然垄断者也将通过垄断价格攫取超额利润，这是以全体社会成员的利益损失为代价，来增加少数几个乃至唯一的垄断者的利益。这就不仅危害着经济效率，而且还产生严重的社会分配不公问题。因此，这一领域也是必须加以弥补的市场失效类型。

此外，应强调指出的是，对于市场经济来说，并非所有的市场失效都必须弥补，而只有当市场失效对市场的正常运转构成危害与威胁时，市场才会对政府提出弥补要求。这点，本章下一节将进一步说明。这些由市场所决定的弥补市场失效的客观要求，直接构成了市场经济下政府所必须履行的各种经济职责。而关于政府经济职责问题的分析，本书将留待第七章去解决。

二　公共财政的非市场性

在充分尊重市场机制作用的前提下，仍然发生了市场失效，这是由市场机制本身的作用特点所决定的。这样，依靠市场机制，采用市场的方式和手段，是无法克服市场失效的。这就需要非市场的方式和手段，才能解决问题。作为政权组织的政府及其公共财政，恰好就具有非市场性，所谓“天将降大任于斯人也”，弥补市场失效的职责，也就历史地落到政府身上，是基本上只能由政府以公共财政为手段来完成的。

作为政权组织的政府所开展的财政活动，与私人和企业等经济组织进行的活动，有着根本的差异。正因为是政权组织，政府才具备了以非市场方式和手段进行活动的能力。公共财政的主体是政权组织，这是它具有非市场性的根源。反之，私人和企业作为经济组织，它们不具有相应的政权力量和政治权威，即使它们想以非市场方式和手段去活动，也是不可能的。因此，经济组织开展的只能是市场活动，在市场经济下只具有市场性。

对于公共财政的非市场性问题，实际上旧中国的公共财政学早已进行了分析：

(一)国家财政,不必以多得收入为目的。国家财政以收支适合为原则,……个人经济则反是,以维持生活为要图,以日有盈余为目的。……(二)国家财政,以得无形之利益为目的。个人……产出货财,获得收入,其价格之多少,利益之有无,皆可一一比较而计划之。国家之利益为无形,非可以金钱测定其价格。……故纯益之有无,不足左右经费之支出;利益之多寡,不足为财政计划之标准。……(三)国家财政,有强制的性质。个人依于法律命令,除自己所有物外,不能反他人之意思,强使其供给;国家依于法律命令,对于私人所有物,得反其意思,强使其供给。……(四)国家财政,当计永久之利害。个人之生存有限,国家之生存无穷。……故国家兴一制,创一业,功非期于旦夕,利必计于百年。……(五)国家财政,以量出制入为标准。个人经济,依收入以定支出;国家财政,依支出以定收入。①

这一分析中的“国家财政”,就是公共财政,②因而这段论述鲜明地指出了公共财政与市场活动的不同。从这些不同中,可以概括出财政非市场性的基本内涵。主要有:

1. 非市场价格性。从经济组织来看,它们提供的是个人产品,并用以交换他人提供的其他个人产品。与公共产品的共同消费性相反,个人产品具有私人消费性,即产品消费时是处于对抗状态和排他状态之中的。个人产品的所有者依靠这种排他性,就可以将未支付市场价格的潜在消费者排除在产品的消费之外。人们只有在支付了相应的市场价格之后,才能获得所需的个人产品,才能消费该产品,这就决定了个

① 张澄志:《财政学概论》,上海,启智书局1929年5月第1版,第24—26页。

② 这点,本书第六章将会具体说明。

人产品提供时市场价格的存在。

而从公共财政来看，它为政府向社会提供公共产品筹集并供给所需经费。由于公共产品具有的共同消费性，人们就可以依赖公共产品消费时的非排他性，不付费而坐享他人提供该产品的渔人之利，产生着“免费搭车”的问题。这样，公共产品的提供者难以通过市场，只能由政府以非市场价格的税收去索取相应的“价格”。“税收价格”否定了市场价格，也就否定了市场机制配置资源的功能与作用，产生了“非市场”的结果。

2. 非市场分配性。在市场经济下，经济组织之间的收入分配是凭借要素所有权，采用工资、利润和地租等形式，依托于要素市场的自愿交换活动完成的。这就是工人获得工资，资本获得利润，而土地获得地租。此时个人产品的消费时的排他性，决定了要素所有者可以完整地保有产品的所有权和独占权，此时交易中的要素让渡方失去自己对要素的所有权或支配权，是以获得相应等价的市场收益为前提条件的。如果交换对方不愿或没有支付相应的市场价格，个人产品的排他性将能够否定对方获得该产品的企图。这样，市场交易的自愿性决定了此时分配的自愿性。

公共财政则不同。公共产品消费时的非排他性，除了导致“免费搭车”问题而诱使人们为了自身私利不愿纳税外，还将引起了“囚犯困境”问题，即尽管人人都知道如果无人纳税，则不可能有公共产品的提供，其结果是所有的人包括自己都将受到根本损害，但由于受到追求自身利益的动机驱使，每一个人都试图让他人纳税而自己不纳税，结果将是出现谁也不愿纳税的局面。然而，提供公共产品弥补市场失效又是市场所必需的。这样，政府为了获得提供公共产品的财力，就不能依靠自愿方式，而只能采用强制方式去完成税款的征纳活动。

自愿性是双方遵循等价交换准则的基本前提和必要条件。正是由于有着自愿性，交换的任何一方都难以破坏等价交换准则，否则感觉吃亏的一方必将退出交换过程，而使得交易终止，从而确保着等价交换准则的得到遵循。也正因为如此，现实生活中的不等价交换活动，从根本上看都是在非自愿的因素作用下完成的。我国日常生活中的种种以权谋私现象，诸如各职能部门的工作人员可以从其职权管辖范围内的私人和企业购买"便宜货"的现象，就是典型的例子。尽管政府制定了种种规章制度乃至法律条例以求杜绝之，但收效甚微，其根本原因就在于种种非自愿交换因素介入市场交换过程之中。

公共财政活动的强制手段否定着经济活动过程中的自愿性，也就否定了等价交换准则。

3. 非市场交往性，即公共财政的政治程序性。私人和企业政治上的平等性，决定了它们之间的联系只能以契约方式经由市场来完成，而不能有超经济的关系。公共财政则不同，其活动主体是作为政权组织的政府，在政治地位上与私人和企业是不一样的。政府与私人和企业发生关系时，能够并且必须以其政治权力凌驾于对方之上，这也是为什么公共财政是以强制方式进行的直接原因。但政治权力的介入，就以超经济方式否定了人们之间交往的市场方式。

近现代的公共财政活动，是在既定政治制度的规范制衡和政治程序的安排约束下，通过运用政治权力来完成的：(1)公共财政活动必须经过立法或相应法律程序的批准，政府才能据以征税和支用所需款项，否则政府无权征用一分一厘钱款。而私人和企业的市场活动，只要不违背已有的法律条款就行，并不需要立法机构对其具体商业活动立法认可。(2)公共财政活动须按立法审批确立的计划，即政府预算来执行，是在国家计划这只"看得见的手"的操纵和安排下展开的。此时政府预算不仅规定着政府具体的支出活动及其规模，而且还计划安排着政府将以何种方式和手段，向私人和企业征收多大规模的收入等基本问题。而私人和企业的市场活动，其计划只是自身内部的，在对外交往上则是依据商业契约来安排的。(3)公共财政活动有其特定的政治程序，即须经过政府预算草案的提出、审议、修订、通过、执行、调整、完成并由政府决算审核批准的复杂过程，其中不仅有行政机构和立法机构的直接参与，而且还有社会公众舆论的介入，各种政治力量和利益集团的作用，以及政府机构有关人员在操作中的具体影响，等等，形成了一整套错综复杂而又相互制约的政治程序。而私人和企业的市场活动，是以自身内部的经济程序而非政治程序来完成的。

4. 非市场赢利性。私人和企业活动以追求自身的市场赢利为目的，这才能确保自身利益并在激烈的市场竞争中生存、发展和壮大。因此，追求自身的市场赢利，是个人在市场活动中追求自身利益最大化的直接体现和表现。

公共财政则不同，政府活动为社会提供公共服务，以满足公共需要而不是政府自身的市场赢利为直接目的。公共财政是凭借政治权力分配的，如果以赢利为目的，则政府很自然地将以自身的超经济强制力去服务于赢利目标。其结果一方面将是税收手段被滥用，而使私人和企业遭受不堪的税负重荷，另一方面则是政府支出在政治特权的保护下投入到市场赢利活动中。一言以蔽之，将是政府以自己的政治强制力去直接开展市场活动。这种市场活动政治化的直接后果，将是市场秩序的崩溃和市场体系的毁灭。可见，公共财政活动不能以市场赢利为目的。然而，市场赢利又是市场活动的灵魂，不具有市场赢利目的的公共财政活动，也就有着非市场的基本性质。

上述分析表明，公共财政是以非市场的方式，按非市场的程序，在非市场的领域，以非市场的目的来展开活动的。这使得公共财政直接表现为是市场的一种对立物和异己力量，可能干预、影响乃至否定市场活动。唯其如此，当市场本身无能为力，而只能依靠非市场的方式才能克服市场失效之时,具有非市场性的公共财政不仅必须存在,而且还能发挥强有力的弥补市场失效的积极作用。

三 弥补市场失效准则

弥补市场失效,是公共财政必须遵循并且只能遵循的活动准则。之所以弥补市场失效会成为公共财政活动的唯一准则,其基本原因在于公共财政对市场运行所具有的正反两方面作用。

(一)市场要求公共财政的存在与服务

从市场经济的角度来看,弥补市场失效的客观要求,决定了公共财政存在的必要性。市场失效作为市场与生俱来的缺陷,是天然存在的,市场无法依靠本身的力量和手段去克服,这就只能依靠非市场的力量和手段才能纠正。具有非市场性的公共财政,恰好具有弥补市场失效的能力,恰好为市场所需要。这就使得市场失效基本上只能依靠公共财政来弥补,公共财政发挥作用是市场得以正常运行的必不可少的前提条件。这样,公共财政就不仅不是市场的"敌人",只要其行为恰当和适度,反而可以成为市场的必不可少的"朋友"。

严格地说,采用非市场方式活动的,并非只有政府及其公共财政,社会团体、私人自发组织的集体活动乃至私人的单独行动,也可从事某些非市场活动,也可以非市场的手段去提供某些公共性质的服务。但是,这些私人性质的公共活动,都无法以强制方式从消费者手中索取公共产品的"价格",因而对于公共产品提供者来说,都存在着严重的成本利益失衡问题,这就决定了无法依靠团体和私人的自发活动来解决市场失效问题。相反,公共财政的非市场活动依靠的是政权的力量,能够以强制的方式获得"税收价格",这就能够确保公共产品供应上成本利益均衡的实现,从而决定了全面系统和持之以恒的弥补市场失效的活动,是只能由政府以公共财政这一非市场手段来完成的。这样,在市场失效弥补问题上,政府及其公共财政起着无可替代的作用,主要的和基本的弥补市场失效活动,是只能由政府及其公共财政来完成的。

这样,从根本上看,政府及其公共财政之所以能在市场经济的机体内存在和发展,不在于它们能够对市场的正常活动加以否定,而在于市场天然存在的失效状态需要得到有效的抑制和弥补,并且只有政府及其公共财政才能有效进行这类弥补活动。正是从这个意义上可以说,没有市场经济,就没有公共财政;反之,没有公共财政,就没有市场的正常运转,也就没有市场经济。可见,市场经济不仅从根本上决定和约束着公共财政,而且也需要着公共财政。弥补市场失效,就是公共财政在市场经济下存在的客观经济根源。

(二)公共财政不应超越市场的要求行事

然而,公共财政的非市场性又具有对市场的直接危害能力,这又决定了公共财政只能活动于市场失效的范围和领域内。这是因为:

1. 公共财政是凭借政府的政治权力来推行非市场活动的,如果不是依据市场的根本要求行事,则政府凭借其强制能力,是完全能够"为所欲为",而插足到市场正常活动的范围中去的,这将发生所谓的"市场能干的事政府也去干"的结果。这样,政府不受约束地插手市场活动,将是政府以其非市场性全面否定市场活动方式和运行秩序,其结果只能是市场经济的被否定。从某种意义上说,计划经济就是政府不受市场约束而全面控制和干预市场活动的结果。可见,在市场经济下,是只能以市场失效准则作为约束公共财政活动界限的客观标准的。

2. 作为政治主体的政府本身并不拥有资源和要素,它提供公共产品所需的资源和要素,只能通过公共财政从私人和企业获得。这样,尽管提供公共产品对于市场来说是必需的,但非市场性的公共财政毕竟是直接减少了和压缩着可用于市场运营的资本规模,从而表现为是一种对于市场自身发展能力的削弱。

“市场机制起基础性的资源配置作用”这句话,是包含着一切社会资源和要素首先由市场来配置的基本含义的。这样,公共财政弥补市场失效所需要的资源和要素,不管以什么手段来获得,都是从市场转移而来的。这句话还具有这么一种含义,即市场经济主要的和基本的发展过程,是由市场部门来完成的。市场部门发展得快或慢,则整个经济的发展速度也就快或慢;市场部门的经济技术发展水平提高了,则整个经济的发展水准也就提高了,等等。这些都表明了,弥补市场失效是以市场的发展为代价的。这样,就不能只要存在着市场失效,公共财政就必须介入,而只能是在市场需要的地方公共财政才能介入。

进一步看,公共财政也不能不顾市场的能力,而提供过多过大的公共服务的,即不能对市场失效作过头的弥补。弥补市场失效是市场对公共财政提出的根本要求,是符合市场和资本的根本利益的,但这是以市场和资本让渡部分资源和要素为代价的。这样,如果资源和要素的让渡规模与程度超出了适度弥补市场失效的需要,则意味着对市场和资本正常发展能力的危害,这将是对整个市场经济的损害,反而是危及市场和资本的根本利益与长远利益的。因此,这也说明了公共财政是只能遵循市场失效准则的。

3. 公共财政在提供公共服务并索取相应的税收价格过程中,总会或多或少地损害着市场效率:(1)税收经济学分析表明,几乎所有税种的征收,都将产生市场效率的“绝对损失”(deadweight losses,也称“社会损失”)问题,即在税收的征纳过程中,发生了经济总量的下降现象;(2)财政的一收一支都直接间接地引起私人和企业的负担或受益,进而引起它们市场行为的不同程度改变,即绝对意义的“中性财政”是不存在的,它总要或多或少地引起市场资源配置的扭曲;(3)公共财政在社会范围内大规模地进行再分配,虽然是纠正社会分配不公所必需的,但又可能损害市场效率;(4)公共财政运用税收和政府支出等手段,直接间接地收缩或扩张社会需求以稳定宏观经济，引起宏观经济总量的变化，也将或多或少地损害市场效率；等等。这样，为了避免产生不应有的市场效率损失，也必须将公共财政的活动限制在弥补市场失效的范围内。

这样，所谓“市场失效准则”，其基本内涵和要求，就是在市场经济下，政府及其公共财政只能以弥补市场所需纠正的失效状态作为自己的行为准则。这就是只有市场失效的领域，才是公共财政可以介入的领域；只有为市场所要求而市场本身又难以有效或正常发挥作用的活动，才是公共财政必须开展的活动。反之，公共财政不应进入市场有效运行的领域，或者即使存在市场失效状态，但对市场正常运行没产生重大危害而能够容忍的市场失效活动，公共财政也不应介入。这样，“市场失效准则”的遵循，将确保公共财政既能为市场提供必不可少的服务，又避免了对市场不应有的干预和侵犯。

遵循了市场失效准则的公共财政，其非市场性对市场将是起着巨大的积极作用的，是市场经济所不可或缺的。为此，公共财政必须从根本上服从于和服务于市场经济。公共财政活动的领域、规模、内容和方式等，从根本上看都是由市场决定和认可的，即市场决定了公共财政只能以市场失效为活动领域，而不应介入市场机制能有效配置资源的领域内；决定了公共财政的规模必须与市场对公共产品供应的客观要求相适应，过大过小的税收和公共支出规模，都将危及市场正常运转而为市场所否定等。

总之，尽管公共财政以直接的市场否定姿态出现，但却无法整个地否定市场，反而应当根本服从于和服务于市场利益，与市场和平共处相辅相成。这使得公共财政既要按市场经济的要求来改造自己，又要以自己的活动去促进市场的发展壮大，并在这一过程中也使自身发展壮大起来,而不因自身的非市场性而在市场经济中萎缩消亡。

第四节　市场失效析辨

在近年来的理论论战中,“市场失效准则”是否定公共财政论的发难点和集中点之一。因此,对此诘难的答复,不仅关系到公共财政观之立论能否成立,而且也关系到澄清人们对公共财政的模糊认识的问题。本节将通过对若干否定市场失效准则典型观点的剖析来阐明这一问题。

一　市场失效的历史考察

最初对于市场失效准则的否定看法,是孙树明在《关于公共财政的一些基本问题》一文中提出的(以下简称孙文)。该文在分析政府活动范围问题时,对市场失效准则观点提出了否定看法:

> 现代西方经济学家早已完全抛弃了亚当·斯密的“守夜人”主张;从实践来看,西方各国政府的活动的范围都呈扩大的趋势,政府开支增长已经是一条规律。然而,我国一些学者却提出确立公共商品①为财政理论的核心理论,并把它作为构建财政理论体系的首要着力点;认为只有在“市场失灵”②的领域,政府部门的介入才是必要的;主张财政要解决的只是通过市场不能解决的事项。这些观点同当代西方经济学家的观点相比都不能不说是一种倒退。我认为,适应社会主义市场经济要求转变财政职能,改变财政分配手段不规范、国家包揽过多、微观事务管得过多过细的状况是

① 即我们所说的“公共产品”。
② 即我们所说的“市场失效”。

> 必要的;既是市场经济,就有缺陷,发生失灵也是不可避免的,政府也确实应当通过自己的行动来弥补市场缺陷,矫正市场失灵。但是如果政府的活动范围仅仅局限于市场失灵领域,就不可避免地要改变公有制的主体地位,显然这与建立社会主义市场经济的目标是相违背的。因此,在我国社会主义市场经济条件下,政府的活动范围应当更宽一些,发挥的作用应当更多更大一些。①

这段论述的中心思想是,数百年来,西方政府及其公共财政职能早已由“小”变“大”,西方的公共财政已经超越了亚当·斯密的“守夜人”即市场失效的准则,人们所熟知的政府从对市场的不干预转为大规模的积极干预。孙文认为,这就否定了亚当·斯密的“守夜人”准则,即“市场失效”准则。

孙文的上述看法是不正确的,关键在于将“市场失效”范围与自由放任时期的政府活动范围等同起来,而将现代政府对公平和稳定问题的干预,视为是政府进入了市场有效运行的范围中。②

从市场经济的角度来看,经济活动可以并且只能区分为“市场有效”和“市场失效”两大基本类型。那么,如果孙文的观点成立,则现代西方政府的活动早已超越了“市场失效”的范围,尽管孙文没有明确指出,但其逻辑结论只能是西方政府已经进入了市场正常有效发挥作用的领域内,或者换句话说,西方政府也已经以在市场内谋取赢利为自己主要的和基本的职责之一了。这样的逻辑答案显然是不成立的。

要说明该答案的不成立,是需要对西方社会数百年来的政府活动

---

① 孙树明:《关于公共财政的一些基本问题》,载《中国财经报》1996 年 3 月 19 日。

② 可参见张馨:《也谈公共财政的一些基本问题——兼答孙树明同志》,载《中国财经报》1996 年 5 月 21 日。

变化作一分析的。如同孙文所指出的那样，数百年来西方政府及其公共财政是经历了一个规模不断增长和范围不断扩大的进程。但是，这些并不能得出否定“市场失效”准则的结论。孙文的分析之所以会得出错误的结论，关键就在于对什么是“市场失效”的误解，或者说对西方政府及其公共财政的这种规模和范围的扩展现象的误解。

数百年来，西方政府及其公共财政活动范围和规模的变化，实际上只是市场失效的具体内容和范围随着市场经济的发展变化而扩大和加深罢了，并没有什么质的变化产生。所以，这只不过是它们顺应市场经济变化的根本要求，相应扩大了自己提供的公共服务的范围和内容而已，而政府及其公共财政的活动范围则是始终局限于市场失效领域内的。因此，直至今日，“弥补市场失效”仍然是西方国家界定政府及其公共财政活动范围与领域的基本准则，并没有被超越和否定。这点，我们不妨通过对西方市场经济和公共财政的具体发展变化过程来说明。

在自由资本主义时期，资本充分自由发展的客观要求决定了，此时政府只应是“小政府”，财政只应是“小财政”。此时政府及其公共财政提供的公共服务内容，集中在最初的和最基本的公共服务范围内，即如亚当·斯密的《国富论》所归纳的：(1)承担对外防御的任务，提供国防费等；(2)承担对内统治维持社会秩序的任务，而提供司法经费等；(3)承担公共工程和公共机关的费用。① 毋庸置疑，当时的小政府与小财政的主张和实践，是完全符合公共财政以市场失效为准则，只应活动于市场失效活动范围内的要求的。这点，孙文也是这样认为的，同时也相信人们是无异议的。

但是，古典学派在经济学和公共财政学上的这种自由放任主张，并

---

① 参见〔英〕亚当·斯密：《国民财富的性质和原因的研究》(下卷)，郭大力、王亚南译，北京，商务印书馆 1974 年 6 月第 1 版，第 254—372 页。

不等于只有小政府和小财政才是符合市场失效准则和要求的。

在自由资本主义时期，整个社会经济活动基本上是在市场机制的自发作用下运行的。对于经济学上的三大问题和任务，即效率、公平和稳定等问题，此时人们考虑的仅是效率问题，古典学派及其公共财政学说分析的，也大体上只是效率问题。此时在自由市场制度下，资本主义经济呈现出了蓬勃的生机和强劲的发展能力，充分地表现出了市场有效配置资源的优点。同时，在充分竞争的市场活动中，社会成员通过要素的市场交换所形成的整个社会的分配格局，尽管是以无产阶级和其他劳动者被剥削与贫困化为代价的，但当时的社会矛盾基本上尚未尖锐到足以威胁资本主义制度和市场经济制度正常存在的程度。这样，尽管社会分配不公问题从西方市场经济体制诞生伊始就产生了，但在自由市场制度时期，西方的市场并未提出缓解或纠正社会分配不公问题的任务。

与此同时，在自由放任状态下，尽管从一开始西方市场经济的宏观运行就存在着难以消除的周期循环问题，但循环的期限较长，规模较小，不仅对整个资本主义制度和自由市场制度的破坏作用不是致命的，相反，经济危机还在一定程度上起了淘汰落后和革新技术，从而促进经济发展的作用，似乎是市场经济机体新陈代谢的具体表现形式和作用过程。这样，此时的市场和资本也没有对政府及其公共财政提出弥补这一市场失效的要求。

于是，当时社会的公平和稳定似乎是在自由放任状态中，由市场自发解决了，此时的市场似乎有着万能的“魔力”去解决一切社会经济问题。这就是当时自由放任的经济学派的主张赖以产生和存在的经济根源。然而，此时仍然有着市场失效需要政府及其公共财政去弥补，它集中地体现在亚当·斯密所论及的三个领域内。这样，不管人们的主观意愿如何，政府仍然存在着并且必须在这些领域内发挥其作用，尽管当时的政府只起“小”作用也罢！这就是当时的公共财政只具有较小的活动范围和领域的根本原因。而此时的社会分配公平和宏观经济稳定问题并没有解决，它们仍然是市场失效的主要类型，只不过不同于其他市场失效类型那样，已经明显地要求政府及其公共财政予以弥补，而只是作为潜在的问题和病灶隐伏着。“非不为也，时不至也”，一旦时机到来，它们自然会向政府及其公共财政提出弥补要求的。

而随着市场经济的发展壮大，自由放任的市场原已存在的隐患，即社会分配不公和宏观经济不稳这两大问题开始日益明显并严重起来了。

市场机制作用下自发形成的国民收入和财富的分配结果，愈益呈现出两极分化的状态，由此而激发的愈益尖锐的社会矛盾和阶级斗争，已开始逐步显示出其对资本主义制度和自由市场制度的致命威胁性。进到19世纪以后，社会分配的严重不公状态及其相应引起的社会动荡的尖锐性，已得到充分证明，听任社会分配不公问题的存在而不予解决，无异于掩耳盗铃。社会公平问题已开始成为必须弥补的一个新的市场失效领域，它客观上要求政府及其公共财政的介入。正是在这一客观背景下，从上个世纪80年代开始，西方政府及其公共财政先后大规模地介入了社会公平问题之中，著名的“福利国家”制度就是这一干预的产物。

宏观经济运行稳定问题也是如此。随着市场经济的发展和规模的扩大，西方经济周期开始显示出期限愈益缩短、规模愈益扩大、影响愈益加深、破坏愈益严重的状态。在宏观经济运行上的自由放任状态，最终导致了本世纪30年代西方世界大经济危机的爆发，宏观经济不稳已成为对现存的社会制度和经济制度的致命威胁。同时它也清楚地表明了，又一个需要政府及其公共财政弥补的新市场失效领域出现了。正是在这种背景下，西方政府先后被迫放弃了传统的经济不干预主义，开始采用凯恩斯主义的主张,运用财政政策和货币政策等开展了宏观调控活动,对经济进行了强有力的干预。

这样,从上个世纪末叶开始,由于对公平和稳定问题的介入,使得西方政府及其公共财政愈益表现出急剧扩张其活动范围和规模的态势。传统的"小政府"和"小财政"的主张和政策被抛弃了,取而代之的是"大政府"和"大财政",从而开始了政府及其公共财政几乎是全面干预经济的过程。

但是,西方政府及其公共财政的这种由"小"转"大"的变化,虽然是传统的不干预主义的结束和政府干预主义的开始,却不是对市场失效准则的否定。因为此时西方政府及其公共财政干预所新进入的领域,从来就不是市场有效运行和正常发挥作用的领域。此时政府及其公共财政对公平和稳定问题的介入与干预,显然还是弥补市场失效的行为。在作了这样的分析之后,不知人们是否仍然认为政府干预"早已超越"了市场失效领域呢?

此外,随着西方市场经济的发展,还有若干原本就已存在但尚未要求弥补的市场失效,也开始要求政府及其公共财政予以弥补了。典型的如环境污染等问题。在西方经济发展的早期,很长时期内经济的发展是以环境的严重恶化为代价的。但随着经济的增长,环境污染问题的日益严重,已使得人们生活难以正常进行,市场难以正常运转下去了;同时经济的增长也使得社会具备了解决环境污染问题的实力,因而市场和资本对环境污染问题就不再是听之任之,而是转到以法律和税收等各种手段进行干预上来;等等。这些,也都是对原来就已存在的市场失效的弥补,并非是政府及其公共财政进入了市场有效运行的领域。

可见,公共财政与市场失效是有不解之缘的。没有市场失效,可以有财政存在,但那不是公共财政;反之,有公共财政存在而没有市场失效,则公共财政失去服务对象和存在依据,也是不能存在的。而有市场失效及公共财政存在,也并不等于公共财政必须对所有的市场失效都予以弥补,只有当市场对公共财政提出弥补失效的要求之时,公共财政才必须介入。从这个意义上看,现时流行的“市场能干的,政府不应去干;市场不能干的,政府就一定要去干”的口号,是不完全正确的。其原因就在于“市场不能干的”,政府也并不等于非得去干不可。因此,其口号应当改为:“市场能干的,政府不应去干;市场不能干而又需要干的,政府就一定要去干。”

作了上述分析之后,再具体答复孙文的若干具体质疑。

孙文提出:“认为只有在‘市场失灵’的领域,政府部门的介入才是必要的;主张财政要解决的只是通过市场不能解决的事项。这些观点同当代西方经济学家的观点相比都不能不说是一种倒退。”

这一提法,前一句我们已经在上面的论述中详细予以答复了,这里要说明的是“当代西方经济学家的观点”。孙文只介绍了埃克斯坦和布坎南两位经济学家的观点,就将其概括为“当代西方经济学家的观点”。对此,我们要问的是,孙文的概括是否准确?或者换句话说,孙文是否将自己的观点等同于“当代西方经济学家的观点”了?还有,什么时候“当代西方经济学家”也主张政府要参与解决市场能够解决的问题了?

在我国20年的改革中,人们已逐步形成了这么一种共识,即“市场能干的政府不要去干”,并且人们也一直在努力做到这点。在计划经济时期,政府的确是超越市场失效准则,去干了大量市场能干的事的。而由于其惯性影响,我国各级政府及其机构至今还大量地插手和介入市场正常活动范围之内,因而“市场能干的政府不要去干”,直到今天还一直是我国经济改革的主要努力目标之一。在这种背景下提出遵循市场失效准则,政府不要去干市场能干的事,就产生了“这些观点同当代西方经济学家的观点相比都不能不说是一种倒退”的结果吗?

在西方资本主义制度下,追求市场赢利是私人资本的事,如果政府及其公共财政介入市场赢利活动中,将是“与民争利”,是对私人资本的侵犯,从根本上看是不允许的。这就是为什么西方政府基本上只能局限于市场失效领域,西方国有经济基本上只能是非赢利性的经济根源。在这种经济环境中,当代西方经济学家能够得出政府可以干市场能干的事的结论吗?如果将20世纪以来,西方学者关于政府干预的主张,即政府应当比自由放任时期发挥“积极作用”的言论,解释为市场失效准则在西方已被超越和否定,就很难说是正确的,这是否是将自己的看法加之于西方学者头上了?

孙文又指出:“如果政府的活动范围仅仅局限于市场失灵领域,就不可避免地要改变公有制的主体地位,显然这与建立社会主义市场经济的目标是相违背的。”这句话表明,孙文是在没有弄清我们的观点,或者没有读过我们的文章就提出这一问题的。

尽管这里争论的只是公共财政问题,但争论的起点则是双元财政问题,争论的起因是我们在《中国财经报》上撰文介绍双元财政论的基本观点①。在双元财政论中,公共财政只是社会主义市场经济下整个财政的一个构成部分,而另一构成部分则是国有资产财政。公共财政是作为社会管理者的政府进行的分配活动或经济活动,它只能活动于市场失效的范围内;而国有资产财政则是作为资产所有者的政府进行的分配活动或经济活动,它只能活动于市场有效的范围内。具体到孙文的质疑来看,则公有制主体地位的体现,是依靠国有资产财政实现的,或者说是依据作为资产所有者的政府活动来实现的。这样,孙文撇开我们立论的前提,即处于市场失效范围内的只是处于社会管理者身

---

①　叶振鹏、张馨:《双元结构财政是与社会主义市场经济相适应的财政模式》,载《中国财经报》1996年3月12日。关于双元财政论,本书第三章还将详细进行分析。

份上的政府，而笼统使用了"政府"一词，就得出了改变"公有制的主体地位"和违背"建立社会主义市场经济的目标"的结论，这是否太主观武断了呢？

二　市场失效的理论分析

《财政研究》1997 年第 5 期发表了许毅老先生的《对国家、国家职能与财政职能的再认识——兼评公共产品论与双元结构论》一文（以下简称许文），在批判本人的公共产品论和双元财政论的同时，对市场失效观点进行了具体的批判：

> 再拿作者推崇备至的西方市场失灵理论来说，也并没有什么新鲜奇特之处。马克思主义经典作家在研究资本主义生产方式时早就得出市场必然失灵的理论，并指出了市场失灵是无政府主义自由竞争规律的恶果，是资本主义生产资料的私人占有同生产社会化的制度性所固有矛盾的表现。正是资本主义这种生产力与生产关系矛盾的推动，才找到产生这种差距的两极分化的阶级矛盾。只有通过社会主义革命，通过生产资料私有逐步实现公有（有待小生产向大生产的发展），并在进行社会主义建设过程中，坚持公有制为主体、共同富裕两个根本原则，强化国家宏观调控，用国家宏观调控这只"看得见的手"去驾驭市场这只"看不见的手"，克服市场的自发性、盲目性和滞后性，这就是党的十四大提出的使市场在"社会主义国家宏观调控下对资源配置起到基础性作用"的准确含义。也只有这样，才能从根本上解决市场失灵问题。①

① 见许毅：《对国家、国家职能与财政职能的再认识——兼评公共产品论与双元结构论》，载《财政研究》1997 年第 5 期，第 3 页。引文中的"作者"也就是本书的作者。

对此，本人在全面答复许毅老先生的文章①中，限于文章篇幅考虑，只作了简要的回答。这里想作一下详细的展开说明。

（一）关于马克思的市场失灵论

许文指出："马克思主义经典作家在研究资本主义生产方式时早就得出市场必然失灵的理论。"对此我们要问的是，这是真的吗？

在马克思和恩格斯等人的论著中，的确大量涉及了市场经济问题。他们在肯定市场经济对发展社会生产力所起的巨大历史作用的同时，也指出了市场的种种弊端。如果认为这就是"马克思主义经典作家的市场失灵理论"，也未尝不可。因为"市场失效（灵）"一词仅就字面而言，是可以作出种种解释和回答的。依据马克思恩格斯的论述，市场本身具有的各种缺陷，诸如自发性和盲目性等，是需要通过社会主义革命，即通过否定资本主义制度和市场经济制度才能根本克服的。马克思恩格斯并没有进行详细的非市场领域存在必要性的分析，更没有系统全面地论证政府在弥补市场失效上的作用。可见，如果一定要说马克思等人已经形成了"市场失效理论"的话，也只是一种从根本上否定市场经济的市场失效观，是通过分析市场本身所固有的矛盾，得出市场经济最后必然要为计划经济所取代的市场失效观，而不是如何维护市场经济制度，如何弥补和矫正市场缺陷的市场失效观。

因此，这种"市场失效论"是与西方公共财政学的"市场失效论"有着根本差异的。西方的市场失效论是在肯定现存的市场经济具有合理性，是在如何确保市场正常运行的前提下，来谈论市场失效问题的。这样，西方的市场失效论关心的不是市场经济制度是否会灭亡，在什么时

---

① 见张馨：《公共产品论对我国不具有借鉴意义吗？——答许毅教授》，载《中国经济问题》1998年第3期，第19页。

候灭亡,以及应当由什么经济体制来取而代之的问题,而是关心如何完善现存的市场经济制度,如何更好地发挥市场经济的作用的问题。两者的差异,可以说一个是对市场经济制度的历史命运的关心,一个则是对市场经济制度的现实运行的关心。一个是“革命型”的,而一个是“改良型”的。两者立论的基点不同,分析的对象不同,要解决的问题不同,所形成的理论和解决问题的方法更是不同。目前我国理论界所谈论的市场失效论,正是借鉴西方经济理论的产物,“马克思主义经典作家”什么时候得出过这种市场失效论呢?

(二)关于市场失效论的借鉴意义

新中国成立前我国曾经存在过市场体系,但那是很不健全的,是支离破碎的,是在封建主义和殖民主义枷锁下扭曲的市场经济。因此,构建现代意义上的市场经济体制对于我们来说,还是一个崭新的课题。计划经济在我国的建立,立即否定了当时已存在的市场体系和市场因素,使我国的市场很快就转入完全的“失效”,或者说完全的无能状态之中。此时配置社会资源的基本任务已经改由国家计划来承担。由于计划经济在我国的建立是暴力革命和人们依靠国家政权力量强制推行的结果,而不是我国客观经济进程自然进化的产物,因此,这是人为形成的“市场失效”,这与西方经济学的市场失效概念可以说是风马牛不相及的。

在计划经济下,一切市场机制赖以发挥作用的形式和手段,或者是被废除,或者是保留形式但却抽走了实质内容。对于这种人为的市场失效来说,其根本问题在于无须确保市场机制的有效发挥作用,更无须对市场失效加以弥补。这样,如果将计划经济对市场机制的全面否定也视为是市场失效的一种状态的话,则这种市场失效观实质上是一种否定市场经济的观点。然而,我国目前进行的市场取向的改革,其目的是建立而不是否定市场经济。在这种背景下,如果说马克思也有市场失效观的话,则这种市场失效观对目前的我国是只能起负作用的,显然是不足取的。

因此,在我国构建社会主义市场经济过程中,西方的市场失效论是具有重大借鉴意义的。尽管在20余年的计划经济时期,我国的市场体系已荡然无存,市场因素已全面萎缩,但经过20年的改革开放,市场因素在我国已有了长足的进展,市场体系也已在逐步的培育之中。此时尽管市场因素尚嫌稚嫩,市场体系尚不健全,但它却已表明了,无论是从理论分析还是实践运作来看,我国的市场经济也都是由市场有效和市场失效两大部分所组成,并且各种市场失效状态也对市场有效运行构成致命的危害。如果它们没有得到应有的弥补,市场经济也是不可能正常运转的。这样,从肯定的角度去分析市场失效问题,去研究如何纠正市场失效,对于我国财政理论界来说,显然是当前亟需解决的关键问题之一。

市场经济在我国的建立过程,显然也是市场失效与之相伴随而产生的过程。这样,研究市场失效问题,尤其是结合我国的具体国情分析市场失效问题,对于我国社会主义市场经济体制的建立健全,将是具有重要的现实意义的。至于市场经济制度是否会灭亡以及如何灭亡等问题,显然不是目前的改革实践所需要解决的问题。处在这种建立而不是否定市场经济的时代背景中,我国的财政理论界是应当去研究"通过社会主义革命,通过生产资料私有逐步实现公有"的,"从根本上解决市场失灵问题"的那种所谓的"市场失效理论"并实践之,还是应当去研究西方的市场失效论并借鉴之?

还应指出的是,西方市场失效论的分析,是不涉及生产资料所有制性质,即不涉及"姓社"还是"姓资"问题的。该理论所总结归纳出来的种种市场失效现象,是根源于市场经济制度,而不是生产资料所有制的，因而在我国的社会主义市场经济中也是存在的。正是基于这点，借鉴西方的市场失效论，对于我国的改革和发展是具有巨大现实意义的，尽管该理论产生于资本主义私有制背景下。

然而，许文却把市场失效说成“是无政府主义自由竞争规律的恶果，是资本主义生产资料的私人占有同生产社会化的制度性所固有矛盾的表现”。因此，这只是资本主义市场经济下的市场失效，是基本资本主义制度才产生的市场失效了。而我国的市场经济已经不是资本主义市场经济，而是社会主义市场经济了。那么，在这种生产资料所有制性质根本不同的市场经济下，是否还存在着市场失效问题呢？如果存在，那么对于已经消灭了资本主义固有矛盾的社会主义市场经济来说，其导因又是什么呢？依据许文的逻辑推论，已经“通过社会主义革命，通过生产资料私有逐步实现公有……，并在进行社会主义建设过程中，坚持公有制为主体、共同富裕两个根本原则，强化国家宏观调控”的市场经济，是“从根本上解决市场失灵问题”的了。既然这样，搬出资本主义的市场失效来批判一通，不管主观用意如何，是否会产生否定在我国建立社会主义市场经济的客观效果呢？

三　“市场失效”尴尬？

最新对市场失效准则提出质疑的，是叶子荣。在他的否定本人公共财政论①的文章（以下简称叶文）中，以《“市场失效”的尴尬》为标题，对市场失效问题作了专门的否定分析。这是至今为止对市场失效论的最全面批判。为此，让我们来看看叶文对市场失效的各种否定是

① 《财政研究》1998年第4期发表了叶子荣同志的《“公共财政”辨析》一文，对本人的公共财政观进行了否定。为此，本人在《财政研究》1998年第8期发表了《市场经济下不存在公共财政吗？——答叶子荣同志》一文，对其质疑全面予以答复。

否成立。叶文对市场失效论的否定如下：

> 其一，是国家职能范围，还是"市场失效"范围。十分明显，"市场失效"理论与"社会契约"国家学说是一脉相承的，是歪曲国家本质的唯心主义学说之魂附于市场经济之体的产物，其荒谬早已为我国学术界所确认。这里，笔者要进一步指出的是，把亚当·斯密所界定的"夜警国家"的职责范围，作为"市场失效"范围，这是"公共财政"理论的新发现，还是移花接木的拙劣手法？国家及财政职能的产生和行使，几乎和市场经济没有任何必然联系。自国家产生之日起，国家作为政治权力机构行使其职能就主要是上述范围。……国家及其财政产生于早期的自然经济时期，比市场经济早数千年。"公共财政"论者硬是要把数千年前国家职能早已行使的范围偷换成"市场失效"的范围，难道不显得尴尬吗？"市场失效"的前提必须是市场经济的客观存在，建立在自给自足自然经济基础上的国家及其财政，在行使其职能时，何曾有过市场经济，何曾考虑过"市场失效"的弥补问题？如果说用"市场失效"代替"国家职能"更科学、更符合人类社会发展的客观实际，那么，相应地许多社会科学都应从名称到内容实施改换。如社会发展史可改为"市场失效"史，甚至一些军事著作像《孙子兵法》等也应改为"市场失效弥补法"。这样，"公共国家"、"公共财政"以及"市场失效"理论似乎更能协调与各门社会科学的矛盾，以便虚构的"社会契约论"国家学说更能为人们所接受。①

"国家及财政职能的产生和行使，几乎和市场经济没有任何必然联

---

① 叶子荣：《"公共财政"辨析》，第46页。

系”的命题,在一般意义上是正确的,因为人类社会几千年,而市场经济存在才几百年,显然从总体上看,是不能说国家及其财政职能与市场经济存在必然联系的。但叶文的这一命题在市场经济的特定背景下,则是错误的:(1)在市场经济的背景下,国家及财政职能的产生和行使与市场经济存在必然联系,而不是“没有任何必然联系”,不能以一般来否定特殊。(2)国家及财政职能的产生和行使,在任何时期都是由当时的经济基础所决定的,而不存在着一个脱离特定时期的经济基础的决定和制约作用的国家及财政职能。而叶文这一命题的实质,是主张存在着不依赖于经济基础、不受经济基础的决定作用的国家及财政职能的。

叶文是强调马克思主义国家学说的,但什么时候马克思主义的国家学说变成“国家及财政职能的产生和行使”,几乎和当时的经济基础“没有任何必然联系”了?这是符合还是违背了历史唯物主义的基本观点?在不同的经济体制下,国家职能有着不同的内涵和特点,自然经济时期的国家职能与市场经济时期国家职能是一样的吗?计划经济时期的国家职能与市场经济时期、自然经济时期的国家职能也是一样的吗?不同经济体制下的国家有着不同的职能,这是不争之事实。那么,国家职能的不同又是由什么决定的呢?其根本原因就在于不同的经济体制的根本决定作用。叶文强调国家职能可以脱离市场经济而存在,其用意是什么呢?在过去的几十年中,我国经济建设中曾经有过国家唯意志论盛行的时期,并产生过灾难性的后果。叶文的上述提法,是否在继续鼓吹国家唯意志论之嫌呢?

本人的市场失效论是从市场经济的基点得出的,而叶子荣对市场失效论的批判,恰好就是将市场经济这一基点撇开之后作出的。这是不是“移花接木的拙劣手法”?但不管怎样,为了弄清争论的原委和明辨是非,分析还是必须回到市场经济中去,尽管这可能有些强人所难。

自然经济时期与市场经济时期国家及其财政的活动范围，是有很大的相同性，但并不完全一样。自然经济时期的财政含有君主私人收支的内容，市场经济时期的公共财政则否定了这一私人性质的内容，而只保存了公共性质的内容，其决定性因素就是市场经济。典型的如数千年来留存的各种皇家陵园，如埃及的金字塔、印度的泰姬陵以及我国无数的皇帝陵墓等，尽管为后人留下了足以值得骄傲的古代文明遗迹，但能够设想在市场经济时期还会出现这种穷一国之力、费数十年时间而仅为一人修筑死后安乐宫的现象吗？在计划经济时期，国家及其财政除了仍然承担原有的"夜警国家"职责之外，但更主要的还是直接组织和安排了整个国民经济活动。而后者在自然经济时期和市场经济时期早已存在了吗？所有这些国家及其财政职能的不同，难道不是都鲜明地体现了国家及其财政与经济体制的根本的和必然的联系吗？

现在再来看看叶文所提到的"'夜警国家'的职责范围"问题。"夜警国家"所承担的各种职责，的确是数千年前就已存在了，但在自然经济时期它们并不构成市场失效的内容和范围。这是因为，此时的经济单位本身是无力进行对外防御、对内镇压和建造公共工程等活动的，这就决定了此时的国家必须承担起这些职责。然而，此时市场经济并不存在，谈何"市场"失效？如果一定要说此时已存在"失效"的话，那也只是"自然"失效，即自然经济的失效，而不是"市场"失效。因此，之所以产生"市场失效"问题，根本原因就在于市场经济本身在这些活动中是无能为力的。可见，尽管看似同样的活动，在自然经济下就不是"市场失效"，而在市场经济下则成为"市场失效"，这可以说是经济基础对国家职能有着根本决定作用的典型表现吧？这样来回答叶文的质疑，应该是符合马克思主义国家学说的吧?!

还应指出的是，目前我国在处于构建社会主义市场经济的关键时期，我们的整个工作包括财政工作，都必需依据市场经济的根本要求作出相应的改变，在这一大背景下，强调国家及其财政的职能仍然“和市场经济没有任何必然联系”，是否具有反对依据市场经济的根本要求来重塑财政模式及转变政府与财政职责的用意？或者至少将产生这样的客观效果？

叶文还指出：

> 其二，是政府行使职能的本能要求，还是“市场失效”的客观存在。如果说“市场失效”是一种纯粹的客观存在，那么，就应当客观地存在各国公认的“市场失效”范围和程度的标准，至少同等发达水平的市场经济，应当存在同等标准的“市场失效”范围。然而，事实并非如此。不同社会制度，不同发展水平国家，政府介入社会经济生活的方式、范围和程度是不同的。同等发达水平国家，因社会制度的原因，政府在社会经济生活中扮演的角色也不一样。……“市场失效”理论在现实生活中不能找到一个各国公认的统一外延，其客观性是值得怀疑的。至于张馨同志所给定的“市场失效”范围，笔者认为它正是政府存在的本能要求。……也正因为如此，各国历史条件和所处的现实环境不一样，尤其是社会制度不一样，所以政府其介入社会经济生活的方式、范围和程度不一样，根本不存在具有客观标准外延的“市场失效”。财政介入经济生活的方式、范围和程度始终是与政府的职能联系在一起的。①

这种指责是不成立的。

1. 事物的“客观标准”与其“外延”并不必然一致。众所周知，世界各国在发展过程中形成了自身的种种特色。这就决定了同为市场经济

① 叶子荣：《“公共财政”辨析》，第46—47页。

国家,由于各国具体的市场制度和运行方式各有特点,千篇一律的市场经济是不存在的,因而是没人能够找出“一个各国公认的”市场经济的“统一外延”的。但却没人为此而对市场经济的存在提出质疑,至少叶子荣没有对此提出质疑。既然各国市场经济存在着大大小小形形色色的差异,各国的市场失效存在着差异又有什么奇怪呢?在叶文中,允许没有统一外延的“市场经济”的存在,却用以否定没有统一外延的“市场失效”,在逻辑上说得通吗?

在现实的财政活动中,政府应当介入还是不应当介入某一项活动,有些是非常明确的,并且在各个国家都是一致的。如国防活动必须由政府承担,各种风味小吃等政府就不能介入而必须由市场提供,这些都是毫无疑义的。但也存在着许多现象,是既有政府介入,又有市场承担,或者是由政府承担但又有一定的市场介入。而从世界各国来看,对于相同的政府和市场共同介入的活动,两者各自介入的程度却又表现出很大的不同:有的以政府为主提供,有的则以市场为主提供,有的干脆只由政府或只由市场提供,等等,不一而足。然而,这种现象的存在,能够成为根本就不存在着市场失效的证据吗?

其实,各个国家有各个国家特有的国情,这种政府和市场共同介入的活动,必然是具有外溢性的活动,必然是混合产品,即是既有公共性又有私人性的活动,这是双方均可介入的根本依据。至于双方各自应占多大份额,则既是各国历史沿革的结果,又是各国经济力量的体现,还是各国社会的政治的伦理的等多种因素的综合反映,甚至在同一国度不同时期政府还有着不同的干预和介入程度,这在现实生活中是依据众多的具体因素而定的。但不管怎样,其根本因素都是市场失效及其需要弥补的程度。完全的市场失效,可能需要政府的整个介入;而部分的市场失效,如果需要弥补,则政府只能是部分的介入;什么时候市场失效需要政府介入了,什么时候政府才介入;等等。尽管在现实生活中有着种种不同的表现，但其根本原因都是市场失效，而不是由于不存在市场失效。

2. 叶文认为“市场失效”的范围，是“政府行使职能的本能要求”。但叶子荣也指出，由于“各国历史条件和所处的现实环境不一样，尤其是社会制度不一样，所以政府其介入社会经济生活的方式、范围和程度不一样”。既然“市场失效”由于外延的种种不一而应否定，依据同样的逻辑，外延也不一样的“政府职能”是否也应否定？当然，“政府职能”是不能否定的，那么应当也可以得出“市场失效”是不应否定的结论。进一步看，“‘市场失效’范围……是政府存在的本能要求”的命题，是违背历史唯物主义的。市场失效是一种经济现象，而政府则是上层建筑。叶文怎么竟会提出经济活动由上层建筑决定的命题？

叶文对市场失效的指责还有：

> 其三，市场经济的发展是逐步趋于完善，还是日益走向无能。在西方市场经济的实践中，……市场经济的最初阶段自由资本主义时期，“市场失效”的范围最小，程度最轻。然而，随着市场经济的发展，出现了“成长的烦恼”。在公认的西方的成熟的市场经济中，“开始了政府和财政几乎是全面干预经济的过程”，市场机制已经不能自发作用的效率、公平和稳定等几个大经济问题由“大政府”和“大财政”来解决，换句话说，在市场经济的成熟阶段出现了“市场失效”范围的扩大。据此判定，经过几百年的发展，市场经济反而趋于无能。如何解释这样尴尬的现象，是事物发展自身的失误，还是“市场失效”理论的自相矛盾？确实让人费解。对于西欧市场经济的发展，张馨同志指出是“市场能够成长到什么程度，政府和公共财政就应主动地相应‘退到’什么程度”。我看这句话似乎应改为市场“无能”达到什么程度，政府和“公共财政”就

> 应主动地相应“进到”什么程度更符合实际。然而这种实践却是“市场失效”理论难以自圆其说的。因为任何事物在其发展的上升时期不可能是越发展越不完善。①

真抱歉,让叶子荣“费解”了。其实,只要立足于市场经济的角度,这个问题是一点也不“让人费解”的。

从辩证的角度看,一个事物在其成长过程中,既趋于逐步完善,又日益“走向无能”即走向自我否定,是可以并且必然同时发生的。只有“完善”而无“走向无能”,该事物只能是万古长存、永不消亡的;只有“走向无能”而无“完善”,则该事物是不可能成长起来的。这样,尽管叶子荣强调“任何事物在其发展的上升时期是不可能越发展越不完善”的,也无济于事。事物的发展不管是在上升时期,还是在衰亡时期,它都伴随着本身固有矛盾的发展。否则的话,在上升时期没矛盾,到衰亡时期突然出现矛盾,这样的解释叶子荣自己相信吗?具体到我们这里的争论来看,市场在其成长过程中,既有完善又有“走向无能”即市场失效范围的扩大,是正常的结果,又有什么好奇怪的呢?退一步看,就算叶文的“上升时期不可能是越发展越不完善”的论断成立,那么,在早已从自由资本主义阶段过渡到垄断资本主义阶段的背景下,或者如同人们所一直被告知的那样,资本主义已进到了腐朽、没落和垂死的阶段,那么,此时西方的市场经济是处于“上升时期”,还是衰亡时期?此时讲市场失效的发展,应该不那么“费解”吧?

四　我国的市场失效

至于本人所指出的“市场能够成长到什么程度,政府和公共财政就应主动地相应‘退到’什么程度”的命题(我们称之为“退出”准则),

① 叶子荣:《“公共财政”辨析》,第47页。

以及叶子荣指出的“市场‘无能’达到什么程度，政府和‘公共财政’就应主动地相应‘进到’什么程度”的命题（我们称之为“进入”准则），都是符合实际的，即它们共同满足了“市场能干的政府就不要去干，市场不能干而又需要弥补的，政府就要去干”这一要求，即处理市场经济下政府与市场关系的基本要求。市场“无能”就是市场失效，因而相应地要求政府和公共财政“进入”这些领域去。这些，都是政府和市场在两者相伴随而成长过程中所体现出的相互关系的两个侧面。对此加以诟病，是表明了对市场经济下政府与市场正确关系的无知，还是别有他意？

对于“进入”准则来说，其典型的例证主要有公平、稳定和污染等问题。这些问题发展到了威胁市场经济的正常生存程度，而市场对之又是“无能”之时，就决定了政府必须遵循“进入”准则，依靠公共财政手段去缓解这些问题。对此，前文已经作了大量的分析，这里不再赘述。

要着重说明的是“退出”准则的问题。作为自发形成于自然经济母体中的新体制因素，西欧的市场在其成长过程中，的确是充分地遵循了这一准则的。就如人们常说的那样，旧势力是不会自动退出历史舞台的，当时的封建君主也如此。为此，是市场和资本通过革命，通过资产阶级议会，从根本上限制、约束和规范了政府的活动内容与范围。在这种市场经济对封建自然经济的胜利进军过程中，那些不愿主动退出的封建君主被历史的车轮所碾碎。而资产阶级政府的活动内容和范围，也被市场约束到了“小”的状态之中。可见，市场的成长要求政府相应退出，就不是愿意不愿意的问题，而是“顺我者昌、逆我者亡”的必须这样做的问题。对“退出”准则的耿耿于怀，应该说是透露出没落势力强烈的失落感和悲凉心态的。

同样地，在我国的市场取向改革中，政府也必须遵循“退出”准则。应该说，我国 20 年的改革过程，就是政府及其财政持续地遵循“退出”

准则的过程，其具体表现就是人们所熟悉的一系列“放权让利”活动。在计划经济时期，政府和财政全面地介入到社会经济生活的方方面面中，包括企业生产和个人生活，几乎无一不在政府的安排控制下，无一不受到财政的直接间接影响和决定。这种状况，与计划经济体制是由中央政府以统一计划直接配置社会资源，直接开展社会再生产活动的基本特征相适应的。这种政府及其财政几乎无处不在的状态，是必然与市场因素的几乎无处不被否定状态相共生的。正因如此，改革开放中，在市场因素成长壮大和市场体系建立健全的另一面，就是政府和财政逐步地然而是全面地“放权让利”的过程。如果没有政府和财政从自己原先全面介入，而如今应当由市场接管的领域“退出”，市场经济能够在我国建立健全吗？

要理解我国的市场失效准则，主要的困难在于现实生活的复杂性。

西方国家的市场经济制度是“自发”形成的，这使得它们能够在几百年的发展过程中，逐步解决了政府与市场相互衔接配合的问题，使得公共财政与市场水乳交融和睦相处。而我国的市场经济体制则是“人为”建成的。这是一条完全不同的建立市场经济的道路，决定了我国构建政府与市场的关系，以及市场失效的特殊性。

1. 市场失效的人为性。前文曾强调指出，“市场失效”只能是天然形成的。然而，我国市场经济是“人为”建立的特点，使得我国的市场不足以依靠自身的力量，去否定政府和财政的侵犯行为。这样，形成正确的政府与市场关系的关键，就不在于市场的约束和规范，而在于政府的自觉和主动。这就要求作为改革推动者的政府，自觉自愿地将自身的活动限制在市场失效的范围内。而缺乏客观市场力量的制约，就可能使得我国的“市场失效”更为严重，即不仅包含着市场天然失效的内容，而且也必然包含政府非正常干预而产生的人为失效的内容。

人为的市场失效对于市场有着直接的危害，其原因就在于，自然的市场失效，已经“自然”地受到了市场力量的约束，本身没有取代市场活动。人为的市场失效则不同，它是以人为地否定市场活动为前提，来形成“市场失效”的。这是政府和财政没有遵循“退出”准则而产生的弊端。20年的改革实践充分地证明了，不受约束的权力，是难以保证必然得到谨慎运用的。各级政府及其官员在实际工作中，并不总是能够正确对待政府与市场的关系的。尽管“市场能干的政府就不应去干”的口号得到不断的重申，但人们有意无意干预和侵犯市场正常活动的现象，可以说至今仍很严重。这就决定了我国建立市场经济过程的极为艰难。

为此，人们的注意力将不能仅放在扶持市场因素的发展上，也必须全力注意规范和约束政府和财政的行为，否定种种人为的市场失效状态。由于人为的“市场失效”并非是真正的市场失效，因而只要真正遵循了“退出”准则，是能够最终否定这种不正常的人为产物，而使我国政府及其公共财政集中全力，更好地弥补真正的市场失效的。

2. 弥补市场失效的全面性。西方市场经济在最初的数百年中，对于社会分配不公、宏观经济不稳和环境污染等问题，一直处于放任不管的状态。这就使得当时的市场能够将政府和财政压缩到“小”的程度，从而市场自己能够集中起尽可能多的资源和要素，全力实现市场和资本自身的扩张与膨胀。而当着在这些领域市场失效严重化，而需要政府介入之时，其公共财政就能够提供所需的强大财力。诸如全社会性的大规模福利制度的实行，严格地限制和治理污染，以及拥有健全的政策工具去调控宏观经济，等等。

我国则不同。我国的改革是不可能构建一个自由市场制度的。这不仅是由于改革发生在20世纪末，此时整个世界早已跨越了自由放任的阶段，我国已不可能单独实行自由市场制度，更主要的还在于，我国原本存在的是政府全面干预控制的计划经济，当转向市场经济时，是不可能放任社会分配公平、宏观经济稳定和治理环境污染等责任而不管的。这样,我国需要弥补的市场失效就呈现出了某种"全面性",从而决定了我国政府的弥补市场失效任务的艰巨性。

3. 市场失效的不规范性。我国市场经济的人为性,决定了在体制的构建过程中,总会产生种种不配套、不协调的状态,使得许多原本应当由市场自动解决的问题,不得不由政府出面干预。当着这种现象发生时,"进入"准则就必须得到遵守。

"1998 年的最后一天,北京渔阳饭店,国内彩电业的 7 家整机制造商和 8 大彩管厂的有关头脑,在信息产业部有关领导的力邀下,艰难地坐在一起",这是政府对彩电行业的一次行政干预会议。而"一个月前,长虹宣布垄断下半年大部分彩管之时,主管部门同时宣布,这是企业行为,政府不干预。一个月后,主管部门也不得不放弃'不干预'立场,走到前台来,解决供需矛盾,协调各企业的利益。'有形的手'又一次伸出来,与市场这只'无形的手'掰起了腕子"。在 20 世纪的最后一两年这一背景下,彩电的产销按道理是纯市场行为,政府是不应干预的。"但在中国,往往是'优不胜劣不汰'。市场失灵随处可见。"这样,"主管部门可能要求长虹出让彩管,结束争斗……"①在我国这种市场体系尚很不健全完善的环境中,原本应由市场解决的问题,市场一时尚无能为力,从而迫使政府不能不介入。这就提供了一个典型的例子,说明在特定情形下市场失效的具体内容和范围的变动不羁状态,也生动地说明了如何依据具体情况遵循"进入"准则的问题。

在作了上述分析之后,再回到与叶子荣的争论上来,"退出"准则和"进入"准则的存在并得到遵循,是否定了市场失效论呢,还是增强了市场失效论的可信度?

---

① 刘洲伟、张九红、唐堂:《彩电厂家将走出丛林?》,载《南方周末》1999 年 1 月 15 日。

本章主要参考文献

(按汉语拼音或英语的字母顺序排列,下同)

1.《资本主义国家财政》编写组:《资本主义国家财政》,北京,中国财政经济出版社1985年3月第1版。

2. 邓子基主编、张馨副主编:《现代西方财政学》,北京,中国财政经济出版社1994年1月第1版。

3. 孙树明:《关于公共财政的一些基本问题》,载《中国财经报》1996年3月19日。

4. 王传纶、高培勇:《当代西方财政经济理论》(上册),北京,商务印书馆1995年10月第1版。

5. 许毅:《对国家、国家职能与财政职能的再认识——兼评公共产品论与双元结构论》,载《财政研究》1997年第5期。

6. 叶子荣:《"公共财政"辨析》,载《财政研究》1998年第4期。

7. 张馨:《比较财政学教程》,北京,中国人民大学出版社1997年9月。

8. 张馨:《公共产品论对我国不具有借鉴意义吗?——答许毅教授》,载《中国经济问题》1998年第3期。

9. 张馨:《市场经济下不存在公共财政吗?——答叶子荣同志》,载《财政研究》1998年第8期。

10. 张馨:《也谈公共财政的一些基本问题——兼答孙树明同志》,载《中国财经报》1996年5月21日。

11.〔美〕理查·A. 穆斯格雷夫、〔美〕皮吉·B. 穆斯格雷夫:《美国财政理论与实践》,邓子基、邓力平编译,北京,中国财政经济出版社1987年9月第1版。

12.〔英〕亚当·斯密:《国民财富的性质和原因的研究》(下卷),郭大力、王亚南译,北京,商务印书馆1974年6月第1版。

13. Brown, C. V. and Jackson, P. M., *Public Sector Economics*, 3rd ed., Oxford: Basil Blackwell, Ltd., 1986.

14. Marco, A. D. V. D., *First Principles of Public Finance*, translated by Marget, E. P., New York: Harcourt Brace & Co, Inc., 1936.

第二章　“一视同仁”服务

市场失效必须弥补，并且只有政府才能承担弥补市场失效的基本任务。于是，政府似乎尽可以踌躇满志地大展拳脚了。其实不然。此时政府对市场仍然不可以为所欲为，政府仍然必须牢记，自己对于市场的作用和介入，是依据市场的根本要求才产生的，是必须遵循市场的有关准则进行的，是不应危害市场机制的正常发挥作用的。

尽管政府及其公共财政的活动范围只局限于市场失效领域内，但政府弥补市场失效的过程却是与市场发生千丝万缕的联系的。这样，公共财政活动必然直接或间接地影响着市场的运行，直接或间接地作用于各个经济主体，这就产生政府从事公共活动时如何直接为市场服务的问题。为此，市场经济决定了政府必须对所有经济主体提供“一视同仁”的服务。

第一节　等价交换准则

在市场经济中，人们的市场交往是依据等价交换准则进行的。这一准则决定了政府为市场提供的服务必须是“一视同仁”的。

一　等价交换准则

在社会范围内，由无数独立的市场主体的等价交换活动组成的有机统一体,就是市场经济。在这里“等价交换”具有着关键性的意义,是市场活动所必须遵循的基本准则。所谓“等价交换”,就是按照商品价值进行的交换,具体来看,就是按照自发形成的市场价格进行的交换。这一基本准则,是所有的市场活动参与者都必须遵守的。

在市场经济下,人们生产的产品,不是用于满足生产者自身的消费需要,而是用于满足他人的消费需要,从而成为商品的。这是市场经济下普遍的和基本的状态。如果整个社会的基本生产状态只是为了生产者自身的消费,则存在的是以“自给自足”为基本特征的自然经济。只有当整个社会的产品是为他人而生产之际,社会才摆脱了自给自足的状态进入市场经济中。

由于市场经济下的产品是为他人而生产的,因而产品要到达消费者手中,必须通过交换来实现,交换就成为产品从生产者向消费者转移的唯一途径。市场经济作为一种覆盖整个社会的经济体制模式,是无数的交换活动所构成的有机整体,“交换”就成为市场经济的基本特征,没有交换的经济活动显然不是市场活动。

然而,“交换”可以是等价的,也可以是不等价的,而市场经济要求的是等价交换。

产品的生产是由个人劳动完成的,因而也首先由该产品的生产者(资本或私人)所拥有。他们通过在市场上出售该产品,索取相应的价格以获得相应的收入。这样,才能确保个人需要的满足与他对社会的贡献相一致。这就决定了产品的市场价格,既应体现该生产者对社会的贡献大小,又应体现社会对该生产者贡献的评价,更应体现生产者个人利益的实现程度。等价交换,获得应有的市场价格,就是社会对个人的社会贡献的正确评价,就是生产者个人正当利益的完全实现。而不等价交换,没有获得应有的市场价格,可能表明生产者尽管付出了各种费用和努力,但其生产的产品可能不为社会所完全需要;也可能表明生产者遭遇市场风险而导致了损失。

在获得市场价格的前提下，如果生产者个人付出的成本与市场价格相一致，就能够继续正常的市场运营活动；如果个人成本低于市场价格，则生产者获得了较多的收益，其市场活动就能够以扩大的规模进行；而如果个人成本高于市场价格，则生产者遭受了一定的亏损，其市场活动就可能收缩乃至终止。

市场经济以市场机制起基础性的作用，而市场机制是由价格机制、竞争机制、风险机制和激励机制等共同构成的。上述的分析表明，市场价格就是这些机制的集中体现和根本的着力点。市场价格如果得到正确实现，则这些机制就能够正确发挥作用，也就实现了市场机制对社会资源的有效配置。

市场价格是无数平等的参与者进行的市场活动所自发形成的价格。等价交换是交换双方依据市场价格进行的平等交换，它决定了市场参与者只能依据市场价格去获得自己的收益，而不能获得非市场性收益。这样，等价交换就意味着市场价格的正确实现，意味着市场机制发挥了正确的作用。所以，等价交换是市场经济必须遵循的基本准则之一。

正因如此，有交换而没有等价交换，则此时存在的是计划经济而不是市场经济。在我国和苏联及东欧等国家中，曾长期存在过计划经济体制。除了苏联实行战时共产主义政策的短短数年外，商品货币形式都一直正常地存在于这些国家中，“交换”形式也一直没有被废除，或者没有能够被废除。从我国看，尽管人们付出了巨大的努力，利用国家的政治力量去全力铲除商品货币和市场交换这些因素，去试图割掉这些“资本主义尾巴”，但都没有成功。这样，尽管这些市场形式和交换外衣被允许合法存在，但从来都不是为了要掩盖此时的计划经济实质，而只是由于无法人为地将这些形式全部废除。当时无论是理论界还是实际部门，都正确地宣称现行的经济体制是计划经济，而各种市场形式的存在是不得已的。人们当时公开宣称的是“利用”商品货币和交换形式，并且此时的“利用”正是为了最终消除这些形式，因为共产主义社会是不存在商品货币交换，是不存在各种市场活动及其形式的。

然而，计划经济下的各种市场形式的全面普遍存在，为什么没有导致整个经济体制具有市场经济的实质？其关键就在于此时的商品货币和市场交换都被抽去了“等价交换”这一市场经济的精髓和活的灵魂。

市场活动是由独立主体进行的，人们的产品转由他人消费的过程，也就是该商品生产中的个别劳动转化为社会劳动的过程。只有通过交换，才能实现商品的价值，人们的个别劳动才能得到社会的承认。然而，这一社会承认必须是正确的和完全的承认，既不拔高也不贬低，即生产者通过交换所获得的价格既不高于也不低于其产品价值，这就是“等价交换”的本性所在。否则的话，过高的价格将使购买者遭受损失，而过低的价格则将使生产者遭受损失，从而形成的都是“不等价交换”。这样，能否在交换中实现自己所创造的全部价值，是关系到自己的个别劳动能否转换为社会劳动，是自己能否在市场运营和竞争中生存下去的根本大事。为此，人们甚至将能否实现等价交换，称为是市场活动的“惊险的一跃”，即这一过程的完成，才具备了应有的市场生存能力。

在不等价交换的情况下，经济主体之间的市场交往关系是不正常的。如果不等价交换成为整个经济的基本状态，此时的经济体制就不可能冠以“市场”的名称，即此时存在的就不是市场经济。正因如此，曾经实践过的各种具体形式的计划经济，都是以国家计划的方式，去否定了此时商品货币交换形式的等价内容，从而“计划交换”或“计划分配”就成为此时经济体制的基本特征。

人们的经济活动追求着自身利益的最大化，这是人们的经济活动的激励动因所在。追求自身利益最大化是合理的,只要是以正当的手段进行追求,也是无可非议的。阻碍和否定着人们对自身利益追求的经济体制,尽管可能由于种种原因而一时获得成功,一时实现了经济的较高速度的发展,但终究是要被历史淘汰的。计划经济作为一种经济体制模式之所以在世界范围内被否定,其根本原因就在于它否定了人们对自身私人利益的追求。而提供了良好的环境和条件,并鼓励人们对自身利益的追求,则是市场经济能够创造出人类有史以来最高生产力的根本原因所在。

然而,有激励机制还必须有约束机制。市场活动是无数人共同活动的集合体,因而一个人的活动总会直接间接地影响和作用着他人。这就决定了人们对自身利益的追求,又不能不受限制。否则,在既定的资源和要素下,一个人对自身私人利益的过度追求,必然是以损害他人的利益为代价的。一个社会,如果人人都以损人利己的方式谋求自身利益,这将不仅是一个可怕的社会,而且也是不可能正常存在下去的社会,其逻辑结论只能是该社会在其成员的对立冲突中趋于自我毁灭。因此,市场活动中人们对自身利益的追求必须有限度,是利己不损人的,是有其约束条件的。这一限度和约束条件就是"等价交换"。

由于等价交换确保着市场活动双方的利益都不受损失,从而确保着人们之间正常的市场关系的形成。在等价交换准则的约束下,人们必须通过努力提高劳动生产率,降低经营成本费用,提高经营管理水平,才能获得更大的收益,从而实现自身利益的最大化。这就使得人们对自身私人利益的追求,转化成为促进经济增长的动力。可见,等价交换准则又是市场经济迅速发展的基本保证。

具有普遍状态的不等价交换所构成的经济体制,之所以是计划经济而不是市场经济,还因为它从根本上否定了市场机制配置社会资源的功能。本书上一章已指出,资源配置方式是决定经济体制性质的根本标志，正是由于市场机制起着基础性的资源配置作用，才形成了市场经济这一经济体制模式。以等价交换作为市场活动中人们追求自身利益最大化的基本约束条件，就使得市场价格成为引导社会资源实现有效配置的正确信号，因为此时的市场价格才代表了人们获得市场收益的最大可能性。人们依据市场价格信号进行各种经济活动，就能够形成各类社会资源的配置最符合人们利益，即社会总效用最大化的结果。这就实现了所谓的帕累托效率即资源最佳配置的结果。可见，等价交换准则还是市场机制发挥基础性资源配置作用的前提条件和基本保证。计划经济正是通过计划价格否定了市场价格，否定了等价交换准则，根本地否定了市场机制的基础性资源配置能力，而以国家计划对整个社会资源进行配置，从而成为“计划”经济而非“市场”经济。

可见，只有存在着社会性的等价交换状态，才可能谈得上市场经济作为一种经济体制状态的存在。等价交换也就成为市场经济的基本特征，成为市场活动必须遵循的基本准则。

二 “一视同仁”的服务

市场必须遵循“等价交换”准则，就直接决定着政府服务的“一视同仁”性。

上一章已指出，在市场经济下，在市场有效的领域，人们必须尊重市场，必须充分发挥市场机制的基础性资源配置作用。反之，当存在市场失效状态，而市场又提出弥补的要求时，则政府和公共财政就必须介入，以纠正与弥补市场失效，实现整个市场经济的正常运行。这样，对于作为统一体的市场经济来说，就形成了市场有效和市场失效两大部分。它们相互之间的关系如图 2-1 所示。

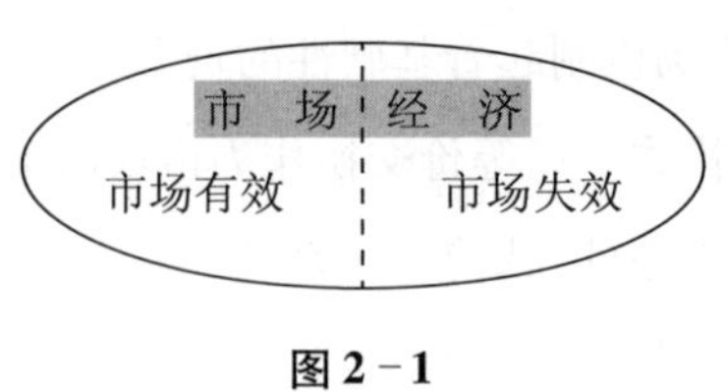

图 2－1

在图 2－1 中,市场有效的部分是私人和企业活动的领域,这就是通常所说的“市场能干”的领域,也就是“政府不应去干”的领域;而市场失效的部分则是政府及其公共财政活动的领域,这就是通常所说的“市场不能干”的领域,也就是“政府可以去干”的领域。该图清楚地显示了,作为社会管理者的政府及其公共财政,是只能处于市场有效运行的领域之外进行活动的。

如同上一章所指出的那样,市场失效的弥补,对于市场领域的活动正常进行是必不可少的。这从根本上决定了政府必须依据市场的要求,而展开对各种市场失效的弥补。因此,处于市场有效领域之外的公共财政,尽管从直接的意义上看,其活动可能是为了实现政府职责而进行的,但从根本上看,则公共财政仍然是为满足整个市场部门的正常有序运行而展开的,并不因为政府及其公共财政处于市场有效运行领域之外,就否定其对整个市场服务的本性。

不仅如此,政府及其公共财政还在自身的活动过程中,直接作用和影响着经济主体的市场行为。

尽管市场经济从整体看,可以分为市场有效和市场失效两大部分,并且政府及其公共财政的活动只能处于市场失效的领域之内,但它们之间并不是截然区分,互不往来,而是处于千丝万缕、错综复杂的紧密联系之中的。

这就是政府为市场服务所需要的资源和要素,是通过税收等公共收入手段,从市场和资本那里获得相应的货币收入而形成的。然后,政府还要将已获得的收入安排出去,通过市场交换购得所需的资源和要素,从而完成自己服务于市场的全过程的。在这一过程中,很自然地形成着政府对市场活动的直接间接作用与影响。而市场经济的整体性,又决定了政府作用于某个或某些市场活动主体的过程,就是影响所有的市场活动主体的过程。这样,政府以整个市场为对象开展的服务,在等价交换准则的决定作用下,就必须是对所有的市场活动主体“一视同仁”的。

市场经济是由无数的个人和企业的交换活动所组成的,他们形成着大大小小的集团、阶层,分属于不同的行业、部门、地区,开展着千差万别、形形色色的具体活动。这样,政府及其公共财政为社会成员和市场活动主体的服务,可以是有区别地进行的,即优惠某些集团、某些阶层、某些个人,而歧视另一些集团、阶层和个人;也可以是无区别地进行的,即对社会所有的成员都一视同仁,而不管其经济成分如何,不管其性别、种族、职业、出身、信仰、文化程度……乃至国籍有何差异,只要他们遵守所在国的法律法规,守法经营,依法纳税,政府就不应也无权歧视和亏待之,公共财政的收支也不应对之区别对待。换句话说,同样的经济行为,不管其行为主体的身份如何,政府及其公共财政都应当按照同一的标准和规格,以同一的态度和方式对待之。

因此,政府及其公共财政对待市场活动主体的态度和方式,可以区分为“区别对待”和“一视同仁”两大类。

在“一视同仁”的政策下,政府及其公共财政在为市场提供服务的过程中,对所有的市场活动是公平对待的。这样,所有的市场主体都无法依靠政府权力而索取额外的价格和利益,也不因为政府权力的干预而遭受额外的费用和损失。这就鲜明地表现了,“一视同仁”的服务是与市场经济的本质要求相适应的。

而在“区别对待”的政策下,政府及其公共财政实际上是只着眼于和偏重于某些经济成分、某些社会集团和少数乃至个别社会成员的利益。在其他条件相同的情况下，由于政府及其公共财政的非市场活动，而使某些市场活动主体获得额外的好处和利益，就必然损害着另一些经济成分、社会集团和成员的利益。不仅如此，“区别对待”的财政活动，还往往将额外的税收负担加诸于某些经济主体或某些市场活动身上，而实际上加大了它们的成本费用；与此同时，政府还将额外的支出用于某些市场主体或某些市场活动，而实际上提高了它们的价格收入。这些的实质，都是人们进行了不等价的市场交换。而这种不等价交换结果的产生，则是由于政府及其财政的“区别对待”行为引起的。因此，“区别对待”就明显地违背了市场经济的本质要求。

政府为市场提供服务时的“一视同仁”，是具体通过公共支出、公共收入和政府对市场的规范作用等表现出来的。

从公共支出来看。政府为市场服务是通过公共支出直接形成的。为此，要确保政府服务的“一视同仁”，就必须具体体现在公共支出的安排和使用上。这就要求政府的支出必须着眼于所有的市场活动主体，而不是只考虑某一经济成分，或者某些阶层、某些集团和某些个人的要求和利益。这是直接以社会利益和公共需要为目的，来安排的公共支出。这样做之时，政府就没有通过自身的支出而直接干预市场的正常活动。

反之，如果政府的支出只是着眼于某些经济成分、某些社会集团和某些社会成员的利益时，这种支出就不是“公共”支出。公共财政具有非市场性，公共支出单独给予某些私人和企业以利益，这将不是它们经过市场努力的收益，从而干扰打乱了原有的市场秩序和运行轨迹，其实质就是政府以非市场的方式直接介入和干预了市场的活动。

因此，西方市场经济国家的公共支出及其形成的政府活动，都是具有一视同仁性的。譬如，政府的国防经费支出形成着国家的防御体系，产生了“国防”这一纯公共产品，因而政府由此而提供的服务，所有的社会成员显然都是处于自动受益者之列的。此时显然是不可能出现只有某些社会集团和成员享受了和平环境，而同时另一些社会集团和成员则处于战争环境的局面的。又如政府建造的防洪堤，它将滔滔洪水拦阻于大堤之外，这一服务显然是针对可能遭灾区域内的所有社会成员提供的，而不可能是只对区域内的政府机构和国有企事业单位起保护作用，等等。

当然，这样来论证问题，人们可能马上就会提出疑问：按上述分析推论，公共支出就不能直接向某一私人或某一企业提供了。然而，即使是在西方国家，许多政府预算项目和大量的公共支出费用却是直接向私人和私人企业提供的，对此又将如何解释？

这就牵涉到不应将“一视同仁”提法绝对化的问题。

诚然，西方政府对私人和私人企业的直接支出现象是大量存在的。典型的如各类社会保障支出，它直接向社会保障纲领的享受者个人发放；而大量的政府补助支出也直接投入到私人企业之中，弥补着它们的亏损或损失；等等。这些公共支出，显然直接增加了私人和私人企业的利益，因而似乎是与“一视同仁”的基本要求相对立的。其实不然。

对于政府和财政来说，之所以向这些私人和企业直接提供财力，并不是要着眼于增大它们的市场收益，而是要通过向这些私人和企业提供公共支出，为整个社会服务，为市场总体的正常运转提供服务。所以，这仍然是对整个市场的“一视同仁”的服务。不过，此时接受补助的个人和企业是享受到非市场收益，但这只是政府安排支出提供公共服务的手段和途径之一，这与政府直接建造防洪堤具有一样的功效。它并非是政府要通过自己的支出帮助这些私人和企业在市场竞争中击垮对手，而是政府借助于这些活动去实现其服务于整个社会和市场的根本目的的。

就西方政府的社会保障支出来说，其济贫支出直接给予了“贫困线”下的社会最贫穷阶层以基本的生活保障费用，其意义就不仅仅在于使得这一阶层的社会成员能够存活下去，从根本的意义上看，还在于很大程度上消弭了社会最危险的动乱因素，因为难以存活往往是铤而走险的直接动因。其社会保险支出诸如失业保险支出，大大化解了社会成员的市场风险，对于最易遭受失业冲击，而抗御市场风险能力又最低的社会中下阶层来说，无疑是享受到直接的利益和好处的。然而，失业保险支出还起着意义更为巨大的作用。它保证了失业后备军的存在，确保了市场周期运行中充裕的劳动力供给，并且作为社会福利制度的基本内容而大大压缩了社会不公程度，将西方社会从革命的边缘拉回到相对稳定的状态之中，也为富裕阶层的发财致富提供了必不可少的条件。这样，政府的社会保险支出从根本上看，就是一种“一视同仁”性质的公共支出。

再就西方政府对私人企业的补助支出来说，其目的并不在于挽救这些企业和提高这些企业的市场收益率，因为企业破产制度本身就是市场制度的基本内容之一。政府如果通过公共财政阻止正常的企业破产行为，就是对于市场正常运行的干预和否定。在西方健全的市场经济环境中，大体上是不会发生的。而之所以出现政府以财力直接补助私人企业的现象，其根本原因就在于，政府是通过这些补助活动，去体现自己的社会福利政策等。正是由于以财力直接支持某些私人企业的正常运转，政府才间接地为整个市场活动的正常进行提供了必不可少的条件。比如政府对于基础产业和新兴产业中的私人企业的支持，其意义显然不在于支持了这些企业的发展壮大，不在于增大了它们的市场赢利，而是由此指引着整个经济的战略发展方向，确保着整个经济的长远发展能力。又如政府对于自然垄断行业内的私人企业的补助，则往往是与政府的定价政策相配合，从而实现着政府的社会福利政策目标，等等。

这些，都表明了西方政府对个人和私人企业的这类直接支出，仍然是对市场的“一视同仁”的公共服务。

然而,计划经济时期的我国财政支出显然不是“公共”支出,因为它没有一视同仁地对待所有的经济成分。除了部分具有社会共同需要性质的消费和投资支出同时为国营经济、集体经济和个体经营者提供服务,而可以视为是公共支出外,此时财政支出的主要部分、基本内容和工作重心,全都放在增大对国营经济的投资上。这种只支持国营经济而歧视其他经济成分的财政支出政策,是促使整个经济国营化和计划化的关键手段之一,配合着政府的其他经济政策,导致了计划经济时期“一大二公”程度的日益加剧和市场因素的日益式微。当然,计划经济时期政府和财政这样做是无可非议的,因为市场因素从根本上看是计划经济体制的否定力量,可能产生否定计划配置资源的结果。但从市场经济的角度看,这样做则是错误的。

从公共收入来看。政府的公共收入直接取于私人和企业,在市场经济下,这就立即产生是否一视同仁地对待所有的纳税人等问题。为此,政府对待一切市场主体,就必须适用同一的法律和制度。政府同样不能针对不同的社会集团、阶层和个人,针对不同的经济成分,也不能针对同样的市场行为制定不同的税收法律制度。如果那样,直接的结果就是某些人和集团承受了额外的税收负担,而另一些人和集团则无须承担应有的财政负担。这显然不是什么“一视同仁”地对待所有的经济主体或市场行为的,这样做将产生什么后果呢?

在现实的经济活动中,流转税是针对市场交易行为征收的,因而不管是价内税还是价外税,它总是加大着人们的实际市场交易费用,只不过存在着是由销售方还是由购买方直接承担的差别罢了!这样,如果额外加大某些集团和个人的税收负担,而额外减轻另一些集团和个人的税收负担,前者就无形之中被压低了市场活动费用,后者则无形之中被抬高了市场活动费用。这些结果都不是源于人们的市场努力,而是政府的非市场性手段的干预，这就破坏着市场原有的秩序和轨迹，这显然是为市场所不允许的。因此，在公共收入方面，同样需要政府对所有的市场主体和市场活动的“一视同仁”。

对这一结论，人们或许会反驳说：不对，现实生活中的政府税收从来都不是“一视同仁”的，典型的如所得税的超额累进税率和零税率等，使得有的市场主体要缴纳较高比率的税款，有的则只要缴纳较低比率的税款，有的完全无须纳税，而有的甚至不要缴纳个人所得税，反而还要政府为之提供补贴。又如政府征收的消费税，只是直接针对少数品种的产品如烟、酒等，而对其他产品则不征收。政府还只对若干行为征收使用费，这也是政府直接对某些私人征收的。这些，能够谈得上是“一视同仁”吗？

实际上，这些表面上是歧视性的做法，仍然是依据税收必须对市场活动“一视同仁”的基本要求确定的。这其中的理由，是同于公共支出分析的。

对于若干税种来说，之所以要实行超额累进税率，依据税收经济学的基本原理，是基于效率、公平和稳定等原因综合考虑的结果。它体现了量力负担的原则，也有利于公平社会分配和稳定宏观经济，因而是从根本上符合市场经济的要求的，其税收制度是合理的，是有利于市场经济的正常有效运行的。

进一步看，在此基础上通过的有关税收法律，适用于一切市场主体，即所有的社会成员，只要发生了适用有关税法规定的纳税行为，就必须照章纳税，而不管纳税人是属于何种阶级、阶层、集团或属于何种经济成分等。从对同一的市场行为征收同一的税收来看，实行超额累进税率的各税种，仍然对市场主体是“一视同仁”的。

至于对若干特种产品征收消费税等，或者本身就是政府在贯彻自己对这些产品的“寓禁于征”的意图，如对烟、酒等产品就如此；或者是政府在利用税收形式收取使用费,如汽油等产品就如此。这些并没有违背一视同仁原则。

公共财政应当一视同仁对待的市场活动,是正常的和正当的市场活动,是不产生社会危害的市场活动。至于那些对他人、对社会产生危害的产品,作为市场的产物,市场本身是无力阻止的,只有依靠政府的介入和干预才能较好地克服之。其中严重危害社会的,政府就应禁止之;而对于危害不那么严重的,政府则应限制之。这就是为什么对毒品等,政府要严加控制和限制,对贩毒行为要处以极刑;而对烟、酒等,则政府只是要减少人们的消费量。其原因也就在于它们不同的危害性罢了! 这样,政府对某些产品征收消费税,本身就是一种对市场失效的弥补,并不违背对正常和正当市场活动一视同仁的基本原则的。

至于征收汽油税等,它带有很大的政府征收使用费的性质。征收汽油税比到处设卡收费,对于降低征收成本和方便交通等是大有好处的,还可以消除各地乱收费的弊端,因而采用税收形式是自然的,又符合市场的等价交换准则,是谈不上破坏“一视同仁”准则的问题的。

至于政府为什么要收取使用费,则是由等价交换准则的基本要求所决定的。在市场经济下,许多需要由政府提供的公共服务,其消费者是直接的、明确的和个别的,诸如高速公路、桥梁、隧道的汽车使用者等就如此。这样,依据等价交换准则的根本要求,对使用者直接收取一定的使用费,是符合市场效率准则的。公共产品论指出,这些政府提供的公共服务是“准公共产品”(也称为非纯公共产品),它既有共同消费性又有个人消费性。其共同消费性使得这些服务应为所有的社会成员都享有,而不应只准许某些人、某些集团和某些经济成分使用这些服务设施,同时将他人排斥在使用者行列之外,这是“一视同仁”。相应地,其个人消费性则要求享受这些服务的任何人,都必须依据享受服务的程度缴纳费用,这也是“一视同仁”。

这里又一次证明了，不应绝对地而应是真正立足于市场经济的基点，来看待政府提供公共服务时的“一视同仁”问题，才能正确认识政府与市场的关系问题。

强调公共收入方面的“一视同仁”原则，对于我国是有着重大的现实意义的。计划经济时期，我国税收为了贯彻政府的所有制政策，实行了“个体重于集体，集体重于国营”的税收政策。税收上的这种“区别对待”政策，显然是直接服务于计划经济的，因此，在市场取向的改革中是应当被否定的。然而，在我国改革开放前期特有的经济环境中，“矫枉必须过正”，为了尽快克服传统的计划经济时期国民经济过度国有化的弊端，鼓励其他各种经济成分的尽快发展，在改革的前十余年，我国反过来实行了“国有重于集体，集体重于个体和私营，内资重于外资”的税收政策。这尽管有着促进市场取向的改革推进和促进经济发展的作用，但也使得我国的税收制度陷于两难的境地：实行“区别对待”的政策，是为了鼓励和支持市场因素的成长；而这一政策从根本上看，却又抑制和否定着市场因素的成长。正因如此，当市场因素和市场体系有了较大发展之后，我国税收制度的改革重心，就转到了根本消除“区别对待”这一弊端上来了。1994 年我国之所以进行了以统一税制为基本标志的税收制度大改革，其根本原因就在于此。

为市场的公平竞争建立相应的法律制度，也是政府为市场提供一视同仁服务的主要内容。这就是政府所建立的所有法律法规和制度等，对于所有的市场主体都应当是“一视同仁”的，以确保所有的市场主体能够依据同一的规则和标准，去开展公平的市场竞争。这就是在市场竞争这一球赛中，政府只能起裁判员的作用。对于“球场”上竞赛的双方，政府作为裁判员，必须站在竞赛之外公正执法，而不是偏袒一方，更不能卷起袖管自己下场打球。否则的话，这一竞赛的结果就可想而知了。政府不能进入市场直接“参赛”的原因很简单，因为所谓“参赛”,就是政府直接进入了市场有效领域,直接参与了市场活动。这在市场经济下,显然是不能允许的。

之所以政府必须为市场的公平竞争提供同一的规则,是因为从本质上说,任何市场主体都无力去设立市场竞争的规则,并确保这些规则得到有效的执行。在正常状态下,市场交换的所有各方地位是平等的,任何一方都无权和无力强制对方按自己的意愿行事,或阻止对方的越轨行为。因此,这是一个市场失效的领域。

然而,市场活动是市场主体追求自身利益最大化的活动。当他们在正常和正当的市场活动之外,如果能够以非市场的方式和手段攫取更多的利益,只要不受阻止和惩罚,相应行为的产生就是必然的了。如果所有的市场主体都如此行事,其结果将是“一切都乱套了”,市场的正常秩序没有了,市场机制有效配置资源也成为一句空话。因此,这又是一个市场出于自身根本利益的需要,而应当予以弥补的市场失效领域。

为此,需要一个超越于市场主体之上的、拥有强制能力的某种机构和组织,来建立这种市场规则,来强制执行这些规则。对此,政府显然是“舍我其谁”的。这就表明,政府为市场正常和正当竞争建立起应有的规则,是顺应市场根本要求而弥补市场失效的举动。由于这种市场规则以确保竞争的公正为目的,是对所有进行正常和正当市场活动的资本和私人提供的,因而也是“一视同仁”的。

在政府的这一制定市场规则的活动中,公共财政的作用尽管不显著,但并不是不重要的。这是因为,立法机构制定这些规则的过程,其各种费用都是需要公共财政拨给的;而立法之后的执行,更是离不开公共财政提供相关费用的。

为市场的正常和正当竞争提供公正的规则,对于改革中的我国也是具有重大现实意义的。尽管经过了20年的市场取向改革,我国的市场秩序仍然是很不正常的,不正当竞争的现象比比皆是。这样,政府及其公共财政在规范市场活动、维持市场秩序方面还是任重而道远的,还是需要付出极大的努力的。

总之，在市场经济下，如果政府及其财政提供的服务不是一视同仁的，就否定了等价交换准则，实质上也就否定了市场经济。反之，如果政府及其财政遵循了等价交换准则的基本要求，其为市场提供的服务也必将是“一视同仁”的。

第二节　《资本论》与等价交换

对于公共财政论的否定，人们首先是从马克思那里寻求理论支持的，就如半个世纪以来人们在理论论战中通常所做的那样。为此，要解决公共财政的“一视同仁”及其市场的等价交换的理论基础等问题，也有必要从《资本论》谈起。

一　《资本论》否定等价交换？

如前所述，在市场经济下政府提供的服务必须“一视同仁”，必须具有“公共性”，是由等价交换这一市场经济的基本准则所决定的。正因如此，非公共财政论者的批评或批判锋芒所向，也直指“等价交换准则”。1997 年 8 月在山东烟台举行的全国财政基础理论座谈会，其中心议题就是公共产品论、公共财政论和双元财政论等。人们对这些理论提出的反对意见，据说都是来自马克思的，都是来自《资本论》的。会上提出的反对意见主要有：

1. 有的同志提出，资本和工人之间存在的是剥削关系，这怎么扯得上是等价交换关系？

这种反对意见的错误是显而易见的。事实上，稍有马克思主义常识的人都知道，资本与劳动力之间的交换是按等价原则进行的。即资本按劳动力价值支付给劳动者以工资，而劳动者则将自己的劳动力供资本使用。这就形成了资本与劳动力之间的按照劳动力价值进行的交换,在这一过程中双方谁也没有遭受价值的损失。尽管这一交换是资本剥削剩余价值的必不可少的前提条件,但这一交换本身是等价的。因此,资本的剥削是借助于等价交换的形式进行的。依据马克思的分析,这正是资本剥削高明于奴隶剥削和封建剥削之处,因为奴隶剥削和封建剥削是赤裸裸的剥夺,而不存在等价交换的外衣。这点,只要读一下《资本论》第一卷第二篇第四章第三点“劳动力的买和卖”,就十分清楚了。

2. 正因如此,有的同志就提出了资本与劳动力之间的关系是又等价交换、又不等价交换的观点。这就是,资本支付工资购买劳动力是等价交换,而资本支付工资购买劳动是不等价交换,因为只有这样,资本才可能进行剥削。

这种资本与劳动力之间的交换是又等价又不等价的看法,是自相矛盾的。对于同一的资本与劳动力之间的市场交换,或者是按照等价原则进行的,或者是按照不等价原则进行的,二者必居其一。对此,不妨来看看马克思是怎么说的:

> 货币转化为资本,必须根据商品交换的内在规律来加以说明,因此等价物的交换应该是起点。我们那位还只是资本家幼虫的货币所有者,必须按商品的价值购买商品,按商品的价值出卖商品,但他在过程终了时必须取出比他投入的价值更大的价值。他变为蝴蝶,必须在流通领域中,又必须不在流通领域中。这就是问题的条件。①

这就表明,货币转化为资本的过程,是“按商品的价值购买商品,

---

① 〔德〕马克思:《资本论》第一卷,第188—189页。

按商品的价值出卖商品”的,即无论是资本的买进还是卖出,都没有违背等价交换准则;之所以会多出一个剩余价值来,是因为“不在流通领域中”即只能在生产过程中创造出来的。这样,资本的剥削不是由于不等价交换获得的,因为它无论买和卖都一样遵循了等价交换准则。剩余价值是资本在生产过程中获得的,只不过此时的剩余价值还处于实物形态上,还须借助于流通过程,使“蛹”变成“蝴蝶”,资本才能获得货币形态上的剩余价值。由于资本的循环过程是以货币形态为起点,并最终回归于货币形态;也由于资本的生产作为商品生产,其目的不是为了使用价值,而是为了价值,因而只有当资本攫取货币形态上的剩余价值时,才最终完成了剥削的全过程。因此,流通过程对于资本的剥削是必不可少的,但剩余价值的创造却不是在流通过程中实现的。或者通俗地说,资本剥削的是劳动的创造物,而不是通过流通过程的不等价交换,即贵买贱卖来剥削的。这点,在《资本论》第一卷第二篇“货币转化为资本”中,是一直予以强调的,如:

> 剩余价值的形成,从而货币的转化为资本,既不能用卖者高于商品价值出卖商品来说明,也不能用买者低于商品价值购买商品来说明。①

关于资本剥削不是通过违背等价交换准则来进行的问题,如果不是仅仅寻章摘句式地理解《资本论》的有关论述,而是对《资本论》作整体的考察,将是可以得出更为明确的结论的。

《资本论》正文开宗明义第一句就指出:“资本主义生产方式占统治地位的社会的财富,表现为‘庞大的商品堆积’,单个的商品表现为这

---

① 〔德〕马克思:《资本论》第一卷,第183页。

种财富的元素形式。因此,我们的研究就从分析商品开始。"①商品生产是资本的起点,商品生产和流通是资本据以产生的历史前提。因此,整部《资本论》的分析,就是建立在对简单商品生产和交换这一基础上的。该书其后对于资本的分析,不管有了多深多广的丰富和深化,不管分析了多少资本特有的内容,得出了多少特有的结论,但对于简单商品生产和交换的基本结论,则是始终不变的。如果否定了简单商品生产和交换的基本准则,则可以毫不夸张地说,整部《资本论》的分析和结论也将被否定。

等价交换准则,是价值规律的基本内容之一。这点,不仅简单商品的生产和交换,而且资本的商品生产和交换,也都是必须遵循的。这点,相信非公共财政论者也是会同意的。但面对着劳动力这一特殊商品,或者是人们没有读懂《资本论》;或者是读懂了,但为了否定公共财政论,仍然以"剥削"为幌子,试图通过否定资本与劳动力之间的交换是等价交换,来驳倒公共财政论的主张。如果是后者,作为一种学术研究的态度,则是可悲的。

3. 有的同志强调,由于价值转化成了生产价格,市场交换已是按不等价原则,不能再说马克思是主张按等价原则进行了。

《资本论》第一卷和第二卷的分析,是建立在按商品的价值进行交换的基础之上的。然而,实际情况却并不是这样的,在资本主义经济生活中明显地存在着的事实是:各部门的资本,无论从事哪一种商品生产,都能够大体上比例于他们的资本量而获得相应的利润。也就是说,各部门的利润率实际上是大致相同的、平均的。但是,由于各部门的资本有机构成的不同,各部门的剩余价值率又是不同的。这样,等量的垫付资本(成本)加上不等量的剩余价值,对于有机构成不同的各部门来说,按照等价原则交换的结果,只能是利润率的不同。这就使得等价交

① 〔德〕马克思:《资本论》第一卷,第47页。

换准则在这里遇上了麻烦：此时商品如果按照其价值出卖，各部门便会有高低不同的利润率；而如果各部门的利润率相同，则商品就不是按照其价值出卖的。这就是所谓的“李马矛盾”，即“李嘉图—马克思的价值规律和相等的平均利润率之间的矛盾”。

这是一个严峻而又尖锐的问题。这一矛盾能否解决，对于劳动价值论，并进而对剩余价值学说乃至整部《资本论》来说，都具有生命攸关的意义。恩格斯1885年在《资本论》第二卷《序言》中就指出：

> 1830年左右，李嘉图学派在剩余价值问题上碰壁了。……按照李嘉图的价值规律，假定其他一切条件相同，两个资本使用等量的、有同样报酬的活劳动，在相同的时间内会生产价值相等的产品，也会生产相等的剩余价值或利润。但是，如果这两个资本所使用的活劳动的量不相等，那末，它们就不能生产相等的剩余价值，或如李嘉图派所说的利润。但是情况恰恰相反。实际上，等额的资本，不论它们使用多少活劳动，总会在相同时间内生产平均的相等的利润。因此，这就和价值规律发生了矛盾。李嘉图已经发现了这个矛盾，但是他的学派同样没有能够解决这个矛盾。①

没能解决这一矛盾，是李嘉图学派破产的关键原因之一。

由于《资本论》第一卷《资本的生产过程》和第二卷《资本的流通过程》均没有来得及分析利润的平均化问题，因而都是在假设资本的循环周转过程是按商品价值来交换的前提下举行论述的，这就招来了论敌以此为口实对《资本论》的诘难。对于这一问题，恩格斯在这一《序言》中宣布：

---

① 〔德〕马克思：《资本论》第二卷，北京，人民出版社1975年6月第1版，第24—25页。

> 马克思在《批判》手稿中，已经解决了这个矛盾；按照《资本论》的计划，这个问题要在第三卷来解决。第三卷的出版，还要过几个月。①

然而，由于种种原因，恩格斯没能做到“过几个月”就完成《资本论》第三卷的修订付印工作，而是在近十年后的1894年10月才完成该任务的。在这漫长的期间内，所谓的“李马矛盾”是不断地召来对于《资本论》的非难的。这点，只要仔细阅读一下《资本论》第三卷恩格斯写的《序言》就很清楚了。

那么，在《资本论》第三卷中，马克思又是怎样解决这一矛盾的呢？对于后人来说是很清楚的，即通过“利润转化为平均利润”和“商品价值转化为生产价格”，②而解决了“相等的平均利润率怎样能够并且必须不仅不违反价值规律，而且反而要以价值规律为基础来形成”③这一矛盾的。

对此，马克思指出：“我们在第一卷和第二卷只是研究了商品的价值。现在，一方面，成本价格作为这个价值的一部分而分离出来了，另一方面，商品的生产价格作为价值的一个转化形式而发展起来了。”④此时价值规律作用的形式便发生了变化，商品不再是按照价值而是按照生产价格来交换了。但是，这并没有否定价值规律，而是在“商品不只是当作商品来交换，而是当作资本的产品来交换”⑤这一背景下，坚

① 〔德〕马克思：《资本论》第二卷，第25页。

② 〔德〕马克思：“利润转化为平均利润”，载《资本论》第三卷第二篇，北京，人民出版社1975年6月第1版。

③ 〔德〕马克思：《资本论》第三卷，第12页。

④ 同上书，第183页。

⑤ 同上书，第196页。

持了价值规律。这是因为，“凡是在平均利润，从而一般利润率已经形成的地方，不管这个结果是怎么达到的，这个平均利润只能是社会平均资本的利润，它的总和等于剩余价值的总和，并且由于这个平均利润加入成本价格而形成的价格，只能是转化为生产价格的价值”。[①] 由此可见，即使是在生产价格的形式下，剩余价值学说和价值规律（其中包括等价交换准则）都是得到坚持的。这样，回到我们争论的主题上来，孰是孰非不是一目了然了吗？

当然，对于马克思的这一分析及其结论，并非是所有的人都同意的，因为直到现在为止，“李马矛盾”在西方仍然是对马克思主义的重要攻击内容。[②] 在我国，几十年的社会主义实践证明了，对于马克思主义不能当作僵死的教条，不能照搬照抄其只言片语，甚至也不能将马克思等人的某些具体看法和结论绝对化。因此，如果认为马克思关于生产价格是价值的转换形态，是价值规律新的表现形式的结论，从学术观点看是错误的，这是可以探讨的。但这一探讨不是本书的任务。本书要指出的是，如果硬将生产价格的出现说成是对于价值的否定，是对于价值规律及其等价交换准则的否定，则显然是违背马克思的本意的。

二　公共性否定剥削性？

我国财政理论界对于“公共财政”概念及公共财政论的否定乃至批判，从一开始就是集中在“公共性”对于“阶级性”和“剥削性”的否定上。在新中国成立后直至今日的几十年中，这些否定和批判的根本

---

① 〔德〕马克思：《资本论》第三卷，第194页。

② 可参见颜鹏飞：《激进政治经济学派》，武汉，武汉出版社1996年4月第1版，第105、110—112页。本书出版后两年，笔者见到了晏智杰的《劳动价值学说新探》（北京大学出版社2001年4月第1版）。该书，尤其是其第三篇《“价值转形论”百年论战史考》，对此问题作了详细的介绍和分析。——新版作者注

点都集中在这么一点上,即公共财政论不讲阶级、不讲剥削,因而是资产阶级美化资本主义社会的财政理论,是反马克思主义的财政学说。这样,要理解我国的公共财政问题,建立与社会主义市场经济体制相适应的我国公共财政论,就必须回答财政的“公共性”与“阶级性”和“剥削性”的关系问题,就是要弄清公共财政的阶级性问题。

在半个世纪中,我国财政理论界经历了大大小小无数次的理论论战,几乎每次都直接间接涉及了“公共性”和“阶级性”的关系问题。然而,至今为止,这个问题从未得到正面的回答。这就是说,人们不管赞同还是反对财政具有“公共性”,几乎无例外地都是同意它与“阶级性”和“剥削性”是不兼容的,是否定“阶级性”和“剥削性”的。也正是由于这样,所有的涉及财政公共性的理论,似乎从根本上都直不起腰来,都难以站立于坚实的基础上来形成自己的理论。近几年来,在关于我国新公共财政论的争论中,作为一个现成的并且是已为实践证明的屡试不爽的法宝,人们很自然地立即又提出了“阶级性”和“剥削性”问题。

那么,在市场经济活动中,“公共性”果真与“阶级性”和“剥削性”是水火不相容的吗?在过去的年代里,在动辄进行政治批判的背景下,人们是从来没有,也不可能通过全面地理解马克思的市场与资本关系的看法,来开展真正的学术探讨,才形成了“公共性”与“阶级性”和“剥削性”相对立的思维定式。其实只要全面地理解这一问题,就可以看出,市场经济本身就是公共性与阶级性的统一体,因而公共财政不仅不否定阶级性和剥削性,反而是与阶级性和剥削性存在着同一性的。

市场经济的运行,同时也是资本的运行。两者的区别,一个是经济体制问题,而另一个则是生产关系的问题。这样,两者是既有共性又有区别的。然而,在马克思主义创始人那里,并没有作出这样的区分。他们实际上是认为,市场经济就是资本主义,而资本主义也就是市场经济

的,两者是一而二、二而一的事情:

> 一旦劳动人口不再作为商品生产者进入市场,不再出卖劳动产品,而是出卖劳动本身,或者更确切地说,出卖他们的劳动能力,那么,生产就会在整个范围内,在全部广度和深度上成为商品生产,一切产品都变成商品,每一个个别生产部门的物的条件本身都作为商品进入该部门。实际上,商品只有在资本、资本主义生产的基础上才成为财富的一般的基本形式。……只是在劳动能力本身对它的所有者来说已经成为商品,从而工人成为雇佣工人,货币成为资本的地方,产品才普遍采取商品形式。①

为此,马克思还相应指出:“最大的交换,不是商品的交换,而是劳动同商品的交换。”②

这些话,清楚地表明了马克思将市场经济与资本主义视为是同一过程的观点。这也是为什么在他的论述中总存在着这么一种根本思想,即资本主义灭亡之日,也就是市场经济废除之时。应该说,这也是为什么数十年来我国理论界一直都是将商品、市场、市场经济连同资本主义一起批判,为什么我国财政理论界涉及“公共性”的观点难以理直气壮的理论缘由。

然而,经过国内外数十年的社会主义建设实践的检验,使得人们对这一分析和结论有了不同的看法。人们逐步认识到,应将经济体制与生产关系区分开来。认识到,经济体制与生产关系有着密切的联系,但

---

① 《马克思恩格斯全集》第 47 卷,北京,人民出版社 1979 年 10 月第 1 版,第 353、356 页。

② 《马克思恩格斯全集》第 46 卷(上册),北京,人民出版社 1979 年 7 月第 1 版,第 101 页。

不是完全吻合的必然联系。这具体到我国目前的改革实践来看，就是从经济体制的角度考虑，市场经济不“姓社”也不“姓资”，在等价交换中并不需要考虑是否存在着剥削的问题；而从生产关系的角度，则资本主义生产关系中存在着对于剩余价值的攫取，这才需要考虑剥削问题。应该说，这是邓小平理论这一当代的马克思主义的基本内容和关键性结论之一。

为了说明这一分析和结论的正确，让我们先来看看产业资本的总循环公式：①

$$G-W\langle^{A}_{Pm}\cdots P\cdots W'(W+w)-G'(G+g)$$

这一公式鲜明地表现了以下几点：②

1. 在该公式的流通阶段，即资本循环过程的第一阶段 $G-W$ 和第三阶段 $W'-G'$，都不存在着资本的增值问题，这里表现的是典型的市场等价交换行为，是等量价值的产品和货币的价值形态易位和互换。

2. 如果舍象掉资本循环总公式的第二阶段即生产过程，则整个资本的循环过程表现为是 $G-W-G'$。这一“直接在流通领域内表现出来的资本总公式”，似乎表明资本是通过流通过程增值的。然而，马克思接着指出：

> 货币羽化为资本的流通形式，是和前面阐明的所有关于商品、价值、货币和流通本身的性质的规律相矛盾的。它和简单商品流通不同的地方，在于同样两个对立过程（卖和买）的次序相反。但

---

① 〔德〕马克思：《资本论》第二卷，第63页。

② 这一资本循环的总公式所包含的含义，人们曾经是很熟悉的。然而，在关于公共财政论的争论中，财政学界许多同志似乎忘记了这点，而在那里大谈什么资本是通过不等价交换获得剩余价值的，故而在这里不厌其烦地详细解说该公式的内涵。

这种纯粹形式上的区别，是用什么魔法使这一过程的性质改变的呢？①

即是用什么魔法使货币多出了一个增值额了呢？马克思将这种现象称为"总公式的矛盾"，并在《资本论》中专门进行了分析。

3. 这一矛盾是无法通过对流通过程的考察来解决的。马克思针对那些试图将流通过程说成是剩余价值源泉的观点指出：

诚然，商品可以按照和自己的价值相偏离的价格出售，但这种偏离是一种违反商品交换规律的现象。商品交换就其纯粹形态来说是等价物的交换，因此，不是增大价值的手段。

因此，那些试图把商品流通说成是剩余价值的源泉的人，其实大多是弄混了，是把使用价值和交换价值混淆了。②

4. 唯有该公式的第二阶段，即资本的生产过程，才是剩余价值的创造过程。

生产资本在执行职能时，消耗它自己的组成部分，使它们转化为一个具有更高价值的产品量。因为劳动力仅仅作为生产资本的一个器官发生作用，所以，劳动力的剩余劳动使产品价值超过产品形成要素的价值而形成的余额，也是资本的果实。劳动力的剩余劳动，是资本的无偿劳动，因而它为资本家形成剩余价值，一个无需他花费任何等价物的价值。因此，产品不只是商品，而且是孕育

---

① 〔德〕马克思：《资本论》第一卷，第177—178页。

② 同上书，第180—181页。

着剩余价值的商品。①

《资本论》顾名思义，是分析“资本”问题的专著，因而其分析及结论是从生产关系的角度得出的，其探讨的基点并没有放在经济体制上。然而，资本主义制度是与市场经济制度相伴随着而产生、形成、发展和完善起来的。这样，一部《资本论》对“资本”的分析，就不可避免地也对市场经济进行了分析。过去，人们着重的是该书对资本主义的分析。随着改革的目标模式界定在社会主义市场经济上来之时，如何从市场经济的角度来重新理解该书就成为必要了。作这样的考察之后，我们认为可以得出以下结论：

第一，即使是处于攫取剩余价值的资本循环过程中的交换活动，也仍然是平等的。这点，与简单商品交换并无什么区别。这是马克思在《资本论》中所不断强调的。然而，当具体分析时，人们往往在这点上陷于混乱和迷惘，原因就出在劳动力和资本的交换问题上。人们往往会问：剥削者和被剥削者之间的交换，或者说劳动者出卖劳动力的行为，是平等的吗？然而，马克思确实是认为，对于正常的商品交换，包括劳动力商品的交换，买者和卖者之间的关系的确是平等的。马克思的名言“商品是天生的平等派”②，就清楚地表明了这点。对此，许毅老先生就曾针对本人所引用的这句话问道：

这个社会是什么样的平等的人组织起来的？资本和劳动力的交换是天生的平等派吗？……劳动人民又是什么样的人格？把这些问题同马克思主义创始人的国家学说比较一下，我们就很明白

① 〔德〕马克思：《资本论》第二卷，第45页。
② 〔德〕马克思：《资本论》第一卷，第103页。

了。上述的观点是资产阶级唯心主义的幻想,是一种没有根据的瞒天过海、颠倒黑白、混淆是非。这正等于那些不讲人权者讲人权,把种族歧视、剥削与压迫说成是"平等"一样,都是毫无道理可言的。①

在马克思主义创始人那里,资本和劳动力的交换是天生的"平等派"。诚然,在资本主义的生产关系中,资本与劳动者之间,的确是存在不平等关系,即剥削与被剥削关系的。但这不等于他们在劳动力市场上相遇时,他们的商品所有者身份是不平等的。资本和劳动力的市场关系是平等的。

对于资本主义社会的批判者来说,特别是马克思以前的各种社会主义判别来说,往往把资本家的致富说成是纯粹的欺骗,或者是通过货币或生产过程对工人的盗窃。马克思则不是这样。他将剥削的发生,解释成是资本家和工人之间从法律角度看是完全合法的交换,这种交换也遵守着其他一切商品买卖所必须遵守的那些准则和法律。对此,马克思在分析"劳动力的买和卖"问题时就明确指出:

劳动力所有者和货币所有者在市场上相遇,彼此作为身分平等的商品所有者发生关系,所不同的只是一个是买者,一个是卖者,因此双方是在法律上平等的人。②

对于马克思明确表述的这种观点,是否仍然可以认为"是资产阶

① 见许毅:《对国家、国家职能与财政职能的再认识——兼评公共产品论与双元结构论》,第7页。

② 〔德〕马克思:《资本论》第一卷,第190页。

级唯心主义的幻想，是一种没有根据的瞒天过海、颠倒黑白、混淆是非”呢？

众所周知，《资本论》对资本主义剥削作了深刻的揭露，对资本家剥削工人予以强烈的批判。这样，马克思作出“商品是天生的平等派”的论断，似乎匪夷所思，人们可能会认为是由于没有考虑到劳动力这一特殊商品的结果，以为如果具体落实到劳动力商品上来时就不会这么说了，所以才出现了“资本和劳动力的交换是天生的平等派吗”的质疑。但上文又清楚地表明了，马克思又确实是认为资本和劳动力的交换是等价交换的。其根本原因就在于，剥削是资本主义制度的产物，是资本主义生产关系的结果，而平等则是“在市场上相遇”时产生的关系，是市场经济的产物。因此，从《资本论》的这一分析中，是否可以说就已包含了这样的一些思想成分，即市场经济是不“姓资”也不“姓社”的观点？

这样，仅从流通过程来看，资本的市场活动仍然是平等的交换活动。

第二，进一步地，从产生了价值增值的生产过程来看，则似乎是由于市场活动的不平等而导致了资本主义的剥削，《资本论》似乎也就是由此而揭示了资本的剥削本质的。其实不然。

之所以这么说，其根本原因还在于这里的剥削是资本私有的结果，而不是市场型生产的结果。市场活动是在明晰的产权界定下进行的，其生产过程所产生的结果，是只能属于生产要素所有者的。商品的购买者拥有和支配该商品并享受该商品的消费好处，这是简单商品交换的基本要求，否则也无须等价交换了。而在大为发展并复杂化了的市场经济的交换活动中，这一基本要求仍然必须得到遵守，否则就将根本否定其市场交换性。这样，劳动力购买者作为要素的所有者，在生产过程结束后拥有劳动力商品消费后的结果，从市场经济的角度来看是理所当然的，对于参与市场活动的各方来说也是完全平等的。

谈到这里,读者也许会问,既然市场交换是平等的,市场型生产也是平等的,那么又怎么会有剥削,怎么会有资本家对劳动者的欺压凌辱呢?

其实,剥削的发生并不是市场平等交换的结果,也不是平等的市场生产的结果,而是资本主义私有制的结果。正是由于此时的资本是私人所有的,因而其生产结果也归于劳动者对立的私人所有,这才产生了“剥削”和“阶级”。一部《资本论》,洋洋百万言,始终分析的是资本对劳动的剥削,却从来没有提到一句市场对劳动的剥削,其原因也就在于此。也正由于这样,人们才会诅咒“私有制是万恶之源”。

是生产关系即私有制而不是经济体制即市场经济导致了资本的剥削,这一结论是有重大现实意义的。这是因为,在否定了资本主义生产关系的社会主义社会中,即使是在计划经济时期,社会再生产采用的也仍然是马克思所归纳的资本循环总公式,即

$$G-W\langle{}^{A}_{Pm}\cdots P\cdots W'(W+w)-G'(G+g)p$$

就更不用说正在构建中的社会主义市场经济了。这点,是几乎无人否认的。而对于上述公式来说,不管是计划经济时期还是社会主义市场经济时期,总的来看,工资支付者都已经不是私人,而是代表全体劳动者的国家了。这样,人们才可以理直气壮地宣称说社会主义社会不存在剥削,而产生这一变化的根本原因,就在于此时存在的是公有制而不是私有制,此时生产过程产生的增值额是为全体人民而不是某个私人所攫取。

总之,在资本主义私有制下,市场经济作为私人资本剥削必不可少的途径和载体,其平等性是实现资本剥削的基本条件,没有“平等”的市场活动,就没有资本的剥削,因而此时市场的平等性与剥削性是同一的。而在社会主义公有制下,市场经济作为公有资本增值的必备条件,则是平等性和增值性的同一。

三 公共财政的阶级性

上述分析的基本结论对于公共财政来说也是适用的。

对于资本主义市场经济来说，公共财政服务于市场的平等交换和既定的产权关系，是保证市场机制充分发挥作用的基本前提，也是保证资本获得剩余价值的基本前提。

一部西方资本主义的发展史，也就是市场经济的发展史，两者体现为是一个过程的两个内容。在这里，市场和资本相辅相成、相互支持、互相促进、共同发展而浑然一体。正是通过市场，资本才得以不断进行着自身价值形态的转换，实现着循环周转，才获得劳动力这一特殊商品，并最终在市场上实现已创造出的价值，从而不断地完成着自身的价值增值过程。由此可见，没有市场也就没有资本。反之，如果没有资本，市场活动也始终只能处于简单商品生产和交换的阶段，而无法升华为一种经济体制形态。市场因素正是在资本的积累过程中不断发展壮大，不断冲破旧的经济体制形态和社会经济制度，最终将整个社会变为一个“庞大的商品堆积”，最终将整个社会经济全面地置于自己的控制之下。从这个意义上看，没有资本也就没有市场经济。

正是在这种背景下，西方的公共财政也具有着两重性：一方面，市场经济制度决定了它是公共财政。它必须为市场的正常和正当的活动提供一视同仁的服务，而具有着“公共性”，体现出自己是与市场经济相适应的财政类型；另一方面，资本主义制度决定了它是资本主义财政，它必须为私人资本对剩余价值的攫取服务，而具有着“阶级性”和“剥削性”，从而又体现出自己是与资本主义相适应的财政类型。两者的结合，就表现为此时的财政是资本主义的公共财政。

这样，资本主义公共财政的公共性与阶级性是丝毫也不矛盾的。

当公共财政弥补了市场失效,为市场提供了良好的公共服务之时,市场将处于正常的运行秩序之中,市场机制将发挥着有效配置社会资源的作用,相应地资本也就获得了正常的活动环境,也就能够获得更大的市场利润。或者换句话说,公共财政为市场服务得越好,则资本运行得就越顺利,资本进行剥削的条件也就越具备。反之,如果公共财政不是提供公共服务,而是如同非公共财政论者所强调的那样,只是为剥削阶级服务,只是赤裸裸的超经济剥削,从而劳动力买卖不是依据等价的原则来进行,则劳动者连其正常的劳动力价值也无法得到弥补,其结果只能是劳动力再生产的萎缩。而劳动力再生产的萎缩,对于资本主义生产关系本身也有着严重的乃至致命的后果。因为其引起的结果决不仅仅是劳动阶级陷于悲惨的生活境地,而且由于没有足够的被剥削对象,则资本的剥削也不能不是萎缩的。

可见,在资本主义市场经济条件下,公共财政的公共性与阶级性和剥削性有着根本利益的一致性,而非对立性。它们相辅相成共同服务于资本和市场:财政没有公共性,就没有其剥削性和阶级性。即财政的剥削性和阶级性是通过为市场提供公共服务来体现的,而不是由财政直接进入生产过程去攫取剩余价值;反之,财政没有资本的剥削性和阶级性,也无需公共性。因为正是资本主义的剥削,才决定了资本主义国家财政只能以公共服务的形式来活动,为市场提供公共服务是符合资本的根本利益的。正是由于财政的公共性包含了阶级性和剥削性,因而说公共财政提供"一视同仁"的服务是很正常的。

附带指出的是,上述分析表明了,资本主义公共财政是无所谓"超经济剥削"问题的。这是因为,公共财政没有直接作用于生产过程,更没有直接插手剥削剩余价值,而只是为市场的正常活动提供应有的服务。正是在这一平等的市场活动中,资本实现了自身的剩余价值获得了利润,劳动者实现了自己的劳动力价值获得了工资。此时公共财政对市场活动及其结果的征税，仅就正常的状态而言，是不存在又一重“剥削”关系的。因此，公共财政并不是作为直接的剥削手段在资本主义生产关系中发挥作用的。

进一步看，公共财政的收入来源，从剥削阶级与被剥削阶级的两大对立阶级划分法来看，只能是或者来源于剥削阶级的市场收入，或者来源于被剥削阶级的市场收入。剥削阶级的各种市场收入，如产业利润、商业利润、利息和地租等，都只不过是剩余价值的各种转化形态。此时公共财政对剥削阶级的这些收入课税，其经济含义只不过是对已被剥削到手的价值的再分割，其实质只不过是剥削阶级内部的利益再分配，丝毫也不涉及对劳动者的又一次“剥削”问题。

而从对于工资的征税来看。工资作为劳动力价值，是用于维持劳动者的必要生活费用的，政府对其征税，是只能再返还用于劳动者本身的个人消费和共同消费的。如果将对于劳动者的工资收入所课征的个人所得税和社会保险税等，都视为是对于劳动者的“超经济剥削”，则无法说明存在于西方社会的劳动者支取劳动保险费，劳动者享受各种公共服务设施的基本事实。因为所谓的剥削，说白了就是“白拿走”，就是不付代价地取走而不再返还。

同时，“超经济剥削”的命题还否定着马克思关于工资的含义。在《资本论》中，马克思是一再强调，工资作为劳动者的必要生活费用是不能侵犯的，也就是资本不是靠侵犯工资来剥削，而是在支付足额工资之后对于剩余价值的剥削。所以，公共财政在资本主义生产关系中，是不能再作为直接的剥削工具发挥作用的，其所具有的剥削性，只能是从其服务于市场，从而根本地服务于资本的剥削来体现的。

总之，在马克思那里，不仅不会得出否定公共财政论的结论，反而可以得出存在公共财政的结论。

第三节　“一视同仁”观答疑

在对本人的公共财政论提出的诘难中，很多是针对“一视同仁”观的。而否定一视同仁观的基本点，则在于认为一视同仁观否定了财政的“阶级性”和“剥削性”。

一　是否应当“区别对待”？

对本人关于政府为市场提供的服务必须是“一视同仁”的提法，叶子荣在他的《“公共财政”辨析》（即叶文）一文中提出了强烈的疑问。他指出：

> 张馨同志……引用西方财政理论，阐明在资本主义市场环境中，所要解决的根本问题是如何为市场主体提供“一视同仁”的服务，即公共服务，从而要求政府和财政“义不容辞”地从阶级压迫工具一下子蜕变为提供公共服务的主体。为什么在资本主义社会国家和财政会有如此愉快而轻松的变化呢？原来，西方财政理论依据的国家学说是“社会契约论”，认为国家是社会公众“契约行为”的产物。张馨同志十分赞同这一虚幻的国家学说，认为“国家不仅是‘公共’行为的结果，而且其活动本身也就是社会的‘公共’活动”。这似乎就是“公共财政”的根基。……“社会契约论”把国家描绘成无阶级、对任何人都一视同仁的“纯公共机构”，进而把资本主义社会描绘成永恒的“伊甸园”，是人类社会最完美的社会制度。①

① 叶子荣：《“公共财政”辨析》，第44—45页。

在上面这段文字中,如同其他所有批判公共财政论的言论一样,均是先将公共财政论归入资产阶级理论之列,然后揭露其美化资本主义社会的丑恶嘴脸,从而理所当然地认为是批倒了公共财政论。但天下事不尽如人意之处常有,对公共财政论这种批判的效果也如此。

公共财政论形成和发展于西方国家,当然有着资本主义的内容和痕迹,这是我们在借鉴该理论时必须注意剔除的。但是,公共财政论也形成和发展于市场经济制度下,也有着鲜明的市场经济的内容和痕迹,这又是我们可以并且必须借鉴的。上一节已经指出,“公共性”“阶级性”和“剥削性”是不同的角度的问题。即“公共性”及其另一种提法“一视同仁”,是从市场经济的角度得出,而“阶级性”和“剥削性”则是从资本主义的角度得出的,两者可以并存而并不相互排斥。

以阶级和剥削的观点来考察财政问题,其中包括公共财政问题,可以说是我国财政理论界的传统。半个多世纪来,我国老一辈的财政学家对财政的阶级性和剥削性问题进行了大量的分析和探讨,以及其后大量的关于财政阶级性和剥削性的论著,放到其所处的时代背景下去看待,都是无可厚非的,尤其是他们运用马克思主义的阶级观点来分析财政问题,在当时是一个历史进步。但是,真理与谬误仅有一步之遥,将真理绝对化只能成为谬误,过度地强调财政的阶级性和剥削性就如此。

言必称剥削和阶级,是叶文给人的最大印象。众所周知,我国曾有过言必称阶级和阶级斗争的时期,当时人们被教导说,“千万不要忘记阶级斗争”,“阶级斗争要年年讲,月月将,天天讲”,其结果是对我国产生了灾难性的影响。我国财政理论过度强调财政的阶级性和剥削性,绝对地否定其公共性,既是“以阶级斗争为纲”在当时财政理论上的反映,也是当时政府以财政为手段去维护计划经济,去否定市场因素的基本理论依据之一。

如果说在当时的政治背景下，人们谈论乃至高举"以阶级斗争为纲"的帽子和棍子，在一定程度上还情有可原的话，那么，在拨乱反正20余年后的今天，叶文仍然在教导别人应当念念不忘财政的阶级性和剥削性，应该不会是主张社会主义市场经济下的我国及其财政仍要继续"以阶级斗争为纲"吧？

正是在这种"阶级情结"的作用下，叶文多次批判本人关于公共财政是为市场提供"一视同仁"服务的提法，并且还要在括号中特意指出："注意，不要忘记市场主体中有两个对立的——剥削与被剥削的两个阶级。"①按照叶子荣的主张，西方市场经济下的财政只有阶级性和剥削性而没有公共性，那在现实中的西方财政就应该直接攫取剩余价值，就应该只对富裕阶层提供直接服务。或者说其收入只应由穷人缴纳，而支出则只对富人拨付。然而事实却是，作为西方主要税种的个人所得税，是富人承担更大的税率，穷人负担较轻乃至不缴纳该税；占西方财政支出相当比重的济贫支出和社会保险支出，则是全部或主要对贫穷阶层发放，而基本上不对富裕阶层发放；西方的公共设施和基础设施并不仅供富裕阶层使用，贫穷阶层也照样使用，如西方国家的高速公路上跑的小汽车，并不全部都是属于富裕阶层的，反而大部分是贫穷阶层的小汽车；西方警察维护社会治安，不会因为盗窃抢劫贫穷阶层的钱财而不捉拿之；等等。而要说明这些财政现象从深层次看也具有阶级性和剥削性，绕过财政的公共性能解释清楚吗？

理论是为现实服务的。人们在目前之所以热衷谈论和争辩公共财政问题，并不是吃饱饭没事找事，而是因为其直接关系到如何看待社会主义市场经济下的财政模式问题，或者说，直接关系到如何开展现实的

① 叶子荣：《"公共财政"辨析》，第45页。

财政活动和财政改革的问题。这样,争论就不能仅停留在资本主义社会,还应回到社会主义社会,回到我国的现实中来。

而当视野转到我国的财政现实上来时,首先可以提出的问题就是,如果说资本主义公共财政具有剥削性和阶级性,那么,存在于社会主义市场经济下的公共财政,是否还有剥削性和阶级性?1949 年 10 月千家驹的《新财政学大纲》一书,就目前所能掌握的资料来看,是我国第一本以马克思阶级学说来分析财政问题,也是第一本批判财政的阶级性和剥削性问题的专著。然而,该书在对剥削阶级财政进行批判之后,紧接着随后也指出:“只有在人民的革命胜利以后,……国家所尽的职务,才可称作真正的‘公共职务’,因为它代表着人民最大多数的利益。”①然而,这种观点在其后半个世纪的岁月中是几乎不再出现于我国了。

公有制经济是我国将要建立的社会主义市场经济的主导经济成分,公有制经济占了整个国民经济的很大比重,它决定了我国的市场经济的社会主义性质而非资本主义性质,决定了我国的市场经济从总体上看不具有剥削性。这样,如果说由于剥削性而使得存在于西方的公共财政,是作为资本的剥削工具的假公共财政,那么,将出现于我国的从根本上看不具有剥削性的公共财政,就应该是真公共财政了吧?此时存在于社会主义市场经济下的财政,将是为社会主义的生产关系提供服务的财政,这种服务可以用“公共”来概括了吧?这样,说我国社会主义市场经济条件下的财政具有公共性而不具有剥削性,应该可以吧?

当然,问题分析至此显然是不完整的。人们肯定会说:且慢,你为

---

① 千家驹:《新财政学大纲》,北京,生活·读书·新知三联书店 1949 年 10 月第 1 版,第 5 页。

什么不提存在于我国的私人资本呢?

的确,改革开放以来,不仅外国资本和港澳台资本大量进入国内,而且本国的私人资本也迅速发展起来了。这些私人性质的资本在我国的地位,已不再是社会主义经济的“有益的补充”,而是其“重要的组成部分”了。它们在我国的存在和发展已不仅只是暂时的现象,不仅只是为了生产力的发展和市场经济的建成而“利用”之的问题,而且在现实中已成为我国经济发展的强有力因素了。

于是,与我们这里相关的问题就是,对于私人资本,是否仍然有“阶级”和“剥削”问题?答案显然是肯定的,但这并不能够作为否定公共财政的基本论据。其理由如下:(1)不管是否具有阶级性和剥削性,在市场经济下财政弥补市场失效,提供公共服务都是必不可少的。(2)就我国的生产关系性质来看,公有制决定了整个市场经济的社会主义性质,因而以整个市场为服务对象的我国财政,显然具有社会主义性质,因而从根本上看,也不能说是具有阶级性和剥削性的。如果仅就私人资本而言,显然是具有阶级性和剥削性的,但不能以偏概全,以局部去否定全局。(3)更主要的是,目前必须淡化关于财政的阶级性和剥削性问题。这是改革开放的需要,更是发展我国生产力的需要。

半个世纪来,人世沧桑,在对待内外资本的问题上,我们的政策是有着一百八十度的大转弯的。在新中国成立前后的一段时期内,我国实现了生产资料的公有化,即没收了帝国主义在华资本和官僚买办资本,通过公私合营等办法将民族资本改造成为国有资本。这些数以百亿元计的国有资产的增加,其经济意义是巨大的,我国最初的国有经济大体上可以说就是通过这些活动形成的。然而,至今为止,我国财政在这一过程中的作用几乎无人提及。实际上,尽管当时的这些没收和赎买等活动没有直接体现在我国的国家预算账户上,但作为国有资产的增加,它仍然是国家收入的形成,也就是说财政在这一过程中起了不可或缺的作用。

然而,在改革开放中,我们先是开始引进外资和允许国内私人资本的出现,接着是大力争取外资和鼓励国内私人资本的发展,并且实践也证明了,至今为止,哪里的外商投资多,哪里的“民营企业”多,哪里的经济发展就快,哪里的改革进程也就较顺利。之所以发生这些变化,从根本上看,就是因为“发展生产力、解放生产力”的需要,就是为了市场经济能够在我国建立健全的需要。

顺应着这种经济政策的根本变化,我国的财政实践也有了很大的改变。典型的就是在相当时间内,我国税收从原来的“个体重于集体,集体重于全民”,改为实行“国有重于集体,集体重于个体和私营,内资重于外资”的制度。然而,似乎无人批判这是一种为资产阶级服务和对广大劳动人民进行超经济剥削的制度,至少财政学界强烈指责公共财政论“不讲阶级、不讲剥削”的那些同志,是没有公开地对我国现行税收制度提出关于“阶级性”和“剥削性”疑问的。

一项财政制度实施的客观效果好坏,仍然是需要由事实来说明的。这种有着明显的“颠倒阶级、支持剥削”特征的税收制度,在我国的实行曾长达十四五年之久。其带来的结果是人所共知的,这就是我国经济的飞速发展和改革的不断推进。反之,如果在这些年仍然坚持的是原有的旧税收制度,十一届三中全会以来在改革和发展上所取得的一系列成就能够实现吗?

当然,依据经济成分的不同实行不同税收制度的做法,在改革开放的十余年中也曾不断受到批评,但仅是针对它不利于不同经济成分之间的市场公平竞争的缺陷,而不是批判其不讲阶级观点。正是由于认识到依据经济成分分别制定税收制度违背市场经济的根本要求,我们才在十余年中通过不断的改革和改进,尤其是通过 1994 年的税收制度大改革，而统一了内资企业所得税制，并且还要争取尽快统一内外资企业所得税制。然而，如果按照叶子荣等的阶级观点，则目前我国的税收制度就必须全盘否定，而改为对外资和国内私人资本课重税，对集体资本课较轻的税，而对国有资本课税最轻，甚至对国有资本不课税的税收制度。因为依据税收是超经济剥削手段的观点，在全民所有制内部实质上是不存在税收关系的，这就是 1958 年之所以实行“以利代税”这一失败了的改革的理论根源。

进一步看，用叶子荣等的阶级观点来指导我国目前的财政实践，问题还远不止于税收制度。改革开放以来，我国财政投资大幅度地从赢利性领域退出，而主要着重于基础设施和公用设施的投资，其主要目的之一，就是为了大规模地吸引外资。如果以阶级性观点来考察，20 年来我国财政执行的路线，借用“文化大革命”时期的语言来说，就叫做“阶级投降”的路线。这是因为，在全力减轻非公有经济的财政负担，而将大部分的财政负担压在国有经济身上之时，政府的投资支出却主要用于基础设施等的建设。而基础设施等的建成，却是为全社会所有的经济成分提供服务的。正是在财政作出巨大努力改善了基础设施和公用设施等条件的背景下，我国的私有经济迅速成长壮大起来了，而我国吸收外国资本的成就也是举世瞩目的。但这其中显然是包含着以国有经济的财力去支持非公有经济发展的内涵的，如果叶子荣等的财政阶级观成立的话，这不是“阶级投降”是什么？

当然，由于基础设施等条件的改善，也为国有经济和集体经济提供了发展的基本条件，因而仅从公有经济来看，也是需要政府财政投资于这些领域的。但是，依据财政阶级观的逻辑，则建成的基础设施和公用设施，就只能是归公有经济使用，而不得为私人经济提供服务的。这样的话，在财政投资或在政府担保下建成一条高速公路的旁边,私人经济也有必要自己出钱修建一条专供自己使用的高速公路。照此办理,所有的其他基础设施的建设也如此。更有甚者,如果严格按照财政的阶级观办事,社会主义财政修建的防洪堤,就不应当能够保护本地区的非公有经济,非公有经济也必须自己出钱修建另一条防洪堤。推论至此,难道人们不感到社会主义市场经济下的财政阶级观的滑稽吗?

还应指出的是,在目前的背景下强调财政的阶级观点和剥削观点,还将产生着极坏的实践效果,对我国的经济建设产生巨大的破坏作用,因为这无异于向国内外公开昭示:“资产阶级的先生们,我们欢迎你们大力进行投资,但由于你们的剥削本性,没收和赎买的命运仍然在前头等着你们,好自为之吧!”可见,这种理论如果得到肯定和宣扬,其客观效果将只能是外商投资的裹足不前和已有投资的撤走,只能是国内私人资本的短期行为和难以大规模发展,从而只能是对改革开放事业的巨大危害。20 年的发展历程已经充分地证明了,吸引外资和发展私人经济对于我国经济发展,是有着不可替代的巨大作用的,否定它们将对我国的经济改革和经济发展产生巨大的危害。

数十年来,貌似马列的“左”的思想和理论,给我们的事业是造成了极大的危害的,这种余毒至今仍然没能完全肃清,这在财政学界是尤为明显的。在目前建立社会主义市场经济的大背景下,财政学界一些同志仍然绝对地强调阶级性和剥削性的用意何在?是在隐晦地指责我国财政以往的实践违背了阶级观点吗?是希冀以“剥削”和“阶级”去否定目前各种非公有制经济在我国的存在,进而否定在我国建立市场经济吗?试图通过否定和批判以私有制为基础的市场经济及其公共财政,来否定以公有制为基础的市场经济及其公共财政,这就是叶子荣所谓的“依据邓小平同志的‘社会主义本质论’坚持‘国家分配论’”的“正确的态度”吗?

二 “一视同仁”否定阶级性?

叶子荣还指出:

> 回溯资本主义制度建立以来,“天然就具有公共性”的资产阶级国家是否真如张馨同志所说,在资本主义市场环境中为市场主体提供“一视同仁”的服务(注意,不要忘记市场主体中有两个对立的——剥削与被剥削的两个阶级),从而使财政成为“公共财政”的呢?
>
> 打开凝重的资本主义发家史,“羊吃人”的圈地运动和掠卖非洲黑奴的资本原始积累过程,永远散发着浓烈的血腥味。这一持续四个世纪之久的罪恶勾当,是世界历史上任何时期,任何野蛮愚昧和残忍无耻的暴行所无法比拟的,而它却正是在资产阶级政府的“公共财政”支持下,以法律和武力完成的。不知“公共财政”论者对这一系列血的事实有何高见。①

叶文列举的是众所周知的事实,并且资本主义公共财政的确支持了这些罪恶行径。但这可以成为否定公共财政的理由吗?

对此问题的解答,已不是单纯的对公共财政的认识问题,而是对市场经济的认识问题了。叶子荣上述的分析,仅是从“资本主义发家史”的角度看问题的,而没有同时指出,它同时也是一部市场经济发家史。“羊吃人”的圈地运动是很血腥,但它同时也否定了此时仍存在于农村的自然经济,将劳动者和生产资料投入到市场体系中来;贩卖黑奴是很罪恶,但它同时也是西方市场经济迅速成长壮大的一个重要因素。在

---

① 叶子荣:《“公共财政”辨析》,第45页。

这里，市场经济作为一种新的经济体制形态，它显然是要否定旧的经济体制形态，显然有着强烈的自我膨胀冲动和能力的。问题在于此时的市场经济只是由于与资本主义制度相结合，才产生了种种的血腥和罪恶，资本主义公共财政也染上了血腥味和罪恶味。这些血腥和罪恶只能算在资本主义的账上，而不是市场经济导致了这些血腥和罪恶。也正因如此，马克思讲的只是“资本来到世间，从头到脚，每个毛孔都滴着血和肮脏的东西”①，而不是“市场来到世间……都滴着血和肮脏的东西”了。这样，如果依据对资本主义的分析而否定公共财政，则不仅西方的公共财政，连西方的市场经济也必须全盘否定了。这样的逻辑结论叶子荣能够接受吗？

还应指出的是，原始积累时期毕竟只是西方市场经济的形成时期，它并不能代表典型的市场经济状态，而对公共财政问题的考察和分析，显然是应当以典型的状态为基本对象的。然而，叶文的分析恰好是以非典型的形态为对象的，这是否可以称为“以偏概全”？如果回到我国现实上来，我国市场经济体制的建立，大约不会经历这么一个同样的“血与火”的过程吧？这样，西方资本原始积累时期的血腥和罪恶，与我国的市场经济和公共财政又有什么相干？

叶子荣继续指出：

> 从第一次鸦片战争到《辛丑条约》的签订，短短几十年里，披着现代文明外衣的资本主义列强通过“公共财政”提供的武力迫使清政府签订了一系列不平等条约，使中国沦入半殖民地的深渊。“二战”时期，日本政府在其“公共财政”支持下，为建立“大东亚共荣圈”给中华民族造成的深重灾难罄竹难书。在资本主义发展史

① 〔德〕马克思：《资本论》第一卷，第829页。

> 中记载着资本主义国家在国际市场上对中国及遍布世界各地殖民地国家提供的、令人恐怖的“一视同仁”的“服务”。不知西方财政学怎样从公共的角度来认识资本主义国家和政府上述收支活动？也不知自称以“历史唯物主义态度”看待“公共财政”者，对之如何作出了“有其巨大的历史进步意义的”评价的。
>
> 在国际市场上，国与国之间的倾销与反倾销的斗争；商品进出口中的关税与非关税壁垒；中国长期被排挤在世界经贸组织之外；霸权主义者动辄以“经济制裁”威逼他国等等，在其背后通常有“公共财政”作后盾，而我们却看不到“一视同仁”的服务。事实表明，所谓“公共财政”是地地道道的服务于资产阶级的财政，只是为资产阶级提供一视同仁的服务，而真正的公共——绝大多数劳动者阶级是不可能得到“公共国家”“一视同仁”服务的。在他们看来，根本不知“公共财政”为何物，因为他们感觉到的是无偿提供剩余价值。①

上述这些论述，的确是一篇慷慨激昂的讨伐资本主义及其公共财政的战斗檄文。在这里，叶子荣以列强和日本对我国及殖民地国家的侵略，为人们描绘了一幅“令人恐怖的”景象。文中义愤填膺地列举了列强尤其是日本的对华侵略历史事实，这些曾经给中国人民带来巨大的灾难和痛苦，怎么谴责都是不过分的。但是，叶文硬将“公共财政”与这些侵华行径扯在一起，希冀借助于中国人民的民族自尊心来否定“公共财政”，希冀通过政治上的帽子来否定学术观点。但这否定得了“公共财政”吗？

首先应该看到，侵略与被侵略之间的关系，已经不是一个国家内部

---

① 叶子荣：《“公共财政”辨析》，第45—46页。

的活动,而是国际之间的相互关系问题了。而国际活动还是财政活动吗?

对外侵略是任何剥削阶级国家都具有的行为,都得到其财政的支持,而并非只是资本主义国家与其市场经济和公共财政独有的罪行。然而,如同上文所指出的那样,资本主义国家的对外侵略,其根源在于资本主义制度,而不是市场经济制度和公共财政。列强和日本对我国的侵略和对殖民地的掠夺,其原因在于资本对于市场的争夺和扩张,因而得到该国公共财政的支持是毫不奇怪的。如果按叶文的逻辑由此而否定公共财政,是否也应当连市场经济,连历史上的所有国家财政都否定之?

在市场经济条件下,由于任何一个国家都必须建立自己的防务力量,因而防务体系的建立是否具有“公共性”,即是否对于所有的社会成员都有好处,也是只能局限于本国范围内来考察的。近年来,我国财政学界已经出现了“国际财政”的观点,其正确与否不属于本书分析的范围,但这一观点的基本点,就是超出国界,从多个国家乃至整个世界的角度来确立财政概念,来考察财政问题的。不过,至今为止这类观点尚未引起我国财政理论界的注意和公开争辩。

这里的争论实际上牵涉到了财政的基本概念问题。以一个国家对另一个国家的侵略为例子来考虑财政,来否定公共财政观合适吗?国家财政活动,涉及的只是一个国家内部政府与个人、政府与经济组织等之间的关系,而不涉及国与国之间的关系。这其中的差异就在于,国家内部主要是阶级关系,是市场交往关系,而国与国之间则主要是民族关系。当发生侵略和实行殖民统治之时,是民族矛盾而不是阶级矛盾和市场矛盾成为国内的主要矛盾。不错,近现代的国与国之间各种关系,都直接间接地与公共财政发生关系,并且往往都由公共财政提供财力支持,但这只是公共财政对国家履行职责的财力支持,而不是公共财政自己从事外事活动。在这里，作为"国家财政"，它涉及和维护的只是本国本民族的利益，是整个民族的"公共"利益，即在这种侵略和殖民统治中，整个民族的各个阶级和阶层都相应获得了一份利益。其中只不过有些阶级和阶层获得的利益多些和大些，而有些阶级和阶层获得的利益少些和小些罢了。至于被侵略民族的悲惨境地，则是另一个民族的问题，不是本民族的问题，谈不上本国的财政是否为他国人民提供服务的问题。因此，是局限于国家范围内还是超越于国家范围来界定"财政"这一概念，就成为"国家财政论"与"国际财政论"的根本区分标志。叶子荣不是坚定的"国家财政"论者吗？怎么越出国家的范围来考察财政问题了？或者说，什么时候改变了自己的观点，而成为"国际财政"论者了？

国家建立防务体系对于整个国家、整个民族都具有好处，在外族入侵之时，整个国家，整个民族可以齐心协力地共同抵御外侮时，是充分地体现出来了。至于整个民族共御外侮的事例，在人类文明史上比比皆是，近者如抗日民族统一战线的形成就是典型的例子。这些历史常识，相信大举历史事例佐证自己观点的叶子荣同志是比笔者更为清楚的。那么，这个时候的政府支出，应该可以说是"公共"支出了吧？之所以能够形成全民族的统一战线，其根本原因就在于它是符合全社会所有阶级和阶层的共同利益的。否则的话，抗日战争时期中共得出的民族矛盾上升为基本矛盾，而阶级矛盾则相应下降为次要矛盾的结论，就是错误的了。这样，得出对外防御上存在全社会的共同利益的结论，叶子荣同志应该是不会提出异议的吧？

反过来，如果说一个国家、一个民族在对外防御上存在着"公共性"，那么，就作为对外防御反面的对外扩张来说，是否存在着"公共性"？长期以来，人们一直被告知，对外扩张只是统治阶级的事，被统治阶级也是对外侵略的受害者。这句话在一定的意义上是对的，因为对外扩张的成本和损失，主要落在被统治阶级身上，而获益则主要由统治阶级所攫取。但不可否认，一个国家、一个民族的对外扩张，毕竟整个国家和民族也都是获益的。对此，无论是英法还是德日的发展史，都充分地说明了这点。殖民地掠夺或战争赔款在它们的全民族富裕的过程中，显然是起着不可忽视的作用的。日本通过甲午战争，从中国得到的现金及财物，总计合库平银3.4亿元，折合日元5.1亿元，其数额相当于当时日本全国年度财政收入的6.4倍，而日本从甲午开战到马关议和前的军费开支只不过1.5亿日元。① 这一巨额的战争赔款以及其后的日俄战争赔款，就是日本实现现代化的主要原始资本来源之一。

其实，在国家防务问题上财政是否具有“公共性”，并不能就财政本身得出结论，而是要看“国家防务”的性质。在市场经济条件下，一个国家、一个民族建立起防务体系，本身就是市场正常运转所必不可少的条件之一。这就是“国家防务”具有“公共性”的经济根源，由此而形成的财政活动也具有了“公共性”。至于“国家防务”是“对内的”还是“对外的”，就要进一步看其是资本主义市场经济，还是社会主义市场经济了。市场经济天然具有对外交流的本性，加上资本的掠夺性，就可能产生以武力对外掠夺的结果，但这并不否定此时财政所具有的“公共性”。这与资本主义市场经济条件下，财政既为市场提供“公共”服务，同时也为资本剥削服务，而不否定财政的“公共性”是一样的道理。反之，在社会主义市场经济条件下，市场经济的对外交流本性仍然存在，但已基本上消除了资本的对外掠夺性，此时社会主义财政所建立的“国家防务”，是否还具有对外侵略性？

最后还是要回到争论的现实背景上来。叶文所否定的，只是资本主义市场经济下的公共财政。但是，人们之所以争论是否存在“公共

① 戚其章：《甲午战争赔款问题考实》，载《历史研究》1998年第3期，第78页。

财政”，其根本目的并不是为了解决西方国家有无公共财政的问题，而是为了解决我国是否应当建立公共财政模式的问题。那么，在社会主义制度与市场经济制度相结合的背景下，政府是否应当为市场提供服务？如果答案是“应当”，则这种政府服务必须是一视同仁的，还是必须区别对待的？这种政府服务是否也具有血腥味、罪恶性和侵略殖民行径？如果答案是“不应当”，那么市场经济下政府的最基本职责和任务是什么？市场经济又对政府和财政提出了什么根本要求？不为市场服务的政府和财政，除了从根本上压抑和阻碍市场的正常运行之外，还能做什么？

三　政府采购否定了财政的公共性？

有些同志曾以政府采购活动为例子，来说明在市场经济条件下财政可以进行市场性活动，政府可以既当“裁判员”而处于市场之外，又可以当“运动员”而进入市场参与竞争。对此提法，我们的看法是这样认为的。

在自然经济条件下，分配是实物的分配，在生产环节和消费环节之间，只中介着一个分配环节。此时产品分配完毕，就直接进入了消费环节。在市场经济条件下，分配则是价值的分配，在生产环节和消费环节之间中介着分配和交换两个环节。此时产品除了分配之外，还须经过交换，才能用于消费。分配使人们获得和占有一定份额的货币形式上的收入，但货币本身不能吃，不能穿，还要通过交换环节，即人们还必须以货币去换取所需产品，才可能进行消费。这样，公共财政作为与市场经济相适应的财政模式，除了通过分配占有一定份额的国民收入之外，还要以货币形式的公共支出到市场上去购买所需的产品和劳务，才能最终完成政府履行职责的过程。此时的政府对于产品和劳务的购买活动，显然是在市场中的等价交换行为。

在现实生活中,各国政府的支出,除了转移性支出部分外,大体上都属于购买性支出,因而每年对于产品和劳务的购买总量是极为庞大的,其金额是动辄以万以亿为单位计数的,其购买的品种类别则纷繁复杂、品目众多。由于它直接关系到政府职责能否得到履行和能否高效顺利履行,因而显然不是政府履行职责过程中的次要的和枝节性的活动。

在安排支出之前,政府已经通过税收等活动取得了一定量的货币收入,从而掌握了相应份额的社会资源和要素的索取权。此时通过购买活动,政府实现了这部分的资源和要素从企业部门向着政府部门的移位,政府才最终掌握了这部分的资源和要素,才谈得上履行自身职责的问题。然而,这是政府直接从市场取走资源和要素,这似乎否定了公共财政的市场失效准则。

但严格地说,这已不是财政活动本身,而只是政府的交换行为,它并不否定我们关于财政只能处于市场有效领域之外的命题:

1. 如同我国的财政理论所强调的那样,财政只是国家的分配活动,则国家的交换活动就不是财政活动,也就谈不上以交换活动的市场性否定财政的非市场性了。依据国家分配论的观点,国家履行自身职能是需要消耗一定的物质资料的,然而国家作为非生产性机构,其本身并不生产这些物质资料,而只能是依靠自身的政治权力,从社会再生产过程中取得所需的物质资料,然后用于履行自身的职能。这在市场经济下(在计划经济下也如此),则表现为国家从社会再生产取得物质资料的过程不是一步到位的,而是通过先取得货币收入,然后再安排货币支出,用以交换所需要的物质资料并消耗之,最终完成国家履行自身职能的全过程。

国家分配论的这一分析,是以原始社会末期为背景,分析了国家的产生过程,得出了财政是以国家为主体的分配的结论。这一结论在自然经济背景下是成立的,因为此时国家只要通过分配一个环节,就能够获得并使用和消耗了履行自身职能所需要的物质资料。然而,在市场经济(包括计划经济)背景下这一结论则成问题了。此时讲财政只是一种分配,则依据上述的分析,财政活动在国家安排了货币支出之后就终止了,余下的只是交换行为,而交换已不是分配,因而此时的国家交换就不是财政活动。分析至此,用以回答这些同志的问题已经是足够了,因为政府采购不是国家分配行为,显然不是财政活动,也就谈不上财政直接从事市场活动的问题。

但是,如果就国家分配论的整个分析逻辑和基点来说,对这一问题还应作进一步的说明。就国家分配论的立论来看,它是以国家履行自身职能需要消耗物质资料为基点的,这就使得财政活动应当以国家消耗了物质资料和履行了职能为过程的终结。在自然经济下,“国家分配”就做到了这点。而在市场经济(包括计划经济)下,则仅有“国家分配”还不够,还要加上“国家交换”,才能最终完成整个国家履行职能的过程。这也就是为什么在实践中,政府采购仍然是财政工作的重要组成部分的根本原因了。从这个意义上看,提出政府采购的市场交换性是一个崭新的问题,并且对于国家分配论来说是一个难题,尽管这些同志提出该问题的用意,是维护国家分配论而反对公共财政论也罢!

由于国家不仅存在于自然经济时期,而且还存在于市场经济和计划经济时期,这样,上述分析就尖锐地提出了一个问题,即仅用“国家分配”为标准,似乎是难以概括财政的质的规定性了。但对于国家分配论来说,为什么长期以来一直只提“分配”,而几乎无人提及“交换”问题,这其中的奥秘则不得而知了。

2. 如果按照西方的公共经济论,财政是公共经济活动,则不仅政府的分配活动,而且它的交换活动也都应当包括进来。但西方财政学的内容,也只包括公共支出、税收、公债和规费等收支活动,大体上也没有包括政府直接参与市场交换的内容。它们分析的公共产品与税收之间的等价交换问题,只是对于市场过程的模拟,并不是政府提供公共服务与人们纳税之间真实的市场行为。这样,西方财政理论关于财政是一种经济活动的论断,实际上也是不包括市场交换内容的。

然而,当政府收取了税款而拥有了社会资源的货币索取权,并用以安排货币支出时,政府仍然要进入市场与私人和企业发生交换关系,但这只是货币与实物的等价代换,它最终完成了财政的资源配置过程而提供了公共产品。应该说,这是市场经济下政府提供公共产品所必须经过的一个环节。

在这一市场交换过程中,政府的身份实际上已改为市场交换的参与者,这与私人和企业的身份是同等的,而不再是政权组织,不能再以政府的身份去开展强制性的活动。这样,当我们说政府及其公共财政是以非市场方式开展活动之际,是仅限于政权组织身份的政府而言的。政府这种改变身份参与市场等价交换活动的现象,表明了在市场经济中,政府及其公共财政活动是不能绝对地置身于市场之外的。政府除了服从于服务于市场之外,还必然与市场发生千丝万缕的联系,政府提供公共服务仍然需要经历直接的市场等价交换过程就是其集中表现。而在这一过程中,政府必须降尊纡贵地改变政权组织的身份,而仅以同等的市场主体身份参与市场交换活动,这也是政府及其公共财政活动受市场根本决定的具体体现之一。

进一步看,这种政府参与的市场等价交换活动,实际上是政府与市场关系的结合部,是政府与市场发生的直接联系,是它从市场部门取出资源和要素的最后过程。在这一过程中,政府并没有因此而直接进入市场参与赢利活动,政府仍然处于市场失效领域之中。因此,即使依据西方的公共经济论,这些同志关于政府在市场经济中可兼有“裁判员”和“运动员”两种身份的观点,也仍然是不能成立的。

本章主要参考文献

1. 陈启修:《财政学总论》,上海,商务印书馆 1924 年 11 月第 1 版。

2. 丁方、罗毅编著:《新财政学教程》,北京,十月出版社 1951 年 8 月第 1 版。

3. 何振一:《理论财政学》,北京,中国财政经济出版社 1987 年 3 月第 1 版。

4. 千家驹:《新财政学大纲》,北京,生活·读书·新知三联书店 1949 年 10 月第 1 版。

5. 王传纶、高培勇:《当代西方财政经济理论》(上册),北京,商务印书馆 1995 年 10 月第 1 版。

6. 伍丹戈:《论国家财政》,上海,立信会计图书用品社 1951 年 8 月第 1 版。

7. 许毅:《对国家、国家职能与财政职能的再认识——兼评公共产品论与双元结构论》,载《财政研究》1997 年第 5 期。

8. 颜鹏飞:《激进政治经济学派》,武汉,武汉出版社 1996 年 4 月第 1 版。

9. 叶子荣:《"公共财政"辨析》,载《财政研究》1998 年第 4 期。

10. 尹文敬:《国家财政学》,上海,立信会计图书用品社 1953 年 11 月第 1 版。

11. 张馨:《比较财政学教程》,北京,中国人民大学出版社 1997 年 9 月第 1 版。

12. 张馨:《公共产品论对我国不具有借鉴意义吗?——答许毅教授》,载《中国经济问题》1998 年第 3 期。

13. 张馨:《市场经济下不存在公共财政吗?——答叶子荣同志》,载《财政研究》1998 年第 8 期。

14. 周伯棣:《中国财政史》,上海,上海人民出版社 1981 年 2 月第 1 版。

15.〔德〕马克思:《资本论》第一卷,北京,人民出版社 1975 年 6 月第 1 版。

16.〔德〕马克思:《资本论》第二卷,北京,人民出版社 1975 年 6 月第 1 版。

17.〔德〕马克思:《资本论》第三卷,北京,人民出版社 1975 年 6 月第 1 版。

18.〔美〕理查·A. 穆斯格雷夫、〔美〕皮吉·B. 穆斯格雷夫:《美国财政理论与实践》,邓子基、邓力平编译,北京,中国财政经济出版社 1987 年 9 月第 1 版。

19.〔美〕米尔顿·弗里德曼:《资本主义与自由》,张瑞玉译,北京,商务印书馆 1986 年 3 月第 1 版。

20.〔英〕亚当·斯密:《国民财富的性质和原因的研究》(下卷),郭大力、王亚南译,北京,商务印书馆 1974 年 6 月第 1 版。

第三章　非市场赢利性

在市场经济条件下,“利润目标”和“社会目标”是两个对立的经济活动目标。经济主体开展市场活动,直接追求的是利润目标,而处于市场失效领域内以弥补市场失效和提供公共服务为己任的公共财政,追求的只能是社会目标。

第一节　公共财政的目的

公共财政活动的直接目标,是社会利益而不是市场赢利,这是由市场经济下经济主体的赢利本性所决定的。

一　市场赢利的作用

人们的活动,是可能同时追求若干目标的。但对于这些目的来说,必然有一个是首先必须满足的。这就是满足了这一目的,其活动就有可能正常顺利进行,并且获得了所需的结果而成功。反之,即使其他所有的目的都满足了和实现了,活动也难以正常进行,也难以说是取得了成功。

所谓“利润目标”,指的是在市场经济条件下,人们经济活动以追求个体本身的利润为直接的和首要的目的。一旦满足了追求利润的要求和获得了应有的利润,人们的市场活动就能够正常顺利进行,市场机制就能够有效配置社会资源。人们的市场活动也可能同时追求若干目标，即除了利润目标之外，典型的还有社会目标。此时不管其活动是否同时兼具服务于社会的作用，只要利润目标满足了，就可以说其活动目的实现了，其市场活动就能够正常开展。反之，某一活动即使实现了其他多种目标，但只要利润目标没能得到满足，就难以通过市场渠道来开展这一活动。

就我们所论述的主题来看，与"利润目标"相对立的是"社会目标"。所谓"社会目标"，也就是"公益目标"，指的是在市场经济条件下，人们的经济活动以追求社会的共同利益为直接的和首要的目标。在这些活动中，人们的活动也可能获得收益，也可能产生利润，但只能是在首先满足了社会共同利益的前提下，才可以去追求个体的收益，去追求个体的利润。反之，如果首先追求的是个体的市场赢利，则只能说此时人们活动追求的是"利润目标"，而不是"社会目标"了。

这种"利润目标"和"社会目标"同时兼具的现象，在日常生活中是为数不少的。比如一个地区严重缺水，当地居民饱受干旱之苦。这时某家自来水公司铺设自来水管道，引来了人们急需的淡水。该公司通过收取水费而获得收益和利润，而当地居民则免除了干旱饥渴之苦。此时如果该公司是私营的，它首先必须确保水费的征收能够抵补自身的成本并获得应有的利润，并且由于当地居民对水的切盼之心，还可以收取高额水费，而获得可观的利润。但同时通过供水，该公司也为当地居民提供了利益。在这种既有市场赢利又有社会利益的举动中，该公司显然是以追求市场赢利为首要目标的。正是对于市场需求及其赢利的预期，才导致了该公司的供水举动。如果没能实现应有的市场赢利，即使供水举动的精神境界有多么崇高，该公司也不会将其列入自身正常的市场活动计划内的。这样，该私人公司追求的是利润目标。

反之，如果该公司是公共公司，政府计划通过供水而向该地区提供福利，则此时水费的收取就不能以该公司的赢利为第一考虑。此时公共财政优先考虑的是当地所有居民,其中尤其是贫穷阶层的经济承受能力,考虑的是整个地区各类企业的承受能力和发展需要。这样,政府所可能选择的供水价格就有:赢利价、低利价、成本价和亏损价等。而除了赢利价之外,该公司都不可能获得应有的市场赢利。不是唯一选择赢利价,而是多种价格选择都存在,就表明了此时政府的供水举动不是以市场赢利为首要目标,而是以社会利益为首要目标。至于具体选择哪一种价格,则要视政府具体的社会福利政策而定,视政府希望通过供水为该地区居民提供多大的社会福利而定。此时如果政府选择的是赢利价,则公共公司在供水过程中也可能赢利;而如果政府选择的是其他价,则该公司只能是低利、微利、保本乃至亏损。而所有这些,都是以满足政府的社会福利政策为首要目标的,即追求的是社会目标。

在市场经济条件下,经济主体追求的是个体本身的利润目标,而作为社会管理者的政府追求的则是社会目标。

人们开展经济活动的直接目的,是为了获得更多的利益和好处。否则的话,如果经济活动的结果仍然只能保持原有的利益和好处,则人们就无须去开展经济活动,而只要"吃老本"就行了,同时更可以省去从事经济活动的操劳。在市场经济下,人们开展经济活动的投入及由此而获得的好处,是从一定量的货币开始,而以附带着一个增值额的货币量结束的。这个增值额就是"利润",即经济主体的市场活动是一个保值增值的活动。在资本主义生产关系下,这一增值额就是剩余价值,其转换形态就是利润。这样,"利润"对于市场经济下的经济主体是具有关键意义的。

1."利润"代表了人们的市场活动所获得的好处。在市场经济环境中,整个社会的一切都"商品化",都"货币化"了。获得"利润",也就是除了本金之外,人们还获得了一个新增的货币额。"有钱能使鬼推磨"这句话尽管很俗气,但它毕竟表明了,只要有了"钱"(货币),只要客观的生产技术条件允许,则人们通过货币的购买,就能够实现自身的需求,或者说能够实现自身的利益和落实自身的好处。这就决定了作为"经济人"的经济主体,在开展市场活动时,是只能以追求市场赢利为基本的和首要的目标的。

2."利润"还决定了人们的市场活动能否进行。人们能否获得"利润",是其市场活动能否抵补其成本的根本标志。当利润为零时,它表明人们的经济活动的投入与产出持平,即所谓的"不亏也不盈"。如果这是常态,则经济活动是无须进行,也无法进行的。当利润是负数时,则经济活动是处于亏损状态。如果这也是常态,则这种经济活动显然也是难以开展的。当利润是正数之时,人们的经济活动才有了一定的结果。追求不断提高的生活条件和消费水准,是人类的天性,也是"经济人"概念由以产生的基本原因。这样,"利润"的获得,在其他条件不变的约束下,就意味着经济主体可以改善和提高自己的生活水准。这是经济活动得以开展的基本前提。

3."利润"的追求还是市场机制发挥作用的基本动因。经济主体对于利润的追求,才使得市场机制得以发挥有效配置社会资源的作用。在市场活动中,无论是开始时的投入,还是结果时的收获,都是以货币形式来体现的,市场价格就直接决定着人们市场活动的成本和收益,从而直接决定着人们的利润大小。因此,市场价格之所以能够成为引导社会资源实现有效配置的信号,其根本原因就在于人们的对于利润追求,必须通过市场价格的中介才能完成。这样,出于"逐利"的动机,人们才必须不断依据市场价格的变化,而改善自己所拥有的资源和要素的配置状态,以期获得更佳的利润收入,从而"看不见的手"才发挥了作用。否则的话,尽管市场价格发生变化,但没有赢利动机的推动,则人们不会也无须改变其已有的资源配置状态。

4."利润"还代表了人们能否在市场竞争中存活下来的能力。对于“利润目标”来说，它还有着更深的含义。这就是仅仅获得市场赢利，还不足以保证经济主体能够在市场竞争中存活下去，而只有获得“平均利润”，即等量资本获得等量利润，才能确保经济主体的市场存活能力。通常来说，在市场活动中，经济主体如果获得的利润低于平均水准，就必须采取措施尽快改变这种状态。否则，长期处于平均利润之下，只能意味着经济主体的市场活动规模的萎缩直至退出，而在市场竞争中成为失败者。如果获得平均水准的利润，则经济主体具有一般的市场竞争能力，其市场活动能够继续进行下去。反之，如果经济主体获得了高于平均水准的利润并保持下去，则意味着它具有着较强的市场竞争能力。这就能够扩大市场运营规模，能够在市场竞争中击败对手和壮大自己，成为市场竞争的胜利者。

应指出的是，如同所有事务一样，“利润”动机也有其正反两方面的作用。

作为市场竞争的基本动力，“利润”确保了市场机制正常发挥作用。从这个意义上可以说，没有利润，就没有市场活动，也就没有市场经济。否定“利润”，从根本上看，也就是否定了市场经济。

然而，“利润”作为市场经济下人们获得所需产品和效用的代名词，又可能产生负作用。这是因为，利润的获得，既可以通过正常的市场活动，也可以不通过正常的市场活动。前者促使市场机制得以施展其“才华”，有效地配置社会资源而造福于人类。正因如此，对于“利润”在市场经济中的作用就必须给予充分的肯定，企业利润就成为极为重要的考核指标。而后者则可能导致非正常的市场竞争行为，这将引起市场秩序的紊乱。也可能采取非市场手段，包括欺蒙拐骗偷盗抢杀而无所不用其极，等等，这将根本否定市场的存在。从这个意义上看，数百年来人们鄙视“逐利”行为，则又是有其一定道理的。

这样，为了市场经济能够正常有效运行，人们就必须发挥“利润”

动机的积极作用,而防止和避免其消极作用。

要发挥“利润”的积极作用,它就必须是“市场利润”,即它只能是人们通过正常和正当的市场努力所获得的利润,并且这一结果必须由开展该市场活动的经济主体所保有。作为“经济人”,人们的活动以追求自身利益最大化为根本目标,如果只能经由市场活动才能获得所需结果,才能达到自身的目的,则人们显然必须全力以赴开展正常和正当的市场运营活动;反之,如果人们的市场努力不能得到相应的回报,则人们是无须开展市场活动的,人们的聪明才智就不是用到正常和正当的市场运营上来,市场价格也就难以发挥有效配置资源的导向作用。人类社会经过数千年的发展而选择了市场经济这一经济体制模式,其根本原因就在于它的资源配置效率。否定了市场效率,也就否定了市场经济。这样,人们的市场活动必须以利润为直接导向,就势所必然了。在传统的计划经济时期,之所以在不断地批“利润挂帅”,一方面隐晦地表明了经济单位对于自身利益追求的顽强和执着;另一方面则显示了利润对于经济单位的市场引导是强有力的,是市场机制顽强存在的具体体现。这也就是当时将追逐利润说成是偏离社会主义方向,是修正主义的根本原因所在。

这样,如果说在计划经济体制下,企业对利润的追求将否定计划经济的话,则在市场经济体制下,经济主体难以获得应有的市场利润,则将导致市场机制的失效。本书第一章就指出,对于公共产品和正外溢性等现象来说,之所以出现市场失效,其根本原因就在于这类活动难以获得正常的市场收益,从而是无法通过市场活动来正常提供的。

当然,经济主体的市场活动也必须受到约束和规范,确保经济主体只能通过正常的市场努力去获得市场利润,而不能通过非正当手段追逐利润。这样才能使得整个市场在正常有序的状态下运转,避免出现利润动机对市场活动的破坏性结果。然而,如前所述,经济主体是以平等的身份进入市场的，它们之间并不具有相互阻止对方从事非正当市场竞争的能力，更不可能禁止各种非市场性的犯罪行为，如盗窃、抢劫等，因而约束和规范经济主体的市场行为的任务，则非政府莫属。但这并不意味着企业不应具有利润动机，企业对市场利润的正当追求，不仅是允许的，而且对于市场经济来说是不可或缺的。

可见，在市场经济下，经济主体具有着追求市场赢利的本性，即赢利性。

二　政治性政府具有非赢利性

作为处于政权组织和社会管理者身份上的政府（以下称为政治性政府），具有的是非赢利性。

如同本书第一章所分析的那样，在市场经济中，政治性政府所处的地位和作用，是与经济主体截然相反的。它处于市场失效的领域内，弥补着市场失效，为市场的正常活动提供公共服务。政府不是也不能处于市场有效的领域内，不能直接从事市场活动和追逐市场赢利。这样，它追求的是社会目标而不是利润目标。

在市场经济环境中，作为经济主体的资本和个人，与政治性政府之间，之所以有着截然相反的地位和作用，实际上本书第一章关于市场有效和市场失效问题的分析就已经详细说明了，这里进一步补充之。

在市场经济体制下，市场机制发挥着基础性的资源配置作用。而这一作用的能否正确发挥和实现，则是以经济活动能否获得相应的市场竞争性利润为转移的。如同本书第一章所指出的那样，如果人们的活动能够获得自身应有的市场竞争性利润，则此时市场机制就能够发挥有效配置社会资源的正确作用，这类活动就只能以市场方式来进行，就只能由经济主体来承担，并鲜明地表现出“市场赢利”是其活动的目的。

反之，如果人们活动获得的不是正常的市场竞争性收益，或者毫无收益,或者只有些许收入,或者走向另一极端而获得高额垄断利润,在人们的活动是独立自主和资源是自由流动的市场经济背景下,“市场”是无法正常提供这类活动的。这是因为,如果由私人和企业以市场方式去开展这类活动,或者它们无法保证自身应有的利益,此时资本是不会将自身拥有的资源和要素投入到这类活动当中去的;或者它们能够获得非正当的市场收益,即垄断利润,此时尽管资本可以投入这类活动中,但由于这类活动导致了市场配置资源的低效性,是“损人利己”的,因而这类活动也是不应当听之任之的。这是因为,市场活动是只有在平等的双方均不“吃亏”的状态下,才可以持续下去的。

这样,能否获得竞争性的市场赢利,就成为资本和私人能否进行市场活动,市场机制能否发挥其基础性资源配置作用的基本标志。能够获得竞争性的市场赢利,资本和私人依据正常的和正当的市场活动,就能够保证自身正当利益的获得,市场机制这一“看不见的手”也就充分发挥了作用;而不能够获得竞争性的市场赢利,或获得的是非竞争性的市场赢利,则资本和私人或者不能开展市场活动,或者能够开展的是非正常的市场活动,这就需要作为社会管理者的政府以“看得见的手”介入进行干预。可见,在市场经济条件下,政府的活动是不能追求市场赢利的。或者换句话说,是市场经济决定了政治性政府不具有利润目标。

相反,如同公共产品论所指出的那样,许多难以获得竞争性市场赢利的活动,尽管市场无法正常和正当地进行,但对于整个市场经济的正常存在和运转却又是必需的,这是市场经济下政府必须存在和发挥作用的根本原因所在。这就决定了,政府只能从事的,或者是低利微利亏损的活动,或者是对于高额垄断利润的抑制和否定。所有这些,都直接表现为不再是追求政府本身的利益,而只能是以社会的共同利益为目标。

应指出的是,依据社会抉择(即公共选择)论的分析,政府及其官员的一切行为，尽管可能口头上信誓旦旦，强调自己的活动是“公仆”行为，是不以自身私利而只以人民大众的利益为目的，是“为人民服务”的，但从根本上看，也都是追求自身私利的活动，是追求自身利益最大化的“经济人”行为，是在追求自身私利动机的驱使下，才必须“为社会公众服务”的。依据历史唯物主义的基本观点，经济基础决定上层建筑，存在决定意识，市场经济这一客观存在和经济基础，显然从根本上决定了政府及其公共财政的行为，也决定了政府官员的意识和动机。因此，关于政府官员的行为也根本符合“经济人”动机的分析及其结论，显然是正确的。但是，这立即又产生了问题，似乎将政府活动目标定位为“社会利益”是错误的了，市场经济下的政府活动似乎也应当是追求利润目标了。

其实不然。

作为政治性政府开展的活动，并不是市场活动，因而也就无所谓追求市场赢利的问题。正是由于政府及其官员的活动处于市场失效的领域和范围内，是以弥补市场失效为己任的，提供的是一视同仁的服务，这就可以谈得上是“为社会公众服务”。这样，它们就直观地表现为是不追逐市场赢利的。

政府及其官员的活动，不能直接地公开追求自身的市场收益，而是以获得既定的工资等为报酬的。这些工资报酬与政府的政绩没有直接关联，即政府官员的工资报酬并不随着经济状况的好坏而浮动。经济主体的市场活动所缴纳的税收的增减数额，也只是政府的其他支出数额的增加和减少，大体上是不能相应增减政府官员的工资报酬的。这样，尽管政府及其官员的从政活动也是追求自身利益的最大化，但毕竟不等于就是对于市场赢利的追逐。相反，此时政府及其官员追求的，往往是在下一轮竞选中的获胜和继续执政，是自己在公务员序列中的升迁和奖励等，而这些都不是能够以“利润”为指标来具体衡量的。

政府官员由于执政而享受到的利益和好处，在相当程度上是非货币性的，而利润目标是只能体现在“货币”上的。诸如所辖区域内外民众的口碑，作为行政首长在公众集会上受到万众瞩目和拥戴而感到的自得，在报纸杂志上电视广播上的风光露脸等等，对于政治家来说均属于其追求的偏好之列。而鲜花掌声、荣誉地位、政绩名声、青史留名等，则更是从事经济活动者所难以企及的。这些都构成了政府及其官员所追逐的“私利”，但并不体现在“市场赢利”上。

在市场经济环境中，政府及其官员的选任及其评价，从根本上是由市场和资本所决定的。这就是所有这些荣誉和地位、政府及其官员的荣辱升迁等，都必须受到市场和资本，受到社会公众的根本决定。这样，政府及其官员追逐自身私利最大化的内在冲动和欲望，就必须外化为“为社会公众服务”和“为市场服务”，也就是它们只有通过尽可能地为社会公众、为市场提供良好的公共服务，才能确保自身获得尽可能多的这类荣誉、地位和名声。政府及其官员不能动用自身所拥有的政治权力，去直接攫取非工资报酬性收益，更不用说直接赤裸裸地追求市场赢利了。当然，尽管市场经济下也存在着严重的贪污受贿等弊端，但那属于非法活动，不能因之而将政府及其官员的活动目标定位为是“市场赢利”。所以，将政治性政府的活动目标定位为“社会利益”，仍然是恰当的。

进一步看，政府也是不能追求利润目标的，这是由政府具有政治权力所根本决定的。

作为政治性的国家或政府拥有政治权力，而作为经济组织的企业和私人经营者，以及作为要素所有者的个人，它们都不具有政治权力。这是政府与经济组织相互间存在区别的根本标志。有无政治权力，就决定了政府和经济组织有着不同的活动方式与方法，决定了它们在市场经济中的不同地位、作用和活动范围。

在市场经济中，经济组织和个人拥有的只是经济权利，它们相互之间处于平等的政治地位，都不能以政治权力凌驾于市场交往的对方。在我国，长期以来人们一直被告知，西方资本主义的产生，大量的货币资本和自由得一无所有的劳动者的出现，是两个必不可少的前提条件。这显然是正确的。但是，人们也应当知道，这些实际上也是西方市场经济产生的两个必不可少的前提条件。在人类的市场经济产生和发展史上，资本和市场是一而二、二而一的同一发展过程，因而资本主义的产生前提，也就是西方市场经济的产生前提。不仅如此，人们还应当知道的是，货币资本和劳动力商品的出现，都是以它们获得独立的政治地位或人格地位为前提的。如果积累了一定数量货币的手工作坊师傅没能摆脱封建隶属关系，没能从封建束缚下解脱出来，他们就难以自由地雇工剥削，他们的"货币"也就无法转化为"资本"；与此同时，劳动者如果没能摆脱封建的人身依附关系，虽然他们在生理上拥有劳动力，但从生产关系上看，他们却不拥有自己的劳动力，不具备出卖自己劳动力的权利，"货币"也就无法购买到所需的劳动力商品，也仍然难以转化为"资本"。可见，资本和个人在西方的市场经济下，从一开始就是具有参与市场活动的平等的政治权利的。

正是由于只能以经济权利而不能以政治权利去参与市场活动，决定了资本和个人的市场竞争活动，相互之间只能处于平等状态之中，这样才能在无数的资本和个人之间形成了充分竞争的状态。在这里，人们只能是经由市场渠道和依靠市场方式，才能实现获得尽可能多的市场收益的愿望，这就是正常的"市场"秩序得以形成的基本前提，也是"市场机制"得以发挥其作用的基本保证。可见，只拥有"经济权利"，并凭借这一权利去从事经济活动，是经济组织的基本特征。市场赢利是经济权利的体现，是人们运用经济权利开展市场活动的结果，也决定了经济组织必须以市场赢利为自己的活动目标。

作为与经济组织对立意义上的政治性政府正相反，它不具有经济权利，却拥有政治权力。尽管政治权力从根本上看是由经济权利所决定的，要受到经济权利的根本支配，但政治权力一旦产生，它又凌驾于经济权利之上，在具体的经济活动中又有可能依靠自己的暴力直接干扰乃至否定经济的正常进程。所以，如果作为社会管理者的政府介入市场活动之中，其直接结果将干扰和破坏市场正常的运转过程。这里，再次佐证了本书第一章的主题，即政治性政府不应介入市场有效运行的领域。

回到本章的主题，即政治性政府不应追求市场赢利上来。如果政府被允许追逐市场赢利，则它将很自然地并且也只能依靠自身的政治权力，去实现自己的追逐市场赢利的愿望，因为它不是经济组织而本身不具有经济权利。

依靠政治权力去获得市场赢利，是一件比依靠经济权利要远为"轻松"和"愉快"的事情，因为此时人们可以不要付出市场运营的成本和费用，可以不必担忧市场风险，可以无须作出艰苦努力去不断改善经营管理和实现技术进步，更不用去考虑市场的需求而提供相应的数量与品种、质量的产品和服务，等等，而只要依靠政治权力，采用暴力的手段，将人们辛辛苦苦的市场努力的结果"强制地""无偿地"取走。这种结果对于索取者来说当然是轻松愉快的，但对于市场和资本来说则是痛苦难堪的，是对于市场秩序的根本破坏。"天下没有不付费的午餐"，政府不付费却能够得到收益，而经济组织付费了却被剥夺了市场收益，其终极结果只能是对于市场经济的否定。

经济组织之所以不能以暴力或其他非市场方式和途径去取得收益，除了它们之间只具有平等的政治地位而无力相互"欺凌"之外，更主要的还在于政府直接运用自己的政治权力，去阻止各经济组织之间的非市场性竞争行为。这就是前文所比喻的，此时的政府只是市场这场“球赛”的裁判委员会及其临场裁判员,而经济组织则只是平等竞赛的比赛参与者。这里政府之所以能够作为裁判委员会制定“比赛”的规则,同时还能够作为裁判员对具体的“比赛”进行仲裁,都是由于其拥有政治权力。然而,如果政府也参与了市场赢利的追逐,其实质就是“执法者犯法”,那对于市场活动来说,就不存在什么应有的秩序和准则了。

政治性政府不能追逐市场赢利目标,对于市场经济来说是具有根本意义的。当市场和资本依靠自身的力量,从根本上否定了政府追逐市场赢利的可能,使得政府及其官员只能通过为市场提供公共服务来实现自己存在的价值,只能以社会利益为标准来评判其政绩之时,才可能避免政府对市场的不应有的干预和介入。然而,一旦市场和资本否定了自己对政府设立的“市场赢利”禁区,允许政府追逐市场赢利,就等于允许政府直接从事市场活动,政治权力和非市场方式进入了正常和正当的市场领域之中,其实质就是市场的自我否定。

对于政府来说,如同社会抉择论所分析的那样,从根本上看也具有“经济人”的本性,即追求自身利益最大化的内在冲动,或者说也具有无限地追逐市场赢利的欲望。前文的分析已指出,政府对于自身利益的追求,更多的是通过非货币方式和非市场途径来实现的。这就大大减少了政府以自身的政治权力去追逐市场赢利的欲望和冲动。因此,这不是政治性政府不愿意或不希望去追逐市场赢利,不去“发财致富”。政府及其官员本身也是有着“发财”的冲动的,因为聚敛越多,则政府的能耐将越大,政府的权势也将越大。然而,非不为也,是不能也。正是市场和资本从根本上否定了政府的追逐市场赢利的能力,才根本防止和避免了政府直接以非市场的方式和手段,去无限地追逐市场赢利的结果发生。一旦允许政治性政府也可以直接追求市场赢利,就可能根本改变财政的活动规则与状态,而否定其为市场服务的“公共性”。

从财政收入来看，公共财政以税收作为主要的和基本的收入手段。众所周知，税收具有“强制性”“无偿性”和“相对固定性”的形式特征，在既定的税法下，经济主体只要发生了相应的市场活动或产生了相应的市场结果，都必须依法纳税。这里，人们强调的往往是税法对于经济主体的约束作用，却没有指出税法对于政府行为同样具有约束作用，是政府取得收入的前提，是政府也只能依据已通过的税法取得收入。如同公共产品论所指出的那样，市场经济下的税收作为“税收价格”，是政府为市场提供公共服务的相应费用，而“公共服务”只作用于市场失效领域，因而是政治性政府以非市场方式为市场服务付出的代价所获得的补偿。

如果允许政治性政府也追求市场赢利，则市场和资本就无法依靠税法继续限制政府于市场失效领域内，政府就可以突破税法对自身的束缚，而无需以提供服务为代价，就可以“合法”地从市场取得收益。这是一种“无本万利”的行为和活动，一方面是逐利的无止境欲望和冲动，另一方面市场和资本却无力约束这一冲动，其结果如何，只要设想一下土匪抢劫或异族掠夺的情景就行了。以所谓兵燹之后的赤地千里、哀鸿遍野来形容之，也丝毫不为过的。当然，这种政府“掠夺”本身治下的臣民或公民的状况是不会发生的，因为政治性政府的活动范围和领域，从根本上看是会被经济基础约束和限制在适当范围内的。在市场经济下，这就是集中表现在政治性政府是不能追逐市场赢利的。

反之，从财政支出来看。如果允许政治性政府追逐市场赢利，则其对于自身收入的安排使用，是不会用于公共需要方面的，因为这类支出或是没有任何货币收入，或是不能获得应有的市场收益率的。相反，政治性政府将尽可能地进行市场赢利性的投资。这将出现政府不成其为政府的结果，即政治性政府必须履行的职责，政府反而不去承担；而政治性政府不该从事的活动，政府却越俎代庖地亲自动手，其结果将是整个市场秩序的全面崩溃。不过,人类社会毕竟是要在正常秩序下不断向前发展的,因而政治性政府追逐市场赢利的现象,从根本上看也是不可能发生的。

三 经济性政府具有赢利性

追求市场赢利,对于社会主义市场经济下的国有资本来说也如此。这就产生了另一种身份上的政府,即作为资本所有者的政府,这是经济性的政府。与政治性政府相反,经济性政府则具有赢利性。

从计划经济向着市场经济的转化,决定了我国的国有经济发生了根本性变化,即其中的赢利性国有企业从原来的行政附属物,转变成为独立的经济主体。这类国有企业只能以与其他经济成分企业同等的地位和权利,进入市场参与同等的竞争,同样必须以企业为单位支付着各种市场竞争所需要的成本和费用,追求着同样的市场赢利,要求着同等的平均利润率等。进一步看,一个一个的国有企业是如此,作为整体的赢利性国有经济也如此,即也以市场赢利为目标。这样,"赢利性国有经济"就成为"国有资本",也必须通过直接参与竞争性市场活动,来确保自身保值增值目标的实现。

当然,说国有经济也以追求市场赢利为目标,似乎人们的心理是难以接受的。在我国,与"追名"一样,"逐利"从来都不是一个光彩的名词。"君子喻于义,小人喻于利"的古训至今仍有其强烈的影响。在计划经济时期,曾以"利润挂帅"为罪名,批判过孙冶方的"修正主义",而改革开放中种种非正常非正当的暴发现象引起的强烈社会逆反心理等,都使得人们难以接受国有经济的"市场赢利"目标。计划经济时期以及改革开放后相当期间,"国有"一词还意味着统包大揽所有的社会经济事务,这就更使得谈及国有企业和整个国有经济,似乎就必须是以"社会利益"而不是以"市场赢利"为目标了。

但是,以"社会利益"为整个国有经济的目标,是计划经济体制赋予国有经济的基本特征,而社会主义市场经济决定了国有经济必须转到"市场赢利"目标上来。这不仅是关系到如何在改革中转变思想观念的问题,更主要的还是如何顺应市场经济的要求,解决国有企业和整个国有经济的市场取向改革的根本问题。

对于私人资本而言,"利润"是其参与市场活动的唯一目标和动机,在文学作品中"利润"还被形容为是资本的唯一幸福之所在,种种事例也说明了由于逐利所产生的种种社会弊端。但是,人们只要考虑一下,正是由于"市场赢利"是市场竞争主体所追求的目标,它才可能成为激励、约束、规范乃至监督经济主体市场行为的关键因素,市场机制才可能发挥有效配置社会资源的作用,市场经济才可能导致生产力的高速发展、社会的迅速进步、科学技术以及人民生活水平的迅速提高等,就完全可以理直气壮地宣称:国有资本也必须以"市场赢利"为其活动目标。

改革开放的20年,从某种意义上可以说就是如何实现从国营经济向国有资本转化的20年。而是否实现了这一转化,则以国有经济是否具有了市场赢利能力为根本标志的。

具有与其他经济成分同等的市场赢利能力,就意味着国有企业从而整个国有资本能够作为独立的经济主体进入市场,即它已经具有了独立的市场存活能力,能够通过自己的市场活动,独立地开拓和占领市场、开发产品品种、改善产品质量,改善经营管理、提高技术水平、支付成本费用,与外界各种各样的经济主体发生种种错综复杂的交往关系,直至最终销售获得利润等,从而确保了自己不仅能在市场竞争中生存下来,而且还可能在竞争中发展壮大。而直至目前为止,我国的国有企业之所以仍然难以宣称已经根本改革成功,其直接原因就是其尚未具备应有的市场赢利能力。

具有与其他经济成分同等的市场赢利能力，也意味着国有企业从而整个国有资本能够从行政附属物的地位解脱出来，成为真正的市场运营主体。市场经济下的“市场赢利”，是“纯”市场行为的结果，只能通过真正的市场活动来获得。然而，如果企业仍然是行政的附属物，则其行为总会或多或少地受到政治性因素的支配和干扰，总会被要求承担非市场性的任务与活动，同时企业也能够由此而从上级主管部门或财政部门获得相应的投资或补贴，即获得非市场收入。这样，没有市场赢利能力就直接决定了国有企业难以真正进入市场，国有资本也难以说是真正的“资本”。在这种背景下，国有企业还必须“躺”在政府和财政身上，政府也必须或者直接通过财政，或者在财政没钱的情况下通过银行支持国有企业。正因如此，尽管改革伊始就不断强调政治性政府不应干预企业的市场活动，但至今尚难以说是真正做到了这点。

具有与其他经济成分同等的市场赢利能力，还意味着国有企业从而整个国有资本能够从“企业办社会”的状态中解脱出来。国有企业“办社会”的状况，是计划经济遗留至今极为棘手的改革难题之一。这种状况之所以形成于计划经济时期，是因为当时的政府将各种各样的社会负担都放到了其附属物的企业去完成。而改革开放中之所以一直未能解决这一问题，也仍然是与企业具有“国有”性质，企业仍然需要承担一定的社会负担分不开的。目前，我国的改革已进入攻坚阶段，将压在国有企业身上一重又一重的社会负担剥离下来，使之能够如其他经济成分一样，以同等的条件参与市场竞争，是改革能否成功的关键条件之一。否则的话，国有企业是不可能在“火热”的市场中，“穿”着厚厚的社会负担“棉衣”，去参与竞争的，更谈不上获得应有的市场赢利了。所以，一旦国有资本具有了市场赢利能力，也就从根本上意味着它已经摆脱了“企业办社会”的负担。

所以，谈国有资本的“市场赢利”目标，已经不是什么理论上探讨的问题，而是改革中如何努力去实现和完成的问题。

国有资本具有赢利性，换句话说，就是经济性政府具有赢利性。正如人们所熟悉的那样，资本所有者是资本的“人格化”，他是想资本所想，急资本所急，为资本所为，获资本所获。这点，私人资本如此，国有资本亦如此。只不过私人资本的所有者是私人资本家，而国有资本的所有者是全体人民，从理论上讲政府不过是代表全体人民行使所有者职责而已。此时与政治性政府相分离，相对独立地作为资本所有者而存在的政府，就是“经济性”政府。可见，经济性政府也就是国有资本的“资本家”。

不过应指出的是，政治性政府不能追逐市场赢利，而经济性组织则只能追逐市场赢利，这是市场经济下界定政府与市场各自行为的基本准则之一。然而，在现实生活中，从来就不存在着非此即彼、截然对立的既独立又统一的两个事物。这点，在政府和市场关系上也不例外。

如同本书第一章所指出的那样，在市场经济条件下，存在着许多既难以完全由市场，也不应完全由政府来支配或承担的活动。在西方，这类活动主要存在于基础设施、基础产业和新兴产业上，并且往往是由政府和市场来共同承担的。它们或者由私人投资，而政府则对之提供补贴；或者政府直接投资，但又依据一定的市场运行规则开展活动。这些，或者导致了政府的附属机构和组织存在，或者导致了公共企业和国有企业的存在，等等。

就采用私人投资而政府补贴方式进行的活动来看，其组织形式仍然是企业，其根本性质仍然是私人企业，但又有政府的行为介入于其间。这样，政府和资本就通过企业这一组织形式，共同配合完成着同一的活动过程，而实现着各自的目标。作为处于市场经济环境中的企业，它们显然必须依照市场的各项规则和要求，通过市场活动去完成自身的各种职责，为此，它们仍然必须保持追求并实现市场赢利最大化的目标。然而，作为政治性政府，它们直接介入了这类企业之中，其目的也仍然不是市场利润。这就决定了尽管它们通过投资或补贴而直接作用于企业，但仍然不能改变追求社会利益这一目标的。这样，政府和资本在企业之中的直接结合，就有了明确的分工界限，即市场赢利部分归资本，而非市场赢利部分则归政府。具体来看，企业的市场活动在一定程度上可以依据政府的要求来进行，而不能直接追求市场收益最大化，但由此而承受的市场收益最大化损失，则必须由政府以补贴或投资方式对企业进行弥补，从而仍然保持了私人资本应有的市场收益。

至于政府直接投资的企业，它们仍然要进入市场，要按市场交换的方式对外交往，以及大体按市场运营的方式组织内部的生产，但它们并非是真正意义上的企业。作为政治性政府，它们之所以投资于这类企业，其原因不在于获取市场赢利，而在于通过这类企业的活动，去为市场提供公共服务，而不是为政府自己获取市场赢利服务。因此，这类企业的活动目的，就仍然是政府的社会利益目标。这就决定了这类企业不仅可能而且必须是处于低利微利乃至亏损状态的，这是通过压低收费标准，而为服务对象提供额外的利益。由于压低收费标准所遭受的损失最终是由政府承担的，因而这实际上是政治性政府在以自身的税入提供着公共服务。譬如本书第一章所分析的自然垄断行业，即城市的供水、供电、供气、公共交通等企业，政府将其价格压低到成本之下，尽管企业是亏损了，但政府或者以自己的投资维持了企业的继续运转，或者以自己的补贴确保了企业获得应有的市场赢利率。而另一方面，政府和企业的损失，也就是作为企业服务对象的社会大众获得相应的额外利益，尤其是城市贫穷阶层受益更大。这无论是从效率还是公平方面，都是市场经济的正常运转所必需的。所以，这类活动实际上就是政府对于市场提供的公共服务。在这里，政府显然没有通过企业去直接攫取市场赢利,其活动仍然是满足公共需要的活动。

至于政府的附属机构和组织,它们往往有着具体的服务对象,并因之直接收取服务费用。但这并不意味着是完全的市场收费行为。这是因为:(1)这类服务是只有政府才能提供的,诸如各种证照等,它必须依靠政府的权威,才能得到社会的承认;(2)政府对于这类服务的收费标准,首先考虑的是社会利益,而不是自己的收益,同时,政府通过提供这类服务而取得的收入在财政总收入中是微乎其微的,政府也是难以通过这类收费获得多大利益的;(3)政府的这类收费大体上只能收取工本费,也谈不上由此而追逐市场赢利的问题,相反,政府为了维持相关机构和组织的存在与运转,还必须付出各种费用,等等。

总之,尽管存在着种种相互交叉的形态,政府和资本的活动目标仍然是泾渭分明的,即政治性政府只能以社会利益为自己的直接目标,而资本的活动目标则只能是市场赢利。两者既不能互相替代,也不能互相混淆。

第二节　双元财政论

政府的活动目的只能是社会利益的结论,只有当政府是政治性政府时才适用。然而,一旦分析的对象超出政治性政府的范围,则结论就不再适用了。这就是对经济性政府来说,其活动目的就不再是社会利益,而是市场赢利了。由此为出发点而引申出了本节的双元财政论问题。

一　单元财政模式

为了有助于人们更好地判断关于双元财政论争议的是是非非,有必要先介绍一下双元财政论的基本观点。

双元财政论认为，所谓“双元财政”，即双元结构财政的简称，指的是社会主义市场经济条件下由相对独立的公共财政和国有资本财政组成的有机统一体。它是与单元（结构）财政相对立的社会主义财政模式。

双元财政论认为，我国计划经济下存在的是单元财政模式，其基本特征是：财政分配主体是作为政治权力行使者、生产资料所有者和生产经营组织者统一体的政府。单元财政是政府直接全面地配置社会资源和直接干预安排控制社会经济生活的产物，反过来它又支持和强化了计划经济。

当时政府三重身份的混于一体，是由计划经济的本性所根本决定的。

计划经济的基本特征，是整个社会的资源都处于一个统一的直接计划配置下，整个经济乃至整个社会生活也都是处于这个统一的计划安排和控制之下的。而这样统一的计划，是只能由政府这一社会的中心组织来制定并执行的。经济计划也就只能是依靠政府的行政方式和手段，才得以自上而下全面系统地推行的。这样，计划经济就是一个处于政治权力直接控制和安排之下的经济。

在计划经济下，政府的计划要深入到社会的每一个角落，要对每一个经济单位都施加实质性的控制，就必须以政府对这些单位拥有生产资料所有权，或拥有实质上的生产资料所有权①为基本依据的。否则

① 在传统的计划经济时期，我国的农村人民公社和城镇集体单位，尽管从法律上讲是“集体”所有制性质的，但其实质仍然是“全民”所有制的。它们的生产活动和基本分配过程，都是在政府的直接控制和决定之下。这些单位的劳动者根本无权“集体”决定重大事务，政府实质上是这些单位的生产资料所有者。进一步看，当时所不断推行的所有制升级，即不断地将“集体”单位向“全民”单位的过渡活动等等，都昭示着此时的政府才是该单位生产资料所有权的真正拥有者。

的话，一个真正拥有所有权的经济组织，也必将是独立开展市场运营活动的经济组织，政府要对其干预，不管是政治性的还是"经济计划"性的干预，都将是可以被企业拒之于门外的。这点，也就是为什么在计划经济时期，政府总是不断地进行所有制升级，不断地将集体单位过渡到全民单位的体制原因。

在计划经济下，整个国民经济尽管是在政府的统一计划安排和指挥下进行的，但仍然要由一个一个的企业来具体执行和完成。这样，企业的活动是否依据国民经济计划来开展，以及其遵循国民经济计划的正确程度如何，就直接关系到国民经济计划能否正确和顺利完成。为此，政府直接深入企业内部，对企业的生产活动进行直接的控制和指挥，就势所必然了。

这样，在传统的计划经济体制下，政府是以政治权力行使者、生产资料所有者和生产经营组织者统一体的身份出现的。此时的财政作为计划型财政，必须顺应计划经济体制的要求，而形成着不同于市场型财政的收支特点。计划型财政的主要特点有：

1. 此时的财政是政府直接以计划方式配置社会资源的财力手段。具体来看，社会资源的配置可以从存量和增量两个不同的角度进行考察。资源存量是以往资源配置和经济活动的结果，政府通过直接改变资源存量，而调节安排控制国民经济的能力较弱。相反，资源增量则不同。作为尚未完成配置过程的资源，政府是可以直接掌握控制并灵活支配使用的。政府对其直接控制和安排，就直接调整和改变着国民经济结构的状态。在计划经济下，资源增量的配置，是直接由财政提供财力的。政府兼具政治权力行使者、生产资料所有者和生产经营组织者三重身份，就决定了此时社会资源增量部分，大体上必须都集中到政府手中。这就具体表现为当时的 M 以及全部或大部分的基本折旧，都必须集中到财政手中。而财政支出安排得如何，就直接关系到政府以计划手段配置社会资源的效率程度。计划经济时期的建设实践已充分证明了，什么时候财政支出安排处理好了经济建设各方面的比例关系，则什么时候我国的资源配置就比较合理，什么时候我国的经济建设就比较顺利，经济发展速度就较快。反之，则我国的经济建设就要受到挫折。而遇到挫折时进行国民经济结构的调整，也是通过财政支出结构的变更来完成的。

2. 此时的财政为政府尽可能高速发展国民经济提供了财力保证。财政是政府进行的分配活动，而政府职责和行为又是受特定的经济体制决定的。这样，各个时期政府及其财政的职责，又反映着特定经济体制的决定性影响。对于任何经济体制来说，其根本的任务都是在本身的体制框架下尽可能快地发展经济。在市场经济下，这一任务是由"市场"来承担的，即市场机制的发挥作用是通过无数的市场活动主体完成的。而在计划经济体制下，这一任务则是由政府来具体体现的，即计划机制的发挥作用只能由政府来完成。这就决定了计划经济时期的政府职责，就是高速发展国民经济。此时政府凭借自身的三重身份，集中了社会一切可能的财力，通过尽可能压低其他方面的费用支出，而安排了尽可能多的经济建设支出。

3. 它形成了与高速发展国民经济相适应的财政收入模式。政府要以计划方式去配置整个社会的资源，它就必须首先将这些资源掌握到自己手中。为此，计划经济时期的政府，就凭借着自身的三重身份去取得财政收入。即除了传统的来源于政治权力的收入外，政府还依靠资产权利和经营权利取得财政收入。这不仅保证了政府计划配置社会资源所需要的财力，而且更重要的还在于，由于取走了企业用于投资的财力，就从根本上否定了市场因素配置社会资源的可能性，而确保了计划经济的巩固和发展。

这样，单元财政不仅由于计划经济体制而形成了其独特的收支模式,而且由此发挥了独特的作用,为计划经济体制的巩固和发展作出了财力上的无可替代的贡献。正因如此,市场取向的改革否定着计划经济体制,当然也就否定着单元财政模式,决定了我国财政必须向着与社会主义市场经济相适应的双元模式转化。

二 双元财政论分析

市场取向的经济改革对单元财政的否定,具体表现在:

1. 企业成为独立的商品生产经营者和政府职能的转变,使得政府不再是企业生产经营的直接组织者,政府不应直接干预企业的微观经营活动,相应地要求财政从企业的微观财务管理活动中退出,不再直接介入企业的微观财务分配活动之中。这就是对单元财政的"生产经营组织者"身份的否定。

2. 企业在市场中的平等竞争,以及市场失效的存在,都要求着政府应当对整个社会,对所有的企业,而不能是仅仅与国有企业发生联系和提供服务。这就决定了以全社会和所有的企业为服务对象的公共财政的存在。这种为满足公共需要而进行的政府分配,其分配主体只能是政治性政府,而不能是经济性政府。

3. 以公有制为基础的市场经济,决定了我国有可能也有必要形成国有资本财政。我国的国有经济曾经在整个国民经济中占了绝大部分的比重,并且至今仍然占有相当的比重。国民经济的关键部门和骨干企业基本上是国有制的,国有经济是整个国民经济的主导力量。这些,都是任何一种其他经济成分所无法比拟的。我国的国有企业大部分具有市场赢利能力,这就必然形成与经济性政府之间的收益分配和再投资等关系,从而实质上形成了另一种性质的财政,即国有资本财政。

这样，改革就否定着单元财政赖以存在的根本条件和经济基础，而使双元财政的形成具有了必要性和可能性。在市场经济决定的政企分离、政资分开和资企分开状况下，财政作为政府的分配行为，在客观上表现为以社会管理者的身份，为满足公共需要进行分配而形成公共财政；以生产资料全民所有制代表的身份，对国有资本进行价值管理和收益分配而形成国有资本财政。因此，我国的经济改革是双元财政论的实践来源。

双元财政论的理论来源，在很大程度上借鉴了西方的公共产品论和公共财政论。

公共产品论指出，在市场经济中，必然同时存在着市场有效和市场失效两大部分，两者有着各自不同的活动领域和范围，不同的运作方式和作用机制，但又分工协作、相辅相成、互为补充，形成着统一有机体，确保着整个市场经济的正常顺利运转。西方市场经济两大部分的相互关系如图 3－1。

图 3－1 表明，在私有制下，西方政府只是政治性政府，只能活动于市场失效领域内，提供的只是非赢利性的公共服务，其收支形成着公共财政。它对所有的市场主体，不管其经济成分如何，即不管是国有经济还是私有经济，都一视同仁地对待而提供着公共服务。税收制度如此，政府支出亦如此。由于此时的政府基本上不能拥有赢利性国有企业，因而西方财政的基本收入形式只能是税收，而大体上不拥有赢利性收益及其支出。

图 3－1 的分析对于我国社会主义市场经济是基本适用的，但也存在着较大的差异。我国的社会主义公有制决定了市场经济下的政府不仅是社会管理者，而且还是资本所有者，兼有着政治性和经济性双重身份。这样，我国政府和财政除了具有与西方的政治性政府及其公共财

政相一致的内容外，还存在着不同性质的经济性政府及其非公共财政的内容。这主要有：(1)其收支是资本所有者的收支，只能针对赢利性国有企业进行，即其收入只能从赢利性国有企业取得，其支出只能用于发展赢利性国有经济，而不能用于支持非国有经济和非赢利性国有经济的发展；(2)政府拥有巨大规模的赢利性国有经济即国有资本，并且在国民经济中占据了主导地位，在正常情况下，国有资本的收益及其投资将是财政的重要收入来源和支出内容之一。这点，尽管在西方也存在着较大数额的国有资产，但它们基本上是非赢利性的，因而不是“国有资本”而只是“非赢利性国有资产”。

我国政府和财政的这一特点，决定了社会主义市场经济总体运行状态如图 3－2 所示。

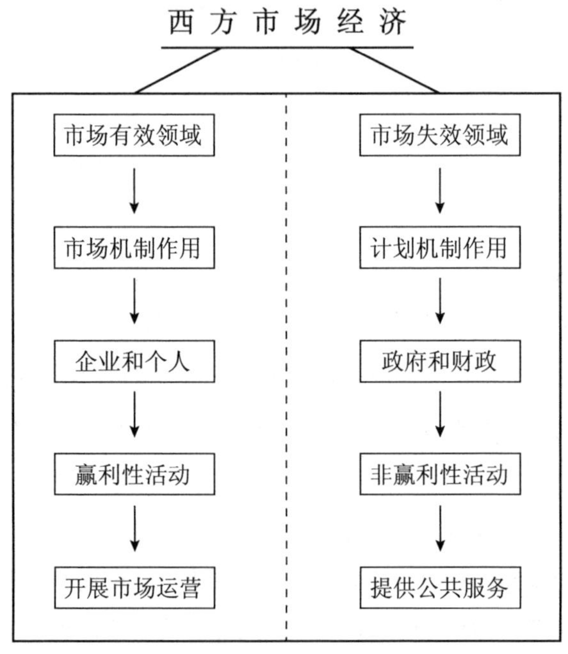

图 3－1

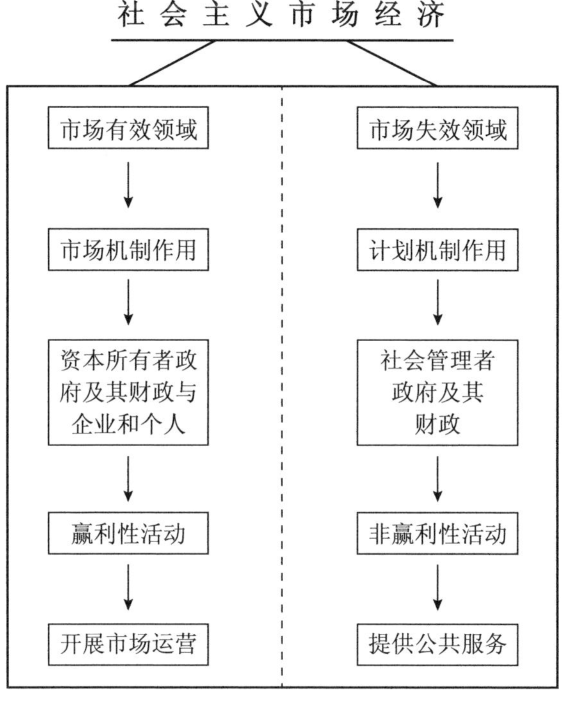

图3－2

对比图3－1与图3－2,两者的差别就在于各自的活动主体,尤其是市场活动主体的差异上,即“资本所有者政府及其财政”也成了图3－2的市场活动主体,而这是图3－1所没有的。

这样,是否整个社会存在着赢利性国有资本,对于同样处于市场经济下的我国社会与西方社会,就形成了根本的区别。在马克思主义创始人那儿,所有制问题一直是社会主义的核心问题。立足于“私有制是万恶之源”的认识,认为资本主义的一切弊端,诸如贫富两极分化、剥削、失业、生产的无政府状态、生态破坏、不民主、侵犯人权、精神空虚、颓废堕落等等,都是由资本主义私有制所根本决定的,只能通过根除资本主义才能彻底清除之。因此,社会主义的基本特征就是消灭私有制，建立公有制社会。公有制与私有制也就成为区分社会主义与资本主义的基本标志。改革开放打破了力图建立纯而又纯的公有制社会的乌托邦之梦，在改革实践中形成了以公有制为主体、多种经济成分并存的所有制结构。这种变革从根本上决定了国有“资金”已转变为或正在转变为国有“资本”，即此时的“资金”作为带来增值额的价值，也具有了保值增值的“资本”属性。在社会主义社会中，国有资本的实质是资本的社会化或公有化，这使得社会全体成员从根本上共同享有着国有企业的利润。这种利润的公有化不同于人民资本主义，即不是每个工人都持有股票，都成为企业的股东，人人都享受作为股东的红利而实现社会全体成员都享有利润。社会主义的国有资本及其利润的公有化，则是消除了资本的私人所有的性质，使资本为整个社会所共有。这样，作为其天然产物的利润，也与私人分离而归整个社会所共有。这就导致了“资金”向“资本”的根本性转变。①

之所以产生这种差别，是因为在社会主义市场经济中，政府不仅是政治权力行使者，而且是生产资料所有者，并且政府的这两种身份还必须相分离，从而形成了政治性政府身份和经济性政府身份必须相对独立地存在。对于传统的政治性政府来说，在市场经济下，它仍然采用的是非市场的活动方式，并且显然还是处于传统的非市场领域之中；而对于崭新的经济性政府来说，在市场经济下，它采用的则是市场性的活动方式，并且是前所未有地进入了市场领域之中。市场经济的运转，是以价值循环周转并增值的形式进行的。这就决定了所有参与市场竞争的“资产”，无论是私有的还是公有的，作为带来增值额的价值，都存在于“资本”的形态之下。这点，决定了此时的经济性政府所进行的，是“国有资本”的市场运作，而不再是计划经济性质的“国有资金”运作。

---

① 参见俞可平：《全球化时代的“社会主义”》，载《马克思主义与现实》1998 年第 2 期。

这样，社会主义市场经济下的我国政府，就以其既处于非市场领域，又处于市场领域，而显著地区别于仅处于非市场领域的西方政府。处于非市场领域的是政治性政府，其收支活动构成公共财政，这是我国财政与西方财政的一致之处；处于市场领域的是经济性政府，其收支活动构成了国有资本财政，这是我国财政与西方财政的差异之处。这些，就使得我国的财政形成了公共财政和国有资本财政并存的双元结构。由于西方财政所体现的只有非市场性这一种经济关系，其存在的只是公共财政；而我国财政所体现的则是非市场性和市场性两种经济关系，其形成的是双元财政，所以，双元财政是由我国特定的生产关系和市场经济所根本决定的。

三　双元财政的区分

双元财政论认为，不管是公共财政还是国有资本财政，它们都是政府的分配行为。这是两者的共性，决定着它们共同构成了社会主义市场经济下财政的有机统一体。但它们又是不同的财政类型，相互之间是存在着根本差异的：

（一）两者基本要素的不同

从构成财政活动的几个基本要素来看，国有资本财政和公共财政都存在着显著差异。这具体表现在以下几个方面：

1. 两者的活动主体不同。公共财政的主体是政治性政府，而国有资本财政则是经济性政府。由于财政活动是由政府具体进行的，因而政府本身的性质如何，就直接决定着财政活动的性质。从传统的意义上看，政府就是政治性政府，财政活动就是由政治性政府从事的活动。正因如此，我国财政理论界有些同志认为只有政治性政府进行的活动才是财政活动。这一看法，不仅关系到如何看待财政的问题，而且更主要的还牵涉到如何看待“国家”或“政府”的问题。

在传统的计划经济时期,国家或政府是三重身份的统一体,政府的经济性实际上是从属于其政治性的,因而不存在单独看待经济性政府的问题。市场取向的改革逐步突出了经济性政府与政治性政府的分离问题,即从改革的一开始大体上就提出了政企分开和政资分开的问题。一旦改革导致了政府的政权组织和资本所有者两重身份的分开,仅具有经济性的"政府"是否仍然是"政府"? 探讨这一问题非本书的篇幅所能容纳。不过,这里是在仍以经济性"政府"为政府的前提下分析问题的。

2. 活动目的不同。作为社会的中心组织,由政治性政府开展的公共财政活动,是以为市场提供公共服务为目的。而作为社会主义市场经济下多种经济成分并存中的一种,经济性政府与其他资本和要素所有者一样,也是平等的市场活动主体之一。作为"资本",不管是国有的还是私有的,它都以追逐利润为本性,这就决定了国有资本财政以国有资本总体的保值增值为目的。这就决定了公共财政追求的是社会利益目标,而国有资本财政则追求市场赢利目标。由此而导致了两者活动的内容、方式、手段和范围、领域等种种不同。

3. 活动依据不同。作为政治性政府,其开展公共财政活动凭借的是政治权力。而作为经济性政府,其开展国有资本财政活动,则只能凭借资本所有权来进行。这样,公共财政就具有强制性和无偿性的形式特征,具有着明显的非市场性,是以非市场的方式、采取非市场的手段、经由非市场的渠道来完成其财政活动的。相反,国有资本财政则不具有强制性和无偿性的形式特征,即经济性政府并不为市场提供公共服务,它只为自身的保值增值服务。在市场活动中,国有资本与其他资本具有的市场地位是同等的,决定了它不能以强制和无偿形式强加于其他资本头上,而只能以市场方式、采用市场手段、经由市场渠道来开展自身的活动。

双元财政之间的这种活动依据差异，虽然是导源于双方活动主体性质的差异，但对于社会主义市场经济下的政府行为来说，却有着关键性的意义。正是由于两者有着非市场性和市场性的差异，才直接决定了两者在社会主义市场经济下相分离的必要性。否则的话，政治性政府和经济性政府、公共性财政和赢利性财政混同于一体，则其结果必然是这样的，即经济性政府和赢利性财政很自然地将借助于非市场性手段开展自己的活动，而政治性政府和公共性财政则将名正言顺地介入与干预市场活动。这点，只要看看目前我国经济实践中大量存在的政府以行政手段干预市场，以及大量的官商现象的存在等，就很容易明白了。

4. 收入基本来源和支出内容不同。从收入方面看。作为政治性政府开展的活动，公共财政是以税收这一公共产品的“价格”为基本的收入来源的。而作为经济性政府开展的活动，国有资本财政则是以资本收益为基本收入来源的。相应地，两者的支出内容也不同。公共财政的社会利益目标，决定了它基本上只能安排非赢利性支出。而国有资本财政的市场赢利目标，则决定了它只能以赢利性支出为基本内容。这样，公共财政以整个社会所有的企业和个人，而国有资本财政则仅以国有企业为服务对象。

（二）两者活动领域和范围的不同

国有资本财政活动于市场有效运行的范围之内，而不是如公共财政那样，基本上只能以市场失效为标准来限制活动范围。由于国有资本财政是以资本权利为其产生和存在的根本依据的，因而它所开展的活动必然直接体现资本的赢利要求。此时的国有资本财政就不仅要将财力投入而形成资本和产权，而且还要求已投入的财力必须保值增值。在市场经济下，获利资本的投入只能是市场投入，资本的保值增值只有在市场有效领域内才能真正做到，才能获得应有的利润率。反过来，在市场经济下,任何一种资本要想在竞争中站稳脚跟,其基本条件之一就是获得应有利润率。或者换句话说,在市场中增值力越弱的资本,越可能遭受削弱和淘汰;反之,增值力越强的资本,则不仅能够在竞争中很好地生存下来,而且还能发展壮大。国有资本作为社会主义市场经济中的主导性经济成分,必须参与市场竞争并在其中发展壮大,才能保证社会主义经济基础的巩固与发展。这样,国有资本财政在以国有产权为基本依据进行分配时,也必须遵循资本的这一基本活动原则,因而它不能不只在市场有效范围内开展自身的活动。可见,“市场有效”和“市场失效”是区分国有资本财政与公共财政的基本标志之一。

按照这一标志,将有助于理顺我国政府与市场的关系。我国政府在双重身份一时还没有能够有效分开,我国财政一时还处于单元财政模式之下时,其市场性活动与非市场性活动是混杂于一体的。这显然是与社会主义市场经济的基本要求不相符合的。它导致着一方面为市场提供公共服务的不足;另一方面又以非市场方式过多地介入了市场领域,即各级财政以行政方式尽可能地安排着赢利性投资支出。其结果不仅财政分配中以赢利性投资挤公共性支出,使财政陷入混乱与被动,而且由于财力短缺、资金不到位等导致了市场秩序的紊乱。可见,向着双元财政模式的转化,由公共财政解决公共性支出问题,由国有资本财政解决赢利性支出问题,将有助于理顺政府与市场的关系,克服这类混乱状态,是社会主义市场经济的客观要求。

应附带指出,讲国有资本财政的保值增值性,并不意味着政府要以这一类型的财政为手段,去直接干预、指挥、安排国有企业的市场运营活动。作为一种财政类型,它仍然是政府的分配活动,仍有着不同于企业的自身活动特点。这就是国有资本财政的经营是宏观性质的,而国有企业的经营则是微观性质的。这样,企业能够在市场机制作用下有效配置社会资源的领域,国有资本财政不应插手其中,越俎代庖去代替企业开展市场运营；反之，在企业无力解决但一定程度上又能够以市场方式来解决的，如基础产业、新兴产业的投资，则应成为国有资本财政的主要活动领域。国有资本财政通过这些活动，去促进整个国有经济以至整个国民经济更快更好地协调发展。当然，基础产业和新兴产业具有长期性市场赢利能力，这是国有资本财政可以介入其中的根本因素。

（三）两者财力运用不同

国有资本财政的财力运用，必须以企业为单位，具有保值增值能力。而公共财政则没有，并且也不可能满足这一要求。在市场经济下，资本的市场活动以追求自身利益为基本立足点，它决定着公共活动无法由资本经过市场来提供，而需要公共财政的存在。这点，不仅在私有制的西方，而且在公有制的我国也适用。

在社会主义市场经济下，社会的经济细胞是企业，国有资本也是以国有企业为其基本的市场活动单位。国有企业的强弱，直接决定着国有资本的盛衰。国有企业作为市场活动的一分子，其资本的保值增值正是国有资本整个保值增值的具体化。国有资本财政的增值，正是通过一个一个国有企业的赢利来实现的。国有企业作为独立的商品生产经营者，它增值力的强弱直接决定着国有企业乃至整个国有资本的市场竞争和生存能力。国有企业增值力的弱或强，就意味着国有企业从而最终整个国有资本将为市场所淘汰，还是整个国有资本不仅能够在市场中站稳脚跟，而且还能发展壮大继续保持国民经济的主导性地位。正因如此，国有资本财政的投资就必须确保项目的市场赢利性。完全不具备应有的市场赢利能力的投资，则应由公共财政来承担。这也是区分公共财政与国有资本财政的基本标志之一。

国有资本财政与公共财政的这一区别还说明了，为什么在西方国家也存在着相当数额的国有资产，却不存在国有资本财政的问题。这就是西方的国有资产基本上是非赢利性的,它们需要公共财政的财力补贴,却难以满足资本的增值要求,从而只能从属于公共财政的活动范围。

按照这一标准,将有利于处理好我国的政府与企业关系。在我国财政目前单元性质仍然很强的背景下,财政统一地对全部的国有企业发生分配关系,而不论其是否具有市场赢利能力。这样,一方面对于具有市场赢利能力的国有企业,政府没有将其完全推向市场,而该破产的也没法破产,财政仍然采取了将国有企业包下来的做法,这既使得市场取向的改革受到阻碍,也使财政本身陷入不堪的重负之中;另一方面,对于非赢利性的企业和活动,财政又无力背起来,而过多地由银行等机构提供贷款加以支持。这不仅加重了银行的负担,而且也是银行不良贷款产生的主要原因之一。这些,都是我国目前主要的经济病状之一。可见,我国财政必须从单元模式向着双元模式转化,将赢利性国有企业归国有资本财政管理,作为独立的经济实体完全参与市场竞争;将非赢利性国有企业归公共财政管理,在财政应有的财力支持下进行活动,为整个市场提供必要的公共服务。国有企业的政企分开与财政模式的双元分流相对应,将确保政府与企业之间正常关系的确立和形成。

(四)两者对国有经济的意义不同

国有资本财政有利于巩固和发展国有经济,而公共财政则不具备单独促进国有经济发展的能力。

国有资本财政的宏观经营性,决定了它将有利于巩固和发展国有经济。作为一种资本性的财政,它本身的投资活动必须具有项目赢利能力,这就能够防止由于项目亏损而导致国有资本价值损失,也防止由于财政分配不当所产生的国有企业建成后缺乏应有的市场竞争能力,而遭市场淘汰的现象发生。这对于国有经济的巩固和发展,是必不可少的前提条件。

作为一种宏观经营性质的活动,国有资本财政以政府的产业政策和行业规划为投资依据,因而它的投资与市场的长期发展趋势相一致,这就保证了其投资的长期赢利性,有利于国有经济避免市场投资的短期性行为发生。从长期的观点来看,它将使得国有经济有着比其他经济成分的企业更强的市场竞争能力。

国有资本财政集中的国有资本收益,大体上相当于私人所有者从其投资的企业取走的股息和红利。国有资本财政的资本收益将用于再投资,而私人所有者的股息和红利等有相当份额将用于个人消费。从这个意义上看,国有资本财政确保了国有经济具有更强的再投资能力,从而也有利于国有经济的巩固和发展。

从公共财政来看,它由于为市场提供公共服务,也具有着有利于国有经济发展的一面,但不能说是直接促进了国有经济的发展。这是因为:(1)公共服务的对象是全社会性的,不仅国有企业,所有其他性质的企业也都全部同样受益,在市场竞争中并不形成和提供着仅有利于国有企业发展的条件;(2)公共财政的投资并不形成市场性的国有资本,因而也不解决国有经济的市场竞争力问题。而这两点,国有资本则是具备的。

由此可见,国有资本财政的形成与存在,对于国有经济,进而对整个社会主义市场经济的存在和发展,都具有重大意义。这又从另一个侧面说明了我国财政模式从目前的单元结构向双元结构的转化必要性。

(五)两者在宏观调控中的作用不同

在宏观调控上,国有资本财政通过直接的内在于市场的活动,调控着市场经济的宏观运行状态。而公共财政则不具备这种能力,其对于宏观经济的调控仅是间接的和外在的。这又决定了两者在统一的政府宏观调控运作中的不同地位与特点。

公共财政只能活动于市场失效的领域和范围内。在市场价格和利润动机能够正常发挥作用的地方,公共财政就不应介入,否则将产生危害市场有效运行的后果。这就决定了公共财政对于宏观经济的调控,只能在市场之外,通过自身的非市场性活动,如税收、补贴等手段,去作用于宏观经济变量,而影响市场的运行状态来实现。这对于市场运行来说,只是一种外部力量施加的间接宏观调控。

国有资本财政则不同。国有资本财政的活动,本身就是市场活动的一个组成部分,它的收入与支出本身就是按照市场机制的要求,在追求市场利润最大化动机下展开的。此时财政作为国有资本所有者的代表,在宏观调控中基本上采取了两种不同的方式。即一是通过国有资本收益和国有资源收益,以及债务收入等方式来筹集资本,然后直接安排投资,直接实现资源的市场配置,以调节宏观经济总量和结构;一是通过对不同行业的国有企业给予不同的留利率,来支持或抑制企业的自我发展能力,按照国家产业政策的要求影响各行业的企业的再投资能力,间接配置资源以调节宏观经济结构。这是一种内在于市场的直接宏观调控。

国有资本财政与公共财政在宏观调控上的内在与外在、直接与间接的差异,就决定了两者在统一的政府宏观经济调控上的不同特点:

1. 两者宏观调控的层次不同。由于国有资本财政的活动本身就是市场运行的组成部分,它对市场的调节是一种内在的调节,因而它是第一层次的调节,财政总体对宏观经济运行的调节首先应由它来进行。这是双元财政不同于西方公共财政的宏观经济调控的根本区别所在。

然而,也正由于它是市场运行的组成部分,因而它的宏观经济调控又将受到市场本身局限性的限制。市场经济的自发运行必然陷入周期波动,处于市场内的国有资本财政也无法有效缓解这一问题,这就需要公共财政的进一步调控。

公共财政外在的间接调节,是针对市场自身运行已经形成或可能形成的状态进行的。相对于国有资本财政来说,这是第二层次的调节,是在国有资本财政尽力调节之后,如仍然存在着失衡状态时,所进行的补救性调节,这是在市场本身难以稳定之时,最后由政治性政府运用公共财政手段来干预的。

2. 两者对宏观经济总量的调控不同。国有资本财政的投资本身也是市场投资的组成部分,它的增加和收缩本身就是市场需求的扩张和收缩。这样,国有资本财政就可以有意识地利用它来对经济周期产生积极的调节作用。在国有资本财政调剂之后,如果仍然存在社会有效需求的过大或过小问题,则再由公共财政调节。这样的安排,将减轻公共财政对宏观经济总量的调控压力,使政府能够更为有效地进行总量调控。

3. 两者对宏观经济结构的调控不同。在市场经济下,宏观经济结构主要是由市场机制的作用来实现的。而政治性政府主要是通过制定产业政策和行业规划,以及相应的财政政策措施等,来对宏观经济结构发生影响。这就决定了公共财政本身的收支,基本上不具有直接影响市场性经济结构的能力。

国有资本财政则不同。它的投资本身内在于市场的特点,决定了它具有一定的直接调节市场性经济结构的能力。国有资本财政主要投资于基础产业和新兴产业,而这是我国私人和企业投资尚无力有效承担责任的行业和领域。这样,国有资本财政通过投资于对国民经济发展起关键作用的骨干行业与项目,直接改变着生产力结构,而对整个宏观经济结构予以调节。国有资本财政的这一作用,是与我国经济尚落后,在实现现代化过程中政府应发挥重大作用的客观要求相符合的。

可见,我国财政模式从单元结构向双元结构的转化,将有助于理顺我国财政在宏观经济调控上的运作方式与关系,克服目前政府以过多的非市场方式去直接调控宏观经济的弊端,建立起一套崭新的与社会主义市场经济相适应的宏观经济调控体系及其运作机制。

综上所述，在社会主义市场经济条件下，我国的财政将形成两个具有相对独立性的部分，它们虽然都体现为以国家为主体的分配行为，但在财政分配的具体依据、性质、范围、目标、政策和调控方式等方面，都将存在着区别，从而形成相互区别又统一的具有我国特色的双元财政模式。

第三节　争议与答疑

随着社会主义市场经济体制改革目标的提出，引发了关于我国财政模式的争论。双元财政论就是关于我国财政模式的一种理论。该理论提出后，在我国财政学界引起很大的反响，赞成者有之，反对者也有之。几年来，我国财政学界一直为此而进行着争论，其激烈程度逐步加剧，并从口头争议逐步向公开发表文章，从不点名到公开点名批判，已成为目前我国财政理论争论的中心议题之一。由于这一争论直接关系到如何认识政府和财政与市场的关系，如何认识社会主义市场经济下的财政模式等根本问题，因而有必要在这里对有关的争议内容作详细的分析与说明。

一　提出与发展

1993 年第 3 期《财政研究》刊登了叶振鹏的《适应社会主义市场经济的要求重构财政职能》一文，指出：

> 社会主义国家的双重身份和双重职能，决定了国家财政由两个部分即公共财政和国有资产财政组成，它们各自具有不同的具体职能和任务。国家财政预算应区别公共财政的政府经费预算与

国有资产财政①的国有资产经营预算两部分，分别采取不同的政策。②

这是双元财政论的最初提出和概括性说明。不过，其中关于国家预算应区分为经费预算和经营预算的提法，其实质是将经费预算与公共财政相对应，而将经营预算与国有资产财政相对应，这就存在着一定的问题。对于公共财政来说，其对应的预算形式，不仅有经费预算即经常预算，而且还有投资预算即西方所谓的资本预算。因此，这样的概括是不准确和不全面的。

同年5月18日，叶振鹏在中国体制改革研究会苏州年会上，作了题为《财政赤字问题的思考》的发言，进一步阐述了双元财政问题。其中对公共财政和国有资产财政各自的分配主体、分配依据、活动范围和收支基本内涵等问题，作了明确的说明。同时修正了原先关于财政预算区分为经费预算和经营预算的提法，指出了国家预算制度应由公共预算和国有资产经营预算所组成，其中公共预算除了经费性质的支出外，还包括非生产性建设投资支出。对这一观点的介绍，受到与会人员的高度重视。

同年6月下旬，在厦门大学召开的“全国第七届财政基础理论讨论会”上，叶振鹏和张馨共同提交了题为《论双元财政》的论文，较为全面地介绍了双元财政论的基本观点。同时，这也是“双元财政”一词的第一次正式使用。该文分析了我国财政如何在改革开放中，从原先单元结构模式向着双元结构模式转化和发展的客观必然趋势；指出由于

---

① 双元财政论在其提出的开始阶段，采用的是“国有资产财政”一词，因而该论文在进行历史沿革论述时采用的仍然是“国有资产财政”一词，而不是“国有资本财政”一词。

② 叶振鹏：《适应社会主义市场经济的要求重构财政职能》，载《财政研究》1993年第3期，第25页。

国家的社会管理者和资产所有者双重身份的分离，决定了我国财政在社会主义市场经济下，将形成处于市场外的公共财政和市场内的国有资本财政两大部分，从而形成着双元结构；同时还对双元财政的内涵以及各自在宏观调控中的作用等问题，作了进一步的概括与阐述。与该理论在苏州体改年会上受到的欢迎和支持不同，在全国财政基础理论讨论会这一集中了我国财政理论界几乎所有头面人物的会议上，却基本上只听到反对该理论的声音。在会上，面对着种种质疑和责难，当《论双元财政》一文作者试图阐明和解释自己的观点时，却没有被允许发言，即没有获得答辩机会。

尽管如此，该论文的主要内容还是于同年 11 月 9 日以《双元结构财政——中国财政的新模式》为题，发表于《光明日报》上。其后《新华文摘》1994 年第 1 期全文转载，在我国财经理论界引起了较大的反响。至此，双元财政论的基本框架、内容和观点已经形成，并且正式作为一种有着相当影响的主张，而存在于我国财政经济学界中，并且通过日益激烈的争论而表现出强有力的生命力。

1993 年 11 月 14 日通过的《中共中央关于建立社会主义市场经济体制若干问题的决定》指出：

> (18)积极推进财税体制改革。……三是改进和规范复式预算制度。建立政府公共预算和国有资产经营预算，并可以根据需要建立社会保障预算和其他预算。

这里明确提出了建立公共预算和国有资产预算的问题，实际上就是肯定了公共财政和国有资本财政的主张。这样，支持双元财政论的人开始敢于公开说出自己的观点了，从而赞同这一理论的声音逐步增多。但在财政学界仍然存在着强烈的反对意见。

此后双元财政论向着系统化和体系化方向发展。《福建财会》从1994年第7期至1995年第6期，连续刊载了叶振鹏、张馨关于双元财政的系列讲座文章，介绍了该理论的基本观点和内容。1995年6月，经济科学出版社出版了叶振鹏、张馨合著的《双元结构财政——中国财政模式研究》一书，全书33.6万字，全面地阐述了自己的观点和主张。

又一次关于双元财政论的争议，发生在1995年11月于山东烟台举行的"中国财政学会1995年年会暨第12次全国财政理论讨论会"上。由于会议主要解决的是当时财政改革实践中遇到的各种紧迫问题，双元财政论这种带有较强理论性质的问题没被列入会议正式议题之中。不过，在会议分组讨论时，华东组对此问题发生了争论，但很快就淹没在对其他问题的讨论之中了。

1996年3月12日《中国财经报》刊登了叶振鹏、张馨的《双元结构财政是与社会主义市场经济相适应的财政模式》一文，再一次介绍了双元财政论的观点。接着该报同月19日发表了孙树明《关于公共财政的一些基本问题》的文章，对双元财政论提出了反对看法。与此同时，该报在孙树明的文章前加了"编者按"，指出为引起理论界与政策决策部门对双元财政论的关注，本报"本版拟辟专栏"进行讨论。此后，该报陆续发表了张馨对于孙树明的答复文章①，发表了姜维壮、门惠英的《财政管理环节多元结构是社会发展的历史选择》的文章②，等等。

对于双元财政论的公开批判，是由我国著名的财政经济学家许毅

---

① 张馨：《也谈公共财政的一些基本问题——兼答孙树明同志》；《也谈公共财政的一些基本问题——兼答孙树明同志》（续），载《中国财经报》1996年5月28日。

② 姜维壮、门惠英：《财政管理环节多元结构是社会发展的历史选择》，载《中国财经报》1996年5月14日。

教授进行的。他在《财政研究》1997 年第 5 期上发表的题为《对国家、国家职能与财政职能的再认识——兼评公共产品论与双元结构论》的文章，在主要批判公共产品论和张馨的同时，也对双元财政论提出了尖锐的批评，这就使得争论正式化和公开化，同时也激烈化了。

二　争议概况

接下来将介绍关于双元财政论争议中双方的主要观点，除了公开发表的之外，下文将大量介绍未公开见诸文字的内部争议看法，因为这一争议主要是在财政学界内部，在各次理论讨论会上发生的。①

最初的直接交锋发生在 1993 年的“全国第七届财政基础理论讨论会”上。会上发言反对者有的认为，主张“双元”财政，是哲学上的二元论，因而是不正确的；有的认为，提双元财政有肢解财政之嫌；还有的认为，用“双元财政”一词不行，应改为“双元结构财政”才是正确的，等等。

由于这是双元财政论第一次正式在我国财政理论讨论会上提出，因而人们对于这一新理论的内容和基本观点是什么，大体上是不了解的。然而，会上却出现了群起而攻之的现象，这就不能不使得当时对于双元财政论的否定，往往是凭借只言片语，或者干脆是不着边际地随便安上一个罪名，就试图否定之的状况。

但是，理论问题和学术问题毕竟是一个严肃的问题，轻率地对待之，是难以以理服人的，并且也是有损于自己的形象的。对此，双元财政论者尽管没能在会上阐述自己观点，但其后仍然在各种场合指出这些看法的难以成立性：

① 关于这些争论，本人已在《双元财政论述评》（载《中国经济问题》1999 年第 1 期）一文中作了介绍。

1. 哲学二元论是关于哲学基本问题，即物质和精神关系的一种观点，而双元财政论则仅是关于财政这一客观事物的一种理论，无论是公共财政还是国有资产财政，涉及的均只是“物质”问题，哪一个也都难以说成是“精神”性的事物，因此，不能因为使用了“双元”的字眼，就生搬硬套到哲学基本问题上去。

2. 改革开放以来，原本属于财政部门的税务部门和国有资产部门等的相对独立于财政部门，是市场取向的改革客观趋势的结果，但并不否定它们仍具有财政性质，仍然是财政部门的组成部分。这样，以双元财政观来认识它们的相对独立性，才能够解释与明确税务部门和国有资产部门仍是财政部门子机构的性质。这不仅不是肢解财政，反而更好地维护了财政统一性。否则的话，即使拼命强调国有资产部门等也是属于财政的，理论难以作出有力的说明，则于实际工作将是有害的。

3. “双元财政”一词与“双元结构财政”一词并无实质性差别，就如“双元经济”一词在西方可表示公共经济与私人经济，在我国可表示城市经济与乡村经济并存的双元结构状况一样。双元财政论的内容，早就表明了它是从两种既相对独立，又相互统一的体系并存的角度，来看待社会主义市场经济下的财政问题的，这就是一种“双元结构”的存在状态。对于一种理论的命名，是以最为简洁的字眼为佳的，因而使用“双元财政”一词是更为准确，更具有概括性的。实际上，对于一种理论的赞同或反对，从来都是从其基本内容来作出基本判断的，形式和名称尽管有时也很重要，但并不是实质的。这点，只要从许多同志既反对双元财政论，又认为只能称为“双元结构财政”，而不能称为“双元财政”这一矛盾现象的存在来看，就可以非常清楚地明了这点了。

中共中央关于建立社会主义市场经济体制的决定公布后，引起了财政学界内部对于双元财政论的新争论，并且反对意见大体采用了间接的形式：

1. 有些同志在发言中表示赞同建立公共预算和国有资产经营预算，但强调两个预算之间的相互交流和联系，强调两者不能孤立割裂开来。这种看法就其本身显然是对的，但试图由此否定双元财政论则难以成立。因为双元财政论从来就没主张公共财政和国有资产财政是两个绝对相互隔离的存在物，相反却大量论述了两者之间的相互联系，强调了它同为"政府"财政的共同性。①

2. 有些同志则强调，中央决定讲的只是"预算"而非"财政"，所以不能说是中央的决定赞同双元财政的主张。但是，政府预算是近现代财政的基本存在形式，难道能够否定"财政"这一内容而又肯定"预算"这一形式吗？进一步看，关于公共预算和国有资产经营预算问题的提出，毕竟是有其直接的理论基础和来源的。而在我国理论界中，提出某一理论并据以主张这两种预算的，只有双元财政论者。正是由于政府预算是近现代财政存在的基本形式，因而它们成为双元财政论的重要内容之一，是对双元财政问题的分析延伸到预算问题上而得出的结论。退一步说，即使中央决定不是直接来源于双元财政论，但只要同意我国的政府预算必须分设为公共预算和国有资产经营预算，则我国的财政就是存在于"双元"状态上了。这样，双元财政论是否成为中央决定的直接来源，又有什么关系呢？

3. 有些同志则避而不谈双元财政问题，而是只就政府预算谈政府预算，试图通过罗列公共预算、国有资产经营预算以及社会保障预算和其他预算的办法，来冲淡公共预算与公共财政、国有资产经营预算与国有资产财政的对应关系，以达到实质否定双元财政论的目的。但对于

---

① 关于双元财政相互之间的联系，如有兴趣，可参阅叶振鹏、张馨：《双元结构财政——中国财政模式研究》一书（经济科学出版社 1995 年 6 月第 1 版，1999 年 1 月第 2 版），尤其是其中的第五章"双元预算体系"。

双元财政论的反对理由有千条万条,其都可以集中到一个基本点上,这就是主张财政只有一元,而不能有多元。赞同和强调多个预算,实质上就是赞同多元财政,这与同意双元财政论并无很大的和根本性的区别。进一步看,社会保障预算等其他预算,都可依据其与市场的关系,而分别归属于公共预算体系和国有资产预算体系,因而从根本上看仍没否定双元财政论。只不过社会保障预算由于其特殊性,即其基金性质而在实际工作中单独另列为一种预算,以区别于经常预算和公共投资预算等非基金预算,也是可以的。但这显然是没有否定双元财政的。

《中国财经报》上几篇针锋相对的文章,是关于双元财政论的第二次公开交锋,但却是首次见诸文字的争论。孙树明的文章反对双元财政论,他认为:(1)西方经济学家都是将政府的经济行为作为一个整体来研究,而不是分割开来研究。因此,双元财政论将政府的行为分开来考察,是不对的。(2)西方也有国有资产,如按双元财政论观点,西方财政也是双元财政,"这显然是对公共财政的一种曲解"。(3)双元财政论关于国有资产财政是第一层次调节,而公共财政是第二层次调节的观点站不住脚。(4)"现代西方经济学家早已完全抛弃了亚当·斯密的'守夜人'主张",即西方政府已从不干预转向干预,因而其活动范围已超出市场失效领域了。①

张馨答孙树明的一文指出:

1."将西方私有制经济下的政府行为,套用到我国分析上来是不妥当的。"西方政府不具有赢利性资本所有者身份,因而它实际上只是政治性政府,也就谈不上什么政企分开和政资分开的问题,所以它是只能作为一个整体来看待的。而我国政府则具有赢利性资产所有者身

① 孙树明也认为,西方的 Public Finance 一词只能译为"财政学",而不能译为"公共财政学"。对此,本书将在第五章作详细的分析,故这里存而不论。

份,随着市场取向改革的进展,我国政府的政治权力行使者和资本所有者两重身份分离的必要性,已是愈益明显。这样,财政作为政府的分配行为,也作出相应的区分,不是很自然的吗?因此,分别从社会管理者和资产所有者两个角度来考察我国的财政问题,是完全必要的。

2."在西方的资本主义私有制下,国有资产的基本特征是非市场赢利性的;而在社会主义公有制下,国有资产除了非市场赢利性的部分外,还包含了市场赢利性的部分,并且后者是我国国有资产的基本特征。"当西方无法产生"国有资产财政之时,我国在市场赢利性的国有经济基础上却能够并且必须相应产生国有资产财政"。

3. 对于国有资本财政是第一层次调节和公共财政是第二层次调节的问题,前文已经作了较为详细的分析,这儿扼要地再说明一下。这就是由于国有资产财政本身处于市场有效运行的领域内,因而不管国有资产财政如何尽力调节,由于其本身是市场活动的组成部分,这就不可能完全克服市场失效状态,因而必然需要公共财政的进一步调节。而在市场经济条件下,"市场"对于经济活动的调节显然是第一层次的,处于市场有效领域内的国有资产财政作为第一层次的调节是不奇怪的。

4. 西方政府和财政"由'小'转'大'的变化,虽然是传统的不干预主义的结束和政府干预主义的开始,却不是对'市场失效'准则的否定。因为……此时政府和公共财政对公平和稳定问题的介入与干预,仍然是弥补市场失效的行为。……公共财政只能以市场失效为自己的活动范围,……才能避免非市场力量介入和否定正常市场活动的结果出现,确保市场充分发挥其基础性的配置资源的作用"。这点,本书第一章已作了详细的分析。

许毅教授发表于《财政研究》1997 年第 5 期上的文章,是迄今为止对双元财政论最激烈的公开批判。该文认为:(1)双元财政论是对社会主义生产方式的否定。因为生产方式只是一元的,即“社会主义生产方式,只能是生产资料公有制为主体,非公有制只能是一种有益的补充……那种把社会主义初级阶段多种经济成分共同发展说成是所有制结构多元论,是对社会主义生产方式的歪曲”。(2)双元财政论否定国家干预。“还有人对改革开放的方针进行片面的解释,要求政府退出经济领域,实现亚当·斯密的自由放任的‘守夜人’的政府,甚至比亚当·斯密走得还远,发展到不要一点国家干预,要实行完全的‘政企分开’。改良一点的就提出了双元结构论。”(3)双元财政论要实行政企分开是不对的。“怎么能说我国的生产资料公有制经济的企业是行政机关的附庸,在改革中要实行政企分开呢?把公有制同社会主义国家分开,还能算社会主义吗?”(4)双元财政论否定了国家的阶级性。“把国家说成是脱离经济基础的抽象的政务机关,或者说由于经济成分的多样性,它是以各个经济成分联合为基础的上层建筑,应该是多阶级的联合统治机关。”(5)“双元结构是要政府代表全民管理公共开支,又以资本家的身份即资本的身份分红,所以称之为二元结构。这显然是违背了马克思列宁主义、毛泽东思想和邓小平有中国特色社会主义理论的,是违反了社会主义国家学说的。”

双元财政论者不赞同这些观点:

1. 生产方式的一元性,并不等于不存在财政的双元结构。我国社会以公有制经济成分占主导地位和绝大部分比重,决定着我国生产方式的社会主义性质。正是在生产方式的这种一元性下,形成着我国的双元财政的,因而无论是公共财政还是国有资产财政,都是社会主义性质的,都是以公有制为基础的。财政作为一种分配,其性质是由其所处的生产方式性质决定的。在西方的私有制下,政府为市场提供公共服务以确保市场的正常顺利运转,从根本上看是为资本剥削剩余价值服务，而具有资本主义性质。而我国政府为市场提供公共服务，其对象是以公有制经济占主导地位的多种经济成分并存的生产方式。这一生产方式的性质是社会主义的，则是毋庸置疑的。这样，我国的公共财政从总的看，是服务于社会主义生产方式的。至于我国的国有资产财政，它涉及的仅是国有经济成分内部政府与企业之间的分配关系问题，其服务于社会主义生产关系就更为明显，是更谈不上具有资本主义性质的了。

在这里应指出的是，过度强调社会主义生产方式的一元性，其实质就是否定非公有制经济成分在我国的存在和发展。积我国半个世纪经济建设的经验，人们已经清楚地认识到，在我国目前较低的社会生产力发展水平之上，片面地追求“纯而又纯”的公有制经济，尤其是单一的国有制经济，已经给我国的经济建设带来了极大的危害。正因如此，党的十五大才将其他经济成分定义为我国经济的重要组成部分。

2. 双元财政论并不否定国家干预。西方的公共财政在自由资本主义时期有过不干预市场的经历，但在垄断阶段则是政府干预市场的强有力手段，因而西方实践早已否定了将公共财政与政府不干预画等号的观点。我国社会主义市场经济是政府宏观调控下的市场经济，公共财政必然成为政府宏观经济政策的重要手段。从国有资本财政来看，前文已指出双元财政论者主张国有资产财政对于市场是第一层次的调节，而公共财政则是第二层次的调节。这种类型的政府宏观调控，在人类历史上尚未有过，它不同于计划经济时期的政府直接宏观调控和西方市场经济下的政府间接宏观调控，而是通过既有直接又有间接但又不违背市场经济的根本要求进行调控，显然是更高形式的宏观调控，并且也将是更为有力和有效的宏观调控。正因如此，“财政宏观调控”问题是双元财政论的重要组成内容之一。关于双元财政论不要国家干预的说法，不知依据何在？

3. 指出双元财政论以政企分开为基点，实质上正是肯定了双元财政论的正确性。“政企分开”不仅是政府的各种决议决定所一直强调的，而且也是为我国20年的改革进程所充分证明和肯定了的。而反对政企分开的主张，往往是与反对市场经济的思路相联系的。因此，将政企分开等同于“把公有制同社会主义国家分开”，并对此提出了这“还能算社会主义吗”的疑问，这实质上是将政企分开等同于走资本主义道路。对此，是否可以换一个提法，即我国20年的以政企分开为重要内容的经济体制改革，“还能算社会主义吗”？以实践检验之，这种观点显然是错误的。也正因为如此，以主张“政企分开”来否定双元财政论是不成立的。

4. 双元财政论谈不上否定国家的阶级性问题。国家是阶级的产物，财政是国家的分配行为或经济行为，它必然含有阶级性在内。至于国家和财政具有什么性质，则要视它们所处的经济基础而定。我国的国家和双元财政建立于公有制经济基础之上，因而是社会主义性质而不是资本主义性质的，谈不上否定国家和财政阶级性的问题。具体来看，国有资本财政只与国有经济发生关系，它本身就具有国有性质，因而也就谈不上什么阶级和剥削的问题。至于公共财政，本书第二章就已指出了，它是否具有阶级性和剥削性，是依其所处的经济基础为转移的。在社会主义的经济基础下，作为总体的国家是不具有阶级性和剥削性的，因而此时的公共财政也谈不上具有阶级性和剥削性。

5. 我国“政府代表全民管理公共开支”，同时又资产所有者取得资产收益，这是我国社会主义市场经济的客观要求和现实存在。这就是作为政治性政府，它必须为市场提供公共服务，为此显然是要“代表全民管理公共开支”。既然必须建立市场经济体制，必须允许多种经济成分并存，必须鼓励和支持外资与国内私人资本的发展，作为社会管理者的政府就有义务也有责任将他们视为是“人民”，是必须为他们的市场活动提供所需要的公共服务的。如果说这些做法“显然是违背了马克思列宁主义、毛泽东思想和邓小平有中国特色社会主义理论的，是违反了社会主义国家学说的”，那么错误不是由“公共开支”，也不是由“公共财政论”和“双元财政论”所引起的，而应该是由我国所执行的路线和政策所根本负责。或者具体地说，我国选择了社会主义市场经济的道路本身就是错误的。这样的逻辑结论，人们能够接受吗？

再从“以资本家的身份即资本的身份分红”来看。在社会主义市场经济下，政府作为国有资本所有者的代表，是否具有“资本家”身份，人们可能会为此而写出大量的赞同或反对的专著和论文。但问题的实质不在这里，而在于作为资本所有者，政府是否应当“分红”即取得税后利润的问题。取得国有企业的税后利润（全部或部分），从市场经营的基本准则之一，即资源和要素的所有者拥有并支配要素的市场经营结果来看，这是天经地义的。如果作为国有资本所有者的代表者，政府不去决定和支配国有企业的税后利润，那么这一税后利润应当归谁所有？既然全体人民和政府不能拥有，那么归谁拥有才符合“有中国特色的社会主义理论”的要求？

总之，双元财政论是从市场经济和社会主义公有制这两个基本点出发，分析我国财政模式问题之后得出的结论。与西方一样处于市场经济中，是我国必须形成公共财政的根本原因；而与西方不同，分别处于资本主义私有制和社会主义公有制的经济基础上，决定了西方不存在国有资本财政，而我国则必须形成国有资本财政。否则，

如果继续将所有的财政活动捆为一块，则我国经济中所包含

的市场性和非市场性两大关系，将通过财政分配而融为一体。这种混淆将使得非市场方式直接介入市场活动中，导致市场运行秩序的紊乱而产生破坏性的结果。可见，我国财政区分为公共财政和国有资产财政两种相对独立的部分，公共财政活动于市场失效领域，而国有资产财政活动于市场有效的领域，对于理顺我国社会主义条件下的市场经济的基本关系，正确开展我国的财政活动和国有经济活动，都是至关重要的。①

三　国有资本是否具有公共性？

在给财政学专业博士研究生上课之时，他们对双元财政论提出了若干问题，其中典型的疑问是，国有资本财政是“国有”的，也就是“全民”所有的，因而它也具有“公共性”。这样，国有资本财政是否也可以说就是公共财政？

对此问题，必须立足于市场经济的基点才能正确理解并作出判断。

所谓的“公共性”，是与“私人性”相对应的概念。在市场经济条件下，市场活动主体是作为独立的经济个体进行活动的。政府提供的服务之所以是“公共”的，正是因为政府服务是为无数的独立市场活动主体提供的，是一视同仁地面对着无数的单个经济主体开展的。没有市场活动主体的“私人性”，政府提供的服务就难以称为是“公共”服务。因此，市场经济活动的“私人性”，是政府服务具有“公共性”的基点。②在市场经济下，作为独立市场活动主体的经济主体，其独立性是通过成本收益内在化来体现的。此时的经济主体之所以能够具有“私人性”，

① 张馨：《也谈公共财政的一些基本问题——兼答孙树明同志》。

② 关于“公共性”与“私人性”的关系问题，本书第五章将详细说明。

则是由于只有在市场经济条件下，经济主体的产权才能明晰，经济主体才能成为独立的法人或独立拥有财产所有权的法人。

市场活动是由无数参与者的活动组成的。这些市场参与者是市场活动的主体，是市场活动的“细胞”即基本活动单位，具有独立的经济利益和法律地位，是以“经济个体”的面貌出现在市场活动中的。这种经济主体的“私人性”对于市场基本秩序的建立和正常运行的推动具有关键的意义。没有这种“私人性”，即没有成本收益的内在于经济主体之中，是谈不上正常有序的市场运作的。为此，首先要具体分析成本收益内在化对于市场机制正常发挥作用的意义。

在市场经济下，如果说等价交换准则是经济个体的对外要求的话，则成本收益内在化则是经济个体的对内要求了。其中成本收益内在化是市场机制得以实现的基础，而等价交换准则是其基本条件。经济个体的这种对外和对内要求的结合，决定了经济个体在市场活动中行为和活动的“理性化”，从而确保着市场经济运行的正常化。

从价格机制来看。在市场经济体制中，市场机制的发挥作用是通过市场价格信号来实现的，市场价格就成为价格机制的唯一表现形式和作用手段。然而，正是由于市场价格的支付和获得是由经济个体进行的，它直接形成着经济个体的市场活动成本和收益。这就是在市场经营活动中，是经济个体支付市场价格，购入并拥有所有必需的资源和要素，这才有经济个体的市场经营活动的展开。这样，经济个体就承担了所有的经营成本和费用。与此相适应的是，经济个体将其生产经营的结果在市场上售出，而获得市场价格，结束其市场经营活动的一个循环过程。这样，经济个体又得到了市场收益。成本和费用构成了经济个体的市场风险和负担，而纯收益则成了经济个体市场经营成果的具体体现，是经济个体经营的根本动力所在。正因如此，才谈得上经济个体是独立的市场主体，才能成为市场经济的细胞。本书第一章已指出过，计划经济对市场的否定，直接的就在于以计划价格否定了市场价格。这又是以计划价格否定了经济单位的成本收益内在化为基点的，它使得实际上经济单位的成本收益核算是不存在的，存在的只有以整个社会为单位的成本收益核算。这就无所谓市场价格机制的有效配置社会资源作用了。这也是为什么外溢性问题的存在，是否定市场机制作用的根本原因所在。

从竞争机制来看。前文已多次提到，市场机制要想实现其有效配置资源的能力，基本条件就是充分竞争。而竞争是在各个对立的经济实体之间进行的。在计划经济条件下，经济单位的成本收益内在化要求被否定，各个经济个体的市场活动的成本费用共同承担，市场收益共同享有，在它们之间也就无所谓“市场竞争”，而只有“社会主义竞赛”了。这正是整个社会当时能够以政府为中心形成一个大企业，以财政为中心形成一个大企业财务的根本原因所在。可见，成本收益内在化也是市场竞争机制发挥作用的基本条件。

从供求机制来看。市场竞争对于社会资源的配置，是通过需求和供给的变化而完成的。而需求和供给的变化，直接引起了市场价格的上升或下降，直接影响着参与市场竞争的有关各方的利益，导致了它们对于自身拥有的资源和要素投向的变化，从而改变着整个社会资源的配置态势。计划经济时期，政府之所以能够以国民经济计划配置社会资源，其重要条件之一就在于此时的经济单位大体上没有自身的物质利益，而计划价格又将成本收益社会化了，市场供求对经济单位的刺激并不大。因此，在市场经济下，成本收益内在化是市场供求机制得以发挥作用的基本条件。

从激励机制来看。人们的经济活动，是以追求自身利益最大化为目的的，这是人们之所以进行经济活动的根本动因所在。否定了成本收益的内在化，就具体地否定了各个经济主体的自身利益，也就否定了经济活动的激励因素。计划经济时期，商品货币交换和市场交换的种种形式仍然存在，然而其市场灵魂却被抽空，其实现途径就是经济单位成本收益的社会化。此时严重存在的“干与不干一个样，干多干少一个样，干好干坏一个样”状态，具体来看就是这么形成的。在这种缺乏动力的状态下，人们是不可能充分发挥自己的积极性主动性以努力追求资源的最佳使用的，这就谈不上整个社会资源的最佳配置了。而市场取向的改革，其基本内容之一，就是重新赋予企业和个人以自身利益。或者换句话说，改革开放的过程也就是成本收益内在化的重新确立过程。

从风险机制来看。正如本书第一章所指出的那样，市场活动中风险是无处不有的。人们在市场活动中，可能遭受利益损失的风险，可能遭受被淘汰的风险等等，但这一切都有赖于成本收益的内在化。之所以会出现跳楼现象，很可能是因为“连老本都赔进去”了。这样，成本收益内在化又是市场风险机制发挥作用的基本条件。在传统的计划经济时期，无论成本是高还是低，是赢利还是亏损，利润是大还是小，都与企业和个人无关，企业破不了产，个人失不了业，并且工资和福利都不因之而增加或减少。一切的风险都由国家统一承担，一切的收益也都由国家取走。企业的经济活动除了保证完成国家的计划任务之外，并不存在任何市场压力，当然也就不存在市场机制发挥作用的环境了。可见，要形成经济主体市场活动的风险机制，也离不开经济主体的成本收益内在化。

从约束机制来看。正是由于人们经济活动是追求自身利益最大化的活动，从而要约束人们的经济行为，也只能是以“利益”为基本的着力点。通过可能的或现实的利益和损失的风险，人们才必须慎重地从事市场活动，才产生“自我约束”的必要。在市场活动中，往往是风险越大，一旦冒险成功了，其收益也越大；而一旦冒险失败了，其损失也越惨。这样,如果否定成本收益内在化准则,其实质将是社会承担经济单位的市场活动的风险,结果只能是所有的人都不顾一切地冒险,都拼命地追逐利润,又不为此而承担相应的责任,这就难以形成正常的市场秩序。改革开放以来,人们付出了种种的努力,采取了种种的措施,试图克服国有企业市场行为缺乏自我约束,企业市场行为难以规范的问题,而至今尚难以说是成功的,其根本原因之一就在于国有企业的成本收益内在化问题还没有根本解决。而不具备健全的约束机制的企业,是无法成为独立的市场活动主体,是无法真正进入市场的。可见,成本收益内在化问题,是形成和强化国有企业自我约束能力的症结所在。

总之,市场经济下的经济主体只有成本收益内在化,才能确保市场机制充分发挥其有效配置社会资源的作用。反之,作为国有企业来看,它也必须遵循成本收益内在化的要求,才能作为真正的经济主体进入市场,参与正常和正当的市场竞争。为此,国有企业也必须承担自身从事的市场活动所需要的一切成本费用,并为此而获得一切经过自己努力所产生的市场运营结果。① 这点,即使是在计划经济下,国营企业尚且必须以企业为单位进行"经济核算",更何况在市场经济下了呢?

在市场经济下,作为独立经济主体的国有企业必须遵循成本收益内在化规律,其集中表现就是整个国有资本②也必须遵循这一规律。为此,整个国有资本的活动如同私人资本的活动一样,也只能在市场有效运行的范围内进行;也只能是在自身内部承担一切市场运营成本和费用,而不能将成本和费用强加于其他经济成分身上;也只能是自身拥有一切市场赢利或者说是拥有剩余索取权,并且只能将市场赢利用于

---

① 尽管此后国有资本财政还将取走国有企业一定量的税后利润,但从所有制上看,仍然是不违背国有企业拥有市场运营结果这一基本要求的。

② 本书使用"国有资本"一词,只用以概括国有经济中的"赢利性"和"市场性"部分,不包括"非赢利性"和"非市场性"部分。

国有经济本身的再投资和再发展，而不能用于支持整个国民经济的发展。一句话，外溢性理论所指出的资本市场运营成本和收益不能外溢的结论，对于我国的国有资本来说，也同样是完全适用的。这样，国有资本财政只能是“自顾自”的，即只能是在国有经济内部自我循环的，而不能如公共财政那样，以整个社会所有的经济成分为对象开展活动的。这就在公共财政与国有资本财政之间，形成了截然相反的市场关系，即一个是市场外的，而另一个是市场内的，从而就市场经济来看是两种性质完全不同的财政类型。

相反，对市场经济下的国有资本，如果不是从“个体性”，而是从“公共性”上来认识的话，则目前的“企业办社会”现象就是无可非议的了。所谓“企业办社会”，无非就是国有企业除了承担自身开展市场运营所需成本费用之外，还额外地承担了作为“企业”——不管是国有企业还是非国有企业都如此——所不应当承担的负担。而进一步看，我国的国有资本收益通过现有的财政渠道为整个市场提供服务，实质上也就是其重要表现之一。

之所以企业办社会遭到一致的非议，从经济学基本原理上看，就在于市场经济决定了企业市场活动的成本收益必须内在化，而不能“外溢”到社会上去，不能通过或打入成本或从利润开支去支持去完成公益性事业。所以，“企业办社会”现象的实质，就是国有资本的“个体性”被“公共性”所取代，就是赢利性国有企业成为公益性国有企业。如果所有的国有企业都具有“公共性”，则无所谓国有企业的进入市场参与竞争的问题，其实质是我国的国有经济也将如同西方的国有经济一样，是非市场性的，是可以通过自身的低利微利亏损等去为整个社会服务了，这也就谈不上扭亏增盈和“解决国有企业”的问题了。

当然，我国改革的实际进程并非如此，“企业办社会”现象是改革开放以来所一直着力予以克服的。但这一问题至今尚未真正解决，其固然有着多种复杂的原因,而人们没能从理论上根本上解决国有资本具有“个体性”的问题,应该是重要原因之一。

第四节　双元财政论的意义

双元财政论是立足于我国具体国情提出的理论,对于我国财政实践及其理论的发展,将是具有重要意义的。

一　双元财政论的意义①

双元财政论问题,看起来是政府财政问题,但由于它直接涉及如何解决国有经济的问题,直接关系到我国改革大业是否能够真正成功的问题,因而其意义和影响将是远远超过财政本身的。为此,就需要从整个政治经济的角度,来把握和认识双元财政的问题。

双元财政问题从根本上看是国有经济的问题,而国有经济问题在很大程度上就是国家与企业的关系问题,这是计划经济下国家以三重身份直接控制掌握企业所遗留下来的问题。这一问题,东方国家和地区由于有着类似的社会经济文化背景与氛围,因而都不同程度地涉及了。但相对于基本上实行市场经济的国家和地区,如日本、韩国、新加坡、中国香港地区、中国台湾地区等来说,我国大陆的国有经济问题有着更为深刻的体制原因,有着远为深广的内容和规模,以及更为难以解决的矛盾与纠葛,从而要克服也更为困难得多。

近几十年来,包括中国大陆在内的这些东方国家和地区,都在现代化的道路上迈出了很大的步伐,在经济发展上曾都取得了很大成就,并

---

① 这一大点的分析,相当程度上引用了殷国明:《“政经联盟”与“官商经济”——关于东方国家现代化之路的思考》,载《东方文化》1998 年第 41 期。

且创造了举世瞩目的经济奇迹,根本改变了战后整个世界的经济格局。这些,都是与国家和政府对经济的强有力干预乃至不同程度的介入分不开的。然而,这些国家和地区在发展中所遇到的问题,尤其是近年来亚洲金融风暴给它们造成的极大困难,却也是与国家和政府对经济的大量介入与干预直接相关联的。人们在分析这些弊端和挫折时,往往指出了这些国家和地区在社会体制和经济结构方面的深层问题与缺陷,但这些深层原因无论从何种角度和层次来考察,都难以绕开它们与国家和政府的关联,大体上都是由于国家和政府的介入所造成的。“成也萧何、败也萧何”,这些国家和地区的巨大成就,是与国家和政府的作用分不开的,而它们所遭遇到的问题和麻烦,也同样是与国家和政府的干预与影响分不开的。

世界经济史表明,在实现现代化的过程中,国家和政府的作用是不可或缺的。即使是通过所谓的“自发”方式实现从自然经济向市场经济转化的西欧国家,国家和政府也仍然以诸如保护关税、国家对于殖民地的掠夺等方式,强有力地支持市场经济的形成和发展等事实,也都表明了这点。而对于后进国家和地区来说,要想赶超先进国家,是不可能离开国家和政府的作用的。这点,德、日等后起的国家的赶超史就充分地证明了这点。而再后的亚洲“四小龙”的崛起等,政府在其中也是起了不可或缺的作用的。中国大陆的经济高速发展,则更是在国家和政府的直接推动与运作下实现的。

这样,如同东方国家和地区一样,我国也采用了全然不同于西方国家的现代化道路,即“政经联盟”(a politico-economic coalition)的道路。所谓“政经联盟”一词,指的是若干国家和地区在实现现代化过程中,所不约而同地选择和创新的一种国家管理体制,其主要特点就是政府以发展经济为其中心任务,通过将政治和经济混一的方式,全力以赴投入到经济建设中去。为此,甚至不同程度上淡化了意识形态的色彩。

这种经济发展道路，在东方特有的社会经济文化背景下，能够获得大多数民众的长期支持而取得成效。因为民众认识到，这是他们的国家或地区实现现代化的必由之路。这点，在我国表现得尤为明显。

从这个意义上看，国家和政府对于经济的介入和干预，至少是不应当全面否定的，尤其是对于我国来说就更是如此。当我们在革命胜利之后，试图将经济之“车”推入现代化的“轨道”之时，我国在社会经济文化等方面并没有全都做好进行现代化建设的准备。此时我国的科学技术和生产力发展水平都还非常落后，我国绝大部分的地区和人口尚处于农业与自然经济状态之中，政治和文化的封建意识与影响仍然非常强大，缺乏民主既是市场因素软弱无力的结果，反过来又加剧了此时各个领域内的“官本位”状态。在这种背景下，我国选择了苏联的计划经济模式和高度集权方式，就当时我国的政治经济文化状态来看，可以说是存在着某种必然性的。不过，计划经济几乎全面地否定市场因素，国家和政府的作用被扩大和推崇到极端的地步，则又走到了反面，最终不能不被历史所淘汰。取而代之的是市场经济，并且市场取向改革的20 年，也就是我国经济发展取得最大成就的 20 年。此外，前述各个取得较好经济发展成就的东西方国家和地区，也都是实行了市场经济兼政府较大作用的体制的。

这是一条将西方市场经济观念与东方官本位体制的奇妙结合的现代化之路。在东方，个人主义和个人经济基础本来就薄弱，国家权力意志就显得格外重要，这使得在从传统的君主或独裁及家族政治体制向现代经济社会形态的转变中，经济活动不能不在很大程度上从属于政治。这种政治与经济活动相互倚重的关系，也在很大程度上决定了这些国家社会变革的独特内容。以小农经济为基础的自然经济形态，并不能很快地转变为以工业化为中心的自由经济，反而很可能自然地转变为政治专制体制下的国家资本主义经济形态，或者是高度政治集权的计划经济形态。

在亚洲，日本是最早受西方文明启迪并接受了现代经济发展观念的国家，它从明治维新开始，就走上了现代化之路，并在很短的时期内实现了工业化和经济高速增长，而进入了世界强国之列。日本现代经济的基本性质，是国家性、政府性、家族性的，而不是个人性的。事实上，日本经济的高速发展在很长一段时间内，都是以牺牲个人的利益为代价的。而日本民众之所以在一段时间里心甘情愿作出个人牺牲，是因为一方面由于他们有着强烈的国家和民族危机感，另一方面是由于个人意识薄弱，人们也自然地把个人的前途命运寄托于国家民族是否兴旺发达上。

而从我国来看，在特有的国情下计划经济体制成了唯一的选择，这是通过政府对经济的全面和直接控制来发展经济的道路。而这一经济体制的采用和实行，也确实使我国的经济有了相当程度的发展，但这是以采用政治手段和行政方式对整个社会经济进行全面的直接控制、安排和干预，是以尽可能地将个人的需求和利益压到最低限度为代价的。这些都表明，对于一个经济基础相对薄弱的国家和民族来说，在经济文化社会各方面都欠发达的条件下要迎头赶上，就必须由政府以政治方式介入经济活动之中，这样才能确保统一规划和优化配置社会资源，通过集中国家的财力、人力、物力，而服务于赶超目的的。

但是，在成就的另一面，这种把经济发展完全纳入政治轨道的发展模式，也很容易导致经济活动的政治化，使经济在一定条件下演化为政治的工具。尤其在专制政体和权力高度集中的体制下，政治和经济生活都缺乏透明度，民众并无个人参政议政的权利与习惯，一般很难在国家利益和长官意志之间有所分辨，从而使得整个经济发展状态如何，在很大程度上往往直接维系于掌握了大权的少数人乃至某个人身上。他们是否能够明智地指导整个经济建设活动，就直接决定着经济发展是否顺利高速进行。新加坡的经济奇迹，是与李光耀的正确作用分不开的。

然而，“人非圣贤，孰能无过，”一个社会如果不能建立起正常的约束规范制度及其相应的机制，而只是寄希望于某个人的理智和明智上，显然是不足取的。因此，市场因素的发展，市场取向改革的深入，市场体系的完善，都决定了必须建立制度化和体制化的正常运行模式。然而，如果“政经联盟”在经济发展中得不到自然化解，国家就无法建立公平和民主的社会权利体制，即便在有限的市场经济中，人们也不可能根据自己的能力分享机会和资源，从而成为经济进一步发展的关键性制约和阻碍因素。尤其是这种发展模式在市场化程度逐步加深的过程中，往往表现出腐败现象的加剧和激化。权钱交易原本在世界各国都有发生，但是在一些国家和地区，由于政治不受经济约束，从而表现为一种家族性或集体性的政府腐败现象，其危害性远远超过了经济领域，在其所造成的经济或金融危机背后往往隐藏着政治危机。

政经联盟的直接结果是“官商经济”（a government-sponsored business），指的是由政府官员运用政治权力而直接或间接地策划和参与的政经活动。在东方各国都存在着不同程度的官商经济现象，但在我国也有表现，这是计划经济所留给我们特有的遗产之一，因而至今为止在很大程度上还表现得具有很强的合理性。

一谈到官商，人们的印象往往是“官倒”，是政府官员以手中的权力去攫取个人利益等现象和行为。其实不尽然。这些现象和行为，大体上即使从正常的官商经济角度看，也是非正常的，是与体制要求相背离的，因而在其发展过程中大体上是会被清除和否定的。事实上，在中国社会经济转型过程中，官办经济和公司只是一种过渡性现象，它们虽然给社会带来了相当的负面影响，但是这类现象严重化之日，往往也是其受到抑制乃至终结之时。因此，不能将官商经济等同于官办经济和官倒等现象，它实际上是一个更为广泛和深刻的概念，并且在很大程度是一个中性的而非贬义的概念。

正如前文所指出的那样，政经联盟是有其历史必然性和合理性的，这就决定了以政治方式从事的经济活动也有着合理性，这主要表现在：

1. 我国从计划经济体制向着市场经济体制的转化，是由国家最高领导层作出决策，并且通过整个政府机构及其官员的具体安排指挥来推进的。在改革过程中，具体的市场构建活动是由政府作出的，甚至哪些领域、哪些部门行业，哪些活动等是否从计划转向市场，以及在什么时候转，转变的程度应有多大，等等，都是由政府直接作出的。这种政经联盟的现象，在我国的计划经济背景下，由于都直接间接地关联到国有经济本身的变革问题，因而都是官商经济问题。其典型表现在于，尽管目前我国的市场因素已经有了很大的发展，但各种市场体系的运转在很大程度上仍然难以完全真正按照市场方式和依据市场思维去进行运作的。

2. 在几十年之后，我国最终实现了工作重心向经济建设的转移，但这仍然是改革的产物，而不是经济力量自发作用的结果。这样，至今为止，我国不管是国有经济的还是非国有经济的私人和企业活动，仍然不同程度地受到政府及其官员的行政干预，它不仅阻碍了我国市场的真正形成和正常运作，而且也导致了行贿受贿行为。然而，政府的这种政企不分和对企业的干预状态，在应当受到强烈谴责的另一面，却又是市场体系尚不健全，市场机制尚软弱无力的必然结果，从而我国的经济仍然有着很强的官商性质。

3. 赢利性国有企业在我国经济中居于主导地位，占有相当大的比重，这可以说是计划经济留给我们的遗产，它决定了我国社会主义市场经济的“中国特色”。如何解决和处理好市场经济条件下的赢利性国有企业问题，是前无古人的难度极大的崭新课题。对此，人们往往认为只要将企业推入市场，通过市场的优胜劣汰，来解决企业问题。对于自发成长于市场中的企业来说，这是正确的。只要经受住了市场的检验，在市场中站稳了脚跟的企业，很显然是不存在“问题”的。但对于从计划经济环境转向市场经济环境的国有企业来说则不尽然。不仅企业要由各级政府来“推入”市场，而且为了可以放手让企业到市场上去竞争，国有企业内部也必须由政府来进行脱胎换骨的改造和改革。所以，没有政府的介入，就没有国有企业的市场化改革的进行。

4. 然而，尽管政府在我国的市场取向改革中必须有着很深程度的介入和干预，但政府的干预毕竟是对于市场的直接否定，因而随着市场经济在我国的逐步建立和健全，政府对市场和企业的直接介入就必须相应逐步淡出。由于政府的行为和活动是以政治权力为依托的，在我国这种政府主导型改革的背景下，企业是无力否定政府的干预的，这就需要依靠政府的自我约束，通过政府自动退出市场有效运行的领域，通过政府自动否定自身对企业的市场赢利活动的干预，才能做到这点。英、法等国的市场因素在发展壮大过程中，封建君主没能审时度势，顺应潮流而自动退出历史舞台，结果导致了轰轰烈烈的英国与法国革命，被赶出了历史舞台。我国的市场取向的改革，是政府本身顺应历史要求而推行的，因而政府也同样能够在改革时机成熟时，逐步减弱以至取消对市场正常和正当活动的介入与干预，即前文所分析的主动“退出”的问题。这具体来看，就是要通过政企分开、政资分开来实现。由于财政分配状况直接关系到政府的利益，因而财政能否顺应着市场经济的要求重构自己的模式，就直接决定着政府对于市场、对于企业的关系如何。

在官本位传统根深蒂固的东方国家，要尽快实现现代化，政府职能的转变是一个重要因素。这点，对于我国来说尤为重要。而在某种意义上,财政模式的转换又具有着关键性的意义。财政直接关系到政府活动所需财力的获得,直接关系到政府自身的利益,没有财政模式的转换和变革,就不可能有真正的经济体制改革和政府职能的转换。双元财政模式的实行,就是从政府利益的基本点上去实现这一目标,去确保政府职能和行为方式的根本改变。因此,实行双元财政模式,对于我国社会主义市场经济体制的建立和创新,是有着重大意义的。

二 财政是否具有"生产性"?

双元财政论的争议,还与我国财政是否具有生产建设性的问题直接相关联。在传统的计划经济时期,我国财政一直是以"生产性"和"非生产性",作为划分社会主义财政和资本主义财政的关键区别,认为具有生产建设性是我国财政社会主义优越性的集中体现。而在改革开放中,我国财政明显地"非生产性"化了,这又引起着强烈的担忧,认为我国财政已从"建设财政"退化为"吃饭财政"了,因而一直存在着我国财政是否应当"退出生产领域"的争论,并且也不时地出现"社会主义财政能退出生产领域吗"的质疑。而在双元财政论的争议中,人们也常常指责这一理论是主张财政"非生产性"和"消费财政"化。

其实,在改革开放中之所以产生这些问题和争论,就在于人们对财政问题的思维仍然停留在计划经济的基点上。财政是"生产性"还是"非生产性"的问题,严格地讲,只适用于传统的计划经济时期;而在市场经济下,财政关心的问题应当是"市场性"还是"非市场性",即本章所分析的"赢利性"还是"非赢利性"的问题。

在传统的计划经济时期,我国处于"一穷二白"状态,此时经济建设的基本任务是解决社会大多数人的温饱问题。而温饱问题主要是处于物质生产领域,主要是通过物质生产活动来解决的。这决定了我国当时经济建设的主要精力和整个社会主要的人力物力财力,必须集中到物质产生领域内，通过尽快扩张我国的工农业等物质生产规模，来尽快发展我国经济，以确保这些问题的有效解决。此时相对来说，非物质生产领域的发育程度还很低，一时之间社会也顾不上去大力发展之。典型的诸如各种服务业、金融业就如此。而商业在当时的不发达，是经济水准既低，又人为地压抑否定商品货币关系等多种因素综合影响的结果。在这一经济环境中，我国财政的基本任务，显然是尽可能支持"生产建设"的。

不仅如此，计划经济还决定了此时的财政也必须是"生产建设性"的。计划经济以国家直接对整个社会资源的计划配置为基本特征，而这种计划配置，在财力上就是通过财政来完成的。因此，当时整个社会的主要财力集中到了财政手上。为了完成尽快发展物质生产的任务，在收入总量既定的前提下，就要求财政尽可能地压缩非生产性支出，而尽可能地增大生产性支出，这样才能尽可能快地加速经济的发展。不仅如此，生产性支出还是当时政府直接安排整个经济活动，直接控制企业微观经济活动的手段，对于此时的政府和财政来说也具有重大意义。

当时的意识形态又进一步强化了我国财政的"生产建设性"。"生产性"和"非生产性"的划分，是劳动价值论赖以确定人们的劳动是否创造价值的基本标准之一。"生产性"劳动创造价值，而"非生产性"劳动不创造价值。这样，"生产性"就成为我国财政具有社会主义性质的基本标志，而"非生产性"则成为西方财政具有资本主义性质的基本标志，是其腐朽性、没落性和寄生性的集中表现。

这些，都使得我国财政在当时集中全力于生产建设上。不仅将可以用于生产领域的财力，全都投入生产领域内，而且将原本应当用于非生产领域的财力，也尽可能地挤出来投入生产领域内。其后果是众所周知的，这就是不仅我国的生产建设没能取得应有的成果，而且在人民生活方面严重欠账，在基础设施、公用设施等非生产领域投入严重不足，这些都导致了我国经济多次综合平衡的严重破坏，都作为综合因素而严重地迟滞了我国应有的经济发展速度。

改革开放全面地否定了"生产性财政"所赖以存在的经济和理论环境与条件。

从经济发展水平来看。尽管计划经济时期的经济建设成果不尽如人意，但毕竟初步建成了相对完整的国民经济体系，为我国经济从外延扩张型向内涵增长型，从温饱型向小康型转化，提供了物质基础和基本条件。同时，解决长期积累的人民生活欠账等问题，也立即摆在了各级政府及其财政面前。在这一背景下，我国财政就再也不能仅仅着眼于工农业生产的发展了，而是必须着眼于各行各业的全面增长，着眼于人民生活的直接改善。基础设施和公用设施对于经济全面高速增长，是必不可少的前提条件，而这类投资又必须是由政府以财政为手段直接投入，或者加以支持的。这些，就表现为改革开放中，我国财政大幅度地从传统的"生产性"投资领域退出，大量地增加了消费性支出和压缩了投资性支出，而余下的投资也主要投入到基础设施和公用设施等非生产领域上面。一句话，财政实践鲜明地体现出了"非生产性"化的趋势。

从经济体制的变革来看。改革所具有的鲜明市场取向，决定了我国经济和财政的市场化趋势，它导致了整个国民经济各行各业的全面发展，其典型的就是商业、金融业、服务业等第三产业的全面迅速崛起，并且在我国经济的增长中起着重要的乃至关键性的作用。在这种背景下，财政继续囿于传统的"生产性"观念，显然是不行了。不仅如此，改革否定了政府对于企业微观活动的介入和干预，否定了政府及其财政对整个社会资源的计划配置，都决定着财政不可能再拥有全社会的主要财力。这样，财政的"生产建设"能力的大大减弱，大幅度地退出"生产领域"，就应该说是符合市场取向的改革要求的，是一种历史必然趋势的反映与结果。

而从意识形态来看。改革开放本身就是一个思想解放的过程，而“市场经济”的提出并得到认可，决定了人们的认识必须从计划经济转到市场经济上来，从而也可以从原有的是否“生产性”的框框中跳出了。

在市场经济下，对于政府及财政来说，规范和界定自身活动范围的准则，已不再是什么“生产性”，而应是“市场性”即“赢利性”了。

本书前文已大量分析论证了，市场经济下政治性政府和资本之间的活动范围划分，是以“市场失效”为基本准则的。这就是市场性或赢利性的活动归资本承担，而非市场性或非赢利性的活动则归政府承担，此时公共财政的活动范围，也就只能以是否具有“赢利性”为直接标志来界定。只有市场需要的非赢利性活动，公共财政才可以介入；对于赢利性活动，则公共财政是不应参与的；而作为资本性质的国有资本财政，则只能从事赢利性活动，不应承担非赢利性职责的。按此标准来衡量我国财政界的是否退出生产领域的争端，就可以看出那是毫无意义的。

在市场经济下，我国财政传统的“生产性”活动，显然大部分是可以进入市场的，是应当由资本来承担的，公共财政是不应参与的，这就应当“退出”这些部门和行业。但有许多传统的“非生产性”活动，公共财政同样不应当参与，典型的如商业、服务业、金融业乃至最新出现的信息产业等，也同样应当由市场来承担的，公共财政也同样应当“退出”。这样，公共财政的是否应当“退出”，是无法以生产领域还是非生产领域来划分的。

反之，许多“生产性”活动，公共财政仍然应当介入和参与，如区域性的供水活动，就可以说是一种物质生产性活动，因为它直接生产“水”这种物质产品。又如邮电通讯、城市公交等活动，其为物质生产部门服务的部分,也属于物质生产活动。然而,这一自然垄断的领域,却是政府及其公共财政传统的活动领域。从这个意义上看,显然公共财政也包含着生产性的活动内容,也是可以参与到生产领域中去的。这样,公共财政又是不应当完全“退出”生产领域的。

同样地,“吃饭财政”(包括“消费财政”)还是“建设财政”的争论也是毫无意义的。如果说“建设”指的是投资,而“吃饭”指的是消费的话,则公共财政仍然是要将相当份额的支出用于投资的,因为现代化建设所需要的大规模基础设施和公用设施投资,是公共财政不可推卸的责任,这就决定了公共财政永远不可能仅仅只是“吃饭财政”的。而如果说“建设”指的是计划经济时期财政对工农业等部门的投资,则在市场经济下,公共财政的这种“建设”行为显然是应当被否定,是不值得留恋的。

然而,有些同志一提到公共财政,总是将它与非生产性财政和消费性财政画等号,不知他们是怎样得出这一结论的?从上面的分析中,可以得出这一结论吗?据说公共财政只是亚当·斯密时期的财政,而这一时期的财政仅仅只是“消费财政”。这一说法显然是错误的,只要稍微回忆一下就可以知道,即使是在亚当·斯密那里,“公共工程”也已经是政府必须履行的三大职责之一。这就充分地说明了,任何时期,只要有公共财政,就必然有公共投资,即包含了“建设”内容的。

这样,在市场经济下,政府和资本之间的活动范围如果以“生产性”和“非生产性”为标准来划分的话,则将处于说不清道不明的尴尬境界。合理的解释只能是“赢利性”与“非赢利性”标准,即赢利性活动属于市场和资本,而非赢利性活动则属于政治性政府及其公共财政。

然而,这样的解释仍然不足以完全消除困惑和误解,其根本原因就在于本章所阐述的双元财政问题的存在。这是因为,如果仅从公共财政来考察,问题可能还简单得多,而在我国特有的国情下,又介入了一个国有资本财政。由于国有资本财政是可以继续留在几乎所有的传统活动领域内的，这就使得问题大大复杂化了，就为人们以“财政不应退出生产领域”为理由，试图继续保持政府和财政对经济、对企业的介入和干预，提供了客观依据。这样，提出双元财政论是有着重大现实意义的。这就是我国的市场经济、政府和财政尽管都有着社会主义性质，而不同于西方的市场经济、政府和财政，但市场经济对政府和财政的根本决定作用，以及由此形成的“赢利性”与“非赢利性”活动界限，仍然是适用的，我国政府及其财政的活动和行为，仍然是不得否定这一界限和准则的。

三　其他若干问题

此外，本人在与博士生们讨论双元财政论时，还引申出了种种问题。这些问题从总的看，都关系到如何认识国有资本的问题。国有资本作为一种资本形态而存在，是社会主义市场经济下所特有的现象。它是我国 20 年改革的中心和症结问题，是我国能否从目前的困境中根本解脱出来，我国的改革能否取得根本成功的关键。因此，它直接涉及对我国错综复杂的改革和发展状况的认识问题，同时也直接关系到对双元财政论的认识问题，这就有必要进行专门的分析。

集中提到的问题是，在我国政企和政资能够分开吗？如果不能分开，双元财政论充其量只能是空谈。当然，直到目前为止，我国的改革实践尚不能说是已经解决了这一问题，政企和政资在现实中是表现为很难分开的。但改革目标已经确定，并且经过 20 年的不懈努力，在国企改革方面已经取得了一定的成就，也积累了相当的经验。尚未完成国企改革不等于说改革就必然会失败，至少到目前为止，人们还在进行这方面的努力。这样，以政企分开等为理论依据之一建立双元财政论，至少在目前是必要的。

国有企业是否能够成为独立的经济实体,是改革至今我国理论界所存在的最大疑虑之一。而这些疑虑,有的是从"左"的角度提出的,认为政企分开和政资分开就是将国有企业从政府手中独立出去,从而是否定我国经济的社会主义性质的做法;有的是从"右"的角度提出的,认为我国的改革只有走私有化之路才能最后成功,因而不是政企和政资的分开问题,而是根本取消赢利性国有企业的问题。

这些问题,如果仅就双元财政论来说,是不构成问题的。其根本原因就在于,这些看法充其量只是理论的争议和探讨,而与我国至今为止的改革实践是不相符合的。坚持政企合一,或者说坚持企业从属于政府机构,即坚持计划经济的做法,显然是一种倒退的主张,是不可取的,也是不可能在我国重新出现的,从而这种疑虑并不形成对双元财政论强有力的否定。而主张私有化,实际上是否定"国有资本"的存在,这在目前至少是政治上难以接受的,因而也谈不上对于双元财政论的否定问题。

不过,从这些问题的提出可以知道,要真正解决对双元财政的认识问题,还有待于我国改革的根本成功,有待于社会主义市场经济体制在我国的真正建立。因为双元财政模式是与社会主义市场经济相适应的财政模式,社会主义市场经济体制没有建立,从根本上看也就谈不上建立双元财政的问题。这样,目前提出双元财政论,是带有一定的理论前瞻性的,尤其是国有资本财政如何建立和运转尚存在着许多的具体问题,就毫不奇怪了。不过,形成双元财政的观念,并从财政的角度考虑如何有助于我国政府与企业的分开,作为社会管理者的政府与作为资本所有者的政府两重身份的分开,从而从财政的角度为我国的国企改革作出关键性的支持,则可能是目前提出双元财政论的现实意义之所在。而在 1998 年的我国政府机构大改革中,财政部建立了公共支出司和国有资本金司等机构,相信它们的运转会为双元财政论提供较多的实践材料,从而有助于双元财政论的发展和完善。

最后应谈及的是,就双元财政来说,其中主要是公共财政问题。20年改革开放的自然演变,已使得我国财政收支绝大部分“公共”化了。税收已占了我国财政收入的绝大部分比重,而支出则绝大部分也是用于公共领域,纯粹的赢利性投资至少已不在各级政府预算考虑的重点事项之列了。这样,提出我国财政改革的目标模式是公共财政,从抓主要矛盾的角度考虑是完全正确的。不过,这并不等于可以完全忽视我国财政中存在的另一种性质的内容,即资本性质的收支内容。

在本章的末尾需要强调的是,由于本书的分析对象是“公共财政”,因而对于“国有资本财政”的分析是仅局限于本章的。在本书的其余部分,“财政”仅指“公共财政”,“国家”和“政府”仅指“政权组织和社会管理者的国家和政府”。

本章主要参考文献

1. 姜维壮、门惠英:《财政管理环节多元结构是社会发展的历史选择》,载《中国财经报》1996 年 5 月 14 日。

2. 许毅:《对国家、国家职能与财政职能的再认识——兼评公共产品论与双元结构论》,载《财政研究》1997 年第 5 期。

3. 叶振鹏、张馨:《双元结构财政——中国财政的新模式》,载《光明日报》1993 年 11 月 9 日。

4. 叶振鹏、张馨:《双元结构财政——中国财政模式研究》,北京,经济科学出版社 1995 年 6 月第 1 版。

5. 叶振鹏、张馨:《双元结构财政是与社会主义市场经济相适应的财政模式》,载《中国财经报》1996 年 3 月 12 日。

6. 殷国明:《“政经联盟”与“官商经济”——关于东方国家现代化之路的思考》,载《东方文化》1998 年第 41 期。

7. 张馨:《论我国复式预算制度的进一步改革》,载《国有资产研究》1998 年第 3 期。

8. 张馨:《社会保障收支是公共财政的组成部分》,载《浙江财税与会计》

1996 年第 3 期。

9. 张馨:《我国财政体制的双元模式》,载《国有资产研究》1996 年第 3 期。

10. 张馨:《也谈公共财政的一些基本问题——兼答孙树明同志》,载《中国财经报》1996 年 5 月 21 日。

11. 张馨《也谈公共财政的一些基本问题——兼答孙树明同志》(续),载《中国财经报》1996 年 5 月 28 日。

第四章　法治化的财政

公共财政还是直接意义上的社会公众的财政，是社会公众通过法律程序对政府行为，包括其收支活动直接决定、约束、规范和监督的财政。社会公众对财政的这种直接作用，是法律形式来完成的，这使得公共财政又表现为是法治财政。市场活动是由社会公众进行的，而资本是归社会公众所有、支配和运作的，因而社会公众以法治方式对于政府及其财政的制约，也就是市场和资本对于政府及其财政的制约。所以，公共财政的法治化特性，是其市场经济性质的关键体现之一。

第一节　财产私人化

市场经济是真正的"公共"范畴赖以产生和存在的根本条件。正是市场经济的产生和存在，才使得社会成员具有了独立的政治地位和人格权利，才出现了财产的私人化，才使得严格意义上的"私人"范畴的形成和存在，从而才相应产生了"公共"范畴。这样，市场经济和财产私人化是形成公共财政的两大基本条件。

一　"私人"范畴的形成

在市场经济下，资本的出现和劳动力商品的形成，才得以真正产生"私人"这一范畴。因此，"私人"是市场和资本的人格化。从根本上看，"私人"体现的是市场和资本的意志与本性，反映的是市场和资本的要求与愿望。所谓“市场”,可以有多种解释,但它必须具有这么一种内涵,即它是由具有独立地位和平等权利的社会成员自愿活动所形成的有机统一体。这只有在市场经济体制下,社会成员,无论其是有产者还是无产者,才可能成为独立的经济主体,才可能具有平等的政治活动权利,一句话,才可能成为真正的“私人”。因此,人类社会的“公共性”与“私人性”分野的真正形成和存在,是只能借助于市场经济背景的。这样,随着市场经济的产生、形成、存在和发展,社会成员也逐步“私人化”,从而政府及其财政也逐步“公共化”。

资本主义市场经济形成的过程,也就是“私人”范畴从而“公共”范畴形成的过程。

资本主义市场经济的产生需要两个必备条件:一是自由得一无所有的劳动者,一是具有一定数量规模的货币。在我国,经过几十年的宣传,这一观点可以说是“妇孺皆知”的。然而却大体上没人指出,这两者也同样是“私人”得以产生的必备条件。或者换句话说,资本主义的产生过程,不仅是市场经济的产生过程,同时还是“私人”的产生过程。

“自由得一无所有的劳动者”这句话,尽管带有很大的嘲讽意味和愤慨情结,但就劳动者来说,却的确是“自由”的,或者说他们在政治上和人身上是“自由”的,是独立地拥有了自己的“劳动力”的。在古代社会,奴隶在政治上和人身上是“不自由”的,即奴隶本身就不是“人”,而只是“会说话的牲口”。这样,对于奴隶来说,他们连“个人”都称不上,就更不用说是“私人”了。到了中世纪,农奴在政治上和人身上尽管已获得了一定的权利,有了自己一定的利益,但他们仍然处于封建附庸状态控制之下。这样,尽管他们已经可以称为“个人”了,但仍然没有自己独立的政治地位和人格权利,也没有完整的个人私利保障,从而也还不能真正称为“私人”。只是到了封建社会末期,西欧各国的劳动者才开始了逐步废止和解脱了农奴身份的过程,直至最终成为政治上人身上的“自由人”,尽管这经历了一个相当漫长的过程也罢!

对于这种"自由"身份,在我国以往是将其与"一无所有"相联系而加以嘲笑的。但这种"自由"从政治的意义上看却是真实的。因为对于具有"自由"身份的劳动者来说,真正能够强迫他们劳动的,不是政治手段,而是经济手段,是所谓的"饿饭纪律"在有效地约束和强迫着他们必须出卖自己的劳动力。这些观点,通过几十年的不断重复宣传,对于我们来说都是很熟悉的。但也正是由于有了"劳动力"可以独立自主地出卖,才使得劳动力的买卖过程可以完全市场化,使得劳动力资源得以优化配置,也使得劳动者可以通过出卖劳动力,而获得相应的价格即"工资",并可以独立自主地支配自己的工资。这就使得劳动者有了自己独立的"个人利益"和人格,从而"私人化"了。在资本主义市场经济环境中,毕竟劳动者是占大多数的,如果没有他们的"私人化",没有他们也作为"私人"而成为"公共"的基础,则此时社会的"公共性"就不可能形成,即使形成了也只是少数人的"公共性",就如同古希腊和古罗马一样,尽管存在着一定的市场因素和政治上的民主制与共和制,但仍然不能带给它们以市场经济,从而也没能形成真正的"公共领域",也就不会有真正的公共财政的。

广大劳动者的"私人化",是具有重大的历史进步意义的。

劳动者本身的"私人化",是人类解放自己的必经之途,因为如果没有政治上和人身上的解放,是谈不上什么经济上的解放的;而只有在政治上和人身上获得解放的基础上,人们才可能继续争取经济上的解放。

劳动者个人利益的"私人化",是劳动者的劳动"积极性"得到充分发挥的根本条件之一。尽管数十年来人们一直被告知,资本主义条件下的劳动者是不感到劳动的快乐,"他们感觉到的是无偿提供剩余价值",①但毕竟劳动者必须努力工作,这也是为什么市场经济具有很高

---

① 叶子荣:《"公共财政"辨析》,第46页。

的体制效率性，为什么西方社会在数百年中经济得以迅速发展的根本原因之一。尽管在这一发展过程中，富裕阶层可能相对更为富有，贫穷阶层可能相对更为贫穷，从而可能在实践着“马太效应”。但毋庸讳言，劳动者个人利益的“私人化”，也使得劳动者个人的绝对生活水准和生活质量有了很大的提高。这是当代西方社会所呈现出具有高度物质文明和较高精神文明的根基。否则的话，一方面是有产阶级的极度富有，而另一方面则是无产阶级的“水深火热”，社会的天平早就倾覆了，哪里还谈得上什么整个社会经济的发展和富裕？

劳动者个人利益的“私人化”，还为人格的独立，为个人尊严的拥有，为劳动者个人的自由发展等，都提供了一定的必备条件。换句话说，为“个人奋斗”提供了必不可少的条件。市场活动是由独立的经济主体参与的，其进展是依靠独立的经济主体推动的，因而没有独立的经济主体，也就没有市场，就没有市场经济。然而，如果没有独立的劳动者，即使有大量的货币积累，也是不可能产生“资本”的。因为货币只有在购买了劳动力商品，并用以剩余价值的创造之时，货币才会转变成为“资本”的。整个社会的劳动者都拥有自己的劳动力，都必须出卖自己的劳动力，这又是以劳动者“私人化”为其基本前提的。否则的话，没有“私人化”，劳动者出卖自己的劳动力的收入不能保证归劳动者所有和支配，劳动者也不能由此获得完全的劳动力补偿费用，“资本”是不可能进行正常的剥削的。可见，劳动者“私人化”，又是资本主义生产关系得以存在并正常运转的基本条件。

劳动者个人利益的“私人化”，还是市场经济制度得以存在和正常运转的基本条件。劳动力市场是市场体系的基本组成部分，没有劳动力市场，也就没有市场经济制度。而要形成劳动力市场，最基本的内容就是无数的劳动者以自己的劳动力为商品，与货币相交换而形成的结果。

从资本独立化来看，也是具有重要意义的。在人类的文明史中，某些个人积攒聚敛较大数额的货币财富的现象，是屡屡出现的，但并没有全都成为资本，而只是到了近现代社会才转化成为资本，其原因也就在于此。对此，人们一直被告知是因为没有劳动力商品存在的缘故。在缺乏劳动力商品的背景下，显然是不可能出现市场经济，也不可能出现资本的。但是，没有劳动力商品仅是资本没能出现的原因之一，还有一个重要的原因也是值得强调的，这就是货币的独立化问题。在自然经济环境中，商品和货币都只是经济的从属性因素，它们不可能成为独立的占统治地位的经济因素。这样，就表现为我国的重农抑商，将商人阶层归入社会的最末流；也表现为西欧中世纪商业城市的从属于农村，只是封建主的附庸，表现为城市手工业的行会束缚，等等。

正因如此，商品和货币因素是否有能力冲破与否定封建束缚，是否能够获得独立的经济地位以及政治地位，就成为市场因素能否最终取代自然因素，并进而成为占统治地位的经济因素的决定性原因。否则的话，即使出现了劳动力商品，而货币本身不拥有独立的政治地位和经济地位，它就无权去雇佣劳动力，或者即使雇佣了劳动力，其货币转化为资本的过程也会受到种种干预阻挠，并且由于自身不具有独立的政治经济地位而最终夭折。

在西欧封建社会的末期，货币是通过赎买等活动，而从封建主以及手工业行会手中获得了独立的政治和经济地位。这才是货币得以去雇佣劳动力从而转化为资本的直接前提。货币积聚到“一定数量”固然是货币转变为资本所必不可少的，因为货币没有达到一定的规模和数额，是不可能去雇佣最低限度的劳动力以开展资本主义生产的，但在此之前还得加上货币实现了政治上和经济上的独立这一先决条件。

这样,西欧社会从封建社会向资本主义社会,从自然经济向市场经济的转化过程,也就是西欧货币的独立化逐步实现并得到强化的过程。我国在封建社会中尽管也曾出现过相当发达的商品货币因素,形成着相当规模的商品生产和交换活动,但始终没能独立实现社会经济形态和经济体制的转变,我国封建社会的货币始终没能获得真正的独立地位,就不能不说是主要的和关键的直接原因之一。

市场交换本身要求着独立的经济主体,这样才可能独立地在市场机制的指引下开展市场竞争。这样,资本只有具备独立的政治地位和经济权利,才可以独立地拥有自己的市场活动成果,才谈得上它们在市场中的充分竞争问题,从而才可能出现“自由”市场经济时期。由此可见,资本和市场从其产生伊始,就有着“独立”的天然本性。从这个意义上可以说,没有“独立性”就没有资本,就没有市场经济。

这样,在市场经济条件下,劳动者和资本的独立化,使得整个社会处于“私人化”状态之下,使得所有的经济主体都具有了独立地位,都可以独立地追求并拥有自身的私人利益,这就是为什么“私人”和“公共”的真正区分,只存在于市场经济条件下的根本经济根源。由此也可以知道,为什么计划经济时期我国的企业只能附属于行政机构,我国的劳动者只能附属于企业,从而根本上附属于行政机构。其根本原因也就在于,企业和劳动者的独立化,其结果只能是市场因素的逐步壮大而最终否定计划经济体制。也由此可知,我国在构建社会主义市场经济体制的过程中,为什么必须赋予劳动者以“劳动力所有权”,为什么必须赋予国有企业以独立的市场运营主体地位。否则的话,劳动者和企业仍然附属于国家行政机构,是永远也不可能建成社会主义市场经济的,即使人们在各种报纸杂志上不断重申已经建成了这一体制也罢!

除了经济主体的独立化之外,市场经济之所以会导致“公共性”

的出现,还由于社会分工和交换这一因素的存在。社会分工和交换的产生与存在,是商品生产和商品交换产生的必备前提条件。正是由于商品生产和商品交换的自然经济母体中顽强不息的存在,才有所谓的市场因素在数千年中的存在,并终于在数百年前的西欧成长壮大直至否定了自然经济。因此,所谓的市场因素,最先指的就是社会分工和交换。

而正是由于社会分工和交换,使得人们的经济活动必然存在于某种组织形式之中,必然要依靠某种组织来进行,而“组织”正是“公共性”的一种表现和存在形式。或者换句话说,社会分工和交换从根本上决定了,此时的整个社会经济活动,不仅表现为是由一个一个的经济主体“私人”单独进行的,同时还表现为是相互联系相互依赖的有机统一体,即所谓的“人人为自己、上帝为大家”。通常来说,这里的“上帝”,人们解释为市场机制,是“看不见的手”。而依据这一分析,应该说“上帝”还包含着“市场组织”,因为正是“市场组织”才将相互独立的无数市场活动参与者联成有机统一体。对此,汉娜·阿伦特指出:

> 由于组织原则本身明显地是从公共领域而不是从私人领域中产生出来的,因此劳动分工乃是劳动活动在公共领域的条件下所经历的一个过程,它在家庭的私人化条件下是从来不可能发生的。①

正是由于社会分工和交换具有一定的“公共性”,决定了政府及

① 〔美〕汉娜·阿伦特:《公共领域和私人领域》,刘锋译,载汪晖、陈燕谷主编《文化与公共性》,北京,生活·读书·新知三联书店1998年6月第1版,第79页。

其财政可以而且也必须提供相关服务，以确保市场交换的正常和正当进行，从而也使得这种服务具有“公共服务”的性质。反过来，社会分工和交换毕竟又是私人性质的活动，这又决定了社会分工和交换本身不能由政府及其财政来进行，而只能由作为经济主体的“私人”去进行。

上述分析显示，市场经济是以财产的“私人化”和经济主体的独立化为基本前提的，是在社会成员拥有自己独立的个人权利的基础上形成“公共性”，并进而形成了相应的政治制度的。在此基础上形成的财政活动，是不能不具有鲜明的“公共性”，不能不就是“社会公众”的财政。

二　财产“私人化”

在“私人”与“公共”，“私人领域”与“公共领域”的分离上，财产私有具有关键性的意义。“人”来到世上，天然就具有驾驭役使自然界和身外之物的欲望与本性，而这具体到某一个人来说，则是以其拥有和支配的“财产”状态为依据的。对于一个“人”来说，仅仅财产归属于自己是不够的。如果尽管财产归属于自己的名分之下，他人却可以随意，或者尽管有些困难却仍然可以剥夺他的财产，则他仍然没有对该财产的充分支配权，就不具有根本的所有权。从这个意义上看，它仍然不是严格意义上的“私人财产”，充其量只能说是“个人财产”罢了！因此，财产是否“私人化”，即财产不仅归属于自己，而且社会还以法律形式对其所有权予以真正的确认，从而形成完整和有效的私人所有权，这就决定了整个社会是否能够区分出“私人”，从而相应地区分出“公共”的关键因素。对于财产私人化区分出“私人领域”的作用，汉娜·阿伦特形象地指出：

> 一个人的私有财产的四壁构成了唯一一个能够躲避共同的公共世界——不仅躲避公共世界里所进行的一切,而且也躲避公共性本身,使自己免于被看见和听见——的空间。……为了确保那个需要隐藏起来、不被公共性的亮光照亮的地盘的黑暗性,唯一有效的手段便是私有财产,即私人拥有的藏身之所。①

正因如此,"财产"一词如果与"私人的"一词相联系,即使从古代希腊罗马时期的政治思想的角度来看,也立刻就决定了财产的不可剥夺性,决定了个人对之的完全所有权和支配权;反之,如果私人的财产是可以随意剥夺的,是可以予取予与的,它就不能称为是"私人的",而只能称为是"个人的"。这就说明了,为什么近代西欧社会向着市场经济体制的转轨过程,也就是西欧社会成员的个人财产"私人化"的过程;为什么私有制存在了数千年,却只是到了近代社会,才公开宣布"私有财产神圣不可侵犯"。其原因也就在于,在此之前人类社会是不存在真正的财产私人所有状态的,有的只是财产的个人所有。

不仅如此,从最基本的层面来看,"私人"与"公共"之间的深刻关联,是明显地体现在私人财产这个问题上的。"财产"与"私人"之间的这种关联常常容易遭到误解,因为现代人一方面将财产与富裕等同起来,另一方面又将无财产与贫困等同起来。然而,从历史上看,无论是富裕还是财产,都比其他私人事情或私人关怀,对公共领域具有更为重要的意义,两者至少在形式上或多或少地起着相同的作用,成为一个人是否能够进入公共领域和具备充分的公民资格的主要条件。这就使得人们很容易忘记,富裕和财产并不是一回事。恰恰相反,它们具有截然

---

① 〔美〕汉娜·阿伦特:《公共领域和私人领域》,第99—100页。

不同的性质。这具体表现在现实生活中，存在着一些有着庞大和充裕财富的社会，但它们的社会成员却本质上是无财产的，即他们的个人财产是“非私人化”的，诸如目前仍然存在的一些封建程度仍然很高的资源“大”国就如此。相反，近代社会肇始于对穷人的剥夺，从而形成了“无产阶级”，但他们对于个人财产却是拥有完全的所有权和支配权的，即这是在财产“私人化”基础上的剥夺，只是由于他们拥有的财产过少，才成为“无”产阶级。而这种“无”也并不是绝对的“无”，而只是大体上不拥有“生产资料”①，但却是拥有“生活资料”的。生活资料也是“财产”，是个人用以满足自身个人的消费需要的资料。如果说“无产阶级”指的是不拥有任何物质资料，其中包括不拥有生活资料的状态，那么，“无产阶级”要想不被饿死，则只有“大锅饭”才行。但这类“大锅饭”在人类历史的长河中，至今仍然只是以数年为限的偶然插曲，而“无产阶级”的存在则是可以“百年”为计数单位的。可见，财产的“私人化”，是市场经济下特有的现象，是对于市场经济环境中所有的阶级和阶层都适用的。

分析至此，应强调指出的是，“财产私人化”与我国通常使用的“私有化”，其含义是有着本质区别的：

1. 通常意义上的“私有化”，指的是生产资料的所有制问题，它不涉及消费资料的所有权问题。而如前所述，人类社会从蒙昧状态跨入文明的门槛之后，在正常状况下还没有实行过消费资料的“公有制”的。这点，即使是马克思主义创始人所主张的社会主义革命，也不过是“剥夺剥夺者”，即将无产者被资产者剥夺的重新夺回来。无产者被资

---

①　不拥有生产资料也只是相对而言的，并不等于绝对不拥有。这点，只要考虑一下现代社会中大量存在的中下阶层也拥有股票债券之类的现象，乃至所谓的“人民资本主义”观的提出，就可以明白了。

产者剥夺的是剩余价值，它除了被资产者个人消费了小部分之外，大部分都形成了资产者的资本，这是生产资料在市场经济下的表现形态。这样，再剥夺的对象是生产资料，再剥夺后形成的显然也是生产资料的公有制。而如果“私有化”，当然也仅是对生产资料的私有化。这里的“私人化”，则不管是生产资料还是消费资料，不管是物资要素还是人力要素，都可以是其对象和内容的。

2. 通常意义上的“私有化”，是针对整个社会全部的或主要部分的生产资料的所有制状态而言的。如果整个社会全部或主要部分的生产资料归私人所有，则此时尽管也有少量乃至相当份额的生产资料归国家或集体所有，该社会仍然可以认为是处于“私有化”状态之中；反之，则该社会是处于“公有化”状态之中的。而财产的“私人化”则不同，它不管是“私有化”状态，还是“公有化”状态之下，都是可以存在的。在西方的私有制和市场经济环境中，存在着财产的“私人化”状态；而在我国的公有制和市场经济环境中，也存在着财产的“私人化”状态，即不仅个人财产是私人所有的，而且私人也具有拥有一定量生产资料的权利。

3. 通常意义上的“私有化”，并不涉及人力资源的私人所有问题，而这里“私人化”的财产，则是广义的，它不仅指典型意义上的财产，即存在于实物形态上的个人所有物，而且还指人力资源的私有问题，还指存在于股票、债券和银行存单等上的私人财富问题。

关于财富和财产的“私人化”，即“神圣不可侵犯”的私人财产的出现，对于“私人”和“公共”的划分具有关键性的意义。对此，汉娜・阿伦特有着较为形象的分析和说明：

> 财富无论是私人拥有的还是公共分配的，在以前都从来不具有神圣性。起先，财产不多不少地意味着在世界的某个特定地方

> 拥有自己的处所，因此也就意味着归属于政治共同体，也就是说，成为共同构成公共领域的诸家庭的一个首领。这一方私有世界与拥有它的家庭是完全等同的，因此放逐一个公民不仅意味着没收他的地产，而且还意味着实际拆毁他的房屋。在任何情况下，一个外国人或一个奴隶的财富都不能取代这种财产，贫困并不会使一位家长丧失掉他在世界上的这个居所，也不会使他丧失掉由此而来的公民身份。在古代，如果一个人碰巧失去了他的居所，他也就几乎自动地失去了他的公民身份，失去了法律的保护。这种私人财产的神圣性十分类似于隐蔽的东西——即凡人的诞生与死亡、开端与结局——的那种神圣性……家庭领域的非剥夺性质起先在于它是一个诞生与死亡的领域，这个领域必须避开公共领域，而将自身藏匿起来，因为它包含着一些人眼所不能见、人的认识所无法穿透的东西。①

汉娜·阿伦特由此进一步指出，私人财产之所以成为进入公共领域的一个条件，并不是因为它的拥有者在积累它，而是因为它具有这么一种合理的确定性，以保证财产的拥有者不必努力地去为自己获取各种用品和消费资料而操劳奔波，从而能够自由地从事公共活动。很显然，只有在温饱等生活必需品得到满足之后，公共生活才有可能发展起来。这样，如果不能适当地建立财产的私人所有制和保护财产的私人性，就不可能有什么自由的公共领域可言。②

但反过来，在财产私人化基础上形成的公共领域，则负有保护和促进私人财产的义务与责任。正因如此，在历史上，当公共领域刚刚兴起

① 〔美〕汉娜·阿伦特:《公共领域和私人领域》，第 92—93 页。

② 同上书，第 94—95 页。

之际,对私人财产的私人性关注,就转变成了对私人财产的公共性关注。或者换句话说,当社会刚刚步入公共领域时,公共领域成为了财产所有者的组织和场所。此时大的财产所有者并非凭借自己的财富而要求进入公共领域,即他们不是为了进入公共领域而进入公共领域,而是为了得到公共领域的保护,以便能够积累更多的财富。“用博丹的话来说,政府属于国王们,而财产则属于臣民们,因此国王有义务为保护臣民的财产而实施统治。”①

这样,市场经济下的政府的职能,是向私有者提供保护,使他们不致在为取得更多财富而展开的竞争中互相侵害。因此,唯有政府才具有共同的属性。在这个意义上,近现代政府概念具有明显的矛盾,这就是人们所共有的唯一东西却恰恰是他们的私人利益。在这里,私人利益与公共利益之间的矛盾其实只是一个暂时的现象,它导致了私人领域与公共领域之间差异的彻底消灭,从而使这两个领域共同形成了财产私人化基础上的社会领域。“当公共生活领域与私人生活领域业已消失之后,我们便能够更好地认识到由此对人类生存所造成的后果。公共领域的消失是由于它已经变成了私人领域的一个函数,私人领域的消失则是由于它已经变成了公共关注的唯一对象。”②

理解了财产的私人化为什么需要公共领域的保护,也就理解了为什么财产“私人化”的确立过程,也就是“公共领域”的形成过程。在资本主义市场经济下所形成的财产“私人化”状态,从根本上决定了此时社会结构的根本布局。即资本和个人作为“私人”,是一个一个的经济个体,而

---

① 〔美〕汉娜·阿伦特:《公共领域和私人领域》,第 96 页。让·博丹,16 世纪的法国政治哲学家,本书第八章将介绍他的财政观点。

② 同上书,第 97 页。

不能直接对整个社会进行统治,不能以个人凌驾于整个社会之上,不能以某个人的名义垄断公共权力。然而,作为经济上的统治阶级,他们又必须对公共权力提出要求。这就决定了资本和个人不是着眼于权力的集中或权力的瓜分,而是着眼于整个阶级、全体社会公众对公共权力的根本控制和最后决定权,着眼于"现存权力奠基其上的原则本身"。①

这一分析很好地说明了,近代社会出现的财产私人化以及由此而产生的"私人领域"和"公共领域"的分野,为什么使得西欧各国必然从君主专制转到代议制民主上来,为什么它们只能采用共和制或君主立宪制等政体形式。财产的私人化,乍一看似乎将导致个人专制独裁,因为财产上的"私人化"推而极之,个人财产的聚敛以及相应的权势的膨胀,其最终结果形成公共权力的高度集中于个人,似乎应是顺理成章的。其实不然。财产的私人化,是整个社会的所有成员都获得和享有的权利,或者说是整个社会的每个成员都享有的权利。如果只是少数人乃至个别人才享有这一权利,即只有他们的财产才是"私人"的,而其他人则不具有私人财产,那么很明显,此时从整个社会的角度来看是谈不上什么财产"私人化"的。这也就是为什么从严格的意义上说,人类社会至今为止仅有市场经济条件下才存在着私人财产的根本原因所在。正是由于所有的社会成员都获得了拥有私人财产的权利,确保了每个社会成员都具备了保护自己的个人权利不受侵犯的根本能力,决定了在无数独立的社会成员面前,是不可能出现个人专制独裁状态的,或者即使出现了,也将很快为历史所否定和淘汰。

"民主"是"专制独裁"的反义词。财产真正私人化的社会既然有着否定专制独裁的天然本性,则民主和个人权利就是这一社会的必然

---

① 〔德〕尤根·哈贝马斯:《公共领域》,汪晖译,载汪晖、陈燕谷主编《文化与公共性》,第129页。

趋势和基本状态。因此,在经济领域“私人化”决定了“公共性”的相伴随而产生的同时,也从根本上决定了政治领域的“个人权利”与“民主制”的相应形成。这样,“资产阶级公众用监督的原则反对现存权力的原则——亦即要求程序的公开性。监督原则因此是转换权力属性的手段,而不仅仅是替换另一个的合法性基础”。① 因此,在代议制民主下,公共权力尽管也仍然要由少数个人来履行,也仍然要产生某个总统或国家元首等国家最高首脑,但“主权在民”原则却能够得到保证和实施,此时的政府机构和人员以及公共权力都受到了社会公众的根本决定,受到了社会公众的直接约束和规范。这就反过来从根本上保证了财产的私人化,保证了经济主体独立自主地开展市场竞争的基本条件。

可见,财产私人化是市场经济产生和存在的根本前提之一,它直接要求和决定了此时“公共领域”的存在及其运作状态,决定了公共财政的形成和存在,决定了公共财政的法治性的形成和存在。

第二节　私人课税

在财产私人化的基础上,市场经济下的财政收入也必然要体现出这一根本性质,决定了此时存在的是私人课税。不仅如此,在“私人”与“公共”的对立统一关系中,税收本身又是社会成员私人之间存在着“公共性”的直接表现。

一　历史考察

公共财政作为政府的分配活动,它必须从社会再生产过程中取得

① 〔德〕尤根·哈贝马斯:《公共领域》,第 129 页。

所需的资源和要素。而无论一个社会的个人财产是否私人化，社会再生产活动都是由社会成员进行的，社会资源和要素作为社会成员个人活动成果的再转化形态，它必然分布于整个社会中，从而财政取得收入的过程，也就是国家或政府从整个社会索取资源和要素的过程。这样，社会成员个人是否具有独立性，其个人财产是否私人化，就直接决定着国家财政的分配状态，决定着其收入是否具有对私人课征的公共性质，甚至也决定了税收是否成为唯一的基本财政收入形式。

在个人财产没能私人化之前，国家财政的收入严格地说，不是从"私人"取得的，而在很大程度上仅是对从属于自己的财富的集中。这点，在中世纪的欧洲表现得最为典型。此时国王的财政收入，尽管也可以称为是国家财政收入，但其实质则是国王这个"大领主"的私人收入，是他们从自己的私人领地内获得的收入，或者是其藩属或陪臣对自己的贡奉输纳，即使是此时的税收，也是"租税"，其很大程度上只是封建附庸向领主缴纳的地租和保护费，因而仍然主要是依据封建特权征收的。西欧封建社会的财政收入，主要包括赋税、先买或特许、土贡以及各项杂税收入，在 14 世纪以前这些都具有鲜明的特权性质。由于来自这些项目的收入构成了此时财政收入的主体，所以西方财政收入具有显著的特权收入的特征。只是到了 14 世纪以后，西欧社会政治经济发生了巨大的变化，以特权收入为主体的财政才逐步转变为以协议收入为主体的财政。与西欧封建财政收入相类似，中国封建社会的财政收入，除了赋税之外，还有禁榷（专卖权）、土贡以及名目繁多的杂项收入，而其中以赋税、禁榷、土贡等所占比例为最高。①

除了各种典型的依据特权获得的财政收入之外，税收这一典型的

---

①　马克垚主编：《中西封建社会比较研究》，上海，学林出版社 1997 年 12 月第 1 版，第 389—390、393 页。

市场经济下的财政收入形式，在古代各种社会形态下就早已存在。然而，古代时期和中古时期的中外各国的税收，仍然带有很大的特权性。有关资料表明，西方最早有据可查的遗产税，是产生于公元前 170 年的古埃及。该税不仅对不动产的继承征收，也对动产征收，税率是 10%。当时“溥天之下，莫非王土”的观念在埃及很流行，所以那时的遗产税就像一种手续费，或称赎费，就是说如果财产易手，新得到的人必须向君主缴纳一些钱财，君主才能同意你安心拥有这些财产。

而具有遗产税特征的“继承权购赎费”，起源于中古时期的日耳曼民族，盛行于西欧。日耳曼民族认为君主或军事领袖可以将征服地分给诸侯或其部属终身食采，但所有权仍然属于君主，一旦诸侯死亡，原则上君主即可再行自由处置该地。但诸侯的亲戚却希望在诸侯死后继续占有该块土地。较量的结果一般是折中办法，即死去诸侯的近亲付一些购赎费，就可以终身占有了。

与继承权购赎费相似的还有“购遗赠权费”，盛行于德意志地区、斯堪的纳维亚半岛及法国的一部分。它与购赎费不同的是，购赎费是继承人支付的，而购遗赠权费是遗赠人支付的。如果诸侯膝下无子，他要把自己的产业死后遗赠一个近亲，由于担心死后发生问题，所以生前就与君主或领主谈妥价钱并预付之。①

这些，都表明了在财产没能私人化的社会经济环境中，是难以真正形成“私人”税收的。

在中世纪的西欧，国王不能随意征税的状态，则是缺乏私人课税的另一直接结果。如同前文所多次指出的那样，“私人”与“公共”是相对应的，在当时严格意义上的“国家”几乎不存在的背景下，没有“私人税

---

① 上述各类遗产税的资料来源，参见刘翠微：《古代遗产税》，载《中国财经报》1998 年 12 月 15 日。

收”，也就没有“公共税收”，即封建君主就难以依靠强有力的公共权力去征税。也正是由于当时的赋税表现为是封建主私人对于社会大众的剥夺，是封建主依靠自身的特权，在个人领地收入之外，以税收形式去增加自身的个人收入，这就必然导致了强烈的抵制，也必然难以随心所欲地任意进行。①

这样，当时西欧封建赋税的征收，往往还要取得封建贵族的同意，要与纳税人进行具体协商之后才能实行。从另一方面看，当时的封建臣属关系在税收形式上有着最为强烈的表现，是君主领主与附庸陪臣之间履行各自封建义务的集中表现之一，是保护人与被保护人之间履行保护职责和缴纳保护费的行为。因此，这里赋税已隐含了某种“等价交换”的因素在内，是最终在市场经济下税收转为“税收价格”的萌芽。

但总的看，在市场经济体制形成之前，是不存在着严格意义上的“私人课税”的。而在市场经济的建立和发展过程中，西方国家也相应形成和发展了其私人课税制度。国家预算制度就是公共财政赖以形成和建立的基本形式，而众所周知地，这一制度的建立就是导源于关于私人纳税问题的斗争。在封建社会末期，新兴的市场和资本拥有着强大的经济势力，而此时的封建君主则由于种种原因而陷于财政困难之中。这样，新兴的市场和资本就依靠自身的经济力量，通过同意或拒绝纳税，而从封建君主手中攫取了税收立法权，从而鲜明地宣告了私人纳税时代的到来。

二　西方的私人课税

经过数百年的发展，西方国家的私人纳税制度，已发展成为今天的

① 马克垚主编：《中西封建社会比较研究》，第412页。

多种税并存的复合税制。在这一税制结构下,其各种税种无不鲜明地体现出对于私人的课征性质:①

1. 从所得税看。西方国家这类税收主要有个人所得税、公司所得税和社会保险税或工薪税等。这类税收或者由社会成员个人以其劳动收入、资本收益、资源收益等私人所得直接缴纳;或者是主要由公司以其税后利润缴纳,其实质也仍然是股东私人在缴纳;或者是由劳资双方分别以利润和工资收入缴纳,其私人缴纳性质也是明显的。通常来说,这类税收不具有转嫁能力,因而纳税人的私人性质就直接决定了这类税收具有私人课税本性。

2. 从流转税看。西方国家这类税收主要有产品税、营业税、增值税、关税等。这类税收是由经营者在经营过程中,或者自身直接缴纳,或者代扣代缴而由商品和劳务的购买者缴纳。这些,不管是直接缴纳,还是代扣代缴,其纳税人也都明显地是私人。尽管流转税通常被认为是可以转嫁的,但税负转嫁发生于市场活动,也归结于市场活动,从根本上看都将落实到私人头上,因而仍然具有私人课税的根本性质。

3. 从财产税看。西方国家这类税收主要有一般财产税、个别财产税、土地税、遗产税、赠与税等。这类税收是由财产所有者或者财产获得者以私人所得缴纳的,也具有鲜明的私人纳税性质。这类税收通常也被认为是不能转嫁的,因而从根本上也是由私人承担的。

在西方社会的私有制背景下,私人收入是由工资、利润和地租等构成的,因而私人课税的来源也只能是工资、利润和地租。其中对于利润和地租的课税具有私人性质,是无可置疑的。然而,对于工资的课税性质如何,是与工资课税能否转嫁相联系的。如果工资税的税负只能由

---

① 参见张馨:《比较财政学教程》,北京,中国人民大学出版社1997年9月第1版,第251—286页。

资本负担,则占主要比重的社会成员实质上不是税收的承担者,此时的私人课税就不具有普遍性。反之,如果工资税只能由劳动者本人负担,则整个社会的所有成员作为私人都进入了负税人的行列,“私人课税”就具有了普遍性和广泛的意义。

正因如此,西方经济学从亚当·斯密开始,就研究了工资税问题。斯密从工资是维持生活的最低费用这一观点出发,认为对工资的课税最终必将转嫁到地主身上,而从地租中支付。大卫·李嘉图也认为维持生计的工资基金是不能削减的,对工资的课税只能使名义工资提高,从而工资税的归宿将只能是利润。西方经济理论在其后的发展历程中,经历了从劳动价值论向边际效用价值论的转变。因此,是边际效用而不是劳动力的使用才是价值的决定因素,对效用的相对需求被认为在决定商品的相对价格中起了关键作用,劳动报酬已不再被认为是维持生计的最低费用了。工资作为劳动力要素的价格,如同其他要素价格一样,其确定被认为是与其边际产品相一致的,是对于它们增加生产力所作贡献的补偿。这种价值论改变着西方的税负转嫁与归宿理论。瓦尔拉斯首先于 1874 年在一般均衡条件下,将边际分析运用到税负转嫁与归宿问题上来。当具体分析到工资税时,他认为其转嫁与归宿问题只能依劳动力供应的反应而定,但这是无法预料的。而威克塞尔则通过一种边际生产率与工资基金分布相混合的模型进行分析,认为在最佳状态下所得税对工资和利息不发生影响,工资率和利息率都不变,从而税负由纳税人承担。这就为广泛开征个人所得税提供了理论基础。进入本世纪以后,西方税收理论关于工资税的转嫁与归宿问题尽管有着种种不同的看法,但大体上都将劳动力要素价格与其他要素价格作类似的分析,因而再也没有回到古典学派的立场上去了。至于利润税,则从李嘉图开始,就已认为负担将归宿于资本家身上。所以,现代西方经济理论认为私人课税是不易转嫁的,并且税收的增减变动对物价不易产生直接的影响,对纳税对象的税收负担清楚明了,就如同其他直接税一样。这样,就为以利润、地租和工资为课税对象的私人税收提供了理论依据。

随着西方公共财政理论的进一步发展,市场经济下的税收是“私人”和“公共”结合点的问题,在“税收价格”上得到很好的说明。而公共产品论的形成,则解决了从经济学基本理论上说明税收具有“等价交换”的根本性质的问题。

承认税收具有市场性的“等价交换”性质,就鲜明地表明了纳税人所具有的私人所有权。只有当工资、利润和地租等完全归私人所有,私人才可能以这些收入和所得去缴纳税收,去提出等价交换的要求。这样,税收就没有否定“私有财产神圣不可侵犯”的准则。反之,如果税收的缴纳不具有等价交换的性质,则税收就是对私人财产权的剥夺。在极端的情况下,税收很可能成为任意剥夺私人财产的手段。这样,税收甚至可以起到否定私有制的作用。这就如马克思所指出的那样:

> “权力也统治着财产。”这就是说:财产的手中并没有政治权力,甚至政治权力还通过如任意征税、没收、特权、官僚制度加于工商业的干扰等等办法来捉弄财产。①

这样,如果私人财产,或者说市场和资本,不能从根本上约束和否定“权力”的随心所欲、“胡作非为”状况,就不能完全称为是“私人”财产,即使此时的纳税人是属于所谓的“剥削阶级”也罢!同时,对于劳动者的课税也只能是“超经济剥削”的手段,是剥削阶级总体依据政治权力对劳动者的强制性剥夺。然而,西方国家的现实却是,政府是不能

---

① 《马克思恩格斯全集》第4卷,北京,人民出版社1958年8月第1版,第330页。

随意课税的，纳税权限属于议会，并进而归属于社会公众；对于私人财产和收入，政府是不能随意取走的。这就充分地体现了财产和收入及其课税的私人性质。正因如此，西方国家的个人才可以理直气壮地以“纳税人”资格对政府提出种种指责和要求，政府才必须依据纳税人的总体意愿行事。正因如此，马克思在讲了上面的一段话之后又说：

> 其实，如果资产阶级从政治上即利用国家权力来“维持财产关系上的不公平”，它是不会成功的。“财产关系上的不公平”以现代分工、现代交换形式、竞争、积聚等等为前提，决不是来自资产阶级的阶级政治统治。①

附带应指出的是，如果关于税收是对于私人财产的剥夺和超经济剥削手段的理论和认识能够成立，从我国的现实来看，税收从根本上看就是应当否定的。因为它或者否定着私人财产，或者压低了劳动者的收入，而只是资本和私人对国家的无偿奉献，这将危害和否定市场经济体制在我国的建立和健全。可见，这种理论和认识显然是无法合理解释现实问题的。

承认税收具有市场性的“等价交换”性质，还解决了私人性质的税收活动为什么可以存在于公共领域的矛盾问题。这就是纳税与公共产品的交换，是通过政府以税款的征收和使用来完成的。这实际上是私人通过政府完成了自己无力完成，但对私人本身来说又是必不可少的活动。在这里，私人的财产尽管蜕变到了税收形式上，但它仍然用于私人本身的根本利益，但同时又通过税收形式而存在于“公共”的表象上。这样，通过税收就很好地解决了市场经济下“私人”与“公共”这一

---

① 《马克思恩格斯全集》第4卷，第331页。

矛盾的结合问题。它既是财产私人化的公共性表现，又避免了社会对于私人财产的根本否定和剥夺。这些，都决定了对税收的征纳必须依据法律来进行，也决定了税收成为市场经济下的唯一基本财政收入形式。

三 我国的私人课税

在我国传统的计划经济时期，税收几乎是不直接针对个人，而是仅向单位征收的，典型的如 1973 年税制改革后基本上只余下一种"工商税"。此时残存的以个人为纳税人的税种不仅少，而且都只是局部零星的小额税收，对于财政收入和经济影响是无足轻重的，并且此时的个人显然不具有"私人性"。这是当时根本否定市场的现实在税收制度上的表现。

然而，这种状况在当时却是被作为社会主义优越性来宣传的，并且迟至 80 年代中期，在我国的财政和税收的教学和实际宣传中仍然如此。当时的税收理论认为，在几乎只存在着国营经济（此时集体经济也具有国营实质）和单一"工商税"背景下，个人没有也无须向国家纳税。此时有的只是单位在纳税，其实质只是国家在对自己征税，或只是国家在向自己缴税，都不干个人的事。这样，在社会主义社会，劳动者个人无须纳税，也没有税收负担。这与资本主义税收主要由个人缴纳，是资产阶级国家对劳动者的超经济剥削有着本质区别。由于社会主义税收不引起劳动者生活状况的恶化，因而我国税收体现了社会主义的优越性。这就是我国的"非私人纳税论"。

此时的"非私人纳税论"作为一种政治宣传口号，是与当时全面的"左"状态相适应的，从这个意义上看是无可厚非的。但如果将其升华为理论，则是错误的：

1. 它将承受税负与承受者个人生活水准下降直接相联系，似乎税收的必然结果就是个人生活水准的下降。“人”作为社会的人，其生活水准不仅由本人的个人消费，而且也由其享受公共服务的共同消费所构成。个人负税导致个人可支配收入减少，却提供了经费使得国家能向社会成员提供他们所必需的各种公共服务。这些共同消费也是人们消费的极为重要内容，在测度个人生活水准时也应计算在内。这样，税收负担尽管导致了个人单独消费水准的下降，但该损失不仅为个人公共消费所抵消，而且还提高了个人的生活总水准。由此可见，“非私人纳税论”在纳税负担与生活状况恶化之间画等号，其立论前提本身就是错误的。在自然经济中，人们的经济活动领域狭小，处于自我封闭状态之中，“非私人纳税论”仅从个人的单独消费角度分析和看待税收问题，是我国当时自然经济因素还很强烈，在税收理论上的反映。

2. 它否定了纳税人与负税人的区别，以纳税人去取代和否定负税人。即使在我国税收制度最为简化的 70 年代，个人也仍然由于消费个人消费品而成为“工商税”的负税人，尽管此时纳税人是国营企业。由于此时的税收仍然是企业以价内税形式向个人收取的，其实质仍是个人在支付，由此得出个人不承受税收负担的结论，在税收理论上显然是错误的。当时之所以要将个人排除在外而将税收说成仅是国家的自我活动，是与计划经济下以国家为本位，而不是以个人为本位来开展经济活动的本性相一致的。可见，“非私人纳税论”是计划经济所根本决定的一种财税理论。

3. 它以我国传统的农民意识来看待私人纳税问题。在我国漫长的封建社会中，国家对农民的赋役征调往往是与横征暴敛相联系的，从而税收在很大程度上成为国家对个人巧取豪夺的代名词，这使得几千年来我国不仅没能形成个人应当纳税的观念和习惯，反而对纳税有着天生的逆反心理。抗捐抗税从来都是起义造反的主要成因和重要内容，李闯以“不纳粮”为号召而扭转形势造反迅速成功更是其典型例子。

关于社会主义税收是国家自我纳税而个人不纳税的提法，就是这种“不纳粮”口号的现代翻版。我国理论还认为，税收是国家为了满足履行自身职能的需要而强制征收的，这与“非私人纳税论”相联系，是可以得出税收与个人利益相对立的结论的。因此，“非私人纳税论”不仅迎合了人们厌恶纳税的传统心理，而且强化了人们的税收与己无关、于己有害的传统观念，在实践上对税收工作形成了严重危害。这是计划经济时期一直都或强或弱地存在着取消税收，并曾有过“以利代税”实践的“非税论”的经济根源。不过，这种理论偏差所产生的危害在计划经济时期并不明显，因为计划经济本身就否定经济杠杆包括税收的作用。但随着市场取向改革的启动和深化，这一具有浓厚小农色彩的财税理论就日益显得过时了。

上述分析表明，“非私人纳税论”是产生于并适应于计划经济和自然经济的一种税收理论，它不可避免地要为市场取向的改革所淘汰。

这种私人不为纳税人的非个人课税状况，在改革开放中有了很大改变：(1)若干具有全局性的直接对个人课征的税种开始出现，数额逐步增大，典型的如个人所得税。该税在许多西方国家为第一大税种，我国也不排除该税在今后某个时期成为第一大税种的可能性。(2)原先一些对私人征收的不具全局意义的税种，虽然在多次税改中或者变更了名称，或者被肢解而并入其他税种，但对该经济行为的私人课税依然存在，并且改变了原先无足轻重状态，在税入数量和对经济的影响上，都在我国税收中占据了一定的地位，典型的如私人缴纳的各类行为税和财产税。(3)一些主体税种也直接表现为其相当部分税款是由私人缴纳的，典型的如目前在我国税入中占大部分比重的增值税、消费税和营业税等。在它们的税法中，除了“单位”之外，还规定了有应税行为的“个人”也是纳税人。此外，对外商投资企业和外国企业以及我国私营企业征收的所得税，也具有私人资本的私人纳税性质。所有这些，都强有力地打破了我国税收几乎仅对国营单位征收的格局，预示着我国税制向以私人直接缴纳为主的开始。这是由市场取向的改革所决定的转变。

然而，这种转变在目前仅是一个开端，根本的转变尚未实现。直接对私人课征的税入在总税入中仅占较小比重，对财政经济仍未产生决定性影响，兼之人们还主要是从开辟财源、增加收入的角度来看待私人课税问题，因而基本上仍未从原有的计划经济思维框框中解脱出来。这就无法从市场经济的角度去认识个人课税对我国税收、财政、政府行为乃至社会风尚变革的深远意义，从而危害仍然存在：

1."非私人纳税论"对我国税收征管和收入的取得有着严重的危害。在改革过程中，随着私人课税现象的增加和规模的扩大，已有的"非私人纳税论"已直观地表现出与现实的不相符性。这样，如何从理论上说明个人必须向国家纳税，已成为我国财税理论所要解决的关键问题之一。

然而，受"非私人纳税论"框框束缚，我国财税理论在这一新形势面前显得软弱无力，使用的仍是"依法纳税是每个公民应尽的光荣义务"的口号。在计划经济时期，人们的活动可以不讲成本，不计报酬而无偿奉献，但在市场经济中则不行。市场活动具有成本与收益对称的本性，决定着人们活动的权利与义务职责的统一性，即此时是没有无义务的权利，也没有无权利的义务的，单纯尽义务是违背市场经济这一本性的。"非私人纳税论"强调人们在纳税时的"尽义务"，使得人们觉得只有付出而无回报，这在市场意识愈益深入人心的今天，只能膨胀人们已有的税收逆反心理。市场经济具有鲜明的追求个人私利的特点，这种逆反心理也就强化着人们为了维护自身私利而偷逃漏税的动机和行为。尤其是当人们了解到我国每年有数千亿公款被吃喝玩乐和挥霍浪费后，油然而生的联想就是"我纳税你享乐"。在这种心理下，我国目前税收征纳工作处于严重困难状况中，就很自然了。

2．“非私人纳税论”对我国的财政工作也产生了强烈的危害。公共财政作为国家的经济活动，必须受到社会和全体公民的约束监督和根本决定。但依据“非私人纳税论”，国家是自我征税，由此推知财政支出仅仅是国家在用自己的钱，“别人”是不该也无权说三道四，横加干涉的，更谈不上对之约束监督乃至决定了。此时不纳税的个人，显然属于“别人”之列，此时的财政也就不是公共财政。市场经济的建立健全过程，也是政府相应转变自己行为以适应市场要求，同时市场逐步形成对政府行为的约束监督机制的过程。公共财政受到社会和全体公民的约束监督和决定，正是这种市场客观要求的体现和结果。社会由私人组成，而私人又是市场活动主体，因而私人对公共财政的监督和决定，归根结底就是市场对政府及其公共财政行为的监督和决定。“非私人纳税论”从理论上否定了私人参与监督公共财政活动的权利，也就从理论上否定了市场约束和决定政府及其公共财政活动的权利与能力。可见，我国至今犹存的政府和财政活动严重缺乏社会有效监督的状况，“非私人纳税论”是难辞其咎的。在缺乏有效监督的背景下，一旦政府活动和财政分配出现或可能出现失误时，是谈不上社会对其防范、限制和纠正的。改革开放以来，尽管采取了各种措施去克服和纠正政府和财政活动中无序混乱和低效浪费现象，但始终未能取得根本成效，反而问题愈益严重，这是理论根源之一。

3．“非私人纳税论”从根本上看，还将危害我国市场经济的建立健全。市场经济的建立，是以“人”的独立人格和独立地位获得为基本前提的，这样私人才能在市场活动中以独立平等的身份出现进行等价交换。西欧市场经济形成和发展的过程，也就是私人摆脱封建人身依附状态，即私人资本摆脱封建束缚和劳动者获得“自由得一无所有”的独立地位的过程。然而，在“非私人纳税论”下，我国的个人不纳税，而公共需要对于私人又是必不可少时,国家向私人提供公共服务就成为一种“恩赐”,就如几千年来国家对其附庸提供各种“赏赐”一样。因此,这一理论反映了个人对于国家的依赖性和附庸性。

等价交换这一市场本性,决定着在税收征纳双方之间也存在着根本的平等交往关系,尽管形式上政府是以其政治权力凌驾于纳税人之上强制征收的也罢!而要在税收征纳中形成平等关系,只有在承认个人独立地位,承认私人在纳税时具有根本的决定权利这一前提下才能做到,而“非私人纳税论”恰好否定了这一前提。计划经济的基本特征之一,是个人对国家的依附,即企业是政府的附属物,个人是企业的附属物。改革至今仍未根本打破这一基本特征,个人在经济活动和个人生活上仍相当程度上依附于“单位”,从而在根本上依附于国家。“义务纳税”的提法,不仅反映了这种依附状况,而且反过来通过政治宣传和理论说明强化了这一状况,从而对我国市场经济的建立健全是有着根本危害的。

4.“非私人纳税论”使得“人民当家作主”成为一句空话。在我国,宪法及有关法律条文有着人民当家作主的规定。但仅有法律条文是远不够的,还必须落实到具体的社会经济生活中,而税收则是其关键之一。这是因为,人们如果不是在为自己纳税,不是出于自身需要并能按照自身的根本意愿去决定国家的税收状况,反而被告知是国家在为了自身需要而强制性地收税,是不可能树立起主人翁意识的。试想,“仆人”竟然能够出于自身需要而强迫主人纳币,主人还成其为主人吗?在西方发达国家中,人们一方面能够理直气壮地以纳税人身份质询指责政府,要求政府为纳税人提供各种服务,要求节约有效地使用纳税人的钱;另一方面人们纳税也相当积极主动,尽管也有偷逃漏税现象发生也罢!这种现象的经济根源,就在于西方的税收鲜明地表现为是由个人缴纳,并且个人在尽此义务的同时也具备了相应的权利。所以,要克服我国目前在纳税问题上人们的扭曲心理和困难状态，关键是要承认私人在纳税上的主人翁地位，承认纳税具有私人委托政府代为完成自己所必需却又无力提供的公共服务的根本性质。一句话，就是要承认税收是私人权利、义务和职责相统一的活动。

为此，必须从理论上重新认识我国的个人课税问题，这就要从“非私人纳税论”转到与市场经济相适应的“税收价格论”上来，将税收视为是人们为享受政府提供的公共产品而支付的价格费用。公共产品作为政府提供的公共服务，它由社会成员私人消费和享受，政府由此而付出的费用需要，也就必须由社会成员纳税来补偿。私人为了自身消费公共产品而付费的现象，正是典型的市场等价交换行为在公共财政活动中的反映，从而税收也就具有了公共产品“价格”的性质。因此，“税收价格论”就从理论上说明了，税收是私人权利（私人要求政府按自己意愿提供公共服务的权利）和义务、职责（私人为自身消费公共产品而纳税）的对称统一活动，并非是纯尽义务之举。

“税收价格论”还说明了，尽管人们由于纳税而减少了自身个体的享乐度，但由于消费了政府的公共服务，又增加了自身个体的享乐度，两相权衡，私人不仅没受损失，反而增大了自己的享乐总程度。这样，私人纳税并非是在“作奉献”“尽义务”，而是为自己的更大利益作出必要的牺牲，这是按市场式比较利益原则进行的“等价交换”行为。没有私人纳税，就没有公共服务的提供，因此纳税是每一个人都应尽的职责，是与私人对于公共产品消费权利相一致的义务。只有这样从理论上认清问题，并在实际中使这一认识深入人心，人们才可能从根本上树立起“纳税应该、纳税光荣”的观念与觉悟。由于公共产品的消费存在着私人坐享其成的“免费搭车”和短视行为的“囚犯困境”等问题，因而还不可能根除偷逃漏税现象，但只要形成了这样的社会风尚和信念，将会使我国的税收征管工作根本改观的。

“税收价格论”还使得我国的市场经济具有了完整性。公共财政及其税收活动直观地表现为是按非市场方式进行的，这就似乎在市场经济中还留存着一块脱离市场控制的“世外桃源”，从而市场经济的统一性受到了挑战。“税收价格论”从理论上说明了，公共财政与税收活动从根本上看，仍是服从并遵循“等价交换”这一市场基本准则的。这就维护了市场经济的完整性和统一性，从而证明了在社会主义市场经济下，市场也将是对政府具有根本的决定和支配能力的。

“税收价格论”的理论意义还不止于此。在市场交换双方中，价格支付者是主动的一方，是起决定作用的。这样，“税收价格”观念的树立和认可，实质是对个人在税收征纳活动中主动地位的承认，政府从根本上看反而是处于被动地位的。此时作为产品的提供者，政府必须按产品购买者的要求行事，在公共产品的品种、质量和数量上都满足购买者的意愿。否则购买者将有权拒绝支付价格。这一理论的现实含义就是，政府及其公共财政活动必须以无数的私人所构成的全体社会成员的意志为转移，必须处于社会成员的根本制约监督和决定之下，而不应是少数人乃至某些人的随心所欲的行为和活动。只有这样，也才能确保我国的税收真正转到市场经济的基点上来。

第三节　政府行为法治化

市场经济下的财政是法治财政，即政府的财政活动和运作是在法律法规的约束规范下进行的。正是通过法律形式，依靠法律手段，社会公众才得以真正决定、约束、规范和监督政府及其财政的活动，才确保了政府的行为必须遵循市场和资本的根本要求，才确保了政府的公共活动必须符合私人的根本利益。这样，法治性也是市场经济下财政具有公共性的基本特征之一。

一　法治社会

“法律”这一形式和范畴，在人类文明中早已存在了。但它往往没能形成法律制度体系，整个社会没能处于制度化的法律状态之中。或者即使法律制度条文也已较为完善，但法律仍然只是奴隶制君主和封建制君主的“奴仆”，即是君主们对其臣属进行统治的工具。君主凌驾于法律之上，“口含天宪”，君主的“金口玉言”就是法律。这样，此时尽管存在法律形式，但不处于法治化状态之中。此时的社会仍然只是人治社会而不是法治社会。在人类数千年的文明史上，至今为止，法治社会只存在于市场经济的基础上。法治社会是与市场经济相伴随而逐步形成、存在和发展起来的。

有法律而没有法治的状态，对于君主制社会来说是很自然的。否则就不存在，也无所谓“君主”了。然而，对于古代处于民主制或共和制下的社会，尤其是众所周知的希腊民主制城邦和罗马共和国来说，则没有法律是不可思议的，因为在“民主”和“共和”状态下，此时的城邦或国家是在“公民”的共同治理之下，不依靠法律制度是难以形成并维持正常的秩序的。这就产生了这么一个问题，在古希腊和古罗马时期存在过法治社会吗？

以希腊人为例。当时希腊社会所处的特殊环境，使他们无须组成统一的民族国家来抵御外族，他们组成一个一个城邦，他们的政治基本上是民主的，不过这主要是贵族们的民主。当时有过所谓的“僭主”政治，有过斯巴达那样的特殊类型的尚武国家，但从未建成同时代埃及、波斯那样的绝对专制主义的国家。因此，当时的希腊城邦就已经是不能不存在法律了。在城邦中，公民是分为阶级的，此时政治权力的分配，各种政策的制定和政务的执行，私法和刑法法典的制定以及重大诉讼案件的判决等，都与相互冲突的各阶级利益有关。一句话，此时的城邦法律反映了统治城邦的阶级或阶层的意志。

由于各公民阶级都有参与议事和审判的权利，都存在着运用法律手段来维护自身利益的可能，因而这些阶级相互之间的斗争，在一定程度上就会在法律范围内进行，从而表现为在公民大会内、议事机构内、陪审法庭内的合法斗争。唯有当阶级对抗不可能在法律范围内解决的时候，才会演变为政变或革命即法律之外的暴力斗争。不过，对于此时的非公民来说，由于不具有法律形式上的政治权利，因而这些阶级与公民总体或公民总体内的某个阶级之间的斗争，就只能采取法律范围以外的剧烈方式和手段，典型的就是斯巴达的奴隶暴动和雅典等城邦的奴隶逃亡等。由于整个社会的成员相当份额乃至主要份额是非公民，其中尤其是奴隶阶级不处于法律状态下，因而此时的社会是难以称为法治社会的。①

尽管这样，古代希腊社会毕竟已经存在法律形式了。由于在法律下的制度内对抗，而不是采取革命形式的抵抗，将可以从根本上克服抵抗的暴力性，较好地解决社会的稳定问题，这就决定了古代希腊法律的发达。千余年后由欧洲人带到中国，带到全世界的一套国际关系的惯例，诸如外交条约、使节、宣战、媾和、战争赔款等事物，直至鸦片战争前，中国人尚不知道，却已经盛行于当时的希腊世界了。这一套国际间的法权关系，只能产生于航海、商业、殖民的民族之中，而不是诸如中国等农耕民族之中。古代罗马人几乎全部承袭了希腊传统。他们唯一的独创是法律，而且这是近代欧洲“不可须臾离之”的东西。②

从封建社会的法律状态来看。在中国，朝廷兴军筹饷之事很多，但是不存在出卖特许状，从而如同西欧一样产生建立一个个“独立王国”

---

① 参见顾准：《顾准文集》，贵阳，贵州人民出版社1994年9月第1版，第80—313页。

② 同上书，第314页。

式的城市自治体的可能性。其原因就在于,中国历史上的“法”,是明君治天下的武器,“法”首先是和“刑”,而不是和“权”联在一起的。可是,取法希腊精神的罗马法,以及继承罗马法传统的封建欧洲的法律,“法”首先是和“权”联在一起的。西欧中世纪的封建制度,是具有严格身份等级的统治制度,但在统治集团内部的相互间身份和关系上,却是由观念上的契约规定的,法学家称之为“规定身份的契约”(contract to status)。在中国,这类问题由简单的16个字加以解决,即所谓:“溥天之下,莫非王土;率土之滨,莫非王臣。”①

此后封建社会末期的西欧国家,经过社会革命而否定了封建君主的专制统治,但却继承了古代和中世纪时期的法律传统,并且依据市场经济的根本要求加以改造,从而形成了现代西方社会的法治国家。就罗马法权的传统来说,国家是建立在公民权利基础之上的。正因如此,现代西方发达国家的诉讼法中,个人或法团可以成为诉讼的一方,而与作为另一方的政府对簿公堂。个人权利受到法律的保障,政府不得随便侵犯。当然,这种法律保障有时仅是纸面上的具文,但纸面上的保障也仍然是建立和形成法治社会所必不可少的条件,是市场经济和私人权利对国家和政府的根本决定作用的具体体现,即使这种法治形式包含着维护和增强特权阶级利益的实质也罢。②

这种法治社会的形成,是由市场经济所根本决定的。对此,马克思指出:

> 劳动力的买和卖是在流通领域或商品交换领域的界限内进行的,这个领域确实是天赋人权的真正乐园。那里占统治地位的只

① 参见顾准:《顾准文集》,第316—317页。

② 同上书,第317—318页。

> 是自由、平等、所有权和边沁。自由！因为商品例如劳动力的买者和卖者，只取决于自己的自由意志。他们是作为自由的、在法律上平等的人缔结契约的。契约是他们的意志借以得到共同的法律表现的最后结果。平等！因为他们彼此只是作为商品所有者发生关系，用等价物交换等价物。所有权！因为他们都只支配自己的东西。边沁！因为双方都只顾自己。使他们连在一起并发生关系的唯一力量，是他们的利己心，是他们的特殊利益，是他们的私人利益。正因为人人只顾自己，谁也不管别人，所以大家都是在事物的预定的和谐下，或者说，在全能的神的保佑下，完成着互惠互利、共同有益、全体有利的事业。①

在这里尽管马克思的语调带有一定的调侃韵味，但毕竟指明了法律与市场经济之间的必然联系，即市场经济是契约经济，所有的市场活动实际上都是在一定的契约形式约束下进行的，而“契约是他们的意志借以得到共同的法律表现的最后结果”。不仅如此，马克思在其《政治经济学批判(1857—1858 年草稿)》中还明确地指出，是市场经济带给了人类以自由平等的观念，同时也带给了人类以法律社会：

> 流通中发展起来的交换价值过程，不但尊重自由和平等，而且自由和平等是它的产物；它是自由和平等的现实基础。作为纯粹观念，自由和平等是交换价值过程的各种要素的一种理想化的表现；作为在法律的、政治的和社会的关系上发展了的东西，自由和平等不过是另一次方上的再生产物而已。……古代世界不是以交换价值为生产的基础，相反地是由于交换价值的发展而毁灭。它

---

① 〔德〕马克思：《资本论》第一卷，第 199 页。

产生了具有完全相反的和主要是地方性内容的自由和平等。①

这样,市场经济中的独立自主的私人活动,是通过法律形式和手段来规范相互之间的关系的。在最早的现代意义上的宪法中,确定了社会成员的基本权利,从而保证了公共领域具有根本的私人性质,保证着社会是一个私人行使其独立自主权的领域,同时将公共权力严格地限制于有限的职责作用范围之内。这样,通过法律形式,确保了私人作为国家的公民的基本权利,确保着社会立足于私人领域这一基点之上,确保着作为社会成员的无数私人集聚而成为公众,确保了社会公众对于政府,对于整个社会活动的决定性作用。也正是通过法律形式,确保了此时的政治权力转化为"理性的"权力,使得政府的活动必须符合市场经济的根本要求,必须受到社会公众的根本约束与规范。在社会建基于商品自由交换的前提下,确保了市场中的私人交易从社会强力的任意操纵中解放出来,并且在公共领域中也摆脱了随心所欲的政治强制,而从根本上保证了私人利益。

法治化社会的形成和存在,不仅在于通过法律形式约束与规范私人领域和公共领域以及它们之间过渡领域的关系,②而且也在于约束和规范过渡领域和公共领域各自内部的关系。在市场经济下,独立自主的私人之间存在的利益冲突,必然要反映到过渡领域和公共领域中来,从而过渡领域和公共领域也成为利益竞争的场所,这些利益竞争甚至会以暴力对抗的形式出现。此时公共性质的需求不能指望依靠市场的调节来解决,而需要由政府来调节。这样,法律就必须负担起调节和规范政府内部各机构和各组成部分之间关系的任务。作为法治社会,

---

① 《马克思恩格斯全集》第46卷(下册),北京,人民出版社1980年8月第1版,第477—478页。

② 关于"私人领域""公共领域"和"过渡领域",本书第五章将进行详细分析。

当着社会公众通过议会立法，而界定和规范了政府的行为之时，也就意味着市场和资本，意味着“私人”从根本上支配了政府的行为。

为此，社会公众要求此时的政府遵从“理性”标准和“法律”形式，并且实质性地转到市场经济下的“私人”这一根本点上来。“私人”在古典意义上，仅意味着个人的切身需求，此时连同劳动的社会化和封建依附关系一起被赶出了私人领域的内在空间，其私人性的作用也超越了“家庭”这一范围。市场交换打破了家庭经济的界限，从这个意义上看，家庭小天地同社会再生产领域区别开来了。国家的政治行为与过渡领域的非政治性公共行为，社会内部也分化开来了。但在这种不停的分化过程中，私人将商品所有者与家庭中的父亲、物主与“人”的角色完全结合起来，这实际上是“私人”在更广范围和更大层面上的扩张，从而构成了这些双重角色在“私人”名义下趋同的基础。市场经济下的公共领域在政治层面上的自我理解，最终也应当追溯到这一源头。所有这些，都是在法律这一形式的规范下得以完成的。

从历史上来看，为了确保政治权力符合市场经济这一基础的根本要求，也要求着建立于理性基础之上的立法。对此，洛克早就把公共法律和社会公众的共同认可联系了起来，而孟德斯鸠则坚持将法律追溯到人的理性上去。但是，真正将法律和公众舆论当中表现出来的理性明确联系起来的，则非重农学派莫属。此时在公共领域当中形成了这么一种政治意识，它针对着专制统治而提出了普遍而抽象的法律概念和要求，最终认识到并将社会公众的舆论当作这种法律的唯一合法源泉。在整个18世纪，社会公众舆论都被当作是建立在理性之上的和规范性的潜在立法资源。

对于过渡领域来说，私人在其中的活动，是能够保障其自身的内在主体性的，此时法律规范的普遍性和抽象性标准，就必须具有自明性。此时作为“公众”的一员，私人处于相互平等的状态之中，而不管这种状态是否处于明确的法律规范和约束之下。这就确保了作为“纯粹的人”的私人,能够具有独立的市场经济的主体性。现代制宪制度得益于这样的一种理性观念,即公民有权利自己决定组成一个共同体,其中所有的公民都是自由而平等的权利伙伴。为此,公民希望通过法律对他们相互之间的共同生活加以合法的规范和整合,并且他们彼此之间的权利是必须依靠制宪制度才能真正生效的。这样,在法治社会形成的过程中,私人个体的主观法律概念和法律人格概念,就被设定为权利人(法人)概念。现代法律所保障的虽然是获得政府认可的主体间的承认关系,但由此而产生的权利保证,却是“私人”这一法律主体的完整性,是要维护“私人”的个体法律人格。

民主法治国家行使政治权力是通过双重途径进行的,即对发生的问题加以法律化和制度化的处理,以及根据政治程序对各种利益进行调节。①

二　政府行为法治化

对于公共财政问题来说,在法治社会中,政府行为的法治化有着关键性的意义。而政府行为法治化也是由市场经济所根本决定的。

市场经济的活动主体可分为个人(家庭)、企业和政府三大类,因而市场经济所需要的“依法治国”,就不仅仅只是针对个人行为和企业行为而言,而且也是针对政府行为而言的,即只有在个人、企业和政府等的行为均处于法律的有效约束之下,个人依法行事、企业依法从业和政府依法执政,它们都无权也无力超越法律的规范和约束之时,才能说

① 上文的论述,参考、借鉴和引用了尤根·哈贝马斯的《公共领域》《公共领域的社会结构》和《民主法治国家的承认斗争》等文(均载于汪晖、陈燕谷主编的《文化与公共性》)的有关内容。

整个社会已真正处于法治状态中。

从历史上看，政府行为法治化是西欧国家得以从封建主义自然经济转向资本主义市场经济的基本条件之一。在封建状态下，“朕即国家”的专制君主控制了几乎全部的政治权力和相当比重的经济力量，而其他社会成员作为附庸、陪臣和子民，并不具有独立的政治经济权利和人格地位。这使得国家权力能够随意干预经济活动，决定了封建君主在自身利益驱动下，利用国家的政治力量直接压抑和阻碍市场因素的成长。因此，西欧社会的市场化过程，也就是市民社会逐步削弱、限制和约束了国家过大的政治权力，整个社会逐步转入行政法治状态的过程，即此时形成的法治化社会，不仅个人和企业，而且政府也真正处于法律的约束与规范之下。这对于西欧社会的市场化是具有极为重要意义的。因为没有社会对政府行为的真正约束，就没有市场的独立发展壮大和市场经济的最终形成。

本书第二章已指出，商品买卖双方的市场交往必须遵循等价交换准则，而这又以双方具有平等独立的政治经济权利和人格地位为基本前提。市场经济的这种内在的等价要求，必然外化为政治上的平等状态。具有“人人平等”形式特征的法律方式，就成为实现市场这一内在要求的最佳手段和必然结果。这就是为什么一个社会市场化的过程，也必然伴之以法治化过程的经济根源。

市场经济的这种平等要求，乍一看似乎容易实现，因为经济必然以自身的力量为自己开辟道路，强制地贯彻自己的意志而最终迫使政治服从自己的根本要求。其实不然。资本主义市场经济的建立，是以私人和资本获得独立的政治地位为基本前提的。这就使得作为市场活动主体的私人和企业，都只能以平等的身份，采用等价交换的方式参与市场竞争，因而它们之间有着天然的平等关系，法律只要对这一现实关系加以确认就行了。而政府则不同。它作为凌驾于社会之上的政权机构，有着不同于私人和企业的政治地位，它以非市场方式参与社会资源配置，这就需要法律对政府行为加以约束和规范，才能使政府在与私人和企业的交往时形成市场所需要的“平等”关系，即政府既为市场提供必不可少的服务，又不侵犯市场的正常活动。否则，政府的非市场活动将对市场经济的形成和运转产生致命的危害。

这样，西欧社会市场化过程中的关键性阻碍因素，与其说是自然经济因素，倒不如说是封建君权。市场因素有着远优于自然因素的资源配置能力，因而仅凭经济方式和手段，自然因素根本无法与市场因素相抗衡，此时要抑制和否定市场因素只能依靠国家的政治权力。这就决定了市场力量能否从根本上限制、约束和决定政治权力，或者换句话说，行政法治问题，就成为西欧封建社会能否向资本主义社会，自然经济能否向市场经济转变的关键问题。这点，联系到我国目前的市场取向改革来看，政治权力的影响是更为重大的。这就是前文多次提到的，我国的市场化改革是依靠政府来直接推动的，这使得政府在整个改革过程中起着其他力量无可替代的作用。正因如此，一旦政府及其官员没能正确地运用自身的权力，没能正确地指导改革过程，则对我国经济体制市场化的危害，则又可能是致命的。因此，如何有效地约束政府行为，是我国目前应当予以高度重视的。

对此，恩格斯 1844 年在《英国状况—十八世纪》一文中就形象地指出，财产成了统治者，就必须处理财产与国家的关系：

> 财产的统治必然要先向国家进攻，并摧毁它，或者，既然财产没有国家不行，那末至少也要把它挖空。产业革命时亚当·斯密就着手进行这种挖空工作，他在 1776 年发表了自己关于国民财富的本质和成因的著作，从而创立了财政学。①

---

① 《马克思恩格斯全集》第 1 卷，北京，人民出版社 1956 年 12 月第 1 版，第 674—675 页。

这种国家“形骸化”的过程，英法等国先是通过选举，更替议会成分而使得市场和资本逐步控制了议会，再通过新议会的立法权，而逐步约束和限制了政府行为，然后再通过革命夺取政权控制了政府，实现了议会以法律形式对政府行为的根本控制，最终完成了政府行为法治化的全过程。应注意的是，恩格斯在这里把财政的“公共化”视为就是这种“挖空工作”的。财政作为政府的一种行为，原本应当是政府加强自身势力的工具，然而在这里却变成了“挖”政府墙角的工具，这就表明了公共财政对于政府行为的约束能力。这点，本章后文将进一步详细予以分析。

这样，政府行为的法治化就以法律至上为基点，而形成了以下的主要内容：(1)政府的行政职权由法设定与依法授予，无法律授权即无政府权力，而权力的授予则也意味着对政府权力的限制；(2)政府实施行政行为必须依照和遵守相应的行政法律的规范，只有依据法律的规定和授权，政府才能制定行政法规和规章，行政性法规和规章等不得与法律相抵触，在这里，政府既是实施法律的主体，又是遵守法律的主体，政府不得享有法外特权；(3)政府的行政行为违法无效，违法的政府行政行为不具有法律效力，不能约束行政相对人的行为；(4)政府必须对违法的行政行为承担相应的责任，其责任人必须受到相应的法律追究和制裁；(5)政府的一切行政行为必须接受社会公众、议会和司法的监督；等等。这些，对于政府的财政行为也是完全适用的。

这种行政法治状态的形成，就为西欧经济的全面市场化创造了关键性条件。这是因为，一方面，市场离不开政府提供的各种公共服务：(1)市场无法提供各类具有共同消费性质的公共服务，但它们对于市场的正常运转又是必不可少的，这就需要政府提供；(2)市场的正常秩序必须依靠政府来建立和维护，即企业和个人的市场活动必须依靠法律来规范和约束，否则在利己动机的作用下，单个企业和个人追逐市场赢利的盲目性，决定了整个市场活动的无序性，也就不可能有正常的市场运转。而另一方面，政府又不能干预市场的正常活动，不应取代市场的正常作用，这才能确保市场机制起基础性的资源配置作用，确保市场的正常活动。这只有在政府行为处于法治状态之时才能实现这点，因为社会只有凭借法律权威，才能使政府大体上只做该做的事和不做不该做的事。

由于行政法治正确地规范了政府与市场的关系，这就对西方市场经济的形成与发展产生了极其巨大的历史作用。在市场对政府行为的法治化约束下，西欧社会才出现了与自由市场制度相适应的“夜警国家”和“廉价政府”状态，才出现了长达数百年的市场和资本的自由发展阶段，才产生了马克思和恩格斯在《共产党宣言》中所说的“资产阶级在它的不到一百年的阶级统治中所创造的生产力，比过去一切世代创造的全部生产力还要多，还要大”①的人类社会生产力的空前发展。而后西方社会从自由放任向政府干预的转化，尽管政府的活动范围和规模大为扩张，但政府行为仍未超越和违背为市场提供必不可少的公共服务和不危害市场正常活动这一基本准则，西方政府活动的扩张并没有全面和根本否定市场经济，至今为止存在于西方社会的仍然是市场经济而非计划经济，等等，都是直接与市场和资本对政府行为的法治约束相关联的。

三　我国的政府行为法治化

政府行为法治化，对于我国建立社会主义市场经济有着更为重要的意义。这是因为，在我国建立法治社会的过程中，政府行为法治化是重心。

---

①《马克思恩格斯选集》第1卷，北京，人民出版社1972年5月第1版，第256页。

近代西方社会对于自身的建立法治国家的实践，其理论界是作了很好的总结和归纳的，同时继承和发展了柏拉图和亚里士多德等人的古典法治国思想，形成了丰富的法治国家理论，又用以改进和完善了西方的行政法治制度。这些，在我国的现代化历程中，是可以学习和借鉴的，并可以成为我国建立现代法治国家的制度和理论的起点，诸如引入现代政体形式，制定现代宪法与其他法律条文，开展相关的理论研究，等等。

然而，我国有着根深蒂固的人治传统，至今仍可以说是人治程度大大超过法治程度，数千年专制政体的影响仍渗透到我国社会经济生活的方方面面。我国宪法规定，国家的一切权力属于人民，人民行使国家权力的机关是各级人民代表大会，而各级人民政府则是各级国家权力机关的执行机关等，这就具备了社会公众通过各级人代会以法律方式规范和约束各级政府行为的基本法律依据。但在现实中，这些宪法条款在很大程度上没有得到执行和落实，各级政府及其主要领导实际上仍凌驾于法律之上，仍超脱于法律的管辖规范和约束监督之外，有法不依、随意执法并不是个别的偶然事例，忽视和蔑视法律权威以及无法或违法举动等仍大量存在。改革开放以来，这类状况尽管已努力纠正之，但至今尚难说已取得了根本进展，实践中仍然没有实现行政法治。

在人民具有当家做主权利的我国，出现这种现象似乎是奇怪的。但宪政理论早已解释了这种奇怪的现象，指出即使是通过民主选择的政府，也不可能保证其活动必然会受到社会公众的有效规范和约束，不能保证其不侵犯个人和企业的正当权利和尊严。发生在我国的现象则是典型的，这是有其经济根源的，即我国缺乏必要的能以法律约束政府行为的市场基础。

西方市场经济的形成是一个自发过程，即使如重商主义时期政府和具有公共性质的财政的干预，也只是为市场的自发成长创造了外部条件。而资产阶级革命仅是市场经济诞生的“助产士”,新体制并非西方政府的人为产物。在那里,市场因素本身承担了创建市场经济的基本任务,政府只起着外部扶持的作用。这样,西欧市场经济的确立过程,也就是西欧市场力量通过自己的根本作用,逐步将西欧政府活动包括其财政行为纳入法治化轨道的过程。从这个意义上看,西欧政府行为及其公共财政行为的法治化状态,是自然形成的,是并不困难的。

我国则不同。我国市场化过程的启动并非是经济进程的自然结果,而是我国的经济建设实践的曲折充分地证明了,计划经济难以实现我国百余年来的救亡图存、富国强兵的现代化之梦,相反却已隐约出现了被开除“球籍”的危险,这才被迫实行市场化改革的。这就使得我国的市场化之路有着极大的特殊性。

我国是在计划经济而不是自然经济的基础上建设市场经济的,决定了在这一进程中,我国的政府扮演了远为重要的角色。与西方自然经济下的自然因素无力阻碍和否定市场因素自发成长壮大相反,我国计划经济下的市场因素缺乏否定计划因素而自我成长壮大的根本能力。此时政企合一的国家直接介入企业的再生产过程,政治权力直接从企业内部否定了市场因素。这一否定具有致命性,它使得市场因素缺乏在原体制机体内自发成长的基本能力,无法依靠自身力量扩张成为社会性的体制形态。这就说明了,为什么我国市场化改革反而要依靠政府力量从市场外部来推动?为什么市场因素只能由政府以非市场方式来人为扶植和培育?为什么是政府对农村社队实行联产承包和对企业放权让利,才开启了改革之路?为什么其后几乎所有的改革都是政府直接安排的结果?更有甚者,为什么连建立社会主义市场经济体制也是以中共中央决议形式来决定?等等。政府在我国市场经济创建过程中起着主动的而不是被动的作用,这是当时的西欧政府所不具备的,也是我国政府行为法治化的特殊性和根本困难所在。

作为社会管理者的政府以非市场方式活动，对市场产生直接的否定作用，而形成双重影响：一方面，政府权力一旦不受控制和约束，权力的自我膨胀欲望必然会导致政府干预和危害市场正常活动的结果。这决定了政府行为必须受到市场的根本约束和限制，而不能无处不在，无所不能；另一方面，市场必然存在的若干失效状态，如不加以克服和弥补，市场经济也无法正常运转乃至无法生存。尤其是市场经济从自由放任转入政府干预之后，政府的活动范围大大扩展，因而政府对社会经济生活的影响和作用大大加强。由于失效状态是市场自发运行的产物，无法依靠市场力量而只能依靠非市场的政府力量来纠正。这样，市场经济下政府又必须存在和发挥作用。这就有一个如何正确界定政府活动范围和规模的问题，即市场如何依据自身的根本意愿，既允许政府进行正常活动，而又限制和否定政府的越轨行为。这是任何社会在建立市场经济体制时所要解决的核心问题。

这一界定是依据市场与政府的相互力量对比，在长期的矛盾冲突和磨合过程中形成的。不同国度和不同历史时期，有着不同的政府与市场的具体关系和双方力量的具体对比状态，决定了在不同时期和不同国度，政府活动有着不同的具体范围和规模。在西欧，市场因素具有否定自然经济的能力，因而西方的私人资本能够冲破自然经济与封建国家的束缚，赢得了独立的政治地位，并依靠自己的经济势力逐步确立了相对于政治权力的根本优势，在斗争中将政府行为逐步纳入了根基于自身根本利益的法治化轨道，形成了市场处于根本支配地位，而政府则服务于市场根本利益的格局。这实际上是市场依靠法律权威直接规范、界定和处理了其与政府的关系，约束和调整了政府在市场经济中的行为，从而解决了这一问题。

我国市场经济体制的建立是依靠政府的直接作用这一基本点，决定了界定我国政府与市场关系的特殊困难：(1)我国不存在类似的经济力量。计划经济使得企业成为政府的附属物，个人成为企业的附属物。在这种依附于而不是独立于政治权力的背景下，社会公众和企业显然是不可能形成对政府的根本决定能力的，而当时的国家又没有乃至反对建立法治社会，这就是计划经济时期我国政府行为难以法治化的根本原因。改革至今，我国仍不存在对政府行为的有效法律约束，则是企业仍未真正具有独立性，市场从根本上仍然从属于政府的现实关系在法律上的反映。(2)行政权力历来是国家各种权力中最普遍、最活跃的内容，其本身就存在着自我无限膨胀的欲望和冲动，由于我国政府在市场化改革中的特殊作用，又使得继续保持强大的行政权力是必需的，相形之下我国的法律至今仍苍白无力，就很自然了。(3)我国的改革处于西方国家已从自由放任转向政府干预的历史背景下，因而我国的市场经济也只能是政府干预型的，这与我国政府权力独揽的历史传统相结合，也决定了我国行政权力的强大。这些，都决定了正确界定我国政府与市场关系界限的极大困难。对此，我国理论界已有了较好的认识。①

但是，行政权力的强大，并不等于我国的市场化进程无须或难以要求政府行为法治化。相反，行政法治问题在目前的我国有着更大的紧迫性：

1. 市场经济基础的薄弱，并不等于完全没有这一基础。尽管计划经济时期对市场因素进行了全方位的政治经济围剿，但仍然无法根除之，不仅整个经济活动仍然借助商品货币形式来开展，就是各种“资本主义尾巴”也从来没能“割”干净。这样，我国 70 年代末开始的改革，实际上仍是在一定的市场因素基础上开始的。正是通过不断地将实质内容注入早已存在的商品货币形式之中，通过鼓励和加快个体与私营经济等市场因素的扩张，而逐步地增大着我国经济的市场化程度的。

---

① 参见苏力：《二十世纪中国的现代化和法治》，载《法学研究》1998 年第 1 期。

可见,我国政府在改革中的"人为"作用仍是有现实的经济基础的。而随着我国经济的市场化程度的加深,我国的法治化进程也加快了。20年的改革已使得我国的市场因素有了很大的发展,在这一背景下谈论我国的政府行为法治化问题,已在很大程度上具备了所需的经济基础了。

2.20年的改革是一个不断打破政府行政干预经济和以指令性计划安排控制经济的过程。但这也产生了旧的维系纽带和调控系统被打破,而新的尚未建立健全的问题。具有实质性内容和权威的法律,是能够约束和规范相关各方的市场行为的。这在改革打破了旧的社会经济秩序而存在混乱状态之时,法律是能够依靠其权威建立起新的社会经济秩序的。此时的法律规范显然也是必须适用于政府行为的。即不仅适用于政府与市场的关系,而且也适用于处理政府内部各组成部分的相互关系。政府作为统一体是由多个组成部分构成的,这些部分对市场经济发挥着不同的作用,提供着不同的公共产品,履行着不同的职责。它们的活动是由市场所根本决定的,此时是无法仅靠中央政府的行政命令,来维系整个政府运作的统一性和协调性,而只能依靠与市场相适应的法律制度,来根本确立、规范和调整各级政府之间、本级政府内部各构成单位之间的相互关系。这点,西欧国家的实践已提供了很好的证明。由于我国政府在市场化改革中的特殊作用,这就更需要加强各级政府行为的法治约束和规范。

3.人类的经济实践充分证明了,只有市场经济才能实现社会资源和要素的最优配置,因而建立市场经济对于我国来说是有其历史必然的。从这个意义上看,建立市场经济体制并非是纯"人为"之举,在政府"人为"作用于经济的表象之下,具有符合我国经济发展进程根本趋势的深层含义。相应地,我国行政法治的建设也不是纯"人为"的举动,而是符合历史客观要求的。我国政府既然要主动地建立社会主义市场经济，显然也就应该主动地将自身置于法治化状态之中，通过主动推进行政法治建设，以配合并确保整个经济体制改革的顺利进行。

这些年来，尽管我国理论界在“行政法治”的命题下，对政府行为法治化问题进行了很好的探讨，①但在实践中则一定程度地忽视了这一问题。然而，政府行为是否法治化，政府是否依法执政，是我国法治化建设能否取得真正进展，我国能否从人治转到法治上来，从而我国能否建立起社会主义市场经济体制的关键。原因就在于政治权力具有很大的独立性，在相当程度上可以依据自身利益而活动。这样，即使是在民主制度下，也需要将政府行为置于法律的约束之下，才能“迫使”政府行为遵循社会公众的根本要求，或者换句话说，才能根本遵循市场的要求行事，才谈得上在我国真正建立市场经济的问题。

第四节　财政行为法治化

在我国特定的国情下，政府行为法治化又以财政行为法治化为关键，而政府预算法治化则是财政行为法治化的基本途径，因为具有法律权威的政府预算将能直接规范、约束与控制政府的具体活动，而将政府行为和财政行为纳入法治化的轨道。可见，我国法治化进程必须遵循这样的思路来进行，即政府行为法治化→财政行为法治化→政府预算法治化。当务之急则是强化政府预算的法律权威，实现政府预算的法治化。财政行为的法治化，是公共财政的基本要求；而政府预算的法治化，则是公共财政所赖以存在的基本形式。

---

①　参见胡建淼：《关于中国行政法上的合法性原则的探讨》，载《中国法学》1998 年第 1 期。

一　财政行为法治化

依法治国①是我国人民积数十年惨痛经验教训的总结，也是人类社会文明进步的必然结果。20 年来，我国的法治化进程和法治程度有了很大提高，但离社会主义市场经济的要求仍有很大差距，仍难以说是法治社会了。市场经济是法治经济，依法治国由市场经济所根本决定，这点早已成为人们的共识。然而，在我国特有的国情下如何推进法治国家的实现，怎样真正做到依法治国，则是我国至今远未解决的理论和实践问题。特定的法律制度是由特定的经济关系决定的，也受到财政关系的影响。公共财政是法治财政，公共财政模式框架的建立和健全，将对我国的法治化建设产生积极和深远的影响。

历史唯物主义的基本原理告诉我们，只要市场因素发展了和市场经济建立了，政府的活动终将会受到市场的根本制约与监督。但是，国家作为凌驾于社会之上的政权机构，有着自身相对独立的意志，并不都会自动地遵循客观经济进程的要求行事。相反，人类的社会实践却一再证明，国家的具体行为是可以违背经济进程的客观要求的，国家的主观意志在或长或短时间内是能够得到强制贯彻执行的。“大跃进”和“文化大革命”就是极好的证明。

当然，诚如历史唯物主义所指出的那样，违背客观经济规律的现象和行为终究要得到纠正，但这是以经济进程遭到破坏，是以整个社会付出极大的“学费”，换句话说，是为了满足少数人的一意孤行而社会大众遭受极大惩罚为代价的。为此，不是依靠代价惨重的所谓经济规律

---

①　在我国法学界，关于“行政法治”问题，还进一步探讨了“依法行政”与“合法行政”的区别，指出“依法行政”所依据之法必须是“正义之法”“理性之法”和“合理之法”。本文的“法”字，就是“合法”的“法”，因而是在“合法行政”意义上谈论“依法行政”和“依法治国”问题的。

的事后纠正，而是依靠法律手段，从具体的政治运行过程入手，形成一整套有效地决定、制约和监督政府活动的政治程序及法律制衡机制，才能真正防止这类惨剧在我国的重演，从而尽可能地避免我国建立市场经济体制过程中的弯路和不必要损失。

而要有效制约与监督政府活动，则制约与监督政府的财政活动是关键。“赋税是喂养政府的娘奶”①，“赋税是政府机器的经济基础”②，财政是直接联系政府与经济的纽带。没有相应的财政收入，政府就没有相应的人力物力财力，政府及其活动也就无法存在，更不用说什么职能的履行了。古往今来，任何政权都必须掌握应有的财力，而不管主权者是通过非经济手段从社会取得，还是依靠自己雄厚的私产收入都如此。一旦财政陷入困境，政权也就陷入危机之中。如果不能尽快克服财政困境，那离政权的覆亡也就不远了。反之，控制了财政收入与支出，也就控制了政府的命脉，从而具有了从根本上决定和约束政府活动的能力。

众所周知，在西欧市场经济产生过程中，形成了市场和资本对政府的根本约束控制状态，其原因就在于市场和资本从根本上控制了政府的财政命脉。西欧封建末期，新兴资产阶级的经济力量迅速膨胀，而处于没落状态中的封建君主在内忧外患中陷入愈益严重的财政困境之中，但又无力依靠政权力量将新的税收和公债强加于市场之上。经济上强大的新兴资产阶级就以税收和公债为武器，即以同意或拒绝纳税和举债为手段，而逐步获得了政府征税和举债的立法权，逐步剥夺了封建主的财政权，为资产阶级夺取政权作出了重大贡献。此后，不管是封建君主的政府还是资产阶级的政府，都受到了市场和资本通过议会及

---

① 《马克思恩格斯全集》第7卷，北京，人民出版社1959年4月第1版，第94页。

② 《马克思恩格斯全集》第19卷，北京，人民出版社1963年12月第1版，第32页。

国家预算制度的直接制约与决定,表现出税款的使用是由个人所根本支配和决定的,而极大地削弱了政府权力。此后又逐步建立起具有法律效力的国家预算制度,使得几乎所有的政府收入都必须经过市场化议会的批准,这就依靠法律手段和权威从根本上控制了政府的经济命脉。

对于税收控制权问题的争议,是导致北美独立战争的直接因素之一,就是一个典型的例子。殖民地时期,英国与北美殖民地之间的税收问题摩擦,一直是双方摩擦的主要内容,并且一直持续至北美独立战争的开始。1764 年英国公布《糖税法》,对从西印度群岛输入北美的蔗糖等制定了新的关税税率。1765 年颁布《印花税法》,规定所有的报刊、法律证件、商业单据和各种印刷品都必须缴纳印花税。这在北美殖民地引起极为强烈的反应,各殖民地如倾盆大雨般的抗议和暴乱活动,使得英国议会被迫在 1766 年 3 月取消了《印花税法》。而到该年糖蜜税也已经降低到每加仑 1 便士的低水准上,“这数目和贿赂费很接近”。1767 年英国议会又通过《汤森税法》,对颜料、玻璃、纸、铅、茶等征收关税,又激起殖民地人民新的反抗。次年,英国派军队到波士顿。1770 年 3 月,在波士顿发生居民和英兵的流血冲突事件。在群众的反英运动高涨的形势下,英国被迫取消了《汤森税法》,但仍然保留了对茶叶的关税,借以象征英国议会对殖民地的征税权。1773 年,英国议会为了倾销东印度公司积存的茶叶,通过《茶叶税法》,规定输入美洲的茶叶一律免付较高的进口税,只收合原价 1/80 的商业税,企图借此迫使殖民地人民缴纳未经他们同意的捐税。由此而引起的骚乱,导致英国于 1774 年采取了封闭波士顿港口等一系列高压政策和措施,反而促进了反英运动的激化。该年第一届北美殖民地大陆会议召开,拟就了呈交英王的请愿书,要求英王非经殖民地同意不得擅自征税等。在大陆会议休会期间,殖民地与英国的冲突转入了武装斗争的阶段,开始了独立战争。①

之所以北美殖民地与英国宗主国发生了税收上的纠纷,是因为像别的英国人一样,北美殖民地居民也认为,英国政府的代议制性质是它必须保护人民权利的最重要保证。而在所保卫的各种权利中,最珍贵的是财产权。没有财产权,生命和自由就没有保障。由于征税就是拿走财产,就是剥夺了财产的所有权,因此如果未经本人或其代表的同意就可以随意征税的话,则任何人都不能说自己是自由的。所以,英国的社会公众通过议会掌握了纳税权限,是经过艰苦的斗争才赢得的,才写入英国宪法的。在英国,只有代议制的下议院才可以建议征税。为此,各殖民地的代议制议会也宣称拥有这样的权限。这样,没有美洲代表参加的政治实体——英国议会——竟然通过糖税法和印花税法擅自向殖民地人民征税,这在他们看来是极其荒谬的。如果英国议会能够征这些税,那么它也能征收别的税。此例一开,殖民地居民的处境就会恶化,就会受到英国议会的专制压迫。而英国的议会正是把英国人民从同样的专制下拯救出来的那个机构,北美殖民地居民们认为这是个莫大的讽刺,因而他们举行革命是理所当然的。②

西方的市场和资本掌握了税收的根本决定权和支配权,就根本决定着和支配了国家及其公共财政活动,确保了国家的行为和活动必须符合、维护与促进市场和资本的利益。其后随着社会经济的发展,西方社会的劳动者也逐步加入到纳税人行列中来,也在一定程度上获得了

---

① 参见〔美〕J. 布卢姆等著:《美国的历程》(上册),杨国标、张儒林译,北京,商务印书馆1988年11月第1版,第141—156页;周一良、吴于廑:《世界通史》(近代部分上册),北京,人民出版社1962年10月第1版,第130—132页。

② 参见〔美〕J. 布卢姆等著:《美国的历程》(上册),第143页。

以纳税人身份在国家政治生活中发出自己声音的权利。这是西方国家之所以能够建立起资产阶级民主制的直接经济根源。这种状态有助于提高人们纳税的积极性和主动性,产生了西方社会公民积极纳税的结果。这些,对于我国税收活动来说,显然是富于启示性的。

我国的社会主义制度为全体人民成为国家真正主人提供了根本条件,但如果社会成员没能在税收上掌握自己的命运,不能对政府的税收征收和使用提出自己的根本要求和具有根本的决定能力,则"主人"身份仍仅停留在法律条文和政治口号上,则社会主义民主是仍然没有实现的。人类实践已充分证明了,即使是社会主义国家,也并不总是能够保证不违背和不侵犯社会成员的利益的。尽管国家违背社会成员根本利益的行为将受到客观经济力量惩罚而被强制性地纠正,但问题在于这种纠正只是事后的,因而是以惨重损失为代价的。国家如同恩格斯在《家庭、私有制和国家的起源》一文中所指出的那样,是"一种表面上驾于社会之上的力量"①,有着相对独立于经济基础的,并且在相当程度上自行其是的能力,尤其是现代国家和政府对于社会经济活动,更是有着巨大的反作用,这就使得一旦政府行为发生失误,仅靠客观经济力量来纠正,不仅太慢太迟,并且往往代价太大,"大跃进"和"文化大革命"的损失之惨烈和教训之沉痛,就充分地说明了这点。

这样,具备事前制约监督和纠正国家行为的机制与能力,防患于未然,是任何一个成熟的社会所必不可少的。而社会与国家的所有联系中,与国家和政府的存在和运转直接相关联的,只有税收及其他财政手段。一旦社会拥有了对税收的根本决定权和支配权,也就具备了对国家整个活动过程,即从事前到事后全过程的根本控制权。

然而,在传统的计划经济时期,我国政府却有着几乎不受法律约束

---

① 《马克思恩格斯选集》第4卷,北京,人民出版社1972年5月第1版,第166页。

和限制的权力。这是以当时我国的财政收入特点为基本依托的。众所周知,当时除农村外,存在于我国的经济成分几乎只是国家所有制经济(集体经济实质上也是国营经济)。在这一经济基础上,我国财政与以资本主义私有制为基础的西方公共财政有着显著的收入差异。我国当时几乎只存在着工商税和利润上缴两种财政收入形式,并且基本上仅从国营企业直接获得财政收入,农村社队提供的直接财政收入微乎其微。当时个人几乎没有直接纳税,甚至还将个人无须纳税作为社会主义优越性来加以宣传。此时企业的所有者是国家,经营者也是国家,因而政府取得财政收入的过程,几乎就是政府将原本属于自己的经营收益,集中到政府预算手中的过程。这里不存在所有者的变更问题,是政府在安排和使用原本就属于自己的财力。这就决定了此时作为政府行政附属物的企业,与作为企业行政附属物的个人,是毫无权利与资格,去对作为所有者的政府如何集中和使用自己的财力说三道四的。这就是此时政府行为不可能受到企业和个人的根本约束与决定的财政根源。可见,正是计划经济及其相适应的财政模式,从根本上决定了此时政府行为的非法治化状态。

相反,市场经济下西方政府的财政收入,无论是流转税还是所得税,都是直接由资本和个人缴纳的,都直接表现为是政府将私人资本的经营收益或个人收入集中到自己手中,从而鲜明地存在着所有权的改变问题的。市场有着自我自由独立地发展的天性,“私有财产神圣不可侵犯”观念及其法律制度的形成,就是这一本性的集中体现。然而,政府征税恰好是对私人财产的侵犯,是对市场这一天性的亵渎与否定,因而似乎是不应发生的;但政府征税又是必需的,因为没有财政收入,就没有政府为市场提供的公共服务,因而市场又不能不同意与允许政府征收一定的税款。正是由于与资本和个人有着根本利益的一致性,才出现了市场经济条件下政府征税这种直接侵犯私有财产的现象。但政府征税毕竟是对私有财产的否定与侵犯,是直接违背市场本性的,因而必须对财政收入的范围、规模和过程予以严格的限制和约束。西方的市场是通过将政府的财政行为纳入法治化轨道做到这点的。财政法治使得市场通过法律手段,既赋予政府以必不可少的财政收入,又基本上限制了政府取得非分财力的企图;既同意政府的非市场活动,又将其限制在一定的规模与范围之内。应该说,这就是西方政府在市场力量面前的表现可以“循规蹈矩”来概括的直接原因所在。

改革开放导致了我国财政分配格局的巨大变化,已经形成了较大的要求财政法治的压力,但我国的市场至今仍不具有约束规范政府财政行为的能力。这是我国的经济体制已进行了重大改革,但尚未能够完全转变这一矛盾在财政上的反映。改革至今,不仅国有企业仍未能获得真正独立的市场运营主体地位,就是有着较大市场独立性的各种非国有企业和混合制企业,在很大程度上也仍处于政府的强力约束和控制下,在某种意义上仍须通过攀附和依托政府权力才能取得市场成功。这样,目前我国财政没能实现法治化,是不奇怪的。

然而,市场不是独立于而是依附于政府及其财政,从而难以对政府行为加以法律约束,其后果是严重的。我国改革和发展过程中所产生的种种弊端与问题,几乎都可以由此探寻出根源。其典型的大约有两个问题。一是政府的乱收费问题。乱收费之风的猖獗及其危害,一度到了令人发指的程度。但是,政府之所以不仅能对国有企业乱收费,而且也能对非国有企业乱收费,对农村居民乱收费,其根本原因就在于企业和私人本身仍然缺乏独立的市场主体地位,从而无法以法律手段维护自身的正当权益,无力抵制和否定政府(不管是哪级政府、哪个政府部门)的乱收费。这样,尽管各种红头文件三令五申加以禁止,各类报纸杂志众口一词予以抨击,乱收费之风反而愈演愈烈,就毫不奇怪了。

一是所谓的诸侯经济问题。“诸侯经济”是地区自成体系的或对外封锁的经济，它与市场经济的开放本性是相违背的。因此，"诸侯经济"不是市场经济本身的产物，而是我国市场目前很大程度上仍从属于政府，政府又非正常地插手市场活动的结果。具体看，改革开放中地方和部门获得了相对独立的财权财力，但却没有建立相应的法律约束，使得它们既能追求自身利益，其行为又没受到有效的约束，无须对其后果承担相应的责任。在这种环境中，出现地方和部门以牺牲市场为代价追求自身利益的"诸侯经济"现象，是完全符合"经济人"这一经济学的基本假设的，不出现这类现象反而是值得奇怪的。可见，这一问题的出现，在相当程度上仍是可以归结到我国政府财政缺乏法治上来。

在我国市场经济的建立过程中，政府能否正确遵循市场要求去运用政治权力，是我国改革能否顺利进行并最终获得成功的关键。但要政府谨慎和正确地运用自己的权力，仅靠政府的自我意识和自我约束是远不够的。不受制约的权力将是被滥用的权力。改革导致了财权财力的分散，却没有形成相应的约束、规范和制衡机制，各级政府机构和单位之间维护与扩张自身利益的争夺，导致了我国财政行为的严重紊乱，而企业和社会则无力抵制各级政府的不正当财政行为。要克服这些问题和弊端，只有强化政府财政的法治性内容，对政府的财力运作进行强有力的法律约束和监督，才能纠正政府的不当行为，避免政府对财力的滥用。这样，财政行为法治化就具有了特殊的重要性。随着我国改革的进展，市场愈益壮大而逐步成为整个经济的决定性力量，这就需要改造现有的财政法律法规，将实质性内容注入其早已存在的法律形式中去，使财政真正发挥社会公众和市场决定、约束与监督政府活动的作用。

要实现财政行为的法治化，我国目前已具备了或正在形成着相关的各种经济和政治条件。20 年的改革已使得市场因素有了巨大的增长，市场经济体制也正在建立之中，建立法治国家的目标已经提出并正处于实现的过程中，等等，都使得目前提出财政行为法治化问题，不仅有其必要性，而且有其可能性。这样，我国在财政的法制建设上先走一步，率先实现财政法治，并以其为突破口进而完成整个国家的法治化建设，同时也解决目前几乎无法解决的各种重大财政难题，是目前我国法制建设的必然选择。

二　政府预算法治化

要实现政府财政的法治化，又必须以政府预算的法治化为基本途径和手段。

政府预算从形式上看，就是政府财政的收支计划，是政府为了安排当年的财政活动而编制的财政收支计划。因此，中外理论界大体都以是否产生和存在"财政计划"，来作为衡量政府预算这一财政范畴是否存在的基本标志。但是，以计划形式来安排财政收支活动的现象，中西国家早已大量存在，而政府预算这一财政范畴的产生，则普遍认为是封建社会末期向资本主义市场经济过渡时的事了。这样，有"财政计划"并不等于就有政府预算。依本人之见，正是政府财政向法治化的转变，才导致了政府预算这一财政范畴的产生。从政府预算的诞生过程来看，当时西欧国家的议会迫使政府编制的年度收支预算，并不必然产生约束和限制政府财政活动的能力，因为政府制订的计划，政府本身可以不执行，也可以任意修订。因此，只是当政府预算计划既以法律方式通过，又以法律权威加以约束之时，政府预算才具有了约束政府及其公共财政活动的能力和效力。因此，法治性才是政府预算这一财政范畴活的灵魂，"法治化"才是政府预算这一新的财政范畴产生和存在的基本标志。

这样，政府预算在西方社会的形成，其根本意义就在于它导致了国家财政的根本权限转移到了社会大众手中，使得市场通过议会掌握了政府及其财政行为的根本决定权和监督权。这样，市场就能够以政府预算为手段贯彻自身的意志，既从根本上服务于市场，又基本上不能违背和侵犯市场的根本利益。这样,真正意义上的政府预算就成为公共财政确立并存在的典型标志。

从收入方面看,此时的政府只能依据税法征税,这就直接限制着政府取得收入的规模、内容和范围等,因而实质上是市场在根本决定着政府收入。它表明了,此时的市场是愿意缴纳这些税收,是愿意付出这些代价的,并且市场也基本认可了政府征税对市场产生的不利影响的。政府只能依据法律征税,决定了政府的收入活动是不能超越市场的根本约束与限制的。这就是既定的税法所确定的税率,实质上代表了政府的税入规模,尤其是税入相对规模的界限,从而确保了政府不能从市场取走过多的资源和要素,而只能索取自身为市场提供公共服务所付出的成本费用即税收价格,避免了税收对市场过重负担的形成;既定的税法所确定的税基、课税对象和税收项目等,都代表了法律所允许的政府具体征税内容和作用对象,它们大致界定了政府征税对于市场的作用范围与内容,使得政府不能随意介入市场的正常活动之中。

从支出方面看,政府依据议会批准的预算安排支出,意味着政府支出的内容、规模、项目和范围等是根本符合市场要求的,是不能违背市场的根本意愿的。政府活动以一定的财力为后盾,具体表现为它必须获得相应的财力支出,才能拥有所需要的资源和要素。这样,政府预算的一条一款都直接约束、限制和规定着政府的具体活动。议会以法律方式确立政府的支出预算,就意味着市场借助法律手段,不仅根本控制和决定了政府活动,而且也直接地和具体地规定约束着政府行为;议会对预算草案逐条逐款的审议修订和通过的过程,实质上就是市场对政府各项具体施政活动的审议与批准过程;一旦政府预算获得批准,就意味着政府的具体活动得到了市场的认可;政府预算执行过程中,政府通过相应法律程序经议会批准追加追减了预算,就意味着市场同意政府行政活动的变更;政府预算执行过程中社会公众和议会对预算执行情况的检查监督,就意味着市场对政府行政状况的检查监督。这样,政府预算就成为政府依法执政的直接依据和基本途径。只要社会通过议会真正掌握了政府预算的决定权和监督权,政府活动就不可能从根本上对市场构成损害,这就极大地增强了客观经济力量阻止和否定政治权力主观孤行的能力,从而能够避免经济进程中人为因素产生的灾难性后果。

政府预算这一形式在我国早已存在,但缺乏财政法治的内容,为此,按照财政行为法治化的要求,必须对我国现有的政府预算制度进行较大的改革,使之获得相应的法治内容。这一改革的要点如下:

1. 强化政府预算的法律性。改革开放以来,我国的法制建设取得了长足的进展,但政府预算却是其最薄弱的领域之一。至今为止,知道人大会通过的各级政府预算具有法律效力的人并不多,而愿意遵守的人就更少。在政府预算的执行过程中,随意增加减少财政收支,乱批条子,乱开口子的现象比比皆是。在这种混乱状态中,浑水摸鱼者有之,稀里糊涂过日子者有之。这对于处于严重困难之中的我国财政来说,无异于雪上加霜。为此,应严肃我国政府预算的法律性,坚决杜绝没有相应法律授权的财政收支活动的发生。

而从美国预算制度来看,则有着很强的法律性。美国没有单独的预算法或财政法,年度预算的通过,本身就是个立法的过程,已通过的政府预算就具有法律效力,成为政府各级部门在该财政年度内安排各项支出和取得收入的法律依据。对于已通过的政府预算,未经法定程序的更改,任何人和任何机构、组织都无权擅自改变。即使是总统亦如此,也无权将既定项目的款项挪作他用,也无任何机动财力由其支配。在紧急情况下,总统需要增加支出或变更既定支出的用途,也必须得到国会的批准,否则将作为违宪对待。[①] 正因如此,在国会不知情或未经

---

① 杨华柏:《美国预算怎样出台》,载《中国财经报》1998 年 5 月 20 日。

国会许可的情况下，政府擅自获取收益并使用之，还曾经导致了里根政府的“伊朗门”危机。① 在200余年的建国史上，美国联邦政府多次由于国会没能通过联邦预算而部分关门，其中如1996年就出现过若干次；或者出现政府预算批准危机，而不得不采取临时应急办法。又如英国，政府部门的所有支出都要求有议会的授权，这是一条基本原则。如果有必要，政府部门可以通过“追加预算”制度去获得资金，但只能专款专用。各部门的支出都要受拨款规模的限制，而且只能在款额划拨的财政年度之内支出。

当然，这种政府由于预算草案没能通过而影响正常运转状况的出现，显然是会影响乃至危害政府的工作效率的，因而是不值得提倡和应当尽量防止的。但是，在这类现象的背后所表现出来的法律尊严和守法精神，对于市场经济来说，对于人民群众的当家作主权利来说，则是必不可少的，因而从根本上看，又是应当充分肯定的。这就是一旦政府预算草案没能获得通过，即使是社会要为此付出再大的代价，也是必须的和必要的。只有这样，才能避免人治现象在我国的重现，避免政府违背和损害市场与资本根本利益的行为出现，一句话，确保人民大众真正当家作主的权益。因此，确保政府预算所具有的法律效力和尊严，是我国在改革政府预算制度和进一步加强法制建设时所必须努力做到的。

2. 强化政府预算的归一性。这就是除了某些特殊的款项之外，所有的政府收支都必须纳入各级政府预算，而目前我国政府直接支配的财力仅有预算内的，庞大的预算外和制度外财力均游离于政府预算之

---

① “伊朗门”指1986年里根政府向伊朗出售武器，然后又把所得的货款私自转交给尼加拉瓜反政府武装的秘密交易事件。该事件受到美国国会的追究和诘难，尽管最后没有导致里根政府垮台，但被称为“伊朗门”，而与导致尼克松总统下台的“水门”事件相对比，表明了该事件给里根政府造成的政治危机程度之严重。

外。后二者不仅逃离了市场的约束与监督，而且也躲避了上级政府和本级财政的管理与控制，成为腐败浪费的温床。改革开放打破了大一统的计划经济体制，使得地方各级政府和部门、单位获得了愈益增多的财权财力，这是与市场取向改革的根本趋势相一致的。但是，在这一过程中忽视了政府预算的相应改革，破坏和否定了政府预算的归一性，由此导致了政府财力的严重分散，对改革、发展和稳定都构成了严重危害。为此，强化政府预算的法治化，必须遵循政府预算归一性的要求，通过相关的法律制度建设，将一切必须纳入预算的收支，全部纳入各级预算之内。

3. 强化政府预算的公开性。政府预算的尽可能公开，是确保政府活动受到社会公众约束和监督的基本条件。我国的政府预算则缺少公开性和透明度。几十年来我国通过报纸杂志公布的政府预算，从来都只有几个收支大类的数据。每个数据少则以十亿元、多则以百亿元乃至千亿元计。如此庞大的数额，使得其中的具体内容不要说普通老百姓和非专业的人大代表，就是财政预算部门的工作人员要弄清楚也是很困难的。这就根本谈不上什么公开性了。改革开放以来，财政体制改革使地方、部门和单位获得了愈益增多的财权财力，为了维护自身的集团利益，往往有意采用种种方法和手段隐瞒本地区、本部门和本单位的财政财务收支状况，这就极大地增加了我国政府预算的模糊度。而极端者甚至将预算数据列为最高机密，真实数据只有那么几个人知道。浑水更好摸鱼，10余年来我国财政活动中触目惊心的严重浪费、腐败、失误、低效等现象，是直接与这种缺乏公开性和模糊状态正相关的。尽管不断进行反腐倡廉，但实际状况并无根本改观。

从西方的政府预算来看，则是将几乎所有的预算收支逐笔逐项都以预算文件的形式向全社会公布的。公之于众的政府预算在众目睽睽之下，是不能不大大减少其营私舞弊的。这样，西方政府及其公共财政活动中的浪费、腐败、失误和低效等程度远低于我国,就毫不奇怪了。可见,西方政府预算的公开性内容是应当为我国所借鉴的,这样才能借助社会公众和法律的监督,去克服各种不良行为和丑恶现象,使我国的财政支出有一个较大的压缩,从根本上克服我国财政现存的痼疾,并大大提高我国政府的执政效率的。

4. 强化政府预算的计划性。全面系统的计划形式,是政府预算的基本表现形式,因而计划形式是否健全完善,是政府预算能否有效运转和真正实现其目的的前提。为此,我国的政府预算应在弱化原有的服务于计划经济的计划形式的同时,强化政府预算"预先的计划"的功能。政府预算在规范和安排着政府活动的另一面,也直接体现着政府的政策意向,直接关系到社会经济运作状况的好坏,因而必须预先作出周密的计划和规划。但几十年来,我国的政府预算却从未真正发挥好这一作用。至今为止,每年都是在本预算年度已开始若干个月之后,才完成制定政府预算的法律和政治程序,此前严格地说是在没有"预算"的状态下开展财政活动的;就是此后通过的各级政府预算,也大体上是一年预算,"预算一年",临到年终还存在不按法律程序更改预算指标的现象。

在这种几近无计划的状态下,我国要想真正做好财政工作,约束和规范好政府行为,又谈何容易!因此,即使是在计划经济时期,政府预算本身也难以说是真正有计划的。而西方的政府预算在预算年度开始之前就必须制定完毕,否则政府是无权开展财政运作的,因而西方的财政活动本身就具有很强的计划性,一收一支都是由计划预先安排的。为此,必须将我国政府预算的编制时间大大提前,大致在上一财政年度的年初就开始着手本财政年度各级政府预算草案的编制和立法审议工作。只有这样,各级人大会才能有充分的时间对政府提出的预算草案进行讨论、修改和审批,从而形成较为成熟的各级政府预算。

相反,美国每个年度的预算编制至少要花18个月。相比之下,双方政府预算的计划性如何,就昭然若揭了。而从英国政府预算来看,其每年通过政府预算制定出收入和借贷额度,对未来三年中每年的公共支出作出一个“总预算”,并在各部门支出和应急备用资金之间作出预算分配建议。这些“供应估算”建议就成为政府向议会提出的拨款要求,而在每年的“公共支出核查”中得到解决。下议院通过投票批准或修正这些“供应估算”,并通过“拨款条例”赋予各政府部门拨款支出的正式权力。

5. 强化政府预算的政治程序性。几十年来,我国政府预算制度尽管也具有西方式的一整套运作程序,但具体运作仍然是不规范的。每年我国的各级人代会只是在短短的几周内,就匆匆完成了从预算草案的提交、审议到批准的全过程,其中极少有关于人大代表对预算草案的质询、修改和否决的报道见诸报端。此后在预算执行过程中,收支预算的追加追减,完成之后的决算审批等过程中,主观人为的因素都太强,没有遵循法定程序而乱收乱用的现象屡屡发生,社会公众和人代会都难以通过预算程序有效地规范、约束和监督政府及其财政活动。为此,应当承认政府收入的是社会大众的“公”钱,并不是少数乃至个别人的“私”钱,政府无权超越社会公众经由人代会履行的财政权限,无权随心所欲地进行财政收支活动,而必须严格遵循既定的政府预算程序进行活动。只有这样,才能保证全体人民的当家作主权利,才能确保我国政府及其财政活动不损害全体人民的根本利益。这点,在资本主义的西方尚且能够较好地做到,在全体人民当家作主的社会主义我国,为什么反而做不到了呢?

美国国会在确定联邦政府预算时,是比其他代议制国家的议会更为积极、更为主动、发挥着更大的作用的。美国与预算有关的法律大致可以分为以下几个方面:(1)宪法中有关预算的规定;(2)总统编制预算的法律，如《1921 年预算和会计法》等；(3)国会预算行为的法律，如《1974 年国会预算法》；(4)预算执行的法律，如《反赤字法》；等等。此外，美国财政部门不负责编制预算，而主要是负责税收和经济预测工作。联邦政府预算则是由联邦预算署负责编制。当预算署在编制预算中与其他部门意见不一致之时，财政部可以从中协调，发表意见。而英国政府各部门的支出，则都要受到议会的"公共支出委员会"的监控，该委员会受"全国审计办公室"的监督，而"全国审计办公室"则是由"部门审计员兼总审计长"领导。部门审计员兼总审计长享有高度的独立工作权，对财政款项的使用情况拥有充分的监督权。这些，在预算法律法规的制定与预算编制程序上，是可以为我国提供一定的借鉴的。

6. 强化政府预算执行的制度性。在政府预算的执行过程中，必须强化政府采购制度，这主要是针对政府购买性支出而建立和采用的制度。在政府购买性支出中，除了公务人员的经费之外，原则上其余的都是政府购买企业和私人的产品与劳务，诸如从办公设备、房屋设施等公共建筑到飞机、大炮、坦克、导弹等，它们共同构成了政府的采购活动。根据市场等价交换的购买准则，以及政府预算活动的公开性、透明性、制度性等原则，去规范政府的采购行为，就形成了政府采购制度。

在西方，政府采购制度是 30 年代大经济危机之后，特别是第二次世界大战后才逐步制度化、法律化的。在实践中，它已成为政府满足自身直接需要，加强预算支出管理，提高财政支出效率，以及有效地实现自身的目标意图的重要手段。目前，政府采购也是我国财政经济界探讨和摸索的热点问题。但在探讨和论证中，人们往往强调的是政府采购制度的市场方式，即强调通过在市场的公开招标等市场手段，来提高政府支出的使用效益，而强调政府的购买性行为必须制度化、规范化、公开化和法治化的则相对较少。由于政府采购制度是以法律形式确定的，因而政府采购制度实际上也是财政行为和政府预算法治化的一个具体内容。西方许多国家为了更好地开展政府采购活动,确保政府采购制度的顺利有效运转,还专门成立了中介机构,负责实施或监督政府采购的具体工作和过程。诸如英国,各政府部门对自己的采购决定负责,但这些决定必须在财政预算的限定额度范围之内,并且仍然需要就自己的所有支出对议会负责。

由于有着相应的法律规章制度的约束,同时又有着较高的透明度,较为规范的操作程序,因而政府采购制度的建立和实行,将能够抑制政府购买性活动中的徇私舞弊和贪污腐化现象。这点,对于我国目前的政府支出来说,是具有重要意义的。这些年来,我国腐败现象已到了危及整个现存的政治经济制度的程度,即"反腐败斗争是关系到党和国家生死存亡的大事",采取有效措施抑制直至最后消除之,已是刻不容缓了。政府采购制度的在我国的推行,将对腐败现象的抑制起着重要的作用。

总之,在我国进行法治建设,必须寻求一条适合于我国国情的道路。以政府行为法治化为重心,以政府预算的法治化为手段,通过财政行为的法治化这一突破口,来实现整个国家的法治化,就是一条可选择的道路。而一旦财政行为真正做到法治化了,则公共财政也就建成了。

本章主要参考文献

1. 顾准:《顾准文集》,贵阳,贵州人民出版社 1994 年 9 月第 1 版。

2. 胡建淼:《关于中国行政法上的合法性原则的探讨》,载《中国法学》1998 年第 1 期。

3. 刘海年:《略论社会主义法治原则》,载《中国法学》1998 年第 1 期。

4. 马克垚主编:《中西封建社会比较研究》,上海,学林出版社 1997 年 12 月第 1 版。

5. 苏力:《二十世纪中国的现代化和法治》,载《法学研究》1998 年第 1 期。

6. 孙笑侠:《法治国家及其政治构造》,载《法学研究》1998 年第 1 期。

7. 张馨:《比较财政学教程》,北京,中国人民大学出版社 1997 年 9 月第 1 版。

8. 张馨:《论公共财政》,载《经济学家》1997 年第 1 期。

9. 张馨:《论我国财政与政府行为的具体关系》,载《管理世界》1996 年第 3 期。

10. 周一良、吴于廑:《世界通史》(近代部分上册),北京,人民出版社 1962 年 10 月第 1 版。

11.〔德〕尤根・哈贝马斯:《公共领域》,汪晖译,载汪晖、陈燕谷主编《文化与公共性》,北京,生活・读书・新知三联书店 1998 年 6 月第 1 版。

12.〔德〕尤根・哈贝马斯:《公共领域的社会结构》,曹卫东译,载汪晖、陈燕谷主编《文化与公共性》,北京,生活・读书・新知三联书店 1998 年 6 月第 1 版。

13.〔德〕尤根・哈贝马斯:《民主法治国家的承认斗争》,曹卫东译,载汪晖、陈燕谷主编《文化与公共性》,北京,生活・读书・新知三联书店 1998 年 6 月第 1 版。

14.〔加〕查尔斯・泰勒:《吁求市民社会》,宋伟杰译,载汪晖、陈燕谷主编《文化与公共性》,北京,生活・读书・新知三联书店 1998 年 6 月第 1 版。

15.〔美〕J. 布卢姆等著:《美国的历程》(上册),杨国标、张儒林译,北京,商务印书馆 1988 年 11 月第 1 版。

16.〔美〕汉娜・阿伦特:《公共领域和私人领域》,刘锋译,载汪晖、陈燕谷主编《文化与公共性》,北京,生活・读书・新知三联书店 1998 年 6 月第 1 版。

17.〔英〕霍布斯:《利维坦》,黎思复、黎廷弼译,北京,商务印书馆 1985 年 9 月第 1 版。

18.〔英〕洛克:《政府论》(下篇),叶启芳、瞿菊农译,北京,商务印书馆 1964 年 2 月第 1 版。

第二编　理论概括

在对公共财政的若干基本特征分别进行分析之后，本编将从总括性的角度，对公共财政问题加以论述。这样，本编首先将阐述公共财政类型问题，然后转入对“国家财政”这一既是财政本质，又是财政类型问题的探讨。最后从公共性的政府活动的角度，分析了财政的职责问题。

第五章　公共财政类型

在前四章中,我们详细地论述了市场性财政的四大基本特征,这些基本特征的综合,可以说就是“公共性”。正是由于市场经济下的财政具有“公共”这一根本性质,决定了此时的财政就是公共财政。

第一节　“公共性”分析

由于“公共性”是市场性财政的根本性质,为此,要对公共财政举行总括性的分析,就必须先对“公共性”及其与市场经济的关系等问题作出说明。

一　“公共”是私人的公开共同活动

据《现代汉语词典》的说法,“公共”一词指的是“属于社会的”①,也可以说是“社会公众”的。因此,“公共财政”,指的就是“社会的财政”,就是“社会公众的财政”。或者反过来也可以说,“社会公众”即“公共”,“社会公众的财政”即“公共财政”。本节通过阐释“公共”之义,来说明“什么是社会公众”,来说明“什么是公共财政”。

所谓“公共”,依据查尔斯·泰勒的说法,指的是与整个社会有重

① 中国社会科学院语言研究所词典编辑室编:《现代汉语词典》(修订本),北京,商务印书馆1996年7月修订第3版,第435页。

要关系的，或属于这整个社会的，或附属于社会借之作为一个实体聚集起来并进行行动的那些工具、机构或场所的东西。① 或者说，它指的是大大小小各种类型的公众活动，是公众活动的执行部门，以及各类政治权力机构等等。它还包括公众活动所需要的集会空间，其范围包括从公众聚会的场所直到中央政府实行统治的处所。这些地方便是人们所称的公共空间的所在地。

具体来看，“公共”一词具有如下多种含义：

（一）它是社会成员“共同”的集合体

所谓的“共同”活动和状态，它又包含着如下的几个内容：

1. 它指的是出现于公众场合，能够为每个人所看见和听见，并且具有最广泛公开性的事物或状况。人类社会是由无数的社会成员组成的，而每个社会成员在这一社会中都有着自己的位置，都开展着自身的活动，但这些活动又都影响并最终构成着整个社会活动。这样，呈现于社会成员之前的种种表现，与“通过看见和听见的方式而构成的现实相比”，就连个人生活最个性化的部分，“也是不确定的、朦胧的，除非（直到）将它们加以转化、非私人化和非个人化，使之具有一种适于公共表现的相状”。换句话说，这是一个脱离了“其黑暗的、隐蔽的存在形态”的世界。②

2. 它指的是社会成员共同拥有的状况。从这个意义上看，“公共”一词指的就是“世界”本身。当然，这个“世界”并不是我们所熟知的与“地球”或“大自然”相等同的概念，也不是指人的活动的有限空间和有机生命的一般条件。而指的是人们的“共同生活”，或者说它“从根本上

---

① 〔加〕查尔斯·泰勒：《吁求市民社会》，宋伟杰译，载汪晖、陈燕谷主编《文化与公共性》，第188页。

② 〔美〕汉娜·阿伦特：《公共领域和私人领域》，第81—82页。

意味着,事物的世界处于共同拥有这个世界的人之间”。① 公共产品一词,指的是社会成员的共同消费物,就是与此意相符的。

3. 它指的是将社会成员联合起来,而不是彼此争斗的状况。无数的社会成员共同生活于一个世界中,这种“共同性”就将所有的社会成员聚合在一起,而阻止他们相互之间的争斗。② 从这个意义上说,“公共”就意味着“非竞争性”。可见,“公共活动”就其本身来说不是个人之间的竞争活动,而是所有有关的社会公众同心同德、齐心协力共同努力去实现既定目标的活动,尽管在这类活动中,各个社会成员之间也仍然可以就个人的聪明才智、贡献大小等而竞争,但此时的个人之间的竞争乃至争斗,都是从属于共同努力这一基本前提的。公共产品的非对抗性特点,也是与此相符合的。

(二)它是与“私人”相对应的活动和状态

“公共”一词,是与“私人”相对应或相对立的词。同样地,“公共性”也是与“私人性”相对应的概念。“公共”与“私人”的对立统一,是辩证法在人类社会存在上的根本体现。它集中体现在如下方面:

1. “公共”是“私人”的汇总。“公共”活动是由“私人”活动构成的,是无数的“私人”活动的集合体。没有“私人”,也就没有所谓的“公共”。这里借用汉娜·阿伦特的话来说,“公共”就是“一群失去了对世界的共同兴趣、并不再感到被这个世界联系起来和分离开来的人组成了一个共同体”。③

这句话对于“私人”的形容可能极端了一些,但它毕竟形象地描述了“私人”一词的含义,说明了“公共”与“私人”两词之间的区别和对

---

① 〔美〕汉娜·阿伦特:《公共领域和私人领域》,第 83 页。

② 同上书,第 84 页。

③ 同上。

立。当着人们仅从个体的单独兴趣和活动领域,从舍弃了人们之间相互联系的角度来对“个人”进行把握时,就得出“私人”这一概念;反之,“公共”则是不考虑个人的单独兴趣和活动领域,而是从他们之间相互联系的角度来考虑和把握问题的结果。

2.“公共”作为“私人”的集合体,是“私人”社会化的代名词。我们这里使用“私人”一词,有着特定的含义,与类似的“个人”一词是有区别,是不应相混同的。对于“个人”一词来说,它大体上指的是“自然人”,是动物种类意义上的“人”,是作为一个一个生命存在体的“个人”。而对于“私人”一词来说,它主要是指“社会人”,是社会意义上的“人”,是有着自己独立的社会位置和人格权利,可以追求个体独立利益的“私人”,同时还是“社会”中的一员。因此,与人们通常不区分“私人”和“个人”的词义,而在同等意义上使用它们不同,本书将“个人”和“私人”的含义加以区分,即通常在“生物人”或“自然人”的意义上使用“个人”一词,而在“社会人”意义上使用“私人”一词。这也是本人为什么只使用“个人产品”概念,而基本上不使用“私人产品”概念的根本原因所在。

对此,尤根·哈贝马斯指出:

> 就其作为私人来讲,资产阶级的个人既是财产和人格的所有者,又是众人中之一员,即既是资产者(bourgeois),又是个人(homme)。……公共领域是一个不可分割的整体。如果私人不仅想作为人就其主体性达成共识,而且想作为物主确立他们共同关心的公共权力,那么文学公共领域中的人性就会成为政治公共领域发挥影响的中介。成熟的资产阶级公共领域永远都是建立在组成公众的私人所具有的双重角色,即作为物主和人的

虚构统一性基础之上。①

几十年的计划经济环境，使得人们早已形成了这么一些观念，即此时严格地说是不存在着“私人”这一范畴的，“私心杂念”要通过“斗私批修”来清除，“自私自利”是一个极为可鄙的词语；此时存在的只有“个人”，而“个人”又是从属于“组织”的，是“集体”这台大机器中的“小小螺丝钉”。在机器中，螺丝钉有着重要的作用，有些甚至起着极为重要的作用，但螺丝钉毕竟是从属于机器的，离开了机器大体上是毫无用处的。这样，“个人”是必须牺牲自己的“私利”，必须尽可能地消除自己的个性，而尽可能地统一到“集体”之中去。因此，在传统的计划经济时期也存在着“公共”，但这是取消了“私人”，将“个人”附属化的“公共”。然而，一旦“公共”失去了其对立面，也就不成其为“公共”了。相反，在专制君主之下，整个国家及其臣民、奴仆等全是君主的附属物。这样，尽管此时的社会成员之间仍然存在着“公共”事物，仍然有着“公共”活动，但从根本上看，此时的“公共”已被“私人”消除和附属化，从而也就不存在了。从人们所熟悉的辩证法来看，一个事物总是在与其对立物的相互联系之中才得以存在的，对立事物的不存在，其本身也就不存在了；对立事物的消失，它也将消失。正是从这个意义上可以说，传统的计划经济时期和君主专制时期尽管存在着不同程度的“公共”现象，但不存在严格意义上的“公共”范畴。即此时的“公共”现象和“私人”现象混于一体，而难以形成真正独立存在的“公共”范畴和“私人”范畴的。这也说明了为什么在传统的计划经济时期和君主专制时期都不存在着“公共”财政。

① 〔德〕尤根·哈贝马斯：《公共领域的社会结构》，曹卫东译，载汪晖、陈燕谷主编《文化与公共性》，第161—162页。

3."公共"建立在"私人"基础之上。所谓"公共",作为无数的私人共同事物,是以"私人"为基础和分析起点的。这里的私人,除了可以允许存在个人兴趣,可以有自己无须公开的活动领域,更可以有自己的"私利"。在私人活动领域,个人追求着自己的"私人"利益,为自己的私利最大化而竞争。而公共活动领域作为私人的共同利益的集合体和集中场所,它的活动不能仅仅体现某些个人的特殊利益,满足某些个人的特殊要求,而只能体现和满足以个人利益为基础的社会共同利益。但它从根本上又是促进私人利益,而不是危害和否定私人利益的。所以,"公共"是从它与"私人"的对立统一关系中才得以存在,才得以形成自身范畴的。正因如此,"公共"被形容为是一种具有"凝聚力"的集合体。正是由于公共领域的出现,世界被转变成了一个将无数的私人聚集在一起,并将他们相互联系在一起的共同体。①

4. 它是具有独立政治地位和人格权利的"私人"的集合体。只有"私人"摆脱了各种从属和附庸的关系,真正成为独立的市场运营主体,才谈得上真正的"公共"问题。否则的话,"私人"没有其独立性,也就谈不上什么自己的独立兴趣和活动范围,更谈不上什么自己的私利等问题,"私人"这一范畴也就不可能真正形成。而社会成员之间要消除从属和附庸关系,要成为独立的经济主体,要拥有独立的私人利益,等等,都只有在市场经济条件下才能真正实现。正因如此,也只有在市场经济条件下,才谈得上"公共"财政的存在问题。

5. 它具有"私人"对"公共"的根本约束和限制能力。不仅许多过渡性质的"公共"活动是私人直接进行的,而且就是具有政治权力的公共活动,也受到了私人的根本约束和监督,都必须维护、促进而不能损

---

① 〔美〕汉娜・阿伦特:《公共领域和私人领域》,第 85 页。

害私人利益这一基点。

二　“公共领域”与“私人领域”的区分

在人们的社会经济活动中，从来就没有纯而又纯的事物和现象存在，在两个对立的事物和现象之间，往往存在着大量的过渡和中介状态。这点，“公共”与“私人”也不例外，即在“公共领域”与“私人领域”之间，也是存在着若干中介状态和过渡领域的。

通常来说，家庭被认为是最具“私人性”的领域与处所，而政治权力机构则被认为是最具“公共性”的领域与处所。依据尤根·哈贝马斯在《公共领域的社会结构》一文中的分类，市场经济下的“社会结构”大体上可以这样排列，即在“私人领域”与“公共领域”之间，依据“私人性”程度的由强到弱排列，可以有：家庭、市民社会、文化公共领域、政治公共领域、“公共权力领域”。这里的“公共权力领域”即“国家”。

所谓“家庭”，是基本的社会单位，也是社会成员的“私人性”赖以依存、体现并延续的场所。社会成员个体的最隐密最阴暗的生活内容，都在这里得到庇护、容纳和保存。因此，家庭也可以说是“私人”的典型体现之所在，只有家庭才是私人领域的核心。① 通常来说，家庭是政府及其公共财政最不应当插手和介入的领域与场所。

所谓“市民社会”，指的是人们的商品交换和社会劳动领域，是私人的市场活动的相互联系体和综合体。它本质上是私人的活动，属于私人领域。但由于市场经济下生产、交换和分配等活动，都呈现出了私人基础上的社会联系性，因而它已具有了某种“公共领域”的含义。这一领域本质上的私人性，决定了公共财政从根本上看是不应当插手和

---

① 〔德〕尤根·哈贝马斯：《公共领域的社会结构》，第155、161页。

介入私人的市场交往活动的。但由于这类活动中所体现的“公共”因素，即人们的市场交往性，又决定了政府及其公共财政必须在一定程度上介入和干预，典型的是政府为市场的公平竞争制定合理规则并确保其正确执行。

所谓“文化公共领域”①，指的是通过人们的各种文化交往活动所形成的公共领域，它是公共领域的重要组成部分。所谓“公共领域”，它是人们的社会生活所组成的活动及其场所，诸如公共意见等具有公共性的事物，能够在这个领域中形成。公共领域原则上向所有社会成员开放。对于文化公共领域来说，它起源于从宫廷中分离出来的贵族社会，以及通过剧院、博物馆和音乐会等而形成的“泛”公众活动，这也是文化公共领域的重要组成部分。②

所谓“政治公共领域”，指的是通过报纸和期刊、广播和电视等媒介所形成的公共领域。由于社会公众通过这些媒介开展的公共讨论，必然涉及与国家活动相关的各种政治问题，因而将其称为政治公共领域。这里应注意的是，政治公共领域不是“政治”本身，即它不包括公共权力的内容。依据尤根·哈贝马斯的说法，国家的强制性权力反而是政治公共领域的“对手”，而不是它的一个组成部分。或者说，这类公共活动是社会公众对公共权力进行约束和监督的主要内容和手段，所以它不包括在“公共权力领域”之内；但它又直接涉及了“政治”问题，因而被称为“政治”公共领域。

所谓“公共权力领域”，即国家或政府活动的领域。国家权力通常被看作是“公共”权力，国家也被称为“社会的中心组织”。国家或政府

---

①　即上文的尤根·哈贝马斯所称谓的“文学公共领域”。由于这类公共领域指的是各类“文化”性质的活动，而不仅仅是“文学”性质的活动，故采用“文化公共领域”的概念。

②　〔德〕尤根·哈贝马斯：《公共领域的社会结构》，第150页。

的公共性,可以归结为具有照管公众的职责,即为所有合法公民的共同利益提供服务的职责。在市场经济下,由于公共权力的行动必须从属于民主的公共性要求,政治公共领域就以立法机构的方式对政府实施一种体制化的影响。

文化公共领域和政治公共领域是介于国家与社会之间进行调节的两个领域,但它们都是直接由私人共同自愿进行的活动,因而是"私人性质"的公共领域。对此,尤根·贝马斯指出:

> 资产阶级公共领域首先可以理解为一个由私人集合而成的公众的领域;但私人随即就要求这一受上层控制的公共领域反对公共权力自身,以便就基本上已经属于私人,但仍然具有公共性质的商品交换和社会劳动领域中的一般交换规则同公共权力展开讨论。① ……
>
> 这两种形式的公共领域相互之间已经完全渗透到了一起,因而共同塑造了一种由私人组成的公众,他们因为拥有私人财产而享有的自律在市民家庭领域内部表现为爱、自由和教育,一言以蔽之,这种自律的确想将自己体现为人性(Humanitaet)。②

可见,尽管文化公共领域和政治公共领域的"公共性"远强于市民社会,但它们从根本上看仍然具有"私人性",在市场经济下仍然是私人活动的组成部分。由于它们具有一定的公共性,因而公共意见往往是在这些领域中形成的。这些领域的公共性一度是在与君主

---

① 〔德〕尤根·哈贝马斯:《公共领域的社会结构》,第 134 页。

② 同上书,第 161 页。

的秘密政治斗争中获得的，社会公众由此获得了对政府活动实施民主控制的能力。① 这种划分，合理解释了为什么这类有着公共性质的活动，政府可以而且必须进行一定程度的介入。

尽管强调了文化公共领域和政治公共领域的私人本性，但由于存在着多种“公共领域”，当着人们使用“公共领域”一词之时，究竟应当采用何种含义？

市场经济下的公共活动是以私人为基点的，这就决定了不管是何种公共活动，人们仍然要由此体现出自身的“私人”本性，仍然要防止和抵制自己形成的“公共”反过来控制自己，反过来干预乃至取消自己。这样，对于具有公共性质的领域来说，只有“公共权力”才可能控制、干预和取消“私人”，才可能危害“私人”的独立存在。这就是作为私人的创造物，却又有可能发展为自己对立面的，只有“公共权力领域”，其余的“公共领域”则不具有这一能力，因而只处于私人领域和公共领域的过渡地段，仍然具有“私人领域”的实质。

这一结论是可信的。这是因为，在市场经济条件下，只有“公共权力”才可能依靠自身的强制力否定个人的私人意愿，而强迫其从事自己不愿承担的事项和活动。这就真正地形成了一个独立的“公共领域”了。相反，其他的“公共”活动，由于仍然是以个人的志愿参与为基础形成的，其私人性质仍然鲜明地体现着，因而从根本上将其归入“私人领域”，也是可以成立的。

在现实生活中，人们对于客观事物的分类，通常总是力求简单明了为好，这样将能够更好地把握所考察的事物。但由于客观世界的复杂性，要真正做到这点是困难的。对于“公共领域”问题来说也不例外。

---

① 〔德〕尤根·哈贝马斯：《公共领域》，第125—126页。

面对着若干“公共领域”又从根本上具有“私人性质”的这种似乎自相矛盾的分析，符合逻辑的结论只能是：对于这些不同的“公共领域”来说，仅有“公共权力领域”即“国家”才是严格意义上的“公共领域”。“公共领域”尽管是共同活动的场所，是社会成员共同活动的集合体，但由于它导源于“私人”，是“私人”行为和活动的集合体，因而在“私人领域”和“公共领域”之间，必然存在着的大量中介状态和过渡地带。文化公共领域和政治公共领域尽管也是“公共领域”，但它们严格地说只是私人领域和公共领域之间的中介状态和过渡地带。对此，尤根·哈贝马斯指出：

> 国家和社会的分离是一条基本路线，它同样也使公共领域和私人领域区别了开来。公共领域只限于公共权力机关。我们把宫廷也算作公共权力机关。私人领域当中同样包含着真正意义上的公共领域；因为它是由私人组成的公共领域。所以，对于私人所有的天地，我们可以区分出私人领域和公共领域。私人领域包括狭义上的市民社会，亦即商品交换和社会劳动领域；家庭以及其中的私生活也包括在其中。政治公共领域是从文学公共领域中产生出来的；它以公共舆论为媒介对国家和社会需求加以调节。①

在上述的区分中，甚至连“市民社会”也被认为不是完全属于私人领域的。对此，亚里士多德曾将 Polis（城邦）与 Oikos（家庭）区分开来，并认为只有前者才属于公共领地。而黑格尔在其论著中则区分了三个术语：家庭、市民社会与国家。黑格尔的“市民社会”不等同于亚里士多

① 〔德〕尤根·哈贝马斯：《公共领域的社会结构》，第 137 页。

德的"城邦"一词,但也不等同于"家庭"一词。①

这样,市场经济下私人领域和公共领域的各组成部分之间,笔者认为是存在着这样的结构:家庭——市民社会——文化公共领域——政治公共领域——公共权力领域。它们之间的关系可用图示表示如下(见图 4－1):

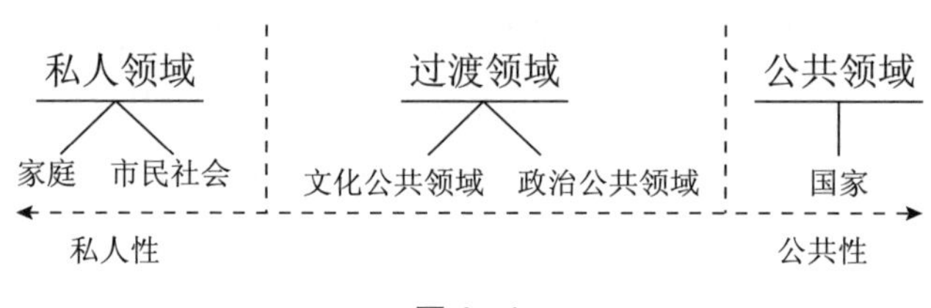

图 4－1

三 "公共性"历史考察

"私人"与"公共"的真正区分,只存在于市场经济下,是市场经济的产物。由于人类社会的市场经济发源于西欧国家,并且至今为止真正的市场经济也仅存在于西方国家中,因而对于"公共性"问题的历史考察,只能是从封建社会末期的西欧国家谈起。

市场因素有着天然的个体独立性和私人性。封建社会末期,市场因素发展壮大的过程,也就是"私人领域"和相应的"过渡领域",以及市场和资本凭借其在私人领域内的经验和成功,也要求相应的"公共领域"的构建与形成的过程。因此,"公共领域"的形成过程,就是市场和资本反对既存的封建君主权威的过程。从这个意义上讲,"公共领域"从一开始就既有私人本性,又有挑衅色彩。

相对于中世纪社会的分崩离析状态,在古代希腊存在过民主制,在

① 〔加〕查尔斯·泰勒:《吁求市民社会》,第 190 页。

古代罗马存在过共和制,此外在罗马帝国时期也有着某种“公共”性质的活动。然而,这些现象都不表明当时已经存在着“公共领域”了。在古代希腊人和罗马人那里,“社会”的同一性是通过其政治体制(politeia)加以界定的。到了罗马帝国统治的时期,尽管仍然保留了“权威”来自人民的意愿的说法,但这仅是虚构的,此时帝国的统一仍旧源自对于权威的共同服从。一个“社会”如果是通过其政治组织予以界定的,那么它基本上被政治权力所渗透,而缺少一种原则去抵抗君主政治权威的渗透力。这样,单纯依靠政治组织予以限制,是无法阻止独裁君主出现的。相反,一旦专制权力增大的条件成熟时,是缺乏有效地限制这种权力膨胀的社会基础的。

与古代希腊罗马的概念不同,西欧在中世纪时期逐步发展了这样一种“社会”观念,即此时的政治权威只是若干机构中的一个。源于当时的封建“分封”状态,此时国王的权威在其自身的领地这一小范围内是主要的,但在整个“王国”这一大范围内则是次要的。这样,就逐步形成了这么一种思想,即“社会”并不等同于政治机构,而是一个更大范围的概念。这种思想和意识的形成,可以认为是一种极其重要的区分,它是后来“市民社会”这一概念的来源之一,也是西方自由主义的根基之一。① 在此基础上逐步形成了近现代意义上的“公共领域”概念,它具有着“私人本性”和“限制公共权力”这两种必备性质。而这些性质在希腊式的“公共领域”中是不存在的,相对于近现代意义的“公共领域”来说,希腊式的“公共领域”建立于这么一种基础之上,即此时的一家之主的政治地位取决于他的私人地位,而他的私人地位靠的又是没有丝毫内在表象自由的家长统治地位;相反,私人之间的行为则完

---

① 〔加〕查尔斯·泰勒:《吁求市民社会》,第179页。

全是处于相互竞争当中,这种竞争表现为一种对抗外部敌人的表象形式,而不是处于与自己政府之间的争执之中。①

“公共领域”甚至在西欧中世纪的早期就已经开始了其形成过程,或者换句话说,正是在西欧封建制度的内部,存在着某种否定其自身私人专制性质的因素。这似乎是不可思议的。然而,正是在当时的封建关系下,西欧社会逐步发展起了“主体权利”这一法律观念,它建立于当时的封建臣属关系之上,具有封建式权威关系的特殊性质。这一观念以半契约的眼光来看待当时的封建臣属关系,即不仅下属必须为封君和领主尽义务,而且封君和领主对下属也必须承担相应的义务(obligations)。对于封君和领主来说,对属于他分内的这些义务加以拒绝将是一种重罪,将遭受到同家臣一样大的处分。所以,下属也被视为是封建义务的受惠者,这些基本权利甚至被他们当作一种财富来享有。

这就是西方“主体权利”观念的由来,它在被 17 和 18 世纪的“自然权利论”取代之前,实质上纯粹是作为一种约定俗成的自在法则(positive law)而存在的。但这也使得中世纪的社会是具有一系列权利和义务关系界定的社会,封建君主和领主们要作出重大改变,是必须赢得下属们的必要同意的。这点,伴随着相对独立和自治的城市的存在,就形成了中世纪政体的基本模式。在此模式内,一位君主依靠下属领主和陪臣断断续续、并不确定的服从与履行义务进行统治。这种两头政治(dyarchy)构成了另一种纯粹世俗的二元主义,它将政治机构与整个社会联系起来。

西欧封建社会的末期,随着市场和资本的发展壮大,随着统一民族国家的逐步形成,西欧大部分地区也出现了“绝对”君主即专制国王。

① 〔德〕尤根·哈贝马斯:《公共领域的社会结构》,第 158 页。

此时国王们的权力已经膨胀到无须召集各等级人士开会同意,便有权自行筹集税款的程度。国王们依靠这些税款收入设立了正规军,这些武装又反过来大大加强了国王的权力,并且似乎也只有这种类型的国家才在军事上是强有力的。这样,在“私人领域”和“公共领域”的分离过程中,似乎“私人”占据了优势,“公共”社会将为“私人”君主所掌握和控制,而难以独立形成一个领域。① 正因如此,作为西欧专制君主典型的路易十四,就敢于狂妄地宣称“朕即国家”。他在教导他的儿子应如何管理政务时,曾经写道:

> 国王是专制君主,当然拥有完全地或无限制地处理属于教士或俗人的一切财产的权力。无论在什么时候,在适当考虑到节约与国家一般利益的情况下,都可行使这权力。②

然而,市场因素的发展,使得私人和资本尽管在政治上处于劣势,但在经济上却取得了巨大的成功,决定了专制政体无法自然维持发展下去,而最终将被否定。这些政治上的劣势力量凭借着自己的经济优势力量,顽强地为自己开辟了前进道路,形成了全新的国家政体,最初在低地国家和英国建立了君主立宪制度,其后在北美和法国又建立了共和制度。这些政体在形式上尽管存在差异,但其却有着与市场经济相适应的非专制主义的共同点。

专制君主政体的否定过程,也就是市场因素上升为社会主导力量的过程。由于市场因素的胜利也就是私人因素的胜利,这就为真正的

---

① 〔加〕查尔斯·泰勒:《吁求市民社会》,第 180—183 页。

② 转引自〔法〕萨伊:《政治经济学概论》,陈福生、陈振骅译,北京,商务印书馆 1963 年 10 月第 1 版,第 504 页脚注。

“私人领域”的形成奠定了基础，即私人资本和个人成为独立的市场活动主体，导致了纯粹的或基本上是私人活动的领域的产生。而与此同时，则相应形成了真正的“过渡领域”和“公共领域”，私人以其活动不仅形成了文化公共领域和政治公共领域，而且在逐步的较量中形成了与市场经济相适应的公共权力领域。在君主立宪政体或共和政体下，政府必须遵守若干“美德”（vertu），诸如对公共利益（public good）的忠诚等，而从根本上受到私人基础上的社会公众通过法律程序的决定、约束、规范和监督。

这点，分析一下美国“总统”的英语单词 President 的含义是富有启示的。President 一词在英语中，不仅可以表示政府的行政首脑，也可以指大学校长、协会会长、银行行长、会议主席、董事长、总经理等各种职务。与这些职务一样，“总统”一职也仅意味着是主管人或召集人，而不是像“皇帝”那样拥有绝对权力，是一个绝无仅有的称号和职位。这样，“总统”仅是美国人民共同雇用的服务员之一，尽管他（她）可能在行政上拥有最高权限也罢！此时总统之所以拥有权力，已不再如同封建帝王的君权那样是“神授”的结果，而鲜明地表现为是依靠全体人民的共同授权。为此，人民通过宪法和其他法律条款授予总统多大的权限，他就只能拥有多大的权限，既不能也无法将自己手中的权力任意扩大。为此，就职仪式上新任总统必须宣誓：“如发现我执政期间对宪法有任何有意无意的违背，除了接受宪法所规定的处罚外，我愿意接受所有目睹这一庄严仪式的人们的谴责。”而美国议会据此对总统的弹劾行为，包括尼克松和克林顿等，就充分地证明了这点。

市民社会在西方国家中占有重要地位，因而就西方的传统而言，将市民社会与国家加以区分是极为重要的，这不仅是因为该概念在西方历史中根深蒂固，而且还在于它对不同形式的反专制政体来说是必不可少的。诚然,它的存在和发展曾经依赖于西欧专制君主的发展,但它仍然是专制君主的根本否定力量。正因如此,它在城邦制度或者中世纪政体中是难以真正存在的,在许多传统的非西方政体中同样如此。这样,市民社会在捍卫民主和自由的过程中具有着无可替代的作用。① 为此,市民社会与国家之间的区分,对于私人领域和公共领域的区分,是有着重要意义的,它将确保整个社会结构各个领域之间具有一种持久的相关性,从而为市场经济的长期存在与正常运转提供必不可少的社会框架。

对此,尤根·哈贝马斯有着较为精辟的描述:

> 公共领域和公共意见的概念直到18世纪才形成并非偶然。它们从一个具体的历史情境中获得它们的特殊意义……
>
> 在中世纪盛期的欧洲社会,没有证据说明已经存在独立的、与私人领域相分离的公共领域。然而,主权的各种特征,如国王的印玺,在当时被称为"公共的"。那时存在的是权力的一个公共表现。在由封建法律建立起来的金字塔的各个层次,封建君主并不在意"公共的"和"私人的"范畴。但是,拥有这个地位的人公开地代表这个地位;他无时无刻不在展示他自己,声称他是一个一直存在的"较高的"权力的化身。这个"代表"的概念一直延伸到晚近的宪政历史。即使在今天,无论是最高政治权威的权力已经在怎样程度上与它的先前的基础相分离,它仍然需要国家元首来作代表。……在资产阶级公共领域意义上的代表,如在"代表"国家或特别的委托人时,与中世纪的代表的公共性(representative publicness)毫无关系,后者本质上属于一个君主的具体存在。只

① 〔加〕查尔斯·泰勒:《吁求市民社会》,第196页。

> 要君主及其社会等级等同于其领地,而不仅仅是“代理”它,他们就是自己领地的化身;他们在人民的“面前”而不是受人民之托体现(代表)他们的权力。
>
> 在一个很长的两极化的过程中,这种代表的公共性所附着的封建权力(教堂,君主,贵族)解体了;到18世纪末,他们已经一方面分化为私的因素,另一方面则分化为公共的因素。……君主权力也出现了相应的两极化过程,它的明显征候就是公共财政从封建君主的私人家产中分化出来。官僚政治和军队(以及司法行政的部分),也从君主法庭的私人领域独立出来,公共权力机构成为自主的。最后,在封建等级方面,从统治集团分化而来的因素发展成为公共权力机关和议会(部分地成为司法机关);从职业身份集团分化而来的因素——他们已经在城市行会和土地产业的分化中得到确认——发展成为资产阶级社会的领域,这个资产阶级社会将作为一个真正的私人自主权的领域面对国家。①

可见,随着市场因素的发展,新的“公共权力领域”代替了这种所谓的“代表的公共性”,并且与民族国家相并存于同一地域范围内。于是,公共权力就在一种具体明确的“私人”与“公共”的对立关系中得到确立。那些被排斥出“公共权力”的人就成为“私人”,并在国家的统治下构成“公众”。他们没有任何“公共”职位,反而是公共权力的作用与实施对象。此时“公共的”一词不再指某一个的王室家廷,相反它指的是政治机构的职权调节活动,这个政治机构享有合法运用暴力的垄断权。这样,社会就成了与国家相对立的一个私人领域。一方面,它清楚

---

① 〔德〕尤根・哈贝马斯:《公共领域》,第126—128页。

地从公共权力中分化出来,另一方面,在市场经济的风险之中,私人活动的再生产已经超出了私人家计的限制和范围。在这个意义上,“社会”成为一种“公众”共同关心的对象,而“公共领域”在很大程度上也就成为具有公共形式的私人领域。①

四 我国的公共性问题②

我国特有的国情,决定了我国的公共性也有其特殊性。从我国来看,如果把“农民”看作是与“市民”相对的一种社会类型,则中国在1956年以前“市民”的数量就比“城里人”要少得多,而在这之后作为一种社会类型的市民已经被消灭。陈翰笙在20年代末就说过:“吾人所谓之都市,其性质不似City。”(市场性城市)其实在当时中国的都市中虽然很少,但毕竟还是有着City成分的。到1956年以后,这句话才在绝对意义上成立了。没有City也就不会有Citizen(市场性公民),而在作为一种社会类型的市民被消灭以后,我国又在“文革”中发动了对作为一种观念的“市民权利”(当时误译为“资产阶级法权”)的批判。于是吾人所谓之都市不仅其性质不似City,而且变得比乡村更加排斥City。就中国没有Citizen这个意义而言,实际上我们都是农民(即Peasantry,以农业文明时代的人的依附性为本质的共同体成员),尽管我们并不都是种田人(即Farmers,作为一种自由公民的职业,它完全可以存在于市民社会)。

因此,改革之前的中国社会,严格地讲也并没有Peasantry与Citizen的区别,而只有Peasantry社会中的不同等级身份阶梯之别。在这个社会中存在着有权的农民与无权的农民,城居的农民与乡居的农

① 〔德〕尤根·哈贝马斯:《公共领域》,第126—128页。

② 本大点的论述,主要援引自秦晖:《农民问题:什么“农民”? 什么“问题”?》,载《方法》1998年第8期,第4—7页。

民,种田的农民与务工的农民,有文化的农民与无文化的农民,有完善的共同体保障并受到严格的共同体束缚的农民与没有多少保障而束缚也不太严格的农民。正如在现代发达国家的市民社会中,有从事第二、第三产业的市民(公民)也有从事农业的市民(公民)(a citizen as a farmer),有住在城里的公民也有住在乡间的公民一样。

只是在改革时代,随着市场经济的萌芽与发展,我国才又出现了Citizen的成分。然而有趣的是它不是首先出现在城里,而是首先出现在农村。就社会发展史本来意义上的City而言,中国大陆严格地讲只有一座"城市",它就是浙南的龙港。这个由前"乡下人"的民间行为创生的新城,是中国唯一由既摆脱了共同体的束缚、又失去了共同体的庇护,具有独立人格并自己对自己负责的人们建立的"市民社会"。就像当年西欧那些脱离了采邑、村社的羁绊而取得"两种意义上的自由"(即摆脱束缚的自由和失去保护的自由)的人们建立的City一样。"城市的空气使人自由",而城市的空气也带来了机遇与风险,带来市民的权利与责任,带来由身份到契约、由统治—服从关系到交换关系、由习俗——指令经济到市场经济、由臣民到公民的社会转型。它与在体制的束缚和保护下的北京、上海乃至由权力"特许的自由"造成的深圳等都无法比拟的。由此看来,说龙港是中国唯一的"城市",而包括北京在内的通都大邑都不过是由"城居农民"组成的"特大村庄",并不是没有道理的。然而滑稽的是:拥有18万人口的龙港不仅在建制上一直不被承认为"市",而且包括龙港人自己在内,社会上都把它称为"农民城"。而那些"特大村庄"中的人们倒是自认为也公认为是市民!

传统社会是个农民社会,而现代化意味着对传统的改造。然而何谓"传统",何谓"现代化",人们的理解可能截然相反。

按过去的意识形态定义,传统农民是"自给自足的小生产者",而"现代化"意味着工厂式的"社会化大生产"。于是以"一大二公"来消灭“小生产”便可视为“现代化”过程，而闹单干便是“反现代化”的“传统复辟”了。依据希克斯的定义，现代经济就是自由竞争的市场经济，传统经济则是“习俗—指令经济”，其中存在着“典型官僚政治中”“由上层指导的专门化”分工。

在理论界，存在着两种完全相反的“传统—现代化”划分：按一种看法，用斯大林式的集体农庄消灭“小生产”就是完成了“农民的改造”（快慢与代价另当别论）；而按另一种看法，通过强化“外部权势的支配”和设立“城市权力中心”来分配农村产品与劳务的做法所“改造”掉了的正是现代农业生产者，所强化的正是传统“农民社会”。相反，改革后家庭农场经济的兴起按第一种看法就是“乡土中国的重建”，而按第二种看法，这种不再受“外部权势的支配”的经济则意味着“传统农民的终结”。

人类的历史进程表明，越往前追溯历史，个人就表现得越是不独立，越是从属于一个较大的整体，而现代化则意味着非独立的个人向着“完全”的个人的发展。如今人们已经公认，现代化无论姓“社”姓“资”，都意味着发达的市场经济与完善的民主政治。这两者的共同基础，都是个人不再从属于一个较大的整体，而取得独立人格、自由个性与公民权利，从而成为“完全”的个人。无论中西国家，传统的农业社会都以个人依附于身份性的共同体为基本特征，而现代的公民社会则要消灭这种依附性，并代之以“人的独立性”。区别在于西方中世纪是小共同体本位的社会，人的个性受到采邑、村社、教区、行会等“整体”的压抑，因此在公民权利弱小时曾经历过一个“公民与王权的联盟”，借助大共同体的力量打破小共同体的束缚之过程，在公民权利成长起来后才摆脱王权而建立公民国家。

而中国具有大共同体本位的传统，人的个性直接受到专制国家与皇权的压抑。历史上那么多的“农民战争”都是人们受不了专制朝廷的压迫而“官逼民反”的，这与西方农民与领主冲突时往往向国王请愿以求公道形成鲜明对比。正如西方的公民最终要与王权决裂一样，中国人在改革与现代化进程中最终也要摆脱家长制。只是中国人必须用公民权（而不是用复归的王权）来消除家长权，正如西欧人用公民权（而不是用复归的领主权）来消除王权一样。

总之，改革开放导致解放着我国的市场因素，形成着市场经济和市民社会，因之也正在逐步地形成着私人领域、过渡领域和公共领域。正是在这一背景下，我国才产生了“公共性”问题，政治性国家才具有了公共性质，也相应产生了公共性质的财政即公共财政。

第二节　公共需要与公共财政

私人性和公共性这对矛盾的另一表现形式，是私人需要与公共需要的矛盾，它直接影响和作用着政府的财政行为，直接决定了“公共”财政的存在。

一　私人需要

“人”之所以成其为“人”，并不仅仅在于“人”是一个一个的个体，而且还在于“人”是这些个体的集合。即如果撇开“人”的生物性而仅就其社会性来看，“人”是私人的“人”和公共的“人”的统一体。即人们的社会活动，不仅是人们的集体活动，而且也是他们的个体活动。正是无数个体活动的总和，才形成了人们的集体活动。因此，不能因为“社会”二字，就断定“人”只能是“公共”和“社会”的“人”，而否定存在着“私人”的“人”。

满足一定的物质和精神需要，是人类社会生存和发展的基础和前提。马克思和恩格斯在其《德意志意识形态》一文中指出：“任何人如果不同时为了自己的某种需要和为了这种需要的器官而做事，他就什么也不能做。”①而人的这些需要，可以相应分为私人需要和公共需要两大类型。这两类需要处于既统一又独立的相互关系中，只不过在不同的社会形态下，私人需要和公共需要有着不同的相互关系，各自也有着不同的表现形式和具体内容罢了。

但是，不管人类社会是以什么方式构成的，个人需求永远是人类进行经济活动和社会活动的最基本需求，而公共需要则是人类正常进行经济活动和社会活动的必不可少的条件。无论是否定私人需要，还是否定公共需要，人类社会都是不可能存在的。这是因为，个人需求是人类开展经济活动以及其他活动的根本动因，是人们需要的基础。对此，马克思在《论犹太人问题》一文中指出：

> 任何一种所谓人权都没有超出利己主义的人，没有超出作为市民社会的成员的人，即作为封闭于自身、私人利益、私人任性、同时脱离社会整体的个人的人。……社会却是个人的外部局限，却是他们原有的独立性的限制。把人和社会连接起来的唯一纽带是天然必然性，是需要和私人利益，是对他们财产和利己主义个人的保护。②

私人需要既充当了促使人们合群以组成社会的原因，又充当了维系个人与社会的纽带。有鉴于此，对人类需要的考察，就不能不从私人需要开始。

鄙视和否定个人需求的观点，在我国是“源远流长”的。

---

① 《马克思恩格斯全集》第3卷，北京，人民出版社1960年12月第1版，第286页。

② 《马克思恩格斯全集》第1卷，第439页。

> 在我国古代,需要理论所采取的是欲望论的形式。古代没有“需要”这个词。“需”的本意是“须”。“要”的本意是“腰”,后人以之表示“欲”。“欲”的基本意义为贪欲,包括物欲、情欲、色欲等类型。在这一意义上,“欲”与“慾”通。“欲”而谓之贪,反映了对欲望的否定态度在我国古代意识形态领域占上风。①

然而,私人需要是无法否定的,也无法通过公共需要去替代的。否定私人需要的极端例子是奴隶社会。这是一个极度否定个人需求的社会,当时的奴隶主是尽可能地否定奴隶的个人需求的,并且奴隶作为“人”的资格也被否定了,而只是“会说话的牲口”。但即使这样,奴隶主也不可能剥夺奴隶所有的个人需求,从总体上看,奴隶的个人需求也仍然在极低水准上得到了满足。否则的话,奴隶的自然生命无法存在,奴隶主及奴隶制显然也将因为对立面的消失而难以存在的。但对于整个人类社会来说,奴隶制却是以百年乃至千年计的不可逾越的历史阶段。这其中的根源也就在于,对于奴隶主来说,如果没有允许奴隶们这种极低水准的个人需要的满足,奴隶也就难以活下去继续“当牛做马”了,或者说连“当牛做马”的生理资格也丧失了,此时奴隶主拿什么去剥削呢?

因此,只要有人类社会,就有“个人需求”,就无法否定“个人需求”。“个人需求”并不是什么见不得人的“低级趣味”或“低级需要”,而是人类赖以生存和发展的基点。没有个人需求的满足,就没有社会的存在和发展,更谈不上社会的进步和繁荣了。

但一个人来到这个世界,并非是为了“当牛做马”,也决不是为了

---

① 黄鸣奋:《需要理论与艺术批评》,厦门,厦门大学出版社 1993 年 1 月第 1 版,第 9 页。

满足极低水准的个人需求。追求更多更大的个人需求和利益，是人类社会发展和进步的根本动力。而个人需求满足程度不断提高的过程，也就是人类社会的进步得以不断实现的过程。封建社会取代奴隶社会是这样，资本主义社会取代封建社会也是这样，至于社会主义社会取代资本主义社会就更是这样了。而对于共产主义社会来说，则显然是个人需求得到极大满足的时期，因为此时社会生产力的发达，已足够保证所有的社会成员都能够“按需分配”，即个人需求都能够得到满足了。另一方面，市场经济取代自然经济是这样，而人类在摸索着尝试了计划经济之后转向了市场经济，也同样是这样。因此，可以说社会制度和经济体制的变迁，都是个人需求和利益在起着根本作用的。

二　公共需要与财政类型

作为私人需要的对立物，公共需要建立于私人需要这一基础之上。它源于私人需要，是集合形式上的私人需要，又不同于纯粹的私人需要。公共需要从根本上看仍是私人需要。

公共需要对人类社会也有着不可替代的作用，它是社会和个人赖以生存与发展不可或缺的条件之一，没有公共需要的满足，私人需要的满足也无法得到保证。但公共需要又是与私人需要相区别的，它毕竟不是直接意义上的私人需要。在人类的活动中，许多种类的消费是不可能由单个人进行，而必须是由许多人乃至全体社会成员共同进行的。这种共同进行的个人消费，就是共同消费，它们以消费时是否具有排他性和对抗性而相区分。个人消费和共同消费所体现的需要，也就相应地可以区分为私人需要和公共需要。可见，私人需要是公共需要的基础和基点，但公共需要毕竟不同于私人需要。

在不同的经济体制形态下，个人需求与公共需要的相互关系是不同的。

在自然经济条件下，私人性凌驾于公共性之上，公共需要从属于私人需要。此时社会的公共需要从属于君主的私人需要，此时的国家及其财政活动，从根本上是服从君主对于私人需要的追求和满足的。我国的“溥天之下，莫非王土；率土之滨，莫非王臣”，法国路易十四的“朕即国家”等中外名句名言，都清楚地表明了这点。在当时“家天下”的状态下，几乎整个的国家和所有的社会成员都属于一个人或一个家族。在这种背景下，国家的收入是君主个人的收入，国家的支出当然也是君主个人的支出①，是依据君主个人或其家族的需要来安排的。这种公共需要成为某一私人需要的奴仆的状态，决定了此时的财政是“家计财政”，其实质是君主的私人收支活动，而不是直接满足公共需要的财政。这样，自然经济下的国家财政类型是“家计财政”。

而在计划经济下，私人性则被归并入公共性之中，个人需求往往被视同为公共需要，并且从根本上看，是采用共同消费的方式来满足的。此时不仅共同消费，而且个人消费实际上也被纳入了国民经济计划之中，国家据此安排着整个社会的消费品生产，并通过配给方式确定着个人基本生活必需品的供给和消费，如粮食、布匹乃至食糖、肥皂等也都凭票供应。如果说这些消费品除了票证之外，还采取了钱物交换的形式，还有着商品货币的痕迹的话，则住房这一基本消费品却是连货币和交换等形式也完全被抛弃了，剩下的只是对住房的福利性分配，是供给制分配。而当时一度极力强调的“吃大锅饭”现象，就是其登峰造极的例子。这些都表明，当时的个人消费和个人需

① 将自然经济下的财政收支说成是君主的个人收支，显然许多同志会立即提出疑义。对此，本书后文将会具体进行分析。

求实质上是被纳入共同消费和公共需要之中了。而这样做是体现了计划经济的本质要求的。

在计划经济下，整个社会的资源配置是通过中央政府集中进行，并以计划方式来实施的。为了做到这点，保证国民经济计划的完成，政府必须将全部的或者至少大部分的社会资源直接掌握到自己手中。因此，人们所熟知的计划经济时期尽可能促进各种其他经济成分向全民所有制过渡，企业成为国家的行政附属物等，就毫不奇怪了，因为这些都是国家直接掌握社会资源的基本手段。对此，这些年来各种论著已作了大量的分析。

但这里我们还要指出的是，个人是企业的行政附属物，也是确保中央政府对社会资源计划配置的基本条件，甚至是根本条件。这是因为，个人的需求，包括个人的消费需求和以个人欲望为基点的公共需要，是人们进行一切经济活动的根本动因，不管生产、分配和交换怎样影响消费和需求，它们最终都必须以满足个人的需求为标准，都必须以此为取舍，因而从根本上是受到个人的需求支配和决定的。这样，“个人的需求”实质上是整个社会经济活动的根本点。个人成为企业的行政附属物，个人需求从属于国家需求，个人就从根本上成为国家的行政附属物了。此时对于每个人来说，其行为都受到国家行政力量的支配和决定，其生老病死大体上必须仰赖国家的力量才能得到应有的保障。只有在此时，中央政府才真正做到了能够支配和控制一切社会资源，真正做到国民经济计划的顺利贯彻实施。这也就是为什么当时的个人需求被纳入国家需要之中的经济根源。

在这种背景下，国家及其财政的活动，就不仅仅只是满足共同消费需要，而且也包括了满足个人消费需要的内容。此时的国家是政治权力行使者、生产资料所有者和生产经营组织者三重身份的统一体，而企业和个人又都是自己的行政附属物，从而很自然地将企业需要①和个人需求囊括于自身的需要之内，这就决定了此时整个社会实质上只有"国家需要"。此时的财政就成为国家"满足履行自身职能的需要"的手段，或者说是满足作为公共需要与个人需求混一体的"国家需要"的手段。这就决定了存在于计划经济下的财政类型，仅是"国家"财政类型。此时财政就直接间接地涉及乃至决定着"个人需求"的满足，即除了社会共同消费部分主要由财政直接拨款外，财政还直接为社会成员提供某些消费，如直接发放给个人以各种物价补贴；通过企业事业行政等各个单位为其员工提供各种福利，如提供住房和退休金乃至奖金等；还必须通过对所谓的"支农"产品的生产提供亏损补贴，而保证粮食和各种原料的供应；等等。

在市场经济条件下，私人需要和公共需要也从根本上被打上了市场的烙印，也是由市场所直接决定的。

市场经济作为一个经济体制形态，是渊源于个人的简单交换行为的。而个人之间之所以开展简单交换活动，其原因在于通过交换活动，个人能够获得自己难以生产或无法很好地生产的产品，获得比较利益，以更好地满足自己的个人消费需要。正是通过数千年源远流长绵延不绝的简单商品生产和交换活动，才逐步壮大为社会性的交换活动集合体，才形成为独立的市场经济体制形态，终于取代人类已有的其他各种经济体制，而在目前的世界上几乎居于独占地位。可见，独立的个人活动是市场活动的起点和基础。

人类的消费需要的满足，在市场经济条件下必须通过生产和交换，才能获得所需的产品，同时也获得比较利益。在这一过程中，私人活动是起点和基础，正是私人的活动才创造出了可用于交换的产品和服务。

---

① 应当说，企业需要从根本上看也是私人需要。

市场活动是由独立的经济主体,即作为资源和要素独立所有者的私人及其企业进行的。千千万万经济主体自发活动构成有机统一体的市场经济,才能避免少数人乃至个别人操纵和垄断市场的结果出现,才能确保市场机制有效配置社会资源所需要的充分竞争这一条件。

市场经济下经济主体的这种独立性,就决定了此时整个社会的私人需要是独立存在的,并且是整个社会的决定性力量。此时的政治权力是无法超越和凌驾于私人需要之上的,而只能是顺应私人需要的根本要求,为社会成员独立满足自身的私人需要而提供着各种条件。这也就是为什么在市场经济条件下,社会成员能够获得平等的政治地位,能够平等地交换自己拥有的要素,而不管其是资本所有者、土地所有者,还是劳动力所有者都如此,也是为什么个人的财产能够得到法律的保护,为什么个人的人格得到法律的尊重等现象存在的根本原因所在。

但是,尽管个人独立性对于市场经济如此重要,但此时社会成员之间的共同消费仍然存在,由此而产生的公共需要,仍然是无法通过私人的市场活动来解决的。这样,又存在着独立于私人需要的公共需要,并且公共需要的满足又是市场正常顺利运行的必备条件。满足公共需要的任务,是基本上只能由政府来承担的。政府满足公共需要,或者说提供公共服务的分配或经济活动,就构成了一种特殊的财政类型即公共财政。

这样,在市场经济下,私人需要和公共需要都是独立存在的,但两者在市场经济中的地位和作用是不同的:(1)私人需要是基础,从根本上看,市场经济下的所有需要都是私人需要。(2)公共需要尽管以其共同消费特征而区别于私人需要,但它仍是一个一个的私人的公共需要。公共需要的满足,仍然是私人的公共需要的满足,而不存在着一个与私人的欲望和要求毫无关系的公共需要。(3)因此,公共需要仍然要依社会成员的私人意志为转移，满足的是社会成员的需要，更不能以政府需要代替公共需要，以政府意志凌驾于社会成员的私人意志之上。这样，政府向所有的社会成员提供的服务，就成为相对于一个一个的私人需要的“公共”服务。政府为此而形成的财政活动，才谈得上具有“公共性”。

我国市场取向改革所引起的一个根本变化，就是私人需要逐步摆脱公共需要附属物的地位，逐步从国家需要的束缚下解脱出来，这一过程在构建社会主义市场经济体制框架中愈益呈现出加速的趋势。这种变化，是直接导致公共财政类型在我国形成的深层缘由和决定性因素。到目前为止，除住房外的各种个人消费品已基本上由市场提供，而住房之类的极少数非市场型的个人消费品的市场化进程也加快了。随着劳动力市场的逐步建成和完善，个人也开始摆脱企业行政附属物的地位。这样，个人不仅开始拥有自己的劳动力所有权，逐步具备了独立的个人消费能力，而且还通过拥有股票、债券等而拥有了资本要素。这些都充分表明了，我国的私人需要独立化过程已经有了很大的进展并将最终完成。相应地，我国的公共需要也与私人需要相分离，也正逐步从原有的国家需要的从属地位解脱出来，并逐步取代了原有的国家需要，而成为市场经济下的国家需要。在这种历史背景下，形成仅以满足公共需要为活动目的的财政类型就势所必然了。这就是我国公共财政类型的形成。

三　财政公共性的历史考察

由于本人关于“家计财政”的结论，是依据自然经济时期的“家天下”状态直接得出的，这可能招致的反驳主要有：

（一）如何看待古代民主制和共和制下的财政性质问题

一个反驳意见将可能是：“家天下”状态只是专制王权的伴生物，那么，在民主制或共和制的政治状态下，财政是否还能称为“家计”财政？这种质疑是中肯的。这是因为，就世界史而言，自然经济时期存在的并非全是君主制，诸如古代希腊的雅典等城邦国家就存在过民主制，古罗马则有过数百年的共和制历史，而中世纪的西欧还存在过若干形形色色的城市共和国，等等。

的确，在自然经济环境中，如果存在的是民主制和共和制，则此时的财政就不是“家计”财政。但是，也不能由此得出结论说，此时的财政就是“公共”财政了。与现代社会的民主与共和观念深入人心的状态相反，古代社会就世界范围来看，各类君主制的存在却是普遍的和基本的状态，而民主制和共和制反倒是例外了。如顾准就指出：

> 为什么我国古代史中找不到一点城邦制度的影子呢？如果我们再进一步涉猎一下中国以外几个历史悠久的古代文明——埃及、两河流域、以色列和叙利亚、印度、波斯等等的历史，我们发现在那里也同样找不到什么城邦制度的影子。我们就不能不怀疑，城邦制度的希腊在世界史上是例外而不是通例。①

否则现代人们对于民主和自由问题的历史考察，就不会只局限于希腊罗马，而不扩及亚非那几个历史更为悠久的文明古国了。至于中世纪的西欧城市共同体，显然更不是当时具有代表性的政体状态。当我们将自然经济及其财政作为一个整体来考察时，是只能依据其基本的和普遍的状态得出结论，而对其例外进行舍象。因此，作为特例的古代民主制和共和制的存在，是不足以否定关于自然经济下存在着“家天下”状态，存在着“家计”财政这一基本结论的。

但退一步看，如果按严格的学术要求，完全撇开古希腊罗马的民主

① 顾准：《顾准文集》，第83页。

制与共和制就得出自己的结论，似乎有些牵强，至少结论是不那么严密的。因此，还应将我们的分析扩大到对古代共和制等的考察上来。而这一考察也仍然没有否定公共财政仅存在于市场经济下的结论。这是因为：

1. 民主制的雅典与共和制的罗马均处于奴隶制之下，此时享受“民主”或“共和”这类政治权利的，仅是奴隶主和自由民，对于奴隶来说是丝毫也没有享有的。作为“会说话的牲口”，没有公民权是理所当然的。此外，当时不管是希腊还是罗马，都还将公民权局限于本邦人这一小圈子之内，而广大的外邦人则被排除在外。

> （在古希腊的各城邦，）外邦人没有公民权，也不能入籍为公民，力谋使城邦成为它的“特权公民的特权公社”。……希腊城邦如雅典允许外邦人入境，甚至允许希腊的或非希腊的蛮族外邦人世世代代在那里居住下去，然而不得入籍为公民，不得购买土地，与本国女子结婚不得视为合法婚姻，还要交纳雅典公民不交的人头税等等。①

而在罗马共和国，也存在着类似的状况：

> 经过三次布匿战争以及征服东方和高卢，罗马实际上已成了拥有遍及地中海和海外的许多属地的帝国。然而这个共和国的公民权还只限于罗马城内的自由民，领导这个共和国的还是那眼光狭隘的元老院。姑且放开海外的属地和行省不论，就连意大利本土的许多城市和地区，尽管早就以同盟的地位向罗马提供军事义

---

① 顾准：《顾准文集》，第 78 页。

> 务，参加罗马的扩张，但所有这些地区的奴隶主和自由民都不享有罗马的公民权。死守城邦共和国制度的元老院，总是想紧紧地抓住罗马和非罗马的区别，他们既要统治奴隶，还要骑在罗马以外的奴隶主头上。①

当意大利人感到利用罗马的立法程序来取得罗马的公民权已经绝望之时，他们发动了"同盟战争"（公元前90—公元前88年）。尽管战争最后以罗马的胜利而告终，但却是以罗马在公民权问题上的让步为代价的。同盟战争之后，意大利人逐渐取得了罗马的公民权。但此时离罗马共和国的覆亡已经为期不远了。而外邦人对于希腊罗马来说，其数量是不容忽视的，尤其是对于罗马来说更如此。在同盟战争中，罗马之所以必须对公民权问题作出妥协，就是因为当时意大利人已经构成了罗马军队的主要部分，他们的叛逃使得罗马陷于困境，而不得不对此作出妥协的。② 意大利本土的居民获得公民权尚且如此困难，就更不用说当时广大的罗马各行省居民了。

可见，如果说存在于古代希腊罗马的不是"家天下"而是"公共"的国家状态，则"民主"和"共和"充其量也只是很不健全的状态，是一个囿于极小圈子内的民主和共和状态，这与市场经济环境中的全社会性的"民主制"和"共和制"形成了鲜明的对比。这样，如果说由此而导致了此时财政也具有"公共性"的话，那也仅是部分的"公共性"，即奴隶主阶级内部，并且只是宗主国的奴隶主阶级内部的公共性，而数量居绝大多数的奴隶和非公民则是被排除在"公共"服务范围之外的。在这

---

① 应克复、金太军、胡传胜：《西方民主史》，北京，中国社会科学出版社1997年2月第1版，第85页。

② 参见周一良、吴于廑主编：《世界通史》（上古部分），北京，人民出版社1962年10月第1版，第317—319页。

一背景下的财政服务,可以被称为公共财政吗?可见,光有政治上的民主和共和制度而没有市场经济制度,仍然是不存在公共财政的。

总之,如果说不能将民主时期的希腊财政和共和时期的罗马财政,说成是“家计”财政的话,那也是无法将它们说成是“公共”财政。应该说,民主和共和作为古代社会国家政体的一种特例,它们实质上是专制政体和共和政体的混合物,即就是对于具有公民身份的社会成员来说,它们实行的是共和制;而对于不具有公民身份的社会成员来说,它们实行的是极权制。正因如此,它们最后都由罗马帝国所取代就表明了,在自然经济的根基上,是不可能长出民主与共和的大树的。相应地,民主共和时期的希腊罗马财政,也只能是既有公共性又有家计性的。这就是相对于宗主国奴隶主阶级而言,此时的财政具有公共性;而相对于奴隶和殖民地居民而言,此时的财政则具有家计性,即它只是宗主国奴隶主阶级的“私家”财政。

2. 古希腊罗马的民主制和共和制是与市场因素相联系的。不仅如此,欧洲中世纪的共和型自治体也是与市场因素相联系的。对此,弗里德曼就指出:

> 政治自由显然是随着自由市场和资本主义制度的发展而到来的。希腊的黄金时代和罗马时代的早期政治自由也是如此。①

如果说弗里德曼的这段引语还没有明确提到共和制,没有提到中世纪的城市共和国的话,则顾准对此问题有过较多的考察和明确的分析结论:

---

① 〔美〕米尔顿·弗里德曼:《资本主义与自由》,张瑞玉译,北京,商务印书馆1986年3月第1版,第11页。

马克思下列的几句话，显然承认市民阶级的渊源可以上溯到罗马和罗马以前。“资产阶级〔市民阶级〕……在一些地方组成独立的城市共和国，例如在意大利和德国。”(《共产党宣言》,1971年版，第25—26及第26页脚注)“在意大利，……大多数的城市，是罗马时代传下来的遗产。”(《资本论》第1卷,1954年版，第905页，脚注189)……

罗马共和国是城邦共和国，罗马时代意大利的各城市都有城邦式的组织，这是众所周知的事。中世纪中期，威尼斯、热那亚、皮萨、佛罗伦萨，这些商业共和国，或商业—手工业城邦，十足地承袭了罗马时代的遗风，这也是众所周知的事实。吉本(Gippon)在他的《罗马帝国衰亡史》中还告诉我们，威尼斯在古罗马是海滨荒村，蛮族征服罗马的时代，许多富有的罗马人避兵乱到那里，她逐渐扩大起来，不过没有成为“世外桃源”，却发展成为一个借商业为生的城邦，以后变成一个足以左右十字军行动的、富有的、有强大的商船队和海军的、威力强大的商业共和国。城邦国家，商业城邦，这都是希腊、罗马的传统，其渊源远远超过中世纪，这是西方传统的一个显著特点。①

顾准还指出，在中国古代，是不可能产生民主制和共和制的：

中国从来没有产生过商业本位的政治实体，而且也不可能产生出这样的政治实体。中国城市发达得很早，航海技术发达得也很早。……但是，中国的城市、市井、市肆，却从来是在皇朝控制之下……，是皇朝的摇钱树，皇朝决不会允许商业本位的城市、城邦

---

① 顾准:《顾准文集》,第311—312页。

> 的产生。……中世纪欧洲的城市,是一个摆脱了封建主和王朝的封建义务的自治体。它在法国干脆称作公社——Commune,共产主义的名词由此而起,巴黎公社的公社两字,也袭用了这个传统的名词……①

可见,政治上的民主制和共和制,是市场因素独立于政治权力的结果。在古代的希腊罗马,商业显然是奴隶主阶级的事,而奴隶则主要是用于农业的。② 这样的分工是必然的,因为在当时奴隶并不是"人",而只是"牲口"。而商业则天然是具有平等身份的人之间的事,不具有"人"的资格的奴隶,显然不可能是商品的所有者和交换者的。古代希腊罗马的民主制和共和制是与市场因素相联系的,而中世纪的城市共和国更是以商业立国,近现代的民主共和制则毋庸置疑地是市场因素发展的直接产物。所以,如果说古代希腊罗马的财政曾经有过某种公共服务因素的话,从根本上看也是市场因素作用的结果。从这个意义上看,说公共财政是只与市场经济相适应的财政类型,也是可以成立的。

(二)如何看待封建社会末期财政的性质问题

另一个反驳意见可能是:路易十四已经不是严格意义上的封建帝王,上文引证路易十四的名言"朕即国家"是不妥当的,即难以证明在自然经济时期存在着家计财政而不是公共财政。

众所周知,西欧封建社会末期现代意义的国家的形成过程,是市场因素发展壮大的结果,从根本上看是违背自然经济意愿的,它否定着封

---

① 顾准:《顾准文集》,第 315 页。

② 周一良、吴于廑主编:《世界通史》(上古部分),第 307 页。

建割据状态,为统一的国内市场的形成,为清除危害商品流通的各种障碍,都提供了必不可少的政治条件,因而是顺应市场经济根本要求的结果。在这一过程中相伴随而产生的近代西欧专制君主,从直接的意义上看,是市场因素发展壮大的结果,并且也在相当程度上是服务于市场和资本的利益的。这样,以具有强烈市场因素的某一君主的话语,来证明自然经济下国家及其财政的性质,似乎是不妥当的。其实不然。

西欧封建社会末期的专制君主制,尽管是顺应着市场因素的要求而逐步形成的,但它仍然是以自然经济为根基的,仍然与市场经济有着根本的矛盾和冲突,即本质上仍然是与市场经济相对立的。在这里,对于市场和资本与专制君主的同盟关系,如果借用现代语言来说,实际上只是不同阶级不同利益集团之间的"统一战线"。市场和资本建立统一市场的要求,需要政治上的统一。而专制君主清除了各地大大小小的封建领主势力,就顺应了市场和资本的这一根本要求,因而专制君主制的建立是得到了市场和资本的大力支持的;而反过来,实质上只是当时无数的大大小小封建领主中一员的封建君主,要想从他们当中脱颖而出,剥夺其他领主的特权,成为凌驾于他们之上的专制君主,并且能够大言不惭地宣称"朕即国家",仅凭自身的力量显然也是不够的,同样也是需要同盟军的。而此时经济上强大的市场力量和资产阶级,对于君主来说,则是一股不可忽视乃至具有决定意义的力量。这种利益上的相互需要,其结果只能是"一拍即合",即两者联合共同对分封割据势力进行了清除。

> 十四五世纪,欧洲在彻底的分裂中兴起民族国家的时候,民族国家大半经过一段专制主义或开明专制主义的时期。可是,这种专制主义国家的王权,是**依靠**了城市来同分散主义的封建贵族斗

争，才做到了国家的统一的。①

但是，专制君主和市场经济之间的根本利益毕竟是不同的。自由独立地发展是市场和资本的天然本性，而专制君主制则以其专制性直接与此相对立，因而市场经济是不可能容纳专制制度的，而专制制度也必须将市场和资本置于自身的约束控制之下。这样，“只能共患难而难以共富贵”，当着共同的目标实现了之后，它们之间的冲突就不可避免了。这就是为什么西欧近代国家建立之后，在或长或短的时期内，都发生了流血或不流血的革命，最后都废除了专制政体，都转向了代议制共和制或君主立宪制。即不管君主制是被废除了还是保留了，封建“家天下”的状态都被废除了。

正因如此，路易十四们的出现，尽管是市场因素发展壮大的直接结果，但他们的本性仍然是封建君主，而不是资本性的立宪君主。此时在他们统治下出现的“家天下”状态，仍然是封建性质的，是与奴隶制和封建制时期的君主本质上一致的。正因如此，引用路易十四的“朕即国家”之语，不仅不否定我们的结论，反而是对于我们结论的很好说明。即在封建社会末期，西欧国家存在的也仍然是家计财政，而不是公共财政。不过，由于此时封建社会在向资本主义社会过渡，市场因素已有了很大的发展，政府预算制度也正在建立健全之中，因而财政的公共性也在逐步形成与增强之中。政府预算这一新的财政范畴在此时的建立健全，就是公共财政逐步形成的具体体现。这点，本书的第四章已作了详细的说明。

（三）如何看待我国古代公私财政分设的问题

关于“家计财政”的提法，还可能提出的疑问是：我国的封建时期

---

① 顾准：《顾准文集》，第317页。

早已将“皇家”收支与“国家”收支相区分,并且分设不同的机构进行管理。这样,似乎当时皇帝的私人收支和国家收支已经分开,从而前者才可以称为“家计”财政,而后者则应当是“公共”财政了,这就否定了整个封建时期都是家计财政的观点。其实不然,我国封建时期曾经有过的公私财政分设的现象,并不足以否定关于自然经济状态下只存在着家计财政的观点。

公私财政的划分,在我国财政史上是一个较为突出的特征。周伯棣的《中国财政史》一书就指出了我国汉代公私财政收支分设的事实:

> 秦汉以前,国家财政与领主私人的财政,几无区别。到秦汉时代,即有区别。也可以说,公私财政的划分,为汉代财政的一个特色。东汉以后,虽也有划分的企图,但划分的不是如此清楚。
>
> 所谓公财政,乃指皇帝用以统治国家的财政。所谓私财政,则是皇帝个人为满足其生活与地位所需要的财政。
>
> …………
>
> 国家财政与私人财政(帝室财政),来源不同。国家收入有税(即田租)、有赋(算赋),这些收入均赋之于民,用以支付吏禄、官用,也就是充国政的费用。君主私人财政,叫做“私奉养”,则是来自山川、园池、市井的租税,即“工商虞衡”的收入,这些收入,用以供皇帝个人生活与宫廷所需之费用。皇帝个人生活既有此财源,自不消再领用天下的公费。①

他还指出当时财政管理机构也是分设的:

---

① 周伯棣:《中国财政史》,上海,上海人民出版社 1981 年 2 月第 1 版,第 126 页。

> 管理国家财政的专职机关，秦为“治粟内史”，汉初亦同。其后改称大农令，继又改为大司农，到东汉则改为大农。管理君主私用的财政机关，秦汉皆为少府，汉武帝时于少府外，更置水衡都尉……①

这些论述，都清楚地说明了我国封建时期的确存在过公私财政划分的现象，但这并不足以否定我们的观点。

首先，该书已明白指出，“国家”财政和“皇室”财政的明确划分，仅是汉代财政的一个特色，至于其他时期，尽管也存在着这种划分的企图，但并不明显。因此，我国封建财政从总体上来看，仍然是“国家”财政和“皇室”财政不分的。

其次，退一步说，即使是汉代公私财政的明确划分，也并不表明此时的“国家”财政就是“公共”财政。相反，此时的“国家”财政与“皇室”财政一样，也仍然是皇帝个人的财政。只不过两者间存在着前者不直接用于皇室个人生活，而后者则直接用于皇室个人生活的区别罢了。

之所以说此时的“国家”财政并不是“公共”财政，关键仍然是此时存在的皇帝“家天下”状态。在这种整个国家都属于皇帝，都是皇帝的“私产”的背景下，尽管也有着公共需要，但它不能不是从属于皇帝的私人需要，不能不受到皇帝的私人需要的摆布和支配。

在我国古代，大一统皇朝存在的时间之长，皇帝的权威和独裁程度之高，大体可说是举世无双的。顾准就对我国皇帝的高度专制作过生动的描述：

---

①　周伯棣：《中国财政史》，第127页。

> 在中国，在皇帝目前，宰相也可以廷杖，等而下之，什么“权利”也谈不上，所以，马克思讥讽中国是普遍奴隶制……①

在封建社会，公共需要显然是存在的。因此，此时的“国家”财政与皇室私人财政的分设，似乎前者将只是满足公共需要的财政了。然而，在“家天下”背景下形成的“国家”财政，其对于公共需要的满足，是不能不从根本上从属于皇帝私人需要的。对此，人们可以举出大量的例子，来说明此时皇帝安排财政支出，是不能不考虑公共需要的。比如，水利的兴修和大江大河的治理等，就是皇帝不能不承担的任务，甚至人们还认为古代东方大一统王朝的建立，很大程度上是由于一统治理大江大河的需要。为此，人们还往往引用恩格斯的话来说明这点：

> 政治统治到处都是以执行某种社会职能为基础，而且政治统治只有在它执行了它的这种社会职能时才能持续下去。不管在波斯和印度兴起或衰落的专制政府有多少，它们中间每一个都十分清楚地知道自己首先是河谷灌溉的总的经营者，在那里，如果没有灌溉，农业是不可能进行的。只有文明的英国人才在印度忽视了这一点；他们听任灌溉渠道和水闸毁坏，现在，由于经常发生饥荒，他们最后才发现，他们忽视了唯一能使他们在印度的统治至少同他们前人的统治具有同等法律效力的那种行动。②

恩格斯这里引用的尽管不是我国的例子，但显然是适用于我国的。然而，这段话只能说明，即使是在高度专制统治的状态下，统治者也无

---

① 顾准：《顾准文集》，第317—318页。

② 《马克思恩格斯选集》第3卷，北京，人民出版社1972年5月第1版，第219页。

法取消公共需要，也不能不顾公共需要，也不能不满足公共需要。然而，为什么统治者必须顾及和满足公共需要呢？归根结底还在于，如果不满足必需的公共需要，他们的统治就无法维持下去而要被推翻，他们的将整个国家作为个人私产的“私人需要”就要被否定。所以，他们必须依据社会的公共需要而安排财政支出，而履行若干社会职责。

具体到我国来看，水利的荒废和水旱灾害的发生，往往是我国大规模农民起义的直接导因，其结果往往是某个封建王朝的覆亡与新王朝的兴起。这样，兴修水利为我国古代明君圣主所高度重视。这就表明，不是由于封建帝王们天然就有“公心”，就毫无私心地为满足公共需要提供服务，而是为了确保自身最大最根本的私人需要——维持自身家天下的统治万世长存，所必须履行的职责。这样，从根本上看，此时的财政收支仍然是满足皇帝私人需要的。而在当时的“家天下”状态下，整个国家都是皇帝私人的，当然国家的所有收支也都是属于皇帝私人的，就没有什么奇怪了。这样，即使是在“国家”财政与“皇室”财政分设的时期，也不能说是公共财政就已存在了，所存在的仍然只是家计财政。

正因如此，我国封建社会是难以将“公”财政和“私”财政严格区分开来的。隋炀帝开凿大运河，无疑对我国的社会经济发展起了重大的历史作用。然而，当时的开凿目的却包含了满足隋炀帝个人旅游需要的内容。至于自秦始皇以降，历代帝王大规模地为自己修建陵墓的壮举，则不能不说是满足其私人需要的，但其修建费用并不完全来自于皇室的自身收入。这与近现代西欧的立宪君主的收入来源于公共财政，从属于公共财政的状况，是截然相反的。

正是这种“家天下”的状态，从根本上决定了我国封建社会的财政是不可能将公私财政截然划分开来的。所以，周伯棣先生在指出我国汉代公私财政不分的特点之后，又指出了这种划分的不彻底性：

> 政府会计与帝室会计虽有严格的划分，但实则以公财政的收入供私财政的支用，亦是常有的事。故帝室经费的盈亏，可以影响到国家财政。
>
> 但另一方面，亦可以私库的收入充国用。
>
> …………
>
> 一般言之，封建王朝初期，政权较为巩固，开国皇帝亦比较节用，常损内府以益外府。及至王朝季世，财政困难，皇帝亦多奢侈成性，常损外府以益内府。所以公私财政的划分，实际上并无严格界限。且所谓公私的“公”，亦皆为统治阶级的利益而支出的。①

周伯棣先生还指出，唐代的财政尽管也有公私划分的举措，但最终仍然是不了了之。

> 唐初，天下财赋，统归国家财政，亦即统由户部掌管。……这便是天下财赋归国家统收。统收以后，凡租庸正额，归国家财政；其他杂项收入，归君主私用。
>
> 安史之乱后，京师豪将，假取左藏财物，公私渐混，帝室财政亦失去保障。……天下公赋成为君主私藏，主管财政的官吏，不能窥其多少，国用不能计其盈亏，天子以取给为方便，亦不肯再为放出。②

这些，都清楚地表明了，即使是在会计上采用了公私划分的办法，仍然难以导致“家天下”状态下的公共财政的产生。相反，“家天下”状

---

① 周伯棣：《中国财政史》，第128页。

② 同上书，第238—239页。

态的财政归根结底不能不是封建君主的私人财政，即"家计"财政的。

第三节　公共财政的形成

财政就是国家或政府财政。然而，在不同的经济体制基础上，同为国家或政府财政，但又表现出不同的特点，有着各自特定的基本性质，这就形成不同的财政类型。因此，所谓财政类型，就是在特定的经济体制基础上形成的具有自身特殊性质的财政模式。人类社会至今为止存在过三种经济体制，从而也相应有着三种财政类型。这就是与自然经济相适应的"家计"财政，与市场经济相适应的"公共"财政，以及与计划经济相适应的"国家"财政。

一　家计财政

市场经济并非天然存在的，在历史上，它是由自然经济演变而来的，而目前在我国发生的，则是由计划经济向市场经济的转变。家计财政是自然经济下的财政类型，因而分析家计财政问题，就是分析自然经济下的财政问题。对此，本书将主要以西欧封建时期的财政为分析对象。为目前已实际存在的公共财政即西方国家的财政，就是从封建制的西欧社会逐步形成和发展起来的。

对于早期西欧封建财政制度的考察，可从西罗马帝国解体到法兰克王国告终这段时期来看。这是因为，日耳曼人建立的国家以法兰克王国最为强大，存在最久，其360余年的历史，对于西欧封建制度的形成和发展提供了典型的说明。而"对于最始的中世纪之大陆的财政制度，只要论述佛兰克王国在梅伦吉（Merowingeli）以及迦罗灵吉（Korolingern）两朝之下的状况，便就够了"。按理说，建立于罗马帝国废墟之上的法兰克王国，其各种制度是不能不受到罗马帝国的有关制度影响。其中也应该包括其财政制度的一定痕迹遗留给法兰克王国的。可实际上罗马帝国对法兰克等所谓的蛮族国家的影响和支配力却非常微弱。这其中的原因，主要是因为日耳曼民族与罗马帝国有着完全不同的家长国家制度，有着不同的社会秩序和生活方式，从而很自然地创造和形成着完全不同的财政制度。此时的法兰克王国的国家权力是和基于家长式君主的大私有财产的个人势力混同于一体的，"而以管理王侯财产为财政制度的中枢"。不过在财政制度的形式上，一开始是与罗马帝国的财政制度相近似，从而"遗留罗马制度袅袅之余音而已"。①

当时法兰克王国的税收收入，小林丑三郎指出主要有：

1. 关税。这是"道路税，河流及港口税，渡船及桥梁税以及对于使用公共设备之手续费而外，还有特有的关税。这种特有的关税，一是通行关税——关于运输商品使旧习惯上的税关征收，一是市场关税——关于一切商品的购买使之在市场上缴纳。可是这等手续费的赋税，却自由贮藏在寺院、贵人及地主等等的财库里去了"。

2. 土地税。"对于土地财产的各种赋税，却开始征课，于是普通一般所称为 Landrecht 或 Medem 的地面税，曾经开始征收了。"②

但此时的财政收入来源并不仅仅是税收，小林丑三郎指出还有许多收入来源：

> 自古以来所惯行的每年逢帝国集会的机会之捐助，服从者的贡纳或补助金，联盟或友邦各国的捐助，战利品，在征服地所

① 〔日〕小林丑三郎：《各国财政史》，邹敬芳译，上海，神州国光社 1930 年 11 月第 1 版，第 33 页。

② 同上书，第 33—34 页。

> 发现的国家一切财产,国王对于无主或无继承财产的权利,属于国王保护之下的教堂及尼庵的负担,赎罪金(Bussen),媾和金(Friedens)以及免除金(Banugelder)(如兵役免除及狩猎免除)等等之类。
>
> 再顶有力的收入源泉,则为丰富的王室财产,这种根本的特色,便是在中世纪家长国家的财政。
>
> 这等财产是由于皇室的传统而继承;或是由于征服土地分割而归属于国王的……。国王再从土地中间征收利息(地租),即是财政的权利。……①
>
> 其他对于公共目的底负担;特别是对于军事目的底必要负担,臣民只是负担实物而已。至建设桥梁及街道,也曾由这一般臣民负担过了。再一般臣民对于国王及其皇储,皇族,国王使臣,以及应当服从国王特别命令的各人,有免费提供生活手段及必要的运送手段的义务。②

紧接着小林丑三郎还指出,这一时期的财政支出也是很简陋的。法兰克王国的"完全原始的生活状况",决定了中央集权型的国家政权不能存在,故此可以没有和国王经费同样确定的国家经费。

这种财政国家政体和财政制度状况,在法兰克王国解体之后,尽管具体内容和形式在西欧各个地区有着变化,但家计财政的基本状况和根本性质没有变,而一直延续了下去。

而对于中世纪的英国财政,"昂格鲁凯逊时代(到一〇六六年为

---

① 〔日〕小林丑三郎:《各国财政史》,第34—35页。

② 同上书,第35—36页。

止）的英国财政制度，主要是依赖国王之大私有财产”。“在日耳曼王朝（一〇六六——一一五四）之下，是将昂格鲁凯逊时代的财政权加以保护。”①由此可见，中世纪英国财政的家计性质也是非常明显的。

10 世纪末至 11 世纪，西欧的“先进”地区的封建化已基本上完成。由于长期的外部入侵和封建分封等级制度的建立等，都造成了西欧地区的严重混乱，王权极端式微，国王往往只是封建贵族中的一员。随着开荒运动的展开和城市的兴起，国王们开始一点一点地集中自己的权力，但国王们的封建宗主权尚未转化为国家的公共政治权力。相应地，这一时期近现代意义上的国家也未形成，西欧封建社会是处于多种权力与王权同时并存的状态之中。

11—13 世纪，是封建君主制的繁荣时期。11 世纪中叶，诺曼公爵威廉一世通过征服，把前英国国王和诺曼公爵的诸项统治权集于一身，把象征着国家权力的君权和带有封建私权性质的宗主权融为一体，确立了强大的英国封建王权，是西欧第一个和最完善的封建王权典型。这一时期，各种相对独立的权力随着王权的逐步加强而发展。城市公社运动或自治运动，被称为“国王与城市联盟”，是国王集权的重要组成部分。大贵族们在自己的领地内征服桀骜不驯的封建主，加强了自己的独立势力，但也有利于以后王权的扩张，因为国王运用各种方式使这些诸侯臣服后，这类行动就成了国王集权运动的组成部分。与此同时，教权的集中也为王权的集中铺平了道路。11 世纪以来西欧各国相对独立的各种权力在合作和斗争中，经过长期演变，渐渐趋于某种稳定状态，从而先后产生了等级会议。等级会议是封建社会诸权力关系的制度化形式，它标志着西欧中世纪中期政治制度的成熟。这一制度通

---

① 〔日〕小林丑三郎：《各国财政史》，第 44、46 页。

常被称为“等级君主制”,也可以称为“封建君主制”。而这一时期出现了系统化和理论化的“王权神授”学说,认为“国王权力来自于上帝,王权是神权的一部分”,“国王的意志将具有独断的力量,……在他满意处即有法律效力”。① 它既反映了君主权力的正在集中的状态,也表明了君主权力仍在加强的趋势。

在上述背景下,西欧14世纪以前的财政是较为简陋的,并且大体上是私人收入性质的“封建收入”,即使有些项目的征收被冠以“税收”名称也罢!②

> 十二三世纪,英国国税似只有土地税一项。……其余皆得自封建收入……国税尚不及封建税的1/9。……13世纪以前,法国王室主要依靠封建租税维持财政收入,因为这时王权十分软弱,难以征收全国性赋税。……王室收入主要由两部分组成:一部分是由行政官和大法官支付的来自王室领地、森林猎场以及各种封建特权如司法权、市场权的收入和教会的捐赠等……;另一部分来自非贵族和封臣的军事代役金,以及城镇和教堂的献纳、捐赠、犹太税、人头税等……在这些收入中,犹太税应归封建税之列,因为犹太人被看作是国王的私有财产,从犹太人身上勒索榨取钱财是国王的特权。人头税……大部分属于封建税收。13世纪是王室领地迅速扩展的时期,国王们通过购买、交换、没收等方式将……大片封建领地收归王室,国王领地的扩大必然引起封建收入的增加。因为对于新获得的领地,国王仍以旧的方法

① 转引自马克垚主编:《中西封建社会比较研究》,第355页。

② 关于中世纪前期的西欧财政制度概况,如有兴趣,还可以参见〔日〕小林丑三郎:《各国财政史》,第62—63页。

> 收取封建租税。所以，在13世纪末叶，虽有一些国税项目产生出来，但王室收入以封建税为主体的格局尚未改变。封建租税在政府赋税收入中居于主导地位，这就决定了赋税收入的特权性质。
>
> …………
>
> 14世纪以前西欧封建社会的赋税、土贡的征收和特许、先买的实施具有鲜明的特权性质，而由于来自这些项目的收入构成了财政收入的主体，所以西方财政收入具有显著的特权收入的特征。①

14—15世纪，是由封建君主制向专制君主制的过渡时期，即通常所说的封建主义危机时期。民族感与民族国家形成和发展的结果，使得西欧社会在15世纪末出现了一系列互相争雄的国家。她们有着共同的基督教文化、类似的政治制度和经济发展水平。此时政治的动荡要求着国家权力的集中，从而在15世纪后期，西班牙、英国、法国等国的专制君主制度开始发展起来，德意志各邦也朝着这个方向前进。在这一新的背景下，西欧财政开始发生变化：

> 14世纪以后，西方国家制度获得了巨大发展：政府机构增加、官员人数增多、国务活动频繁，与此同时，国际关系日益复杂、内战不断爆发，这一切都需要政府迅速增加收入以应付日益浩繁的支出。但是，封建收入用以维持王室生活虽绰绰有余，然而再用于战争，特别是时间较长、规模较大的战争则远远不足，而且，议会制度的产生不仅使封建收入不能随着需求的增长而增加，反而日益缩

① 马克垚主编：《中西封建社会比较研究》，第390—391、393页。

减。在这样的形势下，政府不得不寻求新的财源，或变革旧的财政制度。由此，以特权收入为主体的政府财政转变为以协议收入为主体的政府财政。

14 世纪上半叶，英王领地收入之外的封建税项逐渐减少，1322、1332 年盾牌钱与任意税先后废止。与此同时，一些必须由议会批准才能征收的国税项目，如城乡动产税、关税、人头税、等级人头税、教区税、等级所得税、户税等相继兴起，而业已废止的封建税项有的也归入国税项目一并征收。例如任意税归入动产税征收，这样便引起了财政收入结构的变化。在这些新的项目中，征收经常且数额较大的项目是关税和动产税。人头税、财产所得税数额虽也很大，但征收次数不多，无须细论。……这样，政府财政收入便可粗分为 4 部分：①以王室领地收入为主体的封建税……；②以关税为主体的商税；③以 1/10 和 1/15 税为主体的动产税；④人头税、教区税、户税、财产所得税等的综合，这些项目虽不常征，但征收量大，合而计之，则不可小视。这 4 部分收入中，只有一部分来自封建税，其余皆出自国税，所以封建税收入与国税相比，颇为悬殊，而且随着时间的推移，差距越来越大。……

法国政府财政收入主要包括 3 部分：①以王室领地收入为主体的封建税；②构成全部财政收入支柱的商品税、户税和盐税；③关税、僧侣什一税以及一些新税项的综合。其中第二、第三部分是国税。与封建税相比，国税居于压倒优势，因为即使不说第三部分，即商税、户税、盐税已经构成政府财政收入的基础。……

那么，国税收入是否必须通过协商才能获得呢？在英国和 1451 年以前的法国，这是可以完全肯定的。按封建原则，国王的一切花费均出自他的封建收入,但在特殊情况下例如战争爆发时,这些收入又远不足用,只有设法求助国民在封建收入之外获得补贴。为了达到这一目的,国王和他的代理人必须向征税对象说明征税理由,在取得对方理解的基础上方可商议征税数量、时间等事宜。这样便形成了西方封建社会独具特色的协商制。英国动产税、人头税、关税、所得税、教区所得税、教区税以及都铎时代的补助金的征收无一不是通过协商形成制度,且在再次征收时进行具体讨论的。在法国,早在盐税、户税征收之前,也已形成了以地区为基础,由僧侣、贵族、城市市民组成的会议,有关赋税问题包括可否征收、征收数量、征收方式等均由会议作出决定。1302 年之后,这些问题又转归三级会议处理了。只是到了 15 世纪后期,国王才逐渐摆脱了议会的控制,协商收入具有了一定程度的强权收入的性质。这里所以冠以"一定程度"是指这种强权收入不能与中国同日而语。①

16—17 世纪,是专制君主制时期。在有些国家中,专制君主制延续到了 18 世纪,如在 18 世纪的普鲁士、俄国就存在着所谓的"开明君主专制"制度。专制君主制,顾名思义就是国王将全国各种权力都集中在自己的手中。这一时期专制君主制的典型是法国,她在路易十四时期臻于鼎盛。但与东方君主相比,西方君主的权力受到某些明显的限制:(1)受传统独立势力的限制。如法国专制制度,就是建立在君主与已存在的一系列单位签订"契约"的基础上。这些单位是各省、各城市、各教会组织、各社会阶层及诸如行会之类的经济团体。(2)征税权受到限制。封建君主制时期,国王们的征税权就不是强有力的,如 1155 年,英国国王在征调土地税时受到部分大贵族的抵制,此后停征。

① 马克垚主编:《中西封建社会比较研究》,第 393—396 页。

1166年因一些贵族不满，国王放弃动产税的征收。① 而此时的专制君主的征税能力，显然已大大强于以往的封建君主，但仍然受到各种形式的限制，并且征税权逐步转向被征税者手中。因此，西欧没有一个专制政府能够像同时代的亚洲君主那样，随意处置作为其所属臣民的贵族阶级或工商阶层的财产。

收入的性质决定了支出的性质。这就是"在民族国家兴起以前，西欧封建政府因属私人性质规模不大，开支项目较少，且多由国王支自个人收入。由此可见，国王在国家财政支出中的作用是十分有限的。相比之下，中国皇帝的权力极为集中与强大"。② 而中国皇帝"重视财政收入，更关注财政支出，作为'中华大家庭'的家长，他希望财政上的每宗进项都能按自己的意志予以支配"。③ 这些，都表明了此时财政的家计性质。正是由于封建"家天下"的状态，荒淫无度的路易十五才可以妄言，死了后管它洪水滔天！④

而各种反映家计性质的财政思想也由此而出现。对此，阿部贤一作了高度概括：

> 譬如法国有一位学者说是课税于民的真谛，便像不使家鸭叫喊而绞杀他的方法；又像德川家康的谋臣本多利明，把百姓比做胡麻的油，愈绞则愈出油；也有人把百姓譬之井水，若汲之过急，便会枯竭，若徐徐汲来，便不至于有枯竭之虞，而自由大放高论。不消说，不仅只有这种残酷的议论，就是慈祥恺悌的意见，也是有的。不过支配者用国家的名义而采取的财政政策之中心点，到底在那

① 马克垚主编：《中西封建社会比较研究》，第352页。
② 同上书，第405页。
③ 同上书，第397页。
④ 以上论述，请参见同上书，第三编。

里？说来便不外乎是凭榨取经济力来培养武力而已，是一“民可使由之不可使知之”的政治而已。这种事体，不能不说是榨取富力的财政，庶民是纳税机关，又好像是一个为被烹割而使之肥硕的家禽。

在这样的时代和社会，其财政知识和财政政策怎样？大抵是毋庸说明的。这样的财政意见一竟到近世止，……将权力者的私囊和庶民的财政看作一样，宫中府中没有分别，也是当然的。

但是人类的智识，已能打破迷妄的暗雾，对于事实的把握已经开了认识之眼，自然科学的发达，已能引导社会现象的认识，于是不当之社会的前提被其打破；真实的财政智识被其统一。不过这不是一朝一夕之功，却是经过长期的思索和批判，才能够引导到这方面来的。①

二 家计财政向公共财政的转化

自给自足的自然经济，本质上是排斥和否定以商品生产和交换为特征的市场因素的。这样，自然经济下的财政与其所处的经济机体在对待市场因素上，有着天然的一致性。当封建社会末期向着市场经济转化时，在自然经济中形成的西方财政是与市场经济完全不相适应的。然而，新生的市场力量以其勃勃生机为自己开辟道路，“顺我者昌，逆我者亡”，迫使西方财政经历了一个脱胎换骨，顺应市场要求的全面转型过程，即从家计财政向公共财政转化，这也就是市场经济对财政的同

① 〔日〕阿部贤一：《财政学史》，邹敬芳译，上海，商务印书馆1936年5月再版，第2—3页。

化过程。这一过程,如同阿部贤一所说,是经过了一个漫长的期间的,但毕竟是不可抗拒的。

家计财政向公共财政的转化,主要表现在以下几个方面:

(一)从领主财政向国家财政的转化

欧洲中世纪存在的是领主财政,它主要表现是:

> (当时)"国家"的成分形形色色非常不同。早期帝国的残余,封建和部落的集团,以及斯堪的纳维亚北方和斯拉夫东方分裂的社会。这些成分的重新结合,建立起具有不同性质和组织的社会,……中世纪的政府以它们有限的行政能力和对它们领土不完全的政治控制,不可能执行许多属于现代政府权限范围以内的政策。……(作为政府),这些当局也拥有有限的资源,主要来自作为领主身份的收益。统治者又是一块领地的领主,同时也是领地中某些地产的正式地主。从这些地产他们征收象其他地主在自己土地上所征收的同样性质的收入……①

9世纪以前,法兰克西王国和英格兰王国都建立了君主政体,但君主的收入主要限于个人的领地,偶尔征收全国性赋税,必须征得某一权力集体的同意。由于财力单薄、君权软弱,难以形成专制政体。9世纪以后,新兴君主国陷入了严重的割据局面。法国国王仅有王室财政,而与之并存的则是众多的封建主的私人财政,因为在他们的领地内,封建主就是政府。这一财政的分散状况是中国历史上任何一个时期都难以比拟的,所以国王只能是封建主中

① 〔意〕卡洛·M.奇波拉主编:《欧洲经济史》第1卷,徐璇译,北京,商务印书馆1988年1月第1版,第267—268页。

> 的一员,其权势甚至不及一个大封建主。①

可见,此时的领主财政与其说是政府的公共财政,毋宁说是领主个人财务更为合适。这种财政是根本不符合市场经济对公共财政的要求的。

不仅如此,与具有君主名分的领主并存的,是无数大大小小的非君主的领主,他们也具有某种政府性质,他们的个人财务也具有准财政的性质。领主财政与这些领主准财政共同构成了当时特有的财政模式。封建领主到处设卡征税收捐,严重地阻碍着商品流通和国内统一市场的形成,对市场经济成长壮大起了极大的危害作用。

中世纪末西欧新的民族国家的形成,是以专制君主扩大个人领地,王室领地与国家领土合一的形式完成的。它消除了封建割据对资本和市场发展的危害,因而这种政治上的统一不仅是专制君主,而且也是新兴资产阶级的胜利。此时在专制君主财政的形式下,近代国家财政开始形成了。它主要表现在此时"专门性财政机关、书面的财政记录和较为周密的会计与审计方法发展起来……扩大行政活动和国家管辖权产生了巨大的收入"。②

> 13、14世纪之交,英、法封建政体发生重大转变,造成这一转变的基本原因是两国都形成了等级代表组织——议会,而这一原因的核心之点是议会控制了国家财权,并由此进一步控制了王权,从而形成了西方封建社会独具特色的等级君主制。在封建社会晚

① 马克垚主编:《中西封建社会比较研究》,第406页。

② 〔意〕卡洛·M.奇波拉主编:《欧洲经济史》第1卷,第270页。

> 期,由于国会成功地利用了财权,并通过财权的行使进一步获得了立法等方面权力……①
>
> 到十六世纪末,强有力的专制君主在封建制度的废墟上成长起来,并很快地引起了对财政问题的较为认真的关注。由于公共费用的增长,税收的征收次数与数额都增加了,而许多不正当的收入权宜措施,诸如强制公债或通货贬值等也增加了。②

这些,都表明了领主财务正处于向着公共财政转变的过程之中。

(二)从家计财政向公共财政的转化

这一转变的直接体现,是国家公共财政与君主私人财务的分开。上述形成过程决定了最初的近代财政包含有很强君主私人财务的内容,而只是一种家计财政。当时的封建政权具有鲜明的私人性质,如英国,

> 在威廉一世、二世时,王国政治制度还较为原始。以国王及其私家内府为核心的王廷,既是宫廷生活的管理中心,也是王国政务的中心,兼理王国的行政、财政、司法、军事诸要政。……国王的内府私臣兼为国家官吏,中央政府机构尚未从王廷内府中分设出来。③

在这种,"公""私"不分的背景下,当时人们"认为国家岁入是统治

---

① 马克垚主编:《中西封建社会比较研究》,第406—407页。

② Bullock, C. J., *Selected Readings in Public Finance*, 2nd ed., Boston: Ginn & Co., 1920, p. 3.

③ 马克垚主编:《中西封建社会比较研究》,第359页。

者的私人收益，他可以随心所欲地使用，这种说法是根深蒂固的。因此，财政效率在相当大程度上要看君主个人性格这种偶然因素”。①“当时一个封建国家的财政几乎并不大于王室财务，并且与其说是公共国政，倒不如说实际上是私人家务为好。”②

可见，家计财政是“朕即国家”的专制王权在财政模式上的体现。此时专制君主凭借个人财产所获得的经营收入和特权收入，是不受议会掣肘的财政收入。这就使得财政可以脱离市场经济通过议会对其的根本约束和控制，成为着重服务于君主个人，而不是为市场提供公共服务的财政，这显然是与市场经济的本质要求相对立的。

此后，随着市场因素的发展壮大，近代国家逐步形成，君主的私人收支也逐步与国家收支相分离。在英国，

> 为适应王权加强控制王国财政的需要，国库和财政署先后从王廷内府的御库宫室中分离出来，成为较为独立的中央财政机构。……威廉二世末期，正式设国库长一职，负责国库的钱物收支和财务文件的保存等事务。由此，国库成为王国的财政管理中心。自亨利一世始，随着王田岁入的折钱征收和王权对国库控制的加强，财政署兴起并取代了国库的中央财政机构的地位。此时的财政署多在国库举行一年两次的财务会议，只呈现一个雏形的机构，到亨利二世才发展成以西敏寺为办公地点的较为定型完备的机关。该署实行一年两次的财政收支结算制度，……英国的财政署制度是当时西欧最完备、最有效的财政制度，对确保和扩大

---

① 〔意〕卡洛·M.奇波拉主编：《欧洲经济史》第1卷，第267页。

② Bullock, C. J., *Selected Readings in Public Finance*, p. 1.

王廷的财政收入,巩固国王集权的物质基础,作用重大。①

这种君主私人收支与公共收支相分离的过程,也就是公共财政的形成过程。

新兴资产阶级与君主的斗争,其最重要的内容之一,就是对君主财政权力的剥夺和政府预算制度的建立。“到 1688 年,英国资产阶级议会还进一步规定皇室年俸由议会决定,国王的私人支出与政府的财政支出要区分开来”②,兼之财政税收的立法权和政府预算的审批权都由议会掌握,政府只保有财政执行权,这就最终完成了家计财政向公共财政的转变。财政活动被处于具有法律效力的政府预算约束之下,意味着作为市场力量代表的资产阶级议会,已经从根本上决定和控制了财政活动,从而确保着财政活动的公共性,即为市场提供公共服务的性质。

(三)公共性质的税收成为基本的财政收入手段

财政收入从私人性质的收入占相当分额,转到以公共性质的税收为基本手段上来。亚当·斯密认为,财政“费用的开支,有两个来源:第一,特别属于君主或国家,而与人民收入无何等关系的资源;第二,人民的收入”③。这两个来源,前者指来源于国家或立宪君主的资本和土地等收入,其实质是私人性质的收入;而后者即为税收,这是公共性质的收入。这就表明,近代财政最初是以王室领地等的收入为主要和基本的收入来源的,税入仅是临时性的或补助性的收入形式。④ 随着市

① 马克垚主编:《中西封建社会比较研究》,第 363—364 页。

② 麦履康、韩璧主编:《国家预算》(修订本),北京,中国财政经济出版社 1987 年 10 月第 2 版,第 3 页。

③ 〔英〕亚当·斯密:《国民财富的性质和原因的研究》(下卷),第 376 页。

④ Bullock, C. J., *Selected Readings in Public Finance*, pp. 1-7.

场和资本的发展壮大,这种状况逐步改变。“在欧洲现代文明国家中,以国有土地地租为公家大部分收入的,已不复存在。”①他还指出了向税收为唯一基本财政收入手段转化的必要性和必然性:

> 文明国君主,由其领地获取的收入,看来似对人民个人无损,但其实,这所损于全社会的,比君主所享有的其他任何同等收入来得多。所以,为社会全体利益计,莫若拍卖王室领地,从而分配给人民,而君主一向由其领地享有的收入,则由人民提供其他同等收入来代替。……公共资本和土地……既不宜用以支付也不够支付一个大的文明国家的必要费用,那末,这必要费用的大部分,就必须取给于这种或那种税收……②

然而,西方财政大体转到公共性质的税收上来,还经历了很长的一个时期。后于斯密百余年后的巴斯塔布尔的《公共财政学》(*Public Finance*),其第三篇在“公共收入:半私人经济学”标题下,分析了土地和森林收入,国家作为投资者收入,国家资产收入,等等。这一分析列于税收之前,篇幅达税收篇幅的2/3以上,就表明了当时私人性质或半私人性质的非税收入所占的重要地位。③ 这种状况直到30年后,在道尔顿的《公共财政学原理》(*Principles of Public Finance*)一书中才有了根本改变,税收才占了收入的绝大部分篇幅④,才表明该转变在英国的最终完成。

---

① 〔英〕亚当·斯密:《国民财富的性质和原因的研究》(下卷),第382页。

② 同上书,第383页。

③ Bastable, C. F., *Public Finance*, 1st ed., London: MacMillan & Co., 1892.

④ Dalton, H., *Principles of Public Finance*, 1st ed., London: George Routledge & Sons, Ltd., 1922.

（四）税收转到公共性质的直接税为主上来

税收制度经历了从私人性质的直接“税”为主，转到公共性质的间接税为主，再转回到公共性质的直接税为主的过程。“自从罗马帝国崩溃以后，大部分已停顿的征收普遍直接税的权力又恢复了。”而中世纪后期欧洲各国各邦征收的直接税主要有对农业财产、对城市财产和动产的征税，以及财产税、炉灶税、人头税等。“但是在正常情况下，直接税即使在中世纪末仍属于临时税，它必须由间接税补充。”①这样，当欧洲社会开始向市场经济转化时，存在的仍是以直接税为主、间接税为补的私人性质的“税收”制度，它有着以地租为主要课征对象的强烈封建成分。威廉·配第1662年还认为：“征收赋税，即征收田赋。”②这就反映了地租性收入在英国税收中的重要性。

然而，20余年后，英国“在光荣革命时期发展了国内消费税以代替被废止的封建专制王权时期的各项收入”。而法国在稍早的时候，在科尔伯特（Colbert，也译为“柯尔培尔”）手中，“赋税收入减轻了直接税，重点依靠间接税，即关税和国内消费税”。③ 可见，此时税制从直接税为主向间接税为主转化，是封建税制向资本主义税制转化的具体表现，也是与市场经济有了很大发展，商品流通成为主要税源的客观现实相符合的。关税保护着幼年的资本和市场的发展，而国内消费税则是国内统一市场形成的反映。

但是，对市场交易征税毕竟又阻碍了市场活动，因而市场发展必然要求减少对流转的课税。19世纪中叶，英国税制发生了很大变化，所

---

① 〔意〕卡洛·M. 奇波拉主编：《欧洲经济史》第1卷，第272—274页。

② 〔英〕威廉·配第：《赋税论 献给英明人士 货币略论》，陈冬野等译，北京，商务印书馆1978年10月第1版，第36页。

③ 〔日〕坂入长太郎：《欧美财政思想史》，张淳译，北京，中国财政经济出版社1987年8月第1版，第21—22页。

得税在18世纪末的英国已开征，但以后时兴时废，直到1842年恢复后才逐步由“临时”税演变为永久税。与此同时：

> 在1842—1852年自由贸易胜利之后的整整一代期间，关税政策几乎不再是一个讨论的问题了。……在1823年和1840年之间……曾经削减了国产税。皮尔既有了所得税，就在1845年停征玻璃税。1850年废止砖税；1853年废止肥皂、骰子和广告税；1855年废止新闻纸税；1861年……废止了纸张税。到了八十年代，除酒税外，仅存的只有专利药品、纸牌和金银器皿的国产税了。①

可见，此时所得税在英国已日益具有了重要性，不过此时英国税制仍是以间接税为主的。“在五十年代关税和国产税曾经提供了税收的三分之二；这时集中在少数半奢侈品上面的这两种税仍然提供半数以上。”②这种状况大致延续到19世纪末。③

而所得税由次要税种演变为主要税种，在西方多数国家则是20世纪的事了。至此，西方税制完成了从以封建性直接税为主，到以市场性间接税为主，再到以市场性直接税为主的演变过程。此后所得税本身又经历了市场经济要求从公司所得税为主转到个人所得税为主的结构上来的变化过程。

（五）税负由重转轻再转重

这一时期的税收负担，经历了从重到轻再转重的变化。在资本原

---

① 〔英〕克拉潘：《现代英国经济史》（中卷），姚曾廙译，北京，商务印书馆1975年7月第1版，第505—506页。

② 同上书，第514页。

③ 〔英〕克拉潘：《现代英国经济史》（下卷），姚曾廙译，北京，商务印书馆1977年9月第1版，第494—495页。

始积累时期，为了保护幼年的资本和市场发展，客观上要求国家干预而导致了重税。为此，托马斯·孟从国防费用的赋税负担来阐述赋税论，认为征课重税不仅是不得已的，是正当的，还是有利于国家的。① 而科尔伯特的财政政策是为了削弱领主的分权势力，建立起强有力的专制王权，保持当时欧洲最强大的陆海军，保护奖励工商业等，而提供巨额的财政经费。他的名言，"财政是拔最多之鹅毛，而闻最少之鹅叫的艺术"②，就是这种状况的绝妙说明。可见，此时的重税反而是有利于市场经济的发展的。

但随着资本和市场的进步，客观上要求减少国家对市场的干预而任其自由放任地发展，决定了西方税制向轻税的转化。到第一次世界大战前夕：

> 英国的捐税已经简化到它有史以来最简单的形式——一种轻微，虽则"败坏道德的"所得税；非常轻微的死亡税；契据、支票和其他少数几种东西的印花税；土地税的残余和住屋税；烟草、葡萄酒、烧酒、茶、咖啡、可可、干果和其他少数东西的关税；啤酒和烧酒的产销税；以及枪、狗、典当、负贩及其他少数事物或活动的一些杂七杂八的执照捐。③

但是，在这之后，尤其是第二次世界大战以后，随着国家对宏观经济的干预和社会福利制度的加强，西方公共财政大大扩张了它对社会经济生活介入的深度和广度，从而使得税收负担又大大地提高了。西方财政税收的这种变化，是与资本主义进入垄断阶段的经济环境相适

---

① 〔日〕坂入长太郎：《欧美财政思想史》，第 37 页。

② 前文所引用阿布贤一的"不使家鸭叫喊而绞杀他的方法"，指的就是这句话。

③ 〔英〕克拉潘：《现代英国经济史》（下卷），第 494 页。

应的，因而又是由资本主义市场经济所客观决定的。

通过上述变化，西方财政完成了按市场经济要求转轨的过程，并已为市场经济所同化，形成了既能对市场提供强有力的积极服务，又能基本避免损害市场的公共财政模式与结构。

而从我国的封建社会来看，在长达数千年的时期内，商品货币关系一直未能发展成为独立的经济体制形态，决定了在封建经济基础上是难以形成公共财政的。

"公共财政"就是一种财政模式，也是一种财政范式①，是与市场经济相适应的财政范式。在我国由计划经济向市场经济转化的过程中，我国财政也正经历着从"国家财政"范式向着"公共财政"范式的转变。即"公共财政"作为一整套关于现实财政的假设，很好地解释和说明了我国市场经济构建中与存在下的财政现实，而原有的"国家财政"这套假设却只能解释和说明计划经济下的财政现实，因而我国财政范式从原有的"国家财政"向"公共财政"的转化，就具有了历史的必然性了。

第四节　公共财政类型

在市场经济的基础上，最终形成了公共财政类型。这是公共性质的政府财政。

一　公共财政类型

什么是"财政"？这一问题，由于我国财政理论界几十年的若干次

---

①　宁骚：《行政改革与行政范式》，载《新视野》1998 年第 3 期。"范式"是一整套关于现实的假设，这套假设比其他的假设能够更好地说明当今世界和现实问题。它还是一学科内范围最广的共识单位，是由概念、样本、理论和方法所组成的，并将它们与所用工具之间的关系相互联系起来。关于"范式"这一概念，该文有着较为详细的介绍和阐述。

大争论,与无数次小争论,在人们的心目中,似乎已经成为“纯学术”争论的代名词,而令人敬而远之。对于初涉财政学领域的年轻学生们来说,则颇感到有些神秘感,而一旦进行一定的探索之后,又往往陷入很大的困惑之中。这种状况的产生,在很大程度上是由于对“财政本质”问题的探索引起的。对于一个事物的把握,的确是不能只看其表面现象,而是应当掌握其本质。然而,所谓“本质”是看不见摸不着的,如果过度热衷和沉湎于“财政本质”的探究与争论,则很可能陷入了学究式的探讨之中,误入“玄学”的歧途。这点,本书将在下一章作具体说明。然而,事物的“本质”从根本上看,还是必须从事物的现象来把握,必须依据现象来得出的,而不存在着与现象完全背离的本质。在“什么是财政”问题上也是如此。

那么,究竟什么是财政?

“财政”作为一个名词,如同其他名词一样,也是人们用以称呼和把握某一特定事物的,其产生也是约定俗成的。“财政”指的就是国家或政府的分配活动或政府经济活动这类特定的现象。这点,与人们将一特定事物称为“猫”,而另一特定事物称为“狗”等等,是完全一样的。如果一开始人们将被称为“猫”的事物称为“狗”,而将称为“狗”的事物称为“猫”,则如今在人们的印象中,“猫”和“狗”两名词所指的对象就将相互易位了。在“财政”问题上也如此,不管对于“财政本质”的争论如何轰轰烈烈,不管这些争论得出的结果如何令人高兴或不高兴,对现实情况都没什么影响,人们仍然是以“财政”一词去特指政府收支或政府经济活动的。这点,正如何振一所指出的那样:

> 最初的财政研究,碰到的财政现象,现实完成的结果,都表现为国家实现其职能需要而进行的收收支支。因此,最初人们都是从国家为支配主体的分配活动出发来进行思索,把财政看成是纯

> 国家的，是国家的附属物。这并不奇怪，这是符合认识的发展过程的……①

对于“什么是财政本质”的问题，本书不打算介入并纠缠于其探讨之中，因为这并非是本书的任务。这里之所以谈到了“财政本质”，是因为在“公共财政”的争论上，是不能不提到财政与国家或政府的关系的，因为财政就是国家或政府进行的活动。所以，对于市场经济下的“财政”的探讨，也必须以“政府”为分析基点之一。否定市场型财政也具有政府财政的本质，是不正确的。

但反过来，人类社会所存在过的所有财政都是“国家财政”或“政府财政”，并不等于人们对于财政只能停留在单一的“国家财政”或“政府财政”的层面上。不同的经济体制，对于各自的政府及其财政，显然有着不同的要求，决定着各自特有的根本性质，仅用“国家财政”或“政府财政”这一标志，是无法区分出不同经济体制下财政的根本差异的。这样，立足于市场经济这一基点，去把握市场经济下财政特有的根本性质，才可能得出市场经济下的正确的财政模式或范式。“公共性”正是市场经济赋予此时财政特有的根本性质，是其他经济体制下财政不具有的性质。由此，我们可以得出这样的结论，即市场型财政就是公共财政，或者说公共财政就是政府为市场提供公共服务的活动。

这样，在市场经济条件下，财政活动是鲜明地表现出具有“政府性”和“公共性”两大根本性质的。这也就是西方公共财政学总是或使用“政府的”或使用“公共的”等定语去界定财政现象，为什么我国财政学几十年来则不断地为财政究竟是“国家的”还是“公共的”而争论不休的根本原因所在了。

---

① 何振一：《理论财政学》，北京，中国财政经济出版社1987年3月第1版，第13页。

不过,在市场经济下要解决的,毕竟是与现存的经济基础相适应的财政模式问题,是此时政府及其财政特有的根本性质问题。可见,“公共性”是市场型财政的要害,是市场型财政的根本性质和关键标志。这就是在市场经济下,财政仍然是政府财政,但只是具有“公共性”的政府财政。此时政府所开展的财政活动,只能是“公共”性质的,而不能随心所欲地超越“公共性”的要求和限制。“公共性”是此时的市场和资本对政府及其财政的根本要求,是此时的市场和资本具有根本决定力量的具体体现。违背这一根本要求的政府与财政及其活动,最终是要被历史的进程所淘汰的。

本书前四章分析市场经济下财政的四大基本特征,它们分别从不同的角度体现了市场型财政所具有“公共性”:(1)从弥补市场失效来看。市场失效之所以产生,就是因为此时存在着共同消费性。这样,政府对于市场失效的弥补,就直接满足着社会成员的共同消费需要。这样,此时的财政就以其在非市场领域的活动,而鲜明地体现出自己的“公共性”。(2)从“一视同仁”的服务来看。如果说政府对于市场失效的弥补,还只是着眼于市场外的活动,是政府如何在非市场领域内有效地配置归自身支配的资源的话,则“一视同仁”的服务,着眼的就是市场以内的活动,是政府如何在自身的非市场活动过程中正确地对待市场活动主体的问题。“一视同仁”,表明的正是政府对所有的市场活动主体都提供服务,而不是只为某些人或某些阶层或某些经济成分提供服务,显然是具有着“公共性”的。也正是由于这点,如同前文所指出的那样,提“一视同仁”才触动了人们的痛处,才招致了直接的批判。(3)从非赢利性来看。俗话说,在市场活动中,“杀头的事情有人做,亏本的生意无人做”。而“非赢利性”就表明,此时的政府及其财政,做的就只能是“亏本”的事情,政府正是通过自己的“亏本”活动,而为所有的市场主体提供其所需要的服务的,这也就是公共性的服务。(4)从法治财政来看。它直接表现为是社会公众规范着政府行为,决定着政府的直接收支活动。这就使得不仅政府财政是必须为社会公众服务的,而且从根本上看还表现为是社会公众在从事财政活动,而使得此时的财政具有着鲜明的“公共性”。

正是由于有着“公共性”这一根本特性,决定了创立于市场经济背景下的西方财政学,从诞生伊始,一直都使用了 Public(公共性)一词来界定和概括其财政现象。

作为一门学科体系的财政学,是由亚当·斯密在其《国富论》中创立的。在《国富论》及其后百余年的各种英语财政论著中,一直是着眼于描述和分析公共性质的政府收支现象,来论述财政问题的,但却一直未能形成固定的专门概念。典型的如《国富论》,尽管大量论述了财政问题,却没能提出关于“财政”的专用术语,然而这并不妨碍斯密在《国富论》中大量使用 Public 来界定各种财政现象和财政活动。如 Public Safety(公共安全)、Public Revenue(公共收入)、Public Services(公共服务)、Public Works(公共工程)、Public Institutions(公共机构)、Public Roads(公共道路)、Public Credit(公共债务)、Public-Spirited Purpose(公共目的),等等。①

而被誉为“第一本流行的并具有里程碑意义的教科书”②的约翰·穆勒的《政治经济学原理——及其在社会哲学上的若干应用》(*Principles of Political Economy with Some of Their Applications to Social Philosophy*)一书的出版,已是《国富论》之后 70 余年的事了。这一时间跨度,决定了该书的财政部分,即其第五编“论政府的影响”对财政问题的专门论

---

① Smith, A., *An Inquiry into the Nature and Causes of the Wealth of Nations*, P. F. Collier & Son Co., 1909.

② 高鸿业语。见《译者序》,载〔美〕斯蒂格利茨《经济学》,梁小民等译,北京,中国人民大学出版社 1997 年 5 月第 1 版,第 6 页。

述,在深度和广度都大大超过了《国富论》。但在财政术语上,则没有取得真正的进展,仍然未能提出专门的财政术语。不过,穆勒对于财政活动的关键性定语,已从斯密的 Public(公共性),改为主要使用 Government(政府)。这里,表明了前文所说的百余年后我国财政学界所遇到的问题,即究竟是以“公共性”还是以“政府性”去界定“财政”,此时已开始困惑人们了。

不过,这一改变并不意味穆勒否定了财政的公共性:(1) 他也多次使用 Public 一词,如 Public Good(公共利益)、Public Interest(公共利益)、Public Treasury(国库)、Public Spirit(公共精神)等;(2)穆勒认为政府和财政存在的根本原因,是因为政府和财政为社会提供了“公共利益”或“普遍便利”;(3)更主要的是,穆勒的“政府”本身就是公共性质的政府,因而他的政府收支仍然具有公共性。①

从斯密的主要使用 Public,到穆勒的主要使用 Government,仍然反映出了,由于市场经济下的财政是与“政府”和“公共”密不可分的,因而导致了人们对于市场型财政根本性质的认识混乱和摇摆不定。这种认识上的困惑,一直延续了下来。如詹森 1937 年的财政学专著就名为《政府财政学》(*Government Finance*)②,并且其后类似的书名时有出现,但并没有成为主流性的书名。进一步看,西方财政学界并没有由此而探究和争论所谓的“财政本质”问题,更没有过多地纠缠于定义、概念上。然而,在百余年后的我国,这一问题却引起了极大的争议,则是具有某种讽刺意味的。

1892 年,巴斯塔布尔出版了第一本英语财政学专著即《公共财政学》,最先给出了一直沿用至今的、被最为普遍接受的“公共财政”专门

---

① Mill, J. S., *Principles of Political Economy*, reprinted by M. Kelley, Augustus, 1987 (London: Green & Co., 1909).

② Jensen, J. P., *Government Finance*, New York: Thomas Y. Crowell Company, 1937.

术语。这一术语继承并发扬光大了以“公共性”界定财政概念的传统。该书不仅书名使用了“公共性”(public)的定语,而且首页就明确指出:“国家资源的供应和运用构成了某一研究主题,该主题的最佳英语命名就是 Public Finance。”该页脚注还解释了采用 Public 定义 Finance 的原因,Finance 一词“原意是支付罚金。不过,英语该词的用意更为广泛,包括所有的金融与工业活动在内。……因此,英语作者为了避免误解,被迫限制了该词……”①即采用 Public 去修饰和限制 Finance。

这样,Public Finance 就以“公共性”对市场经济下的财政作了较为准确的概念描述。从此,英语财政论著基本上都采用了 Public 这一修饰词。百余年来,Public Finance 经受住了多次挑战,至今仍是最主要和最基本的“公共财政”专用术语。②

但上述的西方财政学的“财政”术语的诞生过程表明,西方财政学界所处的环境,只是市场经济,其所着眼的对象,也只是市场型财政,从而概括出的术语也只能是“公共财政”。这也鲜明地表现出了,西方财政学界是以“公共性”为根本点来考察财政问题的。

二　公共财政与“公共经济”

当然,Public Finance 作为对市场型财政的概括,作为最主要和最基本的“公共财政”专用术语,其准确性仍然是可以探讨的,更不等于如果存在着更为适当的术语,人们也不能用以替代之。而一旦新的术语取而代之了,则也应考察问题的变化在于何处,是否对问题产生了根本性的影响。这点,西方公共财政学在其逐步发展过程中,尤其是自本世纪 40 年代以来,许多财政论著采用了 Public Economy(-ics)(公共经

---

① Bastable, C. F., *Public Finance*, p. 1.

② 关于这些挑战,可以参见本书第十章第一节第三大点。

济)这一术语来表示公共财政这一事物,就是如此。

对此,非公共财政论者有时就是以此来否定公共财政论的,其代表性的看法是由赵志耘、郭庆旺提出来的。在他们的《"公共财政论"质疑》一文(以下简称赵郭文)中,就是既将 Public Finance 说成是只能译为"财政",又将"公共财政"与 Public Finance 画等号,认为由于 Public Finance (财政)一词已为 Public Economics(公共经济)一词所取代,从而得出西方财政学也已否定了公共财政存在的结论。① 其实不然。尽管 Public Economics 代表着与 Public Finance 有着强大竞争力的"财政"术语的出现。但人们仍然难以由此得出西方财政不是"公共财政"的结论:

1. 尽管 Public Economics 比传统的 Public Finance 具有更为丰富的内涵,但它并不全盘否定 Public Finance,而是对其的继承和发展。大体上来说,在采用 Public Economics 之前,西方公共财政学研究的主要是税收,而 Public Economics 一词出现之后,只不过是公共财政学大大加强了对于公共支出的研究。这种变化,对于我国的"财政"一词来说,是没有导致分析和研究的基本领域、范围与内容的变化的。它代表的只不过是西方经济学界对于财政现象的认识,从"公共融资"转到了"公共经济"上来罢了!

正因如此,至今为止 Public Finance 仍是最常用的英语书名。赵郭文关于自从 1965 年以来,"大部分著述都将'public finance(财政学)'改称为'public Economics(公共经济学)'"的说法,②是不符合事实的。据本人统计,③1965—1995 年出版和再版的约 40 本英语财政学专著中,以 Public Finance 为基本书名的达 60% 以上,而以 Public Economics

① 参见赵志耘、郭庆旺:《"公共财政论"质疑》,载《财政研究》1998 年第 10 期,第 48 页。

② 同上,第 45 页。

③ 这是本人 1995 年在美国期间以整整 3 个月的时间亲自完成的工作。

为基本书名的则不到 30%。如赵郭文强调的"首次引入了'公共经济学'概念"而"被奉为经典著作"的马斯格雷夫的财政学专著,其书名就为《公共财政理论:公共经济学研究》(*The Theory of Public Finance*:*A Study in Public Economics*),即仍然是以 Public Finance 而不是以 Public Economics 为基本书名的。此后马斯格雷夫夫妇于 1973 年出版和多次再版的公共财政学教科书,其书名也为《公共财政理论与实践》(*Public Finance in Theory and Practice*),这就充分地说明了马斯格雷夫并不主张以 Public Economics 替代 Public Finance,就更不用说否定之了。

2. 退一步,就算如赵郭文所说的那样,Public Economics 实质性地否定了 Public Finance,或者多数作者使用的是 Public Economics 而不是 Public Finance,那也只是以 Economics 否定 Finance,即以"经济"否定"筹资",但 Public(公共性)仍然保留了。而有无"公共性",才是公共财政是否存在的关键依据。对此,是如赵郭文所认为的那样,"面对财政学的新变化,……'公共财政论'者要急需想出与公共经济学相衔接的新思路",还是非公共财政论者更需想出新思路?因为此时已不仅是"公共财政学"被否定,而是连"财政学"也要改为"公共经济学"了,即连"财政"也不存在了。这样,以"财政学的新变化"为论据就否定了"公共财政"的存在吗?

3. 我国的"公共财政论"是对于某一特定活动现象的理论概括和总结,而不是如赵郭文说的那样,是仅仅依据某一西方术语就"望文生义"得出的结论。本人从来都没否定,反而是主张 Public Economy(-ics)从根本上看也是"公共财政(学)"。① 本人之所以只分析 Public Finance 的

① 如本人在《美英财政学体系内容之演变特点》一文(载《财政研究》1996 年第 3 期,第 22—23 页)中,就是将"公共经济学"作为西方公共财政学的一类书名来看待的。

中文译义而不涉及 Public Economics，其原因在于我国理论界对于 Public Finance 的翻译用词分歧相当严重，而对于 Public Economics 一词，则几乎是众口一词都译为“公共经济学”的，怎么这里人们对“公共”两字不再反感了呢?!

对此赵郭文也有同感，即认为“尽管财政学发生了如此之大的变化，……我们称谓的财政学也不一定非要改称为公共经济学，因为我们没有‘Finance’英文字义的局限性，在我们的财政学著述中扩展研究领域和范围而不改其名称也未尝不可”。①但仅仅使用 Finance 一个单词无法界定“财政”，那么，仅仅使用 Economics 一个单词，也同样是无法界定“财政”这一事物的。这正是英语学术界从一开始就必须使用，而目前仍然在使用 Public 来界定 Finance 或 Economics 的缘故。可见，之所以 Public Finance 和 Public Economics 可用同一的中文术语来表达，并不是“因为我们没有‘Finance’英文字义的局限性”，而是因为这两者的研究对象和领域都具有 Public 即公共性的缘故。

这样，本人之所以总爱从亚当·斯密的 Public 用词谈起，就在于指明，英语财政学从其创立伊始，就是从“公共性”的角度来分析和把握财政问题的。这既是西方近现代财政具有“公共”这一根本性质在理论上的客观反映，也表明了英语财政学界有着明确的“公共财政”意识。赵郭文对此却认为是“把‘Public Finance’直译成‘公共财政’并望文生义引出其内涵”，从上述分析中，可以得出“望文生义”的结论吗?

对于赵郭文，还需要答复其所提出的六大质疑。

> 质疑之一：“公共财政论”是倒退还是进步？……令人费解的是，张教授引证亚当·斯密的一连串的“公共”概念来佐证“符合

---

① 赵志耘、郭庆旺:《“公共财政论”质疑》，第 47 页。

> 市场经济”的要求的“公共财政”观是要我们快进入21世纪的社会主义市场经济退回到18世纪的自由主义市场经济去吗？是要我们从“社会主义国家”这一极端回头走向“共用品国家”这另一极端吗？①

对此，我们要问的是，西方公共财政学（不管使用Public Economics还是Public Finance）至今仍在大量使用Public一词，他们也“退回到18世纪的自由主义市场经济去”吗？综观赵郭文全文，始终没有或者说是不敢将财政问题与市场经济联系起来分析，这就是他们对公共财政论感到“费解”的根本原因所在。

这些年来，在关于市场经济的争议中，总存在着这么一种倾向，即一谈到市场经济，就被指斥为是主张自由放任，是主张自由市场经济，从而力图通过否定自由市场经济，而否定在我国实行市场经济改革。同时，在反对“自由放任”的同时，他们总是强调政府的“宏观调控”，其实质就是要政府干预一切，就是不要市场，就是以政府干预取代和否定市场。其实，一方面，我国20年来的市场取向改革，从来都是向政府干预型的市场经济变化；而另一方面，“自由放任”的基本要义，即政府不能干预市场的正常和正当活动，不能以行政手段代替市场机制，等等，即使是对于政府干预型的市场经济来说，也都是正确的。自由放任主张之所以是错误的，就在于当市场无法解决社会分配公平和宏观经济稳定等基本问题，而这些问题已对市场经济形成了致命威胁之时，这种观点仍然在反对政府介入这些领域进行干预。这样，自由放任主张是应当否定的，但如果从一个极端走向另一个极端，从否定“自由放任”而全盘否定市场经济，则显然是错误的。当然，就赵志耘、郭庆旺等来

---

① 赵志耘、郭庆旺：《“公共财政论”质疑》，第47页。

说，显然是不会反对市场经济的，但他们的这种将公共财政与自由放任的联系及否定，是否起了否定市场经济的客观效果呢？

> 质疑之二："公共财政论"能推导出"公共财政论"者所赞同的"三大"职能吗？……如果"公共财政论"者真的完全遵循的是"公共财政理论"，却难以推导出上述三大职能，而只能得到财政的资源配置职能。①

对于这一问题，本书实际上在第一章关于市场失效问题的分析时，已经解答了。这里只要扼要加以说明就够了。这就是，公共财政应当履行的效率、公平和稳定三大职责，都是导源于其为市场服务的公共性，其中政府由不干预转向干预，转向对宏观经济的稳定运行状态进行间接调控，其作用显然是整个社会性的，其结果显然都是"共同消费性"的，因而"宏观调控"显然也是符合公共产品的定义的，是属于广义公共产品的范畴。赵郭文硬将公共产品局限于资源配置领域，并以此来否定公共财政论，也是于事无补的。然而，如果真正理解了什么是公共产品，什么是公共产品论，则赵郭文也许就不会得出这样的结论了。实际上，公共财政论是否能够得出宏观调控的结论，并不在于对公共产品及其理论的理解，而是只要看政府及其财政所进行的宏观调控是否对于整个市场，对于整个社会公众都提供了服务。赵郭文也同意"公平分配和稳定经济是政府向公众提供的一种服务"②，那么，问题的核心似乎就解决了，即公平分配和稳定经济也是政府提供的公共服务，因而也包含在公共财政的活动内容之内。这里还应指出的是，把公共财

---

① 赵志耘、郭庆旺：《"公共财政论"质疑》，第47页。

② 同上。

政视为是自由放任时期的财政模式，否认西方政府的公共服务内容，已经从效率问题扩展到公平和稳定问题上来，实际上也是我国理论界对于市场经济恐惧症的一个具体内容。

> 质疑之三："公共财政"与"国家财政"到底有什么区别？"公共财政论"与"国家财政论"在最近的争论中，各自从自身的立论基础出发向对方发难，旁观者很难辨别真伪，至少我们的感觉是如此。在我们看来，二者其实并没有什么区别。既然大家讨论这一问题的大前提都是在"社会主义市场经济条件下"，又根据马克思的观点即国家是一个阶级利益的代表，那么，在我们社会主义国家，难道国家的利益不代表人民的利益、公众的利益吗？国家的需要不是公共的需要吗？"公共财政"与"国家财政"还有什么本质差异吗？①

仅就这段话来看，人们可能以为赵志耘、郭庆旺也是公共财政论者。因为在这里他们正确地指出了，公共财政论是以社会主义市场经济为分析基础的，是国家财政在社会主义市场经济条件下的特殊类型，国家需要就是公共需要，从而"公共财政"与"国家财政"是不存在着"本质差异"的。但是，尽管赵郭文认为没有"本质差别"，可君不见我国财政学界有多少人在反对"公共需要"和"公共利益"的提法？有多少人将"公共需要"与"阶级需要"视同水火而认为是不相容的？同时也有一些人从根本上就是反对"社会主义市场经济"的。如果考虑到这些，赵郭文是否还会认为这两种观点是没有"本质差别"的吗？

---

① 赵志耘、郭庆旺：《"公共财政论"质疑》，第48页。

质疑之四:"public Finance"直译成"公共财政"准确吗?……

质疑之五:西方经济学家已将"public Finance"(财政学)改为"public Economy"(公共经济学),"公共财政论"者又当如何?①

这些问题前文已有回答。

质疑之六:"公共财政"模式能作为我国的最终财政模式吗?……我们不能理解的是:是"公共财政"观念决定了政府的职能,还是政府的职能决定了"公共财政"的内容?②

这一质疑,大约反映非公共财政论者的通病,即他们总是撇开市场经济来探讨问题,来指责公共财政论;而总是紧抱住政府职能不放,总是绝对地从政府职能出发来否定公共财政论。"公共财政"能否作为我国"最终"的财政模式,这谁也无法知道,人类社会包括中国还将延续很长的时期,几千年几万年后是什么样的财政模式,本人不是算命先生,当然无法回答"最终"财政模式问题,但"公共财政"作为目前我国财政改革的目标模式,则是可行的。

这几年来,人们对于本人的公共财政论所提出的否定和质疑,尽管形形色色种种不一,但一个共同点则都是撇开市场经济这一基点来进行争论,而总是从政府,从"资本主义"和"社会主义"的角度来否定公共财政论。包括赵郭文在内,也是从国家理论谈起。在此,我们要说的是,从直接的意义上看,的确是"政府的职能决定了'公共财政'的内容",因为财政作为政府的活动,显然是由政府职能直接

① 赵志耘、郭庆旺:《"公共财政论"质疑》,第48页。

② 同上。

决定其内容的。但是,又是什么决定了政府职能呢?政府可以不受其他因素的决定,而自己有若干超脱于经济基础的,独立的职能及其内容呢?答案显然是,政府职能还须受到其所处的经济环境的决定。所以,赵郭文这样来提出问题,本身就是不正确的。问题应该是,市场经济决定了此时的政府及其财政具有什么职能?那么,由市场经济决定的政府职能又是什么呢?所谓的效率、公平和稳定等政府"职能",难道不能用"公共"来概括吗?这不恰好证明了公共财政的存在吗?

三 公共财政与"社会契约论"

对公共财政及其理论的批评,还牵涉"社会契约论"问题。如叶子荣就指出:

> 西方财政理论依据的国家学说是"社会契约论",认为国家是社会公众"契约行为"的产物。……"社会契约论"把国家描绘成无阶级、对任何人都一视同仁的"纯公共机构",进而把资本主义社会描绘成永恒的"伊甸园",是人类社会最完美的社会制度。"社会契约论"的国家学说是历史唯心主义的产物,这种学说把资本主义社会、资产阶级国家及其财政说成天上掉下来的"大馅饼",显然是没有根基的。①

的确,长期以来,人们一直都将"社会契约论"视为与马克思的"阶级国家观"相对立的资产阶级国家学说而否定之。现在看来,是完全

---

① 叶子荣:《"公共财政"辨析》,第44—45页。

有重新认识的必要的。这种重新认识的基本依据不是别的，就是市场经济。而社会契约论是与市场经济相适应的国家学说。

这是因为，市场经济本身就是一种契约（包括信用）经济，人们的市场交往就是通过契约才联系在一起的。与此同时，对于人类社会来说，只有在市场经济下才独立存在着“公共性”问题，这是前文所已经反复说明的了。而正是由于“契约”和“公共性”的存在，才使得当人们仅从市场经济的角度去考察国家问题时，得出了国家与社会、国家与私人之间存在着“社会契约”的结论。

当然，社会契约论的具体主张和论述是不现实的。这是因为，许多社会契约论者在解释国家起源问题时认为，在国家出现以前，人类曾经历一个自然状态，在那里人们享有天赋的自然权利，但是没有保障。为了保证每个人的自由，人们便订立契约，建立国家，组织政府。这种理论，因其缺乏历史根据，在19世纪末已遭到了普遍的批评，社会契约说甚至被认为是最大的也是最成功的“政治骗局”。① 但是，如果不是从国家的起源上，而是从市场经济下国家与市场的关系来看，即从市场经济下国家存在的依据来看，则这种理论是正确的：

> 霍布豪斯认为，“契约说”固然是一种虚构，但它试图从组成国家的人民中来寻找国家统治的根据，思路是正确的……问题在于，国家统治的根据并不是以“契约”为基础的人民“同意”，而是组成国家的人民的“共同意志”……国家是由个人组成的，国家没有也不可能离开个人而独立，国家的整体利益只能存在于个人利

---

① 邹永贤、俞可平、骆沙舟、陈炳辉：《现代西方国家学说》，福州，福建人民出版社1993年4月第1版，第148页。

> 益之中。每一个国家成员都有自己的个别利益，以及表达这种个别利益的个别意志，经过无数次的矛盾冲突、相互抵消之后，必定会得到一种为国家的大多数成员所共有的共同利益，以及表达这种共同利益的“共同意志”。这种“共同意志”便是国家统治的根据。①

社会契约论的源头可以上溯到古希腊的智者学派，而伊壁鸠鲁则明确表达了契约论的思想。伊壁鸠鲁“不仅从起源的角度，而且从现实生活的必要性上肯定了契约的作用，肯定了建立在契约基础上的法律与权力的正当性”。但人们通常所说的社会契约论，则是作为近代西方启蒙学说的社会契约论，即以霍布斯、洛克和卢梭等人为代表的社会契约论。近代社会契约论的形成和发展均处于市场经济的环境中，充分地反映了和体现出市场与资本的要求，是毋庸置疑的。而即使是古代的社会契约论思想，也是以商品货币关系的存在为自己的立论环境的。譬如智者学派所处的环境，是“公元前五世纪的希腊社会，正处于城邦奴隶制的一个新阶段。因生产力进步造成的工商业的进一步发展，不断增强着新兴奴隶主阶级，即工商业奴隶主的势力。伴随这种势力增长的是奴隶主政治民主化的倾向”②。“‘智者’中大多数人是赞成民主政治的”，而伊壁鸠鲁“是奴隶主民主派的思想代表”。③ 而民主思想，不管它是否是虚伪的，其是商品货币关系的反映，则是确实无疑的，因为在自然经济背景下，是不可能产

① 邹永贤、俞可平、骆沙舟、陈炳辉：《现代西方国家学说》，第151页。

② 分别见蔡拓：《契约论研究》，天津，南开大学出版社1987年6月第1版，第5、6、7、14、19页。

③ 分别见汪子嵩、张世英、任华等编著：《欧洲哲学史简编》，北京，人民出版社1972年5月第1版，第15、23页。

生民主思想的。

正因如此,应克复在评论社会契约论时指出:

> (社会契约论)否定神权至上,君权神授,具有反对封建专制主义的革命进步意义,并且从一个侧面揭示了国家权力的源泉。契约论同时还是民主主义理论的基石。契约论者都承认人的自然权利,正是为了保障人的权利人们才组织国家。所以,它以人的自由、平等为基础,又是为了使人的基本权利得到保障。这样,这一理论还涉及到国家的目的、主权、个人权利、国家与人民、国家与社会这些基本问题。在西方几千年的政治思想史上,有各种各样的契约说,它们的理论观点不尽一致,但它们一般都是与社会发展的民主趋向联系在一起的。契约论为现代民主学说提供了丰富的思想资料,它是17、18世纪西方民主理论的核心。它不仅是批判封建专制主义的思想武器,也是建立新型资产阶级国家的指导原则。①

对此,科恩也指出:

> 人类社会是否确系在某一时期通过订立契约而形成的,那无关紧要。不论历史形成过程如何,人类社会一形成即具有类似契约的性质,而且这种性质就是实行民主的先决条件。不论有无仪式,不论明示或暗示,每一个民主社会的成员,用洛克那种雄辩的语言说,"必须参加并团结成社会,成为人类社会契约的一方,以便与其它成员一起谋求舒适、安全、和平的生活,安全

---

① 应克复、金太军、胡传胜:《西方民主史》,第137页。

地享有自己的产业，出现外来侵犯时，有更大的保障”（《政府论》下篇95）。①

这样，既然是与市场经济相适应的一种国家学说，就不能简单地将其判为是错误的。契约俗称合同或协议。它代表着订立契约的双方当事人意见一致的状态，是依当事人双方的一致意愿而成立的。契约是双方自由和自愿缔结的，但如果一旦契约确立了，则缔约双方都要受其约束。市场经济中人们的关系是契约关系，这是以契约关系来形容社会公众与国家关系的“社会契约论”的客观基础。在社会主义市场经济下，这种从社会契约关系的角度来考察全体人民与政府的关系的理论，就很难说是错误的。它至少可以说明以下两点：(1)这是社会全体人民的政府，是依据社会全体人民的同意成立的政府，而不是独夫民贼所窃据的“政府”。因此，这就从理论上证明了社会主义市场经济下的政府具有人民性。(2)这一政府必须依据全体人民的根本意愿行事，人民具有根本的权利去阻止、纠正、否定政府的违反人民意愿的行为和活动，直至更换政府。具体到财政上就是，政府所有收入的取得从根本上都必须由全体人民同意，政府所有支出都必须依据全体人民的意愿来安排，即政府收支都必须是全体人民意愿的体现。

因此，就如“公共性”与“阶级性”是兼容的一样，“契约国家”学说与“阶级国家”学说也应是兼容的。这就是从市场经济的角度看，它是契约国家，而从生产关系的角度看，则它是阶级国家。在这一点上，显然本书第二章关于公共性与阶级性关系的分析过程及其结论都是适用

---

① 〔美〕科恩：《论民主》，聂崇信、宋秀贤译，北京，商务印书馆1988年5月第1版，第47页。

于此的,故不赘言。

从社会契约的角度来重新看待和考察社会主义市场经济下的我国现状,是富于启示性的。对此,不妨抄录一段话语如下:

现代社会这种契约关系无处不在,渗透到我们生活的各个角落。从一般中国人知道的"私领域",如借贷、买卖、委托、继承、婚姻,到一般中国人还不甚了解的"公领域",即对国家和社会的管理也是一种契约关系,是民众与政府之间的一种"社会契约"。按照这种理论,政府是基于与民众签订契约而产生的,民众把国家和社会委托给政府管理,如政府不合格的话,民众有重新选择的权利。

许多学者把这种人们之间的一切权利关系只有通过契约才有法律效力的社会称为"契约社会"。而在此之前,话说得远点,在古代欧洲和中国,决定人们之间相互权利义务关系的不是"契约",而是"身份"。人们生活在一种宗法关系网中,父对于子,夫对于妻,君对于臣,贵族对于奴隶,身份不一,地位有异,家庭和君父握有生杀予夺之权。所谓身份高贵者可以奴役、蔑视、屈辱、遗弃身份低贱者。这种"身份"定终身的状况,经过数千年的发展,经历从野蛮到文明进步,到了近代社会才有了改观,并逐渐被身份平等、契约自由的法治观念和制度所取代。这一过程,在138年前,被一个英国法学家亨利·梅因(Henry Maine)在他的《古代法》(*Ancient Law*)一书中精辟地概括为"从身份到契约的运动"。

借用梅因这个著名的比喻,我们可以把今天中国20年改革开放的过程理解为是一个从传统社会向现代社会转型的过程,是一个从"身份社会"向"契约社会"的变化过程。不是吗?在计划经济体制下,"身份"曾经发挥过多么大的威力!极端的例子,如"苦大仇深"、"根正苗红"到"地、富、反、坏、右"、"阶级敌人"、不同的出身具有特殊的决定人一生的意义。一般的例子更是俯拾皆是，像城里人与乡下人、干部与群众、国营与私营、单位与个人，不同的身份有不同的权利和义务。往往是“公”身份具有主宰力和特权，而“私”身份（私人和个人）却不被承认，或是恩赐和限制权利的对象。中国这20年的改革开放过程，就是一个冲决“身份”网罗的过程，就是一个民商法发展确定身份平等、契约自由、诚实信用、自负责任的法治原则的过程，就是一个公民权利得到全面实现和保障的过程。必须承认，在契约社会下，人的权利是与生俱来的权利，这些权利包括所有权、生命权、身体权、劳动权、迁徙自由权、隐私权、贞操权、名誉权、荣誉权、发明权、专利权、信用权、继承权、环境权、选举权等等。这些权利不是谁赐予的，而是“天赋”的、“自然”的。对于正由计划体制向市场体制转轨的中国来说，我们还不能说它已经完成了从身份社会到契约社会的转型过程。一切，尚未有穷期。①

本章主要参考文献

1. 蔡拓：《契约论研究》，天津，南开大学出版社 1987 年 6 月第 1 版。

2. 顾准：《顾准文集》，贵阳，贵州人民出版社 1994 年 9 月第 1 版。

3. 何振一：《理论财政学》，北京，中国财政经济出版社 1987 年 3 月第 1 版。

4. 胡建淼：《关于中国行政法上的合法性原则的探讨》，载《中国法学》1998 年第 1 期。

5. 黄鸣奋：《需要理论与艺术批评》，厦门，厦门大学出版社 1993 年 1 月第 1 版。

6. 刘海年：《略论社会主义法治原则》，载《中国法学》1998 年第 1 期。

7. 马克垚主编：《中西封建社会比较研究》，上海，学林出版社 1997 年 12 月第 1 版。

8. 麦履康、韩璧主编：《国家预算》（修订本），北京，中国财政经济出版社

① 李曙光：《从“身份”到“契约”》，载《新华文摘》1999 年第 2 期，第 26 页。

1987年10月第2版。

9. 秦晖:《农民问题:什么“农民”?什么“问题”?》,载《方法》1998年第8期。

10. 苏力:《二十世纪中国的现代化和法治》,载《法学研究》1998年第1期。

11. 孙笑侠:《法治国家及其政治构造》,载《法学研究》1998年第1期。

12. 汪子嵩、张世英、任华等编著:《欧洲哲学史简编》,北京,人民出版社1972年5月第1版。

13. 吴俊培:《论“公共财政”的误区——兼论非市场机制的效率》,载《中南财经大学学报》1998年第4期。

14. 叶子荣:《“公共财政”辨析》,载《财政研究》1998年第4期。

15. 应克复、金太军、胡传胜:《西方民主史》,北京,中国社会科学出版社1997年2月第1版。

16. 张馨:《比较财政学教程》,北京,中国人民大学出版社1997年9月第1版。

17. 张馨:《论公共财政》,载《经济学家》1997年第1期。

18. 张馨:《论我国财政与政府行为的具体关系》,载《管理世界》1996年第3期。

19. 张馨:《美英财政学体系内容之演变特点》,载《财政研究》1996年第3期。

20. 赵志耘、郭庆旺:《“公共财政论”质疑》,载《财政研究》1998年第10期。

21. 周伯棣:《中国财政史》,上海,上海人民出版社1981年2月第1版。

22. 邹永贤、俞可平、骆沙舟、陈炳辉,《现代西方国家学说》,福州,福建人民出版社1993年4月第1版。

23.〔德〕尤根·哈贝马斯:《公共领域》,汪晖译,载汪晖、陈燕谷主编《文化与公共性》,北京,生活·读书·新知三联书店1998年6月第1版。

24.〔德〕尤根·哈贝马斯:《公共领域的社会结构》,曹卫东译,载汪晖、陈燕谷主编《文化与公共性》,北京,生活·读书·新知三联书店1998年6月第1版。

25.〔德〕尤根·哈贝马斯:《民主法治国家的承认斗争》,曹卫东译,载汪晖、陈燕谷主编《文化与公共性》,北京,生活·读书·新知三联书店1998年6月第1版。

26.〔加〕查尔斯·泰勒:《吁求市民社会》,宋伟杰译,载汪晖、陈燕谷主编

《文化与公共性》,北京,生活·读书·新知三联书店1998年6月第1版。

27.〔美〕汉娜·阿伦特:《公共领域和私人领域》,刘锋译,载汪晖、陈燕谷主编《文化与公共性》,北京,生活·读书·新知三联书店1998年6月第1版。

28.〔美〕科恩:《论民主》,聂崇信、朱秀贤译,北京,商务印书馆1988年5月第1版。

29.〔美〕米尔顿·弗里德曼:《资本主义与自由》,张瑞玉译,北京,商务印书馆1986年3月第1版。

30.〔日〕阿部贤一:《财政学史》,邹敬芳译,上海,商务印书馆1936年5月再版。

31.〔日〕坂入长太郎:《欧美财政思想史》,张淳译,北京,中国财政经济出版社1987年8月第1版。

32.〔日〕小林丑三郎:《各国财政史》,邹敬芳译,上海,神州国光社1930年11月第1版。

33.〔意〕卡洛·M.奇波拉主编:《欧洲经济史》第1卷,徐璇译,北京,商务印书馆1988年1月第1版。

34.〔英〕霍布斯:《利维坦》,黎思复、黎廷弼译,北京,商务印书馆1985年9月第1版。

35.〔英〕克拉潘:《现代英国经济史》(中卷),姚曾廙译,北京,商务印书馆1975年7月第1版。

36.〔英〕克拉潘:《现代英国经济史》(下卷),姚曾廙译,北京,商务印书馆1977年9月第1版。

37.〔英〕洛克:《政府论》(下篇),叶启芳、瞿菊农译,北京,商务印书馆1964年2月第1版。

38. Bullock, C. J., *Selected Readings in Public Finance*, 2nd ed., Boston: Ginn & Co., 1920.

39. Jensen, J. P., *Government Finance*, New York: Thomas Y. Crowell Company, 1937.

40. Mill, J. S., *Principles of Political Economy*, reprinted by M. Kelley, Augustus, 1987 (London: Green & Co., 1909).

41. Smith, A., *An Inquiry into the Nature and Causes of the Wealth of Nations*, P. F. Collier & Son Co., 1909.

第六章　国家财政本质

“公共财政”作为市场经济下特有的财政类型，它显然不能用以概括所有财政类型。或者换句话说，在我国财政理论中，“公共财政”问题仅属于对于“财政特殊”，即市场经济基础上的国家财政问题的概括和探讨，它可以用“财政类型”来概括；而对于横亘于数千年文明史的财政整体来说，则是属于“财政一般”，它可以用“财政本质”来概括。在前面数章介绍完公共财政类型的基本问题之后，本章转入对于“公共财政”与“国家财政”关系的探讨，并希冀能对此问题上的认识混乱有所澄清。

第一节　早期财政本质观

在我国，“财政本质”问题，解决的是关于“什么是财政”这一最基本的财政理论问题。它不仅决定着我国财政学的整个理论构架、体系和内容，而且也从根本上影响着我国财政的实践活动。

一　旧中国的公共财政论

“本质”是看不见摸不着，是通过对五光十色错综复杂的现象来把握的。对财政现象认识的分歧，将导致不同的财政本质结论。这既引起了新中国成立至今我国财政理论界在财政本质问题上的分歧和激烈争论,也使得财政本质问题成为我国财政理论的最具特色、最为丰富但也似乎是最为玄乎的部分。

我国财政理论界对于财政本质问题的探讨,形成了"财政是以国家为主体的分配"这一居主流地位的结论。这一财政本质论被简称为"国家分配论"。这样,当着"公共财政"概念和"公共财政论"提出之际,我国财政学界立即作出的反应之一就有:它们与"国家财政"、与"国家分配论"的关系如何?并且对"公共财政论"作出最快的反应,同时也是最为激烈反对的,也主要是持有国家分配论观点的同志。为了理解和弄清这些概念和观点之间的关系,有必要对我国的财政本质理论作一分析和介绍。

我国当代的财政理论,主要是50年代在学习和引进苏联财政理论的基础上,结合我国实践而形成和发展起来的,但也受到新中国成立前旧中国财政理论和思想较大的影响。这是我国之所以形成了苏联所没有的国家分配论的关键原因。此外,存在于旧中国,就是"公共财政"的概念和理论。因此,在介绍我国的财政本质论时,回顾一下旧中国的公共财政论是有其必要的,这将有助于弄清目前我国财政学界关于公共财政问题的争论。

最初出现于我国并具有系统性、完整性和呈体系化特征的财政理论或财政学,大致是本世纪初作为舶来品从西方引进的,并且一直到国民党政府结束在大陆的统治,我国的财政学都保持着强烈的照搬西方的特点。作为一种系统的财政理论,首先要探讨的显然是"什么是财政"这一基本问题,这就是财政概念问题。在这一点上,当时显然也是照搬西方的。

本世纪20年代,是我国学者自己编写的财政学开始涌现的年代,不过这种编写带有很强的编译性质。陈启修1924年《财政学总论》一书,是我国目前所能够见到的最早的财政学专著之一。该书第一句就是:“财政者公共团体之经济或经济经理(Wirtschafts führung)也;易词言之,即国家及其他强制团体当其欲满足其共同需要时关于所需经济的财货之取得管理及使用等各种行为之总称也。”那么,什么是“公共团体”呢? 他指出:“公共团体(Gemeinwesen)者团体之组织最为强大,不但其团体意思对于团体员意思,行使强制的权力,且对于团体员之加入及脱离,亦施以强制者也。例如国家,地方团体及其他具有绝对的强制权之团体是也。”①如果换成现在的语言,有绝对强制力的“公共团体”就是公共国家,并且这里的“国家”还是中央政府或联邦政府的意思,而不是现今意义上的“社会团体”。

20 年代的其他我国学者也是这样看待财政概念的。

1925 年寿景伟《财政学》一书,开宗明义就指出:“凡政治团体,不问其为国家,为地方,为单一国,为联合国,苟欲维持其生存,势不能无经费;欲扩充其职务,尤不能无经费。财政学者,即研究政治团体施行职务所需经费之收支管理,而讲明其原理及政策之科学也。”该书还明确地提到了“公共财政”的概念②,并从公共财政的角度对全书进行了分析。此外,1928 年李权时在《财政学 ABC》这本通俗小册子中,更明确地指出:“财政……就是公家经济。”③1929 年张澄志的《财政学概论》也以公共国家为中心来阐述公共财政问题。④

30 年代尤其是 1934 和 1935 两年是我国财政论著的相对繁荣期。1934 年姚庆三的《财政学原论》对财政概念作了系统的说明,其分析完全立足于国家,尽管不能说这种观点对以后国家分配论的形成没有影

① 陈启修:《财政学总论》,上海,商务印书馆 1924 年 11 月第 1 版,第 1、4 页。

② 寿景伟:《财政学》,上海,商务印书馆 1926 年 2 月再版,第 1、4 页。

③ 李权时:《财政学 ABC》,上海,ABC 丛书社 1928 年 8 月第 1 版,第 1 页。

④ 张澄志:《财政学概论》,第 9 页。

响,但由于此时的国家只是公共国家,因而其分析是仅限于公共的角度,因而仍然是公共财政论。①

旧中国财政学对于财政概念的概括,以 1935 年尹文敬的《财政学》最具代表性。他指出,财政"即国家或地方政府(pouvoirs locaux),当其欲满足共同需要时,关于所需经济的财货之取得管理及使用等各种行为之总称也"。② 以目前的观点来看,这是从公共财政论的基点扼要而又完整地对财政概念的表述。在他的这段话中,即包含了"国家"和"政府",又提到了"共同需要"。换句话说,他是从"国家性"与"公共性"的双重角度,来认识财政问题的。由此可以联想到,50 年代尹文敬之所以能作为我国最早提出国家分配论的学者之一,是与他此时的财政观密切相关的。实际上,他只要将"阶级国家"替换"公共国家",就足以构建起国家分配论的基本框架了。

到了 40 年代,我国财政学并无根本变化。这一时期,主要有王延超的《财政学概论》③和曹国卿的《财政学》④,都表述了公共财政的思想。

应强调指出的是,在旧中国的公共财政学中,几乎没有见到有关"什么是财政"问题的争论和辩驳。当时各书作者仅是依据自己的思路给出关于财政概念的简短定义,就再也没有进一步详细论证和探讨了。这可以说是当时的公共财政学受到西方直接影响的明证,因为西方的公共财政学就从不进行概念定义之类问题的争论。虽然各个作者在使用同一术语来表述财政活动时,总存在或大或小的内容与含义差异,但谁也没有去指责别人概念的不严密和不准确。这种相安无事的

① 姚庆三编:《财政学原论》,上海,大学书店 1934 年 2 月第 1 版,第 1、2 页。

② 尹文敬:《财政学》,上海,商务印书馆 1935 年 2 月第 1 版,第 1 页。

③ 参见王延超:《财政学概论》,重庆,立信会计图书用品社 1944 年 5 月第 1 版。

④ 参见曹国卿:《财政学》,南京,独立出版社 1947 年 3 月再版。

平静状态，与若干年后新中国财政学者之间持续数十年的激烈争论，对比是极为鲜明的。这种状况，不知是表明了当时我国财政学的不成熟，还是表明了当时学者均为谦谦君子，只会与人为善而不愿挑起争端？如果说学术争论上的上纲上线、扣帽子打棍子是不足取的话，那么没有正常学术论争探讨的状态也是不正常的，再联系到当时我国文坛争论攻讦尖酸刻薄无所不用其极之状况，这种状况就更是令人奇怪了。对此，本人认为，当时之所以很少见到有关这一问题的学术争论，是否与当时我国财政学还大体上仅停留在"贩入"西方财政理论的水平上有关？也就是说，是当时财政科学的很不成熟决定了这点。

旧中国的公共财政学者，一直都有着从政府角度分析研究财政问题的特点，这与从亚当·斯密开始的西方公共财政学基本上以"政府"收支活动为分析对象是一致的。

何廉、李锐1935年的《财政学》指出："财政学者，讨论政府为执行职务所需资财之取得，使用，及管理之科学也。"①这是以最简练概括的语言，表达了当时各书作者关于财政概念的看法。这里赋予了"政府"以极为重要和特殊的地位。

姚庆三1934年的《财政学原论》，从政府履行职责的角度对财政概念作了系统的说明：

> 既有国家的存在，自有其应尽的职务；……其完尽自非利用人力物力不可，这在现今货币经济时代自然非钱莫办。如何支出货币，购买人力物力，以完尽其职务？这是任何政府所要解决的问题，也就是公共经费的支配问题。……那末国家将怎样去获得货币呢？这又是任何政府所要解决的问题，也就是公共收入的筹划

---

① 何廉、李锐：《财政学》，长沙，国立编译馆1935年2月第1版，第1页。

问题。……在公共经费公共收入两个问题以外，又有公共收支的适合问题。国家，有收入，有支出，而收支的数额往往又是极为巨大，极为复杂，必须有严密的管理方法和制度，……又自然引起公共收支的管理问题或财务行政问题。

自此，作者得出的结论是：

公共经费的支配问题，公共收入的筹划问题，公共收支的适合问题，公共收支的管理问题，政府对于这些问题的解决方法及其因果关系，就构成财政现象，专门研究这种财政现象的科学就是财政学。①

如按现在的语言，姚庆三的分析是由国家履行其职责需要经费支出开始，进而指出需要取得公共收入及其相关的收支平衡和管理等问题，从而得出财政概念的。只要将这些分析与几十年后的国家分配论关于财政起源的论述稍加对比，就可以明白前者对后者的强烈影响，明白两者之间实际上是存在着相当程度的继承关系的。此外，姚庆三甚至还使用了"财政的主体是国家"②这一标准的国家分配论用语。从这些意义上看，可以说当时人们认为财政就是"国家分配"，或者说关于"国家分配论"的基本看法在当时就已经形成了。

但是，尽管如此，当时人们所认为的"国家财政"，实质上仍只是"公共财政"。这点，在上述姚庆三的引文中不断地出现"公共"一词，就是充分的证明。这就是尽管当时财政学是从国家收支、从政府收支

① 姚庆三编：《财政学原论》，第1—2页。
② 同上书，第4页。

的角度归纳财政概念，尽管人们已提到“国家主体”一词，但当时的国家只是“公共”国家而非“阶级”国家，决定了当时的财政只是“公共财政”，而非几十年后的国家分配论的“阶级财政”。这就是当时的公共财政观。

前文已指出，陈启修在其《财政学总论》中，所持有的就是典型的公共财政观，即国家满足公共需要的经济活动或收支与管理活动被认为就是财政。类似的分析和观点，在当时几乎所有的财政学中都存在着。而曹国卿的《财政学》在1947年的第三版中，通过分析“财政”词源，明确使用了“公共财政”的概念。他指出：

> 财政一词，英文为Finance，源出于拉丁文Finis，意即支付期限，后转为Finare，则有支款及罚金之义。至十六世纪时转入法国，变为Finances，始有公共收支之义，后传及于其他各国，至今法人仍以多数Les Finances表示公共财政，以单数La harrte finance表示金钱出入事项。近代英国称公共财政为Public Finance，如单言Public Finance则含有金融之义，如Bank Finance，Corporation Finance等是。
>
> 中文“财”从“贝”，贝为古人用为交易之媒介，如今日之货币然。其右旁从“才”，含才具才干之义，盖必须有才干之人管理财务。政字从“攴”，攴小击也，凡有所击必有所持，如持挺击物，故攴之引申义为“持”，其左旁为正，孔子谓政者正也，既有理财之才，而又持之以正方可。
>
> 以上不过就财政二字之演变略加说明，然究不足以阐发财政一词之真义。夫人类不能离群孤立，必参与集团生活，……由此演进遂成为国家。国家既经形成，则必有政府以维持公共安宁，图谋大众福利，对外则建设国防，……欲达此目的，必须支出大量资财，

> 故政府为达此目的，必先取得资财，取得之后，须设法管理及使用，此资财之取得使用及管理，即所谓财政是也。①

这里所分析的财政，仍然是“国家”以“公共”和“大众”等为目的和对象的活动，因而是公共财政论。

附带应指出的是，在半个世纪后的 90 年代，我国财政学界又出现了公共财政论。这对于我国的财政基本理论来说，并非是历史开的大玩笑，并非是我国财政理论界绕了个大圈子又回到原地，而是如辩证法所指出的那样，是理论发展所必然经历的否定之否定的螺旋上升过程。

进一步看，当时的公共财政观严格地讲，应当是“公共经济观”，即当时的财政理论从根本上看是从公共经济的角度分析财政问题的。这是表明，当我国于本世纪初开始引入西方财政学时，就已经接触到德国学界的公共经济观，并受到其很深的影响，而这是早于英美学术界的。

比如陈启修，他在从政府收支分析介绍了财政问题之后，不仅从“公共”角度，而且还从“经济”角度去归纳财政的定义。他指出：

> 因经济主体之不同可分经济为五大种类：（一）个人经济，（二）企业经济，（三）公共经济，（四）国民经济，（五）世界经济。……公共经济者，强制的公共团体之经济，以维持公共团体之生活满足公共团体之需求为目的者也。② ……
>
> 财政与私经济相异之要点有六：（一）财政自身无目的，而仅为达公共团体之其他目的之手段，与私经济之自身即为目的者有异。……（二）财政以量出为入为原则与个人及企业经济之量入

① 曹国卿：《财政学》，第 1 页。
② 陈启修：《财政学总论》，第 5 页。

为出者有异……(三)财政上支出之效果多属无形不能附以价格与个人及企业经济之支出以举有形的利益为主要的目的者不同。……(四)财政上之收入,系依所谓一般的报偿之原则(Das Prinzip der generelle Entgeltlichkeit),以强制的获得为主,与私经济收入之依所谓殊别的报偿之原则(Das Prinzip der spezielle Entgeltlichkeit),以任意的获得为主者有异。……(五)财政之主体,生命悠久,故其规模亦甚远大,与个人及企业经济有异。……(六)财政上之事务皆由与事务之成绩,无直接利害关系之吏员担任之,与个人及企业经济上之事务担任有异。①

这种与其他各类经济相对立的公共经济就是财政,这是现代西方国家典型的公共财政观,即公共经济就是财政的公共财政观。

"国家经济"是上个世纪德国历史学派提出的概念之一,在英语中则被译为"公共经济"。由于此时人们所持的是"公共"国家观,因而这里的"国家经济"与"公共经济"几乎是在同等意义上使用的。此时我国各版本的财政学,都是从"公共国家"的国家经济或公共经济的角度来分析财政问题的,因而此时存在于旧中国的是"公共经济论"。

应附带指出的是,陈启修还使用了"财政本质"一词,将公共财政概括为公共经济。此外,钱亦石的《财政学纲要》,也明确地使用了"财政本质"这一概念②。可见,"财政本质"一词并非全是新中国财政学的发明创造。不过,他们都没有对这一"本质"概念加以解释,因而无从知晓他们所谓的"本质",与马克思哲学范畴意义上的"本质"有何区别。更主要的是,他们都没有将"财政本质"作为财政理论的最基本概

① 陈启修:《财政学总论》,第1—9页。

② 钱亦石编:《财政学纲要》,上海,中华书局1935年3月第1版,第4页。

念,仅是偶尔使用了这一概念。但有一点可以肯定的是,他们此时大概做梦也不会想到,在若干年后,“财政本质”问题会成为我国财政理论界的争议焦点和中心,会耗去人们极其巨大的脑力和心力,穷数十年时间而为之论争不已。

这一时期,各本财政学关于财政概念的分析大同小异,也从公共经济与私人经济对立的角度进行了分析。如寿景伟认为公私经济差异为:(1)“强制自由之异”;(2)“有形无形之分”;(3)“生存期间有久暂之别”;(4)“营业范围有广狭之差”;(5)“收支目的有公私之判”;(6)“收支数额有多寡之殊”;(7)“收入准的有限无限之不同”;(8)“度支方法有量入量出之互殊”。① 上述张澄志和尹文敬的分析也大致相同。而何廉、李锐则在“政府理财与私人理财之比较”标题下,也分析了同样内容。②

李权时则详细分析了公经济与私经济的相同和相异点。即两者的相同点是:(1)“都为欲达到其经济主体的生存和发达的目的而活动的行为”;(2)“都受经济原则所支配的经济行为”;(3)“都应当以自利为过程,以利人为目的”;(4)“自己都不是目的,而是达到目的的手段”。

而相异点则是:(1)“私经济然后才有公经济,无私经济即无公经济之可言”;(2)“私经济的收入,大抵是以交易得来的;公经济的收入,大抵是以强制得来的”;(3)“公经济以量出为入为原则,私经济以量入为出为原则”;(4)“公经济支出的效果是不可以价格去测度的,而私经济支出的效果是可以价格去测度的”;(5)“公经济行为之利弊是较私经济行为之利弊难以判别的”;(6)“公经济收入是可以一般报偿为原则,而强制地征之于人民的;私经济的收入则不然,私人是必须以特别报偿为原则,而行交换、契约、及买卖等自由手续以获得收入的”;(7)“公经济主

---

① 参见寿景伟:《财政学》,第4—7页。

② 参见何廉、李锐:《财政学》。

体的生命是悠久长远的,私经济主体的生命是有限的。”他的分析比上述诸人为详细,其中公私经济相异点的看法大体同于上述诸人。而他关于公私经济相同点的分析,则有其特色。这就是他认为公私经济都应服从“经济”原则即效率原则,服从“界限效用”原则即边际效用原则等。① 这些都表明,他已接触到了奥意财政学派的公共产品论,并且也已从公共财政活动必须根本遵循私人经济基本准则的思路去分析问题了。这就表明,公共产品论之传入我国,是比英美为早的。② 此外,曹国卿也从公经济与私经济相对立的角度,阐述了类似的思想。③

总之,旧中国财政学也是从与私人经济相对立的公共经济的角度,来看待财政概念问题的。

> 我国向来有“家计”与“国计”之说。无论何人,只要他是家庭的一分子,他就要受“家计”的支配;只要他是国家的一分子,他就要受“国计”的影响。把“家计”与“国计”翻译成科学的术语,则一与“私经济”相当,一与“公经济”相当。④

这是钱亦石1935年出版的通俗小册子《财政学纲要》的开首语,它鲜明生动地概括了当时人们的财政观,即公共经济观。对此,王延超就指出:

> 财政是什么?财政就是指公共团体的经济处理,包括一切所需财货的取得和管理及使用与其相互间的调整等问题。财政(Finances)一字,源出于拉丁文Finis,其意义是支付的期限,后又

① 参见李权时:《财政学ABC》,第6—11页。

② 参见本书第九章第三节。

③ 参见曹国卿:《财政学》。

④ 钱亦石编:《财政学纲要》,第1页。

> 转为 Finare 含有支款及裁判上确定款项的支付或罚金的支付的意义，嗣后此字又转为法语，遂成 Finances，才兼有公共收入的意思。至十七世纪以后更通用以指国家一般的理财而言，不过，近代英美学者多冠以形容词 Public finances，指公家财政……①

总之，如同千家驹所指出的那样："财政学在中国本是一门输入的科学，它还停滞在编译的阶段。"②尽管如此，30 年代中期仍然是民国时期我国学者编著公共财政学的旺盛期。此时的公共财政理论尽管存在种种差异，但大体持有公共经济观，都从国家或政府的公共活动角度来分析财政问题的。它与新中国成立后我国各种财政本质观是迥然相异的，但又或明或暗地从正反两个方面影响着其后数十年的我国财政理论。

二　货币关系论

这是新中国成立初，我国的财政学界首先接受的财政本质论，它基本上是从苏联引入的。

新中国成立初，如同各方面的事业一样，我国财政界也面临着建设与新的社会经济制度相适应的财政模式及其理论的任务。这是一个直接以马克思主义为指导来构建新财政学的过程，而具体来看，我国理论界在很大程度上先是通过引进和模仿苏联财政学，然后在此基础上再逐步形成具有我国特色的财政学。新中国成立初期的我国财政学主要是对于苏联财政学的引进和模仿，但也出现了一些不同的观点，如国家分配论的基本观点这时就已出现，只不过尚未被广泛接受而已。

这一时期的时间跨度，大致从新中国成立初开始至 1963 年，即我国"国家分配论"确立之前为止。

---

① 王延超：《财政学概论》，第 1 页。

② 千家驹：《序言》，载《新财政学大纲》，第 1 页。

1949 年 10 月，千家驹的《新财政学大纲》就提出了“财政是国家的经济”的观点。但他并没有明确提出“国家财政”的概念，更没有提出“国家分配”的概念。然而，这却是我国学者从阶级国家的角度分析财政问题的最初尝试。全书大体上遵循了旧中国财政学的公共财政体系和内容，但又加入了若干有关阶级国家的分析和说明。该书强调必须用马克思主义理论和方法来进行财政学研究，从而标志着我国新财政学的开端。他指出：

> 在着手创立新财政学的时候，……关于各社会形态的经济结构的知识，关于阶级和国家的理论，都成为我们研究财政学时的方法论的出发点，而应用于一般社会科学研究上的方法，特别是应用在经济学研究上的方法，——唯物史观的方法，唯物辩证法，便是我们最主要的武器。①

这种方法论上的变化，是此后形成与旧中国公共财政学有着完全不同体系和思路的新财政学的直接原因。从此，以阶级观点来考察财政问题和建立财政理论，就成为我国开展财政实际工作与构建财政理论体系的基本方式，而其推而极之的结果，就是整个地否定了旧中国的公共财政论。

新中国作为否定旧中国的产物，其诞生导致了对旧中国财政理论的全盘否定是很自然的。然而，所谓的“破”字当头，“立”在其中。否定了旧理论，就必须有新理论取而代之。在整个 50 年代，存在于我国的主要是引自苏联的财政理论。这是与旧中国完全不同的财政理论。不过，此时新旧中国财政理论仍然存在着某

---

① 千家驹：《新财政学大纲》，第 21—22 页。

种"共同点",这就是它们都是外国财政理论的舶来品,都没能创建出我国自己的财政理论。这对于一个处于幼年期的政府的理论来说,是很正常的。但此时新旧中国财政理论的根本差异已经发生,这就是关于"什么是财政"的讨论,已是在马克思主义意义的"财政本质"概念下进行了。

千家驹指出了之所以要采用"财政本质"概念的缘由:

> 把唯物辩证法应用在财政现象的研究上,立刻使我们和束缚于旧方法中的讲坛学者们不同,循着唯物辩证法的指导,使我们能揭露出财政现象的本质,发现其无限错综和丰富的内容。这是创立新财政学之路……①

或者换句话说,采用此概念,是以马克思学说开展我国财政学研究的基本要求和必然结果。因此,此时的"财政本质"一词,已是人们刻意选择的专用术语和中心概念,是被用来表达财政理论的核心内容。随着这一基本术语的出现,我国财政学界持续至今的财政本质争端也就开始了。

50 年代初存在于我国的,是从苏联舶来的财政本质理论,主要有"货币资财论"和"货币关系论"等。

货币关系论,顾名思义,是将财政视为货币关系的理论,但各货币关系论者的具体表述则不同。在 50 年代否定"个人主义"的历史背景下,我国学者自己出版的财政论著是很少的,当时出版较多的反而是苏联财政学的译著。这是当时我国的财政学仅处于幼年的具体表现。如吉雅琴科就认为:

---

① 千家驹:《新财政学大纲》,第 22 页。

财政乃是货币关系的体系，而货币关系又是有史以来就和国家的存在及其活动有密切联系的。……作为货币关系体系的财政是在封建社会内部产生的，而某些财政范畴早在奴隶社会就已经有了。……苏联财政乃是这样一种货币关系体系，通过它便可以形成、分配和使用货币资金以便保证满足社会主义扩大再生产的需要。①

财政理论的对象不是财政资源本身，也不是人们对物的关系，而是社会关系，也就是在社会产品的生产、分配、交换和消费过程中形成的人与人之间的关系，这种关系决定这种或那种形成、分配和使用财政资源的方式。②

我国学者周伯棣对货币关系论作了较为完整的表述：

财政不是货币资金本身，而是货币资金赖以形成赖以分配和赖以使用的那些社会关系，所以财政是货币关系的体系。……社会主义所有制包括着全民所有制与集体所有制……这两者之间，还存在着商品关系，还存在受到限制的价值规律，从而还存在着货币关系……因此整个经济关系与货币关系，交织在一起，有机地联系在一起，而国家财政才属于货币关系的关系。……③财政学所研究的财政，就在一般的货币关系之内，至于货币关系之外，当然不存在财政学所要研究的对象的。……（一类）货币关系发生之

① 〔苏〕弗·吉雅琴科：《苏联财政的本质和职能》，载《经济译丛》1954 年第 9 期，第 73、75 页。

② 〔苏〕弗·吉雅琴科主编：《论苏维埃财政的本质与职能问题》，王效培译，载《财政理论问题》，北京，财政出版社 1958 年 10 月第 1 版，第 35 页。

③ 周伯棣：《论财政学的对象范围与任务》，载《财经研究》1956 年第 2 期。

> 后，形成全国性的货币基金，并成为全国性的资财之使用……这一种货币关系其渊源还是来自生产领域。……（一类）货币关系发生之后，形成了非集中性的货币资财或形成为非集中性货币资财之使用，这一类货币关系便得入于国民经济各部门财务的范围之内，也得入于财政范围之内。……财政学的研究对象，仅限于广泛的客观存在的货币关系的一部分。

在一篇综述性文章中，我国看到了此时我国货币关系论者的主要观点：

> “财政的本质是客观存在的货币关系的体系。”理由是：第一，财政的产生和发展一方面与国家有着直接的联系，另方面与货币经济的存在和发展是不可分割的。……由于国家机器的存在及其活动而产生了国家必须参与分配劳动产品的要求；而货币经济的存在才使国家参与劳动产品分配有了客观的可能性。财政就是在这样的客观基础上产生的。第二，货币经济与财政的内在联系决定了社会主义财政的本质。在社会主义制度下，由于商品生产和商品交换的存在，从而使劳动产品的生产和分配还必须广泛利用商品货币关系。所以社会产品和国民收入赖以形成、赖以分配和赖以使用的货币关系体系，构成了社会主义财政。它不仅存在于分配领域，也存在于生产领域。①

这是60年代初发表的文章，此时国家分配论否定货币关系论的基本态势已经形成，因而这段论述与其说是货币关系论基本观点的概括，

---

① 庆理：《关于财政实质等问题》，载《大公报》1962年1月26日，第3页。

倒不如说是该论的自我辩护词还更为妥当！该文不仅反映了国家分配论此时咄咄逼人的攻势，也表明了货币关系论此时颓势已基本形成，这类软弱的辩护词是无力回天了。对于苏联的财政本质论在我国影响的变化过程，王亘坚有过概要性的介绍：

> 几年之前，苏联若干经济学家曾主张：财政的本质乃是一定的货币资财基金（如所谓苏联财政是国家集中化和企业非集中化的货币资财基金），中国的一些同志也曾经同意过这种论点。……随着时间的推移，"货币关系论"占居了优势，就连原来主张和拥护"货币资财论"的人们，也先后举起手来，表示赞成这个论点了。……近年来，我国经济学界越来越多的人同意"分配关系论"，即把财政的一般性质概括为"国家为实现其职能而分配社会产品所发生的分配关系"。看来，目前这种论点在我国占着绝对的优势。①

这就表明，在国家分配论之前，在我国财政理论界据统治地位的是货币关系论，其时间大约是50年代。

三　货币关系论的否定

50年代，是货币关系论在我国财政学界占据主流地位的时期，也是国家分配论开始批判和否定该论并动摇其主流地位的时期。对货币关系论的否定趋势，在50年代末呈现出愈益强劲的势头。

许廷星1957年出版了题名为《关于财政学的对象问题》的小册

---

① 王亘坚：《论财政学的对象》，载财政部财政科学研究所、中央财政金融学院主编《财政学问题讨论集——1964年财政学讨论会论文选辑》（上册），北京，中国财政经济出版社1965年6月第1版，第221—222页。

子，在对货币关系论质疑的基础上，提出自己较为系统的国家分配论观点。该书指出：

> 如把“货币关系”当成财政规律来说明社会历史发展诸阶段中的财政，很难具有说服力。从货币关系立论，解决了这一社会形态的财政问题，但又不能解决另一社会形态的财政问题。货币关系仅是货币职能的表现形式，不容易从货币形式所表现的现象看出问题的内在关系。并且把货币现象说成是财政，也感觉得财政是漫无边际，无所不包。①

该书是在1955年底至1956年初完成初稿的，这在当时的政治背景下是难能可贵的，因为当时我国与苏联仍然保持着至少是表面的“蜜月”状态，此时对苏联理论提出异议，可能遭来的将不仅有理论上的批判，而且更可能的还有政治上的灾难。因此，许廷星在我国的国家分配论创立过程中起了关键性的作用，是作出了里程碑式的贡献的。

上述介绍，还充分证明了国家分配论的形成与货币关系论的否定之间，有着密不可分的关系。

王传纶在1958年指出，货币关系论“是专门就社会主义条件下的情况来考虑问题的”②，这导致了以下缺陷：

> 第一，仅仅就一种社会经济形态来考虑一整门科学的对象，这不是妥当的。……第二，就是只考察社会主义一种社会经济形态

① 许廷星：《关于财政学的对象问题》，重庆，重庆人民出版社1957年5月第1版，第1页。

② 王传纶：《对“财政学”对象问题的探讨》，载《教学与研究》1958年第7期，第47页。

> 下的情况，“货币关系的体系”也只是对这个社会中财政现象的描绘，多少还是停留在表象上的、不够深切的反映，并没有揭示财政现象的本质。第三，这样规定财政学的对象，就使这门科学的发展方向难于明确。假如着重在货币关系所反映的一般内容——经济关系，那末财政学也就会和社会主义政治经济学难于区分。假如着重在货币关系上，那末财政学的对象就实际上是社会主义社会的货币经济，和货币学也就无法区分了。①

王传纶对货币关系论的这一批评是中肯的。

60 年代我国出现的关于财政本质的价值分配论，与货币关系论有着很大的渊源。作为价值分配论代表人物的王亘坚，在一定程度上肯定了货币关系论的同时，也批评了该论。王亘坚认为，货币关系论在探索财政本质的道路上，比货币资财论前进了一步，因为货币关系论正确地指出了财政本质是人们在货币资金运动中所发生的关系，而不是货币资财本身，但这种看法存在的问题是：

> 第一，它不能精确地反映财政在社会再生产过程中的地位。在社会再生产过程中，人们经由货币资金的运动所发生的关系，既有分配关系，也有交换关系，……如果把价值的分配关系同……交换关系或使用价值的分配关系混在一起，就无法区分财政现象和其他经济现象的界限。第二，货币是价值的……最发展的形式，因此，货币资金的运动反映价值的运动，……其实质也是价值的分配关系。第三，在价值的分配过程中，……在某些情况下，它不通过货币资金的形式，而是通过价值的非货币形式……第四，要把国家

---

① 王传纶：《对“财政学”对象问题的探讨》，第 47 页。

财政和一般的财务区分开来，还应该附带上国家参与分配这个因素。①

对于货币关系论的否定，是当时我国财政理论向前发展的必备条件。国家分配论和价值分配论在很大程度上就是否定或更新货币关系论的产物，连同同期其他论著对货币关系论的公开批评，愈益严重地动摇了货币关系论在我国的主流地位，国家分配论取而代之的日子已经为期不远了。

第二节　国家分配论

对货币关系论的否定，必然要有新的财政本质理论代替之。国家分配论历史地承担了这一责任。它是在否定上述各种财政本质论的基础上，作为有中国特色的财政本质论而发展起来的。尽管自有财政思想和财政理论以来，人们就不断地提到财政与国家或政府的关系，不断地从国家和政府的角度来论述财政问题，但严格地说，国家分配论仅产生于社会主义的中国，因而这是一个有着中国特色的财政本质观，由此也构成了有着鲜明特色的我国财政理论。

一　对公共经济论的否定

与我国财政理论界认为国家分配论直接导源于货币关系论的传统看法不同，据现有的资料来看，我国国家分配论的来源，除了货币关系

---

① 财政部财政科学研究所、中央财政金融学院主编：《财政学问题讨论集——1964年财政学讨论会论文选辑》（上册），第221—222页。

论之外,更多的还是旧中国的国家经济论或公共经济论。也就是说,存在于我国 10 余年的货币关系论,尽管对我国财政理论产生了重大影响,但国家分配论的形成,主要是通过扬弃公共性质的国家经济论,而逐步转到阶级性质的国家分配论上完成的。

我国财政学界创立国家分配论的过程,最早可追寻到千家驹的《新财政学大纲》一书。该书出版于新中国成立的 1949 年 10 月,但在此之前一两年就已开始写作了,因而实际上是在旧中国就已运用马克思主义的观点来分析财政问题了。该书的突破性进展,就在于用马克思主义的阶级国家观来分析财政问题,来撰写财政学专著。该书指出,“财政是国家的经济,即为着维持这统治工具的存在和发挥这统治工具的职务而必须有的经济”。① 据本人所掌握的资料,这在我国应是第一人。

但该书还没有使用“国家财政”的概念,更不是我国意义上的国家分配论的提出,因为该书所认为的财政,仅是“国家经济”而不是“国家分配”。即千家驹的财政本质观仍然是“国家经济论”,只不过这是“阶级”国家经济论,而不是“公共”国家经济论罢了!作为一种新旧社会财政学的过渡观点,此时千家驹的财政本质观仍受到旧中国财政学的很强影响:

1. 他仍然将财政概念视为是“国家经济”,即“国家经济”仍然是其财政概念的核心术语。

2. 该书向阶级国家观的转换还不彻底,这集中体现在全书仍然使用着“公共”收入和“公共”支出等概念。而如果是“阶级”国家,则国家活动并不能等同于公共活动。对此,千家驹自己就指出:

---

① 千家驹:《新财政学大纲》,第 7 页。

> 在资产阶级的财政学者来看，国家是超阶级而代表全社会福利的机关，他们用“公共职务”的名词，掩蔽了国家职务的阶级性。他们以为国家所经营的“公共职务”是人民共同的要求，……他们往往列举着表面上合于社会普遍要求的事业来证明这一点，例如对外国侵略的防御，公用事业、社会救济事业之类。但是剥削阶级的国家（举办这些事业时，也是为着自己的利益）。……只有在人民的革命胜利以后，……国家所尽的职务，才可称作真正的“公共职务”，因为它代表着人民最大多数的利益；……①

依据千家驹此言，如果持有阶级国家观，按照以后我国财政学界的通常思维逻辑，对财政一般的描述就不能使用“公共收入”和“公共支出”等词，而必须使用“国家收入”和“国家支出”等词。但该书却偏偏在不停地使用“公共”一词。这种自我矛盾现象，是其观点的过渡阶段性特点的典型表现。

3. 该书的内容仍然包括公共收入、公共支出、收支适合和财务行政等内容。而这些如前文所指出的，正是旧中国财政学体系的典型构成。

可见，尽管千家驹已意识到在马克思主义经济学基础上，不能使用“公共国家”及其“公共经济”概念和观点，而只能使用“阶级国家”及其“国家经济”概念和观点去分析财政问题，但还没能始终如一地将这种“阶级”观点贯穿于自己的论著全书。即由他开始的新旧转变仍是很不彻底的，新财政学尚未真正创建出来。这样，《新财政学大纲》一书，只能是我国财政理论界从公共财政学向国家财政学转化迈出的并不完整的最初一步。但万事开头难，这仍是可喜可贵的一步。

---

① 千家驹：《新财政学大纲》，第5页。

其后,1951年8月同时出版的伍丹戈《论国家财政》①和丁方、罗毅《新财政学教程》②这两本书,也同样采取了阶级国家概念来分析财政问题。伍丹戈一书只是一本关于财政基本理论的小册子,他从阶级国家角度分析财政问题,但没有明确给出财政定义。不过,该书提到的若干观点,是与我国以后的财政理论有关的。他认为只有具体的财政,并没有抽象的财政,即认为没有“财政一般”,这种观点显然是片面的。但他提出的“具体财政”“抽象财政”和“财政一般”等概念,却是后来关于财政本质争论的重要术语。该书提出了“新的国家财政的体系,性质和内容究竟是怎样?财政是否还成为一门科学?”等问题。尽管该书并没能回答这些问题,但它清楚地表明了在新的社会形态下,创立新财政学的历史任务的提出。③

1953年尹文敬的《国家财政学》一书,则明白无误地指出了财政的阶级性与公共性之间的区别:

> 财政既是在实现国家职能,为统治阶级服务,于是国家的本质规定了财政的本质。在阶级社会里,财政很明显地是统治阶级的剥削工具。资本主义财政学家,为要隐蔽财政的阶级性与剥削性,硬说政府是为公共服务的,财政是应公共的需要而发生,把它称为“公共财政”或直接称为“政府财政”;他们不敢触及国家本质,甚至连国家一名词,也避而不用;他们仅仅罗列一些财政现象,讨论一些收支技术问题。这种混淆是非的理论,是不足以说明财政的真义的。④

---

① 伍丹戈:《论国家财政》,上海,立信会计图书用品社1951年8月第1版。
② 丁方、罗毅编著:《新财政学教程》,北京,十月出版社1951年8月第1版。
③ 伍丹戈:《论国家财政》,第85页。
④ 尹文敬:《国家财政学》,上海,立信会计图书用品社1953年11月第1版,第6页。

这是我们所能够看到的，我国财政理论界对“公共财政”的最早批判。这段话已经清晰地指明了，“国家财政论”与“公共财政论”争论的根本焦点，就在于“阶级性”和“公共性”的分歧。在这儿，“公共性”成了“阶级性”的绝对对立物，两者似乎是不共戴天的。在其后几十年的我国财政理论论战史中，尽管对公共财政论以及带有“公共”字眼的其他理论，如社会共同需要论和公共产品论、双元财政论等进行了各种各样的批判，但这些批判的所有基本论据在这段话中已经包揽无遗了。并且说一千道一万，这些批判集中起来就是一句话，即这些理论不讲“阶级”，不讲“剥削”，否定“阶级”，否定“剥削”。

二　国家分配论的提出

就目前所能发现的材料而言，国家分配论的最初提出是在 1951 年。这一任务，是由该年出版的丁方和罗毅的《新财政学教程》完成的。与《新财政学教程》同月出版的伍丹戈的《论国家财政》一书，尽管也采用了阶级国家观，但尚难说该书已提出了国家分配论。这是因为：

1. 该书并不是完整的财政学专著，而只是关于财政基本理论的小册子。该书第一句就指出：

> 国家财政不单单是历史的产物，它在社会分裂了阶级和国家形成以后产生，将来又要随着全世界阶级的消灭和国家的“消亡”而“消亡”，而且它本身也是在不断的发展与改变，每一次社会经济结构以及国家政权构成的变更，也变更了财政的内容和形式。①

接着全书逐次介绍了各种社会形态下的国家财政问题，但没有明

① 伍丹戈：《论国家财政》，第 1 页。

确给出财政定义。

2. 伍丹戈持有的并不是国家分配观，而仍然是千家驹式的国家经济观，因为他认为国家财政“包含了一连串的国家和人民的经济关系”。①

3. 该书虽然已经提出了“国家财政”概念，但对其内涵的认识仍是迷糊的。该书引用了I. 博高列波夫教授的话说：

> 截到此刻为止，科学还没有具备“财政”概念的完全令人满意的定义。……但有一点是无疑的，在任何现代国家的财政概念中，必须加入财政的两个重要标志：第一，这是财政对国民收入分配的直接关系。在此种分配过程之外，没有财政。……第二，如一般通例，财政永远穿着货币的外衣，而且在商品货币关系之外，没有它的地位，……②

这段话强调了财政活动中的“分配关系”和“货币关系”两个要素，表明博高列波夫教授在很大程度上持有的是货币关系论的观点，它并不强调国家在财政概念中的关键地位，这与国家分配论是有很大区别的。然而，伍丹戈却认为博高列波夫的意见是对的。这表明了伍丹戈对财政概念认识的模糊和混乱，反映了新中国成立初我国财政理论界既受苏联财政学影响，又受旧中国财政学影响，兼之处于自我发展过程中特殊历史状态，以及由此所产生出矛盾，同时也反映了我国在形成自己特有的财政学过程中的过渡状态。

丁方和罗毅的《新财政学教程》，是至今有据可查的国家分配论的最初正式提出，因而该书在国家分配论发展史上是具有重要意义的。该书指出：

---

① 伍丹戈：《论国家财政》，第84页。

② 同上书，第85页。

> 财政是什么？简单的说，财政是国家在满足它的需要上，进行社会财富的分配和再分配的经济行为。它在形式上，表现为社会财富的一部分流出流入于国家机构，构成国家的收入支出及收支管理与运用等各种经济行为的总称。①

这一"财政"概念，已明白无误地包含了"国家"主体和"分配"这两个国家分配论的基本要素，并且这里的"国家"也已经是"阶级国家"了，即

> 国家是在阶级社会里，一个阶级压制另一个阶级的最有力的工具。
>
> 财政为国家服务。由于国家是历史上阶级矛盾不可调和的产物，所以财政具有一定的阶级本质。它不是超阶级而永恒存在的。因此，我们了解财政，要从国家的阶级本质出发。②

同时，该书还将财政与国家本质、国家职能以及国家权力的行使等直接相联系，并从国家角度分析了财政与经济的关系等问题，因而国家分配论的基本内容已初步具备，据此可以认为国家分配论已正式提出了。

不过，该书的财政定义仍然受到国家经济观一定程度的影响，这是新生事物必然存在旧痕迹的表现。其主要有：一是将"财政"的归纳最终仍然落脚到"经济行为"上，而不是"分配关系"上；二是仍然以"国家的收入支出及收支管理与运用等"行为来概括财政活动。这些都是旧中国财政学的一般用语。此外，该书也没有全面系统地对国家分配观

---

① 丁方、罗毅编著：《新财政学教程》，第 3 页。

② 同上书，第 4 页。

展开论述。正因如此，有的论著据此将这种观点称为“国家经济活动论”，并认为是不同于国家分配论的另一种财政本质观。① 但本人认为，由于丁方、罗毅他们是以“分配与再分配”来界定“经济行为”的，并未将所有的经济行为全都包括进财政本质中来，因此他们持有国家分配观是非常明确的，据此可以认为已提出国家分配论了。至于他们未能直接以“国家分配”来定义“财政”，未能完整系统全面地阐述国家分配论等问题，则是一种新理论在最初提出之时必然存在的，也是正常的。正是由于新理论的不成熟，才为后人的补充完善和发展该理论留下广阔的空间。但这并不等于该理论尚未提出。

尹文敬的《国家财政学》对国家分配论作了较大的完善。该书第一句就极为明确地指出：“财政学是研究国家财政收支活动的科学。”如果说丁方他们还将财政视为是“经济行为”的话，那么这里就仅余下“国家财政收支”即国家分配了。它表明“国家分配”的概念已经呼之欲出了。

该书接着分析道：在“原始共产社会，……生产力薄弱，……不可能有剩余生产物以供别人剥削。……没有剥削，没有阶级，既无国家，自然也没有国家财政。后来生产进步，……产生了必要劳动和剩余劳动；”这就产生了“剥削阶级和被剥削阶级”和国家。最后得出的结论是：“国家为实现它的各种职能，必须有生活资料和劳动力的消耗。它既不能自为生产，便不得不对被统治阶级作劳力、实物或货币的征收，财政便随着国家这种物质需要而产生。……财政本身既是为国家物质需要而服务，以便利国家职能的实现，保证物质资源的供给，基本上它又是通过国家的强制权力而行使的，所以国家的本质，决定了财政的

① 李松森：《两种属性分配理论与财政政策研究》，北京，中国财政经济出版社 1997 年 8 月第 1 版，第 19 页。

本质。”①

几十年后，当重读我国各种版本的《社会主义财政学》之时，几乎都能看到这段论述的踪影，都能强烈地感受到该书对我国财政学的持久影响力。该书关于财政产生的分析，关于财政与国家履行职能的关系，关于国家对财政性质和内容的决定性影响，以及关于财政依靠国家强制权力进行活动等的分析，都是此后几十年来我国的国家分配论的基本论点和内容之一，并且至今仍未过时。

不过，在上述的这些财政论述中，尚未出现“国家分配”这一字眼。这是“国家分配论”尚处于襁褓时期的典型表现。

三 分配关系观的提出

然而，本世纪 50 年代初“国家分配论”的出现，似乎没为我国财政理论界所重视，也没有引起与当时居主流地位的货币关系论的冲突。一种新理论的提出，如果它确有生命力，就不怕别人的批评乃至批判，怕的反而是因无人理睬而窒息。国家分配论在当时没有引起争议，也就不可能产生多大的影响，更谈不上对于货币关系论的否定了。

国家分配论取代货币关系论的突破口，是分配关系观的提出。②大约在 1953 年前后，叶振鹏就指出，关于财政本质是货币关系的提法是错误的，财政本质应是一种分配关系。这是因为，社会再生产的各个环节都存在着货币关系，但按照马克思的非生产性的国家观，财政活动只能存在于分配环节之中，因而财政体现着一种分配关系。否则，人们就无法将财政与各种非分配的货币活动区分开来。这在当时是一个崭

① 尹文敬：《国家财政学》，第 1—2 页。

② 关于这一观点，至今没有留下正式的书面材料，因此只能依据本人对当事人的当面调查材料整理形成。

新的观点。丁方和罗毅他们尽管指出了财政是国家分配,但尚未针对货币关系论展开批评,而分配关系论则是第一次直接将矛头对准了货币关系论的要害。

这种触及货币关系论根本缺陷,并可能根本否定货币关系论的观点,一出现就受到了围攻和压制。而批判这种新观点的基本论据和理由,仅仅是因为它否定和反对了苏联的理论。在当时所谓的"中苏蜜月"状态下,对苏联理论的否定,首先在政治上就是难以接受的,其受到批判是不足为奇的。也正因如此,这一观点在当时难以公开发表,而只是在财政理论界内部得到传播和进行着激烈的争论。本书无法引用公开发表的有关该观点的资料,其根本原因也在于此。

然而,相对于货币关系论来说,分配关系观显然是较为正确的,因而仅靠政治上的压抑和行政上的否定,是难以排斥这一观点的。以后随着中苏关系的恶化,"反苏"不再是政治棍子,反而变成了政治荣誉。在这一背景下,我国财政学界几乎所有的人,包括曾经强烈反对过该观点的人,大体上都转到了财政本质的分配关系观上来了。这对于货币关系论的冲击是致命的。因为国家分配论具有两大基本要素,一是阶级国家主体观,一是分配关系观。这样,分配关系观得到我国财政理论界的认可,实际上是国家分配论在取代货币关系论过程中所取得的重大的和关键的胜利之一。而我们所说的货币关系论是国家分配论理论来源之一,在这里得到了充分的证明,尽管它仅是次要的间接的来源。

应指出的是,与分配关系观刚刚提出时所遇到的强烈反对不同,此时向分配关系观的转变似乎是悄悄地完成的,并且在其后的数十年中一直置身于我国财政理论界关于财政本质问题的激烈争论之外而未受到触动。这与国家分配论的另一基本要素,即国家主体观一直受到着强烈的质疑和争议的状况,是形成鲜明对照的。

四　国家分配论的发展

50 年代后期,在货币关系论受到批判的同时,国家分配论的影响在我国开始增大,持财政本质是国家分配关系观点的人开始增多,在50 年代末 60 年代初呈现出勃勃的生机和不可阻挡的态势。

许廷星 1957 年出版了题名为《关于财政学的对象问题》的专著性小册子,以 23000 字的长篇大论专门分析了财政本质问题,在对货币关系论质疑的基础上,提出了自己较为系统的国家分配论观点。该书指出:

> 马克思列宁主义财政学的对象是国家关于社会产品或国民收入分配与再分配过程中的分配关系,简单的说,也就是人类社会各个发展阶段中国家对社会的物质资料的分配关系。……自从人类社会出现了阶级和国家,也就出现了财政。阶级和国家不存在,财政也就随而不存在。①

这就明确地使用了“国家”和“分配关系”去界定财政的概念。

该书还在几个方面对国家分配论作了较为深刻的阐述。一是指出:

> 财政与国家职能是不可分的。
>
> ……
>
> 如果财政的概念不同国家的职能相联系,或者把财政理解为

① 许廷星:《关于财政学的对象问题》,第 5 页。

就是社会物质资料的分配，则一切分配关系都将归宿于财政的范畴，就是在将来共产主义社会中也有社会产品的分配，也有财政的存在了。

……

财政之所以必须同国家职能联系起来理解，因为随社会生产关系的转移，随生产资料所有制的不同，随国家的性质不同及其职能的不同，财政的内容也有所不同，财政的分配关系也有广狭的不同。①

二是指出财政作为分配关系的特殊性与一般性：

财政所表现的分配关系其所以与一般经济所表现的分配关系不完全相同，因为经济的分配关系是从生产资料所有制发生的分配关系，而财政的分配关系则是从国家职能所发生的分配关系。前者表现在经济的领域，后者既表现在经济的领域，同时也表现在非经济的领域。但二者相同的地方，是在同一的社会生产关系决定下，都是属于社会产品或国民收入的分配或再分配。②

三是使用了"以国家为主体"一词。即"一般经济的分配关系是以生产资料所有者为主体，财政的分配关系是以国家为主体。"③"以国家为主体"一词，是其后几十年我国财政学最基本的用语之一，因而也是

---

① 许廷星：《关于财政学的对象问题》，第 7、26、27 页。
② 同上书，第 9 页。
③ 同上书，第 25 页。

对国家分配论的一个贡献。

这些分析，对于其后国家分配论的最终形成和发展都具有根本性的影响，因此该书在国家分配论发展史上具有重要意义，它意味着成年期国家分配论的形成。正因如此，90年代人们对该书在国家分配论形成中的作用给予了高度的评价，基本上是当之无愧的。许廷星也因而成为国家分配论的主要代表人物之一。不过，认为国家分配论首次提出是1957年，①即将该文作为国家分配论提出的标志，则依据本书前文的分析似乎是不妥当的。

这一时期其他学者也对国家分配论的最终形成作出了不同的贡献。

王传纶1958年从"特殊本质"的角度，提出了国家分配论问题：

> 财政的特殊的本质只能归结为国家对社会产品的分配。……财政学应当研究人类社会发展的各个阶段上国家对社会产品的分配中所形成的诸种经济关系。②

60年代是国家分配论的完善期，将财政与"国家"和"分配关系"直接相联系，已成为我国学者对于财政概念的普遍表述方式。赵春新于1961年从强调"国家权力"和"无偿方式"的角度分析了国家分配问题：

> 这种依靠国家权力，基本上采用无偿方式，从社会各阶级、各

① 李松森：《两种属性分配理论与财政政策研究》，第25、26页。

② 王传纶：《对"财政学"对象问题的探讨》，第48页。着重号为原文所加。

阶层、各社会成员中征集一部分物质资料，由国家集中分配，以满足国家的消费需要而形成的产品分配关系，即是国家财政分配关系。①

胡鉴美1962年的论文对国家分配论有了更为明确的认识。他指出：

> 财政这一经济范畴，具有两个必要的因素：一、国家；二、分配关系。不因国家权力而发生的、不以国家为主体的分配关系，不属于财政的范围。因国家权力而发生的，在分配关系以外的经济关系，也不属于财政的范围。我们可以这样认为：财政，作为一个经济范畴，它的本质是国家为实现其职能，参与一部分社会产品的分配，而与有关方面发生的分配关系。……财政与国家及对社会产品的分配关系这两个因素发生本质联系。……财政因国家的产生而产生，因国家的存在而存在，财政是与国家发生本质联系的。……事实上，主张货币关系说的同志也不能摒除国家这一因素，不过他们是把国家作为货币之外的派生因素罢了。②

在笔者所掌握的材料中，这是首次使用“财政与国家发生本质联系”的提法。“财政与国家有本质联系”是国家分配论的最基本论点之一，也是其后的争论焦点之一。明确地提出财政与国家的本质联系，是对国家分配论的一个贡献，尽管王传纶1958年的论文已提到“和财政

① 赵春新：《关于国家财政性质等问题初探》，载《光明日报》1961年8月21日。

② 胡鉴美：《试论财政的本质与范围问题》，载《学术月刊》1962年第2期，第9—10页。

现象的发生有本质联系的，乃是国家的产生和发展”。①

同年邓子基也提出了类似的财政本质定义：

> 财政本质……是人类社会各个不同社会形态国家为实现其职能并以其为主体无偿地参与一部分社会产品或国民收入的分配所形成的一种分配关系，简称为财政分配关系。②

这一财政本质的定义，为以后几十年我国财政学教科书所常常引用。

上述的介绍表明，经过几年的不断努力，国家分配论羽翼已经丰满了。1961 年 8 月 21 日《光明日报》第 4 版梦蟾的《关于财政问题的讨论》，1962 年 1 月 26 日《大公报》第 3 版庆理的《关于财政实质等问题——一年来经济学界讨论意见综述》等综述性文章，都清楚地表明了国家分配论的咄咄逼人和货币关系论的难以招架状态，货币关系论完全退出我国历史舞台的日子已为期不远了。

五　主流地位的确立

50 年代末至 60 年代初，是我国财政理论开始逐步脱离苏联理论框架，形成自己理论模式的时期。这种根本变化，就是以这一期间“国家分配论”逐步在我国财政理论界占据了主流地位为标志的。由于这种变化是在一个时间区间完成的，因而本时期与上一时期的分界，是不存在精确的时间标志的。不过，人们大致上都同意，这一转变的完成，是以大连财政学讨论会即全国第一次财政理论讨论会的召开为具体体

---

① 王传纶：《对“财政学”对象问题的探讨》，第 44 页。

② 邓子基：《略论财政本质》，载《厦门大学学报》（社会科学版）1962 年第 3 期，第 115—116 页。

现的。

1964 年 8 月，财政部在辽宁旅大市召开了财政学讨论会，即我国财政学界著名的“大连讨论会”，以后也被称为第一次全国财政理论讨论会。这次会议之所以著名，除了它是新中国成立后的第一次全国性财政理论讨论会，是新中国成立后我国财政理论研究成果的第一次大检阅之外，更主要的还在于它是我国财政学界的第一次基本理论大论战，是我国财政学界关于财政本质及其相关理论的第一次大讨论，也是我国财政学界最终摆脱了苏联财政理论的束缚，开始独立地构建自己的财政学的标志，还是国家分配论最终确立其主流地位的标志。

但不可否认的是，囿于当时政治背景的影响，这次会议也有着过分浓厚的政治气氛，也存在着以行政权力压抑和干预学术论争，有着严重的扣帽子、打棍子现象。然而，这次会议对于全国财政理论界有着凝聚作用乃至导向作用，形成了此后定期性地召开着全国财政理论讨论会的惯例，而此时形成的财政各种理论和学术气氛等，其对我国财政理论界的影响则是持续绵延至今的。可以说，其后至今为止的三四十年我国财政理论研究，既受到了它的积极影响，也受到了它的消极影响。

这次会议关于财政本质的争论，大致有四种观点：

> 第一种，认为社会主义财政是无产阶级专政的国家为实现其职能而分配社会产品的关系，可简称为“国家分配论”；第二种，认为社会主义财政是以价值形式进行的社会产品和国民收入的分配关系，可简称为“价值分配论”；第三种，认为社会主义财政是社会主义国家资金运动所形成的经济关系，可简称为“国家资金

> 运动论”；第四种，认为社会主义财政是剩余产品价值的生产、分配、使用，即剩余产品价值的运动过程，可简称为“剩余产品价值运动论”。①

国家分配论在会上占据着绝对优势。在会后出版的《财政学问题讨论集——1964 年财政学讨论会论文选辑》中，邓子基的《关于社会主义国家财政的本质与范围问题》一文，堪称该观点的代表作。他指出：

> 社会主义财政的本质……是无产阶级专政的国家为实现其职能，并以其为主体无偿地参与一部分社会产品，或国民收入的分配所形成的一种分配关系，简称为以国家为主体的分配关系或财政分配关系。②

然后，该文“从财政产生、发展的过程”的历史分析，“从马克思主义经典作家的有关指示”，“从被分配的社会产品的两重性考察”以及“从财政同经济的关系”等四个方面，阐述了国家分配论的观点，而较为全面系统雄辩地论述了国家分配论问题，因而在我国财政学界产生了较大的影响。此外，他提出的关于财政本质的定义，成为此后我国财政学关于财政本质的经典性定义，至今仍为多数财政学教科书所采用。这些，都使得他成为我国的国家分配论的主要代表人物之一。

在该讨论集中，主张国家分配论的论文占了多数，这是该讨论会以

---

① 财政部财政科学研究所、中央财政金融学院主编：《财政学问题讨论集——1964 年财政学讨论会论文选辑》（下册），北京，中国财政经济出版社 1965 年 6 月第 1 版，第 202 页。

② 财政部财政科学研究所、中央财政金融学院主编：《财政学问题讨论集——1964 年财政学讨论会论文选辑》（上册），第 122—123 页。

国家分配论观点占主流地位的反映。如沈云、陈共、谷祺和刘明远、赵春新、翟华林等，都持这一观点。该讨论集的论文大都仅正面阐述自己的观点，而没有直接批评其他观点，因而没有反映出讨论会上各种观点直接面对面的激烈口头交锋状态。这种状况的出现，是由于编辑的原因，还是其他原因，就不得而知了。然而，依据当时会议秘书处所出的未发表的各期简报，会上各种观点是进行了激烈交锋的，并且争论全以指名道姓批评的方式进行的，其中相当部分是上纲上线进行政治批判的。

不过，该论文集仍然包括了某些对其他观点的间接批评。如沈云的文章强调：

> 任何企图离开国家、离开阶级斗争、离开无产阶级专政，来谈国家财政问题，都是一种忽视政治的倾向，都不可能正确地处理政治与经济的关系，因而也就不可能正确地解决国家财政的本质问题。①

在强调“千万不要忘记阶级斗争”的年代，这种批评对于非国家分配论者来说，所感受到的除了学术上的论争之外，显然更多的还应是政治上的压力。

此外，1964 年 3 月正式出版的中国人民大学财政教研室编著的《财政学(初稿)》一书，是我国以国家分配论为基础的一本重要的财政学教科书。一般来说，教科书反映的是本学科领域里较为成熟和普遍的研究成果。国家分配论成为教科书的基础理论，也从另一角度反映

---

① 财政部财政科学研究所、中央财政金融学院主编：《财政学问题讨论集——1964 年财政学讨论会论文选辑》(上册)，第 39 页。

出该观点在我国财政理论界所取得的成功程度了。

应指出的是，在国家分配论成为我国财政学主流学说的过程中，显然有着过多的行政干预和长官意志的作用。因此，以现在的眼光来看待这一学术发展过程，其中是有着某些不光彩的因素，学术探讨也相当程度上是在政治指挥棒安排下进行的，从而国家分配论的主流地位带有很强的"官方赐封"色彩。但当时的整个大环境都如此，并非是财政学界的特有情形，因而也就不好据此过分非难国家分配论。而如果撇开其中的政治色彩，仅从学术的角度来看，则本人认为，国家分配论的基本观点和思路是正确的。正因如此，本人的公共财政论，就是以国家分配论作为理论基点之一的，是在国家财政的基础上，从市场经济对政府及其财政的决定作用的角度分析问题，所得出的结论的。

六 国家分配论的完善

大连讨论会后不久，"史无前例"的"文化大革命"发生了。在这一万马齐喑的时期中，只要是官方确定或认可的理论，就受到了政治权力的保护和推行，更何况此时我国财政理论界绝大多数人即使从纯学术的角度看，也是赞同国家分配论的。这就决定了此时财政学术界几乎只剩下一种声音，即国家分配论的声音了。在当时的背景下，财政学界如果不是处于一言堂状态，反而是不正常的了。

过分高压的反面是强烈的反弹，粉碎"四人帮"后，政治环境的宽松导致财政学界的旧话重提，不能不立即又陷入财政本质问题的论争之中，即在 70 年代末 80 年代初开始了又一轮该问题的大论战。此时对国家分配论的质疑和异议纷至沓来，不仅原本被否定或被压抑的若干财政本质观重新抬头或者有所更新，而且还出现了一些新的财政本质观，它们的锋芒指向均为国家分配论。然而，时移势易，在这一轮新的大辩论中,攻守形势已易位了。与60年代财政本质大辩论中,国家分配论对货币关系论、剩余产品价值决定论以及其他观点的占尽优势不同,此时发生的却是其他观点的进攻和国家分配论的辩护。不过,国家分配论基本上经受住了这场论战,其主流地位大体上保持至今而未被否定,但其绝对优势已不复存在了。

在这场论战中,国家分配论大大发展了自身的思想,丰富了自身的内容,清晰了自己的思路,形成了相对完整的理论体系。

70年代末至80年代初是关于财政本质论战集中进行的时期,此时财政学界发表了大量关于财政本质的针锋相对的论文,同时举办了若干讨论会。其中最主要的关于财政本质问题的讨论会有两个:一是1979年12月27日至1980年1月7日,由财政部、中国财政学会筹备委员会和中国会计学会筹备委员会于广东佛山召开的第三次全国财政理论讨论会;一是1982年11月16日至22日由中国社会科学院财贸物资经济研究所发起并主持的,在厦门大学举行的全国财政基础理论讨论会。前者作为"理论讨论会",并非财政本质问题的专题讨论会,但实际上却是以财政本质问题作为中心和主要议题的。后者是一次仅以财政本质为中心议题,同时顺带涉及财政职能和范围等财政基础理论问题的讨论会,这在我国财政学界是绝无仅有的。在这期间,有关刊物还大量地发表了有关财政本质的论文。

在此之后,大约由于财政本质问题具有很大的抽象性,在某种意义上带有纯理论的性质,被认为花费大量的时间、精力和财力去探讨该问题,与当时热火朝天的四化现实不那么合拍,因而报纸杂志除了偶尔登出一两篇有关财政本质论文外,基本上不再探讨这一问题。同时再也没有为此举办全国性专题讨论会,在各类财政会议上也几乎没有将此作为一个专门的议题了。因此,"财政本质"热从此大大降温,但财政本质问题并未从我国财政理论中消失:一是在80年代中期出版了若干系统全面地阐述自己的财政本质观点的专著,典型的如王绍飞 1984 年的《财政学新论》和何振一 1987 年的《理论财政学》;二是高等财经院校在教学中对财政本质问题的详细介绍与探讨。

在这些论战中,国家分配论大大发展了自己的观点,其中主要有:

(一)关于"国家主体"的内涵

在此之前,财政的"国家主体"概念尽管早已提出,但其内涵并未得到详细的阐述和探讨。对此产生了若干非公开的质疑:(1)所谓"财政主体",顾名思义是指财政活动的参与者,那么在财政活动中不仅国家是财政主体,而且作为财政分配另一方的企业和个人等,也可以说是财政主体。其进一步推理就是,财政的主体并不仅仅是国家,企业乃至个人也是财政主体。(2)银行本身是国家机关,银行信贷活动直接表现为是国家在计划筹集和供应资金,因而银行信贷也是"以国家为主体"的分配。(3)由于此时的企业几乎都是国营企业,都是在国家的指令性计划安排下活动的,使得企业财务分配在很大程度上具有国家分配的性质。如果无法对这些问题作出合理的解答,就有可能根本否定国家分配论,如国家资金运动论实质上就是以此为依据提出来的。

1978 年出版的厦门大学经济系财政金融教研室的《社会主义财政理论》①一书,对此问题作了间接解答。1980 年出版的《社会主义财政学》则明确了"国家主体"的内涵:

> 第一,……是国家政权这个主体为一方,同分配对方之间进行的,构成以国家为主体的分配关系;第二,国家……进行财政分配

① 厦门大学经济系财政金融教研室:《社会主义财政理论》,北京,人民出版社 1978 年 10 月第 1 版。

> 时,总是以立法或行政权力规定的法令制度为依据的,带有强制性;第三,财政收支活动或财政资金的筹集和供应都是按无偿原则和形式进行的。①

这里的第一点回答了上述第一个问题,即企业和个人之所以涉及财政活动,是由国家主体引起的,因而不能称为是财政分配的主体。而第二和第三点则回答了上述第二和第三个问题,即国家作为政治权力机构,以其为主体进行的财政活动具有强制性和无偿性,银行信贷和国营企业财务分配不具有这些特性,也就不能视为财政活动。这就解答了对于财政的"国家主体观"的质疑。

(二)区分"财政"与"财政本质"这两个概念

"本质"是与"现象"相对应的哲学范畴,因而"财政"严格地讲,是"财政现象"与"财政本质"的对立统一体,因而"财政"不等同于"财政本质"。得出"财政本质"是"以国家为主体的分配关系",那么"财政"是什么?此时邓子基给出的回答是:财政是以国家为主体的分配,而财政的本质是以国家为主体的分配关系。在1982年举行的全国财政基础理论讨论会上,他又明确地指出:

> 财政与财政本质这两个问题,是既有联系又有区别的概念,不能等同,过去没讲清楚。财政是现象、工具、手段,是"以国家为主体的分配",不能说是"以国家为主体的分配关系"。讲到财政本质,是指财政这一现象的内在东西,要加"关系"两字。②

---

① 《社会主义财政学》编写组编:《社会主义财政学》,北京,中国财政经济出版社1980年3月第1版,第28页。

② 厦门大学经济学院财政金融系编:《全国财政基本理论讨论会发言汇集》,1982年油印本,第40—41页。

《社会主义财政学》1987 年第 3 版即该书的第二次修订本，则进一步将“财政分配活动”和“财政本质”分开论述。这些，是对于“财政”认识的进步，但也反映了我国理论界在探讨财政本质问题时所陷入的某些误区。

当人们对“财政”这一事物下概念定义之时，就是应该通过财政现象来把握本质，并最终依据其本质来得出其概念的。因此，作为基本概念的概括似乎无必要将“财政”与“财政本质”区分开来。进一步看，说财政是分配，而财政的本质是分配关系，并通过对财政分配的层层分析得出财政本质，实质上是将财政分配等同为财政现象。但是，“分配”与“分配关系”绝不是现象与本质的关系，“财政分配”一词概括的也决不仅仅是财政现象，而实质上已经是对于财政本质的概括了。因此，作这样的区分是不恰当的。不过，这一矛盾并非是国家分配论本身的问题，而是由于我国的政治经济学只研究人与人的关系即生产关系，而不研究人与物的关系即生产力所引起的。当然，对这一问题正式提出质疑，则是 90 年代的事了，这是 1996 年张馨在其《财政本质仅是一种分配关系吗?》一文中提出的。此后 1997 年张馨再发表了《再谈“财政的本质是一种分配关系吗?”——答常硕永、陈咏梅同志》一文，进一步阐述了这一问题。①

（三）关于“财政与国家具有本质联系”命题的系统论述

“文革”前人们就已涉及这一命题，但只是在表述自己思想时偶尔使用之，并非作为一个基本概念来使用。而此时人们在争论中突出和强化了这一命题，尤其在 1982 年的全国财政基础理论讨论会之后就更

---

① 张馨：《财政本质仅是一种分配关系吗?》，载《财经论丛》1996 年第 3 期；张馨：《再谈“财政的本质是一种分配关系吗?”——答常硕永、陈咏梅同志》，载《财经论丛》1997 年第 4 期。

是如此。国家分配论不仅使用这一命题来系统化自己的理论，而且以之作为否定其他财政本质观的基本命题和分析工具。在该讨论会上，邓子基作了题为《为〈国家分配论〉答疑》的发言，就是紧紧围绕着“本质联系”命题进行的。在引用列宁的话后他指出：

> 本质是分层次的，一事物区别于它事物的本质是较深一层本质的东西，即一事物区别于它事物的较深一层的本质联系，它只有一个。①

这样，尽管财政与剩余产品、与价值形式、与社会再生产等都有密切联系，但它们都是较浅层次的本质联系，通过层层“剥笋”时的分析之后，余下与财政有较深层次本质联系的只有国家，所以财政“同国家的联系才是‘本质联系’”。简言之，只有当落实到“国家”之时，才能将“财政”这一事物与其他事物完全区分开来而成为一个独立的范畴，从而最终把握了财政的本质。

邓子基接着指出了财政与国家有本质联系的含义：

> ①财政与国家同生同死，互为基础和前提。……②国家为保证它存在和发展，为满足实现它的职能的需要，必须凭借政治权力参与一部分社会产品的分配。……③财政是阶级社会的产物，……有了国家就有财政。……④国家性质决定财政性质。②

---

①　邓子基：《为〈国家分配论〉答疑》，载《厦门大学学报》（哲学社会科学版）1983 年第 4 期，第 52 页。

②　同上，第 53 页。

应该说，这些是至今为止国家分配论的最具有说服力的分析，它已成为国家分配论的核心内容。正因为如此，它也成为争论的焦点。

（四）关于财政的四要素问题

邓子基还概括了构成财政的四个基本要素，即：（1）主体。“国家是财政分配的主体。”（2）客体或对象。“财政分配对象，即财政分配的客体，它指一部分社会产品或国民收入，主要是剩余产品。”（3）形式。“在自然经济中，分配是实物的分配。在商品货币关系中，分配是价值的分配。”（4）目的。“财政分配的目的，是满足国家实现其职能的需要。”①

至此，国家分配论的主要内容和体系已基本定型。在此后十余年中，尽管不时地在各种刊物杂志上仍可见到零星的关于财政本质的文章，但基本上没能突破此时已达到的理论高度。进到 90 年代，随着我国建立社会主义市场经济体制的改革目标模式的提出，大量的新思想和新思路进入到我国财政基本理论的研究中，但并未形成新一轮的“财政本质热”，应该说是与此不无关系的！

第三节　“公共财政”与“国家财政”关系

随着改革开放的深入，“公共财政”一词在我国的出现愈益频繁，该词及其相关的新“公共财政论”“公共产品论”和“双元财政论”等，对我国财政理论和实践产生着日益广泛的影响。如果以我国的财政理论为标准，“公共财政论”实质上并非是关于财政本质的理论，而仅是

① 《社会主义财政学》编写组编：《社会主义财政学》（第二次修订本），北京，中国财政经济出版社 1987 年 9 月第 3 版，第 31—32 页。

关于财政类型的理论。然而,新公共财政论的提出,立即引起了我国财政理论界的恐慌,认为是又一种新财政本质理论的出现,于是产生了种种非议,见诸文字的公开批评乃至批判多起来了。为了正确认识"公共财政"问题,以便更好地指导我国的财政实践,有必要对"公共财政"与"国家财政"的关系进行分析。

一　问题的回顾

"公共财政"的提法,是伴随着本世纪初西方财政学的传入我国而出现的。在新中国成立前几十年中,"公共财政"概念及公共财政论大体上是没有受到非难的。对"公共财政"的正式否定,据我们至今所掌握的资料,开始于新中国成立前后,因而至今已有半个世纪的历史了。关于这段历史的回顾,本书已在第五章进行了,这里不再赘述。但在这几十年的财政理论争论中,对使用了"公共"字眼的各种财政观点和理论进行的各种各样批判,其基本论点都是,这些理论不讲"阶级",不讲"剥削",否定"阶级",否定"剥削"。

我国财政理论界对于财政"公共性"的第一次批判高潮,出现于 70 年代末 80 年代初,它集中在对"社会共同需要论"的批判上。

粉碎"四人帮"后的思想解放,导致了人们对于许多问题的反思,财政理论亦然。新中国成立以来几次人为造成的灾难,其中尤其是"大跃进"和"文化大革命"的惨痛经历,都是人为地滥用国家权力的结果,这就使得人们对于"国家作用"问题进行了较多的思索。社会共同需要论就是这种思索的产物之一。

作为社会共同需要论的创始人,何振一概括了社会共同需要论的基本定义:

> 社会再生产过程中为满足社会共同需要而形成的社会集中化

的分配关系，这就是财政范畴的一般本质或内涵。①

那么，什么是“社会共同需要”呢？何振一接着指出：

经济学上讲的需要，并不是人们在主观上对事物的欲望或要求，而是不以人们的主观意志为转移的客观要求。……社会共同需要，它并不是普通意义上的大家都需要，也不是全社会个人需要和集团需要的机械加总，在阶级社会中也不是各个阶级的共同需要，而是就社会总体或社会自身而言，是维持一定社会存在，一定社会再生产的正常进行，必须由社会集中组织的事务的需要，是一般的社会需要。②

这样，尽管如同上一章所提到的那样，何振一也认为财政具有政府活动的表象，但他认为在这一现象的背后所隐藏的本质，则是为了满足社会共同需要的分配，才是财政本质。这显然是一种完全否定国家分配论的财政本质观。

社会共同需要论这一新观点的出现，立即就召来了国家分配论的强烈反对乃至批判，其中最响亮的声音，仍然如本书前文所指出的，是“阶级性”和“剥削性”问题，即“社会共同需要”是否不讲阶级、不讲剥削的问题。而关于这一问题的回答，又直接关系到在当时的背景下自己的理论能否立足的根本问题，因而社会共同需要论是不能不回答关于“社会共同需要”的阶级性和剥削性问题的。这是何振一在其论著

① 何振一：《理论财政学》，第3页。
② 同上书，第5—6页。

中多次涉及这一问题的原因所在，下述引文就是其最为典型的表述。为此，就这种“社会总体或社会自身”的需要来说，何振一是这样解释它的阶级性：

> 不同社会下的社会共同需要具有不同的本质和不同的表现形式。在没有出现阶级之前的历史阶段中，社会的再生产过程中，人们之间是为了共同利益而分工合作的，……社会共同需要反映的是社会总体利益与个人利益相一致的关系。在这个意义上才可以说，社会共同需要也就是全体人民的需要。当人类社会分裂为阶级之后，生产方式性质改变了，剥削阶级占据生产关系的支配地位，……剥削阶级与被剥削阶级之间的利益是对立的，……从而社会共同需要的性质也就发生了根本变化，社会共同需要只是维持剥削阶级社会的存在和发展的需要，反映的是统治阶级利益与被统治阶级的利益的对抗关系。资产阶级经济学者的不正确性，就在于它抹煞了社会的阶级性，把社会看成是大家的事，是无阶级性的，从而抹煞了不同生产方式下的，社会共同需要性质上的区别，否定了社会共同需要的阶级性，把社会共同需要看成是人人都需要，各个阶级都需要。在阶级社会中，剥削阶级在生产关系中处于支配地位，剥削阶级是社会的代表，社会是统治阶级的社会，并不属于劳动者。因而，从本质上说，社会共同需要，就是剥削阶级总体的需要，是与被剥削者的需要不相干的。当然，由于劳动人民同剥削者共处于剥削阶级社会这个统一体中，社会共同需要在一定条件下，劳动人民也会从中得到某些需要的满足，可是，这只能是在符合统治阶级根本利益和维护剥削阶级社会存在和发展的必要的前提下，才能得到。……在阶级社会中，劳动者是全部物质财富的创造者，全部社会共同需要的费用是

> 由劳动者创造和承担，剥削阶级是一文不费的。劳动者与剥削者共同享受一些社会公共福利，并不能因此而改变社会共同事务对劳动者的剥削和压迫的性质，改变不了劳动者的奴隶地位。……每一项新的社会共同事务事项的发生和满足，都意味着对劳动者阶级更多的掠夺。①

然而，在没有从市场经济的角度来提出并进行分析的背景，谈“社会共同需要”问题，是无法解释清楚其与阶级性和剥削性之间的关系问题的。诸如上文所认为的，“从本质上说，社会共同需要，就是剥削阶级总体的需要，是与被剥削者的需要不相干的”。将剥削阶级的需要称为是社会共同需要，这在逻辑上就存在着问题。既然是“社会共同”的需要，就应该是社会各个阶级的“共同”需要，而不是仅限于剥削阶级的需要，那是阶级需要而不是共同需要。这样，尽管作者花费了大量的笔墨试图解释这个问题，但最终还是没能将其解释清楚。本人认为，上述的解释是不成功的，其根本原因就在于没能从市场经济的角度来说明问题，而囿于原有的生产关系思维框框内。

实际上，“社会共同需要”这一概念的含义是明确的，即在阶级社会中，也仍然是存在着社会各个阶级都适用的“共同需要”，或者说是公共需要的。问题只不过是，这一“公共需要”是独立存在呢，还是从属于阶级需要的。从这个意义上看，当时人们在批判社会共同需要论时，指责该论照搬西方的公共财政论，就不能说仅仅是空穴来风，纯粹的捕风捉影了。

正因社会共同需要论有着西方理论影响的较强痕迹，在当时提出社会共同需要论，就需要有相当大的勇气，因为尽管思想上的拨乱

---

①　何振一：《理论财政学》，第6—7页。

反正已经开始,但数十年冻成的坚冰,是不可能在一日之内消融的。当时政治上的种种压力还存在,并且人们理论上的准备也不可能在短期内完成。这样,提出“社会共同需要论”,尽管仍然可能存在着这样那样的不足和缺陷,但从现在来看是我国财政理论的一种进步,尤其是它隐晦曲折地反映了市场经济下财政的公共性问题,就更是如此。

但是,在当时的历史背景下,该理论又无法鲜明地提出,财政在市场经济下所具有的适用于所有阶级和阶层的公共性问题。这就决定了该理论给人以一种说不清道不明的感觉。应当说,该论的立论基点,就是整个社会的共同需要,这是包括各个阶级都在内的共同需要,并且也只有这样,该论的整个逻辑体系和分析才是一致的。然而,在没能提出“市场经济”,没能提出市场经济是不“姓社”也不“姓资”等命题的背景下,是不可能解释清楚“公共性”与“阶级性”的关系的,这是当时提出社会共同需要论的历史局限性所在。

正因如此,大约是迫于当时整个政治环境的压力①,该论不能不将社会共同需要解释为是“剥削阶级的需要”,同时面对着国家分配论的关于这方面的质疑,典型的诸如被剥削阶级和剥削阶级怎么会有“共同需要”等问题,其答复似乎也是软弱无力的。这样,尽管该论引起了很大的反响和共鸣,并且其影响一直在扩大,但却至今仍然没能取代国家分配论的主流派地位,其根本原因也就在于此。

上述分析表明,社会共同需要论要解决的根本问题之一,是关于财政的公共性与阶级性及剥削性的同一性问题。这也是任何从“公共”的角度来论证财政问题的理论,在我国所必须解决的根本问题之一。

---

①　如同人们所熟知的那样,长期以来,我国的许多经济理论,尤其是财政理论,与其说是学术问题,不如说是政治问题更为准确。

社会共同需要论之所以没能解决这一问题,其根本原因就在于此时还不具备相应的经济体制环境。它也表明了,在计划经济体制下是不可能解决这一理论问题的。因此,关于社会共同需要论的争论,在 80 年代初期达到高潮之后,很快就冷却下去。

二 公共财政的国家活动本质

没能解决财政的“公共性”与“阶级性”同一的问题,没能从社会所有阶级共同的“公共需要”的角度来建立自己的理论,决定了“社会共同需要论”还不是“公共财政论”,但它毕竟是以“公共性”作为核心问题来考察财政概念的。这样,它与国家分配论在当时的交锋,现在看来可以说就是财政的“国家性”与“公共性”分歧的集中反映。改革伊始,市场因素就得到支持和鼓励,就有了很大的发展,处在这一背景下,社会共同需要论的提出,很难说是没有受到市场因素的影响的,即使只是受到间接的影响也罢。

我国 80 年代的这次财政本质问题大辩论,尽管没有得出一个一边倒的结果,但现在看来,仍然是富于启示性的。这就是在市场经济下,财政实际上涉及的是两大根本性质问题,即“政府性”和“公共性”问题。其中由于“公共性”是市场经济赋予此时财政的根本性质,因而显然人们是必须着重从“公共性”的角度来看待市场型财政问题的。偏执地以什么“阶级性”和“剥削性”来否定之,在从市场经济的角度来分析,显然是错误的。正因如此,国家分配论对于社会共同需要论的不讲阶级、不讲剥削的指责,不仅没能真正驳倒社会共同需要论,反而扩大了其影响。“社会共同需要”作为一个概念的提出,对于此后 10 余年我国财政实践逐步转向公共化,显然是发生了重大作用的。

但是,不仅“公共性”,而且“政府性”也描述了财政的另一根本性质。这样,否定其中任何一个,都是难以得出正确的结论的。然而,在我国财政学界80年代的这场争论中，似乎双方所坚持的都只是这两个根本性质中的一个，其结果是都没能得出令人信服的结论的。其中仅就社会共同需要论来看，考察的是所有时期都存在的财政，而不是市场经济下的财政问题，这就得出所有的财政都具有公共性的结论，而这是难以解释奴隶制财政和封建制财政的。公共性是市场经济赋予财政的特殊性质，是只有市场型财政才具有的，这是公共财政论与社会共同需要论的关键差异之一。此外，社会共同需要论是从财政"本质"的角度，而公共财政论则是从财政"类型"的角度看待"公共性"问题的。社会共同需要论试图从"本质"上否定国家或政府在财政活动中的作用，则也是其无法有力地作出解释的关键性问题之一。而公共财政论则是在财政本质是政府活动的基点上，去考察和认识市场型财政的公共性问题的。

这样，在经历了半个世纪的关于是"国家"还是"公共"的争论之后，人们才发现，之所以双方在论战中似乎都能够找出充足有力的理由和论据，同时双方又都难以被彻底驳倒，其根本原因就在于它们各自都有正确的一面，试图绝对地否定对方，从而绝对地"赢得"论战的胜利，是不现实的，也是不可能的。

不过，尽管如此，社会共同需要论在我国财政理论的发展史上，毕竟是财政"公共性"问题的最初提出者①，其贡献是不容抹杀的。

从财政史来看，仅仅只是在否定了封建性质的家计财政之后，在资本主义市场经济条件下，财政才与"公共性"挂起钩来，才形成了最初的公共财政模式。正是由于"公共财政"与"家计财政"之间存在着历史继承性，决定了两者之间必然会存在着共性，即它们都是国家进行的

---

① 新中国成立前存在于我国的公共财政论，是认为财政理所当然具有"公共性"，是很自然地在"财政"之前加上"公共"二字的，因而笔者不认为他们是"最初提出者"。

分配活动，都具有“国家财政”的本质，因为即使是“家计财政”的封建君主也代表着国家。但它们也存在着巨大差异，表现为是不同的财政类型。这样，“公共财政”与“国家财政”就不是等同的两个词，它们都有存在的必要。

市场经济的背景，决定了西方财政学是从公共的角度来认识国家或政府的收支活动的。财政思想、财政理论古已有之，但在被启蒙学家称为“黑暗时代”的中世纪西欧，政治上的分封制，经济上的农奴制和自然经济，使得此时财政现象是微乎其微的，因而此时不存在系统性的财政学。这种状况随着市场因素的增长及其相应的财政现象的增多而逐步改变，引起了西欧财政理论的不断发展，最终导致了亚当·斯密创立了公共财政学。

正是由于近代公共财政理论是与资本和市场相伴随而产生、形成和发展的。这样，西方公共财政学从一开始就处于资本和市场环境中，其所要解决的根本问题，就是如何为市场提供公共服务的问题，从而必须从“公共”角度来分析问题：(1)反对封建君主专制性质的“家计”财政，必须形成民主性质的“公共”财政；(2)在资产阶级民主形式下，财政是资产阶级的共同事务，而不是寡头的私人事务，也成为“公共”财政；(3)市场活动的等价交换要求，要求政府和财政为所有市场活动主体提供一视同仁的服务，而不介入它们的市场活动中，这就要求着“公共”财政。

正因如此，如同本书上一章所指出的那样，在《国富论》中，斯密就多次使用 Public(公共性)一词，来界定政府的财政活动。此后至今，西方财政论著一直都主要使用 Public Revenue(公共收入)和 Public Expenditure(公共支出)等，来表示财政收入和支出，其根本原因就在于此。

西方理论界以“公共”来界定财政，与它同时也以“政府”来界定财政并不矛盾。西方财政理论依据的国家学说是“社会契约论”，它认为国家是社会公众"契约"行为的产物。国家不仅是"公共"行为的结果，而且其活动本身也就是社会的"公共"活动。在这种国家学说下，Public 不仅具有"公共的"含义，而且也具有"政府的"含义。这样，西方的"公共财政"从根本上看并不否定反而肯定了"国家财政"，只不过这种肯定是仅从"公共"的意义上得出的。这点，充分地体现在公共财政学的奠基性著作《国富论》第五篇中。众所周知，该篇篇名译为"论君主或国家的收入"，但这个"国家"的英语词汇是 Commonwealth，而不是 State。① 尽管 Commonwealth 一词含有"国家"的意思，但强调的却是"全体国民"的"国家"，是"民族"意义上的"国家"，是"社会共同体"，而不是"政权"意义上的"国家"。可见，西方财政学从一开始，就是从"公共国家"的角度，来分析财政问题的。

西方公共财政学仅处于资本和市场环境中，决定了其分析和解决的仅是资本主义市场经济下的财政问题，而不是整个财政史的共同问题，如用我国财政学言语来说，并不探讨和解决财政本质问题。正因如此，各种西方公共财政学论著大体是或者一开始就直接给出"公共财政是政府收支"的定义，而不解释和论证为什么这就是公共财政；或者虽没给出这种定义，但始终是围绕着公共性质的政府收支来展开全书论述的。这与我国财政学一开始就花费大量篇幅，从原始社会开始探讨有无财政存在，然后纵贯几千年分析财政本质的论述方式，在风格和实质上是迥异的。

理论是为现实服务的，西方公共财政学只从公共角度对政府收支进行分析，只形成"公共产品论"和"公共财政论"，这就恰当地和有力地从理论上说明了政府及其财政必须为市场提供公共服务的问题，从

---

① Smith, A., *An Inquiry into the Nature and Causes of the Wealth of Nations*, p. 468.

而很好地服务于西方国家的财政实践。这样,西方公共财政学的分析只涉及“公共财政”类型而不涉及财政本质问题,是完全合理的,是无可非议的。

然而,我国反对意见却认为,西方公共财政理论不分析财政本质问题,是其缺陷之所在。① 这实际上是要求西方财政学界也要按照我国理论的分析思路和思维模式,去分析和论述财政问题。否则就应否定之。这不能不说是强加于人的。西方公共财政学并没有以自己的“公共财政论”和“公共产品论”来非议“国家分配论”,譬如指责“国家分配论”搞抽象的玄学研究,而标榜自己的务实特点等;那么,我国财政学又有什么理由,去指责西方财政学没有进行财政本质的分析和论证呢?

还有一种提法是认为,“财政”本身就是包含有“公共”的意思在内。因此,“财政”就是“公共财政”,或者“公共财政”就是“财政”,因而是无所谓“公共财政”的。这样,使用“公共财政”一词,就变成了“公共的”的“公共财政”,是一种累赘的不科学的用词:

> 目前有一种流行的观点认为“公共财政”是市场经济体制下财政类型的较好概括。笔者认为“公共财政”这一概括非但没有实质性的进展,而且产生了许多混淆。……“Public Finance”的直译应该是“公共财务”。但是,“公共财务”的译法在中国并无市场,因为一开始就被意译为“财政”,而且被广泛接受和流传至今。
>
> “财政”这一译法是“拿来主义”的产物。“财政”最先是由日本人学习西洋文化,对“Public Finance”意译的结果。这一学科领

① 参见刘邦驰:《当前财政学建设的若干理论问题》,载《财政研究》1996 年第 7 期,第 46 页。

> 域涉及的问题和市场机制领域是既有共性又有区别的。相同点都是货币收支,区别点在于"Public Finance"的货币收支都与政治有关。可见"财政"作为意译名称是揭示本质特征的,因而可以说是较好的译法。既然"财政"是"Public Finance"的意译,就不存在"公共财政"的译法,更不存在"公共财政"和"财政"是两种不同财政类型的概括问题。甚至可以认为"公共财政"是一种不伦不类的说法。①

这一看法有相当的理由,但却不全面,因而是不对的。在上个世纪末本世纪初,我国选择了"财政"而不是"公共财政"为术语,来表达当时从西方引入政府收支这一范畴。如前所述,由于在西方的财政理论中,"财政"就包含着"公共性"的,因而在西方的理论中,"财政"与"公共财政"就是一而二、二而一的事。由于当时我国如同西方国家一样,从总的看也处于市场经济环境中,因而在使用的术语上,也就没有着重点出"公共"二字。这样,在旧中国,人们使用的是"财政(学)"而不是"公共财政(学)",就很自然了。然而,在当时的背景下,显然"财政"二字是包含着"公共性"的内容,因而是允许的。这样,如同仅处于市场经济下的西方财政学无须"操心"财政的公共性问题一样,我国当时的财政学界没有发生财政是否应冠之以"公共"二字的争论,是极自然的。

然而,随着新中国的成立,对市场经济的否定和计划经济的构建,决定了我国财政不再具有"公共性",决定了我国财政不仅在本质上,而且在类型上也成为"国家"财政了。财政实践的这种变化,立即就反

---

① 吴俊培:《论"公共财政"的误区——兼论非市场机制的效率》,载《中南财经大学学报》1998年第4期,第5页。

映到了财政理论上来。前文就指出了,1953年尹文敬的《国家财政学》一书,已明确地指出了财政的阶级性与公共性之间的区别,强调了财政是为统治阶级服务的,是统治阶级的剥削工具,而提“公共财政”或“政府财政”则是要隐蔽财政的阶级性与剥削性,等等。而此后随着“千万不要忘记阶级斗争”等口号的提出,随着将市场因素等同于资本主义等等,对于财政公共性的否定,就已经不再是什么学术性的争论了,而是政治性问题了。在这种背景下,人们对于财政“公共性”问题的敏感甚至到了歇斯底里的地步,是避之唯恐不及的。

这种“恐公共症”,是一直延续到改革开放开始之后的。依本人之见,前文所分析的人们在80年代仍然只敢提“社会共同需要论”,而不敢提“公共财政论”;人们只敢从阶级性的角度去论证“社会共同需要”,而不敢从“公共性”角度去分析财政问题,等等,都可以视为是“恐公共症”的具体表现之一。甚至一直到20世纪行将结束之际,当着有人真正触及“公共财政”的实质性内容,而不是仅仅只提及“公共财政”这一概念之时,就立即招来了一片反对声。这就表明了,我国财政学界的“公共”恐惧后遗症是多么的严重!

在这种背景下,不承认“财政”一词在我国特定的历史环境中,在约半个世纪的岁月侵蚀下,早已发生了实质性的变化,这就是这一概念原有的“公共性”内容已被否定,余下的仅是“阶级国家”的内容,显然是不符合事实的。同时,如果要硬将“财政”一词说成是具有“公共财政”的实质内容,则在我国这种普遍将“财政”视为是“阶级国家财政”的国度来说,是否存在着将自己的意志强加于人的问题呢?

进一步看,对于“财政类型”的提法,如果“类型”二字用得不妥当,否定之显然是必要的,但那就必须找出另一个适当的词来表达相同的意思。而如果说是由于所有的“财政”都是“公共财政”,而不存在着财政类型问题,则本人是不敢苟同的。如同市场经济不同于自然经济和计划经济一样,市场经济下的财政也是不同于自然经济和计划经济下的财政的。是以“类型”,还是以其他名词来区分这种差别,有时是不重要的,只要所选用的名词准确地表达出不同经济体制下的财政根本差异就行。而问题的实质在于,市场经济是否赋予了此时的财政与其他时期的财政以根本性的差异。对此我想,大约是无人会认为不同经济体制下的财政不存在差异的。既然存在差异,那么,什么才是它们之间的根本性差异呢?依据本书的分析,这一差异是可以“公共性”来区分的,而以“公共财政类型”一词,也是可以很好地把握市场型财政与其他财政的区分的。这样,分析至此应当问道:是否应当从类型上将公共财政与其他财政区分开来,以免真的在财政问题上不伦不“类”?

在计划经济时期,我国有许多事物是处于不正常状态下的,其中财政理论也如此,其典型表现就是对财政的“国家性”的绝对强调,以及对财政的“公共性”的绝对否定。但反过来,如同计划经济时期的许多事物一样,当时对于“国家财政”的分析也是有其合理性的,这就是它适应此时财政所具有“国家性”这一特殊性质。尽管有时“矫枉必须过正”,但更多的时候则是“矫枉不能过正”的。在财政概念问题上就如此。不能因为当时过分强调财政的“国家性”,现在就全盘否定财政的“国家性”,把财政说成是只有“公共性”。

西方财政学界没有经历过两种经济体制,从而没有也无须进行多种财政类型共性的探讨,所以只分析市场型财政,只是依据市场型财政来得出自己的“财政”结论,这是他们的分析和结论不必强调“公共性”的客观背景。但是,他们的“财政”术语仍然始终是冠之以 Public(公共性)一词作为限制的。这样,我国在最初引入西方财政理论之际,由于当时特定的社会经济环境,而没有重视“公共”一词问题,这尽管如同前文分析的那样,从历史的角度看是无可厚非的,但这并不能在早已时过境迁的今天作为依据，来绝对地将“财政”与“公共财政”等同起来，而否定“公共财政”这一客观范畴的存在。

我国财政学界没有西方财政学界那么幸运，首先遇到的就是与西方国家不同的计划经济环境，从而诱发了没完没了的“财政本质”之争。但透过那种种令人扑朔迷离的“财政本质”争论，人们终于发现，不同的经济体制下的财政所具有的共性，即它们都是国家或政府进行的分配活动或经济活动。所谓天道酬勤，这一发现，大约可以算是对于我国财政理论界在“财政本质”问题上辛勤劳作的报酬吧！

反过来，我国理论界近年来在关于“公共财政”问题上的激烈争论，使得人们逐步清晰地认识到，“公共性”是市场型财政特有的根本性质。如果不从市场经济的角度去考虑财政问题，是完全可以撇开财政的“公共性”的；而如果要分析市场经济下的财政问题，则离开“公共性”是无法进行的。这样，我国财政理论界在绕了一个大圈子，即从新中国成立前的公共财政观，到计划经济时期的国家财政观，再到社会主义市场经济下的公共财政观，而经历了一个否定之否定的过程，这就大大深化了对于“财政”这一客观事物的认识。这就是，西方现存的财政从严格的意义上看只是公共财政。“公共的”与“财政”两词的组合，恰好精确地表明了此时存在的是与市场经济相适应的财政类型，是为市场提供公共服务的国家财政，是整个财政史中一个极为重要的发展阶段与类型，但它并不与国家财政完全相等同。而如果不从西方财政学这一立论的基本背景出发，而得出 Public Finance 就是“财政”的结论，显然是有失偏颇的。

三　财政类型与本质之区分

然而，回到我国来看，不应强求和苛求西方财政理论，不等于我们借鉴“公共财政”及其相关理论时,也应忽视和回避它与财政本质问题的区别。

“公共财政”概念及其相关理论在我国的重新出现,引起了擅长财政本质分析的我国财政理论界的关注和紧张,许多人认为是又一次财政本质问题争议的开始,或者干脆指出:

> 有一种观点认为,“国家分配论”是计划经济模式的产物,现在已经过时了,只有西方财政理论才适应市场经济的要求,他们主张用“公共财政理论”或“公共产品理论”去代替“国家分配论”。①

应该说,这种看法在很大程度上是正确的,但从根本上看则是错误的。

前文指出,“公共财政”仅是一种财政类型,它不应与财政本质概念相混淆。“财政本质”解答着“什么是财政”的问题,它适用于所有类型的财政;而“财政类型”则是对特定时期或特定经济体制下财政模式问题的解答。两者之间是一般与特殊的关系,即“国家财政”概括的是“财政一般”,是对国家存在的所有历史时期的财政的本质的概括;而“公共财政”则概括的是市场经济下的“财政特殊”,是对这一特定经济体制下的国家财政本质的概括,它不能代表所有时期的财政本质,因而只是“财政类型”。但公共财政作为国家财政在特定历史阶段,即市场经济阶段的存在类型,它并不存在否定“国家财政”的问题。这样,将“公共财政论”和“公共产品论”当作关于财政本质的理论,从财政本质的角度指责其试图取代“国家财政论”,显然是不对的。

---

①　刘邦驰:《当前财政学建设的若干理论问题》,第46页。

对于财政本质的分析，是我国财政学最具特色和理论深度的内容。“国家分配论”的分析经过层层“剥笋”式解剖，在“最深层次的本质联系”上清晰地得出了财政是“以国家为主体的分配”的结论，从而正确地把握了财政的本质问题。① 这是对我国财政理论的一大建树。但这里的“最深层次”仍只是相对的，即只是财政与所有其他非财政事物相区分的“层次”，而不是对财政问题的终极分析。当着“国家分配论”分析具体的财政问题时，仅停留在这一层次上是不够的，因为人们是无法以几千年的财政共性，来解答和说明各个具体时期的财政问题的。这就需要进行更深层次的分析，即在把握了财政一般本质之后，对财政特殊本质再作进一步的分析，典型的是对于社会主义财政本质的分析。

出于历史条件的限制，“国家分配论”分析和总结的只是计划经济时期的社会主义财政特殊本质，而尚未对市场经济下的社会主义财政特殊本质进行分析。但如果遵循“国家分配论”的分析思路，则很自然地可以得出“社会主义公共财政”是“国家财政”在社会主义市场经济下特殊本质的结论。这样，“公共财政”概念正是通过“财政本质”而与“国家财政”概念相联系的，但它们又是不同层次的“本质”而不能相混淆。可见，目前我国提出“公共财政”问题是完全必要的。进一步看，提出我国的“公共财政”问题，还由于我国是社会主义公共财政，而西方是资本主义公共财政；西方的“公共财政”是否定“家计财政”的产物，而我国的“公共财政”将是否定“国家财政”这一与计划经济体制相适应的财政类型的结果。

我国传统看法认为，“国家分配论”观点提出于 50 年代末 60 年代

---

① 这一具体分析过程请参见邓子基：《财政学原理》，北京，经济科学出版社 1989 年 12 月第 1 版，第一章。

初。其实不然。本书前文已指出了,早在新中国成立初期,丁方和罗毅以及尹文敬等人,就已阐述了财政是"国家分配"的基本观点,并且"国家分配论"的基本轮廓已清晰显现了。这就清楚地表明了,"国家分配论"并非产生于计划经济时期。

然而,众所周知,"国家分配论"最终成为我国的主流财政学理论,则是60年代的事,即该论确立于计划经济时期。这是为什么?

如前所述,新中国成立前我国流行的是西方的"公共财政论",新中国成立后这一财政理论理所当然遭到了否定。"国家分配论"就是这种否定的产物之一。不过,由于50年代初我国尚未完全建立起计划经济体制,"国家财政"类型尚缺乏现实的经济基础,兼之当时我国全面学习苏联,财政学界主要接受苏联的"货币关系论",已提出的"国家分配论"难以成为主流学说,是不奇怪的。然而,到60年代初,我国的计划经济体制已经建立健全,国家已将整个国民经济置于自身的直接控制、安排和指挥之下,财政也成为直接服务于国家的经济建设活动的手段,从而强调"国家"分配的理论就有了现实的基础。此时"国家分配论"确立了其在我国财政学中的主流派地位,就清楚地表明了"国家分配论"对于财政本质的结论,是通过对此时已形成的"国家财政"类型的实践总结得出的。

关于财政本质的认识,是对几千年来所有财政类型共性的抽象,因而只能通过对某个特定时期具体财政现象的研究总结来完成的。应该说,"国家分配论"之所以只能确立于计划经济时期,就是因为它与计划经济的"国家财政"类型有着天然的一致性,从而只能借助该类型来最终确立自己的主流地位,决定了"国家分配论"不可避免地会包括着"国家财政"类型的内容。"国家财政"类型的基本特征和内容主要有:

1. 此时的财政是只为"国家"自身的经济活动服务,而不是为独立于国家的企业和私人提供服务，即此时财政提供的不是“公共”服务。在传统的计划经济体制下，企业是国家的附属物，个人是企业的附属物，都不是独立的经济活动主体，整个社会以国家为中心形成一个大企业，整个社会再生产活动表现为仅是国家的活动，因而此时的财政只是国家为自身服务的“国家”财政。

2. 此时的财政是社会再生产和企业再生产的内在因素，而不是弥补市场失效的外部条件。此时财政是“国家”筹集整个社会建设资金的主要手段，是“国家”供应整个社会建设资金的基本来源，从而也成为“国家”财政。

3. 此时的财政是国家直接否定，而不是尊重企业独立性的财力手段。此时整个社会的各个企业的财务，通过统收统支的企业财务管理体制，以财政为中心形成了一个大企业财务。此时财政直接成为国家这个大企业的财力运作手段，是国家作为整个社会的生产组织者在财力方面的体现，也就只能为作为生产组织者的“国家”服务。

这样，计划经济时期的财政就不仅本质上是“国家财政”，而且在类型上也是“国家财政”。这种只为“国家”自我服务的“国家财政”类型，是鲜明地区别于只为君主自我服务的“家计财政”类型，也鲜明地区别于只为市场服务的“公共财政”类型的。“国家分配论”的立论基点，是对于“国家”主体的强调，是以“国家”为基点去分析一切财政活动，这些都恰好与“国家财政”类型的基本特征和内容不谋而合，从而计划经济就成为“国家分配论”产生的必不可少的体制基础。而“国家分配论”在其分析中强调“阶级性”而否定“公共性”，就是当时否定市场经济，否定多种经济成分并存，不存在为市场提供公共服务的财政类型这一现实的充分体现。反过来，从“公共财政”类型中是不可能产生“国家分配论”的，因为当着财政实践要求说明为什么和如何为市场提供“公共”服务时，理论却强调财政的“国家性”而否定其“公共性”，那显然是不可思议的。“家计财政”类型亦如此。在封建“家天下”状态下,任何强调“国家”而否定“君主”的理论都是大逆不道的,就更谈不上占据主流地位了。

分析至此,应强调指出的是,并非计划经济时期形成的一切事物都是不对的和应予否定的。“国家分配论”就是其典型例子。上述分析表明,如果不是计划经济体制,财政学是不可能对财政本质问题作出正确的把握和概括的。该论关于财政本质的结论,是适用于任何财政类型,其中包括我国将要建立的公共财政类型的。而从“国家分配论”所包含的财政类型内容来看,也是对计划经济时期财政实践的正确总结,在计划经济时期指导我国的财政活动起了巨大的积极作用。这些,都是计划经济体制对于我国财政理论的历史贡献。

市场取向的改革决定了我国财政必然要转到为市场提供公共服务的“公共财政”类型上来,这是为公有制服务的社会主义公共财政,是不同于为私有制服务的资本主义公共财政的,即前者是劳动阶级的公共财政,而后者则是剥削阶级的公共财政。我国财政实践对于“国家财政”类型的逐步否定,导致了对“国家分配论”质疑的逐渐增多是很自然的。然而,迄今为止,我国理论界尚未区分“财政本质”与“财政类型”,而只是将它们混为一体来考虑,这是理论混乱和误解的根本原因所在,它导致了在新的历史条件下我国财政学对待“国家分配论”的两难境地:对于“国家财政”类型的批判和否定和“公共财政”类型的提出和倡导,被视为是对“国家财政”本质的批判和否定,是全盘否定“国家分配论”,同时“公共财政论”和“公共产品论”等也被视为是新财政本质观的出现;反之,不提出“公共财政”及其相关理论,而继续沿用传统的“国家分配论”的思路,则难以触动传统的“国家财政”类型,又陷于与整个改革发展趋势相背离的困境。这样,解脱我国财政学困境的出路,就在于坚持“国家分配论”的财政本质观,而代之以“公共财政论”

的财政类型观，从而形成我国财政理论新的基本体系，即在“国家分配论”财政本质观合理内核的基础上，以“公共财政论”和“公共产品论”来进行具体的财政活动分析。只有这样，才能建立起与社会主义市场经济体制相适应的崭新的财政理论体系。

然而，我国财政理论界的“财政本质”思维框框仍然是坚固有力的。如刘邦驰就指出：

> 他们主张用“公共财政理论”或“公共产品理论”去代替“国家分配论”。也就是说用西方财政学者所提倡的“政府财政论”替代“国家分配论”。……西方公共财政理论的不足之处是没有明确回答财政分配的主体是什么；财政同谁有着本质联系；财政在社会再生产中处于什么样的地位，起着什么样的作用等重大的理论问题和现实问题。如果完全用公共财政理论代替国家分配论，其结果势必导致国家财政作用领域的范围过分缩小，国家宏观调控经济功能的减弱和财政完全退出生产领域的局面。这同我国社会主义市场经济以公有制为主体，市场在国家宏观调控下对资源配置起基础作用的特征相悖。①

叶子荣也指出：

> 与国家有着本质联系的财政，其职能的核心是维护国家职能的实现，财政伴随着国家产生而产生，并将随着国家的消亡而消亡成了财政学的基本常识。离开了国家的本质，去研究财政的本质（或类型），去讨论财政的职能，都会因失去根基而陷入茫

① 刘邦驰：《当前财政学建设的若干理论问题》，第46页。

> 然。……综上所述,作为唯心主义产物的"公共财政",无论其是财政的本质还是类型的理论,(避开财政本质讨论财政类型实际上是自欺欺人),都存在根本性的错误,绝不应成为我国市场经济下财政改革的指导。①

所有这些对于公共财政论的批评,都只是一句话,就是"公共财政论"不讲"财政本质",不从"财政本质"去考虑问题。对此,不妨引用本人答叶子荣文章的一段话作答复:

> 财政的本质是国家为主体的分配,这只是就财政一般而言,即尽管人类社会存在着若干不同性质的国家,但它们进行的分配都是财政。随着改革使得我国从计划经济向社会主义市场经济转变,对于我国财政理论与实际工作马上就提出一个根本性的问题,这就是尽管同为国家财政,但计划经济下的财政与市场经济下的财政存在着什么根本差别?对此,在国家分配论已有的本质观基础上,进一步探讨市场经济时期的财政类型问题,很自然地成为我国财政学界面临的急迫课题。这就是人们之所以开始强调公共财政的客观原因。然而,在叶子荣同志那儿,这种探讨却是"避开财政本质讨论财政类型实际上是自欺欺人"了。这样,言必称财政本质,就成为我国目前财政理论探讨中的一根棍子,谁不讲"财政本质"而只讲"财政类型",就"存在根本性的错误"了。国家及其财政已存在几千年了,市场经济及其财政存在才几百年,强调国家财政而不允许谈特定经济体制下国家财政所具有的特定类型,其实质就是以国家这一共性来舍象掉市场经济时期的特性,来否定

① 叶子荣:《"公共财政"辨析》,第44—47页。

市场经济及其财政的特殊性。叶子荣同志不允许别人谈论市场经济下特有的财政类型问题,不会是因为也存在着反对市场经济的心态吧?

当然,这样提出问题,可能是误解乃至冤枉了叶子荣同志,叶子荣同志应该也是赞同建立社会主义市场经济体制的。那好,在此基础上我们要问,对于已有几千年历史的国家财政来说,它们在不同的经济体制下各有什么本质性的差异?本人之所以强调公共财政与市场经济的关系,就是因为本人认为,只有市场经济这一环境,才有可能产生和存在公共财政类型。这种归纳和结论是否正确大可探讨和争议,但问题是在叶子荣同志那儿,作这样的分析是不允许的,其原因是谈财政类型,就是离开了"国家的本质"来谈论财政问题。对此,我们要问的是,是否仅用"国家财政"一词,就可以将不同经济体制下财政的不同性质和差异都概括出来了呢?①

总之,"国家分配论"的财政本质观是正确的,但其"国家财政"类型观则是必须否定,而代之以"公共财政"类型观的,这才是在社会主义市场经济条件下既坚持又发展"国家分配论"的精髓所在。

本章主要参考文献

1.《社会主义财政学》编写组编:《社会主义财政学》,北京,中国财政经济出版社1980年3月第1版。

2.《社会主义财政学》编写组编:《社会主义财政学》(第二次修订本),北京,中国财政经济出版社1987年9月第3版。

---

① 张馨:《市场经济下不存在公共财政吗?——答叶子荣同志》,第54—55页。

3. 财政部财政科学研究所、中央财政金融学院主编:《财政学问题讨论集——1964 年财政学讨论会论文选辑》(上、下册),北京,中国财政经济出版社 1965 年 6 月第 1 版。

4. 曹国卿:《财政学》,南京,独立出版社 1947 年 3 月再版。

5. 陈启修:《财政学总论》,上海,商务印书馆 1924 年 11 月第 1 版。

6. 邓子基:《财政学原理》,北京,经济科学出版社 1989 年 12 月第 1 版。

7. 邓子基:《略论财政本质》,载《厦门大学学报》(社会科学版)1962 年第 3 期。

8. 邓子基:《为〈国家分配论〉答疑》,载《厦门大学学报》(哲学社会科学版) 1983 年第 4 期。

9. 顾准:《顾准文集》,贵阳,贵州人民出版社 1994 年 9 月第 1 版。

10. 何廉、李锐:《财政学》,长沙,国立编译馆 1935 年 2 月第 1 版。

11. 何振一:《理论财政学》,北京,中国财政经济出版社 1987 年 3 月第 1 版。

12. 胡鉴美:《试论财政的本质与范围问题》,载《学术月刊》1962 年第 2 期。

13. 李权时:《财政学 ABC》,上海,ABC 丛书社 1928 年 8 月第 1 版。

14. 李松森:《两种属性分配理论与财政政策研究》,北京,中国财政经济出版社 1997 年 8 月第 1 版。

15. 刘邦驰:《当前财政学建设的若干理论问题》,载《财政研究》1996 年第 7 期。

16. 马克垚主编:《中西封建社会比较研究》,上海,学林出版社 1997 年 12 月第 1 版。

17. 麦履康、韩壁主编:《国家预算》(修订本),北京,中国财政经济出版社 1987 年 10 月第 2 版。

18. 千家驹:《新财政学大纲》,北京,生活 · 读书 · 新知三联书店,1949 年 10 月第 1 版。

19. 钱亦石编:《财政学纲要》,上海,中华书局 1935 年 3 月第 1 版。

20. 庆理:《关于财政实质等问题》,载《大公报》1962 年 1 月 26 日。

21. 寿景伟:《财政学》,上海,商务印书馆 1926 年 2 月再版。

22. 王传纶:《对"财政学"对象问题的探讨》,载《教学与研究》1958 年第 7 期。

23. 王延超:《财政学概论》,重庆,立信会计图书用品社 1944 年 5 月第 1 版。

24. 伍丹戈:《论国家财政》,上海,立信会计图书用品社 1951 年 8 月第 1 版。

25. 吴俊培:《论"公共财政"的误区——兼论非市场机制的效率》,载《中南财经大学学报》1998 年第 4 期。

26. 厦门大学经济系财政金融教研室:《社会主义财政理论》,北京,人民出版社 1978 年 10 月第 1 版。

27. 许廷星:《关于财政学的对象问题》,重庆,重庆人民出版社 1957 年 5 月第 1 版。

28. 姚庆三编:《财政学原论》,上海,大学书店 1934 年 2 月第 1 版。

29. 叶振鹏、张馨:《双元结构财政——中国财政模式研究》,北京,经济科学出版社 1995 年 6 月第 1 版。

30. 叶子荣:《"公共财政"辨析》,载《财政研究》1998 年第 4 期。

32. 尹文敬:《财政学》,上海,商务印书馆 1943 年 2 月第 1 版。

31. 尹文敬:《国家财政学》,上海,立信会计图书用品社 1953 年 11 月第 1 版。

33. 张澄志:《财政学概论》,上海,启智书局 1929 年 5 月第 1 版。

34. 张馨:《财政本质仅是一种分配关系吗?》,载《财经论丛》1996 年第 3 期。

35. 张馨:《公共产品论之发展沿革》,载《财政研究》1995 年第 3 期。

36. 张馨:《市场经济下不存在公共财政吗? ——答叶子荣同志》,载《财政研究》1998 年第 8 期。

37. 张馨:《西方财政学的一个重要转变——析边际效用学说对西方财政理论的影响》,载《财政研究》1993 年第 11 期。

38. 张馨:《再谈"财政的本质是一种分配关系吗?"——答常硕永、陈咏梅同志》,载《财经论丛》1997 年第 4 期。

39. 赵春新:《关于国家财政性质等问题初探》,载《光明日报》1961 年 8 月 21 日。

40. 周伯棣:《论财政学的对象范围与任务》,载《财经研究》1956 年第 2 期。

41. 周伯棣:《中国财政史》,上海,上海人民出版社 1981 年 2 月第 1 版。

42. 周一良、吴于廑主编:《世界通史》(上古部分),北京,人民出版社 1962 年 10 月第 1 版。

43. 朱旭初、翟连升:《大讨论引出大思路:安徽省新时期财税大讨论观点综述》,载《中国财经报》1998 年月 19 日。

44.〔德〕马克思:《资本论》第一卷,北京,人民出版社 1975 年 6 月第 1 版。

45.〔法〕萨伊:《政治经济学概论》,陈福生、陈振骅译,北京,商务印书馆 1963 年 10 月第 1 版。

46.〔美〕米尔顿・弗里德曼:《资本主义与自由》,张瑞玉译,北京,商务印书馆 1986 年 3 月第 1 版。

47.〔日〕坂入长太郎:《欧美财政思想史》,张淳译,北京,中国财政经济出版社 1987 年 8 月第 1 版。

48.〔苏〕A. M. 亚历山大洛夫:《苏联财政》(上册),中国人民大学财政学教研室译,北京,中国人民大学出版社 1953 年 6 月第 1 版。

49.〔苏〕弗・吉雅琴科:《苏联财政的本质和职能》,载《经济译丛》1954 年第 9 期。

50.〔苏〕弗・吉雅琴科主编:《论苏维埃财政的本质与职能问题》,王效培译,载《财政理论问题》,北京,财政出版社 1958 年 10 月第 1 版。

51.〔意〕卡洛・M. 奇波拉主编:《欧洲经济史》第 1 卷,徐璇译,北京,商务印书馆 1988 年 1 月第 1 版。

52.〔英〕克拉潘:《现代英国经济史》(中卷),姚曾廙译,北京,商务印书馆 1975 年 7 月第 1 版。

53.〔英〕克拉潘:《现代英国经济史》(下卷),姚曾廙译,北京,商务印书馆 1977 年 9 月第 1 版。

54.〔英〕李嘉图:《政治经济学及赋税原理》,郭大力、王亚南译,北京,商务印书馆 1962 年 9 月第 1 版。

55.〔英〕洛克:《政府论》(下篇),叶启芳、瞿菊农译,北京,商务印书馆 1964 年 2 月第 1 版。

56.〔英〕威廉・配第:《赋税论　献给英明人士　货币略论》,陈冬野等译,北京,商务印书馆 1978 年 10 月第 1 版。

57.〔英〕亚当・斯密:《国民财富的性质和原因的研究》(下卷),郭大力、王亚南译,北京,商务印书馆 1974 年 6 月第 1 版。

58. Bastable, C. F. , *Public Finance*, 1st ed. , London: MacMillan & Co. , 1892.

59. Bullock, C. J. , *Selected Readings in Public Finance*, 2nd ed. , Boston: Ginn & Co. , 1920.

60. Dalton, H., *Principles of Public Finance*, 1st ed., London: George Routledge & Sons, Ltd., 1922.

61. Mill, J. S., *Principles of Political Economy*, new ed., by Ashley, W. J., London: Green & Co., 1921.

62. Smith, A., *An Inquiry into the Nature and Causes of the Wealth of Nations*, New York: P. F. Collier & Son Co., 1909.

第七章　公共财政职责

在探讨完公共财政的本质之后，本章转入对于公共财政职责问题的分析，即"政府及公共财政在市场经济下应干什么"的问题。

第一节　经济环境

公共财政的职责问题，是在特定的混合经济这一环境下展开和履行的。

一　公私经济的统一

所谓"职责"，就是事物的任务和作用。公共财政职责，就是公共财政所应当承担的任务，应当完成的基本目标，应当发挥的作用。

公共财政具有哪些职责，是由以下两大基本要素所共同决定的：(1)公共性。公共财政是在市场因素和市场经济的根本决定作用下形成的，因而此时的财政只能承担为市场提供"公共"服务的职责。(2)政府性。公共财政的本质也仍然是政府的分配或经济活动，是市场经济下政府以其收支服务于市场的活动。

上一章已指出，公共财政是为了向市场提供公共服务而存在的，这就决定了公共财政的职责。归纳起来，其职责主要有三个，即实现社会资源的有效配置、社会收入的公平分配和宏观经济的稳定运行。由于这些职责的履行就是公共财政的具体活动，因此本章实质上也涉及公共财政活动范围问题的分析。

公共财政的存在及其履行职责，是在市场经济环境中进行的，因而认识和探讨公共财政的职责问题，只能立足于政府与市场经济关系这一基点来进行。在市场经济下，存在着政府经济（公共经济）和企业经济（私人经济）两大部门，它们共同构成了统一的市场经济，因而市场经济又表现为是“混合经济”。公共财政的职责问题，从根本上看，就是处理财政与市场型的混合经济的关系问题。

对于市场经济来说，不管其处于何种发展阶段，即不管它是处于自由放任阶段，还是处于政府干预阶段，它都是政府经济与企业经济或公共经济与私人经济的统一。

众所周知，西方市场经济在其发展过程中，是经历了一个“自由放任”阶段的。然而，这一“自由放任”并非是绝对的自由放任。即使是最为“纯粹”的市场经济，也不等于完全没有政府的存在，完全没有政府作用的发挥，完全没有非市场活动发生。世界上十全十美的事物是不存在的，尽管市场经济是迄今为止最有效率的经济体制！相反，如果绝对没有政府存在，没有政府的发生作用，任何作为一整个经济体制形态的市场经济，都是不可能存在的。其原因很简单，即任何市场经济都必不可免地存在着市场失效，任何市场经济都存在着若干市场机制无法解决的问题。

面对着这类问题，“市场”是无能的，是软弱无力，乃至束手无策的，这就是本书第一章所分析的市场失效问题。对于市场活动来说，许多市场失效是必须得到弥补的，否则市场就无法正常开展活动，就无法顺畅维持和运转。然而，市场失效又是市场天然缺陷的产物和表现，是只能通过非市场的手段和机制才能克服的，这就需要政府来承担这一主要任务。从市场经济的角度看，这就是决定公共财政职责的经济根源。正因如此,即使西方经济学说史上的自由放任经济学派们,典型的如亚当·斯密等人,他们理想上是追求纯而又纯的市场经济的,但面对着政府及其公共财政必须弥补市场失效的现实,提出的也只能是"小政府"和"小财政",而不是"无政府"和"无财政"的主张。这点,本书第九章在介绍公共产品论发展沿革问题时,还会详细说明。

这样,在市场经济下,除了"企业"和"私人"之外,是必然存在着"政府"和"公共"的。这样,在西方的私有制经济基础上,私人和企业的活动就形成着私人经济,而政府的活动则形成着公共经济,形成着私人部门和公共部门两大部门的对立统一状态。在我国的公有制经济基础上,企业和私人活动则形成着企业经济,而政府活动则形成着政府经济,形成着企业部门和政府部门两大部门的对立统一。公私两大部门的区分,是与本书第五章所分析的公共领域和私人领域区分大致对应的,但又有所不同,这是由在公共领域与私人领域之间还横亘着一个过渡领域所决定的。公共部门大体上由公共领域与过渡领域的公共性质经济活动所构成,而私人部门则大体上是由私人领域与过渡领域的私人性质经济活动所构成。

尽管市场经济的所有活动都可以分别归属于不同的两大部门,但它们之间又存在着根本的一致性,即它们都是市场经济的一个组成部分,正是通过它们的相互弥补、相互作用,才共同形成了市场经济。尤其是进到20世纪以来,政府对于市场从原来的不干预转向了干预,导致了公共部门在整个市场经济中比重的迅速上升,整个经济已从原来庞大的私人经济与弱小的公共经济的对比态势,转变成为两者大致相等的对比态势。这样,就从原来的似乎只有私人经济,转变成为公共经济和私人经济共存的状态。在市场经济中,非市场性的公共经济不仅能够存在而且必须存在,同时公共经济从根本上看,也必须以私人需要为自己的活动目的,也必须遵循市场效率准则,也体现着等价交换的要求，这又表明公共经济与私人经济的根本一致性。这是公共经济与私人经济能够同存于一个市场经济制度中的根本原因所在。

然而，公共经济毕竟是与私人经济不同的一种经济形式，从直接的意义上看，它采用的是与市场经济不同的运作方式与机制，这就要解决公共经济如何与私人经济兼容并共存于市场经济之中的问题。在现代西方财政学中，这一问题是通过“混合经济论”来解答的。所谓“混合经济”（mixed economy），指的是公共经济与私人经济的有机混合体。作为市场经济的两个不同组成部分，公共经济与私人经济各自处于市场经济的不同领域、范围和场合内，有着各自的运行机制和渠道，都对市场经济运行起着不可替代的作用。它们相互交错、相互补充、相互作用、共同影响、共存共荣，共同形成了有机统一的混合型市场经济。

混合经济将相互对立的私人经济与公共经济包含于有机统一体中，采用市场机制与计划机制共同配置社会稀缺资源。在这一经济中，既有市场法则在起基础性的作用，即通过“看不见的手”去引导、左右着市场竞争，运用市场价格机制去配置各个生产要素，如资本、劳动和土地，决定着私人和企业对最终消费品的生产；又有非市场法则在起作用，其中基本的和主要的就是通过公共部门和政府机构以计划方式与行政手段，而不是市场价格方式，去对资源进行配置，并且还介入到社会分配公平和宏观经济稳定等方面。在这里，是政府这一“看得见的手”在发挥作用。总之，这是一种既有市场力量，又有非市场力量相互作用的经济模式。在这种混合经济中，许多经济活动在由私人企业承担的同时，其他大量的经济活动却由政府承担。在私人经济影响政府活动的同时，政府活动也反过来有意无意地改变着私人经济的活动。

应指出的是，公共经济与私人经济的“混合”，是以市场经济为基础的。这除了前述的公共经济从根本上看也是要遵循市场的准则，是由市场根本决定的之外，还由于公私经济之间的直接联系，在很大程度上是通过市场渠道进行的。政府的征税尽管是一种非市场的活动，但征税只解决政府拥有一定量的货币收入问题，政府还必须通过市场交换活动，才能获得自己所需的人力和物力要素，从而最终地完成自己的整个活动过程。

马尔科在《公共财政学基本原理》(*First Principles of Public Finance*)一书中就指出了公共经济与私人经济在市场基础上的这种统一性：

> 将公共财政现象视为似乎是与私人经济学截然分开的是错误的，因为它们实际上构成了产品的生产、交换和消费这一总机体不可或缺的组成部分。首先，国家参与私人产品的买卖。人们早已注意到国家就如私人企业所做的那样，购买铁、谷物、建材、劳动者和工程师的服务，从而影响到价格和一般经济均衡。……(其次，)国家将铁和私人劳务转用于公共产品……本身就是一种经济交换。……这种交换将找到一个均衡点。但这个均衡点将有赖于包括每一个纳税人预算在内的所有交换，因为纳税人将他的总收入全都是用于消费的，而不管它们是公共的还是私人的产品。……总之，公共财政现象代表着总的经济现象一个不可或缺的组成部分。①

通常认为，"混合经济"产生并成长于20世纪。在此之前，政府及其公共财政活动就一直存在于市场经济中，也就是西方市场经济的机体中，有生以来就一直有公共经济的存在。但那时人们并没提出混合经济的问题，原因就在于当时的公共部门活动的规模太小，整个市场经

---

① Marco, A. D. V. D., *First Principles of Public Finance*, translated by Marget, E. P., New York: Harcourt Brace & Co, Inc., 1936, pp. 51－52.

济的运行从总体上看处于自由放任状态，主要表现为是市场力量在发挥作用，政府只是“小政府”，公共财政只是“小财政”。此时的市场经济主要表现为就是私人经济。只是到了20世纪，政府对市场从不干预转到大规模介入和干预，从而公共部门的活动范围与规模大为扩张，在整个市场经济中已不再是消极无为而是积极有为了。此时的市场经济已转而表现为是私人经济与公共经济的统一体。这就是“混合经济论”提出的客观经济背景。

不过，西方国家对经济的介入程度是不同的，从而它们的混合经济内的公共经济与私人经济的“混合”状态也是不同的。许多西欧国家的政府负责或进行的经济活动，就远比美国政府所进行的规模要大得多。在英国，政府的企业负责着煤炭和钢铁的生产，而美国政府则没有这么做。还有，各国经济的混合程度不是一成不变，而是随着社会政治经济状况的变化而改变着。当政府热衷于搞企业国有化运动时，该国经济中的公共经济所占比重就较大幅度上升；反之，当政府积极推行企业私有化，搞非国有化运动时，该国经济的私有部分所占比重就迅速增大。政府的社会政策和经济政策对国有化的影响是强烈的。本世纪80年代，当英国撒切尔的保守党政府大力推行私有化政策之时，海峡隔岸的法国密特朗的社会党政府却加强了该国的国有化活动。引起双方这一差异的原因，就在于双方的社会政策主张的不同。

100多年以前，许多公路和全部铁路都是私有的，而今天主要的通道都由公共所有，或是由公共补贴建造的。由于公共经济与私人经济是相互混合、水乳交融的，这就很难在政府活动与私人活动之间划出明确的界限。正因如此，它使得公共财政学在这些国家变成令人感兴趣的重要学科。公共财政学关心并试图解答这么一些问题：为什么政府应当做这些事情，而不应当做那些事情？为什么政府的活动在过去数百年间发生了如此大的变化？为什么某些西方国家政府比美国政府做得更多？政府所做的是过多还是不足？政府是否能够做得更好？等等。这些问题，在过去的几个世纪以来，就一直是政治学的、哲学的和经济学的争论中心之一，不仅延续至今，而且更趋激烈。"混合经济论"就是这种客观经济现实的在理论上的反映。

应指出的是，上述分析对于我国的社会主义市场经济来说也是基本适用的，即只要将上述分析中的"私人经济"替换成"企业经济"，"公共经济"替换成"政府经济"就行了。由于我国是从政府高度集权型的计划经济体制转向市场经济体制，这就决定了在我国的市场经济中，公共部门所占的比重是较大的，其所涉足的领域和内容也应当是更为广泛的，因而混合经济论也是适合于我国的。

在混合经济中，公私两个部门（或政企两个部门，下同）在市场经济总体进程中的相互作用和联系，是通过要素和收入在两大部门之间多渠道全方位的流动来构成的。它既有货币以税收、公债等形式从企业部门（或私人部门，下同）向政府部门（或公共部门，下同）的转移，也有以政府各类转移性支出的形式从政府部门向企业部门的转移；既有政府购买而引起的产品和劳务从企业部门向政府部门的流动，也有私人和企业通过缴纳使用费和规费等方式，而获得政府提供的服务。正是在两大部门的这种种相互交往和联系中，在货币和产品劳务的相互易位易形过程中，形成了统一的市场经济。而双方的这种犬牙交错、错综复杂的交往，很大部分是通过政府部门在产品市场和要素市场，依据等价交换准则进行的购买实现的。这些，都充分地表明了此时的政府及其公共财政是立足于市场经济，来开展并完成其为市场提供公共服务的经济职责的。

二　公私经济的区别

但是，政府经济（或公共经济，下同）毕竟是显著区别于企业经济

(或私人经济,下同)的。它们之间的主要差异有:

1. 企业经济是混合经济的基础,政府经济是混合经济的条件。企业和私人开展的市场活动,是市场经济的基础部分和基本内容。人们之所以将此时的经济体制形态称为"市场"经济,就是因为这部分经济活动是在市场机制的直接作用下进行的。而市场机制在市场经济中起基础性资源配置作用的命题,也正是由此而提出并得到证明的。在我国20年的市场取向改革中,"市场能干的,就应当由市场去干"的命题,通俗地说,就是一切活动,都应当"优先"考虑由企业和私人去承担。从这个意义上看,在混合经济中,企业部门是具有存在的基础性。或者的话,没有企业经济或私人经济的经济体制,就不是市场经济了。

这一"企业优先权",是市场经济所必须遵循的准则之一。只有在满足了这一准则的基本要求的前提下,企业和私人仍然难以正常和正当地发挥作用的领域,才允许政府介入,其活动才允许政府及其公共财政去承担。这才相应地形成了政府经济和政府部门。此时的政府活动,是不应违背企业经济和企业部门的根本要求,不应危害其根本利益的,而只能是为企业和私人的正常和正当活动创造必不可少的条件。这种"企业优先权"和"政府服务性",就成为公共财政履行职责发挥作用所必须遵循的基本准则之一。

2. 企业经济基本上活动于市场有效运行的领域内,它表现为是无数的企业和私人在市场价格机制的引导下,自发地运用自身拥有和支配的社会资源和要素,并实现这部分社会资源和要素的最优配置。这实际上又意味着,市场经济下的企业和私人必须拥有资源和要素的优先支配权,这也是"企业优先权"的一个基本内容。否则的话,是谈不上什么"市场能干的,政府就不应去干"的问题了。或者换句话说,企业经济基本上是经由市场进行活动的,市场价格机制在这里起着主要的和基本的资源配置作用。

相反,如同本书第一章关于财政非市场性问题的分析所指出的那样,政府经济大体上只能处于市场失效的领域内,它不是通过市场,而是由政府直接配置资源,因而市场价格机制并不直接在这里发生作用。相应地,此时政府所需要的资源和要素,则是通过税收等政府收入手段,从企业部门取得的。否则的话,就无须形成财政分配,政府只要以自己的资源和要素去提供公共服务就行了,政府及其公共财政也无须依赖市场的资源而能够自我存在了。这样,又决定了公共财政履行职责,是以从企业部门取得资源和要素,又运用这些资源和要素去为市场服务为基本内容的。这里是由政府直接配置资源,市场机制不发生直接的作用。

3. 企业经济或私人经济活动以资本或私人的利益为直接目的,体现为是追求自身利益最大化或自私自利的私人的单个行为。而政府经济或公共经济活动则以社会利益为直接目的,代表的是企业和私人的总体利益,或者说是无数的企业或私人利益的汇总。这样,前者往往无法解决公共产品的提供和外溢性的纠正等问题,因为其提供的利益超出了提供者即企业或私人本身的范围。而后者则可以解决或参与解决公共产品和外溢性等问题,因为它的活动本身就不以单独的企业或私人利益为目的,而是以它们的共同利益为目的的。但反过来,后者的活动在非共同消费的个人产品领域往往是低效的,因为它缺乏应有的自利动机的激励,也形成不了应有的成本和费用压力。政府活动从根本上看,要受到作为自私自利的私人总体行为的要求行事,其决策还需要通过社会抉择过程,但毕竟是表现为政府的活动,而不是依靠私人自身的行为去实现自身的利益。

4. 企业经济的活动,是在等价基础上以自愿交换的形式进行的。而政府经济的基本部分即政府部分的活动,则具有强制性。政府之所以能有效地阻止私人“免费搭车”行为的发生,能充分地提供公共产品，就在于政府具有强制能力，能运用强制性的税收去克服这一倾向。正因如此，弥补市场失效的活动往往无法由非政府的公共活动来完成，或者难以真正有效地完成。尤其是长期持续全面的弥补市场失效的活动，依靠企业或私人的自愿和自发行为来解决，大体上是不可能的，而只能是依靠政府通过强制性活动来满足。由此可见，在市场经济条件下，政府之必须始终存在，政府履行职责的活动之呈现为延绵不绝的状态，都是有其经济根源的。相应地，政府履行职责开展活动又是需要经费的，这就引起了政府公共性质的收支活动，从而导致了公共财政的存在和活动。

5. 在市场经济条件下，企业经济的预算约束是"硬"的，而政府经济则由于政府预算可以打赤字而相对较"软"。正因为"企业优先权"的存在，资源和要素是首先归企业和私人所有或支配，或者首先是由企业部门所创造的。因此，政府部门所需要的所有资源和要素，从根本上看，都来自于企业部门，即只能是以各种财政收入手段从千千万万的企业和私人手中集中而成。甚至如非赢利性质的国有企业上缴的利润和政府的各种费用收入，尽管直接的表现是政府自身活动的收入，而不是以强制手段取之于企业部门，但从根本上看，也仍然是政府以取之于企业部门的资源和要素开展活动的结果，仍然没有否定"企业优先权"准则。反过来，尽管存在着"企业优先权"，但对于每一单个的企业和私人来说，它们所开展的市场活动的规模，所承担的市场运营风险，都是只能以自身所能拥有或支配的资源和要素（包括能够以市场方式举借的债务在内）来进行，而难以采用非市场的方式去突破其限制。这就是所谓的预算"硬"约束。这一"优先权"只不过意味着在市场经济这一体制状态下，社会资源和要素的最基本分布态势。企业和私人是只能在既定的资源和要素分布态势下，在归自己拥有或支配的资源和要素的约束下，开展市场运营活动的，而不能突破这一规模限制。由于企业部门是由千千万万的企业和私人活动所组成的，它们在既定的资源和要素中都占有自身的份额，这就是企业或私人的市场活动的“预算”约束条件。

这一预算约束之所以必须是“硬”的，是因为如果一个企业或一个私人突破既定的份额，就意味着某一他企业或他人既定份额的压缩。如果这是正常和正当市场活动的结果，则是市场机制发挥作用而实现优胜劣汰，或者说是市场机制引导资源和要素实现最佳配置的具体体现，它并没有以非市场方式去否定原有的资源配置状态。反之，如果这是以非市场方式实现的资源和要素占有份额的改变，即突破了原有的预算约束，则意味着企业和私人以非市场方式开展了市场活动，显然在市场经济环境中是不允许的。

反之，对于政府来说，它在资源和要素的分布格局中并不拥有“优先权”。在市场经济下，政府必须以市场、以企业和私人的根本意志为自己的意志，是为了市场的根本利益而进行活动的，这就必须将自己的活动限制在市场所允许的范围和规模之内。但反过来，政府由此而开展的活动所需资源和要素，则是从企业部门以非市场方式来取得的，这相对于企业和私人只能以市场方式来取得，实际上就意味着政府预算的约束是“软”的。其具体表现就在于政府预算是可以打赤字的。

6. 在混合经济中，政府经济对企业经济具有控制和影响作用。由于政府与企业和个人处于不同的政治层面上，因而它们在混合经济中的地位和作用是不同的。对于政府来说，它是社会管理者，它可以动用政治权力去实现自身对于社会共同事务的管理。而对于企业和个人来说则相反，它们仅是被管理者，在从事市场竞争时必须遵循政府所制定的有关法律规章制度等，其私人生活也以不违背社会公认的准则为准绳。不仅如此，政府还由于其与市场的千丝万缕的联系，能够通过自身的宏观经济政策运作，而影响和作用于私人经济部门的活动状态。这样,公共部门的经济行为是一种控制变量,而私人部门的经济行为则是一种被控制变量,尽管公共部门必须受到私人部门的决定性影响和根本制约。

对于公私经济的差异问题,马尔科在其《公共财政学基本原理》一书中,有着很好的分析。马尔科指出,所谓的私人经济学(private economics)研究的是私人活动,它们以私人需要(individual wants)的满足为研究方向。而所谓的公共经济学,或公共财政经济学(economics of public finance),研究的是国家的生产活动,它们以集体需要(collective wants)的满足为研究方向。

对于私人经济来说,马尔科指出,生产活动是导源于私人需要的。所谓私人需要,指的是人们的那种还没获得满足,而又渴望得到满足的感觉。私人需要迫使私人在既定时间和资源数量的约束下,去寻求他认为可能满足自己的需要,而使自己摆脱原有的不满足感的"经济产品"(economic goods)。而只有当私人获得并消费了他所需要的产品时,这样的活动才会终结。在这些活动中,依据"经济人"的假设,即私人行为处于最大化私人效用和最小化私人负效用的欲望支配下的假设,经济科学研究的是决定这类经济活动的规律。它提出了"什么样的产品才为私人所需要,这些产品应有多大的产量"等问题。

而对于公共经济来说,马尔科接着指出,它同样是相类似的。在这里,国家活动导源于集体需要。所谓集体需要,指的是由私人不满足感所构成社会机体的总体感觉。集体需要的存在,迫使人们去生产他们认为适合于满足这些集体需要的产品。而只有当这些产品按所需数量和时间生产出来时,这样的活动才会终结。这样,就如私人需要给出了确定一般经济学问题的实际前提条件一样,集体需要也提出了确定公共财政学问题的实际前提条件。对此,马尔科在该书的注解中说,这实际上表明了,讨论的根本问题不是"集体需要"应该是什么,或者应该不是什么。不过,这并不意味着是不应当对集体需要进行具体分析。

为此,在单纯的公共财政论中,首先的假定是,为了生产公共产品,“人”的行为动机是与诱使他去开展个人产品生产的动机相同的,即探讨政府或其他社会集团的活动规律,也是应当基于私人需要的假设之上的。这种假设和基点,仍然是以享乐主义或功利主义为前提的。此时参与国家财政活动的公民,他相对于社会其他成员的行为,就如他在自己的私人经济事务中相对于其邻居的行为一样。私人的利己主义在社会集团范围内,是不能并且也不应受到比在私人经济活动领域内的更大限制。

这样,在马尔科那里,公共经济与私人经济的差异,是用私人需要和集体需要来加以区分的,但私人需要和集体需要最终都统一于私人需要。①

混合经济论解释了市场经济下公共经济与私人经济,财政活动与市场活动相统一的问题,也阐明了公共经济和财政在资本主义市场经济下的地位与作用等基本问题,因而在现代西方财政学中,也在理论上占有一席之地。

政府作为公共经济的主要组成部分,它对私人经济产生着自身的特殊影响和作用。

应指出的是,“混合经济”的存在,不仅在于公私两种经济的相互依赖,相互配合,共同作用,还在于两者的不可互相替代。这是因为,不仅存在着市场失效需要政府活动的补充完善,也存在着“政府失效”,而需要市场发挥基础性的资源配置功能,也需要正确对待政府在市场经济中的作用问题,以避免政府对市场和私人经济的不应有和不适当

---

① Marco, A. D. V. D. , *First Principles of Public Finance*, pp. 34 – 35.

的介入与干预。这就是在充分竞争存在的领域内，市场对资源的有效配置能力是政府所不可能具备的。所以，公私经济在相互交融的同时，又有各自相对独立的活动领域。整个社会的资源要素和产品分布在公私两个部门，既在各自内部流动，也经过多种渠道相互向对方流动，从而共同构成了一个完整的经济运行体系，完成着统一的经济进程。

所谓“政府失效”，指的是政府对于市场失效的弥补，尽管是依据市场的根本要求进行的，但也仍然存在着未能符合市场效率准则的根本要求，或未能发挥正常作用的现象和行为。它表现为政府的计划或纲领有时难以很好地执行，政府的行政活动有时损害到市场的正常活动。这种失效有时是偶然出现的，是不难纠正的；有时却是天然的，是难以根本改正的。这样，对于政府失效问题的探讨，也就是对于政府与私人经济关系的探讨。

现代西方财政学对于政府失效问题有着较多的探讨，它们认为，政府失效是由下列一系列原因造成的：

1. 有限的信息。许多计划的确定或行动的执行，其信息只能是有限的，因而其结果往往是难以预测的。这就使得政府尽管有着良好的愿望，试图去制定尽可能完美的计划，但按计划执行的结果仍可能是不尽如人意，乃至是出现重大失误的。

2. 私人经济对政府作用的反应和配合程度。政府及其公共财政对于市场失效的弥补，尽管是政府对社会资源的直接配置活动，但对于私人部门的影响和作用仍然是间接的，大体上是只能依靠企业和私人的反应来实现的。然而，企业和私人作为独立的市场运营主体，有着自身的独立意志和利益，这就难以保证它们百分之百地贯彻和执行政府的政策意图。这样，政府及其公共财政作用于私人经济所可能产生的反应，是难以完全控制的，这就存在着政府计划目标的难以实现而无法正确弥补市场失效的问题。

3. 政府本身的执政能力。在代议制下，每届政府都面对着既定的官僚机构，面对着一支庞大的公务员队伍，这自然而然地削弱了政府对官僚机构的控制能力。但政府及其公共财政对于市场失效的弥补，是通过官僚机构及其公务员的一项一项具体执行，是通过它们对于公共支出的一笔一笔拨款来实现的。政府对官僚机构及公务员队伍的控制有限性，就决定了政府的计划或纲领难以保证得到完全的执行，这也产生了政府失效。

4. 国家权力制衡制度的影响。西方国家的三权分立的政治结构，使得国会与政府之间必然存在着摩擦冲突，这就可能对计划或纲领的制定与执行产生不利影响，延误乃至阻碍政府正常的行政活动的展开。

5. 各种利益集团的影响。政府弥补市场失效的计划或纲领的执行，直接间接地影响着各个阶层各个集团的许许多多的人，但计划纲领却是由一小股政府官员制定的。在西方代议制下，政府由选民选出，其计划或纲领的制定就必须尽可能考虑全社会形形色色、各式各样选民的欲望与要求，就不得不在各个利益集团之间寻找某些方式、途径去平衡利益冲突，而形成妥协性的抉择。这就使得政府的计划或纲领并不总是能够保持一致的，相互冲突的计划或纲领即使能在最后经修改并获得通过，也仍然可能影响政府活动的效率。

6. 政府的社会利益目标的影响。政府以及公共企业的活动，所追求的直接目的并不是利润，如对某些价格的限制，就会直接影响到以利润计算的效率，因而产生政府或国有企业效率不高的印象。

对政府失效问题的分析，是当代许多反凯恩斯主义的西方经济学流派，用以否定凯恩斯主义的重要武器之一。因而对于“政府失效”问题的争论，就成为影响西方政府经济政策的一个重要因素。由于这一问题牵涉到西方经济学各个流派的理论与学说，较为庞杂，限于本书的篇幅不再赘述。

三 政府与公共经济的关系

对于政府来说,其活动不仅仅影响企业经济,而且还影响公共经济的其他部分。从总的来看,市场经济下政府与公共经济之间,存在着以下的关系:

1. 严格地说,公共经济活动并不只等于政府的活动。这不仅是由于公共企业和国有企业也是公共经济活动的一部分,而且集体性的活动也是一种公共活动,也都具有公共经济的性质。在分析公共产品导致市场失效而需要公共干预介入时,从休谟开始的分析,①首先都是考虑在人数极少时,通过有关人士之间的相互协调达成契约,并采取集体行动来解决的,只是在人数大为扩张之后,才分析了政府介入的必要性问题。这就清楚地表明了,公共经济是绝不仅限于国家和政府活动范围内的。同时,公共经济活动对于社会资源配置有效性的影响,最根本的是根据该社会全体成员的偏好,即作为私人偏好集合的公共偏好,而不是政府的偏好来评价与判断的。

2. 政府活动是公共经济活动的中心和主要内容,政府活动构成了公共经济活动的最主要和最基本的部分。正因如此,本书也以政府部门和政府经济等同于私人部门和私人经济。因为自私自利的私人和追求自身利益最大化的企业,是不可能在难以索取价格的背景下,向社会和公众大量提供公共产品的。同时,由于“免费搭车”和“囚犯困境”问题的存在的,使得私人和企业更多地希冀他人和它企业提供公共产品,而自己坐享其成,其结果也将是无人愿意参与公共产品的共同提供行动。所谓“免费搭车(者)”,指的是人们坐享其成的心理和行为。而所谓“囚犯困境”,指的是人们为了追求眼前利益,不顾长远危害的短视

---

① 对于这一问题,本书将在第九章具体介绍。

心理和行为。

"免费搭车"和"囚犯困境"等概念,都导源于日常生活的具体事例,如"免费搭车"就来源于人们不付费而搭车的现象,而"囚犯困境"则更是对司法审理过程中所表现出来的某种现象和状态的描述。被A. W. 塔克称为"囚犯困境"的问题是这样的假设的:两个人因偷窃嫌疑而被捕,他们被分别关押而无法串供。这时他们被分别告知,如果两人都供认有罪,两人都将被判2年徒刑;如果两人都不供认有罪,两人都只判6个月徒刑;如果只有一人供有罪,供认者免受处罚,而否认都将被判5年徒刑。

在这里,两人总体最有利的结果是都供认自己有罪,因为每人只服2年徒刑。而最不利的结果则是都不供认自己有罪而指证另一人有罪,即都希冀自己无罪开释,但结果只能是两人都被判5年徒刑。"这样,囚徒的困境看来是个人理性和集体理性分歧的一个例证。从每个个人来看是合理的决策,从所有个人的决策处境来看也许有缺陷的,因为在后一情况下,每个参加人的决策影响所有的参加人。"①有联合行动的情况下,利己主义的嫌疑犯的行为必然是短视的,此时极有可能出现的后果,是两人都不承认自己有罪而指证另一方有罪,从而都被判了最长的刑期,即出现了对谁都最为不利的结局。这一例子充分显示了,在涉及需要共同行动的事件中,私人的单独行动在自私自利本性的驱使下所可能产生的荒唐结果。

公共产品的共同消费性,决定了"免费搭车"和"囚犯困境"心理动机以及行为的存在,如果公共产品完全由私人经由市场来提供,则将可能导致无人提供公共产品的局面和结果。这从根本上看,又将导致对

---

① 〔英〕约翰·伊特韦尔等编:《新帕尔格雷夫经济学大辞典》第三卷:K—P,陈岱孙主编译,北京,经济科学出版社1996年12月第1版,第1042页。

私人利益很大的以至极为严重的损害。这种眼前利益与长远利益的矛盾以及仅凭私人的力量又无法解决之,就构成了“囚犯困境”问题,之所以产生这一“困境”,其根本原因就在于私人的自私性导致目光短浅,为了追逐眼前利益而不顾长远危害的结果。

在公共产品的提供问题上,当着公共产品的效应覆盖范围涉及的人数有限时,人们可能认识到共同提供公共产品的必要性,从而能够达成协议而共同分摊其成本和提供费用。但随着涉及人数的增多,则通过私人消费者之间的自愿协商达成协议,来提供公共产品的可能性将逐步减少。而如果涉及的人数众多时,则自愿协议是不可能达成的,因为此时单个私人是否参与提供费用,对公共产品能否提供的影响将趋近于零,这就使得私人躲避参与公共产品提供具有了可能性,从而在追求自身利益最大化动机的驱动下“免费搭车”将是人们的必然选择。

再进一步看,假设有个别人认识到谁也不提供公共产品对于自身的危害性,而有意由自己来提供公共产品。但在这种情况下,公共产品的提供者必须支付该产品的全部费用和承担全部的成本,却只能获得该产品的部分效用,而大部分的效用则为不付费的他人所获得。这种状况将随着公共产品效用覆盖范围的扩大而愈益严重,产品提供者的成本—效用对比关系将愈益倾斜。如现代国家的国防,它为以百万、千万以至以亿计的人们提供“安全防卫”这么一种服务,但私人提供者则只能是作为社会成员的一分子,而只享受到微不足道份额的利益。这就产生了私人成本利益的极度失衡状态,从而是不可能由私人提供的。所以,公共产品必须由公共或集体来提供,即由享受该产品效用的全体社会成员来共同提供费用。这就决定了一种不同于私人经济的公共经济的存在。由于“免费搭车”可能性的存在,即使公共产品是以公共方式提供的,但仍然可能存在着私人不愿缴纳成本费用的问题,这往往需要依靠政府的强制能力才能克服之。所以,公共产品应由政府承担主要的和基本的职责,这又使得公共经济具有以政府活动为其主要的和基本的内容的特征。

此外,在公共产品的享受者人数较多时,各个私人和企业之间达成共同提供公共产品的契约的交易成本将是巨大的,这实际上决定了是不可能达成契约的。这是因为,在政府不介入的情况下,市场经济中的私人和企业相互间是政治上平等的,谁也无权指使支配他人和它企业去非自愿地提供公共产品。这样,在公共产品存在的绝大多数场合,就必须由政府强制性地介入和干预,向享受公共产品效用的私人征收赋税,来为公共产品的提供获取经费,从而克服人们的坐享其成心理和行为,保证公共产品的正常供应。这就决定了政府在公共经济活动中所具有的任何私人和企业所难以比拟的地位,负担着任何私人和企业所难以履行的职责,成为公共经济活动的中坚部分。

还应指出的是,不仅最初意义上的公共产品,而且外溢性、自然垄断、信息不灵、社会分配不公和宏观经济不稳的状态的克服,对于社会成员来说也都具有共同利益,克服这些市场失效问题,也都是市场和资本的服务,也都是对社会公众的公共利益的服务,因而它们也都是广义的"公共产品"。连同本书前文所分析的公共产品即狭义的"公共产品",它们共同组成了后文的公共产品论的分析对象和考察内容。所有这些广义的公共产品也都需要政府的干预和介入,也都成为政府提供公共服务的领域,政府开展这些活动的所有内容,也都成为提供公共产品的行为和过程。

3. 政府的存在,本身就是一种公共产品。相对于无政府状态来说,"政府"的存在为全体人民和所有经济成分都提供了巨大的利益,其中如政府对社会经济活动的管理,对社会应有秩序的规范和维持等,这是不管对富人还是对穷人,对私人还是企业都如此的。由于现代政府的活动影响着社会上每个私人的生活和每个企业的经营状况,因而在一个较为有效、较为负责的政府管理下，公众从总体上看将是生活得较好和企业经营得较好的；反之，则将是过得较差的。而没有政府服务的现代社会是无法运转的。同时，当政府提高了其服务效率，削减了税负却又不降低所提供的服务水准时，则公众和企业所获利益增加了。

4. 市场经济下公共经济的基本内容和主要部分，就是政府收支。公共经济的非政府收支部分，主要是靠政府收支来形成的。这就是通过政府的投资支出，或者形成政府附属机构和单位，形成国有企业；或者通过政府对私人企业的补助或税收优惠等，来完成政府的公共服务，来实现公共产品的提供的。或者换句话说，这是通过政府收支推动整个公共部门的活动，或某些私人部门的活动，从而实现政府直接对私人和企业的收支所难以完成的任务，即更好地为市场提供公共服务。这样，人们对于公共经济实践活动的分析、把握和考察，主要的和基本上是围绕着政府的收支活动来展开，并且大体上是以政府收支数据为财政收支数据，尽管也存在着将公共企业等的相应数据都包括进来的公共部门账户。

了解西方公共财政论关于政府与公共经济关系的上述观点是很重要的，它将使人能够更好地理解，为什么西方财政学在数百年中，一直是围绕着政府的公共性行为来开展财政问题的分析与论述的。其根本原因就在于，这种理论分析方式是与政府在市场经济中的历史作用相一致的。在亚当·斯密他们那里，公共经济的活动大体上只限于政府收入与支出所及的范围之内。相应地，斯密他们的分析也大体上只局限于政府分配的探讨上。此时的国有经济还很小，政府对经济的定价和管制活动也很少，存在于私人经济对立面的，大致只有政府本身的分配活动。在历史学派那里，政府干预经济的现实，使得当时的公共经济并不仅限于政府本身的收支上，沙夫勒和瓦格纳他们就使用“政府经济”和“国家经济”，而不是“政府分配”和“国家分配”等概念，来探讨财政问题。它表明了当时的德国比诸英国，政府干预经济的范围和程度是大为扩展与加深的。奥意边际主义的财政学派将财政视野从政府活动扩大到公共经济上来，是更为符合从19世纪末20世纪初以来政府活动范围扩张和程度加深的现实的。此时政府对经济的直接干预，除了自身的收支之外，还通过拥有占整个经济相当比重的国有企业和对私人企业的限价与管制等活动，形成了比政府收支要广泛得多的政府活动状态。因此，对于西方公共财政的理解，除了政府收支本身之外，还应包括着政府对于整个社会经济的影响作用在内。

第二节 效率职责

本书上一章的分析已指出，市场失效的基本状态，是由于种种原因导致了充分竞争条件的不存在而产生的。在非充分竞争下，市场机制是无法有效配置资源的。在这类非充分竞争的经济环境中，其基本的和主要的解决办法，是依靠政府的力量介入和干预，是通过政府的非市场手段来直接配置社会资源。这样，政府首要的经济任务，就是要确保由自身的介入而引起的社会资源配置的效率性，或者说必须确保社会资源的配置处于帕累托最佳状态中。

一 把握公共产品个人偏好的困难

当政府以自身的活动去干预和促进社会资源的有效配置时，它也会遇到许多困难。本书第四章已指出：政府之所以可以向全体公民征税，是由于其向全体公民提供公共产品，税收就是人们作为消费者而支付的公共产品价格。这就使得税收的确定也就是一种定价行为，从根本上看也可以依据市场定价准则，即按消费者的边际偏好来进行分析和得出结论，才能确保资源的有效配置。

为此,要有效确定公共产品的价格,其关键就在于了解和掌握消费者个人,即纳税人或负税人对于公共产品的真正偏好。但是,公共产品所具有的共同消费性,以及由此而决定的公共产品的非市场提供方式,决定了把握个人对于公共产品真正偏好的困难。而对于个人产品来说,其个人消费性决定了这些困难是不存在的。

对于个人产品来说,其个人消费性决定了产品可以经由市场渠道提供,并且产品的提供者可以收取相应的市场价格,否则个人产品的排他性,使得潜在的消费者不付费是无法获得该个人产品的。反之,个人是否消费该个人产品,完全可以由个人自主决定,并通过自身的市场购买行为而将自己对该产品的偏好体现出来。这样,通过市场购买及其价格支付就体现出了个人的真实偏好,依据这一市场价格信号及其购买信息而实现的社会资源配置,则是处于帕累托效率状态中的。一句话,是市场解决了个人产品的效率配置问题。

对于公共产品来说则不同。由于其所具有的共同消费性,公共产品的提供是无法经过市场来完成的。因为对于公共产品的消费者来说,共同消费性使得个人即使没有支付相应的价格,但只要政府提供了公共产品,就可以享受该产品的消费效用。由于不同的消费者对于同一公共产品有着不同的消费偏好,如果公共产品的价格直接依据消费者的个人偏好来确定,则偏好越高缴纳税收就应越多,反之则越少。这就决定了理性的消费者必然产生免费搭车的心理和行为,从而很自然地将会低报自己对于公共产品的边际偏好程度。这种隐瞒现象将普遍发生,从而产生税收不足的结果。另一方面,从公共产品的提供数量来看,如果不将税收与公共支出挂起钩来,而仅考虑公共产品的供应数量,则消费者将高报自己对公共产品的需求程度,从而导致公共产品提供数量的过大。

进一步看,政府并不是分别针对每个公共投资项目和每一公共服务活动，去征收赋税以获得相应的经费来源，而是以一个总的税收制度去满足一揽子的公共支出需要。这也就无法有效地通过将单项公共支出与税收挂起钩来的办法，去解决消费者隐瞒自身对公共产品的偏好问题。尽管政府税收是强制征收的，但那只是解决资源配置手段的问题，而不能解决资源配置是否符合效率准则的问题。或者换句话说，政府依靠政治权力的强制征收，能够解决税款的及时足额征收的问题，但不能解决应对每个企业和每个人征多少税，即应建立怎么样的税收制度的问题。

然而，帕累托效率概念是建立在私人偏好基础之上的，能否获得私人的真实偏好，就成为政府开展的税收与公共支出活动能否符合帕累托效率的基础性条件。个人产品的偏好揭示是通过市场自动完成的，而公共产品无法经由市场提供，就直接导致了其偏好揭示的困难。因此，如何解决政府支出与税收活动中的消费者偏好揭示问题，就成为公共财政论所关心的重点之一。

政府的公共财政活动要满足效率准则要求，其困难还不仅揭示私人的真实偏好。对于个人产品来说，其消费的个人性，决定了产品的提供和消费只是以私人为单位，依据单个私人的偏好来确定就行了。这就只要通过人们的市场交换就可以简单地解决了。对于公共产品来说则不然。公共产品的共同消费性，决定了产品的提供和消费都具有共同性，这就无法只以某一单个私人的偏好来确定，而是需要将无数私人的偏好汇总成为公共需要，并且这种汇总还无法通过私人的市场交换来解决。

个人产品的效率问题可以通过市场自动解决，这实际上是又进一步印证了“市场”在效率问题上的无可替代的地位与作用。相反，公共产品效率问题所存在的困难，实际上就是非市场的资源配置方式所必然遇到的问题。否则的话，如果非市场活动也可以自动地解决效率问题，则计划机制和行政手段也就可以具有与市场机制相等同的效率能力了。

正因不具有市场效率，因而公共财政对于社会资源的配置，就应当在遵循市场效率准则根本要求的前提下，依据自身特点寻求相应办法，以求尽可能使自身配置社会资源的活动效率化。西方的公共财政论对此已进行了大量的研究，本书将在第九章详细介绍。而对于我国的公共财政论来说，除了借鉴其有关模型及分析方法之外，更多的还应当是我国财政的法治化进程，依靠社会公众的力量，从根本上解决我国目前财政活动中所存在的严重浪费低效状况，以提高我国财政活动的效率性。

正是由于公共产品与个人产品有着不同共同消费与个人消费的差异，决定了大体上只能由政府来提供公共产品。然而，政府作为一个独立的行为实体，有着独立的意志和行事能力，它并不能够天然保证按照市场的愿意去开展资源配置活动。相反，由于政治家以及行政机构所天然具有的扩张自身权力的欲望和冲动，因而要适度控制政府的收支规模，正确规范政府的行为，是一件相当困难的事。而一旦政府收支规模过大，则此时产生的资源配置低效状态，就不是“市场”失效，而是“政府”失效的一种表现了。这样，政府失效状态的可能存在，也是导致公共财政难以履行效率职责的重要原因之一。

二　公共配置的效率条件

政府开展公共收支活动，要满足社会资源配置的效率准则要求，应主要从以下三个方面加以考虑：

（一）确保社会资源在公私两大部门之间的最佳配置

前文已指出，市场经济是由政府（公共）经济与企业（私人）经济所组成，因而市场经济下的整个社会资源也是分布于这两大部门的。在特定时期内,社会可用于提供产品和服务的资源与要素总量是有限的,即经济学所谓的稀缺性问题是有效配置资源的基本约束条件的命题,在政府部门与企业部门之间的资源配置问题上也是完全适用的。

在市场经济下,所谓"市场机制起基础性资源配置作用"这句话,其中是包含着所有的社会资源和要素首先都应由企业和私人所有与支配这一根本含义,即存在着"企业优先权"的。只有这样,"私人"这一范畴才可能产生,企业和个人才可能谈得上独立自主地开展市场竞争,从而才可能出现市场机制起基础性作用的局面和结果。而在这之前,市场因素即使出现了,也只能是作为附庸状态而存在着,难以独立形成居统治地位的经济体制形态,其根本原因也就在于此时人们缺乏真正独立的财产所有权,"企业优先权"也没有形成。这点,前文已经作了详细的分析和说明。

正因为前提条件是社会资源归企业和私人所有或支配,从而政府开展活动所需要的资源和要素,是只能从企业部门或私人部门获得的。这点,我国传统的财政学实际上也是这样论述的,即国家作为非生产性的机构,本身是不生产物质资料的,这就只能从社会再生产过程中取得所需要的物质资料,才能谈得上履行政府职能的问题。这样,中西双方的财政理论尽管认识和论证问题的角度不同,但都认为政府所赖以开展活动的资源和要素,是来源于企业部门的。

一个开放的社会和经济体制,是远比一个封闭的社会和经济体制有效率的。市场经济之所以具有比其他经济体制更佳的资源配置能力,其关键原因就在于通过市场交换而形成的资源和要素的交流状态。在市场经济下,不仅政府履行其职责所需资源和要素是通过取之于企业和私人,而且企业和私人开展经济活动所需资源和要素,也是通过市场交换而取之于他人的。然而,政府对于所需资源和要素的取得,是不同于企业和私人的,即政府在活动开展之前,是不拥有相应的资源和要素的,而只能取之于企业和私人;但对于企业和私人来说则不同,它们在开展活动之前,就已拥有了自己的资源和要素,只不过这些资源和要素的具体形态并不直接适于自己的经济活动而已。

这样,企业和私人对于自己所需要的资源与要素的索取,是通过市场交换来完成的。这就是在市场交换中,企业和私人让渡了自己拥有的处于特定形态的资源和要素,而获得了自己所需要的特定形态的资源和要素。这对于企业和私人来说,是一个自然的并限于企业部门内部的过程。此时企业和私人的市场活动,是不会导致资源和要素流向政府部门的结果的。因此,它们的活动不存在着引起资源与要素过多或过少配置于公共部门的问题。不仅如此,由于企业和私人之间进行的是纯粹的市场活动,因而在市场机制的作用下,它们本身就是能够实现社会资源的最佳配置的。

相反,政府的活动则不同。政府对于资源与要素的索取,直接来源于企业和私人,直接形成着资源和要素从企业部门向政府部门的流动。由于政府是以税收这一强制的非市场方式来完成这一过程的,因而一旦政府取走资源和要素的力度过大,企业和私人并不总是能够有效地抵制政府的非正常行为的。这样,政府能否受到有效的约束,而将自己的活动限制在适度的规模与范围内,就直接决定着政府对于社会资源和要素的索取是否适度,从而决定着整个社会资源和要素在两大部门之间的分布是否最佳的问题。

进一步看,政府取得社会资源和要素的过程,本身形成着对于市场运作方式的否定,因而政府能否妥当正确地遵循市场效率准则的根本要求办事,即避免对于市场效率的危害,也成为社会资源的总体配置能否达到效率化的关键。

但反过来,政府从企业部门取走的资源和要素不能过多,也不能过少。政府取走得过多,意味着过重的税收负担;但如果政府取走得过少,则又意味着过少的公共产品的提供。这两种情况,都意味着政府部门未拥有适度份额的资源。因此,社会资源和要素在两大部门之间的最佳分布,就不仅应以政府从市场取走的状况来衡量,而且还必须以政府向市场提供回报的状态来衡量,即政府还必须为市场和企业经济正常运转提供应有数量的公共产品。

通常来讲,政府提供的公共产品越少,政府为此而必须安排的预算支出也越少,从而预算收入就越低,私人所应缴纳的税款也就越少,这似乎对企业经济的发展将更有利。其实不然。过少的公共产品意味着政府无法保证必不可少的公共服务,企业经济从而整个市场经济是无法正常运转的。试想一下,如果政府由于经费不足而无法维持必要的警察服务,那么,在一个盗贼横行和社会秩序混乱的区域内,企业经济不要说发展,就连正常经营都将是极为困难的。这对于企业经济的损害,无疑是大大超过了少纳税所带来的好处的。此时的扩大政府收支规模与增加私人和企业的税款,就不仅是合理的,而且也是能顺利推行的。政府扩张公共部门规模的举动,将持续扩展下去直至边际公共产品提供给私人的效用,与私人为此而新增缴纳税款的负效用绝对值相等时为止。此时两大部门相互间的资源配置态势将是最佳的。正因如此,即使是强烈主张自由放任的经济学家,也并不绝对反对政府的存在及其相应的收支活动的。众所周知,亚当·斯密主张的是"廉价政府",而不是"无税政府",因为再"廉价",也还是保有一定费用的,尽管是很低的费用。这样,他们也仍然是同意必要规模的政府存在,尽管这种"同意"是极为勉强的。

进一步看,如果此时政府继续扩张公共服务和税收的规模,带给私人的新增正利益将是小于新增负利益的,这将导致社会资源配置效率的下降。这就意味着尽管此时政府的公共服务较为完善,但由于是以企业过重的负担为代价的,这将直接阻滞和迟缓着企业经济,进而整个市场经济的应有发展速度。这种状况也是必须防止的。

(二)有效配置归政府支配的资源

在确定了社会总资源在两大部门之间的分布之后,政府还必须将归自身支配的资源安排使用出去。这又产生着公共财政应如何有效配置归政府支配的资源的问题。

近现代社会是一个极为复杂的社会经济综合体,无数的人们在其中从事着纷繁复杂的活动,现实的市场经济的种种具体状态,要求着政府提供多种多样不同种类和项目的公共服务,而其中各个种类和项目又可以有各自不同的规模与内容。同时由于人们的欲望和要求的无止境性,决定了人们对于某一种类和项目的公共产品的需求,也可以是无止境的。但遗憾的是,在资源稀缺性的制约下,政府所能够从社会资源总量中分得的份额是有限的。这样,政府对于具体种类的公共服务的提供,是只能在这一既定总量的约束下确定的,只能是人们最需要的那些种类和项目的公共服务,同时各项服务的规模也必须按照资源有效配置的原则来确定。任何一项公共服务的规模过大,都意味着是以另一项公共服务的规模过小为代价的。反之,任何一项公共服务的规模过小,则意味着必定存在着另一项规模过大的公共服务。而依据资源配置最佳化的要求,过犹不及,过大或过小的资源配置,都是意味着资源配置并未处于效率状态之中的。

为此,在取得了公共收入,拥有了相应的资源和要素之后,政府就有个如何把握和汇总整个社会的私人偏好与欲望,并据此对整个预算支出进行通盘考虑和安排,以求达到资源最佳配置的问题。如一个地区的基础设施亟须改善和扩大,从该地区的预算总量中能拨出多大款项用于基础设施投资?基础设施投资的扩大,就意味着该地区的公共消费的相应压缩。而在投资额确定了之后,该地区该上哪些基础设施项目与不该上哪些基础设施项目等等,都牵涉到政府是否有效配置了归自身支配的资源的问题。在这里,上这一个项目,就意味着下那一个项目;这个项目规模扩大了,就意味着那个项目的规模必须相应压缩。面对着如此错综复杂的问题,应如何实现公共财政的资源配置最佳化,是公共财政学必须解决的问题。为此,依据市场效率准则,公共预算的安排,是必须以各项支出的边际效用都相等为最佳的。

(三)市场效率损失最小化

政府的收支活动,除了直接配置社会资源外,还由于影响到企业部门的资源配置活动,而间接影响社会资源的配置效率。这就要求政府的活动所间接引起的市场效率损失最小化。

前文已指出,在市场经济中,两大部门之间发生着千丝万缕的联系,其中既有市场性的联系,也有非市场性的联系。前者不会导致经济效率的扭曲,因为此时人们从事的是等价交换活动。而后者则不同。从直接的意义上看,只是政府对于资源和要素的单方面取走或给予,这些都或多或少地引起市场运行偏离原先的轨道,从而产生着资源配置的扭曲而导致了效率损失。

从单方面取走来看,主要是政府以税收等手段从企业和私人取走资源和要素,它直观地表现为是企业和私人将自己拥有的资源和要素,单方面地让渡给政府,即如我国财政学所强调指出的那样,税收具有"无偿性"的形式特征,是政府从私人手中的白白取走。这种提法,与利益赋税观点,即税收作为公共产品价格与政府公共服务之间存在着等价交换关系的提法,似乎是直接对立的。其实不然,两者是从不同角度得出的结论,都是正确的。

政府的公共服务与税收之间存在着等价交换的"有偿"关系,这是从根本上看得出的结论。而政府征税是对于纳税人资源和要素的单方面"无偿"取走,则是从直接的意义上得出的结论。两者都是有其现实意义的。政府收支必须根本符合等价交换准则的要求,是确保整个市场经济都符合市场效率准则的关键。但对于具体的税收活动来看，尤其是对于税负转嫁与归宿问题的分析，则非需要从“无偿性”的角度来考虑问题不可。税收的“无偿”取走，意味着纳税人已经获得的收入和财产的直接减少，直接导致了纳税人的利益损失，必然引起着纳税人市场活动的相应反应，从而产生着改变资源和要素原有的配置状态，即所谓的资源配置扭曲的结果。

政府征税对于资源配置的扭曲，主要可从以下两方面来看：①

1. 分配效应（distributive effect）。所谓税收的分配效应，指的是“由谁承担税负”，而不是指“由谁支付税款”的问题，即税收制度上的“负税人”与“纳税人”的区别问题。在税收的征纳过程中，纳税人指的就是税款的缴纳人。但由于政府取走税款直接影响着纳税人的私人利益，对于理性的纳税人来说，显然是会采取种种方式以求尽可能减少由于纳税所产生的私人利益损失的。在市场经济环境中，纳税人只能通过提高产品的市场销售价，或压低要素的市场购入价，而将利益损失转嫁给市场交易的对方。这就产生了所谓的“税负转嫁与归宿”问题。

税负转嫁与归宿问题的存在，必将导致社会资源配置对于既定轨道的偏离。对于纳税人来说，销售价的提高或购入价的压低，都必然引起纳税人产购数额的变化，引起着市场运作态势的变动。这就直接引起了市场资源配置的变化。不仅如此，对于被转嫁的一方即负税人来说，他们也必然由于市场价格的变化，而相应改变着自己的市场行为。

税负转嫁与归宿的能否实际发生，从根本上看是不以单个企业和私人的意志为转移的。这是因为，不仅纳税人，而且其希冀将税负转嫁的对象，也同样是理性的市场活动者，他们出于维护自身私利的考虑，

---

① 严格来说，公共财政的收入形式基本上只有税收一种，因为唯有税收才是公共产品的价格，其余的只能是补充性质的收入形式，在这里是可以忽略不计的。

显然是会很自然地抵制纳税人的提价或压价行为的。由于税负转嫁与归宿是只能通过市场渠道完成的，因而是买卖双方自愿交换的结果，纳税人是不具有政府式的强制能力的。为此，税收经济学通过课税客体的市场供需弹性来分析这一问题，并得出了多种税负转嫁与归宿的可能性：有的税负是可以全部转嫁的，有的税负是不能够转嫁的，而有的税负虽然能够转嫁，但只是部分转嫁，并且这种部分转嫁在不同情形下程度是不同的。

税负转嫁与归宿问题的复杂性，实际上反映了政府的公共财政活动影响市场效率的复杂性，这是需要公共财政在安排自己的收入时认真考虑的。

2. 配置效应（allocative effect）。所谓的税收配置效应，指的是由于税收的征纳，使得社会资源从企业部门向政府部门的转移，所引起的市场资源配置状态的扭曲。

在通常的情况下，税收的征纳将引起社会资源的配置态势的变化，从而引起着"超额负担"（excess burden）。所谓"超额负担"，指的是由于税收的课征所引起的资源支配权由企业部门转移到政府部门，所引起的资源配置不当而造成的损失。这对于整个社会来说，这是一种"净损失"（net loss），是由于税收的征纳导致纳税人的损失大于政府所取走的税款，从而整个社会无论是政府还是私人都没能获得的结果。这一损失，当税收不存在时，是不会发生的。这一净损失也被称为"福利成本"（welfare cost）或"社会损失"（deadweight loss，也译为"绝对损失"或"无谓损失"等），它指的是由于资源配置不当，引起产品或服务的过多或过少供应，从而产生的社会福利损失，即税收的征纳所引起的"超额负担"就是一种福利成本。此外，政府的课税还将发生种种直接费用，而导致直接成本。这也将影响着社会资源的配置效率的。

这一分析的现实含义就在于，由于几乎不可能对所有的市场活动全都征收同一的税收，总是存在着某些活动的税负重些，某些活动的税负轻些的差别，从而政府的征税活动，必然导致社会资源的配置在或大或小程度上偏离非税时配置状态的结果。

三　公共配置的范围

公共财政效率职责的履行，也就是政府弥补市场失效的过程，它形成着公共财政处理效率问题时所具体介入的范围和内容。

在市场经济环境下，作为社会管理者的政府，是只能以弥补市场失效为已任的，即政府是不能介入市场有效运行领域内的。从这个意义上看，公共财政只是政府弥补市场失效的产物，是不能在自己的收支活动过程中直接取代市场正常活动的。政府弥补市场失效的过程而形成的收支活动，就直接引起着资源新配置的结果。这样，可以通过对前述各类市场失效现象的具体分析，来了解和把握公共财政应如何履行效率职责的。

（一）国家防务

对于如何一个国家来说，不具备应有的国防能力和实力是不可想象的。这实际上是关系到一个国家和民族是否有资格保留“球籍”的问题。古代如此，现代国家也如此。没有强大的国防，就没有一个和平安宁的环境进行经济建设。此时尽管经济建设取得了很大成就，但要保持自己的建设成果，也是困难的，甚至是不可能的。正因如此，尽管飞机、坦克、大炮、军舰乃至核武器等，“既不能吃，也不能穿”，但任何国家都要花费巨额财力物力去建造或购买；尽管军队不仅不会直接生产个人产品，反而会耗费大量的个人产品，但每个国家大体上都将相当份额最强壮的劳动力征集到军队中来。其根本原因就在于，不花费这类看似浩大的成本费用，就可能要花费和损失远为巨大的成本费用。所以，自有国家和政府以来，至今为止，国防都是政府公共支出的最重要内容和项目之一。

但反过来,也正是由于要大量地耗费资源和要素,因而国防从直接的意义上看,则又有着延缓经济发展速度和迟滞人民生活水平提高的问题,这就决定了对于一个国家来说,国防是不能不搞,但又不能多搞,这就有建立一个规模与质量适度的国防的问题。从公共财政的角度看,就是只能将适度的社会资源和要素配置国防活动上。

(二)维持正常秩序

对于一个国家来说,除了对外防务之外,对内维持正常的社会经济秩序也是其最基本的职责之一。在市场经济下也不例外,正常秩序对于市场和资本的存在与发展来说也是必不可少的。此时的财政为政府提供维持正常秩序所需财力,就为整个市场和资本的正常运转提供着必不可少的条件,因而也是此时财政具有"公共性"的典型内容之一。而公共财政为维持正常社会经济秩序所安排的财力支出,也构成了其直接配置社会资源的行为之一,因而从根本上看也需要符合市场效率准则的要求。具体来看,公共财政的这类活动包括以下主要内容:

1. 维持社会治安。对于人类社会来说,桃源圣境和乌托邦状态,至今仍然只是一个美好的理想,各种犯罪现象从来都存在着,只不过是程度的轻重问题而已。然而,如果没有相应的社会治安力量和措施的存在与发挥作用,那就不是程度轻重的问题,而是杀人越货、奸淫抢掠,是根本不可能有正常的社会秩序的。所以,市场和资本必须付出相应的代价,通过公共财政让渡一部分资源和要素给政府,用以形成相应的社会治安体系。如果政府的治安力量弱于犯罪力量,其结果只能是国无宁日了。但反过来,建立过于庞大的治保力量,则也将空耗社会资源和要素,又将迟滞乃至阻碍市场经济的发展的。因此,公共财政用于社会治安的支出也必须适度,才能符合市场效率准则的根本要求。

2. 提供消防、下水道、垃圾清理等服务。对于一个社会来说,火灾等威胁总是存在的。如果没有建立相应的消防服务体系,则水火无情,一旦发生火灾,尤其是大火灾,其造成的人民生命财产的损失将是惨重的。人们的日常总不断地产生着生产与生活废水,一个社会如果没有建立相应的下水道设施,其结果只能是污水横流,一旦天降大雨,还可能形成灾害。生产废料与生活垃圾也是不断产生的,如果没有社会的统一清理,则人们将是到处乱扔乱堆,很快将出现垃圾成山的结果。这些污水和垃圾,又将滋养病菌和蚊蝇等,其结果将是疾病的蔓延和扩散。因此,这些服务对于社会所有成员来说,都是须臾不可离开的,具有鲜明的"公共性"。这样,政府就必须通过公共财政,将一定数量的社会资源和要素用于这类公共服务。否则的话,火灾可能吞噬整个城镇村庄,将市场和资本的活动结果付之一炬。而在污水的浸泡下和垃圾的环抱中,在各种恶臭的熏蒸和疾病瘟疫的侵袭下,市场和资本是否能够存在也成疑问,就遑论正常运行和发展了。

不过,由于这些公共服务并不直接形成资本,并不直接开展市场活动,因而其规模也不能过度,否则也将会阻挠乃至危害市场的应有发展能力。这样,也有一个如何按照市场效率准则的要求,来确定其最佳提供规模和具体项目的问题。

(三)建造公共工程

在市场经济条件下,大量设施和工程可以由私人建造,但同时也必然存在着一定的设施和工程要由公共建造的。这大体上可以分为以下几类:

1. 公共设施。公共财政必须提供财力,确保政府对于区域内各类公共设施的投入。大体来看,城市公共设施主要有以下几类:(1)公共财政为市区内部道路、桥梁的建造提供财力。道路和桥梁等是保持市区内部交通顺畅,从而确保市区内部市场交往正常进行的基本条件之一。(2)公共财政为市区的路灯等照明设施建造提供财力。路灯等照明设施对于保持城市生活和市场运营的正常进行,也是其不可或缺的基本条件之一,因为人们的生产和生活是不可能一遇天黑就停下来的。(3)公共财政还必须为城市建造防洪堤等防洪设施提供财力。河流对于人类的生活和经济运行,有着重要的乃至极大的作用,因而城市往往建于河边或下游,处于河流交汇处或入海口。但"利"的另一面则可能相应是"害",其中洪涝灾害就是几千年来人类的心腹大患之一,在市场经济下也不例外。也是政府必须提供的基本服务之一。(4)公共财政还必须为港口码头等的建造提供一定的财力支持。港口码头作为城市对外交往的主要设施之一,对于社会经济的正常运转,也起着重要作用。(5)公共财政还必须为城市的公园和其他娱乐场所,为文化宫、博物馆等设施的建造提供财力,以提高整个居民的文化素质和福利水准。

这类公共设施和公共工程,其投资大部分将由政府的公共支出来满足,但在某些情形下也可以由私人来提供。譬如港口码头的建造就如此。之所以可以由私人分担这类设施的投资任务,是因为这类设施具有很强的"混合产品"性质。所谓的"混合产品",指的是既具有共同消费性又具有个人消费性的产品和服务,是纯公共产品与纯个人产品之间的过渡状态。正是由于这类产品和服务的消费具有中介和过渡性质,决定了它们可以由公共和私人共同出资。又如各种娱乐和文化设施,这类设施处于私人领域和公共领域的过渡领域之内,也是既有共同消费性,又有明显的个人消费性,因而除了政府的公共支出之外,往往还可以由私人以诸如捐款等形式来出资。

2. 交通等基础设施。公共财政必须提供财力,确保政府对于城市之间的公路交通等基础设施的投入。城市之间的公路交通等,是将整个地区从而整个国家连接成为一个有机整体的重要条件,不仅在经济上如此,在政治上也如此,这对于市场经济来说尤其重要。公路等的开通和交通的改善,还将大大促进有关地区的经济发展和居民整体生活水准的提高。所有这些，都使得这类设施的建造也具有很强的公共性。由于这类设施的使用具有鲜明的个人消费性，因而是可以通过收取使用费来获得一定的报酬的。更有甚者，由于这类设施提供带有垄断性质，这种收费还可以获得垄断利润，所以是可以由私人投资的。这样，公路等交通设施作为混合产品，其个人消费的内容由于具有垄断性，因而也是不能完全由市场来提供的。这些都决定了需要政府的介入。否则的话，私人投资建造而政府不干预，其结果将只能是垄断对于市场充分竞争的否定。公路等交通设施是市场经济运行的大动脉之一，动脉梗阻和变形，整个机体还能正常运转吗？

由于这些特点，公路等交通设施的投入是有其特殊性的，这就是可以采用政府全额投资，或政府和私人共同投资，或完全由私人投资等方式。但有一点，这类设施的建设规划必须由政府审批和确定，其收费标准必须由政府来制定。而无论是政府投资还是私人投资，其定价都以不获得垄断利润为前提。政府的这种介入方式，尽管公共财政并不必然直接发挥作用，但并不等于是与公共财政完全无关的，仅从政府对于这类设施的管理来说，就是需要公共财政的财力支持的。

3. 水利等基础设施。公共财政必须提供财力，以确保政府对于区域性水利设施等基础设施的投入。水利问题从来都是国家必须承担的主要职责之一，到了近现代更是如此。大江大河的整治以利水路运输，水利的兴修以防备水旱灾害，而水库的建造除了防洪防旱之外，还可以发电、水产养殖，乃至调节气候、美化环境，等等，对于市场经济的正常运转和发展来说，都具有重大的作用。1998 年夏季我国长江等流域发生了特大洪水，其威胁是惊心动魄的，如果没有政府长期投资所营建的防洪堤坝的抵挡①，没有政府在抗洪中的作用尤其是军队的中坚作用，

---

① 这类堤坝可能建造于计划经济时期，但并不否定本书的分析及其结论。

其结果将是灾难性的。因此,在这类设施的效应覆盖范围内,对于所有居民来说,都是必不可少的生活条件和市场运营条件,都有着共同消费的明显特征,即具有鲜明的"公共性",因而作为基础设施和公用设施,其投资主要应当由政府通过公共支出来提供。

不过,这类设施也具有一定的个人消费性,如水利设施提供的灌溉服务,发电设施提供的电力,各类水上运输,乃至旅游景点的收费等等,都是由于这类设施直接为个人提供服务的结果。这种混合产品的性质,决定了这类投资也是可以由政府和私人共同承担的。

(四)干预外溢性行为

从外溢性来看,它本身就是在私人或企业追逐自身私利的过程中产生的。如果说狭义公共产品的成本与利益不对称问题,使得理性的私人或企业不愿提供的话,那么外溢性则相反。外溢性是作为私人或企业理性行为的一种副产品,是在私人追求自身利益最大化的自愿活动中产生的。实际上,"囚犯困境"的分析也是适用于外溢性问题的。外溢性提供者也将主要依据自身的眼前利益行事,而不顾该行为对社会所可能产生的多大不利后果。

这样,要纠正外溢性所导致的市场失效状态,反而是要对私人的行为有所纠正,即约束限制具有负外溢性的行为和冲动,使负外溢性的活动规模压缩到社会最佳效率水平上来;鼓励和促进具有正外溢性的行为和积极性,使其规模扩大到社会最佳效率水平上去。但是,这些纠正活动,都是与外溢性产生者本身的利益相违背的,因而不可能由他本人来完成的。

外溢性行为的纠正基本上只能依靠政府,原因在于外溢性的特点。前文已指出,外溢性与公共产品的重要差异在于,公共产品是私人不愿参与提供的,而外溢性则是在私人提供个人产品的过程中相伴随发生的。这样,私人和集体还可能提供某些公共产品,但对于外溢性的纠正来说，由于首要的和基本的是牵涉到私人产品的生产，即私人的既得利益问题，这就需要政府的强制性发挥作用。

政府对于外溢性的纠正，主要有以下几个方面的内容：

1. 干预环境污染。政府对于环境污染的干预和控制，是人们所熟知的政府作用于外溢性的例子。工厂所排放的废水、废气、废料，其对于环境的污染，曾经是并且现在仍然是触目惊心的，它严重地危害着人们的身体健康，大大损害着人们的生活质量，甚至威胁着人类的生存。然而，这些都是人们的理性市场行为的结果，是依靠市场机制难以克服的。因此，只能是由政府介入进行干预，才可能根本上解决问题。

政府对于这类现象的干预，可能采取的措施主要有：一是征收污染税（费）。从经济学的角度看，环境污染是由于行为者的成本利益不对称产生的。这就是行为者获得了该项活动的全部收益，但却没有相应承担全部的成本，其一部分成本费用，即污染治理费用实际上是由社会承担了。这样，政府通过税收（费用）形式，使得企业和私人外溢的成本费用内在化，即使得它们承担了相应的治理环境污染的成本费用。二是政府对产生环境污染的行业实行生产许可证制度，通过许可证的拍卖收取相应的费用，用以治理环境污染。

这两种方式，都可以产生成本利益对称的结果，因而是符合市场效率准则的。此外也还可以采用其他措施。诸如政府可以制定相关法律，要求产生污染的工厂和私人安置相关设备去净化环境，回收废物等；也可以对该行业的总体规模加以限制，以避免负外溢性行业规模过大，从而占用过多社会资源的弊端发生；等等。但从满足市场效率准则的角度看，则还以上述两种方式为好。

2. 对正外溢性活动的支持。诸如森林的营造与保护、城市的绿化、公园的建造、文化设施的建造等活动，以及保护自然资源和野生资源等，对于社会经济的发展来说，对于市场经济的正常运行和持续发展来说,都具有重要的和深远的意义。这些,不仅有着直接的造福于所有社会成员的作用,而且整个国家整个民族的长远发展来说,其意义都是无可估量的。但由于这类活动所产生的收益,相当部分乃至全部都不能市场化,因而投资者将难以获得应有的收益和报酬。

这就需要公共财政的直接投入。为此,对于那类私人能够取得一定收益的活动,政府可以通过提供补贴的办法,即通过补贴使得外溢利益内在化。这样做了,不仅可以减轻财政的负担,而且更主要的还在于其遵循了市场效率准则的要求。而对于那类私人大体上无法取得市场收益的活动,则应当基本上由政府以公共支出来提供其款额,但也不排除接受私人的公益性捐款以支持这类活动的可能性。

对此,政府还应当在这些领域实行国有化政策,即为了确保资源的有效使用,政府必须直接拥有这些资源一定比例的乃至全部的所有权。例如,森林的保有、水的供应、野生资源的渔猎、野生动物的繁殖、无线电的播音、电视的播放、生态系统的维护等,还有某个国家的特定资源,如英国北海石油等,都要求着政府拥有这些资源的相当比例的所有权,才能确保政府有效地服务于社会成员的共同利益。

3. 对基础产业的介入。纠正环境污染,只是政府作用于外溢性行为的一个重要方面。而实际上,市场经济下的政府对于外溢性的作用和介入是远不止于此的。西方政府作用于外溢性行为的另一个方面,是政府实行的国有化活动。人们知道,西方国家尤其是西欧北欧国家曾有过大量的国有化企业。对此,人们的注意力往往集中在分析社会(民主)党执政对于国有化的作用上,而忽略了西方国家的国有化领域,大体上是局限在正外溢性的行业内这一基本点。如英国的国有化领域就主要集中在钢铁、煤炭和铁路等部门。之所以这样,就是因为这些部门的发展状况如何,不仅关系到该部门本身的发展问题,而且还直接关系到其他部门乃至整个经济的发展好坏和整个社会生活的状况等根本问题。所以，政府对这些部门的实行国有化，直接通过公共财政向这些部门和行业提供财力支持，就直接有着政府以财力支持整个社会的经济发展和生活改善的性质。因此，这是政府向全社会提供公共服务的重要手段和内容之一。

西方国家所遵循的这一国有化的基本理论依据，往往为人们所忽略。否则的话，为什么西方国家的国有化活动主要集中在基础产业和新兴产业上，而不将其扩散到整个社会？当然，国有化牵涉到社会、经济、财政等方方面面，以及各个时期各个国度各种错综复杂的具体因素，决定了西方各国的国有化的程度和范围在不同国度不同时期有着很大的差异，甚至还出现大规模的私有化运动。但是，不管怎样，西方国家的国有经济不仅不可能被完全取消，而且必然会在整个经济中占有相当比重。其根本原因就在于，经济中总有一些部门由于利益外溢而市场赢利能力不足，但又为整个经济所必需，这就需要政府资本的直接投入。利益外溢导致这些部门的市场赢利能力不足，如果仅靠私人资本的投入，这些部门是无法独立地在市场竞争中生存下来的，这就需要公共财政的介入，需要政府对其实行国有政策。由此可知，西方国有经济所表现出的低利微利乃至亏损状态，是具有必然性的。

而从我国来看，基础设施和基础产业供应不足的状况是严重的。从城市基础设施来看，在很多城市，城市的交通、供水和环境治理方面的投资远远不能满足需要。在一些大城市，市区的平均车速已经下降到只有每小时 15 公里，严重地影响了城市的运输效率。有 120 个城市严重缺水，而流经城市的河段几乎都受到污染，城市的平均污水处理率只有 10% 左右。从交通基础设施来看，尽管改革开放以来有了很大的改善，但从总体上看，我国的交通运输设施仍然不能满足劳动要素和物质要素的流动需要。我国的铁路密度和人均拥有量都远远低于世界平均水平，铁路机车技术亟待提高。公路总长度超过百万公里，但高等级的不多,且公路的密度不大。高速公路仅有3000余公里,还仅处于起步阶段。航空运输也需要有一个较大的发展。从基础产业来看,1996年以来,尽管电力短缺的问题已经基本得到解决,部分地区甚至出现了供大于求的状况,但这只是在很低的用电水平上的供应紧张状态的缓解。我国人均发电量在1994年时为712千瓦时,不足当年世界人均发电量2365千瓦时的1/3。全国还有11个无电县,计有6000万人没有用上电。电力消费在终端能源消费中的比重1992年为8.32%,生活用电在总用电量中的比重1993年为8.7%,这两个与经济发展水平密切相关的指标,都在工业化国家平均水平的一半以下。同时,一部分生活用电需求由于供电设施容量的限制而未能得到实现,等等。①

因此,对于我国公共财政来说,要有效地支持基础设施和基础产业的发展,其任务是很重的。不过,由于这些部门行业是直接从事个人产品的生产的,能够从市场取得一定的收益,因而企业和私人的投资是能够投向这些部门的。正因如此,西方的国有化并非全是将企业百分之百地收归国有,而是既有国有独资企业,也有参股企业的。从遵循市场效率准则的角度看,对于这些部门行业,公共财政可以采用投资、补贴等形式,直接弥补私人资本的市场收益缺口,从而确保投入这些部门行业的私人资本,如同投入其他部门行业一样,也能获得应有的市场平均利润率,而由公共资本直接承担外溢损失。这就使得这些部门和行业,是能够由资本投入的。这对于我国的公共财政来说,也是完全可以借鉴的。

4.介入新兴产业。新兴产业直接关系到一个国家的经济的长远发展能力,关系到国家和民族能否在激烈的竞争中生存下来的问题,因而

---

① 这部分资料,引自李善同、侯永志、翟凡:《中国经济发展阶段判断》,载《中国经济时报》1998年7月31日。

决不是某一个企业,某一个资本的赢利大小的问题。因此,这也是一个具有强烈的正外溢性的领域。由于新兴产业所需投入大,风险也大,仅靠资本的投入,仅靠市场的引导,是不够的,也是不行的。为此,需要政府以公共财政为手段,对这些部门和行业进行巨额的财力投入。除了直接提供补贴,给予各种税收优惠等之外,政府还应当进行巨额的直接投资。

从上述这些正外溢性活动和现象来看,政府的介入和投资,也能够取得一定的市场收益,有时甚至能够取得远超过市场活动的收益率,如对于某一新兴产业的投资一旦成功,政府将取得巨额的超额利润的。但这些都不否定此时政府公共支出的根本目标是社会利益,其可能的市场收益仅是在首先满足了这些社会目标的前提下,所产生的派生物。而一旦目标达到了,诸如某一新兴产业成功了,它就应当企业化(在西方国家具体表现为是私有化),而将企业完全地推入市场。

（五）介入自然垄断领域

自然垄断状态,是规模报酬递增行业的市场自由竞争所必然产生的结果,因而也是无法依靠市场活动主体的行为去克服的。这是因为:(1)自然垄断者作为既得利益获得者,不可能主动去改正自己的市场活动状态。相反,出于追求自身利益最大化的目的,在获得更大市场赢利的诱惑下,如果不受外界的阻碍和否定,他们必将增强而不是减轻垄断市场以增大垄断收益的活动。(2)规模报酬递增行业的竞争失败者,本身也无相应的经济力量去解决自然垄断问题。此时的市场结果对于他们来说,是不可抗拒的。(3)从整个社会来看,由于市场活动主体在政治上是相互平等的,从而也是无力干预与纠正自然垄断行为和结果的。这样,要解决问题,否定自然垄断状态,主要应依靠政府的权威才行。

自然的产物并不都是合理的,自然垄断就是一个典型的例子。由于垄断否定着充分竞争,是对于市场机制有效配置资源的否定,它将导致社会资源配置的低效性，因而纠正自然垄断状态，将是保持市场正常运转所必不可少的。而否定自然垄断所产生的垄断利润，则又是遵循市场效率准则的具体表现之一。

还应指出的是，自然垄断行业的影响效应，往往是区域性的，并且大体是与当地居民的生产与生活有着极为密切的关系。这些行业主要是城市的供水、供电、供气、邮政、通讯，以及市内公交，等等，它们都直接关系到和决定着城市生产与生活能否正常进行的问题。这样，自然垄断行业有着鲜明的公益性，它决定着政府也必须对自然垄断行业进行干预，以保证提供市场正常运转所必需的基本条件。

不仅如此，由于自然垄断行业与居民的基本生活需要直接相关，因而自然垄断行业的服务价格的高低，就直接关系的城市居民其中尤其是中低阶层的生活水准问题。政府对于自然垄断行业的干预表现为，或直接对这类企业进行政府投资，或对该领域私人投资的企业实行价格管制等手段，去履行自己的社会福利目标。由于这类企业都具有为政府的公共政策服务的性质，因而在西方，所谓的“公共企业”，指的就是这类企业。而为了公平社会福利，政府对公共企业往往实行低价政策，这就决定了西方的公共企业从总体上看，必然是处于低利微利乃至亏损状态之中。

对于规模效益递增行业的干预，政府除了可以直接拥有产权之外，还可以通过和定价政策去限制这些行业的赢利率，以确保这类行业的活动符合社会公众的利益。如前所述，这类行业对国计民生的基本方面有着重大的影响，因此政府还往往通过对这些行业的直接投资和定价政策等，来服务于其社会公平目标。为做到这些，政府或者以资产所有者身份插手企业的经营方针和决策，或者将价格限制在略高于平均成本线，乃至平均成本线以下，使这类行业往往只处于低利微利的状态中。同时政府往往辅之以对这些企业的财政补贴。这种做法，实际上是公共经济和私人经济在交叉配合的共同作用下,来实现社会资源于这类行业的最佳配置的。

(六)干预其他市场失效

政府在市场经济中,还需要发挥社会管理者的直接作用,对整个社会经济活动提供直接的管理和规范。这主要表现在以下几个方面:

1. 信息管理。除了上述市场机制难以引导社会资源达到最佳配置的种种状态之外,风险与不确定性的存在,也需要政府的介入和纠正。之所以存在风险和不确定性状态,一个重要原因就在于信息的缺乏,无法满足或充分满足帕累托效率状态所需的讯息条件。这样,政府提供信息就具有提供公共产品的性质,如食品及药物管理部门对产品规定某种生产合格标准,本身就起到了一种提供这类产品的安全性与可靠性的信息,等等。

对于风险与不确定性,在市场经济条件下,也有若干行为和情形的风险,可以通过私人保险公司来提供。但是,这种以赢利为目的的商业保险活动是只能适用于少数情况的,大多数风险是无法由私人公司提供的商业保险来解决的。而若干对于市场正常运转有着关键作用的活动,如失业、医疗、退休、伤残等的保险就如此,它们是不能完全由私人自己或私人保险公司来解决的。不仅如此,由于这种风险的保证活动还含有一定的提供社会福利的性质,因而也必须由政府及其公共财政的介入。这点,本章下一节将具体的讨论和分析。

此外,对于市场活动所需的信息,如质量标准、毕业证书等,由政府来提供,将更具权威性,而起着私人所无法替代的作用。所以,政府也必须在风险与不确定性方面发挥作用。但由于市场经济本身就是一个风险经济,绝对没有风险的市场活动是不存在的,所以政府不可能全面地无微不至地对所有的风险和不确定性进行干预,而只能是介入一些大的关系到市场正常运转的主要问题。否则,政府的全面介入,无异于政府全面地对微观经济进行干预,那将根本否定市场机制的基础性资源配置作用的。

2. 规范市场行为。人们的市场活动,是由市场地位平等的无数参与者在自发的状态下进行的,其中谁都不具备管理他人的权力和能力。一旦市场活动规模超出了早先的狭小地域,原有的习俗、惯例和传统等都不足以维持市场的正常运转之时,势必要求具有政治权力的政府进行管理,为市场的正常运转提供相应的法律法规制度,用以规范人们的市场行为,确保人们市场竞争的公平与合理。

政府的这种管理,对于市场来说是极其重要的。否则的话,一个无序的市场是不可能正常运转和长期存在,更谈不上什么有效地配置资源,迅速地发展和极大地丰富社会财富的问题了。因此,这是政府一个重要的职责,也是公共财政的一个极为重要的职责。这也是几千年来政府及其财政的社会经济管理职能,在市场经济下的具体化。而在此时它对于市场经济的重大作用,决定了这类政府活动的“公共性”,决定了由此而发生的财政支出是“公共”支出。

3. 保护珍稀资源的管理。政府对资源的配置作用,还涉及对“珍稀产品”(positional goods)的干预。所谓“珍稀产品”,指的是供给短缺但又难以轻易增大其供应量的产品。这就引起了对此类产品需求的矛盾和激烈竞争。如某种特定的由职业协会把持的报酬优厚的工作岗位,地理位置较为优越的土地资源,珍稀物品和自然资源等,均属此类。如果所有的人都能轻易地获得或参与享用该产品的权利,其后果只能是破坏性的。尽管人们可以通过努力增产该产品来解决问题,但这是非常困难的,甚至在大多数情况下是不可能的,因为这类产品的短缺往往是由于种种客观条件限制造成的。在这种情况下,政府的干预和介入也是不可避免的,政府对这类短缺资源的配置也应加以调节和管理。

第三节　公平职责

西方的市场经济在经历了数百年发展之后,于上个世纪末本世纪初开始从自由放任阶段转向了政府干预阶段。这对于政府及其公共财政的职责来说,其典型的影响之一,就是从原有的效率职责,扩大到了公平和稳定两大职责上来。本节分析公共财政的公平职责问题,而稳定职责问题则留待下节解决。

一　社会分配不公的原因

所谓公共财政的公平职责,即公平国民收入、财富和社会福利分布的职责。它指的是在市场经济下,政府必须遵循社会认可的"公平"和"公正"标准的要求,履行对国民收入、财富以及社会福利进行再分配,以达到相对公平的任务和职责。

(一)它仅指社会分配不公问题

在人们生活中,存在着形形色色的不公平现象,它们并不都是社会分配不公问题。相反,社会分配不公仅是多种多样不公平现象中的一种。人们生活中涉及的公平问题主要有:

1. 政治公平。这是以人们的政治上的权利和地位来衡量的问题。政治特权就是一种不公平,选举权依据性别、财产、阶级、种族、肤色、出身、信仰、文化水准和地域等标准来确定,也是一种不公平,等等。政治上的不公平,往往是与人们的贫富程度相联系的,但也不尽然。典型的是在封建社会末期的西欧,当时新兴资产阶级在经济上是富有的,但却属于"第三等级",在政治上没能获得与封建主同等的权利和地位。而当时西欧的城市,尽管经济的发展早已超过农村,但在政治上却仍然是居于农村封建主的附庸。而对于所有的社会成员来说,不考虑贫富和性别等区别,而只要达到18岁和未受到法律制裁,就一律拥有政治上的选举权,这就是政治公平问题。人类社会几千年来,曾经历了无数的斗争和付出了巨大的代价,直到20世纪才在发达国家和许多发展中国家实现了政治上的公平,但离全人类真正实现政治上的公平,其道路还将是漫长的。

2. 经济公平。在市场经济下,这是以人们在市场竞争中是否具有同等的权利和地位来判断的问题。如果人们没能获得参与市场竞争的同等权利和机会,或者说参与市场竞争的各方没能站在同一起跑线上,则此时存在的是经济不公平状态。市场机制对社会资源的配置效率,是以充分竞争为前提的。而要做到充分竞争,参与竞争的各方具有同等的竞争地位和权利,是其必备的和基本的条件。因此,在人们的社会实践中,还存在着经济公平问题,即公平竞争或充分竞争问题,这就是本书上一节所探讨的效率问题。

3. 社会公平。经济学和财政学所探讨的社会公平问题,涉及的对象是社会的分配状态,即社会成员之间的贫富分布状态及其差距问题。它包括的具体内涵主要有:(1)它涉及的仅是国民收入、财富和社会福利在社会各阶层之间的分布状态问题,因为只有收入、财富和社会福利在各阶层之间的差异,才形成了所谓的穷人和富人的区别,从而才产生了社会的公平与否的问题。(2)一个社会的分配状况是否公平,其判别标准依特定时期来确定。不同的历史时期有着不同的社会公平标准。奴隶社会、封建社会的分配是否公平,显然与资本主义社会的分配公平标准是不一样的。(3)在特定的时期和国度内,社会分配是否公平,是以这时社会公认的公平准则为判断标准的。在同一国度,不同时期和不同区域内经济发展水平的不同,也有着不同的公平准则。例如在我国,近年来开始实行"最低生活水平"办法,但各地的标准就不一样,沿海地区的就高一些,而内陆地区就低一些。又如在西方发达国家，目前小汽车对于贫穷阶层来说，也是生活必需品，而在几十年前，则小汽车可能是富裕阶层才能享受的奢侈品。对于不同的国度来说，贫穷的标准就存在着巨大的差异。美国的“贫困线”标准，显然与我国各地的“最低生活水平线”是有巨大差距的。

（二）市场难以解决社会不公问题

经济学上所说的“公平”问题，或者说市场经济下的“公平”问题，仅指的是社会公平问题。这是因为，从政治公平来看，市场经济下是能够由市场力量来解决的。正如前文多次指出的那样的，市场经济的基本准则即等价交换准则决定了，只有政治上的民主才能确保所有的市场活动主体开展充分的和公平的竞争。因此，市场经济的发展过程，也就是政治上的民主形式、法律制度和法治状态的形成和完善的过程，具体来看，是封建的政治特权被逐步取消，是社会公众获得普选权的过程，而从经济公平来看，则更是市场本身能够解决的，市场因素的发展壮大过程，也就是公平竞争方式的扩张过程。否则就无所谓充分竞争，无所谓市场效率，也就无所谓市场经济了。

相反，社会公平问题则是市场解决不了的，并且社会解决公平问题，还直接关系到效率问题。这就使得在市场经济下，能够列入市场失效之列，而在市场经济的运行过程中必须结合效率问题加以解决的，只有社会公平问题。市场之所以解决不了社会分配问题，其主要原因在于：

1. 市场活动之所以能够实现经济效率，是依靠市场的充分竞争和自发运行获得的，是无数的个人和企业平等的市场活动的结果，此时任何个人和企业都不具备垄断市场的能力，因而都是无力扭转市场力量的这类自发结果的。

2. 市场活动以资源和要素的投入为起点，而市场分配则是通过要素的市场等价交换来形成的。由于等价交换是确保市场效率的前提条件和基点,因而越是有效运行的市场,越是将维持原有的分配格局。这就决定了市场有效运行的结果,是不可能改变社会原有的分配格局的,这就难以解决原有的分配不公问题。

3. 进一步看,市场经济作为一种体制形态,其优越性和生命力在于其效率性,而不在于其公平性。尽管此时从社会分配的角度看是不公平的,但从资源配置角度看却是有效率的,市场本身也没有义务去解决社会公平问题。

正因如此,即使是在市场处于帕累托最佳状态之际,社会分配也仍然可能出现贫富悬殊的状态。这样,解决社会分配不公的问题,是不能通过市场,而只能是以非价格机制的途径去实现。

(三)市场必然自发产生分配不公结果

市场过程自发运作的结果所形成的国民收入、财富以及社会福利的分布状态,并不总是与社会所认可的公平标准相一致的。由于越是有效运行的市场,它将越是遵循了等价交换原则,也就越不破坏市场运作前的要素分布状态,从而人们按要素价格分配的结果,就越是难以改变社会分配的不公程度。正是由于资源和要素在人们之间的分布并不总是公平的,从而导致了分配不公的结果。

首先,私人能力和天赋的差异,以及这些不同的能力和天赋的不同价格,形成着私人不同的劳动收入,产生着分配上的差距。但劳动收入的差距不可能是很大的,即使加上后天受教育和职业培训的差异因素,劳动收入的差距,大体上是不产生社会难以接受的悬殊差距的。

其次,私人资本收入的差距。劳动收入的差距将引起私人财富的差距,这将引起私人财富收入的差距,反过来又将加速拉开私人收入差距,从而逐步产生着社会难以承受的分配结果。

最后,遗产和赠与使得收入和财富差距拉开的过程,从一代人扩展到不同代人之间。它加速着财富差距的积累程度,将社会推向两极分化的贫富悬殊状态中。

由此可见,社会分配不公状态的产生,财富及其收入差距的产生,资源和要素在社会成员之间的分布差异是根本原因,或者说资源和要素的归宿及其所有权是根本原因。这样,人类几千年来视私有制为万恶之源,不断提出否定私有制的种种主张,是很自然的。然而,资源和要素的归宿与所有权的明晰化,或者说产权明晰,又是市场经济正常存在与运转的基础条件。市场正是凭借着产权的确定化与明晰化,才得以实现其效率状态的。明晰和确定的产权保证着私人拥有自身利益,并且是排他性的追求私人利益最大化的权利,因而依据既定产权进行充分竞争,则又是市场经济实现其效率的基本条件。

这样,对于我国的社会主义市场经济来说,要改变市场运作所导致的贫富差距拉大和社会分配不公的状态,是不能通过否定改革开放中所形成的所有制结构来完成的。所以,纠正社会分配不公的手段和措施只能立足于现存的社会制度内去获得,只能从现存在的社会制度框架内去寻找最佳解决办法。这就是在不过度损害效率的前提下,去获得尽可能的满意结果的。而最主要的和最基本的解决方法与手段,只能是通过政府的干预,并经由政府的税收和转移性支出手段去直接实现。

二　私人活动难以有效解决公平问题

由于社会分配不公本身是市场有效运行的结果,因此尽管在一定的范围和程度上可以由私人个人或者私人的公共活动如集体或社会团体来干预而有所纠正,但难以根本解决问题。这是因为,社会分配不公是一个全社会的现象,是以社会所有成员相互之间的对比状态来衡量的结果,这就决定了私人的乃至集体的、团体的慈善行为,都不可能提供满足克服社会分配不公所需的全社会性和制度性的再分配活动。长期的、系统的、稳定的和全社会的，并在制度规范下的社会再分配活动，是只有政府才具备的能力。存在于西方社会的“效率经由市场，公平通过政府”的提法，就充分地表明了政府在现代市场经济中的社会公平问题上的不可替代作用。

从经济理论和社会实践来看，私人以个人身份也是可以承担收入和福利再分配任务的，如私人的慈善捐款等。私人以社会团体的形式也可以从事这种任务，如教会从事慈善事业就有着悠久的历史，等等。之所以这样，是因为在一定程度上改变贫穷阶层的处境，也是符合富裕阶层的根本利益的。对于一个社会来说，出现过度的贫富悬殊状态，并不仅仅是贫穷阶层处于水深火热之中的问题，此时由于社会矛盾的日趋尖锐而愈益动荡，富裕阶层也不可能有一个安宁祥和的生活环境的。这样，富裕阶层开展一定的慈善活动，不仅在实际上有着大量的事例，在理论上也是完全能够说得通的。因此，社会上出现私人慈善机构和活动是正常合理，并不与资本追求最大利润和私人追求自身利益最大化的本性相违背。

但是，这类非政府从事的再分配活动，只能是极为有限地改变社会的贫富悬殊状态，是远不足以满足社会的公平准则所提出的再分配要求的：

1. 私人性质的再分配，难以从整个社会的角度大规模和大范围地实行。不管是私人个人还是私人组成的社会团体，它们都不代表整个社会，从而也不可能拥有必要的手段和权力去进行社会范围的再分配。然而，伴随着西方资本主义市场经济迅速发展所形成的贫富悬殊状态，则是社会性现象和问题，没有大规模的和全社会范围的再分配，是无法获得有效的改观和克服的。

2. 私人性质的再分配具有自愿性，即必须在富裕阶层自愿主动出让自己所得的收入和所占的财富基础上进行，这就提供了这么一种可能,使得应该出让部分收入和财富的人,尤其是处于财富巅峰地位的那些人,出于自利动机而不肯放弃应有数量的收入和财富。这样,仅靠自愿的捐献和慈善活动,从整个社会看是无法保证应有的再分配数额和规模的。而另一方面,不应该获得收入补助的人,却也想获得再分配的好处。这实际上是“免费搭车”问题的具体表现之一。它决定了缺乏强制能力的非政府再分配活动,是无法按照社会公认的公平准则,开展应有规模的全社会性的再分配活动的。

3. 私人性质的再分配活动,由于直接减少了私人的利益,从理性的经济人假设出发,得出的合理结果就是富裕阶层大体上不愿意出让自己的收入和财富。而克服社会性的分配不公状态,是需要庞大数额的收入和财富的全面让渡,那就更是难以实现了。相反,富裕阶层的每个成员在自己不愿加入的同时,却都可能希冀他人提供捐款和慈善活动,这就将产生谁也不愿意捐献的“囚犯困境”的结果。

4. 作为社会性的再分配,需要所有的再分配活动及其机构之间的联合行动。而如果由私人以自愿方式来承担这项工作,则整个社会的所有参与者及其机构之间,以及它们与受惠者之间,是难以保证相互有效协调的。这就难以形成社会性的合理再分配活动,尤其是难以在时间上、区域上和数量上,难以在“供给”和“需求”,即富人的施舍意愿和穷人的受惠要求之间形成均衡状态。这样,要有效地解决问题,是不可能的。

尽管有着上述的种种缺陷,非政府的再分配活动毕竟缓和了社会的贫富悬殊程度,有其一定的积极作用,因而私人及其机构的慈善行为在历史上是一直存在着的,也是不应绝对地予以否定的。

三　公共财政如何履行公平职责?

政府在再分配方面发挥着私人机构所无法替代的作用,即只有政府才能克服私人机构在再分配上的缺陷，才能更好地满足了社会对公平分配的要求：(1)它可以奉行一种系统、规范和长期的再分配政策，而这是开展正常稳定的社会性再分配活动所不可缺少的条件。(2)它可以建立起协调综合的再分配制度和法规，为征税和接受转移性支出提供应有的标准，以保证合理的再分配活动的展开。(3)政府通过强制性税收，可以克服免费搭车的心理和行为，保证再分配达到合理的规模，从富裕阶层转移应有数额的收入和财富到贫穷阶层手中。(4)它可以避免由于市场失效中的自然垄断等缺陷所产生的分配不公问题。

由于收入和财富的再分配基本上只能由政府来完成，因而维持和实现社会的相对公平，也就成为政府无可推卸的责任。为此，政府基本上是依靠财政手段，通过税收和公共支出来完成社会性的收入再分配活动的。具体来看，它主要采用的做法有：

1. 个人所得税的征收。如前所述，私人的劳动收入和资产收益差距，是导致社会收入差距的基本原因。个人所得税直接针对这部分收入课征，并在超额累进税率下，以较高的比率取走富裕阶层的部分收入，而对贫穷阶层则不征税，或者只征比率较小的税款。这样，它对私人由于劳动以及更多地是由于财富的差距所产生的收入差距，作了较为有力的压缩。这样，实际上是在财政的收入方形成了第一道防线，对收入差距的“峰尖”砍了一刀，即将最富裕阶层的收入压下了一块。

2. 财产税的征收。个人所得税之后，社会成员之间在收入上仍然存在着相当的差距，它将引起和加剧着社会财富与财产分布的不公状态。这样，财产差距所引起的财产收益差距，将进一步加大着社会不公状态。财产税主要是对富裕阶层征收的，这就将缩小社会各阶层在财富上的差距，从而有助于压缩社会成员在财富上的差距。因此，财产税就成为防止社会不公的第二道防线。

3. 遗产与赠与税的征收。由于遗产是引起财富分布差距在不同代人之间积累的直接因素,因而遗产税的征收,将进一步控制财富及其收入两极分化的累积程度。这是公共收入上防止社会不公的第三道防线。同时,遗产税与以上各税分工协作,共同取走富裕阶层相当份额的收入与财富,在调节和压缩贫富的山峰与低谷间差距时,起着在峰尖上狠砍数刀的作用,从而将大大抑制富裕阶层的富裕程度,并为政府进行社会性的大规模再分配,提供了基本的财力来源。

4. 政府的济贫支出。这是政府依据有关的济贫法案条规等,通过政府预算的支出安排,对处于“贫困线”下的社会成员直接给予的生活补助。所谓“贫困线”,其经济含义就是社会成员个人或家庭的最低生活水平线。如低于该线,则连基本的生活水准也无法维持,如用我们所习惯的语言来说,就是处于“饥寒交迫”之中了。政府的济贫支出,直接将收入转移给了贫穷阶层,将大大地改善着社会最底层的那部分人的生活水准。对于“富”这一山峰,和“穷”这一谷底来说,将起着填高谷底的作用。这样,政府在收入与支出上的这些措施,就共同配合着从峰尖和低谷两头,直接缩减了贫富的差异程度。

5. 政府的社会保险支出。失业、退休、疾病和伤残等,是市场经济下必然发生的现象。具体来看,这类现象是社会成员个人在市场的自发活动中产生的。因此,这类现象的应付和克服,是可以仅由个人来承担的。但从社会的范围来看,由于这类现象的普遍性和必然性,则它的影响就不仅是某个人的遭遇和处境的问题,而是关系到整个社会秩序和市场运行是否正常的根本问题。由于市场是一个硕大无朋的怪物,是无数人的纷繁错杂活动的统一体,任何人在其中显得渺小和微不足道,因而真正遇到市场风浪之时,其应对能力都将是有限的,尤其是对于贫穷阶层来说就更是这样。这样,仅靠个人力量往往是不够的,而依靠社会团体等慈善活动也如此。它需要政府的大力发挥作用。为此,政府通过建立社会保险制度,并通过公共财政为之提供了相应的财力保障,才能较好地解决社会保险问题。由于社会保险制度对于社会的贫穷阶层是更为有利的,因而它实际上起了公平社会福利的作用。

6. 政府的其他社会保障支出。如同社会保险活动一样,在市场经济下,也仍然会发生自然灾害等现象。这些,也都需要政府直接安排公共支出,用于各种救济和抚恤活动等。这些,也起着公平社会福利的作用的。

7. 政府干预自然垄断行业。由于规模报酬递增行业的自然垄断结果,决定了政府必须对之进行干预。为此,政府通常对这类行业实行价格限制,以防止这类企业谋取利润而损害公众利益的现象发生。不仅如此,自然垄断行业如供水、供电、供气、市内公交、邮电通讯等,都是当地生产的必备条件和当地居民的生活必需品,其价格的高低直接影响着整个市镇生产生活状况,具有强烈的外溢性。因此,政府往往通过公共财政或者直接投资而对这类企业实行国有,或者提供补贴以抵补其亏损等,对自然垄断行业实行低价政策。这样,将有助于改善社会贫穷阶层的生活状况,也就进行了有利于贫穷阶层的社会福利再分配。

8. 政府的投资性支出。一条高速公路或一座水库的建造等,其项目投资都必然影响着所在地区的经济发展和生活改善,因而也包含着或强或弱的政府改变社会福利分布状态的用意在内。

四　效率与公平的抉择

上述政府及其公共财政的效率与公平两大职责,它们相互之间是既协调又矛盾的。这就决定了政府预算政策和目标,在某些时候和某些场合可以统一兼顾这些职责;但在其他背景下,它们的矛盾性可能使政府预算政策目标相互冲突,从而陷于两难抉择的困境中。

政府在评价它的各项活动时,常常需要在经济效率与社会公平这两种结果之间加以平衡和抉择。福利经济学对此进行了较多的研究,其中心目的就是要提供一个框架,使之能对效率和公平进行系统的评价。这一评价指出,在效率与公平之间,往往存在着一种交换关系。这种交换,既可以用效率换取公平,即为了获得更为符合社会认可的公平,而牺牲一定的效率;也可以用公平换取效率,即为了提高效率而牺牲一定程度的公平,而增大了分配的不平等程度。

从经济效率来看。帕累托效率概念的最大局限性在于,它没能指出应如何处理收入分配的问题。政府在安排公共支出时,不仅要考虑社会资源的帕累托最佳配置问题,还要考虑社会收入分配的公平问题,因为大量的政府项目都或多或少地存在着使某些人受益的同时,却又牺牲另一些人的利益的问题。所以,光有帕累托效率概念是不够的,还要研究与收入分配和福利有关的概念。

对于收入分配上获益者的受益程度,与受损者的损失程度的权衡,福利经济学使用了无差异曲线的概念。这一概念是用来分析私人收入在不同的产品之间分布变化的基本工具,同一条无差异曲线上的不同的点,表示对于消费者具有相同效用的两种产品或两组产品的不同数量组合;不同的无差异曲线表示对于消费者的不同效用水准。通过分析私人的效用函数和私人的无差异曲线,可以得出社会福利函数和社会无差异曲线。每条社会无差异曲线给出了不同的私人之间的不同效用组合,而这些不同的效用组合对于社会来说,都处于同一的福利水平上。这样,私人和社会无差异曲线就提供了一个方便的手段,去测度某人或某些集团生活得更好,而他人或他集团是否生活得更糟的问题。如果他人或他集团没有生活得更糟,则人们所实现的是帕累托改善的结果;反之,如果他人或他集团生活得更糟,则人们所实现的是社会福利的再分配。前者是效率问题,而后者则是公平问题。由此可见,在经济学的基本概念上,效率与公平本身就处于既联系又矛盾的状态之中。

分析至此，我们可以进一步将帕累托效率与收入分配指标联系起来考察。这可以通过帕累托效率与效用可能性曲线的关系来看，这以图 7－1 来表示。其中 A 代表社会集团 A 的效用，B 则代表社会集团 B 的效用，而 C、D、E、F、G 各点则代表不同的经济运行状况所处的位置。该图表明，当经济运行处于 C 点时，它处于效用可能性曲线之下，表明此时社会资源并未得到有效配置。此时改善经济运行状况的努力，可以提高整个经济的效率。

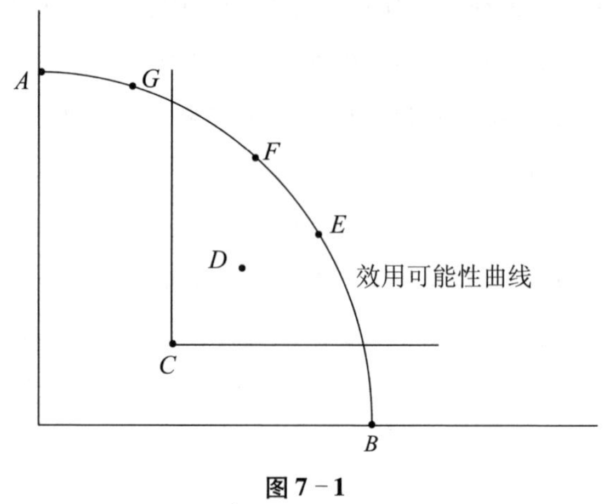

图 7－1

如从 C 点进到 D 点时就如此，它表明此时社会两大集团都生活得更好了。但是，当经济继续改善而达到效用可能性曲线上任何一点时，比如 B 点时，它已达到帕累托效率即最佳配置状态了。此时社会的总效用水平已不可能再通过改变资源配置状况来予以提高，也就是此时任何人如想再提高自己的效用，就非得以减低别人的效用为代价了。在图 7－1 中，当经济从 F 点向 G 点移动时，它表明社会集团 A 所享有的效用增大，而社会集团 B 的效用却相应降低了。两者相抵，社会的总效用水平是不变的，它产生的是社会福利的再分配结果。因此，这又产生社会福利分布是趋于公平还是更不公平的问题。从图 7－1 来看，

如果以 E 点为符合社会公平准则的最佳点,则此时再分配的结果,是使得社会更不公平了。

帕累托效率与效用可能性曲线的这种关系,就为政府处理效率与公平问题提供了理论依据。为此,在评价任何公共项目和方案时,都可以考虑它是否可能产生帕累托改善和社会福利趋于公平的结果。从理论上讲,政府在评价其政策时,还需要使用社会无差异曲线等概念。而与社会无差异曲线直接相联系的社会福利函数,则是能够在不同的资源配置之间排出高低,分出优劣来的。

在实践中,政府作出社会抉择时,并不需要画出效用可能性曲线,也无需画出社会福利函数。他们在试图确定出政府项目对社会不同集团的影响时,通常将这些概括为对效率和公平的影响。这种概括是通过以下步骤得出的:(1)确定机遇组合,并对效率与公平的交换进行分析。机遇组合给出了对于社会来说是有效地再分配的不同抉择组合,因而政府能够按照机遇组合曲线所显示的平等与效率交换的状况进行分析。(2)由于机遇组合曲线上的不同点,有时代表着不同效用水平的社会福利状态,因而接下来再用社会无差异曲线进行分析,以使该项目对效率和对公平的各自影响达到某种平衡。不过,社会无差异曲线的形状,要受到社会对待效率与公平态度的很大影响。

由于政府的许多政策和许多项目,都引起着再分配结果,是以某些人生活水平下降为代价,来让另一些人过得更好的,因此政府还应该知道的是,人们愿意以一个集团福利多大程度的降低,来换取另一个集团福利一定量的增加。这实际上是画出无差异曲线的问题。对此问题,每个人有每个人的不同回答。因此,政府应该掌握社会无差异曲线,并相应找出一种方法,去将该社会中形形色色的私人偏好和效用“加总”起来,从而得出社会福利函数。如同私人效用函数与个人无差异曲线相互间存在着密切关系一样,社会福利函数与社会无差异曲线之间,也存在着密不可分的相互关系。

尽管存在着许多反对意见，但较多地被接受的还是功利主义的社会福利函数。按照功利主义的观点，社会福利简单地由不同的私人效用相加得出。因此，社会福利函数为：

$$W=\sum_{i=1}^{n}U_i \qquad (i=1,2,3,\cdots,n)$$

其中：

W=社会福利

U=私人效用

n=社会的人数

正是由于功利主义的社会福利函数是私人效用的加总，因而可以在人们之间进行效用水平的对比。

为了进行人际间的效用对比，在实践中需要假定：(1)这种效用的比较是可能的。(2)所有的私人有大致相同的效用函数。这些实际上是假定，新增相同数量的财富给予一私人的边际效用，是依他人的收入状况而定的，富人的边际效用低于穷人的边际效用。这种人际间的效用对比，也遇到了许多反对意见。但它毕竟是提供了一种简便的比较方式，将公共政策变化发生的影响概括成为数据，使得政府能对公共项目影响社会平等之程度作出评价。

第四节　稳定职责

随着市场经济的发展，政府及其公共财政还必须承担起稳定宏观经济的职责与任务。这就是政府必须以税收和公共支出等为手段，去实现充分就业、适度通货稳定、合理的国际收支状况等目标，以保证宏观经济的稳定增长。

一 宏观稳定职责

市场经济的运行结果，总是会处于一种周期性的波动，即周期性循环的状态之中的。而在这种周期循环之中，尽管也可能存在着经济过热的问题，但其主要的和根本的危险则在于经济过冷，或者说在于经济的不景气和经济危机。

西方市场经济国家的发展史充分地表明了这一点。随着市场经济体制在西方发达国家的逐步形成，周期性经济循环也在西方发达国家逐步显现。此后在数百年发展历程中，西方发达国家的经济周期的间距越来越短，经济波动的幅度越来越大，经济危机造成的危害也越来越严重。其典型的表现在于本世纪30年代世界性的大经济危机的爆发。那次经济危机已经到了如果没能有效解决，就将根本否定西方的市场经济体制，同时也将根本否定资本主义制度的程度。

应注意的是，经济危机并非是由于市场效率机制出问题，即不是由于市场机制没能有效配置社会资源所引起的结果。相反，这是在市场机制仍然有效地配置着社会资源，经济仍然是处于繁荣状态之中时，而突然爆发经济危机的。从某种意义上说，此时的市场越是有效配置社会资源，市场的发展状况越好，则生产相对过剩状态的可能性就越大，出现的经济危机的规模将越大，损失将越惨重，对市场经济体制的威胁也将越大。

这就充分证明了，市场经济尽管能在微观上达到资源的最佳配置状态，但在宏观上，市场机制却缺乏自我调节功能去克服经济的不稳定状态。市场经济是由无数的私人和企业自发的交换行为构成的有机统一体。正是这些私人、单个企业的供给和需求活动，构成了整个社会的总供给和总需求。此时的就业状况和物价水准，是由总需求的水平决定的，并与按当时市场价格计算的生产潜力或生产能力有关。这种千千万万的单个市场活动主体的供给与需求活动，又是由许许多多的因素所影响与决定的，有着众多的变量参数，是不可能由单个私人的力量加以决定的。单个私人作为市场活动的参与者，在充分竞争状态下，每人都只是无数的经济活动者中渺小的一员，是根本无法支配市场和调控宏观经济变量的。相反，他们只能是作为市场价格的接受者，是受市场价格机制的根本摆布和支配的。因此，靠市场价格机制是无法解决宏观经济不稳的问题的。

宏观经济总量失衡也无法靠集体的活动来解决，因为这是一种全国性的问题，其范围之广是无法由私人自发地联合起来加以解决的。同时，即使私人之间能够达成联合行动的契约和协议，其交易成本也将是一个天文数字，从而也不可能实现集体的宏观调控活动。相反，政府却拥有这种能力。

政府作为唯一具有政治权力的全国性机构，才可能对全国范围内的宏观经济活动进行调节控制和施加应有的影响。政府是调控宏观经济的唯一力量，只有政府才掌握着开展宏观调控的若干必不可少的手段。宏观经济运行的不稳定，在于私人经济部门的总供给和总需求的失衡。为了纠正这一状态，只能依靠公共经济的扩大或压缩需求来与之相配合，以实现社会供需总量的均衡。这只能依靠政府的财政手段或货币手段才行。从财政政策来看，它以税收和政府支出等为政策手段。税收的征纳需要强制力，这对于由私人自愿联合而成的共同体，是不具备的，否则就不成其为平等的私人的自愿联合体。这就无法征集和安排开展调控宏观经济总量所必需的数额庞大的货币收入和支出。从货币政策来看，它只能由具有国家银行性质的中央银行来运作，而不能由私人及其集体来实行。这样，政府也必须承担起稳定宏观经济的任务，依靠财政政策和货币政策等手段来调节和控制宏观经济的运行状态。而其中的财政政策运作，就是公共财政履行稳定宏观经济职责的具体表现。

所谓的财政政策，指的是政府以税收和公共支出等为手段，去实现充分就业、适度通货稳定、合理的国际收支状况等目标，以实现宏观经济稳定增长的政府经济政策。它是政府的宏观经济政策的一个组成部分。

公共财政的宏观经济政策运作，之所以包括这些政策目标，是因为在市场经济下，经济波动是通过经济过热与过冷之间周期摇摆而具体体现出来的。经济过热往往伴随着通货膨胀，而经济过冷则必然导致大量的失业。在经济学界，对于通货膨胀的认识有着较大的分歧，但对于严重乃至恶性通货膨胀显然都是反对的。由于通货膨胀所可能产生的种种严重后果，因而即使是主张通货膨胀的人，也是同意要将通货膨胀限制在一定的幅度之内的。否则的话，严重乃至恶性通货膨胀将对社会经济的方方面面都产生危害，而此时相应存在的经济过度景气，又可能诱发严重的经济危机。

反之，对于失业来说，则不仅意味着人力资源的闲置浪费，而且也必然同时引起着物力和财力资源的闲置浪费，从而是整个经济危机的直接体现。兼之大规模的失业还将伴随着严重的社会动荡不安，因而更是必须严加控制的。

这样，经济的周期波动，同时也就是失业和通货膨胀现象的交错发生，或者两者的共同存在，因而它们都是困扰着市场经济的宏观经济问题。这些，就决定了当着政府以税收和公共支出为手段，去干预宏观经济的运行态势，去尽可能减轻经济波动幅度，以力求熨平经济周期时，就形成了具体的财政政策的运作过程。这也就是公共财政在履行其宏观经济稳定职责的过程，其中典型的则是通过赤字财政政策，去刺激经济的增长，去缓解经济的衰退程度。西方发达国家的实践已充分证明了财政政策的作用及其局限性。

30年代的大经济危机，不仅产生了罗斯福的新政和赤字财政政策，也产生了凯恩斯主义，从而克服了这一似乎是世界末日的灾难性经济危机。而第二次世界大战之后西方发达国家实行了凯恩斯的赤字财政政策主张，则带来了这些国家整整一代人时间的经济发展和繁荣，而在很大程度上抑制了经济危机的发生。此后尽管70年代滞胀状态的发生，似乎证明了赤字财政政策的失灵，但赤字财政却始终是一个普遍的现象。进到90年代以来，美国在克林顿执政时期，开始大幅度压缩财政赤字直至转而实现了连续数年的财政盈余，并且保持了经济的良好发展状态。不过，所有这些，即不管是实行赤字还是盈余的财政政策，都是公共财政在履行宏观稳定职责。如果没有政府以公共财政为手段的干预，西方的市场经济早已崩溃覆亡了。可见，公共财政履行宏观经济稳定职责，对于现代市场经济来说是极端重要的。

二　我国现状分析

市场经济下的经济危机的具体表现形式，是“过剩”即社会有效需求不足所导致的生产相对过剩问题。而计划经济体制的基本特征则是“短缺”，兼之我国的经济基础原本就十分薄弱，在建设过程中又出现了若干次大的决策和指挥失误等，使得我国在长达约半个世纪的时期内，生活要素和物资几乎无一不处于严重的“短缺”状态之中，人们往往为了一斤粮食、一两食油、几尺布票等而费尽心机。这些，亲历其境的人们至今回想起来，仍然是不寒而栗的。

然而，到了90年代末期，经过20年的经济体制改革后，我国正实现着从计划经济向市场经济的最后过渡。由此而带来的直接结果，就是我国经济的这种短缺状态终于结束，而全面的过剩状态开始产生。这种过剩，不仅是市场的严重过剩，而且是生产能力的严重过剩；不仅是国内市场的过剩，而且是一个在不同发展层次上的国家都普遍过剩的国际性过剩;不仅是低结构状态下的生产能力过剩,而且是经济要素的过剩;不仅因人口众多而导致的劳动力要素过剩,而且连长期处于"瓶颈"地位的资本也开始过剩;等等。这样,只要政府放松对投资和信贷投放的控制,就立即可以启动经济的老皇历,再也不适用了。在1998年中,政府采用实际上的扩张性财政政策和货币政策,并辅之以多种其他措施手段,想尽办法,费尽心机,但当年GDP仅增长7.8%,仍然没能实现增长8%的既定目标,尽管差距并不太大。

这种前所未有的现象,引起了我国关于是否出现了"过剩经济"的大争论。反对者往往强调我国现有的生产力低下状态和"短缺"仍然存在的种种事实,试图否定我国已存在着"过剩经济"的主张。对此,陈淮是这样认为的:

> 过剩经济不等于富裕,不等于社会不再需要,不等于市场的简单饱和。过剩经济是指这样一种经济状态:1、当某种社会需求产生时,供给经常可以以更大的规模产生;2、价格变动已经难以调整供求双方的经济关系,相当多的生产经营者被迫在成本线以下抛售;3、供给方的利润普遍被压低到银行利息率以下,但资本已经难以找到更有利的领域可供转移,唯有通过继续追加投资和扩大规模、通过过度竞争的方式把其他供给者排挤出局以维护自身利益;4、经济系统从封闭走向开放时,在系统外部普遍存在着技术及资本力量更为强大得多的过剩生产能力。①

但另一方面,我国仍然存在着"短缺"现象,典型的是我国的贫困人口数量和比重都很大,我国农村的收入水平也仍然大大低于城市,以

① 陈淮:《过剩经济:挑战中国》,载《工人日报》1998年7月28日。

及我国的基础设施和基础产业等的供给也还很不足等。然而,这些都不是与市场相联系的,即都不是市场供应不了他们所需要的产品和服务,而是由于他们缺乏相应的市场需求能力。这就是市场性的“过剩”问题。而基础设施和基础产业的不足,在很大程度上是直接与公共财政问题,与政府的公共产品供应状态相关联的,本身就是市场性“过剩”的一个间接反映。

我国目前存在的是市场型不景气状态,这对于我国来说是前所未有的。市场经济下之所以会出现宏观经济的低迷衰退现象,还应当从企业部门和政府部门的关系,也应当结合我国当前的具体情况来分析。

对于市场经济来说,它由企业部门和政府部门共同组成。市场经济的不景气,实际上只是企业部门的不景气,是企业部门在市场机制自发作用下,产生了需求不足而引起的,因而也是市场失效的一种表现。而就我国目前的具体状况来看,则除了市场运行的周期影响这一根本因素外,还加上了社会保险制度改革、住房制度改革、教育制度改革以及企业和机关人员的下岗分流等改革的直接影响,导致了企业部门需求的冷淡,而产生了社会总需求不足的后果。

相反,政府部门由按照行政的和计划的方式活动,是不受经济周期影响的。不仅如此,它还能够以自己的非市场方式去间接影响企业部门的活动状态。这就是通过政府的宏观经济政策运作,去扩张需求以弥补企业部门的需求不足,确保整个经济的需求拉动回升。

政府的这种宏观经济稳定作用,还有着更深刻的经济含义。

经济不景气意味着在一定量的资源和要素下,企业部门所拥有的份额,已超出本部门消费和投资的需求量,或者说此时企业部门已不能吸纳自己拥有的全部供给能力了,从而出现了本部门供给超过需求的“过剩”局面。这就需要政府部门的需求扩张,增大政府部门的资源和要素拥有份额,来吸纳企业部门的相对过剩生产能力。此时只要政府的需求扩张是适度的,即没有引起整个社会的总需求超过总供给,或者用经济学术语来说,没有超出社会的生产可能性曲线的界限,则整个经济的状态就将是正常和良好的。

企业部门活动对象主要是“个人产品”,而政府部门则基本上以“公共产品”为活动对象。人们的衣食住行等基本消费品,都属于个人产品,它是人类经济活动基本的和主要的内容,在经济发展水平较低时,首先要解决个人产品的供应问题。而公共产品是政府提供的公共服务,它以各种社会公益性质的活动,其中包括政府的各种非竞争性投资活动,而造福于社会公众。人类经济发展水平愈高,则社会对公共产品的需求和供应能力也愈大。

目前我国经济出现市场型过冷状态,直接表明我国的企业部门在市场机制的约束下,已拥有“过剩”的资源和要素,可以并且必须转用到政府部门上来了。因此,市场过冷的根本经济含义就在于,目前我国的经济发展应从以往过多注重个人产品的生产,转到较大幅度地增加公共产品的供应,具体地看主要是应当较大幅度增加政府的预算支出上来。

我国目前正处于经济起飞的阶段。世界经济发展史表明,一个国家的经济起飞,首先需要做好基础设施和基础产业等方面的先期准备;而在20世纪即将结束的今天,大力发展新兴产业等,又关系到我国能否赶上世界发展潮流和实现经济腾飞的根本问题。由于我国是在一穷二白的基础上开展社会主义建设的,几十年来我国经济发展主要以增大个人产品的产量,解决人民群众的温饱问题为首要目标,这是完全正确的。但也在基础设施等方面产生了严重的欠债问题。随着经济的发展,“路不畅、电不明、水不足、话不通”等基础设施的不健全,已愈益成为制约我国经济发展的“瓶颈”。改革开放以来尽管作了很大努力改善之,也取得了很大的成果,但离满足经济腾飞的需要仍还有很大的差距。

因此，目前我国市场型经济过冷状态的出现，还意味着我国经过这些年的经济发展，在解决人民温饱方面取得了很大成绩之后，已具备了进行大规模基础设施、基础产业和新兴产业等建设的经济实力。它正好提供了这么一个契机，使得我国可以大幅度地改善我国公共产品的供应状况，其中主要是大规模地增加政府的基础设施、基础产业和新兴产业等方面的投资，为企业部门和进一步为整个经济的下一轮更大规模发展，预先作了物质前提和基础条件的准备，以确保我国经济的长期持续稳定发展。

这样，我国目前实现扩张性财政政策的意义，就不仅是刺激和提高经济增长速度和实现8%增长率的问题，更主要的还是通过财政政策的运作，调整企业部门和政府部门在GDP中的相对份额，从而为我国经济的长期发展打基础的问题。

实践有时会走在人们认识的前头。在这种政府和财政已开始采取较大规模地减轻企业的负担，增加投资，刺激消费，扩大出口，增发国债等措施，即实际上已经开始实施扩张性财政政策之时，报纸和传媒还仍然在宣传“坚持适度从紧的财政政策”。这种状况，可与美国的“罗斯福新政”作一有趣的类比。在罗斯福竞选第一任总统时期，曾攻击当时的胡佛总统依靠公共工程开支对付失业问题。而他自己一上任实施的“新政”，增大公共工程开支就是其对付失业的重要措施之一。在他第一届任期中，虽然减税增支，但却一心一意地试图平衡预算。甚至在新政已取得巨大成功，赤字财政政策刺激经济的作用已非常明显，现实中已是连年赤字之时，罗斯福在第二届任期中还始终抱住平衡预算的信念不放。1937年他还这样说：“我已说过50遍了，预算将在1938财政年度实现平衡。如果你还要我说的话，我可以再说一遍，或者再说50遍。”这就表明了罗斯福实行的赤字财政政策是带有很大被动性的。

为此，人们甚至认为是罗斯福的这种紧缩财政的政策意向，导致了1937年和1938年美国经济的衰退。具体看，1937年9月以后的几个月中，衰退情况比大萧条头几个月还要厉害，如果不是第二次世界大战的爆发，可能美国又要陷入新的大经济危机之中。① 相反，第二次世界大战以后西方国家正式采用了凯恩斯的赤字财政主张，从而导致了50、60年代的经济繁荣。由此可知，主动实行扩张性财政政策与被动实行，其政策效应是有差异的。

以上公共财政的三大职责，是政府开展活动时都应予以考虑的，政府必须将这三个目标协调起来。这样，政府的税收和公共支出的有关法律、法规、制度等的确立，就必须是在综合考虑社会资源的有效配置、国民收入的公平分配和宏观经济的稳定增长等三个目标之后作出一揽子安排，而不应是为了实现各个目标所分别成立的三个收支系统。反过来，任何一项税收或公共支出都可能直接间接地影响上述三个目标，因而政府的活动也不可能是单纯针对某一目标的。只不过在各个时期，对于各个收支项目来说，它的主要作用目标与次要目标是不同的罢了。

从历史上看，政府提供公共产品的内容、规模和数量，或者换句话说是公共财政的具体职责，并非是一成不变的，而是经历了一个依随市场经济的变化而逐步演变的过程。

政府最初的活动，集中在斯密和穆勒等人早已阐明的那些典型的狭义公共产品上。这就是维持政府机构的存在，履行国家的对外防卫或扩张；对内维护社会治安，防止和镇压各种扰乱与破坏现存秩序的行为发生；提供各种基础设施，如道路、桥梁、路灯、港口、堤坝等；提供诸如消防、垃圾清理、市镇规划等。这些职责，是西方社会自中世纪末现

---

① 参见艾德尼编译：《罗斯福》第8章，北京，中国言实出版社1997年1月第1版。

代意义上的国家形成伊始,政府就已天然具有的,是现代国家所必不可少的。只是以后随着西方市场经济的发展,政府的公共服务职责才逐步扩大,即政府及其公共财政的活动也逐步从狭小公共产品扩展到广义公共产品上来,并且提供的数量与规模愈益增多和膨胀。尤其是市场经济经过数百年的发展,其规模、内容及具体形式等,都比亚当·斯密时期发生了极大的变化,处在这种客观背景下,公共财政的规模、内容和具体形式,也不能不发生了极其巨大变化。

这样,在分析公共财政问题时,就应注意,不要仅以亚当·斯密所描述的公共财政为样本,来确定今天的公共财政具体模式,或者认为只有亚当·斯密时期的财政才是公共财政。亚当·斯密所指出的政府三大职责,实际上是给出了公共财政效率职责最初的基本内容。而在其后的200余年的发展中,西方国家的公共财政正是以此为基础,而大大扩展了自己的具体职责的。仅就效率职责来看,其内容、范围和规模就有了很大的扩张,诸如对于环境污染问题从放任不管,到全力进行干预和管制等,就是其典型的例子。此外,财政的公平职责和稳定职责,则是随着市场经济由自由放任向着政府干预的转化,而逐步产生的。然而,不管公共财政的具体职责如何变化,其根本的共同点即"公共性"则没有改变,因而仍然是为市场提供公共服务的财政。或者换句话说,市场经济不因为在数百年中的巨大变化,而否定自己是"市场经济",则建立于市场经济基础之上的公共财政,也不因为自身的由"小"变"大"的变化,由对市场不干预转为大规模的积极干预,而否定自己是"公共财政"。

这样,从上个世纪末叶开始,由于对公平和稳定以及污染问题的介入,使得西方政府和公共财政抛弃了传统的小政府和小财政的主张和政策,而愈益表现出急剧扩张其活动范围和规模的态势,开始了政府和财政几乎是全面干预经济的过程。但这些都遵循了这么一条基本准则,即政府及其财政提供市场所必需的公共服务的准则。可见,不管市场经济下的政府及其财政的具体活动内容和职责如何变化,它们始终都保持了原有的"公共性"这一基本性质,直至目前为止的西方财政仍然是"公共财政"。这点,本书第一章关于市场失效问题的分析,实际上已经详细说明了。

本章主要参考文献

1. 陈淮:《过剩经济:挑战中国》,载《工人日报》1998 年 7 月 28 日。

2. 邓子基主编、张馨副主编:《现代西方财政学》,北京,中国财政经济出版社 1994 年 1 月第 1 版。

3. 薛天栋:《现代西方财政学》,上海,上海人民出版社 1983 年 5 月第 1 版。

4. 张馨:《比较财政学教程》,北京,中国人民大学出版社 1997 年 9 月第 1 版。

5. 张馨:《论公共财政》,载《经济学家》1997 年第 1 期。

6. Marco, A. D. V. D. , *First Principles of Public Finance*, translated by Marget, E. P. , New York: Harcourt Brace & Co, Inc. , 1936.

第三编　学说简史

本编共三章，将分别从早期的公共财政论、公共产品论和公共财政学等角度，概要介绍分析西方公共财政理论的发展简况，以为人们提供一个更为明晰的公共财政论概念。

第八章　公共财政论史

公共财政论产生于西欧，是西方社会财政实践与财政思想、财政理论长期发展的结果。

本章将介绍和分析直至19世纪末的西方财政理论的发展概况。此外，尽管公共产品论是现代公共财政理论的主要内容，但出于篇幅的考虑，将在下一章专题进行介绍和分析。

第一节　最初的财政思想

公共财政论的理论来源是非常广泛的，可以说几乎所有的西方古代的财政思想、财政观点和财政理论，都是其理论来源。具体来看，它则指的是前市场经济时期西欧各国的财政思想和财政理论。

一　早期财政思想

自然经济下的西欧，经历了奴隶制和封建制两种社会形态。这里先分析奴隶制下的西欧财政思想和财政理论。自从有历史记载以来，财政问题就一直为人们所提及而从未被忘记。历史学家和作家们从国家事务与政治哲学等角度，总是会涉及财政的某些方面和某些问题的。在古代的希腊罗马已有了国家，也就有了财政，产生了许多极有价值的财政思想和财政理论。这些财政思想和财政理论，不可避免地对现代财政理论产生了不同的影响。到了中世纪的西欧，由当时政治经济状况所决定，其财政是极为简陋的，这决定了当时的财政理论也不能不是极为简陋的，尽管存在着一些财政思想火花也罢。由于史料的缺乏，这里只能对早期的财政理论作一简单的论述。

（一）古希腊财政制度

古代希腊在公元前950—公元前650年这段时期里，"是纯自然经济的时代"①，这就决定了此时希腊城邦国家的财政状况。

从它们的财政支出来看。存在于古代希腊的是城邦国家，其国土面积很小，其经济及政治也处于很简单的状况中，这就决定了早期希腊城邦国家的需要，从而其财政直接货币支出以及收入都是很小的。对此，小林丑三郎指出：

> 国家对于市民提供劳务而予以报酬的事体，在古代不曾知道。一切的官吏，都是纯粹义务的名誉职，在战争时候的武装和食用，都是各战斗员本身负担，故此勤务都是按照各人的财产，凡没有财产的人，便也没有战役义务。因为这样，国家的经费，差不多专是由祭祀及"神务"而成。所谓神务，是国家对于神的贡献，……于此以外的经费，不过是关于公共建筑：比如官署，市场，道路的建设及维持费，以及对于贡献于公共事务的各市民，特别是对于国民竞技（Festspielen）的胜利者之名誉赠与而已。②

这里，国家的直接货币支出，大体上只有祭祀及"神务"和公共建筑等内容。其余的如战争费用等，则是直接以力役方式提供的。然而，即使考虑到力役形式，当时的城邦国家的财政支出内容，也只是多了一

---

① 〔日〕小林丑三郎：《各国财政史》，第5页。

② 同上书，第8页。

个战争而已。可见,当时的财政支出内容和项目是非常少的。

但是,随着社会经济的发展,这种财政状况有所改变:

> 然自高度文化的发达,货币经济的流行,陆军制度的建设……,商贾及手工业者的勃兴,对于国家的需要及经费,自然是促进其显著的增加。公共建筑则需要扩张增加……祭祀及公共竞技,比起以前来,更加繁华。市民兵固然还是自费武装,然而战斗兵则老早便受国家的给养,给予制开始实行了,都市则建筑坚固的城堡了。加以希腊各国,……已开始建造军舰。最后重大的事件,便是凡属共和完全发达的国家,在原则上国家一切职务,要使一切市民容易参预,不设什么例外,国家要对于他们予以报酬……于是对于官吏,议事官,国民裁判的参加员,不,就连国民议会的参加员,也予以俸薪。①

从它们的财政收入来看。此时的财政收入来源,即财政官吏所征收及管理的财政收入,大体上是由国家对其财产所征收的租金组成。这些租金,主要是对土地、矿山以及其他领地课征的租金。此外,还对使用共同牧场、市场及港口征收手续费。从牧场征收的是牧场费,而从市场和港口征收的则是市场费、关税以及港口费等。②

《增加雅典国家收入的方法》(*The Revenues of Athens*)一书,是古代希腊著名的涉及财政问题的著作,该书作者通常被认为是古希腊著名的思想家色诺芬。该书对古希腊城邦"国家收入"作了较多的探讨,并提出了多种增加雅典城邦国家收入的方法。不过,该书所谓的"国家

① 〔日〕小林丑三郎:《各国财政史》,第8—9页。

② 同上书,第7页。

收入”，并不全指的是国家政权本身的收入，即我们现在所说的“财政收入”，还包括了全国人民的收入这一内容。该书涉及的关于增加城邦国家的财政收入的方法主要有：(1)“吸引更多外国人侨居雅典”，以向他们收取捐税；(2)鼓励增加贸易，以“获得更多的利润和贡赋”；(3)国家甚至也可以“拥有运输商货的公共船只，并且象出租公共所有的其他东西一样，……那么从这个泉源也可以获得大量的收入”；(4)在谈到亚狄加银矿的开采如何对国家有利时，色诺芬认为，“象私人因拥有奴隶而获得经常收入一样，国家也应该拥有公共奴隶”，然后出租奴隶而获利。这样做将比私人包税更好，“的确，承包捐税的人比向国家租用奴隶的人更易欺骗，因为在国家的货币和私人的货币完全一样的情况下，谁能分辨出哪些货币是被盗窃的公款呢？”①

值得注意的是当时城邦国家对于财政盈余的奇特处理方式：

> 然而国家于支付经常支出以后，若有剩余，则由私人保留着，是不知道储蓄作为将来的需要。先既然没有看到这种需要，再连这种必要之组织及机关，也是没有。……一切的剩余都是分配于完全有势力的市民。……于是各市民对于国家的收入，包含有直接承受权利的思想，在希腊各国便继续活动，成了共和国的雅典财政之有力量的要素。②

之所以出现将财政盈余分配给“完全有势力的市民”的状况，

---

① 分别见〔古希腊〕色诺芬：《增加雅典国家收入的方法》，载〔美〕A. E. 门罗编《早期经济思想——亚当·斯密以前的经济文献选集》，蔡受百等译，北京，商务印书馆1985年12月第1版，第30、32、33、33—36页。

② 〔日〕小林丑三郎：《各国财政史》，第10—11页。

小林丑三郎解释道，这是因为此时的人们认为，如果国家有超过其收入而安排支出的必要之时，各市民是不能不以自己的财产来供应的。既然临时性的收入需要应由市民来承担，当然也就应将多余的收入分发给他们。① “比这事更其重要的，便是在固定的秩序上使富豪市民分担对于国家之经常的定额负担——这大抵是在对于祭祀的奏乐（Chöre）之准备及练习费用和国家所属的军舰建造费方面为然。”②这就表明，古希腊的城邦国家的财政收入，主要是直接由富裕阶层缴纳的。

对于这些最初形式和原始状态的财政收支及其盈余处理方式，小林丑三郎指出它们具有私人财政的性质：

> 开首国家的收入，在原则上是和私人的收入，没有什么区别，他是依赖他所处理的财产收益以生存的。然而随着文化的向上及交通的发达，于是收入额增加了。关税，港税以及市场税，都成为重要的税源而开始采用了。此外对于同种的课税例如对于一定货物的消费税（如奴隶及马匹之类），也实行了。……古代国家，完全不知道职业官吏的意义，所以国家征收赋税，和土地及矿山一样：是招人承包的。③

为什么古希腊城邦国家的财政收入最初仅采取了租金形式，而不采用诸如税收等形式呢？小林丑三郎认为，这是由于当时这么一种财政思想直接引起的，即田赋和收益税以及人头税等直接税，是和自由国

① 〔日〕小林丑三郎：《各国财政史》，第11页。
② 同上书，第13页。
③ 同上书，第9页。

家的意愿不相容的。"何以故？因为直接税，关于所有方面，是不限制市民的自由处分权。他们推测土地，本是属于国家，土地的占有者，只是管理土地，向国家纳税。所以这种直接税，……是奴隶及非自由民的表征，……"①

但是，这并不等于国家都绝对地不征税。即使在不征收直接税的背景下，由于要支付临时性费用的缘故，希腊城邦国家也会对于全体公民征收人头税。这种制度在荷马时代就可以依稀见到，而此后随着需要的增加，这种临时性的税收便渐趋频繁也日益苛重，特别是在战时就更不能避免了。②

古希腊城邦国家的国库制度，是不统一的。这就是在国家金库之外，还设有帝国金库和寺院金库。国家金库和帝国金库，"普通一般固然只公布常年的货币出入，然而寺院金库则不然，却不绝地公布在寺院以内的货币及货币价值之增进的状况，……"③

上述介绍只是极简陋地涉及了古代希腊的财政状况。此外，正如小林丑三郎所强调指出的那样，他所介绍的当时希腊各国财政制度概况中，斯巴达是例外。④

（二）古罗马财政

对于古罗马的财政，小林丑三郎的论述比古希腊财政为详细。他认为，罗马在货币移入以前，财政是微不足道的。在罗马的邃古时代也和希腊一样，是受农业及自然经济状况支配的。国家平常很少向公民征课，只是战争时期例外，但也主要以力役（fronarbeiten）形式进行征

① 〔日〕小林丑三郎：《各国财政史》，第 11 页。
② 同上书，第 12 页。
③ 同上书，第 14 页。
④ 同上书，第 15 页。

调。他指出：

> （这时）官吏没有薪俸，国王则受取公共财产的一部分来维持生活，公共财政的其他一部分，则用作教化之需要。公共竞赛也不费一文，是企图由于市民的协作。国家固然是由家畜赔偿（vichbussen）来得到收入，然而这种收入，是罚款，手续费之类（mutta，sacramentum），可是这种收入，是由国家机关充分管理及利用，而迅速消费于祭祀以及宴餐方面。①

可见，王政时期的罗马，其财政是与古希腊城邦国家财政极为相似的。应注意的是，这里小林丑三郎连续使用了"公共"乃至"公共财政"的字眼，而前文他在介绍古希腊财政时，又提到了当时财政的私人性质。这实际上反映的是，此时的财政既有一定的公共性，又不能说是公共财政的混合状态。

但是，小林丑三郎接下来指出，随着罗马的社会经济发展，古代罗马的财政发生了很大变化：

> 用铜作货币的事体普遍以后，这种铜货币对于国家财政上，予以深刻的影响。家畜赔偿，也换成铜货币了。罗马自治团体（Gemeinde）自行设立金库（Kupperkammer"Aerarium"），用其所管理的财产收益，来满足他的需要。属于自治团体的财产，是他的公共财产（Agerpublicus）以及公共牧场。凡利用公共牧场的市民，便缴纳租金，因为这个目的，于是使市民登记在公共牧场以内所养的

① 〔日〕小林丑三郎：《各国财政史》，第16—17页。

家畜数目……。此外市场及街道,都是自治团体的财产,对于市场,则由于向利用市场的人们(即店铺所有者)征课地金(Staudgelden),对于公共场所,则凭着罗马自治团体的所有权而在市门或在市门前以及 Ostia 海滨的登陆场来征课关税,以获得收入。但是自王政废除以后,新政府便将这种压迫国民的关税废止。再在 Ostia 海岸的盐,也是属于自治团体的所有财产,因此自治团体,在实际上便将盐专卖占有。……这等收入,是作为减免人民力役之用。力役是因为施行教化以及举行国民祭祀之故,因为贮藏财宝之故而起来的,在实行上则由于强迫。至在临时需要——特别是在战争的时节,则由于课税——Tributum。Tributum 本来是人头税,自 Serirus Tullius 以后,便成了一种财产税,因此时时要调查户口。由于调查户口而查定的财产,便课以千分之一,千分之二或千分之三。这种赋税随着战事延长,而且由国库开始发给义务兵的薪饷之时,便越发增高。凡因年龄及性别之故而免除战役而且本是又有财产的人们,乃至如有产的寡妇孤儿,都是要负担特种赋税的。①

可见,商品货币形式的蔓延,使得古代罗马的财政制度和内容发生了很大的变化。它引起了某些实物收入如家畜赔偿改为货币收入,使临时性的人头税成了财产税等。此外,小林丑三郎还多次提到了“自治团体”及其在财政上的作用。

在共和时期,罗马的疆域和权力随着对外扩张的进展,而延伸到很广的范围内,不仅囊括了整个意大利,而且还在环地中海地区攫取了大

① 〔日〕小林丑三郎:《各国财政史》,第 17—18 页。

片的殖民地。但是，罗马的“岁计”即财政支出却不随着这个比例而增加，这是因为“一般人都避免负担新经费，特别是深恐因为岁计增加以致困苦跟着发生。可是收入却容易得到显著的增加，这是因为屡次战争得利”。①

可见，罗马共和国时期，其财政收入已经主要转到战争收入上来了。由于迅速对外扩张和多次胜利地进行了战争，致使罗马的财富和收入迅速膨胀，这就形成了此时财政制度及其内容的基本特点：(1)“致予罗马自治团体的财产以非常增加的机会。罗马的自治团体，在事实上都是各自所有公共财产(ager publicus)，一多半则不能不将私有土地的一部分让给罗马自治团体。”自治团体的存在及在战利品上的重要作用，表明了此时的国家及其财政与现代国家及其财政是有很大不同的。这种由各个自治团体瓜分战争收益的财政制度，似乎是难以称为“公共”财政的。(2)“试看罗马的岁计表：在国家跨海前进以前，还没曾收过人民的税捐，也没有使被征服的都市及其联盟，按照一定常规来进呈贡纳到罗马的自治团体。”(3)“征课防御费，却只限于战时。……临时的收入，也因为屡次战争得利的结果，以致很少希望于一般人担负。”(4)“战利品决不因为经常而且充分替财库(Aerariums)打算之故而拍卖，却屡屡将他保留而使野战司令官来处分。司令官能够由于自己的裁度而为公共目的之用，凡寺院的建筑，是由得胜的司令官将战利品卖掉的代价来支应，却不是由国库负担的。”这种由军事首领支配战利品的举动，尽管仍然是“为公共目的之用”，但不能不说是有着很强的私人性质的。②

---

① 〔日〕小林丑三郎：《各国财政史》，第18页。

② 同上书，第18—20页。

而在罗马所占领的海外领土，对于大多数的农业用地是征收经常性的几分之几的捐税的，这通常是对土地收获物征收的什一税（zehnten），并且是要求农民定期地直接向罗马的行政官厅缴纳。此外，如果还需要临时征收的，则通常是在战时由罗马陆军迅速设立的地方行政机构来处理。这种什一税是直接缴纳的，但在原则上仍招人承包。这种承包通常是以一年或几年为期限，财政部门则与出价最高的人缔结年限较长的承包契约。而短期的承包契约则是涉及到地方人民利益的税收，还有领州本身的附加税也开征了，它也涉及地方人民的利益，因而领州本身也能够参预课税，等等。①

还应指出的是，此时的罗马，即使是在国家收入有结余时，也还是力图避免安排永久性的新支出项目，因此还是依然不付给官吏以固有的俸给。"但是在领州服务的，却受高额的办公费。于是继续而且新规的巨大经费，违反政府意思，却因为在罗马的经常谷物分配之故而增加了。政府一遇凶年，便从外国购入谷物而廉价卖出……"②

到了罗马帝国时期，其财政状况如下：

> 国家收入的大部分，仍然还是由于在各地方州课土地税来供给的。但是在帝国的主要各州方面，则将高压的而且收入不确实的什一税废止，至少要以收入确实的货币计算之赋税，来起而代之，而且用别种方法征收。在最初的帝政时代，有两种赋税是由地方州征课——即人头税（Tributum Capitis）和地税（Tributum soil）。其征收是随着所谓元老院州和皇帝州的区别而不同的，在元老州

---

① 〔日〕小林丑三郎：《各国财政史》，第20—21页。

② 同上书，第23页。

方面,是课之于自治团体,自治团体则将这种赋税叫做 Stipenda(俸给)而自行征收;反是,在皇帝州方面,则将他叫做 Tributa(贡纳)而直接使国家官吏征收。从前在任何时地所惯用的包税制度,在帝政时代,便通同将他废止了。

…………

(以后,)国家事业增加之故,于是不能不制定多数的新科目,关于旧支出,一笔也不能够废止……①

此外,其后的罗马历史学家们也偶尔会提及税收问题。上述的古代希腊罗马财政制度的简介表明,它们与现代财政制度有着很大的差异,但此时的财政毕竟已存在着相当的"公共性"因素。其原因在于,从经济上看是由于其商品货币关系的发达,从政治上看是由于其民主制或共和制的实行。这些,对于千余年后正式形成于西欧的公共财政来说,表明了其一定的历史渊源和某种继承关系。

(三)中世纪西欧财政思想

在市场经济产生以前,西欧社会的生产力尚处于较低的发展水平上,近现代意义的"国家"也还没有出现于西欧。这就根本决定了近现代意义的财政活动尚不存在于西欧。此时出现于西欧的,只能是带有零散性和偶然性的财政思想和财政理论。在这种背景之下,没有出现具有系统性、体系性和相对完整、内容稳定,作为一门学科的"财政学",是很自然的。尽管这些思想和理论尚处于幼年阶段,有其幼稚性和某种混乱性,但作为早期的思想和理论,它们是近现代公共财政学的主要理论源头,并且不管我们熟习与否,都直接间接地影响着现今的公

① 分别见〔日〕小林丑三郎:《各国财政史》,第24、27页。

共财政理论,因而介绍是完全必要的。

直至中世纪结束时,经济上的封闭迟滞,政治上的支离破碎,决定了此时西欧各国财政活动也都缺乏足够的重要性,也从未引起人们对它进行系统研究的兴趣。此时的国王们实质上只是大贵族中的一员,其财政活动主要是从他们自己的私人领地或依靠各种封建特权获得收入,以支持自己的经费需要。此时的税收不仅在理论上,而且通常在实践中都仅是一类临时性的财政收入来源。

在 11 世纪与 12 世纪,工商业的复苏导致大量城镇出现于欧洲各地。这些城镇迅速成长壮大起来,并获得了一系列内部事务的独立自主权。与此同时,财政问题开始受到注意,财政机构也具有了某种现代特征,开征了人头税和财产税,对消费品征收了关税,城市债务也开始出现了。然而,除了意大利之外,这些发展并没有导致有价值的财政理论的产生。

尽管如此,至少在 13 世纪与 14 世纪,某些学者就已经接触了财政问题。13 世纪著名的神学家和经院哲学家托马斯·阿魁那,就曾将税收与国家的主权相联系来考虑。他认为,国王在平时只应依靠自己王室领地的收入,而只有在临时性的紧急状态下,国王才可以征税。因此,税收仅是紧急事件的储备性手段而已。同时他还认为,税收应该是适度的和公正的。可见,此时欧洲各国的财政收入,基本上仍是依靠王室收入和特权收入来取得,税收仅是临时性收入手段的状况,仍然没能根本改变。

可见,当时西欧封建"国家"的财政,几乎是不大于王室的私人财务的。因此,它们与其说是公共国政,倒不如说是私人家计为好。在这种背景下,公共财政的思想是不可能产生的。上述阿魁那关于财政收入只应以王室收入为主,而税收只是临时性收入手段的思想,就是其典型表现。

对于这一横亘约千年时期的财政思想,尹文敬有着较好的概括:

财政学为独立之科学,至近时始确定,在前不过政治学与经济学之一部。然从前之明君贤相,为求国力之扩张,政治之良好,于财政之运用策略,已不少发明。惜其所言,偏重事实,且东鳞西爪,全豹难窥,初无详究之必要。至于能为思想上之表现者,在上古有希腊之色诺芬(Xenophon)及罗马之太锡脱(Tacitus)舒通尼斯(Suetonius)均曾著书,以论雅典罗马之税收,而柏拉图(Plato)亚里斯多德(Aristotle)于其高深之哲理中,亦多及于财政。惜其所言,或牵涉神理,或徒托空论,未足述也。外如中古时之多玛拉斯(Thomas Aquinas)柏曲拉斯(Petrach)主张以王室自有之土地收入,维持平时费用。其所称述,不外宗祖国王侯之庄园经济而已。公私之别不明,制用之术未精,专门之财政论,尚无从发生也。①

二　过渡时期的财政理论

市场因素在西欧的形成、发展,到最后逐渐确立为市场经济体制,这期间是经历了数百年的发展过程的。从自然经济向着市场经济的长时间过渡,决定了这一时期的财政类型,也经历了一个长时间的从家计财政向公共财政的过渡过程。

(一)15 世纪与 16 世纪的意大利和法国

意大利被认为是“最早的资产阶级民族”,其具体表现就是随着西欧社会的进步,在 15 世纪的意大利地区,文艺复兴与商业金融的迅速发展。经济的变化,导致了财政的重大发展,税收公债等逐渐产生。在

① 尹文敬:《财政学》,第 18 页。

佛罗伦萨,出现了各种财政问题,财产税、消费税等开始出现,并且采用的是累进税率。在纳不勒斯王国,卡拉法作为军人和政治家①,就国家管理问题发表了一篇令人感兴趣的论文(该文题目为:*De regis et boni principis officio*),其中对财政问题给予了前人所未曾有过的认真分析。② 卡拉法的论文分为四个部分,其中专用一个部分分析了国王收入的管理问题。从总的来看,他继承了如托马斯·阿魁那和彼特拉奇等前人的观点,主张王室领地的收入应是国家财政的基础,而税收仅是一种临时性的收入形式。

卡拉法接着分析了公共支出问题。他将公共支出分为三类:(1)用于国家防务的支出;(2)用于王室的支出;(3)用于偶然事故的支出。他认为公共支出应是适度的和有节制的,以保持财政平衡。这也将是有利于应付那些紧急的支出需要的。如果经济状况许可,应废除那些坏的税收,而仅仅征收最好的税收。税收应是稳定的和确定的,这样市民们将能精确地预计他们将要支付的数额。财政必须有盈余,而原因是与私人理财一样的。他还认为,所有的收入都应准确地入账,并且会计员应经常由适当的官员进行检查。总之,国王应从根本上认识到,其臣民的财富,才是其财政丰裕的真正基础。这些观点和思想,有一些仍然是直接间接地贯彻到了现代公共财政论中的。

至16世纪末,强有力的专制君主已在封建制度的废墟上成长起来了。这种政治环境的变化,很快迫使人们对政治与财政问题予以了较为认真的关注。由于公共费用的增长,财政问题变得重要了。税种的频繁增加和税额的不断加大,以及许多不正当的集中收入的权宜措施,诸如强制公债或通货贬值等,都是为了敛财。

---

① 尹文敬:《财政学》,第18页。

② 同上。

法国的政治哲学家让·博丹于1576年发表了他的政治哲学名著《国家六论》(*Les six livres de la republique*)，这是一本在许多年内对欧洲学者产生广泛影响的著作。它的第六卷涉及的是“若干政治问题”，其中对作为“国家神经”的国家财政问题作了重要的探讨。他认为，对于国家财政有三件事是必须的：(1)正当的收入手段；(2)以国家的利益和名义使用这些收入；(3)结余部分收入以应不时之需。

对于第(1)点收入手段问题，他认为王室领地收入是最正当与最保险的收入形式。不过，他也赞同对输出入商品的商人征收关税，因为那是最古老、最普通和最平等的财政收入形式之一。赞同在其他所有的收入手段都不足以满足国家的紧急需要时，可对国王的臣民直接征税。关于第(2)点收入使用问题，他列举了若干支出项目，谴责了奢侈浪费现象，强调了节俭的必要性，建议设立财政的年度账户以反映财政状况。让·博丹还指出，与维持王室费用，支付军队和官员工资，以及支付以正当手段赚取的工资一样，安排济贫支出是应当的。如果各项支出有结余，就应当用于城镇的重建，要塞的加固，边防碉堡的建造，道路的改进，桥梁的维修，船舶的装备，公共设施的建筑以及各类学校的开办，等等。而关于第(3)点结余一定份额的收入的问题，他主张收入的或国库的结余应积累起来，以保证国家无须为了开战而发行公债或征集附加收入。他对公债持强烈的反对态度，尤其是反对有息公债，因为他相信举债的利息将是国王们及其财政的毁灭。

这一时期由于美洲新大陆的发现，大量的金银从西班牙运入法国，导致了物价的暴涨。然而，当时人们不理解其中的原因，而让·博丹则以货币数量说去解释这一现象，从而在货币理论上也作出了重大的贡献。为此，他主张依靠国家权力去订立借贷补偿条约，以免因为币值之涨落，而使债权人或债务人受到冲击，对经济产生不利影响。

（二）17 世纪与 18 世纪的英格兰

尽管让·博丹的著作早在 1606 年就已译为英语，但在 17 世纪的大部分时间里，财政问题在英格兰比在德意志受到的注意要少得多。威廉·配第 1662 年的《赋税论》（*Treatise of Taxes*），可能是涉及公共财政问题最早的英语专著了。该书分别论述了公共支出与收入问题。对于公共经费，威廉·配第将其划分为：（1）领土与领海的防务支出；（2）政府官员及其助手的费用支出，包括司法经费等；（3）宗教支出；（4）教育支出；（5）孤儿与平民等的救济支出；(6)各种公共工程，诸如公路和桥梁等的支出。① 在该书中，威廉·配第已从"公共"的角度讨论财政支出问题了，他由此还讨论了各种筹集公共经费即取得财政收入的方式。他认为采用王国土地税的做法，与划出一部分土地作为王室保留地以取得收入的做法，尽管在数量上是相等的，但前者是更好的方法。他还讨论了其他税收的利弊，等等。这些，实际上都意味着此时的英国财政及其理论已经在相当程度上公共化了。

在该时期，也有一些论著偶然简要地涉及财政问题。晚期重商主义的重要代表人物托马斯·孟的《英国得自对外贸易的财富》（*England's Treasure by Foreign Trade*）一书，就是其代表作。该书写于 1630 年前后，②1641 年之前就已完成，③但迟至 1664 年才出版。其中第十七章"强大的国王是否必须积累财富"和第十八章"一个国王每年适于积累多少财富"等章节都直接涉及了财政问题，尽管这些章节都很短。

在第十七章中，托马斯·孟驳斥了种种关于国王不应积累财富的

---

① 〔英〕威廉·配第：《赋税论　献给英明人士　货币略论》，第 17—19、36—37 页。

② 〔英〕托马斯·孟：《英国得自对外贸易的财富》，载〔美〕A. E. 门罗编《早期经济思想——亚当·斯密以前的经济文献选集》，第 146 页。

③ 参见 Bullock, C. J., *Selected Readings in Public Finance*, p. 5.

论调，认为“一个国王，凡是不去压迫他的人民，而却能维护他的财产和权利，同时不使自己堕入贫困，为人所耻，为人所恨和受到危险的，一定是要积累财富而又勤俭节约的”。①

在第十八章中，托马斯·孟在指出上一章的基本内容之后，即指出“国王的经常的和特殊的进款和有了该款后的便利，以及只有那些国王能够必然地和大公无私地向自己的人民征收特殊的献纳”之后，分析了“处理私人的资财和进款”与“处理国王的事务”的不同，指出“国王每年适于积存的财富的准则和比例也就应依后者（注：即国家所得的利益——本书作者）而定”。同时，从他的重商主义立场出发，他还主张，“一个要想积存大量货币的国王，必须想尽一切良好的办法，来维护和发展他的对外贸易”。②

还有，在第十九章中，他在谈论编制对外贸易平衡表的惯例和方法时，也较多地涉及了关税等财政问题。③ 此外，在其他章节中，他也零星地偶然地涉及公共收入、公共利益和公共财富问题。④ 这些，都反映了在原有财政中，相混杂的公共性与私人性开始了逐步分离，公共财政正在逐步形成之中。但对于重商主义所处的时代来说，其财政的性质仍然没能根本摆脱家计性质。为此，阿部贤一指出：

> 发生国家思想即君权思想的时代之经济思想的产物，即是重商主义的发生。……在这种社会经济的环境之下，各学者的财政思想，要而言之，都是君权主义的财政思想。一切制度，都是以此

① 参见〔英〕托马斯·孟：《英国得自对外贸易的财富》，第164—166页。

② 同上书，第166—167页。

③ 同上书，第169—172页。

④ 同上书，第152、153、156页。

> 为中心的。财政思想是专制的,也是事之当然。在“民贫则君贫”式的财政思想之下,财政的奥蕴,与其说是在民众的福祉,就毋宁说是在支配阶级的利益——为使王室丰富之故,便不顾及国民经济;换一句话说,即是支配阶级以财政为拥护国家的机关,以君权为拥护中枢支配阶级的权力及擅作威福的手段。在这一点,和封建诸侯使庶民纳税肥己,是没有不同,所不同的,只是由于区域推广,而以国家为本位来实行这一点而已。财政是国事,同时是王侯的私事,和家计没有区别。①

1690 年后,国家支出和税入的增长,以及国家债务的迅速膨胀,刺激了人们对税收和公债等问题的探讨。具有即兴性质的有关问题的小册子和论文,开始大量出现。人们热心地争论着公债的举借方式问题。同时,筹集政府所需要的大量财政收入的最好手段问题,也逐渐成为引起注意的另一讨论主题。某些作者赞成对各种消费品征收一般消费税,而另一些作者则主张将这类税收限于对奢侈品的课征,还有一些作者则主张只征单一的土地税或单一的房屋税,而另一些作者则赞同一般财产税或不同种类税收的复合税制。

在这些专题讨论之外,大量有关财政问题的论著出现于 18 世纪中叶的英格兰。例如,作为哲学家、历史学家和经济学家的大卫·休谟 1752 年的两篇论文,即《税收》(Taxes)和《公债》(Public Credit);詹姆斯·斯图亚特 1767 年的《政治经济学原理研究》(*Inquiry into the Principles of Political Economy*)除了讨论公债问题外,还用整整的一篇分析了税收问题。不过,这些论著几乎都是缺乏系统性的。就这整

① 〔日〕阿部贤一:《财政学史》,第 13—14 页。

个时期来看,还没有全面完整系统的财政学专著问世。

(三)17 世纪与 18 世纪的德意志

17 世纪与 18 世纪的德意志,人们对公共财政的研究开始增多。此时德意志各邦国有不少大学教授和政府官员在研究这一问题。他们把财政视为国家事务的重要分支,并且通常是以谨慎的国家管理者的观点,来看待和探讨财政问题,来努力发展财源的。因此,他们就将关于国王的财务问题变成为“官房学”(cameral science),它包括适当地管理王国事务所需要的各种知识。有时“官房学”被狭义地使用,而等同于理财学(financial science),以区别于广义的官房经济学(cameralistic sciences)。官房学派是德国的重商主义学派。起初,他们中的许多人受到让·博丹很大的影响,并且认真仔细地考察了此时德意志各邦国的现存状况,开始了独立的研究。

对于官房学派,尹文敬称为“计臣学派”。他是这样介绍这一学派的:

> 继重商主义而研究财政问题者,为德国之计臣学派(Kameralist),计臣学实包含私经济学,产业学,行政学,国民经济学及财政学四者。而以增加帝国富力,辟土地充府库为目的,实即德国之重商主义派也。Kamera 本有房意,在中世纪用以指国王之会计室,后则用以指国库,更以之泛指国王之财产焉。及一四九三年德王马克米兰(Maximilian)设计官,以 Kameral Offical 为名。于是各大学皆设计官特科,以养成德帝国之财务行政人才。研究此科者,称为计臣学者,其时正值三十年战争末叶,德意志四分五裂,增高关税之建议,亦已失败。对外商业,不能与各国竞争,故富强之论,为当时所急需,此计臣学派所以应运而生,且能亘三百年之久也。

计臣学派最早之著作,有司马兹(Schemalz)所著之计臣学百科全书(Encyclopedi Kameralistic Science),于租税现象及国民财产之所得增加,皆为论列。及石克多福(Seckendorf,1626—1692)著有德意志王国论,一六五五年出版。白秀士(Bechers)比芬多夫(Bufendorf)诸人出,对计臣学能为有系统之研究,该派之学说政策,遂灿然大备。石氏德意志王国论,虽尚不脱官有地收入之思想——彼信国债偿完后,免去苛税,全国用度,可用土地及特权收入支付——然于财政之经营,能为科学之研究。且反对苛税,赞成消费税,兼能观察岁出入,亦为从来学者所未有。……此外,尚有Ofreeht(1547—1617)著政治秘诀(Secreta Politica)主张改革财政,设置非常准备金。Bornits 重视地税。Christophbesold(1577—1638)赞成间接税。Klock(1583—1655)著书详细讨论租税。于税之性质,课税权及征税原则等,均有深切研究。以上数人,为较早之计臣学派,或称为旧计臣学派。①

对于官房学派,阿部贤一称为"官府学派",他是从广义的角度加以说明的:

Cameralism(是由于德语的 Kamer 即官府而出),一言以蔽之:不外乎是在德国发生的重商主义(Mercantilism)。这即是渐次将权力集中到其掌握中的专制君主,因为希望谋王室繁荣之故而谋国民繁荣以确立组织之行政的,财政的,经济的,法律的知识之供给学,是这等技术的练习所。不消说,这等组织,是由于在先进国

① 尹文敬:《财政学》,第 21—22 页。

的英法两国文化组织业已发达的东西，特别是关于这等广泛意义的政治一般之技术，认为特殊发达的，有可以注目之点，这便是用(Cameralism)字样而和重商主义的色彩有多少不同的缘故。至于发达的后期，大抵由十八世纪末叶起到十九世纪初头止，行政一般的技术和经济财政渐次分离，德国的经济财政成为独立的科学，因此德国的财政经济学一般，便在这里特别发展了。

由于以上所说的国情，官府主义便成为一个学问而渐次发达，在大体上可以将他分为前后两期。分别他的前后，是以一七二七年普鲁士王威尔希猛(Wilhelm)一世从各方面罗致学者特设官府学(Kameralwissenschaft)讲座的这一年为目标。以这一年为境界，又可以分为旧官府学派及新官府学派。就其前后来说，在有重商主义的国家观，用政治力量以谋一国的经济统制，由此以图府库以及其国民的经济力之增进这一点，其间是没有什么不同。至使其间区别的一点：第一，便是后期的官府学者才开始建设具有特殊性质的官府学——新官府学者，对于旧官府学者始终以专制君主为中心的经济财政政策论，用归纳的研究方法来判定的很多，明了因果的原理而使之具有学问的体系这一点，因此可以将新官府学派认为近世社会经济学的先驱。第二，旧官府学者是认定各国民不过是一个纳税的物体，是必须要绝对服从专制者的意思，然而新官府学者，承认国民的人格，固然是不消说，并且认定政治的要谛，便是在顾及国民的幸福这一点。

就是属于旧官府学派的学者，也有许多知名之士，比如奥沙(Ossa)、奥布勒(George Obrecht)，再在三十年战争的时候。如薛锃德(Ludwig von Seckendorff，1626—1692)，后来的策论家如柏赫(Johann Joachim Bcehers，1635—1682)及何立克(Philipp Wilhelm

> von Hornigk),粟莱德(Wilhehn von Schröber),是顶著名的。这些学者,固然在所有各方面贡献,然而将他集其大成而建设一个官府学的,实在还是新官府学者们,在这中间以尤斯蒂(Justi)贡献为最大,认尤斯蒂(Justi)为代表新旧官府学派的一个人,决非无故。①

作为德国重商主义者代表人物的约翰·冯·尤斯蒂,于1766年出版了著名的《财政学》(*Staatswirthschaft*)一书,意味着18世纪德意志的财政学已达到了其最成熟的程度。② 该书的"卷四"以"捐税的一般原则"为卷名,对财政的基本理论问题进行了探讨。与让·博丹一样,尤斯蒂也对财政问题分别从支出、收入和满足临时性紧急需求手段等三个方面进行了研究。③

该卷从一开始,就提出了国家是为了共同福利的目的而存在的主张。接着分析了国家为了自身的维持和运作所必须支出的费用,其中对军事支出的论述最为详细,所占篇幅在有关公共支出的论述中达一半以上。同时,尤斯蒂还提出了"国王的责任是,为了使国家得到应有的供应而作出仅仅是属于必要的那些支出"④的原则,并进而证明财政支出的必要性,指出了人民之所以必须缴纳捐税,是由于财政支出具有必要性。这样,在尤斯蒂那里已隐含了一定的公共财政和廉价政府思想了。

如同其他财政学家一样,尤斯蒂认为国有地、王室领地和一些特权

---

① 〔日〕阿部贤一:《财政学史》,第15—16页。

② 这本书比亚当·斯密的《国富论》还早10年出版,并已经是成体系性质的财政学论著了。从这个意义上看,说是亚当·斯密创立了财政学,尚有进一步考虑的余地。

③ 〔德〕约翰·冯·尤斯蒂:《财政学》,载〔美〕A. E. 门罗编《早期经济思想——亚当·斯密以前的经济文献选集》,第325—341页。

④ 同上书,第327页。

是国家的直接或特有财产，它们的收入是国家财政的真正基础；一般的财产则是间接财产，出于私产的税收仅是最后的收入手段，即“只有当国家不存在直接财产或特有财产，或者是，认为不宜用它来应付国家的必要支出时，才能这样做”①。他从经济负担和政治负担的角度，对这两大类财政收入进行了仔细的对比研究，认为“如果统治者的收入能始终以两个来源——王室领地和一些特权的享有为限，而不开辟第三个来源——捐税，那就真是件大好事。就这第三个来源而论，它最容易被滥用，最容易使国家受损害，而出于人的本性，又最容易滥用捐税”②。这种不是以税收，而是以带有很强封建私人性质的收入为主要收入形式的观点，反映了当时的德国财政仍然带有很强的家计性质。

尤斯蒂还对各种税收形式进行了分析研究，并提出了关于税收概念的定义：“所谓捐税，是当王室领地和特权项下的收入不足以应付国家的必要支出的，人民不得不就其私有财产和收益按一定的比率作出的支付。”③他还提出了“必须让人民有能力缴纳捐税”等捐税的六大基本原则。④ 在论述税收问题的过程中，他还涉及了公债问题。出于对过度捐税的反对态度，他主张在发生紧急情况，“政府为处于逆境而需要资金时，它尽可以乞助于借贷，此时需要用捐税支付的只是债款的利息”。甚至还说，税收与公债这“两个筹款方式，孰优孰劣，是没有怀疑余地的”。⑤

对于尤斯蒂，阿部贤一指出：

---

① 〔德〕约翰·冯·尤斯蒂：《财政学》，第327—328页。
② 同上书，第329—330页。
③ 同上书，第333页。
④ 同上书，第333—341页。
⑤ 同上书，第334页。

于是尤斯蒂的财政学的目的，由前面所列的一种著作底表题上现出来。“财政的体系——依从由于市民社会的终极目的以及国家收入的一切源泉的性质而引导出来的合理原则及规则——。”即是凡属为市民社会的秩序之故，又为财政之故，当然有一个准绳。这不能不说他是将纷歧复杂的社会现象在一定的关系之下整顿而将他了解，再从市民社会的终极目的底见解而试行判定。

尤斯蒂以为国家的终极目的，便是在“共同的幸福”，这便是他的国家观底结论——据他说：“国家是在最高权力之下以幸福为最终目的之多数人类的结合。”……

以为人民幸福是在以上程度的货财之丰富与生命财产之安全的尤斯蒂，是将这两者可以当做王侯政治的目标，人民便是应当由于服从与黾勉以扶助王侯而努力增加国富的人。要而言之，他这个理论，不能不说是从所谓“王侯的幸福与人民的福利是不可互相分离，缺一便不能永久存在”的思想脱胎而出的。……

于是人民都是王臣，财物都是王物，为使用这种王物王臣之故而有最高的权力，……

尤斯蒂的学说，是发源于王权主义，……①

从上面这些论述中可看出，阿部贤一实际上是指出了，尤斯蒂是从“国家性”（即王权主义）和“公共性”（即“市民社会”）两个角度来分析财政问题的，但这里的“公共性”是从属于“国家性”的。所谓的“人民都是王臣，财物都是王物”，就反映出了此时的德意志财政尽管“公共

---

① 〔日〕阿部贤一：《财政学史》，第17—19页。

性”已开始显现，但仍然具有很强的私人性质，“家计性”仍然是其财政的基本性质。而所谓的“官房”“官府”和“计臣”等词，实际上都只不过是“家计”的同义词或近义词，或者说是共同的外文单词的不同中文译法而已。

（四）18世纪的法兰西

比较而言，法国在让·博丹之后，是几乎未对财政问题进行什么研究的。这种状况直到财政的混乱与流弊状况异常严重，人们急呼改革之时才得到改进。18世纪初，沃班元帅在其军事活动过程中，就注意到了该国财政许多方面的恶劣状况。为此，他“著书论皇家什一税”①，建议改革税制，主张对全部收入征税来替代现存的税收制度，并以进口关税和对多种消费品的课税来补充之。

1748年孟德斯鸠的著作《论法的精神》（*Esprit des lois*）问世，尽管只是简要地涉及了税收与公债问题，但却对后世产生了不小的影响。他特别强调公共财政与政治的关系问题，注意到诸如自由民所承受的税负，也可能比专制君主对其臣民所课之税更为沉重等问题，同时他也强烈反对公债。

在10年之后，即1758年，作为重农学派奠基人和领袖人物的弗朗斯瓦·魁奈在凡尔赛非正式地刊印了他的《经济表》（*Tableau Economique*）一书，第一次提出了关于财富的生产与交换和分配相统一的理论，其中也将税收理论与其新的经济思想的基本原则联系起来考虑。

重农学派形成于18世纪下半叶的法国，而重商主义则流行于16世纪至17世纪的资本原始积累时期，两者所处的时代，市场和资本的发育程度不同，决定了它们的观点和看法是不同的，甚至有着很大的差

① 尹文敬：《财政学》，第23页。

异。与重商主义主张国家干预经济和垄断对外贸易的经济政策主张相反,重农学派强调遵守自然法则,主张经济的自由放任(laissez passer, laissez faire)。与重商主义的只有金银才是一国真正财富的观点不同,重农学派则认为土地的"纯产品"才是一个社会所能增加财富的唯一源泉。这些差异,导致了双方财政思想和理论的不同。重农学派认为土地是税收的唯一来源,因而他们赞成废弃所有其他的税收,只通过单一的土地税来取得公共收入。其结果将是只由占有"纯产品"的地主阶级来负担全部的租税,而免除租地农场主和工商业资本家的一切租税负担。在财政支出方面,重农学派极力主张压缩政府经费,"以为一切既任人民以自由,则国家职权,可以缩小。而支出自然减省"。① 不过,除了主张政府应该将其活动限制在可能的最小范围内,要求政府支出尽可能节俭以外,重农学派对于财政理论没有作出什么很大的贡献。

这一时期的财政思想和财政理论,除了魁奈和孟德斯鸠之外,值得一提的主要还有:

> Mirabeau(1715—1787)著租税原理(Theorie de I'lmpot),主张以地税为租税系统之中心,以人头税家屋税等为辅助税,其后又有实行家堵戈(Turgot,1727—1787),力本重农之学说,废止一切苛税,此外在法有 La Trasne(1772—1828),Du Pont de Nemours(1733—1817),在德有 Harl Krug 及 Schmaby 皆祖述重农主义之旨,而于财政为同样之主张。②

---

① 尹文敬:《财政学》,第23—24页。

② 同上。

第二节　前期公共财政论(上)

人类社会进入近代社会,通常是以1640年英国资产阶级革命开始为标志的。但从财政学的角度看,则开始于1776年,即以亚当·斯密《国富论》的出版为标志。在这一时期的英国,市场经济力量与自然经济力量,资产阶级与封建主阶级经过反复较量,已解决了谁战胜谁的问题,市场经济体制和资产阶级政权已经巩固下来了,这就为公共财政模式的最终确立提供了根本的条件。近现代国家及其代议制民主制度在英国的形成,是公共财政模式确立的基本政治条件;英国市场经济和资本主义的迅速成长,从手工制造业向着大工业的过渡,是公共财政模式确立的根本经济条件。公共财政模式的确立和成型,为作为一门学科体系的财政学的创立,提供了直接的和决定性的条件。

但是,这一时期即直至19世纪80年代奥意财政学派形成为止的这段期间内,除了我国财政学界所熟习的古典学派的财政理论外,还存在着形形色色的各种经济学流派及其财政思想和理论,其中除了马克思恩格斯的财政思想和财政理论之外,其余的大体上不为我国财政学界所熟习。但在对西方现代公共财政论的形成和发展的影响上看,它们却是比马克思恩格斯的财政思想起了更大的作用的。因此,后文也将对它们介绍和分析。本节主要介绍英国和法国早期的公共财政论。

一　亚当·斯密的财政论

1776年,亚当·斯密《国富论》的出版,不仅开创了经济学,而且也开创了财政学的一个新纪元。该书对后世的经济学和财政学,无论是在西方还是在东方,都有着深远的影响。

亚当·斯密基于前人的论著和自己本人的观察与深思熟虑，并通过该书对当时最新的基本经济问题作了研究与分析，由此而涉及了一系列的财政基本问题。他指出："被看作政治家或立法家的一门科学的政治经济学，提出两个不同的目标：第一，给人民提供充足的收入或生计，或者更确切地说，使人民能给自己提供这样的收入或生计；第二，给国家或社会提供充分的收入，使公务得以进行。"①

按此第二个目标进行的活动，就是财政活动。按此思路进一步深入研究，就形成了该书用于分析财政问题的一个整篇，即该书的第五篇"论君主或国家的收入"，较为系统完整地论述了公共支出、公共收入和公债等问题，从而被认为是财政学的奠基性著作。斯密财政学的体系结构明显地反映出了让·博丹的影响，即让·博丹将财政问题划分为收入手段、使用收入的方式以及结余等三大部分，只不过如同配第所已经做过的那样，将支出放在第一位，收入放在第二位，而不是让·博丹的相反位置安排而已。

亚当·斯密所处的时代，英国"已摆脱了重商主义的束缚与干涉，面临自由发展生产力的产业革命的前夜"。② 这就决定了他的经济理论和财政理论，是以建立和发展自由市场经济为基点，是在这一基础上展开自己的财政观的。他指出：

> 一切特惠或限制的制度，一经完全废除，最明白最单纯的自然自由制度就会树立起来。每一个人，在他不违反正义的法律时，都应听其完全自由，让他采用自己的方法，追求自己的利益，以其劳

① 〔英〕亚当·斯密：《国民财富的性质和原因的研究》(下卷)，第1页。
② 〔日〕坂入长太郎：《欧美财政思想史》，第127页。

> 动及资本和任何其他人或其他阶级相竞争。这样，君主们就被完全解除了监督私人产业、指导私人产业、使之最适合于社会利益的义务。要履行这种义务，君主们极易陷于错误；要行之得当，恐不是人间智慧或知识所能作到的。按照自然自由的制度，君主只有三个应尽的义务——这三个义务虽很重要，但都是一般人所能理解的。第一，保护社会，使不受其他独立社会的侵犯。第二，尽可能保护社会上各个人，使不受社会上任何其他人的侵害或压迫，这就是说，要设立严正的司法机关。第三，建设并维持某些公共事业及某些公共设施（其建设与维持绝不是为着任何个人或任何少数人的利益），这种事业与设施，在由大社会经营时，其利润常能补偿所费而有余，但若由个人或少数人经营，就决不能补偿所费。①

在上面这段论述里，亚当·斯密对其自由放任的经济观作了生动的阐述，他强调了封建制度、特权和束缚的“完全废除”，强调了君主们是“完全解除了监督私人产业、指导私人产业……义务”，并且认为是君主们如果要这样做的话，是极易陷于错误的，是非“人间智慧或知识所能作到的”，等等。这样，他就确立了市场优先的基本原则，然后在此原则下，再来确定政府的职责和活动范围。由此而形成的财政，显然是“公共性”的财政，尽管它分析的是“君主”收支活动。正因如此，如本书第五章所指出的那样，亚当·斯密在该书中，才可以不断地用 Common Wealth 和 Public 来界定和说明君主的活动，其原因就在于此时的君主已不是封建君主，而是建立在市场经济制度之上的立宪君主了。

---

① 〔英〕亚当·斯密：《国民财富的性质和原因的研究》（下卷），第252—253页。

在指出了市场经济基础之上的国家职责之后,亚当·斯密以此为依据,正式开始了财政问题的论述。他首先分析了"君主或国家的费用"问题,概括了财政支出的主要项目和内容:(1)国防费,即"君主的义务,首在保护本国社会的安全,……但平时准备兵力和战时使用兵力的费用,则因社会状态不同以及进化时期不同,而大不相同"。(2)司法经费,即"君主的第二个义务,为保护人民不使社会中任何人受其他人的欺侮或压迫,……这种义务的实行,因社会各时期的不同而有费用大小的差异"。(3)公共工程和公共机关的费用,即"君主或国家的第三种义务就是建立并维持某些公共机关和公共工程。……随着社会发达时期的不同,执行这种义务所需的费用的大小也非常不同"①。这些著名的观点,是本书所多次提到的,也是政府所最初提供的公共产品,以及是公共财政最初的支出内容。其后尽管西方公共财政的内容和范围有着很大的变化,但万变不离其宗,根本的活动准则和思路仍然是沿着斯密所设定的方向发展的,即它们始终如一地保持了财政的"公共性"。

有支出当然需要有相应的收入来源,因此在探讨了"什么是君主或国家的必要费用"问题之后,斯密接着探讨了各类费用的来源,即"其中哪些部分应由对全社会的一般课税来支付,哪些部分应由对社会内部特殊部分或特殊成员的课税来支付"②的问题。他指出:

> 防御社会的费用,维持一国元首的费用,都是为社会的一般利益而支出的。因此,照正当道理,这两者应当来自全社会一般

---

① 分别见〔英〕亚当·斯密:《国民财富的性质和原因的研究》(下卷),第254、272、284页。

② 同上书,第253页。

的贡献，而社会各个人的资助，又须尽可能与他们各自能力相称。

司法行政的费用，亦无疑是为全社会的一般利益而支出的。这种费用，由全社会一般的贡献开支，并无不当。不过，国家之所以有支出此项费用的必要，乃因社会有些人多行不义，势非设置法院救济保护不可；而最直接受到法院利益的，又是那些由法院恢复其权利或维持其权利的人。因此，司法行政费用，如按照特殊情形，由他们双方或其中一方支付，即由法院手续费开支，最为妥当。除非罪人自身无财产资金够支付此手续费，否则，这项费用，是无须由社会全体负担的。

凡利在一地一州的地方费用或州区费用……，当由地方收入或州区收入开支，而不应由社会一般收入开支。为了社会局部的利益，而增加社会全体的负担，那是不大妥当的。

维持良好道路及交通机关，无疑是有利于社会全体，所以，其费用由全社会的一般收入开支，并无不当。不过，最直接地受这费用的利益的人，乃是往来各处转运货物的商贾，以及购用那种货物的消费者。所以，英格兰的道路通行税，欧洲其他各国所谓路捐桥捐，完全由这两种人负担；这一来，社会一般人的负担就要减轻许多了。

一国的教育设施及宗教设施，分明是对社会有利益的，其费用由社会的一般收入开支并无不当。可是，这费用如由那直接受到教育利益宗教利益的人支付，或者由自以为有受教育利益或宗教利益的必要的人自发地出资开支，恐怕是同样妥当，说不定还带有若干利益。

凡有利于全社会的各种设施或土木工程，如不能全由那些最直接受到利益的人维持，或不是全由他们维持，那末，在大多数场合，不足之数，就不能不由全社会一般的贡献弥补。因此，社会的一般收入,除开支国防费及君主养尊费外,还须补充特别收入部门的不足。①

在上述斯密的分析中,有着两个鲜明的特点:一是财政支出的“一般利益”基点,即财政的公共性基点;一是利益与费用之间的对称性,即必须遵循市场所要求的成本效益对称准则。在这里,尽管斯密没有明确提出公共服务与政府征税之间的等价交换问题,但这种收益与负担对称的观点,则显然是包含有“税收价格”的思想萌芽的。

在设定了财政收入的基本准则之后,斯密探讨了“应由全社会支付的费用,将用各种什么方法向全社会课税,而这各种方法的主要利弊怎样”②的问题。为此,斯密指出:“这些费用的开支,有两个来源:第一,特别属于君主或国家,而与人民收入无何等关系的资源;第二,人民的收入。……特别属于君主或国家的资源或收入源泉,由资财及土地构成。”“在欧洲现代文明国家中,以国有土地地租为公家大部分收入的,已不复存在;但君主拥有广大领地的情况,仍是一切大君主国共有的现象。”斯密反对这种具有一定的私人性质的君主收入,认为“文明国君主,由其领地获取的收入,看来似对人民个人无损,但其实,这所损于全社会的,比君主所享有的其他任何同等收入来得多。所以,为社会全体利益计,莫若拍卖王室领地,从而分配给人民,而君主一向由其领地享有的收入,则由人民提供其他同等收入来代替”。③

这样,顺理成章的结果,就是公共财政应以“人民的收入”为来源,

---

① 〔英〕亚当·斯密:《国民财富的性质和原因的研究》(下卷),第374—375页。
② 同上书,第253页。
③ 分别见同上书,第376、382、383页。

它应当采用的是税收形式，因而斯密接下来的章节就是《论赋税》。为此，他首先探讨了税收的基本来源问题。斯密认为，商品价格都由三个部分所组成，即与劳动对应的工资，与资本对应的利润和与土地对应的地租，因而一切赋税都应当从地租、利润和工资中支付。“个人的私人收入，最终总是出于三个不同的源泉，即地租、利润与工资。每种赋税，归根结底，必定是由这三种收入源泉的这一种或那一种或无区别地由这三种收入源泉共同支付的。因此，我将竭尽所能，论述以下各点：第一，打算加于地租的税；第二，打算加于利润的税；第三，打算加于工资的税；第四，打算不分彼此地加于这三项收入源泉的税。”①这种观点和看法，很自然地决定了斯密的税收观，是主张复税制而不是单一税制的。

接着，他论述了著名的赋税四原则。这就是：(1)平等原则(equality)。即人民应当根据各自的纳税能力来负担政府的费用支出，或者说人民应当根据其在政府的保护下取得收入的多寡来缴纳税收，这才符合平等的要求。(2)确定原则(certainty)。即人民据以纳税的税法条款，应当是明确易懂的。为此，税法中的纳税内容、时间、地点和手续等规定都应当十分清楚明白。(3)便利原则(convenience)。即政府征税及其相应的管理手续必须尽量简单方便，给予纳税者以最大便利。(4)节省原则(economy of collection)。即政府税收的取得，应当尽量减少不必要的开支和费用，尽可能减轻社会的负担。② 这一税收原则理论，鲜明地体现了斯密的自由放任经济观，是根本适用于市场经济的。

接下来，斯密具体地分析了各个税种，分别对地租税、房租税、利润税、劳动工资税、人头税和消费品税等，进行了详细的分析和说明。其

① 〔英〕亚当·斯密：《国民财富的性质和原因的研究》(下卷)，第384页。

② 同上书，第384—385页。

中值得注意的有以下几点:(1)关于地租税问题。他指出:“虽然在一切场合,地主都是真正纳税者。但税款通常是由佃农垫付的,不过地主在收取地租时,必把它扣还佃农。”(2)关于工资税问题。“对劳动工资直接所课的税,虽可能由劳动者付出,但严格地说,就连由他垫支也说不上;至少,在课税后劳动需要及食物价格仍保持课税前的原状的场合是如此。在这一场合,不但工资税,还有超过此税额的若干款项,其实都是直接由雇他的人垫支的。”(3)关于人头税问题。“这类税,如企图使其公平,就要完全成为任意的、不确定的;如企图使其确定而不流于任意,就要完全成为不公平的。不论税率为重为轻,不确定总是不满的大原因。”(4)关于消费品税问题。“对生活必需品课税,和对劳动工资直接课税,其所生影响恰恰相同。劳动者随由自己手中支出此税,但至少就相当长期说,他甚至连垫支也说不上。那种税,最终总是通过增加的工资而由其直接雇主垫还给他。”①从这些论述中可以看出,斯密是认为税收只能由利润和地租承受的,这就隐含了税收对于资本的危害观在内,从而他主张小财政和小政府是合乎逻辑的。此外,对于具有封建性质的人头税,斯密是反对的。

这样,斯密主张税收只能来源于利润和地租,实际上就是主张税收只能来源于剩余价值。这种主张,在当时自由放任的背景下是正确的。此时人们的社会保障性质的活动基本上不是由国家和政府来承担,而是由社会成员个人自己负责,决定了此时的税收是不能对工资收入课征的。② 但如果从市场性质的等价交换角度看,则劳动者的纳税不能不是他个人的“必要生活费用”的组成部分。这样,斯密他们将劳动者

---

① 分别见〔英〕亚当·斯密:《国民财富的性质和原因的研究》(下卷),第387、425、428、432页。

② 关于在劳动价值论下,对工资也可以征税的分析,如有兴趣,可参见拙文《论我国个人所得的课税》,载《经济学家》1993年第5期。

缴纳的税收剔除于“劳动的价格”之外，并得出税收只能由利润和地租承担的结论，是值得重新考虑的。

正如任何学说都有其历史局限性一样，斯密的经济理论作为最先创立的系统全面的经济学体系也不例外。后人往往指出，斯密的经济思想是既有科学成分，又有许多矛盾和错误之处，这一税收观点就是一个例子。其税收观的这种矛盾性，在进一步分析各个税种时有了具体的体现。例如，他在指出消费品税只能由雇主承担之后，又接着指出：“那雇主如系制造业者，他将把这增加的工资，连同一定的增加利润，转嫁到货物价格上，所以，此税最后的支付，以及这增加利润的支付，将由消费者负担。那雇主如系农业者，则此等支付，将由地主负担。”①这样，他实际上又是认为，税收最终是由消费者和地主共同负担的。这点，该书对于除地租税外的各税种，即房租税、利润税、特殊营业利润税、工资税和消费品税等的分析结论，大体上都是如此的。这样，“消费者”也成为税收的最后承担者，然而“消费者”的大部分又显然是劳动者，这又等于说工资也是税收来源了。

尽管如此，斯密的税收理论是完全立足于市场和资本这一基点的，其得出的“中性税收”即“公共性税收”的结论，是完全符合市场和资本利益的。上述的某些观点和看法的矛盾只是次要的，瑕不掩瑜，并不足以掩盖和否定其财政税收理论的光辉。

最后，斯密探讨了公债问题。他实际上是反对正常情况下的政府举债的，而只同意在战时或紧急情况下的举债。“当国家费用由举债开支时，该国既有资本的一部分，必逐年受到破坏；从来用以维持生产性劳动的若干部分年生产物，必会被转用来维持非生产性劳

---

① 〔英〕亚当·斯密：《国民财富的性质和原因的研究》（下卷），第432页。

动。”“不过，只在战争继续的期间内，举债制度才优于其他制度。”接着他还具体分析了为什么此时举债制度优于税收制度等的原因。①由此可知，斯密是反对正常时期财政赤字，而同意在战时出现财政赤字的。这些，都是与他从公共的角度分析财政问题的整体思路相一致的。

正是由于他不仅系统全面地阐述了财政问题，而且他所提出的财政理论和财政思想为其后的西方公共财政学奠定了基本框架与核心内容，至今仍然有形无形地影响乃至根本决定着西方的财政理论，因此，人们一直是认为他是财政学的创立者，其中包括恩格斯。

二　萨伊的财政论

让·巴蒂斯特·萨伊，是法国著名的自由放任经济学家。1803年，其代表作《政治经济学概论》(*A Treatise on Political Economy*)出版了。如同亚当·斯密一样，萨伊也没有将自己的财政思想和财政理论形成专著，而是作为一个组成部分包括在自己的经济学著作中的。该书的第三篇的大部分篇幅用于论述财政问题，它充分地体现出萨伊的财政理论是具有独到见解的。

萨伊有着明确的公共财政观。《政治经济学概论》一书，是从“公共消费”开始分析财政问题的，该书在对经济学其他问题进行了大量探讨之后，于第三篇即最后一篇转入了对“财富的消费”问题的分析之中。在探讨了个人消费需要之后，接着开始进入对公共消费问题的分析。他指出：

> 除那些从私人消费得到满足的个人需要与家庭需要外，还有

① 〔英〕亚当·斯密：《国民财富的性质和原因的研究》(下卷)，第489—490页。

> 由于个人集合组成社会这种情况而产生的新的种类的需要,就是说,社会作为整体的需要,满足这种需要是公共消费的目的。社会购买并消费,管理它的事务的各部部长的个人劳务,保护它不受外国侵略的军人的个人劳务,以及保护它的各个成员的权益不受侵害的民刑推事的个人劳务。所有这些不同职业都有它们的用处,尽管它们往往增加到不必要多的程度,或得到过多的报酬,但这是起因于不健全的政治组织。①

这里的公共消费,是私人消费的集合,但又不是私人消费,而是政府履行职责时购买并消费的个人劳务的集合。这些公共消费,是为了对外防御,对内保护私人权益的司法活动等,都是政府及财政最基本的职责。这样,萨伊从涉及财政问题伊始,就立足于"公共",就是从"公共性"的角度来分析问题的。该书第六章"公共消费"的大部分篇幅,萨伊是用以具体介绍"民政与司法费用""陆海军费用""公共教育费用""公共慈善机关费用"以及"公共大建筑物与土木工程费用"等内容的,而这些是丝毫也没有超出斯密所论述的三大类公共支出范围和内容的。可以认为,萨伊的公共财政论是建立于斯密的公共财政论基础之上的,但比之于斯密的公共财政论,在公共性的探讨和论述上,又有很大的进步。因此,从西方公共财政论的发展过程来看,萨伊是作出了重大的贡献的。这主要表现在:

萨伊是从"消费",而不是从"分配"的角度来考虑财政问题的,即他是将财政问题归属于第三篇"财富的消费",而不是第二篇"财富的分配"之下进行分析的,这实际上是表明了,如果以我国目前的思维方式去分析,则萨伊是认为财政属于消费范畴,而不属于分配范畴的。这

---

① 〔法〕萨伊:《政治经济学概论》,第464页。

种从消费而不是从分配的角度把握财政问题的思维方式，正是公共产品论的分析方式，也是其后西方公共财政理论转向公共经济论的起点。

萨伊具有财政活动的利益交换观。萨伊是一个效用价值论者。在许涤新主编的《政治经济学辞典》（中）一书关于萨伊的词条中，称萨伊的价值论为“生产费用论”。① 而晏智杰则指出，效用价值论是萨伊“所提出的好几种价值观点中的一种，而且是最基本的一种”。② 但萨伊的价值论应当只是效用价值论，萨伊本人就非常明确地指出：“人们所给与物品的价值，是由物品的用途而产生的。……当人们承认某东西有价值时，所根据的总是它的有用性。……没用的东西，谁也不肯给与价值。现在让我把物品满足人类需要的内在力量叫做效用。……创造具有任何效用的物品，就等于创造财富。这是因为物品的效用就是物品价值的基础，而物品的价值就是财富由所构成的。”③

从自己的效用价值论的基点出发，萨伊将公共消费视为是与个人消费具有同样性质的“财富的消费”。这样，他就从正负效用相交换的角度，考察了财政问题，主张政府消费所提供的利益，必须超过其牺牲的利益。他指出：“所有公共消费本来都是价值的牺牲，而这种损害只能从满足任何社会需要所产生的利益得到补偿，所以贤明的政府，绝不可为用钱而用钱，而必须仔细研究，每一次满足社会需要所产生的利益，是否超过为获得该满足而牺牲的价值。”在后文中，他更是明确提出：“国家的费用应当来自从它得到满足的人，这是公平的原则。因

① 许涤新主编：《政治经济学辞典》（中），北京，人民出版社 1980 年 12 月第 1 版，第 454 页。

② 晏智杰：《经济学中的边际主义（历史的批判的研究）》，北京，北京大学出版社 1987 年 8 月第 1 版，第 46 页。

③ 〔法〕萨伊：《政治经济学概论》，第 59 页。

此，如果某些国家各阶层人民所缴纳的租税都和他们从国家费用所得的利益相称，这些国家必定是管理最好的国家。”①在这里，萨伊鲜明地提出了财政活动所引起的正效用必须超过负效用的观点。可见，约80年后奥意边际财政学派的公共财政活动必须边际正负效用相等的观点，其思想源头至少是可以追溯到萨伊的。

萨伊还由此进一步分析了中央政府与地方政府之间的费用分担问题。他指出某些经费项目如国防、司法等，是应当由全国负担的，这是因为“国家每一个人和每一个阶级，都受到中央行政机构，或者中央政府的利益。同样的，他们也受到国家军事机构所提供的保卫的利益，……由于同一原因，堡垒、军械厂和外交使节的费用，也应当由全国负担。……司法行政的经费，似乎应该列为全国费用项目”。反之，其他一些项目则是应当归地方负担的。“地方行政与地方公用机关、教育机关、慈善机关或娱乐场所，似乎专给它们所在地带来利益，所以它们的费用，应当归当地人民负担。”②

萨伊接着进一步指出：“把地方收支留给地方当局管理，是很经济的办法。在官吏是由出钱人委派的地方，尤其如此。当钱款是在捐助并希望从其获得利益的人的监视下花费时，浪费情况势必大大减少。此外，所花的费用，也必定和所预期的利益更相称。”此外，在前文他也指出：“公共浪费和私人浪费比起来更是犯罪行为，因为个人所浪费的只那些属于他的东西，而政府所浪费的却不是它自己的东西，它事实上仅是公共财富的托管人。”③这样，萨伊由其财政的利益交换观，实际上又得出了财政的民主观，即财政活动必须由“出钱人”委派官吏并监

① 分别见〔法〕萨伊：《政治经济学概论》，第474、499页。

② 同上书，第499、500页。

③ 同上书，第500、467页。

督，政府仅是“公共财富的托管人”。而财政的这种“社会公众性”，则是财政公共性的典型表现。

同时，萨伊还指出：“在极少数场合下，有部分公共消费品，由私人供应。我们可偶尔看到，私人出资在自己土地上建造道路、医院或公园的豪爽行为。在古代，这种事例比现今多，但不那么值得称赞。……在古代罗马，有一部分公共消费品，直接由战败国供应。”①这就明确涉及了本世纪西方财政经济学界所分析的公共产品的私人供应问题。

这样，萨伊的公共财政论就比亚当·斯密大大地跨进了一步，并且其观点是对于公共产品论的重要发展。在亚当·斯密那里，尽管已经谈到了“一般利益”问题，而涉及公共财政活动的利益交换思想，但还很不明确，并且也只是在分析公共工程等支出项目时提到的，没有将所有的财政问题均置于利益交换观的基点之上。萨伊则不同。他已经明确地将整个公共财政活动问题均以利益交换观来考察了。

萨伊实际上是从公共需要的基点分析财政问题的。他认为，为了判定公共消费的正负效用对比关系：“只有广泛观察文明社会的主要公共需要，才使我们能够相当准确地判断，社会为满足公共需要而作的牺牲是否值得。”②这样，萨伊又是以“公共需要”作为判定财政活动是否可行的标准，这实际上就是以公共需要为财政目的的。

萨伊具有财政活动的非生产性观。在该书中，萨伊把亚当·斯密的劳动的生产性与非生产性理论，转换为有形产品和无形产品的理论。对此，萨伊指出了公共消费不同于私人消费之处，在于它消费的是无形产品，因而是非生产性活动：“社会所消费的，几乎只是所谓无形产品，就是一创造出来便毁灭的产品，换句话说，就是人或其他有生物与无生

---

① 〔法〕萨伊：《政治经济学概论》，第498页。

② 同上书，第474页。

物的劳务或生产力。”萨伊接着解释说，公共消费也同样需要耗费人力物力，即“社会消费它的一切公务人员包括民政、司法、军事与教会人员的个人劳务，它消费土地或资本的生产力”。①

从这种财政活动的非生产性观出发，他形成了明确的“小政府”和“小财政”观。在接下来讨论赋税问题时，萨伊指出：“虽然课税所征收的货币可能归还国民，但它的价值始终没有归还，因为在政府归还该货币时，总要收取等值物作为交换。”这就是说，政府是通过市场购买而获得所需要的资源和要素的，因而“政府归还该货币”，只是意味着货币形式的归还，但价值在新的形式下仍然保留在政府手中，归政府使用。这样，“使非生产性消费不利于再生产的原因，也使课税不能促进再生产。课税使生产者失去一个产品，在没缴纳租税的假设下，如果他喜欢非生产性地消费这产品，它就给他带来个人满足，如果他喜欢有利地使用这产品，它就给他生利润。一个产品是生产另一个产品的手段，所以减除一个产品必然使生产力减少，绝不能使生产力增加”②。

尽管如此，萨伊并不绝对认为公共消费是完全不能存在的，而是如何权衡利弊正确处置的问题。对此，他分析说：“虽然课税所征收的款项，如果用得其宜，可能带来好处，而且事实上往往带来好处，但征税行为在开始时总是有害的。好的国王或政府总极力设法，尽量减少课税所加于人民的损害，他们厉行节约，不竭泽而渔，只在绝对必要时向人民课税。严格节约所以成为国王最不常有的美德，是因为朝廷无时无刻都有这样的人，他们的利益在于不实行节约。”③这些分析，应该说也是比斯密深刻的，或者说在斯密那里是没有明确系统地分析的。由此

---

① 〔法〕萨伊：《政治经济学概论》，第474页。

② 同上书，第502页。

③ 同上书，第503页。

可知，之所以关于"小政府"和"小财政"观的典型口号"最好的财政计划是尽量少花费，最好的租税是最轻的租税"①是萨伊而不是斯密喊出，就毫不奇怪了。

正是由于萨伊认为"课税是向私人提取他们的一部分财产充作公用，课税所征的价值，一从社会成员取去就不归返他们，以及课税就它本身说并不是再生产方法，我们就不能否认这个结论，最好的租税，或更确切地说，为害最少的租税是：1. 税率最适度的租税；2. 在最少程度上造成只烦扰纳税人而不增加国库的苦况；3. 各阶层人民负担公平；4. 在最少程度上妨害再生产；5. 有利于国民道德，就是有利于普及对社会有用和有益的习惯"②。在这里，萨伊以"最少程度上妨害再生产"以及该书后文对这一税收原则的详细分析，表明了他的税收观是典型的"中性税收"观，而这一观点也是斯密所不曾明确提出的。这样，萨伊的上述五点税收原则，并不能说是斯密税收原则论的翻版。

萨伊也涉及了公债问题，但大体上依循的是斯密的主张，即在平时反对公债，而在战时则允许发行公债。"各种公债都带有这个共同坏处，就是使资本从生产性用途退出，转向非生产性消费方面。在政府信用很低的国家，还有个特殊坏处，就是使资本的利息上涨。……借贷能力给国家带来一个大好处，就是使它能够把意外紧急事变所需要的费用在若干年内分摊。就现在政府职务和国际战争规模说，没有一个国家能够依靠经常岁入支付那么大的费用。"③

三　李嘉图的财政论

斯密之后19世纪的英国，似乎缺乏对财政的系统研究。各种经济

---

① 〔法〕萨伊：《政治经济学概论》，第504页。

② 同上。

③ 同上书，第538页。

学论著也继续对税收与公债问题进行讨论,但或多或少仅局限于抽象的理论问题分析上,并且时常明显地将这些财政问题降格到经济学其他问题的从属和次要地位上。如詹姆斯·穆勒1821年的《政治经济学纲要》(*Elements of Political Economy*)一书,就是在考虑财富消费问题时,才涉及税收问题的。

大卫·李嘉图的《政治经济学及赋税原理》(*Principles of Political Economy and Taxation*)一书于1817年的出版,在一定程度上改变了这种状况。该书尽管是一本经济学专著,但包含了相当比重的税收问题分析,并且其书名就直接点出了"赋税"二字,对税收理论,其中尤其是税负转嫁与归宿理论作出了重要的贡献。然而,该书毕竟不是一本财政学专著,甚至仅就财政问题来看也没有全面系统地进行分析,如财政支出问题就没有涉及,而只以税收为其分析对象而已。不过,李嘉图的其他论著则反映了他的财政思想和财政理论。

李嘉图是英国产业革命时代的经济学家。产业革命使得市场经济对于自然经济,资本主义对于封建主义的斗争取得了最后的胜利。不过,由于李嘉图所处的时代产业革命还没有最后完成,同旧的经济残余和政治势力的斗争还在继续,决定了他的学说的历史使命,就是证明市场经济体制和资本主义制度如何比旧体制和旧制度更为优越。为此,他继承和发展了斯密的经济自由主义观点。这些,势必要反映到他的财政观上来。

经济自由主义是李嘉图财政思想的基石。他指出:"在商业完全自由的制度下,各国都必然把它的资本和劳动用在最有利于本国的用途上。"①这句话如果用现在的语言来表达,这就是市场经济体制能够

① 〔英〕李嘉图:《政治经济学及赋税原理》,郭大力、王亚南译,北京,商务印书馆1962年9月第1版,第113页。

最有效地配置社会资源和要素。由此基点出发,李嘉图的财政思想不能不是充分尊重市场的。作为比亚当·斯密还要彻底的劳动价值论者,李嘉图以非生产性的国家观去分析税收问题,并由此而得出了其著名的"税收邪恶论"。在《政治经济学及赋税原理》一书中,这一思想是始终贯彻着的。这实际上是他的自由市场经济体制和资本主义制度是最有利于生产发展的观点,在税收问题上的具体化。

李嘉图从政府收入的角度来看待税收问题。他指出:"赋税是一个国家的土地和劳动的产品中由政府支配的部分;它最后总是由该国的资本中或是由该国的收入中支付的。"①由于政府是非生产性的,其支出是非生产性开支,因此,"如果没有赋税,资本的这种增加还会更多得多。凡属赋税都有减少积累能力的趋势。赋税不是落在资本上面,就是落在收入上面。如果它侵占资本,它就必然会相应地减少一笔基金,而国家的生产性劳动的多寡总是取决于这笔基金的大小的。如果它落在收入上面,就一定会减少积累,或迫使纳税人相应地减少以前的生活必需品和奢侈品的非生产性消费,以便把税款节省下来"。正因如此,税收从整体上看是"邪恶"的,是一种"巨大危害",即使"有些赋税所引起的这种结果可能比另一些赋税严重得多。但是赋税的巨大危害倒不在于课税目的的选择,而在于整个说来的总效果"。② 这就鲜明而生动地表述了他的"税收邪恶论"。

正是从这种认识出发,李嘉图强调税收不应导致整个国家的资本的减少。"当政府的消费因增课赋税而增加时,如果这种消费是由人民增加生产或减少消费来偿付的,这种赋税就落在收入上面,国家资本可以不受损失。但如果人民方面没有增加生产或减少非生产性消费,

---

① 〔英〕李嘉图:《政治经济学及赋税原理》,第127页。
② 同上书,第128—129页。

赋税就必然要落在资本上面,也就是说,原来决定用在生产性消费上的基金将因此受到损失。一国的生产量必然会随着资本的减少而成比例地减少;所以,如果人民方面和政府方面的非生产性开支继续不变,而年再生产量又不断减少时,人民和国家的资源就会日益迅速地趋于枯竭,贫困和灾殃就会随之而来。"①为此,政府的税收政策应当鼓励人民增加资本和收入,"不要征收那种必然要落在资本上面的赋税。因为征收这种赋税,就会损害维持劳动的基金,因而也就会减少国家将来的生产"。②

在这一基础上,李嘉图鲜明地反对"大政府"和"大财政"。他指出:"每一种新税都会成为生产的一种新负担,并使自然价格提高。一个国家中原先由纳税人自由支配的一部分劳动现在已经交由政府支配,因而不能用于生产。这一部分可能变得十分大,以致剩不下足够的剩余产品来刺激那些经常以自己的节约来增加国家资本的人作出努力。"谈到这里,他对当时的具体状况感到满意,"幸而任何一个自由国家的赋税都还没有重到使国家资本逐年不断减少的程度"。因此,需要的只是"小政府"和"小财政"。否则的话,过重的"赋税状况是不能长期继续下去的。如果继续下去的话,就会不断大量吸收国家的年产品,以致造成最大规模的穷困、饥荒和人口减少的景象"。③

正是由于将注意力集中在如何不侵害市场发展和资本积累上面,因而李嘉图接下来对于各个具体税种,诸如农产品税、地租税、什一税、土地税、黄金税、房屋税、利润税、工资税、农产品以外的其他商品税以及济贫税等,都着重从它们对于资本、劳动、利润和工资等影响的角度

① 〔英〕李嘉图:《政治经济学及赋税原理》,第127—128页。

② 同上书,第129—130页。

③ 同上书,第156页。

进行分析。这些都只是税收经济学的内容,而不是对于各个税种具体制度的设计,其重点则是税负转嫁与归宿问题。

对于李嘉图的赋税思想,坂入长太郎作了很好的概括:

> 简言之,李嘉图的赋税思想,就是地租税由地主负担,利润税及工资税由资本家负担。什一税与农产品税虽然能够转嫁,但结果使工资上涨,利润下降,最终还是归雇主负担。至于对消费品课税,如果是垄断商品,则归生产者负担;如果是奢侈品则要由富有者负担;如果是必需品就会使工资上涨,负担最终落在雇主身上。李嘉图的赋税理论就是转嫁论,是从他的地租理论、利润理论、工资理论中直接推论出来的,塞利格曼认为属于绝对的转嫁论。
>
> 李嘉图虽然发展了亚当·斯密的赋税论,可是也对亚当·斯密的观点作了若干订正。亚当·斯密说土地税归地主负担,工资税、利润税也全都归地主负担,但是李嘉图则认为地主只负担了土地税中经济地租的部分,对土地的其他课征则转嫁了。李嘉图和亚当·斯密都认为通过工资税、地租税不能够转嫁工人负担,亚当·斯密断定最终都落到地主身上。与此不同,李嘉图却断定减少了雇主和资本家利润。亚当·斯密站在维护地主的立场,李嘉图则站在同情资本家的立场,两者的立场不同。①

在《政治经济学及赋税原理》一书中,尽管李嘉图并没有设立专门章节,去专题论述公债问题,但公债理论仍然是其财政思想的重要组成部分。李嘉图最初只是一位成功的证券交易商,真正使他介入经济学

① 〔日〕坂入长太郎:《欧美财政思想史》,第192页。

研究,并撰写出《政治经济学及赋税原理》这一经典之作的,“则是从1809年参加当时有关货币银行问题的争论开始的。当时英国政府为了弥补财政赤字发行了大量纸币”。① 可见,李嘉图真正从事经济学研究,是由财政问题其中又主要是公债问题引起的。

李嘉图的公债理论的基本立足点,是与税收一样的,并由此而得出了比亚当·斯密更为彻底的反对公债的结论。李嘉图认为:

1. 公债将使得资本非生产化。“国家债券持有人的资本不可能变为生产性的,它实际上并不是资本。即使他出售债券,并将所得到的资本用在生产上,他也只是通过使购买他的债券的人的资本离开一种生产行业的办法才能办到。”②这样,对于危害资本的公债,显然是必须反对的。

2. 如果需要增加政府开支,使用发行公债与征收税款这两种方法,对于生产资本的影响是一样的。他指出:“如果为了一年的战费支出而以发行公债的办法征集二千万镑,这就是从国家的生产资本中取去了二千万镑。每年为偿付这种公债利息而征课的一百万镑,只不过是由付这一百万镑的人手中转移到收这一百万镑的人手中,也就是由纳税人手中转移到公债债权人手中。实际的开支就是那二千万镑,而不是为那二千万必须支付的利息。”③这样发行公债也就没有特殊的必要性了。这一段话,以后被人们称为“李嘉图等价定理”。这一观点,不仅引起了后人的争论,更主要的还在于它启发了后人关于公债问题的思路。④

---

① 许涤新主编:《政治经济学辞典》(中),第432页。

② 〔英〕李嘉图:《政治经济学及赋税原理》,第212页脚注。

③ 同上书,第208页。

④ 关于“李嘉图等价定理”,如有兴趣,可参见高培勇:《国债运行机制研究》第1章,北京,商务印书馆1995年4月第1版。

3. 公债会使得政府不知节俭,而浪费整个社会的资本。“如果政府的目的是要课税,那么可征课的资本和收入在两种情形下是完全一样的。所以国家既不会由于支付公债利息而陷于困境,也不会由于免除支付而得到解救。国家的资本只能由储积收入与节省开支而增加。取消公债既不能增加收入,也不能减少支出。一个国家的穷困是由于政府和人民的糜费,是由于借债。”李嘉图还指出,发行公债“这种办法会使我们不知节俭,使我们不明白自己的真实境况”。①

4. 公债的累积会恶化国家处境。“积欠巨额债款的国家的处境是极不自然的。”更有甚者,“如果在将来再有任何战争爆发时我们的债务还没有大大减少,那么要不是全部战费必须靠逐年课税来支付,便是在战争结束之后(即使不是在战争结束之前)陷于国家破产的境地”。②

5. 偿债基金并非是什么灵丹妙药。“如果偿债基金不是从公共收入超过公共支出的部分中取得的,就不能有效地达到减轻债务的目的。遗憾的是,我国的偿债基金只是徒有其名,因为我国收入并不超过支出。”③李嘉图还指出了偿债基金的危害:“首先是,资金回到公债持有者手里时的过于急骤,使他无法凭以博取收入;其次是,豁免的赋税……对某些商品的价格将发生严重影响,使经营或制造这些商品的受到极大危害。”④

6. 李嘉图不仅反对平时公债,而且反对战时公债。这是他不同于斯密的公债论之处。为此,李嘉图主张在战时应当通过增税来满足战费的开支需要,由此而引起的纳税人税款增加,则是可以通

---

① 〔英〕李嘉图:《政治经济学及赋税原理》,第209—210页。

② 同上书,第210、211—212页。

③ 同上书,第211页。

④ 〔英〕李嘉图:《公债论》,载《李嘉图著作和通信集》第四卷,蔡受百译,北京,商务印书馆1980年2月第1版,第163页。

过私人之间的借款来解决,而不是由政府举债来解决。战费导致增税,“每人都必须自行借债,并缴纳其全部应缴款额以输国家之急;战争一经停止,课税也就停止,我们也会立即恢复价格的自然状态。某甲在战争期间向某乙借钱,以便支付战费中他应负担的一部分,他就要从他私人的资金中拿出一部分来支付利息,但这事和国家没有关系”。①

税收和公债是李嘉图财政理论的基本组成部分,但他的论著也涉及了某些财政支出,典型的如财政补贴问题。李嘉图从自由贸易的角度,反对政府对谷物的补贴。

四　穆勒的财政论

约翰·斯图亚特·穆勒1848年《政治经济学原理——及其在社会哲学上的若干应用》一书,在西方经济学教科书的发展史上,是具有里程碑性质的重要著作。如陈岱孙就指出:

> 西方一些经济学家吹捧《原理》为19世纪下半期西方国家一本无可争议的经济学的圣经。可以不同意这一说法;但不能否认,直至19世纪末年,这本书一直是英、美等讲英语国家的大学初级经济学课程的基础教科书。19世纪70年代兴起的所谓“边际主义革命”对这本书中的基本原理提出了挑战,严重地动摇了它的权威地位。但只是在1890年,马歇尔的《经济学原理》出版之后,它的地位才完全为后者所代替。②

① 〔英〕李嘉图:《政治经济学及赋税原理》,第210页。

② 见〔英〕约翰·穆勒:《政治经济学原理——及其在社会哲学上的若干应用》(上卷),赵荣潜、桑炳彦、朱泱、胡企林译,北京,商务印书馆1991年9月第1版,陈岱孙的《中译本序言》第2段。

该书对于公共财政论的发展，也作出了重要的贡献。同亚当·斯密的《国富论》一样，财政问题也是其重要的组成部分，并且碰巧也是第五编/篇专门论述财政问题的。

穆勒的财政观与斯密的财政观，是基本一样的。穆勒也是立足于"政府"，是从对政府职责任务的探讨开始论述财政问题的。穆勒所谓的"政府职能"，指的是政府应该履行的职责任务。不过，尽管穆勒与斯密一样，也是从国家职责的角度去分析财政问题，去展开和论证自己的财政理论，双方之间又存在着重大差异。

1. 穆勒使用的是 Government、State 和 Nation 等单词，其中以 Government 为主，而斯密使用的则是 Sovereign、Common Wealth 和 State 等单词，其中以 Sovereign 为主。① 他强调"政府"收支与强调"君主"收支，尽管只是立宪君主，毕竟存在着或大或小的差别。这是因为，作为立宪君主，他(她)尽管可以代表国家，财政收支从名义上看也可以说成是某某陛下的收支，但严格来说则还是将财政收支说成是国家或政府收支，才是准确的。因为这时存在的是公共国家，而不是某一君主的私人国家。从 1776 年斯密的《国富论》出版到 1848 年穆勒的《政治经济学原理——及其在社会哲学上的若干应用》出版，其中间隔 70 余年，同为英国作者而对财政主体用词发生了重大变化，应该是这一时期英国的政治权力更多地转到政府手中这一现实状况的反映。

2. 穆勒强调的是政府收支，大量地使用了"政府"一词去分析论证财政问题。这样，西方财政学关于财政主体从"国家"向"政府"的转变，至少是可以追溯到穆勒这里的。但在我国理论界则存在着这么一

① 分别参见 Mill, J. S., *Principles of Political Economy*, new ed., by Ashley, W. J., London: Longman's, Green & Co., 1921; Smith, A., *An Inquiry into the Nature and Causes of the Wealth of Nations*.

种看法，认为称"国家财政"是可以的，但称"政府财政"则是不行的，因为那样将会否定"国家分配论"这一财政本质观。① 如果撇开所谓的"财政本质"争论，仅从"国家"与"政府"来看，则两词在基本一致的前提下，相互之间是存在着某些实质性差异的。

"国家"一词，可以是政权性的国家概念（state），也可以是民族性的国家概念（nation），或地理性的国家概念（country）。而在财政问题上，"国家"就是指政权性的国家概念。对于政权性的国家概念来说，在代议制政体下，"国家"与"政府"还是有不同的。此时的"政府"往往指的是国家的行政当局，并且大体上指的是中央政府，它不包括议会和司法机构等。因此，当穆勒开始使用"政府"一词来分析财政问题之时，指的就是行政当局的"政府"收支。此后，西方公共财政学所使用的，也是这个意义上的"政府"一词。从国家政权机构的收支活动来看，议会只是审议、批准、通过和监督财政活动，而没有从事实际的财政活动，实际的财政收支只是由政府进行的。这样，以"政府"去代替"国家"，因而以"政府财政"去代替"国家财政"，应当说是更为准确地概括和界定了市场经济条件下财政的范围与内涵的，是深化了对于"国家财政"的认识的，怎么会得出否定"国家财政"的结论？

3. 穆勒的"政府"也仍然是公共性质的政府。他指出，"必须把政府看作是全体人民的政府"②，这是他与斯密和萨伊等人一脉相承之处。因此，他们的"财政"都是公共性质的政府活动，都同时是多次以 Public 来形容的政府。这点，本书第五章已有详细的分析，这里不再赘述。

4. 穆勒用了该书第五编约一半的篇幅，详细地分析了政府与市场

---

① 参见刘邦驰：《当前财政学建设的若干理论问题》，第 46 页。

② 〔英〕约翰·穆勒：《政治经济学原理——及其在社会哲学上的若干应用》（下卷），胡企林、朱泱译，北京，商务印书馆 1991 年 9 月第 1 版，第 378 页。

的关系问题。而以往的经济学家,不用说李嘉图这样主要涉及税收的作者,就是斯密和萨伊这样的予政府问题以较大关心的作者,也只是概要性地分析了政府与市场关系问题。因此,关于政府问题的分析,是穆勒财政理论中最有特色和作出最大贡献的内容。这部分内容,本书将在下一章关于公共产品论问题的介绍中,予以详细的分析。

穆勒的税收理论也有自己的特色:

1. 关于税收原则。穆勒首先肯定了斯密的赋税四原则,但对于斯密税收原则的第一条即公平原则,则开始运用边沁的功利伦理思想来加以修正和深化,而提出了政府必须"对所有的人或阶级""一视同仁"的主张。穆勒解释说:

> 为什么平等应该是征税的原则?因为在一切政府事务中都应遵循平等原则。既然政府对所有的人或阶级向政府提出的要求都一视同仁,政府要求人民所作的牺牲也就应该尽量使所有的人承受同样的压力;必须指出,这正是使全体人民所作出的牺牲减至最低限度的方法。如果某人承担的赋税少于他应该承担的份额,另一个人就要多承担赋税,因而一般说来,某人承担的赋税减轻所带来的利益并不如另一个人的负担加重所带来害处大。所以,作为一项政治原则,课税平等就意味着所作出的牺牲平等。这意味着,在分配每个人应为政府支出作出的贡献时,应使每个人因支付自己的份额而感到的不便,既不比别人多也不比别人少。这一标准同其他追求理想境界的标准一样,是无法完全实现的;但是,无论讨论哪一实际问题,其首要目标都应该是弄清什么是理想境界。①

① 〔英〕约翰·穆勒:《政治经济学原理——及其在社会哲学上的若干应用》(下卷),第376页。

在这段话中，穆勒是从个人效用(利益)的基点来分析和看待税收问题的。从这个意义上看，可以说穆勒在价值理论上持有的是效用价值论，而不是生产费用论观点。① 同时，穆勒鲜明地表现出具有利益赋税观，即税收引起的个人效用的享有与牺牲，应当相等才是公平的思想，并且将其置于自己的效用价值论基点上来分析，使得自己的财政税收理论与经济理论统一起来。这无疑是其高明于斯密之处。在斯密那里，其公平原则并未联系经济学的基本原理来论证，而只是作为一个定论式的原则提出来，应该说是一个含糊的概念。因此，不管穆勒的价值论是正确还是混乱，他将自己的财政理论与经济理论统一起来，不能不说是一种理论上的跨越。这点，为其后西方财政理论的发展打下了一个良好的基础，边际效用学派补充和发展了这种观点，从而在理论上有力地证明了实行累进税率的合理性问题。

穆勒的整个经济学体系被认为是折中的和调和的，从而有时也必然是模糊的和相互矛盾的。这在穆勒的税收理论上也反映了出来。他从利益的享有和牺牲角度分析了赋税问题之后，又对利益赋税论提出了不同的看法。他指出：

> 通常在为某项大家共同关心的事业捐款时，每个人都根据自己的能力捐款，一般认为，大家在这样做时便是公平地尽了自己的一份力量，也就是说为共同的事业作出了平等的牺牲；与此相同，这也应该是强制性捐助的原则。为该原则寻找精巧或深奥的依

① 穆勒的理论是受到边沁思想的很大影响的，这不仅有受到其功利主义的影响，而且也还受到其一般效用原理的影响。在许涤新主编的《政治经济学辞典》(中)一书中关于穆勒的词条，称穆勒的价值论为“只是综合地重复了前人的庸俗的生产费用论和供求论”，见该书第464页。但本人认为穆勒是效用价值论者。

据,是多余的。①

这样,穆勒是主张利益赋税说,又否定了这一主张,而回到了斯密的赋税能力说上去。他试图解释和论证斯密的赋税平等的能力说,又认为无须这样做,是“多余”的,等等。

正是由于从“能力说”的角度去考虑赋税的公平问题,因此,穆勒反对累进税率。“对较高的收入征收较高的税,无异于勤劳节俭征税,无异于惩罚那些工作比邻人努力、生活比邻人节俭的人。受限制的,不应是通过劳动获得的财富,而应是不劳而获的财富。”②提出了“应对自然增加的地租课以特别税”,“土地税有时并不是赋税,而是为公众利益收取的一种租费”,“落在资本上的赋税不一定都应加以反对”等主张。③ 坂入长太郎认为,穆勒“在具体制定税制时还主张按比例课税”。④ 而马斯格雷夫则认为穆勒主张累退税,因为穆勒认为穷人占了需要保护的大部分,因而应当付大部分的税收。⑤

穆勒将赋税区分为直接税和间接税:

> 所谓直接税,就是原意要谁缴纳就由谁来缴纳的税。所谓间接税,则是这样一种税,虽然表面上是对某人征收这种税,但实际上此人可以通过损害另一个人的利益来使自己得到补偿。……直

---

① 〔英〕约翰·穆勒:《政治经济学原理——及其在社会哲学上的若干应用》(下卷),第378页。

② 同上书,第381页。

③ 分别见同上书,第390、393和394页。

④ 〔日〕坂入长太郎:《欧美财政思想史》,第228页。

⑤ 参见 Musgrave, R. A., “A Briet History of Fiscal Doctrine,” in Auerbach, A. J. and Feldstein, M., eds., *Handbook of Public Economics*, V. 1, Amsterdam: North-Holland, 1985, p. 17。

接税的课税对象或者是所得或者是支出，消费税大都是间接税，但有些也是直接税，……①

然后，穆勒对各个具体税种进行了分析，并对直接税和间接税进行了比较。这些关于各个税种及其转嫁与归宿问题的分析，大体上沿用了李嘉图的分析，但也不完全相同。

关于公债问题，穆勒并没有提出什么新的看法。正如阿部贤一所指出的：

要而言之：我们对于穆勒的财政思想，可以注意的一点，便是将历来的个人的自由思想大加修正这一点，于不言之中，表示不能不影响到国家经费上面的大势。在收入论上关于官业和官有财产，没有什么议论。关于公债，也没有特别可以注意的地方。但是对于赋税观念是以功利思想为基础而主张对于不当利得重税等等，我以为这是影响于后来的财政思想很大的。②

此外，除了上述几位著名的经济学家的公共财政思想外，在19世纪的英法两国，人们出于对实际财政问题的关心和兴趣，还撰写了许多专题性的论著。不过，两国的财政经济理论是大致相同的。在英国，除了上述斯密、李嘉图和穆勒等人及其论著之外，值得一提的还有罗伯特·汉米尔顿1813年的《国债管理调查》(*Inquiry concerning*

① 〔英〕约翰·穆勒：《政治经济学原理——及其在社会哲学上的若干应用》(下卷)，第397页。

② 〔日〕阿部贤一：《财政学史》，第71—74页。

the Management of the National Debt)，麦克库洛赫1845年出版的关于税收和公债(funding system)问题的论文。而尼科尔森1893—1901年的《政治经济学原理》(*Principles of Political Economy*)一书，则大量论述了公共支出、税收和公债问题。然而，直至1892年，英国还不曾出现过真正的财政学专著。虽然在此之前的1868年帕特森就曾出版过《理财学》(*Science of Finance*)，但只是书名与财政学相近，内容并非是财政学，而是各种资金问题。①

在19世纪的法国，也有数量可观的关于财政史、财政管理以及其他财政专题的论著问世。除了上述的萨伊的《政治经济学概论》之外，值得一提的还有1862年的加尼埃的《财政概论》(*Traite des finances*)一书，但该书写得并不好。稍后保罗·利罗伊-博利乌出版了小册子*Traite de la science des finances*，则比前者要优秀得多。

第三节 前期公共财政论(下)

在介绍了英法两国早期的主要公共财政论之后，本节将主要介绍19世纪德国的财政论。这是含有很强的公共性质的财政论。同时，本节也将捎带介绍19世纪美国的公共财政论。

18世纪德国的财政理论研究发展很快，其结果使19世纪的德国产生了许多系统的财政学论著。其中最重要的，当数德国理论界对官房学派许多原理的修正和否定。在19世纪的德国，对于财政学有着重大影响的，主要是罗雪尔、瓦格纳等人。

① 如美国的阿当斯就于1898年出版了同名的财政学专著，详见本书第十章第一节关于西方财政学发展阶段问题的介绍。

一　罗雪尔等的财政论

这一大点主要介绍19世纪上半叶的德国的主要财政理论。

（一）劳的财政理论

在介绍罗雪尔的公共财政论之前，必须先谈及劳的财政思想。德国理论界对于官房学派财政思想的修正工作，可以说是在亚当·斯密的影响下，由劳在1832年完成的。这以该年他出版了*Grundsatze der Finanzwissenschaft*一书的第一部分为标志。该书在其后几十年中，对于大学生和想当公务员的人来说，都是一本第一流的指南读物。阿部贤一对于劳也有很高的评价：

> 到十九世纪的三十年代，有罗氏①（Karl Heinrich Rau，1792—1870）出来。他在经济学说上固然是祖述英国的穆勒（John Stuart Mill），至于他的财政学，却有一段进境。在他所著经济学全书第三卷财政学上面，便看到他的进境。他在学史上的意义，不是在创见，是在他顶有组织的明了收入与经费的关系，将这事和私经济比较，联结国民经济，单从国家学的方面而说明的。至于其学问的态度，多半是含有政策的要素，不能不说是向完成官府学派前进顶优的一个人。②

劳认为财政学是政治经济学的一环，试图通过运用古典学派的经济理论和分析方法，把财政学从官房学中分离出来，从而将财政学

① “罗氏”即“劳”的不同译法。
② 〔日〕阿部贤一：《财政学史》，第27—28页。

独立成为一门学科并建立理论体系。对于劳的学术思想,阿部贤一概括说:

> 现在若是极简略的追述罗氏的学说,大抵如次:第一,关于国家的经费,是依赖于一国国民之一般的,共同的目的底国富。凡用个人力量不容易达到的,即是国家的目的。于是以国家任务看作一种神圣的事体,凡官府学派,英国正统学派,都是共通的思想。其次关于赋税问题,是认定国民当然的义务为其根据,基于这点而主张公平而普遍的课税,在赋税论上进一步。要而言之:罗氏不过是当时财政制度的最优解说者,批判者,并不是伟大的探讨者,思想家。尽管是这样,而他的著书,却普遍的为一般人所熟读,影响于同时代的后进是很多的,比如瓦格纳便是其顶伟大的后学。①

(二)李斯特的财政思想

接下来值得一提的,是李斯特的《政治经济学的国民体系》(*Das Nationale System der Politischen Okonomie*)一书在1841年的出版。该书"批判了亚当·斯密和萨伊的劳动生产性、非生产性理论,认为一个国家并不直接生产价值,'某些法律,某些公共设施,在生产或消费生产力上,都要起或强或弱的作用。'由于维持法律及制度、公共设施,才使人民得以创造生产力,他有关国家经费支出的生产性理论,是以这一论点为基础而展开的,这一理论是后来结出丰硕果实的德国财政学说——国家经费生产论——的先驱"②。

---

① 〔日〕阿部贤一:《财政学史》,第27页。
② 〔日〕坂入长太郎:《欧美财政思想史》,第281页。

(三)罗雪尔的财政理论

作为旧历史学派创始人的威廉·罗雪尔，于1843年出版了具有“历史学派宣言”之誉的《历史方法的国民经济学讲义大纲》(*Grundriss Zu Vorlesungen Uber Die Staatswirtschaft Nach Geschichtlicher Methode*)一书。熊彼特指出:“罗雪尔是个教授学究的化身，他的造诣主要在历史哲学方面，我们必须提到他，既由于他在经济思想史领域的学术成就，也由于他是经济学的学术舞台上的一位主要角色。”①该书作为一本“讲义”的“大纲”，因而其结构是极为简单的，其文句和段落之间没有行文上的逻辑联系，也不成为文章。不过，其第三编“国家财政”尽管也处于这种状态下，其对于财政问题的分析却涉及了较为具体的财政收入和支出问题，这具体表现在它的章目上，即该编的第一章“领地及其各种特权”，第二章“租税”，第三章“国家特别收入”包括国库金制度和公债等问题，以及第四章“国家支出”，等等。

罗雪尔的基本财政观，是在该编的编目之后与第一章之前，就作为独立的一节即第四十五节“私权的和社会整体的国家观”，而概括性地作了说明。总括来看，其基本的财政观主要有:

1. 他以“共同权利”作为国家以及财政问题的分析基点。该节第一句话就是:“共同的权利思想是国家所固有的纽带。”②这实际上是从“公共性”基点，来分析和论述财政问题的。它表明德国历史学派已经摆脱了官房学派的影响，即已经从官房学派的带有很大家计性质的财政观，开始从根本上转到公共性质的财政观上来了，尽管此时的转变并不彻底。

---

① 〔美〕约瑟夫·熊彼特:《经济分析史》第3卷，朱泱等译，北京，商务印书馆1994年7月第1版，第87页。

② 〔德〕威廉·罗雪尔:《历史方法的国民经济学讲义大纲》，朱绍文译，北京，商务印书馆1981年11月第1版，第132页。

2. 他紧接着分析了公共性质的国家问题。罗雪尔指出：

根据如何看待个人与全体的关系，其思想可大别为两类：(1)私权的观念。这种思想主张人民只在直接对自己有利的范围内才承担义务。统治者只应按其私权的种类，特别是对作为他的领地的附属地行使统治权。……这里还不存在不同于个人目的的公益目的。(2)社会的或国家的观念。这种思想认为国家不是统治者和被统治者的出于个人目的的结合，而是它本身就是目的，也就是把它作为更高的总体利益来看待。在这里，统治者和被统治者的权利关系各自分为两个领域：一是属于自己利益的权利范围，例如所有权、既得权；另一是属于整体利益的权利范围，例如统治权和国家公民权。……上述这两种思想的对立贯串于整个国家的各种关系。①

这样，罗雪尔就对该编编目“国家财政”中的“国家”一词，作了具体的分析，表明了他的以公共性国家为分析基点的态度。尽管他的这种将国家视为“本身就是目的”，是“作为更高的总体利益”的观点，还难以说是完全的公共国家观，但他毕竟已经从私人国家观中解脱出来了。

罗雪尔接下来正式转入了对财政问题的分析。他指出：

从财政方面来看，私权的国家主要依靠私权的财源即领地及国家事业而存在。社会的整体的国家则依靠租税而存在。私权的国家的租税（与社会的整体的国家情况不同）应视为原来直

① 〔德〕威廉·罗雪尔：《历史方法的国民经济学讲义大纲》，第132—133页。

接从国家得到的各种利益的一种代价。在私权的国家里每个人专为自己的利益，或在与别人接触时，总想尽量利用国家，少为国家作出牺牲。……私权的国家中的自由，在于尽量不受国家的约束。这种自由在社会的整体的国家里是不可能想象的。在这里自由只在国家政权的直接或间接干预下才得到承认。①

在该编其后的论述中，罗雪尔首先分析的是具有较浓厚封建色彩的"私权的国家"的领地和特权收入，然后才是"社会的整体的国家"的租税收入。这应是当时德意志地区实际财政状况的写照。此时德意志的资本主义正处于发展之中，并且作为后起的资产阶级是在与封建容克地主妥协与联合状态中，为自己的资本和市场开辟道路的，因而封建因素还很强大，具体来看，是此时德意志各邦的王权还很强大。此时国家政权的私人性质仍然很浓，尽管市场经济因素和资本主义生产关系已有了很大的发展。在这种政治经济背景下，德意志各邦的财政，显然是不可能完全被剔除的。罗雪尔的财政理论，也就不能不对此有着直接的表现。不过，由于市场和资本取代自然和封建的趋势在当时已经是很清楚的了，因而他又论述了从私权的国家向社会的国家转变的历史发展过程②，这又表明了他的财政观从根本上就是公共财政观。

二　施泰因等的财政论

19世纪的后半叶，尽管斯密的基本原理在德国保持了永久性影

---

① 〔德〕威廉·罗雪尔：《历史方法的国民经济学讲义大纲》，第133页。

② 同上书，第132—133页。

响，但其财政学说在德国财政学界的影响开始衰退。这样，德国财政学逐步进入了其黄金时代，其三大巨星为施泰因、沙夫勒和瓦格纳。他们在财政学上的影响，一直到20世纪还强烈地存在着。对此，阿部贤一指出：

> 有了这几位学者，德国的财政学在广与深方面便得以压倒他国。不消说，若从今说来，则其所说是有矛盾，皮相，独断这许多缺点，固然是难以否定，然在学史上的意义，依然顶重要。①

首先值得介绍的是施泰因的财政学说。他将财政学从属于国家学作为立论的基点，从国家学引申出了财政学的各种原则。这表明他的理论仍然受到官房学派的影响，仍然保留了一定的官房学派思想的痕迹。为此，他将国民经济和财政及一般行政都当做国家的一个部门，认为它们都是在"国家"之内各自生存和发展的组成部分，这就可以看到"国家经济"或"公共经济"的影子了。

施泰因的这种将财政学与国家学一并考虑的立论基点，在他1860年出版的《财政学教科书》(*Lehrbuch der Finanzwissenschaft*)中，清楚地表现出来。该书总论分析的是国家的本质问题，认为国家是具有最高人格、作为个人生活集合的统一体，并将宪法与行政放在一起讨论，然后再就严格意义上的财政学研究范围来考虑。为此，施泰因将该书分为两大部分，前一部分叫做"财政宪法论"，专门讨论财政的立法与预算问题；后一部分叫做"财务行政论"，用以研究国家的经济生活。其内容首先是探讨了国库金的处理问题，涉及的是财政支出问题。然后

① 〔日〕阿部贤一：《财政学史》，第28页。

分析了财政收入问题，分别探讨了国家的经济收入、赋税收入以及公债等问题。对此，阿部贤一评论说：

> 即是史泰因的财政，是以为应当从立法及行政的见地而观察，这正不能不说是他底学的创见之一。于是有从国家经济的见地而观察财政学，和英、法、德、奥、意、俄以及其他各国的财政状况试行比较，然在其各个观察上决不能说是对于学的贡献很大。①

在马斯格雷夫和皮科克1958年选编的《公共财政经典理论》(*Classics in the Theory of Public Finance*)一书中，以“论税收”(On Taxation)为题，选录了施泰因的《财政学教科书》(1885年第三版)的部分内容，这里依据《公共财政经典理论》1962年的第2版，归纳出施泰因关于财政基本理论的主要观点：

1. 施泰因完全是围绕着国家(the state)来论述财政和税收问题，并且极为强调国家在税收中的地位的。他指出：

> 国家对一切事物设定标准和命令，包括个人与共同体相互间的经济影响，那是共同体的本性所固有的。国家的有关目的以法律来表达，并且通过公共行政机构强加于个人头上。这就是税收的起源。个人对共同体缴纳贡赋具有普遍的必要性，它不是基于个人的随意决定，而是依据人本身实际具有的双重本性，即他的公共性方面和个人性方面而决定的。从另一方面看，税收概念是随着国家意识的产生而确定的。……税收制度是国家向着独立地位

① 〔日〕阿部贤一：《财政学史》，第29页。

发展的伴生物，并且确实的，在国家概念被明确地接受之前，是不可能存在着税收制度的。①

2. 施泰因是从公共性，而不是从个人性或经济性的角度，来看待税收问题的。他指出：

税收制度也消除着所有经济性质的捐款和勒索，因为那仅仅只是依靠社会差别而存在的，并且必将为货币支付所替代。税收制度及其所有的条文规定，最后也不再依靠社会差别和权势，而是依据建立于自由公民权基础上的宪政国家的法律。就是这个国家，现在通过建立于公民经济特性上的税法和税收管理，去确定税收的数量和分布。这样，我们认识到个人对于共同体的全部贡赋，是作为人类社会共同体的本性所固有的，而税收则仅是独立存在和活动的国家观念的充分发展。②

3. 施泰因赋予国家在财政和税收活动中的至高无上的地位。他指出：

个人对于共同体的态度，转变成了不再是由自己决定的义务，并且从共同体的观点来看，其正当性也不再是有疑问的了。……我所拥有的和收入的，都是可课税的；自我照应的责任，相对于向一个外在的力量缴税的责任，是退居第二位了；保持自我的权利从

① Musgrave, R. A. and Peacock, A. T., eds., *Classics in the Theory of Public Finance*, 2nd ed., London: MacMillan & Co, Ltd., 1962, pp. 29－30.

② Ibid, p. 30.

属于国家从我取走所需财物的权力。而且这一力量不是以野蛮的暴力从外部强加于我的,然而我对它感到讨厌,却不得不放弃我的所有物,因为我内心知道国家拥有这个权利。……很自然地,自由的人们应该试着去理解这一进程,以便创造出最高的一致,避免税收概念与个人自由之间的矛盾。

……共同体的力量在于每个个人将自己个人的物质的、精神的和社会的生活交于共同体。①

这样,施泰因的公共性,就不是完整的真正的公共性,即以私人为基础意义上的公共性,但仍然带有从属于国家性质的公共性。这点,应是当时普鲁士王国的政治制度仍然带有很强的专制君主制性质在财政理论上的反映。

4. 施泰因借助于税收对财政学进行了分析,他指出:

(对于税收与个人自由之间的矛盾),既不是哲学定律,也不是纯政治理论能够解决这一矛盾的;它已留归财政科学去探索和解决。……税收是公共财政学科与公共行政学科的联结之点。每一学科都是以另一学科为存在条件,并且两者都是……国家理论的一个部分……②

由此可知,施泰因是将财政学归入国家学说之中的。

---

① Musgrave, R. A. and Peacock, A. T., eds., *Classics in the Theory of Public Finance*, pp. 28－29.

② Ibid., pp. 29－31.

此外,坂入长太郎也指出,施泰因对财政现象,是使用了"国家经济""财政经济"和财政制度等这些术语来描述的。但这些术语的内容并没有什么不同的意义,即它们都指的是"国家活动"。而施泰因的这种"国家活动",其费用开支是具有生产性的,其赋税是具有再生产能力的。

施泰因的国家财政再生产理论认为,不论世界上的什么样的生活,也不论什么样的经济,什么样的国家经济,如不能由其本身再生产其存在条件,它就不能存在。而在施泰因那里,国家经济是具有再生产能力的有机循环活动。这样,国家财政活动就是一种严格意义上的"经济"活动,而不仅仅是"分配"意义上的"经济"活动。这是我们所能看到的最早以"国家经济"为基本思路来形成的财政理论。由于施泰因认为"最初财政是从共同体统一的经济产生的",因而他的"国家"是"共同体",是包含有"公共"性质的。① 这样,我们又可以看到,今天人们所使用的"公共经济"一词及其理论,其思想源头至少是可以追溯到施泰因那里的。

总之,施泰因既极为强调国家在财政税收活动中的地位和作用,又从"经济"和"公共"角度概括了财政现象,这些观点无疑对后人都是有着很大的影响的。

沙夫勒的财政学说也是应当加以考察的。作为一个著名的社会学家,他将社会看作是一个有机体。这种"社会有机体"观,显然会影响并反映到他的财政学上来,而将国家财政视为是国民经济的一个有机组成部分。这点,在他所著的《赋税政策原理》及《赋税论》等论著中,就有着明显的反映。坂入长太郎指出:

---

① 参见〔日〕坂入长太郎:《欧美财政思想史》,第290—293页。

> 谢夫勒①把私人经济组织——市场经济——看作为个人企业，基于自私自利思想通过竞争，以谋取最大利润的经济组织。他认为共同经济与此不同，这时经济行为不是通过一个个人的固有权利承担而是靠人格化的团体或组织来承担。在经济运动中人格化的人伦团体或设施所作的一切经济活动的整体称为共同经济。共同经济系由自由的结合体与强制的结合体两者构成，而后者中包括国家、地方公共团体。共同经济靠以交换与竞争为基础的私有经济的市场经济来补充，两者密切融合，建立起完整的人类社会经济。②

20世纪"混合经济论"出现后，私人经济与公共经济作为有机体共存共荣，共同形成统一的市场经济的思想，已经被普遍接受。然而，其思想源头是至少可以追溯到沙夫勒这里的。与施泰因的国家（公共）经济论结合在一起，沙夫勒的这种私人经济与共同（公共）经济有机统一的理论，在公共财政论的发展过程中，是具有里程碑意义的。

在这种公私经济有机统一的理论基础上，沙夫勒认为：

> 国家财政，不过是国民经济的一部分，这两下应当是在满足欲望的关系之间调整以行的。至于他是以为这两者有生存的必然性，而且有最小的生存程度。而对于在这中间起来的赋税现象放锐利的眼光，对于赋税之社会的影响特别加以注意的等等事体，是其他学者所望尘不及的地方。再关于税制改革问题，则高唱社会政策的必要，也是可以注目的地方。再还有一个小册子，是用社会

---

① 即沙夫勒。

② 〔日〕坂入长太郎：《欧美财政思想史》，第294页。

主义真髓的题目出版的，在流行各国的著作顶普遍方面，固然是备极粗笨的，然而是推论社会主义社会之财政制度的事体，在学史上是应当一顾的。①

三　瓦格纳的财政论

在19世纪下半期的德国财政学界三大巨星中，以瓦格纳最为著名，德国的近代财政论著是以瓦格纳1872年出版的《财政学》(*Finanzwissenschaft*)为代表的。该书只完成了四卷而未写完，但这并不妨碍其在财政学说史上占有重要的地位和获得很大的声誉，并且该书对于各国财政学的影响是一直延续至今的。阿部贤一指出：

> 德国的发达哲学和经济，而在财政学上产生具有异彩的伟人，实则为瓦格纳(Adolph Wagner)。他以毕生精力所贯通的财政学之大思想，便是社会政策的思想，这是人所共知的。至其思想，特别是在其赋税论上大放精彩。再财政学的发达，是在十九世纪特别在其后半期显著。然其发达，决不和时代精神的渴望，政治经济状况的变迁合致。于是保持旧套的财政学，便遇着应当改造的要求，这不外乎是在一般国民的生活上及在一国的政治上和财政上容纳所谓社会政策的见解。在法理学，国家学，以及政治学上，若根据历来的学说，则其研究的范围，只是终于国家的保护目的以及其形而上学的解释而已，然而现今则感觉国家有用有机的而且历史的解释之必要。即是国家不是人类自由创造，而且不能够任意废止的，在人类之社会生活方面，是不可避的条件，是最高的形式，而且

① 〔日〕阿部贤一：《财政学史》，第30页。

是历史的产物。至从这种国家理论来观察国家的任务,便是不应当跼蹐于法律的目的之窄狭范围以内,应当增加文化的法律的任务,而且要增加凭国家的力量而使下级人民向上之必要设施。①

阿部贤一还指出:

(瓦格纳)称自己为国家社会主义者,如一般人所共知,他是所谓讲坛社会主义者中间的铮铮有名的学者。他的思想的基础,便是虽然看到现代社会经济制度的各种弊害,然而却不愿将资本主义的经济制度,根本废止,只用所谓社会政策的手段来矫正。②

此外,《公共财政经典理论》以《公共财政三文》(*Three Extracts on Public Finance*)为名,从瓦格纳《财政学》1883年第三版中,选出了有代表意义的三篇短文,即《财政经济的本性》(The Nature of the Fiscal Economy)、《税收基本原则》(The Basic Principles of Taxation)以及《公平税负》(Justice in Tax Distribution)等,概括表达了瓦格纳的财政基本思想。此外,阿部贤一的《财政学史》和坂入长太郎的《欧美财政思想史》也对瓦格纳的财政思想作了较好的介绍。概括起来看,瓦格纳的财政思想主要有:

1. 关于国家是财政的主体问题。瓦格纳认为,"国家是一个强制性机构(a compulsory association)","这证明国家强制性地获得产品是正当的,并且在整个历史上都这样。它的基本方式是税收和征用"③,

---

① 〔日〕阿部贤一:《财政学史》,第104页。

② 同上书,第108页。

③ Musgrave, R. A. and Peacock, A. T., eds., *Classics in the Theory of Public Finance*, p. 1.

“其主体(its subject)是代表国家的政府”①。这里,瓦格纳关于财政活动是由强制性的国家进行的思想,显然对我国财政学产生过重大的影响。

然而,这一“国家财政”活动,实际上是公共性的财政活动。对此瓦格纳指出:

> 国家强制性地取得产品的活动,是可以称为“公共性”活动,以相对于我们所说的国家“商业性”(commercial)活动,即国家通过自己的生产,或通过契约服务而获得特定报酬的活动。公债也属于后一类。
>
> 商业性的国家收入,在历史上是较古老的,并且最初占优势。但在所有的现代欧洲国家中,历史发展已使得国家的商业性收入,其中尤其是国家自己的生产收入,比起强制性收入变得极不重要了。历史变故,尤其是国家领地时常失去或减少的事实,部分地解释了这种变化的原因,但主要的原因是经济史上两个主要发展的必然结果。一是对于生产资料尤其是土地的私人所有权法律概念的出现,以及大部分土地和实物资本实际上转移到私人手中。第二个发展是……公共的和尤其是国家活动的不断增大。②

在这段话中,瓦格纳尽管也认为财政包含有“商业性”即赢利性活动内容,但由于随着市场经济的发展已变得“极不重要”了,因而剩下的只有“公共性”了。这样,在瓦格纳那里,国家财政大体上也就是公共性的国家财政。

---

① Musgrave, R. A. and Peacock, A. T., eds., *Classics in the Theory of Public Finance*, p. 2.

② Ibid., p. 1.

2. 关于财政的“经济”(economy)问题。瓦格纳是从“经济”的角度来看待财政问题的,这从该篇的篇目用词“财政经济”(fiscal economy)就可看出。他指出:

> 财政经济或者公共预算构成了国家必须进行的活动,从而可以获得和使用那些对于它提供服务是必需的资源或基金。①

这种财政的“经济观”,是其后西方“公共经济学”的理论来源,但与我国财政学只将财政视为是一种分配的观点,则是有着重大差异的。

应指出的是,瓦格纳的财政“经济”观是建立在生产性国家观基础之上的。从“财政经济”观出发,瓦格纳认为国家是一个经济单位和生产机构,具有生产性。“如果认为国家本身是一个经济单位,则财政经济可以认为是它的一个部分。”②“……非物质产品对于共同体的整个经济生活,和对于所有私人经济的企业都是必不可少的。因此,国家服务即国家本身及其财政经济,在经济意义上具有明显的生产性。”③

由“财政经济”观出发,紧接着瓦格纳分析了财政的活动内容问题。

> 作为一个生产机构,国家要承担其任务,就需要一定数量的“经济产品”(个人的劳务、劳动和产品,以及在货币经济中的货币)。这些代表了国家的需求。如果我们承认财政经济作为一个

---

① Musgrave, R. A. and Peacock, A. T., eds., *Classics in the Theory of Public Finance*, p. 1.

② Ibid., pp. 1 – 2.

③ Ibid., p. 4.

> 消费经济或支出经济,是与国家相区别的,就不得不满足国家的那部分由产品或货币构成的需求,即用来支付工资或薪金,或直接用于公共服务,或获得其他产品。整个国家需求中的这个部分,可以专称为财政需求。在货币经济中,它们大部分由货币需求所构成,并且作为“国家支出”而出现于书本上。为了满足财政需要,或为了抵补国家支出,财政经济必须具有收入或收入经济的功能。其收入就表现为是国家收入。消费经济与收入经济这一双重功能就是财政经济的实质内容。①

这里,瓦格纳使用了“经济产品”的概念。究其实际,“经济产品”应是现代西方公共财政学经常使用的“个人产品”。这样,国家对于由个人的劳务、劳动和货币所组成的“经济产品”的支出和收入,就构成了财政经济的实际内容。可见,尽管瓦格纳使用了“经济”一词来概括财政现象,但主要的分析仍然是放在“分配”上面的。对此,阿部贤一也指出:“若站在这样的国家理论上面而观察财政学,则国家之财政的行为——收入及支出,便在国民经济上的财之生产及分配两方面,是有机的关系。”②

3. 财政的社会政策性。

> 如上所说的时代状况,便对于各国的财政,从而对于财政学,提出两个要求如次:(一)在树立经费,国有财产,赋税,信用制度的时节,务必将历来容易随着这等事情所发生之经济的及社会的弊害除掉。(二)再这等弊害,即令对于历来国家之积极的行为或

① Musgrave, R. A. and Peacock, A. T., eds., *Classics in the Theory of Public Finance*, p. 2.

② 〔日〕阿部贤一:《财政学史》,第 105 页。

是收入制度，没有关系，然因为除掉这等弊害，固然是要社会政策，又在必要的时候，应当采适当的财政手段。……

因此现代国家，便不能不开步向国家经济的政策及社会政策的方向前进，换一句话说，即是国家财政，进到国家社会主义（Staatssozialismus），社会的财政政策（Soziale Finanzpolitik），便越发为财政学上所重视。就是从其他方面看来，若是真正想避免国内的大变动，则实行这种政策，也是不能够迁延。……

瓦格纳提倡他所谓社会政策的财政之由来，实在是他将财政现象看做一个历史的范畴，想充分合乎当时的经济状况和时代的精神。而他常常本着这个态度，在赋税上，在公债上，在所谓官有财产及国有营业等等之私的营业收入上，试行将他所独有的思想展开。

……各方面对于他的理论，固然有多少议论，但是各国财政之实际的政策，却可以看做是跟着他的议论做去。①

4. 关于财政的特性问题。在上述分析的基础上，瓦格纳接着指出：

财政经济的特性，是由其职能决定的。这一职能就是向作为集中性强制经济的最高形式的国家，提供其所需的（实物的或货币的）收入，以及使用这些收入。财政经济的消费方与收入方的特性，必须从事实中得出。这对于理解财政科学是极为重要的。

如上所述，财政经济的特性导源于服务性公共实体尤其是国

① 〔日〕阿部贤一：《财政学史》，第105—107页。

家本身的职能。财政经济的本性与特性,它相似于和区别于其他类型的经济组织之处,可以认为有如下几点:①

Ⅰ. 财政经济是一个经济单位。其主体是代表国家的政府。作为一个经济单位,它在许多特点上与其他经济单位相似,尤其是在它整个地或主要地依据私人企业的原则进行活动,以及生产产品和提供服务,以便在市场上无限制地售卖的场合,就更是如此。当然,这是不包括某些更为特殊的产品——如农场、森林或矿藏在内的。在此范围内,公共财政理论是包括于个人或私人企业理论之中的。严格地说,财政经济向公共财政学科提出的问题,是仅在于经济过程所产生的不同结果上,是存在于公共经济或其特殊部分诸如国家农业、树林或矿藏的一般运转之中的。……如果国家承担了新的或保留了旧的"商业性"活动以及固有的财产,那几乎难以完全出于纯财政原因这么做的。……因此,财政经济与那些经济的经营单位和管理机构是相似的,它在法律的和经济的意义上是一个法人。②

Ⅱ. 就如国家的其他活动一样,财政经济的全体职员构成了官员。这些为数众多的"工人"构成了复杂的官僚机构,一般来说其活动结果是不具有个人利益,其产品也没有数量和质量。这也就是财政经济与各种各样的私人商业活动的相异相似之处,这些对于公共财政理论与实践是重要的。③

…………

Ⅲ. 财政经济产生着一个产品(货币)基金,作为一种强制性

---

① Musgrave, R. A. and Peacock, A. T., eds., *Classics in the Theory of Public Finance*, p. 2.

② Ibid., p. 2.

③ Ibid., p. 3.

的集体经济,国家的职责是完成委托给它的任务,基本上是提供诸如“公共机构”和服务等非物质性产品。假如接受国家和财政经济是一个完整的经济这一观点,则可以说它导致了物质性产品向非物质产品的转变。

非物质性产品对于共同体的整个经济生活,以及对于所有的私人企业都是不可或缺的。因此,国家的服务,国家本身以及财政经济(而后者是一种较为特殊的消费经济)就经济学意义来说显然是生产性的。但它要得出精确的……个人式的活动价值是非常困难的……因为在大多数的场合,由国家是一个集体经济这一本性所决定,其生产和服务是不能单个地售卖的,例如在国家职能的基本领域,即法律以及秩序(武装力量)的维护。……在商业活动中,产品的售卖补偿着生产的预付资本,从而提供着再生产的手段;而国家则不得不依靠另外的手段,主要是税收来获得所需要的手段。这是因为财政经济缺乏……标准去测度其持续的获利状况,而私人经济通常是以其技术,经营和甚至是经济生产率来测度的。①

这里,瓦格纳的若干观点对以后的财政学,不管是西方的还是我国的,都具有相当的影响,或为财政学以后的发展所纠正:(1)国家本身和它提供的服务一样,都是私人经济所必不可少的;(2)财政是一种生产性活动;(3)财政活动不能按照私人经济的标准来测度其价值。尽管西方财政学在以后的发展过程中从根本上否定了这一观点,但仅就直接的意义来说,这种说法又是正确的;(4)财政必须依靠不同于私人经济活动的手段来进行。

---

① Musgrave, R. A. and Peacock, A. T. , eds. , *Classics in the Theory of Public Finance*, p. 4.

Ⅳ.国家的生命被假定为是无限的。……(这对于)公债政策是重要的;严格地说,只有国家能够和可以举借永久性债务。

Ⅴ.私人经济与公共经济之间实质性的最后差别,在于国家对于国民生活的重要性,以及存在于人民经济生活之中和之上的国家主权地位。

国家活动的本性与范围,必须以履行各种目标为导向,而这些目标是为人民所认可和由人民的利益所决定的。就这点来说,国家及其财政经济是外在于竞争性市场的。由于拥有统治权,国家可以自由确定自己的任务,确定执行职责的手段以及确定提供给人民的服务数量与种类,而无须考虑人民对这些服务的要求。国家执行这些任务是依靠自己的财政权力或力量,诸如它在特殊领域征集收入的统治权。国家能够通过强制性手段取得所需要的收入,而无须提供特定的利益回报。这种强制获取,尤其是通过一般性的税收制度,是国家作为强制性集体经济的最高形式的典型方式,以获得对我们的私人企业经济资源的控制……

实际上国家服务从总的看和单项看,其价值和成本都是难以决定的。就大多数公共服务的非物质本性和公共服务无法以售卖方式提供而言,完全估算它们的交换价值是不可能的,即使是它们的使用价值,也只能非常粗略地计算,甚至成本要精确地确定也是非常困难的。因为大量的共同支出项目(诸如一般行政管理、公债利息、课税费用),是从未能够正确地分摊到各个服务项目中去的。①

这样,在瓦格纳那里,一方面认为财政是一种经济活动,但另一方

---

① Musgrave, R. A. and Peacock, A. T., eds., *Classics in the Theory of Public Finance*, pp. 5, 6.

面又只从政治方面去考虑财政问题；一方面认为财政是一种生产性活动，另一方面又认为财政活动没有价值。这些都是其理论的矛盾所在。正因如此，瓦格纳的学说未能解释和说明财政与市场及资本的一致性。此外，瓦格纳强调了国家财政活动的强制能力，这是对的；但由此得出国家是具有独立于私人经济的活动能力，即“无须考虑人民”的要求的结论，则是不正确的。所有这些，都使得尽管瓦格纳的财政学说闪烁着许多天才的火花，但终究是难以成为现代西方公共财政学的主流学说的。

5. 关于财政学的分析。由于认为财政是独立于私人经济的活动，瓦格纳接着指出，那些决定国家整体的和各个的活动行为的原则与准则，“就国家职能是一个强制性的集体经济来说，与其说是属于一般的经济理论，不如说是属于政治理论和公共管理理论”。这样，瓦格纳实际上是主张财政学是属于政治学的。鉴于财政活动的独立性，应对财政活动有所制约：“由于财政需求与国家活动之间必不可免的联系，公共财政科学必须使用三个决定两者活动的手段：(1)有效的和独立的财政控制机构；(2)节俭原则的遵循；(3)财政的需要与国民收入之间的适当均衡。”①

6. 关于税收理论。

> 瓦格纳的财政学之特色，便是充分表现在赋税上面，这不消说，由于社会政策的赋税这一个名词，便可以知道。听到他所说的，大抵如次：
>
> ……关于赋税，第一是有纯财政的目的，第二则应当树立社会政策的目的。至所谓社会政策的目的，便是以调节在自由交易之

① Musgrave, R. A. and Peacock, A. T., eds., *Classics in the Theory of Public Finance*, p. 5.

> 下所发生的分配不平等为目的,国民之所得及财产的分配,固不消说,是要干涉,就是在生产消费两方面,也是要积极的干涉。
>
> 据瓦格纳说:若单从自由放任的经济思想观察,则以为富及所得分配之不平等,是万物自然的情势,凡想用人为的赋税以及其他方法来将这等不平等变更调节,却是反乎自然的。再若从自由放任的思想看来,则只有赋税之普遍的原则这一个名目,便就可以实行,至在这里所谓最低生活费的免税,似乎没有讨论的余地。再说到所谓赋税之平等负担,则只对比例税率认可,而累进税率则被拒绝,再如财产所得,勤劳所得的差别待遇,也似乎毫不顾及。
>
> 然自在赋税政策上承认社会政策的目的,于是情况为之一变——比如在赋税之普遍的原则中间,实行最低生活费的免税,没有矛盾。又在赋税之平等负担的原则上侧重累进税率,财产所得课税比勤劳所得重,再偶然所得和不劳所得,应当格外重课的理论,也有鲜明的说明。再在所谓间接税中间特别是对于必要品课税,因为是逆进的负担之故,认为反乎社会政策的本旨,应当将他撤废……云云。①

对此,坂入长太郎指出,瓦格纳的税收理论,“不仅用于国家法治目的,还附带有文化福利目的”。“赋税不能理解为单纯的从国民经济年产物中的扣除部分,赋税还包括有纠正分配不公平的积极的目的。瓦格纳的赋税理论是一种二元论,因为他认为赋税一方面有获得财政收入的纯财政的目的,也就是获得国库收入的目的;另一方面又有施加

---

① 〔日〕阿部贤一:《财政学史》,第106—107页。

权力对所得和财产分配进行干预与调整的社会政策的目的。瓦格纳的赋税理论是实践的政策。”①

此外，这一时期德国还有一些财政学著作值得一提：斯孔博格1896—1898年第四版的*Handbuch der politischen Oekonomie*，该书是一本有价值的财政专著选集；科恩（Gustav Cohn）1889年的*System der Finanzwissenschaft*；埃赫博格（Eheberg）1903年的第七版*Finanzwissenschaft*；冯·赫克尔（Max von Heckel）1901年和1911年的*Lehrbuch Der Finanzwissenschaft*，等等。这一时期的大多数德国学者都仔细地研究了现存的财政制度及其历史，这些工作都显著地推动了公共财政学的发展。

四　同期的美国财政理论

自合众国创立之初，美国财政问题就受到不少关注，对公共财政的系统研究一直在取得进展。政府官员在大量的公文或文章中涉及了财政问题，其中主要有：汉米尔顿1790年《关于公债的报告》（*Report on Public Credit*）；沃尔科特1796年的《关于直接税的报告》（*Report on Direct Taxes*）；加勒廷1796年的《关于合众国的财政纲领》（*A Sketch of the Finances of the United States*）。此外，值得提到的是80多年后的约翰·谢尔曼1879年的《关于财税问题的演讲与报告》（*Speeches and Reports on Finance and Taxation*）。不过，这些都是官员们对于财税问题论述，从总的看是不系统的。

美国最初的经济学教科书也以同样仓促草率方式，去处理财政问题和内容，因为这是美国作者几经转手从同时代的英法作者那里抄袭而来的。在19世纪的最后三四十年中，由联邦或州任命的那些紧急事务委员会，曾出版了若干经过一定努力而形成的有关税收以其他财政

---

① 〔日〕坂入长太郎：《欧美财政思想史》，第304、305页。

问题的报告,其中一些还具有很高的价值。这些报告值得一提的有:1871 年和 1872 年的纽约州委员会,1886 年的马里兰州委员会,以及 1897 年的马萨诸塞州委员会等关于税收制度的报告。而作为联邦收入委员会成员的大卫·A. 韦尔斯,在美国国内战争后,对联邦收入体制经过严密的调查也提出了若干报告。

此外,别的作者通过经济调查,也提供了可观数量的关于税收、公债和美国财政史等方面的专题研究论著,以及三本财政学专著。这些论著主要有:

从税收方面来看主要有:埃利 1888 年的《美国州与城市税收》(*Taxation in American States and Cities*);塞林格曼 1910 年第八版的《税收论文集》(*Essays in Taxation*),1909 年第三版的《税负转嫁与归宿》(*The Shifting and Incidence of Taxation*),1909 年第二版的《累进税制》(*Progressive Taxation*);豪 1896 年的《国内收入体系中的美国税收》(*Taxation in the United States under the Internal Revenue System*);韦尔斯 1900 年《税收理论与实践》(*Theory and Practice of Taxation*);等等。

从公债方面来看主要有:阿当斯 1887 年出版的《公债》(*Public Debts*);罗斯 1892 年出版的《偿债基金》(*Sinking Funds*);斯科特 1893 年的《州债之拒付》(*The Repudiation of State Debts*);等等。

从财政史方面来看主要有:博利斯 1879—1886 年的《美国财政史》(*Financial History of the Unites States*)和杜威 1902 年的同名专著。

从其他财政问题来看主要有:厄达尔 1898 年《美国公费体系》(*The Fee System in the United States*);金利 1893 年出版的《美国独立国库》(*The Independent Treasury of the United States*);克洛 1901 年的《美国城市财政管理》(*Administration of City Finances in the United States*);等等。

这时期还出版了三本财政学专著,即:阿当斯 1898 年的《财政科学:公共支出与收入探索》(*The Science of Finance*:*An Investigation of Pwblic Expenditures and Public Revenues*),丹尼尔斯同年的《公共财政学基础》(*Elements of Public Finance*),还有就是普琳1896年出版的《公共财政学导论》(*Introduction to Public Finance*)。对这几本专著,本书将在第十章作进一步的介绍和分析。

本章主要参考文献

1.〔德〕威廉·罗雪尔:《历史方法的国民经济学讲义大纲》,朱绍文译,北京,商务印书馆1981年11月第1版。

2.〔德〕约翰·冯·尤斯蒂:《财政学》,载〔美〕A. E. 门罗编《早期经济思想——亚当·斯密以前的经济文献选集》,蔡受百等译,北京,商务印书馆1985年12月第1版。

3.〔法〕弗朗斯瓦·魁奈:《经济表》,载〔美〕A. E. 门罗编《早期经济思想——亚当·斯密以前的经济文献选集》,蔡受百等译,北京,商务印书馆1985年12月第1版。

4.〔古希腊〕色诺芬:《增加雅典国家收入的方法》,载〔美〕A. E. 门罗编《早期经济思想——亚当·斯密以前的经济文献选集》,蔡受百等译,北京,商务印书馆1985年12月第1版。

5.〔美〕阿瑟·奥肯:《平等与效率——重大的抉择》,王奔洲等译,北京,华夏出版社1987年7月第1版。

6.〔美〕米尔顿·弗里德曼:《资本主义与自由》,张瑞玉译,北京,商务印书馆1986年3月第1版。

7.〔美〕约瑟夫·熊彼特:《经济分析史》第3卷,朱泱等译,北京,商务印书馆1994年7月第1版。

8.〔日〕阿部贤一:《财政学史》,邹敬芳译,上海,商务印书馆1936年5月再版。

9.〔日〕坂入长太郎:《欧美财政思想史》,张淳译,北京,中国财政经济出版社1987年8月第1版。

10.〔日〕小林丑三郎:《各国财政史》,邹敬芳译,上海,神州国光社1930年11月第1版。

11.〔英〕大卫·休谟:《政治论文》,载〔美〕A. E. 门罗编《早期经济思想——亚当·斯密以前的经济文献选集》,蔡受百等译,北京,商务印书馆 1985 年 12 月第 1 版。

12.〔英〕李嘉图:《政治经济学及赋税原理》,郭大力、王亚南译,北京,商务印书馆 1962 年 9 月第 1 版。

13.〔英〕托马斯·孟:《英国得自对外贸易的财富》,载〔美〕A. E. 门罗编《早期经济思想——亚当·斯密以前的经济文献选集》,蔡受百等译,北京,商务印书馆 1985 年 12 月第 1 版。

14.〔英〕威廉·配第:《赋税论　献给英明人士　货币略论》,陈冬野等译,北京,商务印书馆 1978 年 10 月第 1 版。

15.〔英〕亚当·斯密:《国民财富的性质和原因的研究》(下卷),郭大力、王亚南译,北京,商务印书馆 1974 年 6 月第 1 版。

16.〔英〕约·雷·麦克库洛赫:《政治经济学原理》,郭家麟译,北京,商务印书馆 1975 年 11 月第 1 版。

17. Bullock, C. J. , *Selected Readings in Public Finance*, 2nd ed. , Boston: Ginn & Co. , 1920.

18. Musgrave, R. A. , "A Brief History of Fiscal Doctrine," in Auerbach, A. J. and Feldstein, M. , eds. , *Handbook of Public Economics*, V. 1, Amsterdam: North-Holland, 1985.

19. Musgrave, R. A. and Peacock, A. T. , eds. , *Classics in the Theory of Public Finance*, 2nd ed. , London: MacMillan & Co, Ltd. , 1962.

第九章　公共产品论史

在介绍完近代西方公共财政理论之后，本章转入对现代西方公共财政学的介绍和分析。由于现代西方公共财政学是以公共产品(public goods)论为其核心理论的，因而本章将以公共产品论的发展沿革为主线，来介绍现代西方公共财政学的发展概况。不过，由于“公共产品”观早已产生，并非仅是现代西方社会的产物，因而本章的介绍将追溯到较早的时期，这使得本章与上一章在时间上将有所交叉，在论述上将有所重叠。但由于本章是仅从公共产品论的角度分析问题的，因而少许交叉和重叠是允许的。

第一节　思想渊源

现代西方公共财政论的核心问题，是公共部门应提供什么样的服务，以及应提供多大公共服务的问题。这一问题是由公共产品论来解决的。这就使得公共产品论成为现代西方公共财政学的核心理论。本章通过对公共产品论发展沿革的介绍，将使人们能从核心理论的角度了解现代西方公共财政学的发展概况。

一　共同消费性的分析

西方公共财政学的根本性变化，是由于边际效用价值论进入并占据了西方公共财政学理论基础的主导地位引起的，从而出现了崭新的与原有公共财政学极为不同的现代公共财政学。早已存在的对公共产品问题的探讨，此时正式上升到理论的高度，因而公共产品论就成为这一根本变化的集中体现。西方公共财政学的这一变化，是由19世纪80年代开始的，这就是为什么本书将这一时间作为近代与现代西方公共财政学分界线的根本原因。为此，本章分析重心显然是在19世纪80年代之后。

公共产品论是随着资本主义市场经济的发展而逐步发展起来的。尽管它的研究对象，是公共部门如何作用于市场失效而配置和使用社会资源的问题，或者说它的研究对象并非是直接的市场交换活动，反而是非市场的活动问题，但公共产品论仍是以市场活动为其基本立足点与研究前提的；并且在其发展过程中，还逐步将与市场经济相适应的各项经济学基本原理，引入到传统的公共财政论中来了，而形成为一门特殊的市场经济理论。可见，公共产品论是完全植根于市场经济土壤之上的，对该理论发展的历史沿革作一较详细的考察，不仅对于了解现代西方公共财政学是必不可少的，而且对于如何重构和发展我国的社会主义市场经济下的公共财政论，也将具有重大的启示意义。

在公共产品论产生之前，西方的公共财政论大体上只停留在对税收理论的研究上，对于政府支出的研究很少，并且基本上只是对一些具体性问题的分析。由于公共产品的供应是直接由政府安排的财力支持的，很少研究政府支出问题，因而几乎没有对公共产品论作出什么贡献。不过，由于公共产品基本上是由政府提供的，因而西方学者在探讨国家和政府等问题时，也总会或多或少地涉及某些公共产品问题，这就使得在早期的西方理论中，也若隐若现地包含着若干与公共产品论有关的看法和内容，但它们与其说是从经济学和财政学角度，倒不如说是从哲学和政治学角度提出的。

由于公共产品具有共同消费这一根本性质，因而最初与公共产品问题有关的看法，主要是从共同消费性的角度得出的。

首先应提到的是霍布斯，他的思想对公共产品论的影响主要有以下两点：一是他的社会契约论，二是他的利益赋税论，并且这两方面是紧密相关的。

作为一种国家起源观的社会契约论，在西方源远流长绵延数千年，但影响现代西方公共财政学与公共产品论的，则是近代资产阶级的社会契约论。霍布斯正是这一资产阶级理论的开创者。① 社会契约论作为一种国家理论，有其庞大的内容，但其中与公共产品论相关联的，则主要是它的关于政府与民众关系的思想。这一思想认为，社会上的个人是自由平等的，为了保卫和维护自身的利益，但又无力仅仅依靠个人的力量来做到时，个人通过相互间的契约而创造和形成了国家与政府。霍布斯指出，国家的本质"用一个定义来说，这就是一大群人相互订立信约、每个人都对它的行为授权，以便使它能按其认为有利于大家的和平与共同防卫的方式运用全体的力量和手段的一个人格"。②

霍布斯的这种思想，是与公共产品论关于公共产品的利益和效用是由个人享有，但个人本身难以提供，而只能由政府或集体来提供的分析完全一致的。正因如此，该理论成为其后公共产品论最根本的理论基础之一。

霍布斯的思想对于现代西方公共财政学的深刻影响主要在于：(1)国家和政府本身就是作为一件最重要的"公共产品"而存在的。(2)国家和政府的活动是一种"公共"行为。正因如此，在现代西方财政学中，政府收入和支出等同于公共收入和支出，财政行为是公共活动

① 一说近代社会契约论的开创者为荷兰的格罗休斯。

② 〔英〕霍布斯：《利维坦》，黎思复、黎廷弼译，北京，商务印书馆 1985 年 9 月第 1 版，第 132 页。

行为，并且天然地将财政学视为是公共财政学，到后来更将其视为是公共经济学或公共部门经济学。(3)这是一种以私人为基本立足点的“国家”，而不是马克思主义的以阶级为基本立足点的“国家”。这就为其后公共产品论逐步地将财政活动从国家需要转到私人需要上来，奠定了最根本的理论基础。这种以平等的私人为基本立足点的理论，是资本主义生产关系和市场经济发展的产物，是“商品是天生的平等派”这一本性在理论上的反映。

然而，国家与政府以及公共活动都是按非市场准则来进行的，这使得霍布斯时代的重商主义学派以及后来的古典学派的经济学家们，都无法从经济学角度即按市场要求去解释政府提供公共服务的现象。这样，在很长的时期内，这类分析只能见诸于政治学论著之中。这也是本章最先涉及的仅是作为一位思想家和哲学家的霍布斯，而不是一位经济学家的根本原因了。

完成于1651年的《利维坦》(*Leviathan*)，是霍布斯的一本关于国家的专著，但该书也于若干处涉及了税收问题。他指出：“主权者向人民征收的税不过是公家给予保卫平民各安生业的带甲者的薪饷。”①这种看法是一种典型的利益赋税思想。但霍布斯并没有对赋税问题进行专门的研究，而仅是在探讨国家问题时捎带提及的。霍布斯是从国家作为主权的代表者，应保持平等正义的角度来说明国家问题的。这样，他的这种看法与其说是对已有的税收理论的一种发展，倒不如说是公共产品论的“税收价格”观的思想源头。

尽管有霍布斯的这些贡献，但当时产生公共产品论的时机尚远未成熟。18世纪之前是欧洲资产阶级国家的形成时期，此时资本原始积累正处于逐步完成之中，当时的资本尽管有要求国家保护其正常发展

---

① 〔英〕霍布斯：《利维坦》，第269页。

的一面,但更多的是要求不受干预地在本国内自由发展。当时的经济学和财政学就不能不反映着经济基础的这种客观要求。所以,它虽然引入了社会契约论的某些看法,赞同国家征税和开展若干公共活动,但从根本上看却又将国家视为是资本自由发展的异己力量,视为是对私人资本的否定。这样,资本在允许政府征收必要的税收的同时,又要求尽可能地约束政府的活动范围和压缩政府的支出规模。这就说明了,为什么当时的西方公共财政思想是几乎只偏重于研究税收问题了。

与霍布斯仅在政治论著之中偶尔涉及财政问题不同,稍后于他的威廉·配第则有着专门的财政论著。配第于 1662 年出版的《赋税论》,一开始就集中探讨了公共经费问题。他列举和分析了国防费、行政费、宗教事务费、教育费、贫民救济费和公共事业费等几大类公共支出,并将它们的存在认为是理所当然的,而没有进一步分析它们存在的原因。这就使得他没能对日后的公共产品论作出什么贡献。不过,他主张削减前四类经费,增加后两类经费,并论述了社会救济费和公共事业费的存在将带来的社会利益,从而实际上分析了公共支出存在的必要性问题。① 这种分析,是与其后公共产品论的分析相类似的。

但总的来说,配第及其后的约翰·洛克等人对于政府经费问题的看法,大体上都只停留在霍布斯的水平上,对公共产品论并没有什么重大的影响和贡献。

最初关于公共产品问题的分析,是比配第晚了半个多世纪才产生的。1739 年,休谟在其著作《人性论》(*A Treatise of Human Nature*)之中,开始接触到了公共产品论的某些基本内容。在书中他指出,人们具有只追求眼前利益而不顾长远危害的弱点,这只有依靠执行正义的政府的作用才能克服。他分析说:

---

① 〔英〕威廉·配第:《赋税论　献给英明人士　货币略论》,第 27—28 页。

> 两个邻人可以同意排去他们所共有的一片草地中的积水，因为他们容易相互了解对方的心思，而且每个人必然看到，他不执行自己任务的直接后果就是把整个计划抛弃了。但是要使一千个人同意那样一种行为，乃是很困难的，而且的确是不可能的；……因为各人都在寻找借口，要想使自己省却麻烦和开支，而把全部负担加在他人身上。政治社会就容易补救这些弊病。执政长官……可以拟定促进那种利益的任何计划。

他接着指出，诸如桥梁、海港、城墙和运河的建造，舰队的装备和军队的训练，等等，都是只有在政府的关怀下，才能做到的。因为政府是"在某种程度上免去了所有这些缺点的一个组织"。①

休谟的这些分析包含了公共产品论的若干基本内容：(1)在自私自利的个人之间，存在着某些具有共同消费性质的"产品"。这里的例子是人们共有牧地的排水问题。(2)在这类产品的提供及其费用承担中，人们都存在着坐享其成的心理及其可能性。这里的例子，是数以千计的人们共同提供排水费用时所可能产生的问题。这就是公共产品论中著名的"免费搭车(者)"问题。(3)在自私自利心理的驱使下，人们追求个人眼前私利却往往导致长远危害的结果，从而无法解决共同消费性服务的提供问题。这就是其后公共产品论的"囚犯困境"问题。(4)这种坐享其成的心理和短视行为，是只有依靠政府才能有效地予以克服的。

然而，休谟的上述分析，仍是从政治学伦理学的角度得出的。从公

① 〔英〕休谟：《人性论》(下册)，关文运译，北京，商务印书馆1980年4月第1版，第578—579页。

共产品论的角度看，休谟的分析还是零星的和较为肤浅的，仅仅只是公共产品论的一些发端性思想火花而已。与霍布斯和配第等人一样，休谟也没有将他的分析中的财政问题与自由市场经济要求直接相联系。这可以说是这些英国学者思想的一个最显著的特点，或者说是其弱点所在。这是由当时的历史背景所决定的。此时英国的产业革命还没有开始，真正的自由贸易和经济自由也还没有实现。

但反过来，毕竟此时自由市场经济已经有了很大的发展，并且表现为是一种社会经济发展的历史根本趋势。这样，没能直接反映这一客观要求的理论，就不能不说是有着很大局限性的。也正因如此，尽管休谟的分析已非常接近公共产品论的提出，但在当时及其后相当长的时间内并未引起西方财政学界的重视，而仅表现为是一种走在历史前头的天才思想火花而已。

二　市场失效问题的分析

在市场经济条件下，公共产品问题是与市场失效问题直接相关联的，因而对公共产品问题的最初的和直接的分析，也很自然地会涉及市场失效这一问题的。

亚当·斯密是最先明确地将公共支出与市场失效联系起来的人。作为一个自由放任的经济思想家，斯密认为，一旦政府的限制被撤销，本性自由而又简单明了的市场经济制度，将确立起自身的一致与和谐，因而君主应当摆脱直接管理和指挥私人企业的所有责任。但是，本性自由的市场经济制度，又需要君主去执行三个不言而喻的职责和功能，即对外、对内和公共机关与公共工程。他认为，所有这些政府费用的支出，都是为了社会的一般或局部利益的。[①] 至于为什么要由君主（国

---

① 〔英〕亚当·斯密：《国民财富的性质和原因的研究》（下卷），第374—375页。

家)而不是由私人承担前两个职责,斯密没有说明,但对于第三个职责,他接着指出:

> 这类机关和工程,对于一个大社会当然是有很大利益的,但就其性质说,设由个人或少数人办理,那所得利润决不能偿其所费。所以这种事业,不能期望个人或少数人出来创办或维持。①

这里,亚当·斯密是从社会共同利益的基点探讨政府职责问题的。

这样,斯密就将公共产品问题与市场失效问题相联系起来了。斯密关于公共事业的收益难以抵偿其成本,从而难以由私人提供的分析,表明他已经认识到某些活动只能由公共承担而不能由市场来履行,是有其客观经济根源的。不过,他没有对市场失效问题作进一步的系统分析和阐述,而仅是停留在问题的边缘上。这样,尽管斯密已涉及公共产品论的那些关键性问题,如市场失效、共同消费性、免费搭车和囚犯困境等的实际内容,但他并未明确与系统地提出并阐述这些概念,这就难以将这些贡献归属于他。这样,斯密在公共产品论的发展史上的建树并不是很大的,这与他在经济学说史上所拥有的崇高地位,是形成鲜明反差的。

还应指出的是,斯密对政府支出论的注意力,仅仅集中在区分各项费用的特点以获得相应的经费来源上,而不是由政府笼统地从全社会取得一般收入,然后再用以安排各项支出上。② 这样做的结果,虽可以使对财政收支的分析具体化,但也限制了他在政府支出的基本理论上的

---

① 〔英〕亚当·斯密:《国民财富的性质和原因的研究》(下卷),第284页。

② 同上书,第374—375页。

建树。当然,众所周知地,尽管有这些局限性,他仍然以《国富论》的第五篇“论君主或国家的收入”,比较系统地阐述了公共财政问题,从而创立了财政学,这就仍然在西方公共财政学的发展史上占据了重要的地位。

大卫·李嘉图是继斯密之后的又一位经济学大师,他的论著大量地涉及了税收和公债问题,从而也对西方公共财政论的发展作出了重大的贡献。但遗憾的是,人们却很难说他对公共支出问题以及公共产品论有什么贡献。

在斯密之后对公共产品论作出重大贡献的,是另一位经济学大师约翰·穆勒。穆勒的《政治经济学原理——及其在社会哲学上的若干应用》一书中的财政部分,其最大的特点,就是紧紧围绕着政府与市场的关系来进行论述和分析的。他首先从政府职能着手分析财政问题,并且政府职能这一主题实际上是贯穿于该书的整个第五编的。该书第五编的第一句话就是:

> 在我们这个时代,无论是在政治科学中还是在实际政治中,争论最多的一个问题都是,政府的职能和作用的适当界限在哪里。在其他时代,人们争论的问题是,政府应该如何组成,政府应根据什么原则和规则行使权力;现在的问题则是,政府的权力应伸展到哪些人类事物领域。①

这样,穆勒对于财政问题的分析,就是紧紧围绕着政府与市场的关系进行的。

① 〔英〕约翰·穆勒:《政治经济学原理——及其在社会哲学上的若干应用》(下卷),第366页。

紧接着,穆勒立即对政府活动的适度范围问题进行了详细的探讨。如同斯密和李嘉图一样,他也认为,“自由放任是一般的准则,除非为某种巨大的利益所要求,任何对该准则的偏离,无疑都是一种罪过”①。他进一步指出了社会可以偏离自由放任准则,即允许政府插足的若干重要事例。他将这些都归为“政府的一般职能”,并将这些职能划分为两大类,即分为政府的必要职能(necessary functions)和任选职能(optional functions)。对此,穆勒指出:

> (存在着)与政府这一概念密不可分的那些职能,或所有政府一向在行使而未遭到任何反对的那些职能;此类职能不同于那些是否应由政府行使尚有疑问的职能。前者可以称为必要的政府职能,后者可以称为可选择的政府职能。我们使用“任选”这个词,并不意味着,后一种政府职能是无关紧要的,政府行使不行使这些职能纯粹出于任意的选择;而只是意味着,政府并非必须行使这些职能,人们对于政府是否应行使这些职能可以有不同意见。②

政府的必要职能,指的是政府应当履行的必要职责,包括政府必须提供的保障人们生命、人身和财产安全的法律体系与制度。这是保证自由放任制度正常运行的基本前提。然而,穆勒指出:“我们发现,必要的政府职能要比大多数人最初想象的多得多,不能象人们一般谈论

① Mill, J. S., *Principles of Political Economy*, p. 952. 在约翰·穆勒《政治经济学原理——及其在社会哲学上的若干应用》(下卷)的中译本(商务印书馆 1991 年 9 月第 1 版)中,这段话被译为:“总之,一般应实行自由放任原则,除非某种巨大利益要求违背这一原则,否则,违背这一原则必然会带来弊害。”(第 539—540 页)

② 〔英〕约翰·穆勒:《政治经济学原理——及其在社会哲学上的若干应用》(下卷),第 367 页。

这一问题那样,用很明确的分界线划定其范围。”政府除了“应该保护人们免遭暴力和欺诈”①之外,还“存在着大量的事例,此时政府履行职权是获得普遍赞同的。其原因很简单,就在于提供了普遍的便利”。②这些事例,除了已经指出的遗产法的制定和执行,保证契约的履行,民事法庭的存在和运作,保护未成年人、精神病患者和低能者等之外,包括铸币、制定度量衡标准、铺设道路、安装路灯、清扫街道、绘制地图和航海图,以及堤坝的建造,等等。对此,穆勒指出:

> 此类毫无疑问属于政府职能范围内的例子,是不胜枚举的。但上面所举的例子已充分表明,被普遍承认的政府职能具有很广的范围,远非任何死框框所能限定,而行使这些职能所依据的共同理由除了增进普遍的便利外,不可能再找到其他任何理由;也不可能用任何普遍适用的准则来限制政府的干预,能限制政府干预的只有这样一条简单而笼统的准则,即除非政府干预能带来很大便利,否则便决不允许政府进行干预。③

这样,尽管穆勒对于政府职能所应覆盖的范围有多大的问题,没能给出一个明确的界限,但“除非政府干预能带来很大便利,否则便决不允许政府进行干预”这一准则却是非常明确的。这种“普遍的

---

① 〔英〕约翰·穆勒:《政治经济学原理——及其在社会哲学上的若干应用》(下卷),第367页。

② Mill, J. S., *Principles of Political Economy*, p. 800. 在约翰·穆勒《政治经济学原理——及其在社会哲学上的若干应用》(下卷)的中译本(商务印书馆1991年9月第1版)中,这段话被译为:“在许多情况下,政府承担责任,行使职能,之所以受到普遍欢迎,并不是由于别的什么原因,而只是由于这样一个简单的原因,即它这样做有助于增进普遍的便利。”(第371页)

③ 〔英〕约翰·穆勒:《政治经济学原理——及其在社会哲学上的若干应用》(下卷),第371—372页。

共同的便利”准则，就明确地将自由市场经济与公共财政问题联系起来了。

进一步看，穆勒还是为政府可以干预市场提供了一些标准的：(1)个人不具备正确评价事物利益的能力时，需要政府干预。诸如儿童被要求接受初等教育。(2)个人缺乏远见，却可能签署无法废除的契约时，政府应加以限制。(3)利益分歧的劳工和经理人员谈判时，政府应加以调节。政府对股份公司，其中尤其是垄断公司的活动，也应加以调控。这样，穆勒就以确保个人的自由和私利为基点，为其政府干预的“便利”标准作了较为详细的说明。为此，他批判了若干政府干预的错误理论，这是结合着政府的任选职能问题进行探讨的。

所谓政府的任选职能，指的是人们尽管对于某些职责是否该由政府履行尚存在疑问，政府还是可以履行这些职责的。穆勒指出，对于这些职能来说，“政府有时执行这些职能，有时不执行这些职能，而且人们对于是否应该执行这些职能，也没有取得一致意见”。① 可见，这种政府与市场界限不明确的问题，是自市场经济诞生伊始就已存在的了。

对于政府任选职能问题，穆勒紧接着指出：

> 我们应该先清除掉所有这样的政府干预，即由于政府对干预的对象抱有错误的看法，因而干预带来了有害的结果。这样的干预不认为政府干预应有适当的限度。……所以，我们首先将粗略看一看各种错误理论，这些错误理论常常为政府行动提供依据，而这些行动或多或少是有害于经济的。②

---

① 〔英〕约翰·穆勒：《政治经济学原理——及其在社会哲学上的若干应用》(下卷)，第502页。

② 同上。

穆勒具体分析了那些错误理论。首先,他认为:“在这些错误理论中,最为著名的是‘保护本国工业’的理论。”他指出:“保护本国工业意味着用高额关税禁止或阻止国内能生产的外国商品的进口。”这样做之所以是错误的,是因为这将“降低该国劳动和资本的生产效率,就是把国内生产所需要的费用和从国外购买所需要的费用两者之间的差额浪费掉”。① 穆勒明确地指出:“这种限制和禁止进口的政策,从根本上说依据的是‘重商制度’。”②穆勒将自己批判的矛头指向重商主义,接着还详细地分析和批判了保护主义的观点,这是与其具有自由放任的经济观相一致的。

穆勒所批判的第二个错误理论,是政府“对订立契约的干预。例子之一便是‘高利贷法’的干预”。穆勒认为:“立法者制定和维护高利贷法,不外出于以下两个动机,一是出于公共政策方面的考虑,一是为有关当事人的利益着想……就公共政策来说,……如果以为可以不管供给和需求的自然作用,依靠法律便能压低利率,那就误解了影响商业活动的原因。”而实际上,穆勒指出,这些“本来旨在降低借主所付代价的法律,结果反而大大提高了借主所付出的代价。这种法律还往往会直接败坏道德”。而对于“为借主的利益着想而言,立法者的一片好心没有比这运用得更不是地方了。我们应该认为,已达到法定成年人年龄而且头脑健全的人,是能够照料自己的金钱利益的。如果法律不管他出售财产、转让财产或放弃所有财产,则法律也不必干涉他借款”。③这里,穆勒更是鲜明地体现出其自由主义经济观了。

穆勒所批判的第三个错误理论,是“控制商品价格的尝试”,而第

---

① 〔英〕约翰·穆勒:《政治经济学原理——及其在社会哲学上的若干应用》(下卷),第503页。

② 同上书,第504页。

③ 同上书,第513—515页。

四个错误理论则是“垄断”。穆勒指出:“赋予某个生产者或销售者以垄断权或赋予某些生产者或销售者……以垄断权,就是使他们有权为了私利随便向公众课税,唯一的限度是不要因此而使公众不使用他们生产或销售的商品。”①

第五个错误理论,则是“禁止工人联合的法律”。穆勒指出:

> 假如工人阶级联合起来能使其工资得到普遍提高的话,则几乎不用说,这不是应该加以惩罚的事情,而是可喜可贺的事情。不幸的是,工人阶级并不能通过联合达到提高工资的目的。……如果他们能联合起来的话,他们无疑就能够缩短劳动时间,并能够在缩短劳动时间的同时使工资保持不变。但是,如果他们力图使工资高于供给和需求所规定的水平(正是这种水平规定的工资把国家的全部流动资本分配给了全体工人),那就只有使一部分工人永远失业才能做到这一点。公共救济机构当然不会管那些能够工作但不愿工作的人,这些人将不得不由工会来养活,由于仍然是用相同的工资总额养活相同数量的工人,因而整个说来,工人的境况不会比以前更好。②

穆勒批判的最后一个错误理论,则是“对思想和出版的限制”。这是因为,这种限制“对一切繁荣都有巨大危害,甚至对于经济繁荣也有巨大危害”。③

在从自由放任经济观的基点旗帜鲜明地进行了上述的批判之后,

---

① 分别见〔英〕约翰·穆勒:《政治经济学原理——及其在社会哲学上的若干应用》(下卷),第518、519—520页。

② 同上书,第522页。

③ 同上书,第528页。

穆勒转入了对自己观点的正面阐述，即探讨了“自由放任或不干预原则的依据和所受到的限制”问题。为此，穆勒探讨了“命令式”和“非命令式”两种政府干预类型。

> 政府干预可以扩展到对个人自由加以限制。政府可以禁止所有人做某些事情，或规定没有它的允许就不能做某些事情；也可以规定所有人必须做某些事情，或规定必须以某种方式做那些可做可不做的事情。这就是所谓命令式的政府干预。还有另外一种干预，可以称为非命令式的，也就是说，政府不发布命令或法令，而是给予劝告和传播信息……或者，政府允许个人自由地以自己的方式追求具有普遍利益的目标，不干预他们，但并不是把事情完全交给个人去做，而是也设立自己的机构来做同样的事情。
>
> ……
>
> 同非命令式的政府干预相比，命令式的政府干预所具有的正当活动范围要小得多。在任何情况下，都得有大得多的必要性作为前提，命令式的干预才是正当的；与此同时，在人类生活的很大范围内，必须毫无保留地、无条件地排除命令式的干预。①

对此，穆勒指出，“我认为，一切只与个人内部和外部生活有关、不影响他人利益或只是通过道德示范作用影响他人的那些部分”活动，政府是不应当干预的。反之，“当政府想办法达到某一目的，而又允许个人采用他们认为更好的其他方法达到这一目的时，自由便没

---

① 〔英〕约翰·穆勒：《政治经济学原理——及其在社会哲学上的若干应用》（下卷），第530—531页。

有受到侵犯,也没有对自由施加令人讨厌、又使人堕落的限制”。在这种情形下,政府是可以干预的。为此,穆勒还强调了强制性在政府收入中的必要性,即“在政府的几乎所有干预活动中,有一件事情是强制性的,那就是政府必须有经费才能进行干预。而经费则来自税收;或者即使来自公共财产,它们仍然是强制课税的原因”。① 在这些分析之后,穆勒就得出了前文已指出过的“自由放任是一般的准则”,而政府只有在能够为社会提供“巨大利益”的情况下,对市场的干预才是允许的结论。

穆勒比斯密更进一步分析了共同消费性问题。他指出:

> 需要法律干预的各种情形,并不是去否定个人的判断,而仅是影响其判断而已。为此,社会必须协调行动。但如果没有法律的效力与约束,社会又将难以产生有效的协调行动。②

他论证说,假定将工作日普遍地从 10 小时减少到 9 小时,对于大家都是有利的,工人得到的工资将会和劳动 10 小时一样多或基本一样多。但单个工人难以做到这点,也难以通过工人之间的共同协商来达到,因为某些人可能发现违反协议将获得好处,而遵守协议者反而受到损失或遭殃。这就需要制定法律并强制执行来实现。

他还指出,殖民地的土地也不应听任个人自由开发,政府必须加以

---

① 分别见〔英〕约翰·穆勒:《政治经济学原理——及其在社会哲学上的若干应用》(下卷),第 531、532 页。

② Mill, J. S., *Principles of Political Economy*, p. 963. 在约翰·穆勒的《政治经济学原理——及其在社会哲学上的若干应用》(下卷)的中译本(商务印书馆 1991 年 9 月第 1 版)中,这段话被译为:“有些事情需要法律进行干预,并不是为了否决人们对自身利益所作的判断,而是为了使这种判断得以付诸实施,因为人们只有采取协调一致的行动才能实施其判断,而协调一致的行动只有得到法律的认可和批准才会奏效。”(第 553—554 页)

干预,因为每个殖民者都想占据尽可能多的土地,而殖民地已有居民需要的,仅是以雇工身份出现的新来者,农业的集约化对于原居民是更为有利可图的。在这些问题上,"每个人能对自身的利益作出最好的判断这一原则",即自由放任准则,是失效的,从而政府干预是必须的。① 这些分析都表明,穆勒已更为明确地意识到"囚犯困境"和"免费搭车"等需要公共干预的问题。

穆勒也注意到,在某些行为和事例中,"个人的所作所为,虽然完全是为了个人自身的利益,但其结果却远远超出了个人利益的范围,涉及整个国家和子孙后代的利益,而对于这种利益,社会只有用其整体的力量才能予以维护和促进"。② 他再次以殖民地事业为例子。他认为,殖民地行动从国家长远利益来看,是需要由政府经营的。

他还指出,同样的原则可以"推广到多种情形之中,在那里公共服务的提供是重要的,但却没有任何个人对之感兴趣,因为这些服务的提供并不必然能够自动地获得适当的报酬"。所以,这类服务必须由政府提供。比如探险性的远航,它可能产生很大的公共利益,但"个人不具备任何手段去截留那些利益以阻止其流向他人,也难以收取费用以补偿其发起人"。③ 这样,这种探险尽管也可以依靠私人捐助来进行,但这种方法人们很少采用,并且也是靠不住的。因此,这类活动可以由

---

① 参见〔英〕约翰·穆勒:《政治经济学原理——及其在社会哲学上的若干应用》(下卷),第556—557页。

② 同上书,第561页。

③ Mill, J. S., *Principles of Political Economy*, p. 975. 在约翰·穆勒的《政治经济学原理——及其在社会哲学上的若干应用》(下卷)的中译本(商务印书馆1991年9月第1版)中,这段话被译为:"还有其他各种各样的事例也是这样,在这些事例中,需要人们提供某些重要的公益服务,但却没有人特别愿意提供这种服务,或即使提供了,也不会自然而然地得到报酬。例如地理考察航行或科学考察航行。探险所获得的知识也许具有很大的社会价值,但就个人来说,由此得到的好处却绝对补偿不了探险的费用,也无法从受益者那里截留一部分利益,用来报偿探险的发起人。"(第567—568页)

国营公司或慈善团体来承担费用,但基本上还是要由政府来进行,由政府出资并将该项工作交给最有能力的人去完成。

上述这些分析,都表明了穆勒关于某些产品需要由公共提供的见解,是远比斯密为高的。但遗憾的是,他仍然没有对公共产品问题作出精确的理论概括。不过,在穆勒分析的基础上,其后西奇威克进一步分析了公共服务的收费困难问题。而在100多年后的1974年,科斯又以灯塔为例分析了公共产品的收费困难问题。科斯指出,即使灯塔的费用可以被征收,也将是数额不足的。① 这些,都发展了公共产品论。

总之,处于英国产业革命已发生和完成时期的斯密与穆勒,他们的经济学说和公共财政学说都体现了当时自由资本主义制度和市场经济体制已经确立,自由贸易制度已全面展开的这一经济环境的客观要求,从而是全力主张自由放任的。不过,他们在痛斥政府活动的无效性的另一面,凭着他们天才的眼光也认识到,并且无可奈何地承认了政府必须履行某些职责,承认某些产品和服务是必须由公共提供的。这就决定了他们的思想对其后公共产品论的形成和发展,是有着重要影响的。

三　公共经济问题的分析

市场失效的另一面,就是政府和公共的干预。各种公共干预活动的统一体,就构成了公共经济这一事物。这样,在分析完市场失效问题之后,紧接着的将是对与私人经济相对立的公共经济问题的探讨。

与上述英国学者们对公共经济的“鄙视”不同,在大致同一时期的欧洲大陆学者们,其中尤其是德国学者们,将经济视为是双元的,赋予

---

① Coase, R. H., “The Lighthouse in Economics,” in *Journal of Law and Economics* 17, Oct. 1974.

公共经济与私人经济以同等的天赋权利。这种差异是有着多种根源的。其中既有双方生产力、生产关系和市场经济体制发育程度差异的影响,也有着双方理论渊源不同的作用。英国公共财政论建立于洛克模型之上,认为一个社会应以个人权利和自由交换为基础,在利益原则下由看不见的手加以引导与调节。这是当时的市场和资本在英国已占据统治地位,从而要求尽可能地压缩以至反对国家干预这一客观要求在财政经济理论上的反映。

与此相反,当时经济上相对落后的德国,则客观上要求运用国家的力量来保护和促进市场与资本的发展。这反映到财政经济理论上来,就是赋予了公共经济活动以合法性,其集中体现在历史学派的学说之中。历史学派承袭了官房学派的观点,又进一步对政府在市场经济环境下如何处理公共事务的准则作了探讨。

此外,德国学者对公共经济的首肯也有着哲学上的依据。康德考察了国家的生产性功能,而其后黑格尔则将国家视为"非物资资本",认为国家本身具有绝对的价值,而无需任何实际的存在证据,国家可以不依赖市民社会,即不依赖市场经济的物质生活关系的体系而存在;相反,市民社会却必须以国家的存在为前提。当然,他们的分析是从哲学的角度得出的。而从 19 世纪 40 年代起,在德国占统治地位的新旧历史学派,则从经济学的角度将国家日益增长的活动,视为是历史进程的自然结果。此外,社会福利问题在当时的德国逐步受到新历史学派的"讲坛社会主义者"们的越来越大的关注,也使得人们更为赞同公共经济的存在了。

对新旧历史学派的公共经济论作出主要贡献的,除上一章所提到的施泰因、沙夫勒和瓦格纳之外,还有迪策尔。他于 1855 年提出了国家扮演固定资本和"非物质"资本的生产者角色的观点,而公共产品论则认为国家是公共产品的主要提供者。他还否定了关于公共信用与私人信用存在根本差别的思想,认为公共信用是经济增长的重要工具,等等。

此外,对于上一章还值得补充的是,沙夫勒于1876年针对财政配置资源的问题,提出了关于公共需要与私人需要应等比例予以满足的原则,认为"财政学的最高原则即国家需要必须与非国家需要保持均衡充足,使其在国民经济上均衡充足"。① 这种看法,与公共产品论关于政府应使社会资源按帕累托效率原则,在公共产品与个人产品之间进行配置的观点是一致的。因此,这必然对公共产品论的社会资源配置观产生影响与启迪。而瓦格纳于1883年系统地阐述了政府支出增长的问题,认为这种增长是由于人口密度增大、都市化以及财政的社会政策目标日益复杂等技术因素决定的。这一理论被后人概括为公共支出增长的"瓦格纳定律"。

新旧历史学派的财政思想,是建立在国家对社会经济发展起决定作用的观点之上的。这是一种与自由放任经济观相对立的理论。他们主张国家干预经济生活和实行保护贸易政策,在当时的德国是有其合理性的。但是,他们的国家干预主张,并不是建立在对自由市场制度的基本肯定之上的,这与英国学者是在对自由市场制度的根本肯定之上,来谈论政府介入经济的看法,是形成鲜明对照的。而从当时西方各国来看,包括德国在内,其发展过程是市场经济不断发展和完善的过程,因而最终也都必须承认市场对社会资源的基础性配置作用。新旧历史学派没有将国家干预的合理性局限于市场失效的范围内,就决定了他们尽管对公共经济持大力支持和赞同的态度,但他们的理论仍然与市

---

① 〔日〕坂入长太郎:《欧美财政思想史》,第295页。

场经济的客观要求有着根本的差异，从而创建公共产品论的任务不是由他们来完成，是理所当然的。①

第二节　公共产品论之形成

作为一种较为系统的经济理论，公共产品论形成于19世纪80年代，它建立于边际效用价值论的基础之上，是经济学上的“边际革命”在西方公共财政学领域所产生的最重要结果之一。

一　奥意学派的贡献

经济学上的“边际革命”，产生于19世纪70年代。边际效用价值论这种主观主义的需求方的经济学，其基本理论及经济分析方法，随着该理论影响的逐步扩大，不可避免地被运用到财政问题的分析上来，从而使得人们能以崭新的眼光，去看待公共财政与公共产品问题。

但财政学上的这一“革命”过程，则是有所滞后的，即公共财政论上的价值论基础的根本转变和突破，发生于约10年后的19世纪80年代。为此作出主要贡献的有：奥地利学者萨克斯，意大利学者潘塔莱奥尼、马佐拉和马尔科等。

萨克斯是其本国人、边际效用价值论创始人之一的门格尔的热情与坚定的追随者之一。在1883年的《国家经济导论》（*Grundlegung der Theoretischen Staatswirtschaft*）一书中，他首先将门格尔的边际效用价值论运用到公共财政问题上来。与以往人们对公共财政问题分析的根本

① 参见 Musgrave，R. A.，“A Brief History of Fiscal Doctrine，”pp. 7 – 8。

差异在于,他首次将最基本的经济概念运用于财政问题,这就使得财政学从以往的国家学和政治学,真正转变成为一门经济学。萨克斯最初赋予了税收活动以价值,指出"各种课税都是集体估价的例子,这种集体估价可以从价值现象的一般性质找到充分的说明"。① 1889 年维塞尔出版的《自然价值》(*Natural Value*)一书,明确系统地赋予了供应国家需要的"国家经济"即公共财政活动以价值。②

边际效用学说对西方公共财政论的影响,集中体现了在 19 世纪 80 年代的意大利学者身上。"潘塔莱奥尼是边际主义在意大利所以被人接受的真正枢石,他本人就是作为研究财政问题的学者开始的。'财政学'是边际主义进入意大利的门户……"而另一方面,边际主义被用来进行"关于国家的经济行为的各项问题的考虑导致人们创立了所谓'财政学'"。③ 这一财政理论领域的"革命",使得"财政学"真正具有了一门独立的经济学科的特征,能够运用经济学说的核心原理来说明财政行为,而这是以往旧财政学所不具备的。

1883 年潘塔莱奥尼运用杰文斯的分析方法,研究了议会分配政府费用于各种可能的用途方面所应遵循的标准问题,认为合乎逻辑的标准,应是"公共支出中各种不同项目的边际效用的比较程度"。④ 马斯格雷夫和皮科克选编的《公共财政经典理论》以《公共支出分配论的贡献》(*Contribution to the Theory of the Distribution of Public Expenditure*)为

---

① 〔奥〕弗·冯·维塞尔:《自然价值》,陈国庆译,北京,商务印书馆 1982 年 6 月第 1 版,第 258 页。

② 同上书,第 256—280 页。

③ 〔意〕皮耶罗·巴鲁奇:《边际主义在意大利的传播,1871—1890》,载〔英〕R. D. C. 布莱克等编《经济学的边际革命》,于树生译,北京,商务印书馆 1987 年 1 月第 1 版,第 268 页。

④ 同上书,第 266 页。

题，节选了潘塔莱奥尼 1883 年的著作（题目为 *Contributo alla teoria del riparto delle spese pubbliche*）中的一部分，较为详细地介绍了他的观点。概括起来，该文涉及边际效用论的观点主要有：

1. 边际效用的比较，进入了安排政府预算支出的考虑之中。“因此，对于预算可用基金分配的研究，……就显示了国会对于各种支出的边际效用程度的平均理解水平。……公共支出各个项目边际效用的比较程度，似乎明显地构成其分配的准则。”①

2. 政府预算安排也涉及资源稀缺性问题。“如果支出无须考虑收入的规模，以及假定后者总是能够满足前者的需要，在具有不同边际效用的不同支出之间，将不存在着矛盾，它们的比较效用也不导致其质量和数量上的区分，例如项目的划分和用于各个项目支出数量的确定。”②

3. 政府预算安排应遵循每项支出的边际效用相等的准则。“支出无论最后是怎样分配的，……它永远都必须是这样的，即在既定的同一总量下，每一单项支出的边际效用，都等于其他任何一项支出的边际效用。”③

4. 政府预算支出安排的边际效用分析，应与税收的边际牺牲结合起来考虑。“……应将支出每一种既定的可能组合的边际效用，与该种组合需要的税收总量所引起的边际牺牲相权衡。”④

5. “国家预算是由国会投票决定的，它不仅仅是在其支出项目的规模上区别于个人或企业的预算，它还有着不同的经济性质。”⑤

---

① Musgrave, R. A. and Peacock, A. T. , *Classics in the Theory of Public Finance*, p. 16.

② Ibid. , p. 18.

③ Ibid.

④ Ibid. , p. 19.

⑤ Musgrave, R. A. and Peacock, A. T. , *Classics in the Theory of Public Finance*, p. 16.

潘塔莱奥尼的上述观点，大体上都成为其后边际主义财政学和公共产品论的最基本观点。不过，他的这些观点不是从财政基本理论的角度，不是在建设公共财政论的理论体系过程中提出的，而只是在分析具体的意大利政府预算时加以运用的。这样，他就将建设边际主义财政学理论体系的任务，留给了他人。

马尔科在其1888年的论著中，则把国家比作“一个大工业”，其目的是通过一种特殊的生产性活动来满足社会的需要，并且国家也像个人一样，也受“最低限度的资料”即资源稀缺性这一原则的支配。①

马佐拉则于其1890年的论著中，对公共产品论作了较为明确的阐述。他将国家视为合作社，国家财政视为公民的合作社活动，国家提供公共产品用以满足个人的需要。他指出，公共产品是不同于私人产品的。对于个人产品来说，任何人如果不付费就不能消费；而公共产品则只要有人提供了，则任何人不付费也能享受。因此，公共产品不具有形成单一的市场价格的技术性能。他认为，公共需要和私人需要并不相互抵触，而应得到同等的满足。他首次论述了日后被称作“公共福利”的特征。

在他们的努力下，边际效用学说的效率准则，即在既定的个人偏好下，当每个人的边际效用都与价格相等时，福利达到最大化这一原理的适用性，已从个人产品扩大到了公共产品上来。由于公共产品具有不同于个人产品的共同消费性，这一效率准则在公共财政领域又表现出自身的特点：个人产品是以同一的价格出售的，而个人消费者通过改变产品的购买数量来使自己的边际效用与价格相等；公共产品的共同消费本性，使得全体消费者只能消费同一数量的公共产品，这是由公共产品消费时的不可分割性所决定的。由于同量公共产品对于不同的消费

① 〔意〕皮耶罗·巴鲁奇：《边际主义在意大利的传播，1871—1890》，第270页。

者具有不同的边际效用,这就应对他们征收不同的税收价格。这样,可溯源于霍布斯的利益赋税原则,即人们为国家提供的保护而缴纳相应的税款之原则,就成了财政经济的最高准则。

将公共支出与社会成员个人以消费者身份所作出的主观效用评价相联系,就为公共产品论的创立奠定了基础。不过,当时的奥意学派过分强调依据利益赋税原则,即市场的等价交换准则去保证公共产品供应时的效率性,而忽视了对公共产品供应达到效率状态所需条件的研究。由于公共产品消费时的不可分割性的要求,不管公共产品供应是否满足利益对等原则,这些效率条件对于实现公共产品供应的效率性来说都是必不可少的。这是奥意财政学派在公共产品问题研究上的缺憾,而这些缺憾是在其后的半个世纪中,经由林达尔到萨缪尔森才逐步予以弥补的。但那是后话。此时刚刚形成的公共产品论存在着缺陷,对于一种新理论来说,是毫不奇怪的。

此外,当时意大利学者将利益赋税原则视为是对市场定价原则的一种模拟,这又使得他们的注意力偏离了政治程序在公共产品供应上的作用问题。而从直接的意义上看,要实现公共产品供应的有效性,是只能直接通过政治程序,而不是依靠市场过程来达到的。尽管从根本上看,公共产品供应的效率性是必须符合市场效率准则要求的,但政治决策却起着直接的决定作用。这是因为,政府预算的安排和经费支出都是直接通过政治程序来完成的。从这个意义上看,对市场定价行为的简单模拟,也可以说是此时公共产品论的一种失误。意大利学者的这一缺陷,也是在半个多世纪后才得到完全的纠正的,并因此而产生了财政问题上的社会抉择(social choice)理论(也称为“公共选择理论”)。

还应指出的是,并非这些学者全都完全没有意识到这个问题。如马佐拉就注意到预算决定是由政府机构作出的。但他坚持认为，这些机构将自动按选民的意愿行事，否则政治平衡将被打乱，这又将使得政治程序在公共产品供应的效率性问题上失去作用。而马尔科则将所得税视为是一种认购价格(subscription price)，认为它将确保政治程序的正确解决问题。此外，由于对市场行为的模拟是当时的中心问题，人们甚至还提出了竞争性的政治程序的概念。①

二　瑞典学者的贡献

在奥意财政学派所取得的成就的基础上，瑞典学者将公共财政学向边际主义方向推进了一大步。

瑞典学派的创始人威克塞尔曾赴英、奥、德、法等国留学，其中受到奥地利学派代表人物之一的庞·巴维克的很深影响。这样，他继承了奥意财政学派的边际主义财政思想，是很自然的。

威克塞尔对于边际主义财政理论的创造性贡献，是在他1896年出版的《财政理论考察——兼论瑞典的税收制度》(*Finanztheoretische Untersuchungen nebst Darstellung und Kritik des Steuerwesens Schwedens*)一书中作出的。

在该书中，他接受了公共产品供应须使个人效用最大化这一基本准则，并认为利益赋税原则将实现这点。他认为，国家的公共服务所给予个人的边际效用，应与个人纳税所损失的财富的边际负效用相等。尽管征税是由国家权力机关决定和执行的，但国家应依利益赋税原则，按个人的主观效用评价来课税。

威克塞尔接着分析了与这些观点相关联的两个问题。

---

① 参见Musgrave, R. A., "A Brief History of Fiscal Doctrine," pp. 8-9。

一是利益赋税与平等的关系问题。威克塞尔认为,如果消费者依据他们的边际评价缴纳税款,可以认为是在按公平原则办事。他指出:“税收制度的公平,显然是应严格地以现存财产与所得的分布公平为前提的。”①这样,威克塞尔就认为分配公平是基本条件,并将分配公平与作为公共服务的成本付费的税制上的公平区分开来。由于现实的税前所得分配并不总是合理的,因而他主张以所谓的利益主义说,作为征收个别不当所得的赋税原则。这一思想在以后为林达尔所发展,这在后文将会论及。

二是利益赋税原则能否实现的问题。威克塞尔对于利益赋税原则持有的是一种有保留的赞同态度,因为他并不认为这一原则具有现实意义。他反对意大利学者忽视政治程序对公共产品有效供应的直接决定作用的倾向,认为那种简单的市场模拟是缺乏现实性的。

他指出,如果没有政治程序的介入,个人将不愿说出自己对于公共产品的真实偏好。从边际效用价值论的角度看,这是无法实现公共产品的最佳配置的,其原因在于个人的坐享其成心理和短视行为。由于公共产品的消费者数量是极为庞大的,任何个人由于消费了公共产品而支付的费用,对于公共产品的供应来说,都不会产生具有决定意义的影响。这样,个人即使不付费,也不会影响公共产品的供应状况,因而他仍然能够享受到所需数量的公共产品的供应。所以,个人消费者将不愿为公共产品而付费。于是,在休谟之后 150 年,终于由威克塞尔再次明确提出了后来以“免费搭车”和“囚犯困境”原理而著称的问题。

---

① Wicksell, K., “A New Principle of Just Taxation,” in Peacock, A. T. and Musgrave, R. A., eds., *Classics in the Theory of Public Finance*, p. 108.

威克塞尔不同意在公共产品供应上将政府视为是利他主义的和全能的观点，而认识到要使公共产品供应基本上达到理想的结果，真正的困难在于建立起切合实际的政治运作程序。他认为，理想的政治程序应该是由消费者对若干选择方案进行投票，而每一方案都由完整的预算支出及相应的税收份额所组成，政府将依据获得一致支持的方案来提供公共产品。但他又进一步指出，这种理想的状态是不存在的，因为在现实的议会政治中，要取得全体一致的投票结果是非常困难的。为此，他提出了近似一致的原则，同时也强调要保护少数派的应有权益。

这样，他就为建立规范化的投票模型奠定了基础。他将政府账户的支出方与税入方摆在一起分析，并且明确地将公共部门的决策，看成是一个政治性的与集中性的抉择过程。这样，威克塞尔的论著就为其后社会抉择论的创立，提供了最初的理论分析。这使得他不仅作为凯恩斯主义的先驱而在经济学说史上占有重要的地位，并且作为社会抉择论的先驱，在公共财政学说史上也占有重要的地位。

威克塞尔的学生林达尔进一步对边际主义财政学和公共产品论作出了贡献。1918 年，林达尔在他的由威克塞尔指导下完成的博士论文中，建立了林达尔模型，用以分析两个政治上平等的消费者共同分担公共产品成本的问题。他指出，当消费者 A 承担公共产品成本越多时，消费者 B 将承担得越少。在既定的收入下，A 对公共产品的需求曲线，从 B 的观点看，可视为是供给曲线；反之亦然。当 A 与 B 的两条需求曲线被标示于同一矩形图平面上时，该模型产生了唯一的和稳定的交点。这一交点被称为林达尔均衡点或均衡解，它决定着公共产品供应的均衡数量，以及 A 与 B 各自的均衡税收份额。在这一解上，每人所支付的税收份额即著名的林达尔价格。它等于每人所获得的公共产品边际效用价值，并且两人的税额总计将等于公共产品供应的总成本。

威克塞尔对其学生的这一成就感到由衷的高兴，因为林达尔模型弥补了他自己观点上的缺陷。作为利益赋税原则体现的林达尔价格，是符合效率原则要求的，并且林达尔图示从本质上看是对市场行为的模拟，而这些恰好又是威克塞尔在反对马佐拉等人的观点时所否定的。尽管威克塞尔对于意大利学者在公共产品有效供应问题上单纯模拟市场的批评是正确的，但并不等于应当否定市场效率准则在公共产品有效供应上的根本作用。政治程序在公共产品供应上起了很大的作用，但它只应是作为一种手段和途径去保证公共产品供应获得符合市场效率要求的结果。这样，威克塞尔认为利益赋税和模拟市场是不现实的，就从一个极端走到另一个极端，从而使自己的观点也存在着严重的错误，林达尔对此的匡正也就具有了较大的学术价值。作为老师，威克塞尔的高兴是理所当然的。

然而，正如萨缪尔森在后来所指出的那样，林达尔曲线仅仅只是一条"虚拟需求曲线"，林达尔模型也仅仅只是对公共产品供应的虚拟均衡过程的描述。然而，要获得公共产品供应的效率解，则真实的供需曲线是必不可少的。这样，为了解决消费者 A 和 B 的需求曲线的真实性问题，林达尔模型设想了一个多种预算支出规模及其相应的税收份额的报价拍卖过程，希冀通过它来促使个人说出自己的真实偏好，以保证公共产品供应的真实均衡解的获得。但是，这种模拟市场方式的个人偏好揭示方法，在人数很少时可能还可以实行，而一旦将其扩展到人数众多的场合则是无效的。这就是前述威克塞尔所指出的"免费搭车"和"囚犯困境"等问题又将出现，人们为了自己少缴税，将不会报出自己的真实偏好。

更进一步看，由于"拍卖"是一种市场性的过程，因此，当该系统处于非均衡状态，也就是已有的税收份额与"拍卖"过程所揭示出的偏好不一致时，谁来调整各个私人的税收份额，使之回归到实际的均衡点上来？由于威克塞尔-林达尔模型（以下简称威-林模型）是以每一个私人的权利平等为前提的，因而当依靠非均衡状态获得利益的一方，为了将负担加之于对方身上而反对调整更动时，私人是无力强制对方改变的。这就需要谈判解决，这将是旷时费日而实际上行不通的。这实际上表明了，公共产品真实偏好的揭示还要有政治程序的介入才行。由此可见，"拍卖"过程的设想，仍然是难以解决公共产品供应的个人需求曲线的"虚拟"问题的。不过，林达尔价格概念及其推导出该均衡解的供需曲线图示，都是他对公共财政学和公共产品论的重大贡献。

林达尔继承和发展了威克塞尔的利益赋税平等观，指出当所得和财产分布不公时，作为个人享受公共服务而支付的税收价格，也将是不公平的。为了实现公平的利益赋税，政府预算过程应分为两步考虑。第一步，应按社会的公平准则要求去调节社会福利分配状态，为此应设特别税去没收不正当的财产。然后，在有了一个公平的福利分布状态的基础上，第二步才是确立公共支出与利益赋税之间的公正对应关系，即按照个人对公共产品的边际效用来确定其纳税份额，使利益赋税原则更好地建立在边际效用价值论的基础之上。①

三　皮古的外溢性理论

尽管"边际革命"在英国经济学界早已产生巨大的影响，但英语世界的学者们却迟迟未能实现财政学上的"革命"，甚至欧洲大陆上奥意瑞学者的财政新思想和新学说，也长期没有引起英语学术界的注意。英语学术界在经济学上实现"革命"的同时，却大体上仍然保留了原有的亚当·斯密和约翰·穆勒等人的财政学传统。作为边际效用价值论在英国的奠基者，杰文斯本人的经济分析大体上没有涉及公共部门的

① 参见 Musgrave, R. A., "A Brief History of Fiscal Doctrine," pp. 9－10。

问题，马歇尔也很少谈到公共经济问题，他所涉及的主要是税负转嫁与归宿问题。因此，尽管他们的经济基本理论对公共产品论产生着影响，如意大利的边际主义财政学派曾受到杰文斯思想的影响，而马歇尔对私人经济的市场运行的局部均衡分析方法，也很明显地影响着林达尔模型，但他们本身在公共产品论上是没有什么建树的。第一本英语财政学专著即巴斯塔布尔于1892年出版的《公共财政学》一书，也继续沿用了亚当·斯密和约翰·穆勒等人的政府职能说的传统。此时人们尽管已开始对各种公共支出进行了分析和探讨，但仍停留于具体问题和枝节问题上，几乎无人探讨和研究公共支出的共同消费性问题，以及它对资源最佳配置的特殊效率条件要求等公共产品论的基本问题。

这种状况一直延续到1920年，皮古出版了《福利经济学》(*The Economics of Welfare*)一书时才有所改变。在该书中，皮古提出了一种崭新的外溢性理论，即以外溢性概念为中心，去区分社会净产品和个人净产品的思想。个人净产品是私人的内在净成本和净利益，它们是以市场价格来衡量的。社会净产品则不同，它可以比个人净产品更大或更小，因为它除了个人在市场交易中产生的净成本或净利益之外，还要包括无法由市场价格体现，但却又影响他人，或受他人影响的净成本或净利益。当然，在许多场合，个人净产品和社会净产品是一致的，即无法由市场价格体现的净成本和净利益为零时就是这样。

皮古认为，当社会净利益超过个人净利益时，政府应对没能由市场价格体现的，从而生产者无法获得的外部利益予以补贴；而当社会净成本超过个人净成本时，政府应对市场价格所同样不能反映的，从而生产者无需承担的外部成本征税。这样，公共财政手段就成为政府调节无论是利益型外溢性，还是成本型外溢性的一种机制。为此，皮古指出，补贴的数额应依个人净产品和社会净产品之间的差额来决定。他认为,对农业适当补贴是应当的,因为农业为整个社会提供着某种间接的服务。他还认为,作为政府补贴较为极端的方式,当局应当为市镇规划、警察和清除贫民窟等服务拨付全部数额的款项。这实际上是从对外溢性概念的推广分析,而接近于提出公共产品概念了。此外,皮古实际上也已涉及了公共产品的内容,因为当个人净产品为零而社会净产品构成整个产品的价值时,外溢性就等于公共产品。此时以税收为来源提供政府补贴,实际上就是以政府支出来提供公共产品的费用。

但遗憾的是,皮古没有再跨前一步专门探讨公共产品问题。皮古于 1928 年将其《福利经济学》中的“国民分配与财政”篇独立成书,冠以《公共财政学研究》(*A Study in Public Finance*)之名单独出版。即使在此时,他也没将视野从外溢性扩大到公共产品上来。外溢性虽然与公共产品有着很大的联系,并且是公共产品的一种特例,但两者毕竟还是有着明显区别的。外溢性仅是在私人经济生产个人产品时发生的,或者说外溢性仅是个人产品的伴生物,这与公共产品是个人产品的对立物是不同的。这样,外溢性概念是无法用于全面地对政府提供的公共服务问题进行分析和概括,更无法全面更新公共财政的基本理论。正因如此,皮古的公共财政思想大体上仍然停留在穆勒等人的政府职能论水平上,《公共财政学研究》的主要贡献,也仅在于税收理论上,他对政府预算的支出方面,只给予了扼要的研究。

但反过来,皮古毕竟对现代西方的公共财政论作出了许多有价值的贡献:

1. 外溢性问题是市场失效的一个重要方面和典型表现之一,对外溢性问题的研究,实际上已成为整个公共产品论的一个组成部分。尽管外溢性理论并没有如同奥意学派的公共产品论那样,对西方公共财政学的整个经济学基础和理论体系产生变革性的作用与结果,但它毕竟意味着对英国公共财政论原有传统的某种程度突破:(1)这是英国学者以边际效用价值论为基础,对公共财政问题的最初分析之一,尽管英国在半个世纪前就已发生了“边际革命”也罢。(2)尽管皮古仍以政府职能说为财政分析的基点,但对外溢性问题的分析实际上已为偏离政府职能说轨道提供了可能性。(3)进一步看,皮古实际上已从资源配置的合理性这一经济学的基本原理着手,证明了政府在外溢性领域对私人经济适当干预的必要性与合法性。这就部分证明了公共经济的必要性与合法性,外溢性理论也就成为现代西方公共财政学的一个重要组成部分。

2. 皮古对政府支出作出了转移性支出与消耗性支出的区分,这对于现代西方公共财政学的支出理论,以及公共支出的政策分析等,都是一个重要的贡献。不仅如此,皮古还由此进一步提出了与沙夫勒早于上个世纪80年代就已提出的政府支出安排应等比例予以满足原则相类似的看法,但又比沙夫勒大为前进了一步,具有了崭新的内容与含义。皮古指出,在既定的预算规模之下,财政预算应被调整到各支出项目的边际效用相等时为止;而在既定的预算总规模下,应以各项公共支出的边际效用与各项私人支出的边际效用相等为标准。这样,尽管皮古没能提出公共产品论,他的这些分析已运用了边际效用价值论的基本原理去考察公共支出的最佳安排问题,并且将公共支出的最佳化与私人支出联系起来考虑,这是与奥意瑞学者已经作出的公共产品最佳供应问题的分析具有同一思路的。从这个意义上看,皮古的思想也已涉及了公共产品论关于资源最佳配置的基本内容,这无疑也可以视为是皮古对现代西方公共财政学的一个贡献。

此外,皮古关于公共支出最佳配置的理论,也已成为现代西方公共财政学中关于公共产品最佳供应理论的重要模型之一。

3. 皮古指出,如果社会是一个单一体,那么确定预算的公式将是简单的。但社会并不是单一的,并且每一个纳税人的纳税意愿是依他人的纳税状况而定的,因而作为公民集体机构的政府应对个人具有强制性。他还指出,由于这种强制而产生的间接费用,是允许的。不过,皮古也强调,虽说这种强制是必须的,但它并不具有使政府获得个人评价社会净产品价值信息的机制。这种"强制性"的观点是正确的,它与现代西方公共财政学关于公共产品供应中的"免费搭车"和"囚犯困境"问题仅能依靠政府的强制来克服的思想,是基本一致的。①

还应指出的是,由于直至本世纪初,各国经济学界之间的信息传递和流通仍然很少,相互了解也不多,因而当时的皮古是不知道奥意瑞学者在二三十年前就已取得的公共产品论的成果的②,这就使得他的贡献具有更大的意义。不过,上述思想并不仅仅为皮古一人所独有,因为道尔顿在 1922 年出版的《公共财政学原理》一书中,就已运用边际效用价值论观点分析了政府安排预算支出的效率问题,认为各种形式的公共支出对于社会的边际效用应该相等,而当公共支出的边际效用与课税的边际负效用相等时,公共支出与公共收入达到了最佳的总额状态。作为大致相同时期的同一国度的重要财政学家,皮古与道尔顿之间是肯定互相受到影响的。这样,道尔顿的思想很可能是受皮古影响的产物;而反过来,皮古的思想也可能是受到道尔顿思想影响的结果。不过,道尔顿仅是从"社会"的边际效用角度分析问题,而皮古则将公共支出的边际效用评价与私人支出的边际效用评价联系起来分析,这就更为符合以独立的经济实体为单位的市场经济的要求,从而是与公共产品论更为接近了。

---

① 参见 Musgrave, R. A., "A Brief History of Fiscal Doctrine," pp. 11 - 12。

② Ibid., p. 12.

第三节　公共产品论之发展

奥意瑞学者将边际效用价值论引入到西方公共财政学中，就为西方公共财政学的根本创新奠定了基础。此后，西方公共财政学的发展主流，就是沿着他们所确立的基本思路发展的。

一　萨缪尔森的贡献

19 世纪 80 年代形成于欧洲大陆的新财政观，在半个世纪后的 1936 年，才以马尔科的《公共财政学基本原理》一书在美国的翻译出版为标志，正式进入美英学术界的。但此后直至本世纪 50 年代中期，英语学术界在公共财政问题的研究上，仍然主要是沿着原有的政府职能说传统，而不是欧洲大陆的公共经济说这一新的思维方式进行的。不过，转变并非是突然发生的。在本世纪 30 年代末至 50 年代中期的这段时期内，人们通过一系列的文章，为英语学术界公共财政思想的转变清除了道路和奠定了基础。对此，布坎南指出：

> 英语学者的语言偏见，阻碍着他们去了解大陆学者如同对个人产品一样，也已经将经济理论扩展到公共产品上的努力。萨克斯、潘塔莱奥尼、马尔科、马佐拉、林达尔，以及最重要的是威克塞尔，在第二次世界大战前仍几乎是完全为英国的和美国的作者们所忽视。通过马斯格雷夫、鲍温、萨缪尔森、希德以及其他人的努力，近四分之一世纪以来这一缺陷已得到了一定程度的克服。公共产品和服务的需求与供应理论已经出现，该理论是建立在 19 世纪大陆学者努力的基础之上的，如今已开始在基础性的公共财政学教科书中找到了自己的位置，尤其是在本世纪 50 年代中期之后

写的教科书中就更如此。①

马斯格雷夫于1938年发表了名为《公共经济自愿交换论》(*The Voluntary Exchange Theory of Public Economy*)的论文,大约是英语学术界正式接过奥意学派的旗帜,开始成为公共产品论研究主流的标志。此后公共产品论的发展,主要是由美英学术界作出的。接着鲍温1943年关于公共产品资源配置与投票问题的文章(*The Interpretation of Voting in the Allocation of Resources*),以及他于1948年出版的《社会经济论》(*Toward Social Economy*)一书,将林达尔模型中的公共产品需求曲线纵向相加等,都对公共产品论的发展作出了贡献。也是在1948年,布莱克的《关于团体决策的基本原理》(*On the Rationale of Group Decision-making*)一文中,对鲍温几年前关于投票难题进行了概括,从而将威克塞尔关于公共财政决策中政治机制作用的看法,形成为投票理论。布坎南1949年的《政府财政纯论:建议方式》(*The Pure Theory of Government Finance:A Suggested Approach*)一文,批评了皮古运用威克塞尔模型对投票难题所进行的规范分析。1950年,阿罗发表了《社会福利的概念困难》(*A Difficulty in the Concept of Social Welfare*)的论文,分析考察了集体抉择(collective choice)和社会福利函数之间的逻辑困难。这些,都发展了公共产品论,并在一定程度上探讨了社会抉择问题。

公共产品论进入美英社会后的一个较大突破发生在1954年。该年萨缪尔森在其《公共支出纯论》(The Pure Theory of Public Expenditure)的论文,以及在次年的另一篇论文《公共支出论图解》(Diagrammatic

---

① Buchanan,J. M. ,*The Demand and Supply of Public Goods*,Chicago:Rand McNally & Co. ,1968,pp. 5－6.

Exposition of a Theory of Public Expenditure）中，以崭新的思路分析了公共产品的最佳供应模型问题。这是继上个世纪末本世纪初欧洲大陆学者创立公共产品论以来，该理论的一次大发展。

在此之前，帕累托在边际效用价值论基础上，提出的或深化的序数效用论、无差异曲线概念、经济一般均衡分析方法以及帕累托效率概念等，已经为西方经济学界所广泛接受和运用，成为微观经济学和福利经济学的基本概念与分析手段，从而导致了西方经济学的重大变化。对此，西方公共财政学又一次显示了其常有的发展滞后性。即在较长的一段时间内，西方经济学的这些基本变化，也一直没有反映到西方财政学上来，这就使得对于公共产品问题的认识和分析，大体上仍然停留在奥意瑞学者上个世纪末本世纪初所达到的水平上。

但是，财政学毕竟是建立在经济学基本理论的基础之上的。经济学上的这些重大变化，或迟或早地总会反映到财政理论上来。萨缪尔森在 50 年代中期所作的这些工作，就是顺应这一历史客观趋势的必然结果。此后在 50 年代和 60 年代，西方公共财政学的研究，开始转为主要沿着这一新古典主义的传统发展了。

如前所述，林达尔模型已对公共产品最佳供应的效率解问题作出了很好的解答。但由于历史条件的限制，林达尔的分析是建立在当时流行的马歇尔价值论和局部均衡分析方法之上的。林达尔图示几乎是对马歇尔的个人产品均衡价格图示的精确模拟，即他只不过是以公共产品图示取代了个人产品图示，以税收价格取代了市场价格，以 B 的需求曲线取代了 A 的供给曲线罢了。尽管林达尔模型在约束条件中包含有公共产品和个人产品因素在内，但图示的均衡解仅是针对单一的公共产品需求与供给状况得出的。这样，从该模型的均衡解仅涉及一种产品的价格和数量，并且是在单一产品的供需两种作用力下共同获得的这一特点来看，他运用了典型的马歇尔关于个人产品效率条件的局部均衡分析方法。这也正是林达尔强有力地证明了在公共产品供应上是可以模拟市场的关键所在。

上述萨缪尔森1954年、1955年的两篇论文，即《公共支出纯论》和《公共支出论图解》，对林达尔模型作了更新、发展和完善，代表了公共产品论的一个新发展阶段的到来。在《公共支出纯论》中，萨缪尔森分析并得出了其著名的“公共产品”定义。他指出，所谓公共产品是“每个人对这种产品的消费，并不能减少任何他人也对于该产品的消费”。①

为此，他分析了公共产品消费时的非排他性和非对抗性问题，指出了个人产品与公共产品在消费量上的不同，即前者的全社会消费总量等于各个个人消费数量之和，而后者的全社会消费总量却与每一个人的消费数量相等。在此基础上，他运用一般均衡方法分析了公共产品最佳供应问题，并相应建立了萨缪尔森模型。

在该模型中，他假定存在一个无所不知的计划者或全知全能者(omniscient)，它知道每一个公共产品的消费者对于公共产品的真实偏好。在既定的资源和技术条件下，这个计划者决定着一组最优解的集合，其中每个解都包含有公共产品和个人产品的产量组合，以及个人产品在消费者之间的分割状态。由于该集合中的每个解都反映着消费者的不同福利位置，为此应运用一条社会福利函数曲线去确定整个社会唯一的“极乐点”。由于每个解都反映着公共产品的最佳配置的不同位置，并且该解的集合都满足着消费上的边际替代率之和等于生产上的边际转移率的条件。这就是他的关于公共产品最佳供应的帕累托效率条件，也称为萨缪尔森条件(Samuelson condition)。它不同于个人产

---

① 英语原文为：Each individual's consumption of such a good leads to no subtraction for many other individual's consumption of that good。

品最佳供应效率条件之处在于,个人产品的最佳解条件是每个消费者的边际替代率都相等,并且等于边际转移率。这样,公共产品从根本上看,是遵循着与个人产品相同的帕累托效率准则的,只不过根据公共产品不同于个人产品的特性作了相应的变动而已。

萨缪尔森模型相对于林达尔模型的进步之处在于:

1. 由于林达尔模型是对个人产品效率条件的直接模拟,因而在该模型中并没有反映出公共产品所特有的不可分割性和共同消费性,以及该特性所决定的公共产品最佳供应的特殊条件,尽管林达尔价格也是满足萨缪尔森效率条件的。萨缪尔森模型则是直接针对公共产品的共同消费特性得出了相应的效率解,因而是对公共产品最佳供应效率条件更为明确的描述。

2. 如前所述,林达尔模型仅是局部均衡模型,这与瑞典学派通常运用的一般均衡方法是不同的。萨缪尔森模型对此的改进之处在于,除了运用一般均衡分析方法之外,更主要的是,还在于它的理论基础已从马歇尔那里,转到了本世纪 30 年代以来由希克斯作了较大发展的、以帕累托有关理论和概念为基础的经济理论上来了,从而又表现出是一种全新的公共产品最佳供应模型的建立。

萨缪尔森认为,货币收入和税收价格的分布状态,对于确定公共产品最佳供应有效解是必须的。他认为,个人偏好虽然应当由投票来揭示,但个人偏好是与个人在既定的货币收入分配基础上的有效需求相一致的。为此,萨缪尔森于 1969 年将货币收入和税收等因素加入了他的模型之中。但这种增加是与该模型的本性相违背的,不仅多余,反而还搅乱了问题,因而是蛇足之举。萨缪尔森模型所需要的需求曲线,是通过假设存在一个“无所不知”的万能者来解决的,此时再将货币收入等分配因素列入对偏好真实性考察之中,恰好是对“无所不知”的否定,本身就打乱了该模型的分析前提,因而是不足取的。此外,萨缪尔森模型假设存在着掌握消费者真实偏好的无所不知计划者,其实际含义就是,尽管该模型分析所运用的效用曲线是真实存在的,但在该模型的分析中则仍然是假设的。这样,萨缪尔森模型追求有效解的分析过程,仍然是在撇开偏好的真实性问题的基础上进行的。

二 财政社会抉择论的提出

在本节以及上一节的分析中,实际上存在着关于公共产品最佳供应分析的两种不同思路,形成着两个相互对立、彼此竞争,但又相互促进、共同发展的分析方式与理论传统,即意大利财政学派方式和威克塞尔方式这两种不同的传统。或者换句话说,是只对公共产品供应作市场模拟,还是只承认政治程序作用对于公共产品最佳供应问题这两种传统。它们从不同的侧面探讨了共同的问题,既有着各自的优点,又存在着固有的局限性。它们只有在相互补充、共同形成统一的分析方法之后,才能最后解决公共产品最佳供应模型及其有效解的问题。

威克塞尔模型考虑到西方代议制民主制度对公共产品最佳供应问题的影响,因而是更接近于公共产品供应的现实状况的。但如前所述,威克塞尔认为,在公共产品的供应问题上,模拟市场是不现实的,因而他没能立足于市场效率原则这一基础,也就难以提出适合于西方自由市场制度所需要的社会抉择论或公共选择(public choice)论。相反,当林达尔以其模型对威克塞尔的否定模拟市场观加以匡正后,也没能对威克塞尔重视政治程序观点的合理内核加以保留与发扬光大。这就存在着没能将重视政治程序与模拟市场这两种对立的观点有机结合的缺点,从而威—林模型最终也没能找到获得个人的公共产品真实需求曲线的有效办法,而仅能以市场性的“拍卖”办法来应付。这实际上是从威克塞尔重视政治程序作用观点倒退的表现。同时,如前所述,这种

“拍卖”方式是缺乏现实性的。

但萨缪尔森模型同样没有解决个人对公共产品供应的真实偏好揭示问题。由于该模型并没有考虑政治程序的作用问题，因而沿袭的是奥意财政学派的传统，实质上是寄希望于通过模拟市场的办法，去解决个人偏好的揭示问题。当然，严格地说，认为萨缪尔森模型不考虑政治程序问题也是不对的。对整个社会所有的个人偏好都“无所不知”的计划者，在现实生活中实际上就是中央政府的代名词。只不过此时的中央政府是“无所不知”的，已掌握了社会成员的真实偏好，甚至这些偏好还是市场性的偏好，只可惜的是实际中的中央政府是不可能做到这点的。而退一步说，如果中央政府确实是无所不知的，则此时考虑政治程序在公共产品供应确定上的作用问题，则又是多余的。

然而，这一假设是完全不现实的。不管多么精明能干的中央计划当局，也不管它依靠多么先进的信息技术手段，都是不可能完全掌握以百万计、千万计，乃至亿计的社会成员每个人对产品及其价格的真实效用函数的。这点，已经存在过的计划经济实践是作了充分的证明的。对此，在公共产品及其税收价格问题上也如此。而“免费搭车”和“囚犯困境”等问题的存在，更是完全否定了中央计划当局自动获得公共产品及其税收价格的个人真实偏好的可能性。依此模型，中央计划当局也无法正确选定公共产品的供应数量和个人的税收份额。由此可见，尽管萨缪尔森批评林达尔模型使用的需求曲线是“虚拟”的，他自己却也没能逃脱同一陷阱。在萨缪尔森模型中，使用的仍然是“虚拟”的个人效用函数曲线！

从现实情况来看，公共产品的供应不是由私人，也不是由私人组织，而是由作为公共机构的政府进行的。政府安排供应公共服务及其由此而相应展开的政府支出与收入活动，并不是通过市场交易，而是经由政治程序来作出的。因此，尽管在公共产品供应问题上的根本决定因素是私人偏好，但毕竟政府中介于其间，是政府在汇总着所有社会成员的意愿和偏好，并代表着私人在进行社会抉择或集体抉择。政府作为独立的政治机构，就存在着其行为与意志怎样发挥作用，如何才能真实地把握、反映和遵循私人的真实偏好，以及私人又要怎样才能防止和克服政府随心所欲地违背人们真实意愿的现象发生等问题。所有这些，威—林模型中都已注意到并有所分析了，但都没有获得真正的解决。而萨缪尔森模型中则干脆只以"无所不知的计划者"的假设来回避或否定之。这样，无论是奥意传统，还是瑞典传统，直至本世纪 50 年代中期，都还难以说是真正完全解决了公共产品最佳供应问题的。

由于政治程序在公共产品最佳供应上的极为重要的作用，它在公共财政论上总是要反映出来的。就在萨缪尔森以其模型分析的纯粹性和抽象性完全满足了帕累托福利经济学的根本要求，而获得了经济学家们的关注，从而在奥意传统内取得了很大成功之时，大约在同一时期，人们也不断地在其他论著中涉及到了关于政治程序和社会抉择问题。本节开头部分所指出的鲍温于 1943 年、布莱克于 1948 年、布坎南于 1949 年以及阿罗于 1950 年等的论著中，都已这样做了。而这些都是在萨缪尔森模型提出之前的事，可见虽遭受林达尔模型的强有力否定，威克塞尔传统的生命力也还是很强的！

1951 年，阿罗《社会抉择与个人价值》(*Social Choice and Individual Values*)一书出版，证明了模糊的社会福利函数是不可能被真正决定的，提出了著名的"阿罗不可能定律"，引起了人们对社会抉择问题的较大关注，使社会抉择问题的研究有了较大的进展。接下来，唐斯 1957 年的《民主经济论》(*An Economic Theory of Democracy*)一书，分析了政党的微观行为，从政治市场的角度考察了民主制模型问题。

1962 年,布坎南与塔洛克出版了《赞同的计算》(*The Calculus of Consent*)一书,将集体抉择、决策原则和投票程序等问题融于一体,构成了社会抉择理论,使社会抉择问题的研究有了突破性的进展,开始形成了社会抉择学派。这一理论将西方的政治制度视如市场制度,将政治家视如企业家,认为在政治市场里,政治家也在追求自身政治利益的最大化,并为此而追求着选票的最大化。选民们追求自身利益的愿望,就能通过选票制约着政治决策的过程和结果,使之尽可能地符合选民的愿望。为此,该理论还着重研究了选举制度在公共决策中的影响和作用,以及如何确立选举制度等问题。这不仅代表着一个具有重大影响的经济学流派的产生,而且也大大丰富了公共财政论和公共产品论。

尽管社会抉择论是从经济角度去分析政治问题的,但它并不是纯粹的经济学和财政学理论,它还具有政治学的内容。但从与公共产品论关系的角度看,社会抉择论弥补了萨缪尔森模型的若干缺陷:

1. 它与萨缪尔森模型的奥意传统不同,并不仅仅只是分析公共产品的需求方,即仅仅分析作为公共产品消费者的个人行为对公共产品供应的影响,而是继承和反映了威克塞尔的传统,着重分析了公共产品的供应方,即作为公共产品供应者的政府机构的行为,探讨了政治决策过程对公共产品提供过程中的资源有效配置的作用问题。

2. 萨缪尔森模型较好地从理论上说明了政府活动及其收支的根本立足点在于市场经济,但对于政府在公共产品供应问题上有着怎样的自身活动特点和如何开展活动,要怎样才能确保政治决策结果尽可能满足公共资源的市场效率配置要求等问题上,是毫无研究的。社会抉择论弥补了这一缺陷。

3. 萨缪尔森模型只有对公共产品最佳供应的分析,却没有反映出各个私人所应该承担的税收份额,即没有如林达尔模型那样,直接将公共产品供应数量与其相应的个人应纳税额反映在同一图示上。而社会抉择论对公共决策的分析，就可能通过对政府预算决策的分析，将政府预算收入与支出两者结合起来考虑，进一步完善了公共财政学的内容。

4. 如布坎南所指出的那样，在社会抉择论之前，“传统地形成的公共财政学，研究的是私人在私人领域的活动行为。它对于私人在公共领域的活动行为考虑不够，尽管从终极的意义上讲，不管决策准则如何，社会抉择也是由私人作出的也罢”。① 萨缪尔森模型对公共产品最佳供应问题的发展，虽然已加强了对私人在公共领域活动中作用的研究，但更多地还是停留在对市场的模拟上，而没有针对公共经济的关键部分，即政府如何依据政治程序来开展公共产品的抉择问题作出研究，因而是不够的。社会抉择论克服了这一缺陷，这就使得现代公共财政学有了飞速的发展。

此后，社会抉择论的主要发展表现在以下方面：(1)使用实证研究去估算政府支出函数，这种研究分析的是建立在这么一种假设基础上，即在消费者投票行为的压力下，政治程序运转的结果将接近于消费者对公共产品的偏好。为此，唐斯于 1966 年运用中间投票人模型进行了分析，而英曼则于 1978 年运用州和地方政府的交叉数据进行了研究，从而使得这方面的财政研究有了较为丰硕的成果。(2)与以往的规范化研究不同，布坎南和塔洛克的研究是对政府实际行为的理论分析。此后人们对政府实际活动的研究导致了对公共部门规模膨胀的批评。这种批评集中在投票程序导致了政府预算的过度支出，而使得社会资源配置过分向公共部门倾斜上。同时，官僚和政客们最大化自身支配的预算规模的欲望，又加速了这一倾斜过程。这一分析，是

---

① Buchanan, J. M., *The Demand and Supply of Public Goods*, p. 6.

通过尼斯卡南1974年的《官僚政治与代议制政府》(*Bureaucracy and Representative Government*)、布坎南于1975年的《自由的局限性》(*The Limits of Liberty*)一书,和博乔丁1977年的《预算与官僚》(*Budgets and Bureaucrats*)等著作完成的。这些分析使人们认识到,政府并不扮演着按多数选民偏好行事的仆人角色,而是拥有自身权力的自私自利的行为者。这样,"政府失效论"日益受到人们的重视,它导致了对政府活动加以限制的要求。这是与公共产品论和皮古的外溢性理论重视和关注市场失效,需要政府行为来弥补的传统相反的。这就大大扩展了人们在公共财政研究上的眼界和开拓了思路。

三　非纯公共产品与成本—效益分析

在萨缪尔森模型和社会抉择论这两大辉煌成就取得的同时,人们在公共产品问题研究的其他方面也取得了进展,其中一个进展就是围绕着关于非纯公共产品问题而取得的。

直到萨缪尔森模型提出时为止,人们所分析的"公共产品",如同以后的研究所指出的那样,仅是一种纯粹的公共产品。但在现实生活中,纯公共产品是少而又少的,绝大部分的公共产品在不同程度上,都掺杂了个人产品的因素与内容在内。这样,随着对公共产品问题研究逐步深入与具体化,人们不可避免地将注意力转到了非典型的公共产品问题的研究上来。到70年代中期为止,在这方面的主要进展有:

1. 关于利益外溢与拥挤性问题。布坎南1965年《俱乐部经济论》(An Economic Theory of Clubs)一文发表,提出了"俱乐部模型"并用以分析拥挤性公共产品问题,就意味着公共产品论开始转入对非纯公共产品的研究之中。奥克兰《拥挤、公共产品和福利》(Congestion, Public Goods and Welfare)一文于1972年发表,分析了拥挤性公共产品问题。此外,德姆塞茨在他1970年发表的论文《公共产品的私人生产》(The

Private Production of Public Goods）中，探讨了与公共产品的非纯性有关的，在任何条件下都可由私人提供的公共产品问题。

2. 皮古的外溢性问题。作为公共产品的一种特例，其中尤其是关于外溢成本的分析，已成为受到日益关注的环境经济学的中心内容。鲍莫尔和奥茨 1975 年出版的《环境政策论》（*The Theory of Environmental Policy*）一书，对此问题作了分析。

3. 对皮古外溢性问题的进一步研究，导致了 50 年代以后产权学派的兴起。科斯于 1960 年发表的《社会成本问题》（The Problem of Social Cost）的论文，就是按照不同意皮古对外溢性现象的分析这一思路写成的。1974 年，科斯又对以往公共产品论中作为公共产品典型的"灯塔"问题，提出了自己的不同看法。他指出，"灯塔"是可以并且实际上更多地是由私人建造的。而灯塔所有者则以非自愿的方式，向过往船主收费。事实是，在 1610—1675 年间，作为不列颠灯塔管理当局的领港公会（Trinity House），就不曾建造过任何灯塔，而同期私人却建造了 10 座。在 1820 年，提供服务的 46 座灯塔中，属于领港公会的只有 24 座，并且这 24 座中的 12 座，最初也还是由私人建造并管理的。

4. 对于地方公共产品与公共利益的区域局限性问题的研究。这方面影响较大的是蒂布 1956 年的论文《地方政府支出纯论》（A Pure Theory of Local Government Expenditures）。根据蒂布"以脚投票"（voting on feet）理论，奥茨在 1972 年出版的《财政联邦主义》（*Fiscal Federalism*）一书，通过实证研究检验证实了蒂布均衡的可能性。此外，布坎南的俱乐部理论也在财政联邦主义理论中得到了发展。

5. 私人经济的成本—效益分析方法被运用到公共支出的安排上来，是公共产品供应问题研究的又一重大进展。成本—效益方法为政府预算对公共工程和发展项目的评估及确立提供了很好的手段及较为可靠的依据，从而在本世纪60年代的公共财政研究中处于前沿位置，受到了很大的关注。

应指出的是，公共支出上运用成本—效益方法，虽然是从60年代才流行起来的，但它的源头却可以回溯到一个多世纪以前的法国杜普埃特的著作上。杜普埃特曾担任过巴黎桥梁公路工程局官员和首席工程师，他在解决工作中的问题时，第一个采用了严格意义上的成本—效益分析方法，并且还预计到了后来的成本—效益分析方法的许多实质性内容。1844年出版的《桥梁公路工程局年鉴》中登载了他的论著：《工程效用测量》（英译名为《公用事业效用测量》）①。特别值得提到的是，作为一名效用价值论者，杜普埃特发展了效用概念，认为效用应由需求曲线而不是按实际支出来测度。近一个世纪后，霍特林才于1938年发表论文《与税收和效用比率问题相关的一般福利》（The General Welfare in Relation to Problems of Taxation and Utility Rates），对公共财政上的成本—效益分析作出了一个重大贡献。他将边际成本定价的事例公式化，认为使用一座桥梁的有效方式，是免费供公共使用，只要桥梁的使用没有达到过分拥挤的程度就行了。他否定了当时每个项目"经费自筹"（that every tub must stand on its own button）的通用准则，主张政府应对成本递增行业予以补贴。

但在公共财政实践中，成本—效益分析方法则早已得到逐步的运用。1902年，美国联邦政府通过两个法案，使成本—效益分析方法在公共工程上的运用初具雏形。这两个法案，一是《1902年河流与港湾法案》（*The River and Harbour Act*，1902），它要求工程委员会以商业利益和成本评价为出发点，对陆军工程署（Army Corps of Engineer）的河

① Vickrey，W.，"Dupuit，Jules，" in *Encyclopedia of the Social Sciences*，V.4，London：MaCmillan，1968.

流和港湾计划提出报告。另一个法案,则规定工程署应提供该计划对当地和特殊利益影响状况的报表,用以作为分摊成本和费用的依据。工程署也研究出一套用以测定有形成本和效益的技术。此后美国政府于1936年对防洪工程的分析与确定,采用了成本—效益分析标准,并在第二次世界大战中对国防研究大量运用了成本—效益方法进行分析。

从50年代后期开始,大量的成本—效益分析论著出现了,这导致了该方法于60年代的流行。这段时期,理论界的兴趣集中在诸如适当的贴现率的选择、资本从私人部门抽走转用于公共部门的机会成本的测定,以及影子价格的运用上。到了70年代初,这些主要问题已被解决,成本—效益分析方法已成为公共财政分析的重要工具。

第四节　“边际革命”之影响

本章前文的分析表明,西方经济学上的“边际革命”,对于现代公共财政学的形成和发展,是起着根本性作用的,本节将进一步加以总结归纳。概而言之,边际效用价值论的进入西方公共财政学,使之在以下几个主要方面发生了根本性的变化。

一　政府公共服务是具有价值的“公共产品”

边际效用价值论被运用于分析政府所提供的公共服务时,它就成为一种经济学意义上的创造“价值”的活动,成为与“个人产品”相对应的“公共产品”,使“公共产品”这一概念与市场经济相一致了。

在此之前,休谟、斯密和穆勒等人虽已涉及乃至大量地分析了公共服务问题,但这些具有共同消费性的活动,仅是被作为不具有价值的活动来看待的。这在市场经济制度已整个地建立起来,整个社会的方方面面已日益商品化的经济环境中,非生产性的不具有价值的共同消费性活动,就日益地表现为是一种市场的“异己”行为和力量,政府活动也就表现为是对私人资本的取走,是对自由市场活动的否定。这样,他们强烈地主张尽量限制和压抑政府的公共服务活动,就很自然了。此时人们对公共服务和政府职责的分析,更多地是从政治学和伦理学的角度,而难以从经济学的角度来进行,就毫不奇怪了。正是在这种背景下,要从根本上赋予公共产品论以经济学内容是困难的,更不要说由此而建立起一门真正经济学意义上的财政学了。

新旧历史学派则相反。他们对于政府活动持肯定态度,因而在公共产品问题上不存在自我矛盾的问题。在新旧历史学派的财政理论中,已接近于提出“公共产品”概念了。如沙夫勒就认为,在国家的经济任务中,包含着形成生产公共产品的经济和消费公共产品的经济。而瓦格纳认为,国家在消费有形财富的同时,可以生产无形财富。这些都实质上是认为国家在“生产”某种产品。但他们的分析都没有指出“无形产品”和“公共产品”是否有价值,因而都还没有形成严格意义上的公共产品论。

边际主义的奥意财政学派,则大体上明确了“公共产品”的概念、内涵及其价值。马佐拉指出了公共产品的共同消费性,即“大多数这类产品是以一种不可间断和不可分割的方式提供的”。① 消费时的共同性即不可分割性是公共产品的最典型的特征,也是对公共产品这一客观事物的最好概括。前文已指出,在马佐拉之前,萨克斯就已指出了

① Mazzola, U., “The Formation of the Prices of Public Goods,” in Peacock, A. T. and Musgrave, R. A., eds., *Classics in the Theory of Public Finance*, p. 42.

公共服务的价值问题，对此维塞尔在其《自然价值》一书中作了较为详细的说明，并在系统地分析之后明确地赋予了国家经济以价值。维塞尔指出：

> （对于国家经济来说）不论在筹款方面还是在支出管理方面，直到最近，经济学家还不认识价值的那种重要性，譬如说，从其在私人经济中所起的作用看，这种重要性却是可以看到的。特别是，就筹款说，理论曾力求几乎完全不用价值。对于赋税原理的论述，过去没有，现在也几乎一直没有提到价值，或者即使提到，至多也不过当作对比草草说一说而已。赋税所依据的是特殊理由而不是一般经济理由。……
>
> 亚当·斯密和他的学派也是用同样态度来对待国家的经济管理的。他们仅仅用国民生活的需要来说明，而价值却从未博得他们的考虑。要是他们提到价值，那不用说总是交换价值。……从没有讨论到国家经济所固有的任何特殊的价值，因为总的说来，所有经济概念完全从私人经济的情况中借来，它们都带着原有的特征。①

在这里，维塞尔明确地指出斯密没能赋予国家活动以价值的问题。在斯密的劳动价值论下，国家和政府的活动仅是非生产性的活动，而价值则只能是在物质生产劳动中才创造的，因而斯密将财政这种由政府直接进行的活动视为不创造价值的活动，是很自然的。

维塞尔还认为，德国学者"对英国学派这种片面性早就有所认识"。他紧接着说，李斯特力图将价值引入国家经济中，使得他的理论

---

① 〔奥〕弗·冯·维塞尔：《自然价值》，第256页。

“无疑地变得更圆通、更显得有道理、更有适应能力,但同时也变得更不确定、更不精密了”。[①] 维塞尔的这些分析是正确的,其结论无疑对于新旧历史学派的财政理论也是适用的。不仅李斯特,而且新历史学派的施泰因也认为“赋税额应和国家执行的经济价值,即国家向人民所提供的物质资料与服务相等”。[②] 这种所谓的“国家执行的经济价值”,实际上就是认为政府服务是具有价值的。

新旧历史学派的价值观,是建立在效用价值论基础之上的[③],这就有可能从理论上赋予公共服务以价值。这是因为,“所谓效用,是指物品能使人获得幸福和避免痛苦的能力”。[④] 对于政府提供的公共服务来说,无疑是具有使社会公众获得幸福和避免痛苦的能力的,尽管具体到各个社会成员来说,其享受程度是有大有小的。但由于效用价值论本身的种种缺陷,尤其是无法解释诸如空气和水等物品对人们有着很大的效用,但却往往毫无价值或价值很低等问题,因而在价值论上是相当软弱的。这就使得新旧历史学派缺乏坚实的价值论基础,无法有力地说明经济学上的“价值”问题。这样,他们可以试图将价值引入公共领域,并有着一定的经济理论上的合理性,但也不能不是“更不确定”和“更不精密”的。可见,新旧历史学派赋予政府公共服务以价值的企图,从根本上看,是不可能成功的。

边际效用价值论则不同,它解决了公共产品具有价值的这一关键问题:

1. 作为一种主观价值论,边际效用价值论认为只要公共服务的效用得到个人主观评价的肯定,它就具有了价值。这也是为什么同样建

---

① 〔奥〕弗·冯·维塞尔:《自然价值》,第257页。

② 〔日〕坂入长太郎:《欧美财政思想史》,第292页。

③ 晏智杰:《经济学中的边际主义(历史的批判的研究)》,第136页。

④ 同上书,第47页。

立于主观价值基础上的历史学派能够试图赋予公共服务以价值，而非主观价值论的亚当·斯密等人却做不到这一点的经济学基本理论根源。边际效用价值论继承了效用价值论的这一内容，从而具备了提出公共产品具有价值的理论能力。

2. 作为一种边际主义的价值学说，边际效用价值论将稀缺性与效用性结合起来，"有效地去掉了使古典学派深感苦恼的一切暧昧性"，① 解决了亚当·斯密著名的"价值反论"，即为什么具有极大效用的水，其价值却低于效用相对低的金刚钻的价值这一难题。它使得原有的关于公共服务具有价值的思想明晰和精确起来，从经济学原理上说明了这一问题。

公共产品具有价值的理论证明，对于西方公共财政学来说是具有"革命性"意义的。如果说亚当·斯密使公共财政学成为一门研究分配活动的科学的话，则"边际革命"最终使其成为一门研究生产活动和经济活动的科学。对此，维塞尔指出，萨克斯将"整个课税制度全以价值为基础。这个简单建议使财政科学第一次成为政治经济学的一个部分"。② 从此人们能够运用经济学的核心原理来说明财政行为，这是以往旧的财政学所难以做到的。正因如此，这也是为什么人们将萨克斯尊为边际主义财政学家第一人的主要原因。

二　等价交换原则也适用于公共活动

边际效用价值论的引入，还使得市场等价交换原则，也适用于政府公共服务的成本和费用补偿分析。

---

① 〔法〕夏尔·季德、〔法〕夏尔·利斯特：《经济学说史》（下册），徐卓英等译，北京，商务印书馆 1986 年 9 月第 1 版，第 604 页。

② 〔奥〕弗·冯·维塞尔：《自然价值》，第 257—258 页。

利益赋税思想，在西方理论界是源远流长的。所谓的利益赋税，这是一种将社会成员的纳税，视为是由于他们享受公共服务的利益，而向社会支付相应的税收“价格”的思想。这种思想明显地是市场因素或市场经济这一客观现实影响财政理论的表现。而这一思想之所以在霍布斯那里才开始较为明确起来，则又表明了此时已初步形成的市场经济，对公共财政理论的决定性影响。但直至边际效用价值论被运用于公共产品问题的分析时，人们都还只能对公共服务及纳税之间的关系作出市场交换关系的感性比拟，而无法从经济学基本原理上，去正式说明两者之间存在着市场式的等量价值相交换的关系。

等价交换是市场经济的基本准则之一，本书第二章对此作了专门的分析和论证。在人们的市场活动中存在等价交换关系，是极为自然和正常的。但对于公共服务活动则不同，因为政府的公共服务活动是采用非市场的手段，经由非市场的渠道提供的，这就存在着公共服务活动是否也应遵循等价交换原则的问题。在边际效用价值论确立之前，尽管存在着种种努力去试图解决这一问题，但都不成功，即人们都没能从经济学基本原理上说明这一问题，就表明了该问题所具有的难度。

在边际效用价值论确立之前，西方经济学界占主导地位的价值理论，先是劳动价值论，接下来是生产费用论。在劳动价值论下，政府是非生产性的，政府机构所开展的活动和提供的服务很大部分是非物质性的和无形的，它们都不具有价值。与此同时，个人纳税则是将一定数额的价值从个人转移到政府手中。这样，如果试图将不具有价值的公共服务，与具有价值的个人纳税之间的关系说成是等价交换关系，就未免给人以牵强之感。

而从生产费用论来看，如将政府提供公共服务时的人力物力财力投入与耗费，视为是生产费用或生产“要素投入”，从而将政府支出视为公共产品的“价值”，并将政府支出数额与社会缴纳的税款总额相对应，似乎也可以得出两者之间存在着等价交换关系的结论。但这不能解决根本问题：

1. 这种“等价”关系仅是从总量上考察才存在，即从政府支出总额与政府税入总额来看，才是这样的。但在西方，纳税是个人的行为，西方的个人主义哲学伦理观也表明，公共服务所提供的利益是由私人享用的。这样，要证明在公共服务与纳税之间存在等价交换关系，是要以私人为中心，才能解决以私人为单位的税款缴纳与公共利益之间的“等价”问题，而生产费用论是解决不了这一问题的。从政府支出来看，它大体上是面向整个社会，而很少直接付给私人的。这样，生产费用论是无法说明，为什么政府支出总额要分解给各个私人以不同的税收份额这一问题的。

2. 由于公共服务的共同消费性，因而每个社会成员都享受到的公共服务，是必须由政府支出总额来加以提供的，但每个私人却不必承担政府支出的全部数额，相反只要缴纳相对于整个政府支出总额来说是微不足道的税款。如果说双方都有价值的话，这将是一个反差极大的不等价交换。因此，生产费用论也无法从经济学角度说明公共服务与税收之间的等价交换问题。

从效用价值论来看，由于政府提供的公共服务赋予了私人以利益和效用，从而也可以在一定程度上得出具有价值的结论，这就能与纳税相联系而建立起等价交换的关系。但问题在于，效用价值论是以人们感受到的总效用，而不是边际效用来衡量价值的。由于公共服务的共同消费性质，个人享受到了公共服务的全部效用，但个人由于缴纳税款而损失的效用却是很小的。因此，如同生产费用论一样，效用价值论此时从总效用的对比关系来看，也只能得出严重不等价交换这一结论的。

此外,当时的其他价值学说也都有类似的缺点,都不足以准确地说明利益赋税的等价交换问题。

正因如此,当时的利益赋税说是缺乏经济学基本原理支持的。面对蓬勃发展的自由市场经济,这一学说不能不陷入困惑和混乱之中。如斯密主张比例利益赋税说,认为每人都应"按照各自在国家保护下享得的收入的比例,缴纳国赋"。① 这实际上是支付能力说与利益赋税说的混合物。而大部分早期的社会契约论者如霍布斯等人,也是主张比例利益赋税说的,就毫不奇怪了。然而,现实的社会经济生活则愈益清楚地表明了,比例税率的实质是一种累退税率,是对于社会贫穷阶层不利的税率,尤其是当着政府必须纠正社会不公问题之时,就更是表现出需要累进税率了。

这样,稍后于斯密的法国的西斯蒙第和孔多塞等人,则是主张累进利益赋税的,这就反映出社会经济现实对财政税收理论的影响。然而,西斯蒙第的分配论是以劳动价值论为基础的,②这就使得他无法从经济学基本理论上有力地说明为什么要实行累进税率这一问题。

至于约翰·穆勒,则是反对和批评利益赋税说的,他主张赋税的均等牺牲说。他认为,保护纳税者的人身和财产安全并非是政府存在的唯一目的,政府还应广泛地保护社会福利以免除灾害。他还指出,将政府与纳税人的关系用价格关系来表现是错误的,因为政府提供的公共服务对于人民来说是均等的,而且很多部分是无法用价值概念来评价的。所以,不能以等价交换关系来说明。③

---

① 〔英〕亚当·斯密:《国民财富的性质和原因的研究》(下卷),第384页。

② 许涤新主编:《政治经济学辞典》(中),第448页。

③ 〔日〕坂入长太郎:《欧美财政思想史》,第223—224页。

穆勒的这些主张是一针见血的。在劳动价值论等价值理论下，公共服务是没有价值的。此时将个人获得的公共服务利益与纳税损失的利益相对照，将其视为是一种利益交换关系，作为一种市场式的比拟，是允许的。但这里的利益不能被认为是价值，更谈不上建立起价值数量上的相等关系，如果此时硬要按照"利益"来测度和决定个人的纳税数额，就决定了斯密和西斯蒙第等人不能不陷入是比例税率，还是累进税率的困惑之中。从这个意义上看，穆勒反对利益赋税说，是正确的。

然而，随着市场经济的发展和整个社会的愈益商品化，客观上又要求着公共财政理论将政府服务与个人纳税之间的关系，以市场通行的等价交换关系来说明。正因如此，穆勒反对利益赋税说，就又使得他自己的理论有着严重的缺陷。穆勒主张："课税平等就意味着所作出的牺牲平等。"①他的这种由效用价值论观点引出的结论，是自然的。但由此而否定人们在财政税收问题上对于市场的模拟，则又使得他自己的理论陷入荒唐的结论之中，即他反对累进税率和比例税率，而主张累退税率。② 由于累退税是对于社会贫穷阶层的公然剥夺，如同本书第二章和第七章的有关分析可以看出，在市场自发运行已导致社会贫富差距日益拉大的背景下，再依靠累退税率进行一次"超经济剥削"，是行不通的，即使是在西方资本主义私有制下，也是不利于资产阶级的根本利益的。因此，累退税观点是为现代税收理论所不取的。可见，没有解决经济学的理论基础问题，仅凭反对利益赋税说，也是难以获得满意

① 〔英〕约翰·穆勒：《政治经济学原理——及其在社会哲学上的若干应用》（下卷），第376页。

② 对于穆勒的税率观有不同的看法。见本书第八章第二节第四点。

的答案的。

边际效用价值论的出现及其被引入公共财政学中,解决了这一问题:

1. 它克服了劳动价值论等关于政府活动不创造价值,从而难以与税收建立起等价交换关系的缺点。如前所述,边际效用价值论赋予了政府的公共服务以价值,这就有可能与私人纳税建立起等价交换关系。

2. 它克服了生产费用论和效用价值论等公共产品总费用或总效用,无法与私人纳税的数额或效用在数量上相等的固有缺陷。由于这种价值论是以私人为单位,即是通过私人的主观效用评价来确定的,同样数量的产品和劳务,对于不同的私人有着不同的边际效用感受,从而有着不同的价值和价格。这样,同一的公共产品并不要求不同的私人缴纳同样的税款,这在价值论上是完全解释得通的。

3. 由于"产品"的价值是以私人对边际产品的效用评价来确定的,因而尽管政府提供的服务耗费巨资和产生巨大效用,但私人仍能将公共服务的边际效用,与其纳税而遭受的边际负效用加以比较,从而在两者之间建立起完全的等价交换关系。这样,就从价值论上根本解决了政府与纳税者之间的等价交换问题。

同样是萨克斯最先解决了这一问题。他主张在赋税方面,每个人都应按自己的价值评价,依国家对他提供的服务的价值,缴纳全部的货币等值。① 他还认为,从经济上讲,大于这个货币等值就不能成为任何公民的纳税义务,而这个等值是按个人的主观边际效用评价得出来的。②

---

① 〔奥〕弗·冯·维塞尔:《自然价值》,第274页。
② 同上书,第273页。

三　公共服务以私人需要为立足点

边际效用价值论使得公共财政活动和公共产品提供的目的，从政府需要转到私人需要这一基点上来了。

在此之前，人们对于政府活动范围和规模的分析，大体上是立足于社会需要或国家需要之上的。认为政府应以社会的一般利益为准则，去安排财政收支，否则就是不正当的。如前所述，斯密和穆勒就是强烈地持有这一主张的。斯密在《国富论》中，对于他著名的政府三职能的分析就是这样的。而穆勒在其《政治经济学原理——及其在社会哲学上的若干应用》中，则更是明确地指出了政府活动应以提供"普遍的便利"为准则。这种以政府履行其职责的需要为财政目的的"政府需要说"或"公共需要说"，其影响既广且深，甚至在"边际革命"发生了许久之后，许多持边际主义观点的经济学家仍在公共财政问题上保有"政府需要说"的主张。譬如皮古在 1928 年的《公共财政学研究》一书中，就认为，"每一个文明社会都存在着某种形式的政府机构……不管是中央的还是地方的政府当局，都拥有其职能和责任……履行这些责任必然发生支出，从而相应地也要求着收入的取得"。①

应该说，以社会的"一般利益"或"共同利益"来考察公共财政活动，不能说是错误的。但如本书第五章所述，在市场经济条件下，这种"一般利益"和"共同利益"都是建立在私人需要基础之上的，而不存在着一个根本独立于私人利益之外的"社会需要"。然而，"政府需要说"将社会或国家视为具有独立人格的"个人"，认为国家具有自己的偏好和欲望，政府能够独立地依据"社会利益"而非"私人利益"作出自己的决定，此时的社会利益或公共利益并非是全社会每个个人私利的加总，

---

① Pigou, A. C., *A Study in Public Finance*, London: MacMillan & Co., 1928, p. 1.

这就使得“政府需要说”具有着以利他主义为中心的集体主义的外观，这似乎是与市场经济体制所决定的利己主义的个人主义伦理观念相违背的。

然而，西方公共财政学的“政府需要说”仍具有个人主义的本性。社会契约论是西方公共财政学的理论基石之一，在这一理论下，国家和政府的产生、存在及其财政活动，从根本上看都是私人活动的结果，是无数的私人为了自身的利益达成社会契约的结果。当然，从社会契约论来看，它的个人主义是经历了一个逐步加深的过程的。

在让·博丹的《国家六论》中，认为国家的主权产生于人类的需要，家庭是国家的基础，国家只是那些承认制定法律的权力属于某个人或一部分人的家庭联合体。国民的天职就是服从。他还认为有必要在法兰西建立一个强大的君主政体，而当时许多有影响力的理论还证明了这种政治社会的新模式是合理的。一方面，支持君主权力的罗马法概念成为主流。另一方面，博丹与霍布斯发展了一种君权概念，它完全削弱甚或取代了中世纪对于社会的理解。这一概念认为一种社会为了从根本上生存，必须由君主的权力来掌管，而君主权力不受任何其他权力限制。换言之，社会对其政治组织的认同以一种明显青睐专制主义的形式卷土重来了。①

而在霍布斯那里，更是明确地将国家人格化为“利维坦”这一个硕大无朋的怪物，“承当这一人格的人就称为主权者，并被说成是具有主权，其余的每一个人都是他的臣民”。② 尽管霍布斯是英国资产阶级革命的思想家，他仍然主张君主专制，他的契约论注重的是国家权威而不

① 〔加〕查尔斯·泰勒：《吁求市民社会》，第181页。

② 〔英〕霍布斯：《利维坦》，第132页。

是个人自由，认为人们在缔结社会契约时，就把个人自然享有的全部权利和力量都转让给了主权者。① 在这种国家观的指导下，提出政府需要说是很自然的。

而与此同时，其他一些社会契约论者则主张，社会是先于政府而存在的。这是格罗休斯和普芬道夫观点。这也正是霍布斯想要压抑的契约论的特征。然而，即便是在格罗秀斯和普芬道夫那里，"服从的契约"仍被视为设立了绝对的权力，社会自此以后是没有法律依靠而与政府相抗衡的。②

但注重国家权威和忽视个人自由，毕竟是与资本的本性相违背的，因而霍布斯的学说很快就为约翰·洛克的思想所补充和修正。洛克的社会契约观鲜明地表达了个人主义的本性。他的自然权利说突出了天赋人权，认为人们在缔结社会契约时只交出了一定的权力，即充当自然法执行人的权力，和要求罪犯赔偿损害的权力，但保留了生命、自由和财产私有权。这样，洛克也同样在西方经济学说史中有着很大的影响。对此，马克思指出："一般说来，英国早期的经济学家都把培根和霍布斯当作自己的哲学家，而后来洛克成了英国、法国、意大利的政治经济学的主要'哲学家'。"③

但是，洛克的学说也并不完全是自由主义的和个人主义的。洛克也认为：

> （国家的产生，使个人）可以从同一社会的其他人的劳动、帮助和交往中享受到许多便利，又可以享受社会的整个力量的保护，

---

① 参见〔英〕霍布斯：《利维坦》，第133—142页。
② 〔加〕查尔斯·泰勒：《吁求市民社会》，第182页。
③ 〔德〕马克思：《资本论》第一卷，第428页脚注。

因此他为了自保起见,也应该根据社会的幸福、繁荣和安全的需要,尽量放弃他的自然权利。①

在这种哲学观点之下,是仍然不足以使当时的公共财政理论完全转到私人需要这一基础上来的。对于洛克的学说,查尔斯·泰勒指出:

围绕这另一种模式,许多反专制主义的学说得以具体化。最杰出也最具影响力的是洛克(Locke)的学说。某种意义上他改写并更新了(中世纪的“社会”概念和教会是一个独立“社会”的观念),并以一种新的形式将其引入政治理论之中。(中世纪的“社会”概念)以空前强有力的形式回到洛克的学说中,它将政府界定为一种信任。社会先于政府而存在;它产生于第一种契约,该契约使个体脱离自然状态。然后这种新的实体设立了政府。这种政府可以被界定为至高无上的,但实际上是与社会保持信托关系。如果政府亵渎社会的信任,后者就将追回前者行动的自由。

然而洛克也重新引入了(教会是一个独立“社会”的观念)的一种变体。在所有政治社会之前,人类组成了一个共同体。他们在自然法下组织自身,而这自然法是上帝吩咐给他们的。换言之,我们通过共享自然的权利,组成一个共同体。事实上,该共同体被界定为(封建式权威关系)的一种变体,现在被书写到事物的秩序之中,而不是仅仅铭刻入实在法之内。任何特定的政治社会都必须尊重这一更高的法则,既然设立它的人也受制于它,他们便无法转移他们不具备的种种权力。②

---

① 〔英〕洛克:《政府论》(下篇),叶启苏、瞿菊农译,北京,商务印书馆1964年2月第1版,第79页。

② 〔加〕查尔斯·泰勒:《吁求市民社会》,第183页。

不仅如此,查尔斯·泰勒还提到了孟德斯鸠的有关学说:

> 孟德斯鸠……在《论法的精神》中对于“君主制”的描画,提供了另一种反专制主义的理论,并替代了洛克的学说。与洛克不同,他假定了一种不可撼动的强有力君主制政府。核心问题在于这种政府究竟是不受约束并转向专制主义的,还是受制于法律。……
>
> 孟德斯鸠和他同时代许多反专制主义者一道,钦慕古代的自由。但他并未把这一点变成替代专制规则的他本人的模式。他的天才更在于他已然明确表达了第三种标准,这种标准在某种意义上相对于城邦,对参与者而言仍然是关于自由和尊严的圭臬。君主政体与共和政体是对立的,因为后者假设了“美德”(vertu),即对公共利益(public good)的忠诚,以及严格的民德(austere mores)与平等;而君主政体要求赋予个人的权利和特权以鲜明意义,并且靠与“名誉”(honeur)密切相关的地位的差别、财富和权力的展示而繁荣兴旺起来。在古代的共和政体中,爱国的美德是使社会保持自由的驱动力,因为它引导人们至死捍卫法律以抵抗内部与外部的威胁。在现代君主政体中,人们自身权利和地位的鲜明意义就是自由的保护者,因为是它使得特权人士抵制皇室的侵犯(encroachment),并耻于服从任何违背其规范(code)的命令。
>
> 所以在保留社会的完全政治性的定义(像古人一样)的同时,孟德斯鸠为市民社会/国家的区分设下了基础,这种区分迥异于古人。他是通过将社会视为中央权力与一系列已经确立的权力之间的一种平衡,来做到这一点的。
>
> 这两种反专制主义的学说都反映在最终出现于世纪之交的这

种区分里，并在黑格尔的《法哲学原理》一书中见到最著名的陈述。①

而再往后，随着市场和资本的进一步成长壮大，随着人们对政府和市场关系认识的进一步发展，西方思想界逐渐以自由主义和功利主义取代了以往的观点。这些思想是更为个人主义的，主张为了个人自由，必须首先使政权不管属于谁，都要受到公民个人权利的限制，个人自由要求每个人都离开国家政权而有一定的独立性。

这在经济思想界则表现为边沁的功利主义取代了洛克的自然权利说，并对西方经济学说产生了巨大的影响。李嘉图、穆勒以及“边际革命”的奠基者们，都把边沁的功利主义作为自己的经济自由主义的哲学基础。在这种哲学氛围之下，当时的“政府需要说”也应当具有个人主义的色彩。但是，边沁的贡献仅解决了哲学上的个人主义问题，人们还需要解决经济学上的个人主义，才能从理论上说明，为什么公共性的政府活动，从本质上说也是个人主义的。这样，直至边际效用价值论被运用来分析公共财政和公共产品问题时为止，西方经济学界都未能完成这一任务。

在斯密和李嘉图等人那里，经济学是个人主义的，但他们主张的是劳动价值论，这就无法从经济学基本理论上说明，国家活动如何可以说是一种个人主义行为的问题。尽管李嘉图已接受了边沁关于社会只是私人的总和，社会幸福只是社会成员幸福的总和的哲学伦理观。

从劳动价值论来看，价值是一种社会关系，是社会活动的结果，“社会必要劳动耗费”就是一种社会性的概念。不过，由于价值又是在

① 〔加〕查尔斯·泰勒：《吁求市民社会》，第184—185页。

私人劳动中创造的，因而从劳动价值论是既得不出个人主义，也得不出集体主义的结论的。进一步看，劳动价值论是以商品的供给方为基础来分析价值问题的，是商品供给方在生产该商品时投入的劳动形成价值的来源的。此时尽管也需要商品需求方的购买，其创造的价值才能实现，即获得社会的承认，但商品生产者的生产目的毕竟只是为了自身能获得该商品的价值。这样，劳动价值论从供给方来确定价值，是只能得出生产者为了满足自身的需要而生产的结论。以这种价值论去考察政府提供公共服务问题，也只能得出政府以满足自身需要为目的的结论。

这一分析同样适用于生产费用论。生产费用论渊源于亚当·斯密的劳动价值论的某些观点，它同样是一种供给方的价值理论，因而在用它来分析政府和公共财政活动目的问题时，也只能得出相同的结论。这是因为，在公共服务中，是政府投入费用“生产”出服务的，此时的供给方是政府。因此，如果从生产费用价值论的观点看，是政府作为“生产者”，为了自身的目的而提供着公共服务。由此可知，对于劳动价值论和生产费用论等来说，至少在被用来分析政府和公共财政行为时表明，它们都是包含了一定成分的非个人主义因素在内的。

这样，当时的西方经济学从其理论体系的基础看，就存在着个人主义的哲学伦理观，与非个人主义的价值论的根本矛盾。而西方的市场经济这一经济基础，决定了这些非个人主义的价值论是最终要被淘汰的，这是矛盾发展的必然结果。

不过，当时西方经济理论的这一矛盾，并不妨碍人们从个人主义的立场去分析和解释私人经济活动。从市场活动来看，它鲜明地表现为是一个私人追求自身私利的行为与过程。这时人们可以忽视抽象的价值理论所具有的隐晦含义，而仅需满足于哲学上的功利主义解释就行了。但对于国家活动和财政活动则不同。在这里，人们的活动从直观上就已不再是私人的行为，而清楚地显示出是一种社会性的活动。对此，从哲学和伦理学的角度，是不足以说明其个人主义的本性的，还需要通过对政府经济行为的深层次的剖析才行。这就需要进一步由经济学来解决问题。但是，建立在非个人主义的价值论基础上的各种经济学说，是不具备这种能力的。

新旧历史学派的效用价值论，虽是一种个人主义的价值理论，但新旧历史学派的财政学说所持的，也仍然是"国家需要说"。沙夫勒将公共机构和团体人格化了，提出与非国家需要相对立的国家需要概念。而瓦格纳则按经济行为的心理动机，将国民经济区分为私人经济、慈善经济和公共经济，认为公共经济是根据共同利益而自由结合的。[①] 这样，尽管效用价值论作为一个需求方的价值理论，它可以是个人主义的，因为此时的价值是凭借私人的主观效用评价来确定的。但新旧历史学派在这方面走过了头，即他们的效用不仅仅是个人的效用，而且还将公共机构人格化，得出了公共机构具有公共效用，以及以此为基础的公共利益的观点。这就使得他们在分析政府活动时，得出了国家需要是目的的结论。这种看法是与他们强烈的国家干预主义主张相一致的。否则，如果个人效用在政府活动中起着根本的决定作用的话，则将从经济理论上根本否定政府对私人资本和市场活动自由发展的干预的合理性与可行性。

边际主义的财政学，则没有将"效用"引离个人主义的基础。边际效用价值论是以单独的私人为分析基点的，他们宣称从鲁滨逊式的某一私人处理他的欲望与周围环境关系的方式中，可以找到支配现代最复杂的经济现象的法则。

为此，边际效用价值论者不仅以私人的主观判断和评价来确定由

---

① 分别见〔日〕坂入长太郎：《欧美财政思想史》，第294—295、299页。

市场提供的个人产品及其价值，而且进而用私人的主观边际效用评价，来看待由政府提供的公共产品及其价值问题。这样，公共产品的价值是仰赖于私人的评价来确立的。政府对于公共产品的提供，也不能不是依据私人对该产品的需求来作出的。在这种个人主义需求方的价值理论下，区分供给方是私人还是政府，对于价值判断来说是毫无意义的。此时只要产品和服务为私人消费者所需要，为私人消费者提供了效用，就不管是由私人提供的，还是由政府提供的，对于私人消费者来说都是一样的。

正因如此，从这一价值理论出发，人们还可以很自然地得出政府和财政的活动目的只能是私人需要的结论。可见，当着边际效用价值论最终被引入公共财政学之后，就使得它从社会（政府）需要的基点上，真正转到了私人需要的基点上来了。

西方公共财政学的这种变化，使得边沁关于追求个人利益是人类一切活动的指导原则和动力的哲学观点，最终占领了公共财政学这最后一块“集体主义”的经济学领地，使得人们从经济学的角度，也能彻底地论证西方社会的个人主义性质了。

最早将边际主义观点引入西方公共财政学的几位学者，也正是这样进行分析的。萨克斯以效用论为基础，认为经济是满足欲望的活动，国家经济满足的是集体欲望，但这种集体欲望应还原为私人欲望。林达尔则认为，公共欲望与私人经济所体现的欲望一样，也是每个私人的欲望。公共欲望只是私人欲望的一种表现。区分公共欲望与私人欲望的标准，只在于满足私人欲望的方法。当私人欲望通过公共活动能得到最好的满足时，就产生了公共欲望。此时的公共欲望或集体欲望仅是私人欲望的集合而已。①

---

① 分别见〔日〕坂入长太郎：《欧美财政思想史》，第336—339页。

私人追求自身利益最大化的行为和现象的普遍化，是特定的社会经济关系即市场经济关系的反映和体现，将公共产品和公共财政的存在与活动基点全部转到私人需要上来，正是当时市场经济制度在西方已臻于完善这一客观经济现实在财政经济理论上的表现。

四　市场效率原则也适用于公共经济

边际效用价值论被运用于公共财政分析上，就使得有效配置资源的私人经济原则，也开始适用于公共经济活动了。这样，整个社会的资源配置，从根本上看也都能够遵循同一的市场效率准则去进行，使得公共产品最佳供应问题从根本上也以市场效率准则来决定了，并为此后西方公共财政学在公共产品论基础上，沿着如何确立公共产品最佳供应的效率条件这一思路展开，提供了理论基础。更进一步看，它还为其后混合经济论等的提出，提供了根本的理论基础。

在此之前，经济学是做不到这点的。从西方意义上的古典学派来看，无论是信奉劳动价值论的亚当·斯密、李嘉图，还是主张要素价值论或生产费用论的其他学者，都难以将市场效率准则运用到公共财政的分析上来。在他们那里，政府的公共活动都是一种不创造价值的行为，这是前文已指出过的。这样，在创造价值的私人经济中形成的市场效率准则，就难以适用于公共财政活动了。因为市场效率准则正是在个人创造价值、追求价值和利润的过程中得到体现和遵循的。公共财政的共同消费性，使之无法在市场活动中获得成本的补偿，更无法实现价值的增值，从而直接表现为是不适用于市场效率准则的。

因此，在私人经济直接由市场机制指引，并按市场效率准则配置其资源的同时，公共财政的运转，却是在政府的行政机构直接安排与推动下，是在计划和行政机制作用下进行的非市场活动。在这些价值理论的指引下，人们是不可能以统一的价值尺度作基础，以同一的市场效率准则去评价和判断社会总资源在经济的私人部门与公共部门之间,以及它们各自内部的配置是否具有效率性的问题。

正因如此,在这些自由放任的经济学家们看来,尽管政府和公共活动有其必要性,但从根本上看,却又是市场的异己力量,它们的活动是以私人资本的被剥夺和市场的充分发展受损害为代价的。这就决定了,他们对待公共经济的矛盾态度。即在承认政府存在的同时,又要求尽可能地限制政府活动的范围,尽量地压缩政府支出的规模。他们的这种矛盾态度,充分地体现在斯密他们所主张的"小政府"和"小财政"上,体现在前文已指出过的著名的萨伊"金律"(golden maxim)上。

总之,对于自由放任的经济学家来说,效率是市场和私人经济的事,政府除了被要求不干预私人经济和市场的有效运行,不损害私人资本的发展壮大之外,政府活动本身是否符合市场效率准则的问题,尚未进入他们理论分析的视野之内的。

新旧历史学派大量地分析了公共经济问题,他们在李斯特的国家经费支出是生产性的理论基础上,形成了国家经费生产论。这就使得人们不可避免地对作为一种生产性活动的国家经济本身,提出资源的有效配置问题,这又牵涉到采用何种效率准则的问题。

沙夫勒将社会经济看成是公共经济和私有制市场经济的有机构成体,指出构成公民收入的财物,应在满足公众利益的赋税方面,和在满足私人需要的家庭支出方面,按比例进行供应的原则。公民的收入始终必须用于那些在当时是重要的用途上面,而一定不要以压低公民的家计为代价,去过度丰富公共经济的财力,也一定不要以恶化公务为代价,来过度丰富私人家计的财力。这样,沙夫勒实际上已从私人需要的角度,从整个社会的全部资源按统一的原则进行最佳配置的高度,来分析公共经济的效率问题了。他同时还从贯穿于私人经济中的以最小支出取得最大效益的经济原则出发,提出公共经济的效益问题。① 由此可见,沙夫勒等人已试图运用市场效率准则来分析公共产品供应的效率性问题了。

但是,由于效用价值论本身的软弱性和模糊性,它难以在价值论上有效地站住脚,因而在公共产品问题上,仍然是无法解决其与个人纳税之间的等价交换问题,而市场效率准则正是经由人们的等价交换活动得以贯彻和遵循的。这样,新旧历史学派仍然无法最终解决以非市场方式开展活动的公共财政的效率问题,即无法解决公共财政怎样在自身对社会资源的配置活动中,贯彻市场效率准则这一问题的。

边际效用价值论被引入西方的公共财政学之后,人们能够以统一的"边际效用"尺度,去考察私人经济和公共经济问题,最终解决了市场效率准则在公共经济上的适用性问题。由于政府活动如同私人的经济活动一样,也能创造价值,政府创造的公共产品对于个人提供的边际正效用,与该个人纳税所遭受的边际负效用之间,就存在着等价的关系。这就说明了两者之间的等价交换关系的存在,从而使得政府的活动从根本上看,也能够并且必须遵循市场效率准则的要求了。

正因如此,边际主义的财政学者们在边际效用价值论这一根本基础上,逐步地解决了公共产品供应的效率条件,即解决了沙夫勒等人已经提出,但难以完全解决的公共经济适用于市场效率准则的问题。不过,如前文所大量介绍的那样,边际主义的财政学者们是花费了半个世纪以上的时间,才基本上完成了这一任务的。潘塔莱奥尼和马佐拉等人已直接将边际效用概念用于政府支出的效率分析上,其后威克塞尔和林达尔又建立起了公共产品最佳供应的模型,最后是萨缪尔森建立

① 〔日〕坂入长太郎:《欧美财政思想史》,第294—295页。

了自己的公共产品最佳供应模型。通过这一逐步发展和完善的过程，才从理论上最终解决了公共产品最佳供应的效率条件问题，才基本上最后证明了市场效率准则对于公共经济的适用性。

至此，西方经济学已能够从经济学的角度说明，整个社会的资源是按统一的效率准则和交换法则，依个人的最终需要而统一进行配置的。这样，尽管公共财政与私人经济有着不同的运行方式与渠道、活动主体与对象、活动范围与特征，等等，但由于两者在价值、私人需要和效率准则上的根本同一性，因而两者又都是市场经济不可或缺的组成部分，它们共同构成了统一的有机经济整体是合理的。随着20世纪以来公共经济的绝对规模和相对规模的迅速扩大，人们开始提出"混合经济论"，这可以说是边际主义财政学对公共经济与私人经济同一性证明的一个丰硕成果。

五　政府活动具有了合法性

边际效用价值论使得西方公共财政学发生了上述四大变化，其直接的结果就是，公共经济和政府活动已不再表现为是市场经济的异己成分了，即财政活动不再是虽然有必要，但对于资本主义私有制和市场经济来说却是尴尬的例外了。

直至"边际革命"发生时为止，西方还处于自由市场阶段，市场和资本的自由发展，反对国家干预的经济自由主义思想，在西方经济学界仍是有着强大的势力和影响的。洛克从他的自然权利说出发，主张经济自由。魁奈则认为社会经济应按自然规律的要求自由地发展，国家不应干涉。而古尔奈则提出了鲜明地体现经济自由主义思想的"自由放任"原则(maxim of"laissez-faire")。

亚当·斯密继承和发展了前人的经济自由思想，使"自由放任"成为他自己的整个经济学说的中心思想，成为他所主张的经济政策的基本准则。为此,他主张让每个人都自由地追逐自己的利益,在经济上是私人自由经营工商企业,自由竞争,自由地发展国内和对外贸易。他激烈地反对国家对经济的干预,认为国家的职能应只限于保证市场和资本有一个发展生产和积累财富的和平环境,政府只要像一个"守夜人"那样,对外防止暴行与侵略,对内维持公共治安就行了。

他还认为,由于政府费用是一种非生产性开支,过多过大的政府开支无疑是一种浪费,是对市场和资本自然发展的阻碍,因而在限制政府职责和活动范围的同时,还应将政府开支压缩到最低限度。同时,政府也不应运用财政手段去干预私人经济活动。这就是斯密著名的"夜警国家""廉价政府"和"中性财政"的主张。此后,李嘉图、萨伊和穆勒等人,又继续发展了经济自由主义思想。

与英法经济学界的经济自由主义传统不同,德国的历史学派奉行的是国家干预主义。旧历史学派主张以国家的力量,来保护与促进德国市场经济体制和资本主义制度的发展。而新历史学派则进一步强调国家对社会经济所起的决定作用,断言只有在国家作为社会经济的中心来发挥作用时,国民经济才能高速发展。这种经济思想必然反映到他们的财政学说上来。

作为历史学派财政理论集大成者的瓦格纳,通过吸收、总结和创新,而形成了他的德国正统派财政学。他反对"夜警国家"和"中性财政"的自由放任思想,主张国家应当运用自己的权力,并主要应当通过赋税政策,来积极地介入和干预国民经济,来改正不公平的所得分配状态,以执行"社会政策"。他反对"廉价政府"的主张,指出政府支出增长的必然性,这一理论为后人归纳而被称为"瓦格纳定律"。他继承和发展了渊源于李斯特的国家经费生产论之后,"赋与国家伦理性,以专制主义国家权力为背景采取拥护'高价政府'的立场"。① 可见,在新旧历史学派那里,并不存在对政府活动和财政收支的根本否定问题。

还应指出的是,尽管历史学派的国家干预主义主张,是作为经济自由主义的对立物出现的,但是在论证国家干预经济的合理性与必要性时,仍是以保护和促进德国的资本和市场的发展为其基本立足点的。这与斯密和穆勒等人关于国家职能与作用的分析,实质上是具有很强的异曲同工效果的。这是因为,自由放任原则的提出,是以保护和促进本国资本与市场的发展为目的的,而就历史学派的保护关税政策而言,从根本意义上看,也同样具有保护本国国内市场的形成、统一和发展的性质。从这个意义上看,历史学派只不过是在德国特殊情况下,即在德国市场和资本相对落后的背景下,以保护和促进市场与资本在本国的发展为根本宗旨的。

不过,私人资本的自由发展是市场经济发展的根本动力,历史学派的国家干预主义没有认可私人资本的不可侵犯性,反而从国家和政府的活动是私人经济和市场经济对立物的角度来分析公共财政问题,也就难以从经济理论上根本解决公共经济与私人经济、政府活动与市场活动相一致的问题。这点,在新历史学派的经济主张中是更为明显的。作为所谓的"讲坛社会主义者",他们提出了社会改良主义的社会经济政策主张,要求将若干资源和企业,如河流、森林、矿产、铁路、银行和一些工业国有化,主张限制城市土地的私有权。瓦格纳则进一步把他们的改良主义称为"国家社会主义",主张国家经营若干公用事业,如铁路、交通、矿山、河流,等等,主张利用财政税收手段以制裁私有经济。② 这就具有了明

① 〔日〕坂入长太郎:《欧美财政思想史》,第311—312页。

② 分别参见鲁友章、李宗正主编:《经济学说史》(下册),北京,人民出版社1983年3月第1版,第183—184、187页。

显的允许侵犯私人资本、国家干预与取代市场正常运行的内容。

然而，市场和资本的本性是自由的，是要求充分发挥市场机制的作用，要求尽可能地使自己发展壮大的，它客观上要求政府和公共财政只为自己自由本性的实现，提供相应的服务与条件。在当时公平和稳定问题尚未对市场经济的正常运行构成致命威胁的背景下，自由主义的经济观正是对市场和资本这一本性的正确反映。历史学派反对自由放任的经济思想，尽管在德国特定的政治经济环境中有其很大的合理性，但毕竟是与资本和市场的根本发展趋势相违背的，这就决定了它难以成为西方经济学和财政学发展的主流派思潮。

“边际革命”克服了经济学和财政学上的这一困难。

边际效用价值论从经济学的核心原理上解释和论证了：(1)政府以自己的活动向社会与公众提供的无形服务，是一种公共产品，它与个人产品一样也具有价值。(2)尽管它不是经由市场交换，而是通过税款缴纳索取其价格的，但它从根本上看，还是信守和遵循了“等价交换”这一市场经济的基本准则的。这样，政府和公共财政活动并不构成对私人资本的剥夺与侵犯。作为“等价交换”的活动，政府与私人之间是无所谓谁侵犯谁，谁剥夺谁的问题的。这就如两个私人在市场交换中双方的相互关系一样。(3)尽管它是一种政府通过自身的政治程序在安排的活动，但它从根本上看，仍然是依循私人的需要进行的。这样，政府活动范围只能是处于市场和资本所限定的界限内，公共收支规模只能是处于市场和资本所要求的水准上，公共收支项目和内容，也只能是依据市场和资本的要求而确定。这些，都表明了政府及其公共财政是无法侵犯和剥夺私人资本的。(4)尽管公共经济是以非市场的方式进行活动的，但公共产品供应上的资源配置仍然是要从根本上遵循市场效率准则的。

所有这些，都使得政府活动和公共经济从根本上看，是与市场活动和私人经济相一致的。这样,政府活动也已成为市场经济的堂堂正正的组成部分,在斯密和穆勒早已证明公共经济存在的必要性之后,边际主义的财政学家们又证明了公共经济存在的合理性与合法性,即公共经济和政府活动不仅是必须存在的,而且这种存在并不是令人尴尬的,而是市场经济天生就有的正常组成部分。

不仅如此,政府活动的合理性和合法性,还在于它已不仅仅是私人经济的有益补充,而且已成为与私人经济具有同等的地位和权利的公共经济,即与私人经济生产个人产品相类似,公共经济生产着公共产品。

应指出的是,"边际革命"的矛头之一是指向历史学派的,因为门格尔的边际效用论是在历史学派居支配地位的思想环境中提出来的,当时德奥经济思想界对于门格尔挑战的回答,是长期的抵制和压抑。这就使得门格尔是在对历史学派的方法论等进行批判和论战的过程中,而提高了自己及奥地利学派的声望的。①

这样,由于边际主义的财政学派诞生于历史学派所长期形成的理论氛围中,因而在批判的同时又大量地继承了历史学派的思想遗产,是很自然的。这应是与历史学派大量地研究了国家干预经济的问题,而财政又恰好直接表现为是国家进行的活动相关联的。正因如此,边际效用学说最早是由奥地利和意大利学者引入到财政学中来,就难以说是历史的巧合了,这是与当时的奥意经济学界由历史学派思想占支配地位有着必然联系的。

19 世纪后半叶德国财政学三大巨星之一的施泰因,还分析了公共经济独立存在的条件问题,即他分析了国家经济应采取什么样的方式,才能使自身的再生产成为可能的问题。他认为,国家的所有民众应向国家纳税,而国家则应对所有的民众提供产品与服务,这才能使国家本

① 晏智杰:《经济学中的边际主义(历史的批判的研究)》,第 221 页。

身具有有机循环的能力，这是国家生活在经济上的最终原理。这种国家经济循环论和再生产论的观点，是贯穿于施泰因财政学说中的指导理论。为此，他主张政府与民众相互之间在纳税和提供公共服务上，都应规模适度，过大过小都将损害公共经济的正常再生产。① 这些，在边际主义的公共产品论中，是包含着相类似的看法与内容的。

三大巨星之一的沙夫勒，则提出了社会经济是由私人经济（市场经济）与公共经济构成的思想，而瓦格纳则提出了三种经济的思想，认为按经济行为的心理动机，可以将社会中的经济组织区分为私人经济或个人主义的经济组织，慈善的经济组织和公共经济组织等三种形式，其中公共经济即国家经济或财政经济。瓦格纳还认为，这三种经济组织相互独立，采取了不同的经济活动方式，它们的联合是非常困难的，但处于相互补充的关系之中，从而构成了国民经济的有机整体。② 边际主义的财政学则将整个社会经济区分为私人（部门）经济和公共（部门）经济两大部分，也很明显地有着历史学派学说影响的痕迹。

也为三大巨星之一的瓦格纳，则认为国家财政在获得并消费有形财富之后，将产生出公共利益和公共福利等无形财富，这种无形财富对国民经济生活来说也是不可或缺的。③ 这样，瓦格纳就从公共服务的必要性推出其生产性，并得出它也是一种“财富”或者说是“产品”的结论。而边际主义的财政学家们在指出政府提供的公共服务是“公共产品”时，是与瓦格纳的分析有很大相似之处的。

不过，在未能最终解决公共产品的价值、等价交换和市场效率准则等问题的影响与限制下，历史学派是难以最终解决公共经济的独立存

---

① 〔日〕坂人长太郎：《欧美财政思想史》，第 292 页。

② 同上书，第 299—300 页。

③ 同上书，第 302 页。

在问题的。解决这一问题的任务，也仍然是历史地落到了边际主义的财政学派的肩上：

1. 由于公共产品与个人产品一样，也具有了价值，这在高度商品化的西方市场经济环境中，就解决了“生产什么”“如何生产”和“为谁生产”等经济学的最基本问题，使得政府提供公共产品的活动，也成为一种完整的独立的经济活动。这就是公共经济表现为是由政府这一“生产者”独立进行的生产活动，它的“生产”对象是有价值的公共产品。“生产”是由政府经过政治程序的运作，通过税收和公共支出提供所需的成本费用，从而提供公共服务的。这一“生产”是为了满足私人的共同消费需要而进行的，它独立成为一个能自我循环的经济系统。与此相对应的是私人经济，这是以生产个人产品，并经由市场渠道，为满足私人的个人消费需要而进行的经济活动。这就导致了对公共财政的理论认识上的变革，完成了从公共筹资活动到公共经济的转变。

2. 它较为明确地以“共同消费性”和“市场失效”来界定公共经济的活动范围，使之与私人经济活动范围相区别，从而也具有着一种独立的经济系统的特征。对此，维塞尔有着明确的说明：

> 某种成果的取得之所以要依靠集体的形成、要依靠集体活动的实行，其理由有多种多样。首先可以讲一讲集体活动的性质。有许多活动个人作为个人是不能胜任的；……实际上是那些只有全体人民的联合力量才能办到的事情。这种情况通常自然而然使得在个别公民当中分割联合努力所取得的成果成为不可能，甚至连把成果按照个人作用算在个人名下也成为不可能；……其次，……在个别公民的财力、能力所办得到的企业当中，有很多企业由于不可能从中获得任何利润而必须把它们排除于私人经营的圈子之外。……同样原则适用于所有那些场合，即财物在生产上虽然要花代价但

必须交给公众无偿使用——门格尔把这些财物叫做“准自由财物”。……由于对私人企业无利而排斥私人企业，又由于有关财物的重要性而要求国家进行活动。第三，有许多企业，既是一个公民有能力去经营的，又是有希望取得赢利的，但也保留给国家；其简单理由是，它们可能给予私人企业者太多的权力，或者可能为他保证太大的赢利。……人们都指望政府在所有这些方面多少会作得较好一些。①

维塞尔接着指出：

（上述）构成国家经济的整个一系列职责，……在内容上彼此也有所区别。其中有些职责——其中最后提到的一类是最好的例子——同私人企业有密切的关系。……主要属于刚才所讲的第一及第二类的其余的国家经济行为，其性质却大不相同。由于种种理由这些职责绝不容许私人经济来担负，可是这些理由最终引起同一个问题，即这样的行为因为它们的产品不是不能买卖，就是不能个别地买卖而超出个人计算的范围。……这些行为的结果不是全部就是大部分归公众所享受，即不用货币，要不用价格。它们是用巨额资金和巨额收益来进行的大规模交易，而这种收益往往是无法分配的。它们保证私人生活和经济活动的一般基础。②

这样，维塞尔是从公共产品所具有的共同消费性开始，并进而分析了存在于公共产品、外溢性和自然垄断等现象上的市场失效问题，指出

① 〔奥〕弗·冯·维塞尔：《自然价值》，第260—263页。
② 同上书，第263—264页。

在共同消费和市场失效的状态下，政府有必要并且只能由政府参与，才能克服市场失效状态和保证公共产品正常供应。这就为公共经济的活动范围和规模确定了最基本的界限。

3. 它以私人需要为公共经济的根本出发点，这又使得公共经济的适度范围和规模的确定，从根本上看要受私人经济的制约与束缚，从而形成着一种与私人经济相互补充、共存共荣，而不是对私人经济加以侵害与阻碍的公共经济。边际主义财政学还表明了，政府提供的公共服务及其征收的税款的范围与规模，从根本上看都应由私人依据自己的主观价值评判来最终决定。这实际上是指出了，公共经济如同私人经济一样，它们都从私人那里获得所需要的资源与要素，并向私人出售其最终产品，因而也必须如同私人经济一样，依据私人需求的评价来决定自己的最适规模与范围，以保证自身在市场经济下的长期顺利运转。

所有这些，都使得公共经济如同私人经济一样，在市场经济条件下也合法化了。同时，也使得西方的财政学成为公共经济学了。总之，“边际革命”引起了西方公共财政思想和理论的巨大变化，也引起着西方公共财政学从体系、结构到内容的全面变化。

附带指出的是，正因为公共产品论使得公共财政学合法化了，从而实质上具有为政府从不干预转向干预提供了理论依据的作用。

然而，赵志耘、郭庆旺的文章却认为公共产品论是适用于自由市场时期的理论。该文指出，“共用品（即公共产品）国家是国家经济作用的最低层次的国家观，是盛行于经济自由主义时期的国家观”①，而政府干预否定了公共产品论，从而也否定了公共财政论。上述分析表明，这种将公共产品论视为是经济自由主义的理论，是错误的。

斯密和穆勒等人强烈憎恶政府和财政对市场的危害，但同时又无可

---

① 赵志耘、郭庆旺：《“公共财政论”质疑》。

奈何地承认政府提供的公共服务是市场经济存在和正常运转所不可缺少的。这就决定了他们对政府和财政的态度是矛盾的，这就是对政府及其公共财政的存在持根本否定态度，但又不得不容忍政府及其公共财政的存在。然而，随着西方市场经济的发展，客观上要求政府对市场从不干预转向干预，从尽可能少干预转向大规模干预，此时自由放任理论就愈益成为阻碍政府和财政积极发挥作用的重要原因。这样，证明政府和财政活动与市场活动的根本一致性，从而证明政府和财政大规模地干预市场活动的合理性，就成为西方财政经济理论所要完成的重要任务。

这一证明是随着边际效用价值论被引入西方财政学而开始的。19世纪80年代奥地利和意大利学者将该价值论及其分析方法运用到财政理论上，形成了公共产品论，从经济学的基点初步解决了政府和财政在市场经济中的合理性和合法性问题，奠定了现代西方财政学的理论基础。尽管此时的公共产品论尚远不完善，但它初步证明了：公共部门如同私人部门一样，是具有“价值”的“产品生产部门”；公共部门活动所需资源是通过“等价交换”从私人部门获得的；适用于私人部门的市场效率准则也适用于公共部门；政府活动如同私人活动一样是为满足个人需要而展开的。这就使得政府及其公共财政从理论上完全融汇于市场经济之中，完全“市场化”了。因此，边际效用价值论引入公共财政学中，实际上是西方思想界从经济学基本原理上为政府和财政的在市场经济下的存在“正名”的过程，它从理论上证明了政府在市场失效范围内的干预不仅“合理”而且也是“合法”的。①

这样，公共产品论产生于受到强烈主张国家干预的历史学派影响的奥意等国，而不是有着强烈自由放任传统的英法等国是毫不奇怪的。也

---

① 上述具体分析如有兴趣，可参见拙文：《西方财政学的一个重要转变——析边际效用学说对西方财政理论的影响》，载《财政研究》1993年第11期，第50—55页。

正因为如此,该理论约有半个世纪与英美学术界相隔绝,直到1936年美国才翻译出版了意大利学者马尔科《公共财政学基本原理》①一书,而该理论受到英语学术界的重视则是50年代的事了,并在60年代成为西方财政学的核心理论,导致了西方公共财政学的重大变化。② 这就是 Public Finance 也被称为 Public Economics 的理论根源。由此可见,公共产品论实际上是一种政府干预的学说,我国财政理论界存在的将公共产品论以及公共财政论视为是自由放任的理论,显然是不正确的。

本章主要参考文献

1. 鲁友章、李宗正主编:《经济学说史》(下册),北京,人民出版社1983年3月第1版。

2. 晏智杰:《经济学中的边际主义(历史的批判的研究)》,北京,北京大学出版社1987年8月第1版。

3. 〔奥〕弗·冯·维塞尔:《自然价值》,陈国庆译,北京,商务印书馆1982年6月第1版。

4. 〔德〕马克思:《资本论》第一卷,北京,人民出版社1975年6月第1版。

5. 〔法〕夏尔·季德、〔法〕夏尔·利斯特:《经济学说史》(下册),徐卓英等译,北京,商务印书馆1986年9月第1版。

6. 〔日〕坂入长太郎:《欧美财政思想史》,张淳译,北京,中国财经出版社1987年8月第1版。

7. 〔苏〕卢森贝:《政治经济学史》第一卷,李侠公译,北京,生活·读书·新知三联书店1959年1月第1版。

8. 〔意〕皮耶罗·巴鲁奇:《边际主义在意大利的传播,1871—1890》,载〔英〕R. D. C. 布莱克等编《经济学的边际革命》,于树生译,北京,商务印书馆1987年1月第1版。

9. 〔英〕霍布斯:《利维坦》,黎思复、黎廷弼译,北京,商务印书馆1985年9

---

① Marco, A. D. V. D. , *First Principles of Public Finance*.

② 关于公共产品论发展过程,如有兴趣可参见拙文:《公共产品论之发展沿革》,载《财政研究》1995年第3期,第26—32页。

月第 1 版。

10.〔英〕洛克:《政府论》(下篇),叶启芳、瞿菊农译,北京,商务印书馆 1964 年 2 月第 1 版。

11.〔英〕威廉·配第:《赋税论 献给英明人士 货币略论》,陈冬野等译,北京,商务印书馆 1978 年 10 月第 1 版。

12.〔英〕休谟:《人性论》(下册),关文运译,北京,商务印书馆 1980 年 4 月第 1 版。

13.〔英〕亚当·斯密:《国民财富的性质和原因的研究》(下卷),郭大力、王亚南译,北京,商务印书馆 1974 年 6 月第 1 版。

14.〔英〕约翰·穆勒:《政治经济学原理——及其在社会哲学上的若干应用》(上卷),赵荣潜、桑炳彦、朱泱、胡企林译;(下卷),胡企林、朱泱译,北京,商务印书馆 1991 年 9 月第 1 版。

15. Buchanan, J. M. , *The Demand and Supply of Public Goods*, Chicago: Rand McNally & Co. ,1968.

16. Coase, R. H. , "The Lighthouse in Economics," in *Journal of Law and Economics* 17, Oct. 1974.

17. Mazzola, U. ,"The Formation of the Prices of Public Goods," in Peacock, A. T. and Musgrave, R. A. , eds. , *Classics in the Theory of Public Finance*, 2nd ed. , London: MacMillan & Co. ,1962.

18. Mill, J. S. , *Principles of Political Economy*, new ed. , by Ashley, W. J. , London: Longman's, Green & Co. ,1921.

19. Musgrave, R. A. , "A Brief History of Fiscal Doctrine," in Auerbach, A. J. and Feldstein, M. , eds. , *Handbook of Public Economics*, V. 1, Amsterdam: North-Holland, 1985.

20. Musgrave, R. A. and Peacock, A. T. , *Classics in the Theory of Public Finance*, 2nd ed. , London: MacMillan & Co, Ltd. ,1962.

21. Pigou, A. C. ,*A Study in Public Finance*, London: MacMillan & Co. ,1928.

22. Vickrey, W. , "Dupuit, Jules," in *Encyclopedia of the Social Sciences*, V. 4, London: MaCmillan, 1968.

23. Wicksell, K. , "A New Principle of Just Taxation," in Peacock, A. T. and Musgrave, R. A. , eds. , *Classics in the Theory of Public Finance*, 2nd ed. , London: MacMillan & Co. ,1962.

第十章　公共财政学史

尽管前两章分别从不同的角度对西方公共财政论作了详细的介绍,但仍不足以全面地概括和掌握其发展全貌。本章将仅从财政学专著的角度,介绍西方的公共财政论。

第一节　发展概貌

本节将首先对西方公共财政学的发展作一概要性的分析介绍。

一　西方财政学的发展阶段

长期以来,西方的公共财政学是沿着一条与我国财政学截然不同的道路发展的,这是一条我们不很熟悉的道路。然而,为了建立我国社会主义市场经济基础上的新公共财政学,了解和把握西方公共财政学的体系、内容以及它们的演变过程与特点,则又是必不可少的。

为此,首先应指出的是,本章的分析将仅局限于以下方面:(1)它只是对“财政学”专著和教科书的介绍,而不包括对散见于各经济学论著中的财政思想和财政理论的概括和分析;(2)它不包括对各种财政理论研究报纸杂志中的财政理论研究成果的总结和归纳;(3)它不涉及财政学的各分支学科,如税收经济学、公债经济学、公共支出经济学以及国家预算管理学等的考察;(4)它仅是对用英语撰写的财政学的总结分析,而不涉及其他语种。概而言之,本章实际上是对英美公共财政学专著和教科书的介绍分析。由于其代表了现代西方公共财政学发展的主流和方向，因而仅分析英语财政学是不与本书的宗旨相违背的。

财政思想和财政理论在西方社会古已有之，但形成为一门科学，中外学者大体上都认为是奠基于亚当·斯密的。此后，大卫·李嘉图和约翰·穆勒等许多著名的经济学家，又对其发展作了重大贡献，但他们都仅是在经济学论著中涉及公共财政问题的，而没有形成独立完整的财政学体系及其专著。这就是亚当·斯密是以《国富论》的第五篇“论君主或国家的收入”，李嘉图是以《政治经济学及赋税原理》的若干章节，而穆勒则是以《政治经济学原理——及其在社会哲学上的若干应用》的第五编“论政府的影响”等，论述公共财政问题的。

从 1776 年斯密的《国富论》出版以来，这一状况在英语学术界延续了 200 年以上，直至 1892 年巴斯塔布尔出版了《公共财政学》一书，才开始打破这种状况。紧接着，普琳于 1896 年出版了《公共财政学导论》，阿当斯于 1898 年出版了《财政科学：公共支出与收入探索》，等等，各种公共财政学专著和教科书开始不断涌现。这些公共财政学专著和教科书系统地反映和总结了当时财政理论和财政思想的最新研究成果，既以之充实、丰富和发展了自己，又通过自身理论体系的建立、发展和完善，而促进了公共财政研究的进一步发展和深化。正因为如此，在巴斯塔布尔的《公共财政学》问世后 100 年间，西方公共财政学经历了一个极为丰富的发展变化过程。

这一过程，大体上说，是可以分为三个发展阶段的：

第一阶段，从 1892 年至 1928 年，这是英美公共财政学发展的早期阶段。

这一阶段的英语财政学代表性著作，除了前面已经提到的巴斯塔布尔和阿当斯等人的著作以外，还有1922年出版的道尔顿的《公共财政学原理》，以及皮古1928年的《公共财政学研究》等，其中以皮古的著作最为著名。在这一阶段，英美公共财政学专著从无到有，初步建立了系统完整的财政学科体系。形式的发展，为内容的丰富提供了更大的空间，使得西方公共财政学也有了较大发展。

不过，正如后人所指出的那样，这一时期的公共财政学，除了少量的税收分配理论和某些税负转嫁与归宿理论外，涉及更多的是具体的税收、公共支出和公共债务活动，其强调的几乎全是微观分析。此时公共财政被视为是某种外在于市场经济的事物，它主要讨论的是古典的公共财政活动的配置职责。①

第二阶段，从1929年至1958年，这是英美公共财政学发展的中期。

这一时期西方公共财政学发展相对缓慢，出版的数量也相对少，在财政学说史上产生深远影响的巨著也较少。不过，值得一提的是，1936年意大利学者马尔科的《公共财政学基本原理》一书在美国的翻译出版，标志着产生于19世纪80年代的奥意财政学派的公共产品论和公共经济论等全新的公共财政思想和理论，被正式介绍到美英学术界中来。这对若干年后美英公共财政学的大发展，将产生巨大而深远的影响。此外，从20世纪40年代末开始，由当时客观环境所决定，属于宏观经济学范畴的财政政策等内容，也开始进入西方公共财政学中。

第三阶段，从1959年至今，这是现代西方公共财政学发展的后期。

---

① Anderson, W. H., *Financing Modern Government: The Political Economy of the Public Sector*, Boston: Houghton Miffiin Company, 1973, p. 5.

马斯格雷夫的《公共财政理论:公共经济学研究》一书于1959年的出版,以及布坎南的《公共财政学:教科书导论》(*The Public Finances:An Introductory Textbook*)于1960年的出版,开始在英美作者编撰的公共财政学专著中,涉及了公共产品论和社会抉择论等内容,意味着美英公共财政学的一种重大转折的实现。对此,奎格利和斯莫林斯基在他们主编的1994年出版的《现代公共财政学》(*Modern Public Finance*)中就指出:

> 马斯格雷夫《公共财政理论》一书,代表了税收部分均衡分析的顶点,并引入了税收一般均衡模型。它也代表了将公共产品论与"标准"的价格理论统一起来的最初明确的努力。①

这一时期,是西方公共财政论研究取得丰富成果的繁荣时期,它导致了西方公共财政学在20世纪60年代至70年代的迅速发展,"现代公共部门经济学是经济学的令人激动和富于挑战性的分支……"②

二　西方财政学结构体系之演变

从体系结构来看,百余年来西方财政学的变化虽有一些,但从根本上看,大体上实行的是"支—收—平—管"的体系。

巴斯塔布尔著作的体系,是按照"基本理论→公共支出→公共收入→支出与收入关系(主要涉及赤字与公债问题)→财政管理与控制"的思路建立的,它大体奠定了西方公共财政学的体系结构基础。普琳

① Quigley, J. M. and Smolensky, E., eds., *Modern Public Finance*, Cambridge, Massachusetts: Harvard University Press, 1994, pp. 294 - 295.

② Brown, C. V. and Jackson, P. M., *Public Sector Economics*, Oxford: Martin Robertson, 1988, p. 10.

的《公共财政学导论》的体系大体上与巴斯塔布尔的相同，而阿当斯的《财政科学：公共支出与收入探索》一书体系甚至更为简单，采用的是"基本理论→公共支出→公共收入"结构，其中公债被包括在公共收入中。不过，在早期的公共财政学著作中，道尔顿的《公共财政学原理》一书，采用的是"基本理论→公共收入→公共支出→公债"这一不同的体系。尽管该书在财政学史上有着较大的影响，但其体系结构却大体上没有为以后的公共财政学专著所采用。

百余年来，西方公共财政学的体系结构在巴斯塔布尔等人所创立的上述基础上，发生了以下的主要变化：

1. 逐步将财政体制问题独立成篇。

对财政体制问题的介绍，在最初的英美公共财政学中就已存在了。巴斯塔布尔《公共财政学》的第一篇第七章"中央与地方支出"，分析了中央政府与地方政府的差异、不同职责以及不同支出等。与此相对应，该书第三篇第六章"地方税入"和第五篇第八章"地方债务"，都共同构成了该书的有关财政体制的内容，但尚未在该书中作为一个独立完整的体系组成部分出现。同样的状况，在本世纪 20 年代和 30 年代的西方公共财政学中时有出现。

到了 40 年代末，这种状态逐步改变了，人们开始将财政体制内容整合成为一体，而形成为公共财政学体系中一个独立的组成部分。阿霖和布朗里 1947 年的《公共财政经济学》(*Economics of Public Finance*)一书，就将财政体制问题独立为第五篇"各级政府间财政合作"，分析的就是联邦、州与地方政府相互之间的财政关系。1949 年出版的索默斯的《公共财政与国民收入》(*Public Finance and National Income*)一书，其第五篇"州与地方财政"也如此。

随着本世纪 50 年代和 60 年代公共产品问题中的全国性公共产品

和地方性公共产品问题的提出，以及50年代蒂布模型对以脚投票问题的分析等，也逐步进入了西方公共财政学的财政体制篇章中。1973年，杜依的《政府财政：经济分析》(*Government Finance*: *An Economic Analysis*)第五版就以“财政联邦主义”作为第三篇的标题，用以概括该书的财政体制的内容。这一标题为以后的许多公共财政论著所采用，成为公共财政学体系中财政体制部分主流性的典型标题。

2. 新增了财政政策部分。

财政政策属于宏观经济学领域，它不是早期的西方公共财政学体系的组成部分。随着20世纪30年代美国“新政”的实施和凯恩斯主义的产生，尤其是第二次世界大战后西方国家成功地运用财政政策，反映到西方公共财政学上来，就是新的独立的财政政策(fiscal policies)篇章在公共财政学体系中的出现。

阿霖与布朗里1947年的《公共财政经济学》一书，不仅将财政体制问题独立成篇，而且也将财政政策问题独立成篇，并摆在第二篇的优先地位上。该书对财政政策问题给予了高度重视，全书第一段就指出：

> 更为重要的是人们的这种认识增长了，即政府的货币支出与货币收入不仅可能影响国民生产总值在不同收入者的生产和分布状态，而且也影响经济的生产和就业水平。①

同年，皮古的《公共财政学研究》出了第三版，相对于第一、第二版进行了显著的更动，全面加入了政府宏观经济政策的内容，使财政政策

---

① Allen, E. D. and Brownlee, O. H., *Economics of Public Finance*, New York: Prentice-Hall, Inc., 1947, p. 3.

独立地成了该书体系新的重要组成部分。泰勒 1948 年的《公共财政经济学》(*Economics of Public Finance*)也对公共支出促进就业问题作了较多的介绍和说明。此后该书在 1961 年的第三版中,则将公共财政对就业作用的强调,改成了对经济稳定作用的强调,这应是此时财政政策研究的进展在公共财政学专著中的反映。

不过,应指出的是,从本世纪 40 年代末直到现在,尽管大部分的西方公共财政学包括了财政政策的内容,但也有相当数量的公共财政学专著和教科书没将财政政策内容包括在内,这是与人们仅将公共财政学视为是微观经济学的深化和发展,不应将属于宏观经济学的财政政策列入公共财政学中的态度相一致的。这点,后文还将提到。

3. 公共支出在公共财政学中的篇幅大为扩展,理论深度大为加强。

在早期的西方公共财政学中,公共支出的篇幅仅占全书的较少比例,理论分析的数量不仅较少,而且程度也较浅,在西方公共财政学的体系中处于与税收严重失衡的状态。巴斯塔布尔的《公共财政学》在引言之后,第一篇就是"公共支出",其篇幅包括从第一章至第八章共计 100 页,但除了第一章关于国家职能和公共需要、第八章关于支出分类和增长等分析具有理论性之外,其余各章大体上是对各个具体的公共支出项目,如防务、司法与安全、管理、济贫、教育和宗教等的分析,更多是偏重于实务性的介绍。同时公共支出所占篇幅也较少,在 600 余页的全书中只占 1/6 左右。

阿当斯的《财政科学:公共支出与收入探索》一书对公共支出的处理也大体相同。为此,汉特 1921 年的《公共财政学大纲》(*Outlines of Public Finance*)就指出,当时相对来说是几乎没有多少文献对公共支出进行研究的。① 接下来的道尔顿和皮古等人的公共财政学著作,以及

① Hunter, M. H., *Outlines of Public Finance*, New York: Harper & Brothers Publishers, 1926, p. 22.

卢兹1924年的《公共财政学》(*Public Finance*)等,已不再偏重于具体的公共支出项目的介绍,而是从政府职能出发,对公共支出的分类、增长及其原因、其产生的经济效应等问题进行分析,但仍远不足以改变公共支出在公共财政学中处于较弱地位的状态。这一状态一直延续到本世纪50年代末。

从本世纪50年代末开始,随着新的公共产品论、社会抉择论和成本—效益分析等内容进入西方的公共财政学,并逐步扩充和丰富着其内容和篇幅,导致了西方公共财政学支出部分的巨大的和根本性的变化。对此,马斯格雷夫指出:

> 当皮古方式对预算支出方很少注意之时,新的思想要求将支出方包括进来,尽管不是要求将注意力根本集中于支出方。①

到了70年代和80年代,经过逐步的发展,公共支出部分在西方公共财政学中,无论在篇幅的长度还是理论的深度上,都达到了与税收部分并驾齐驱的地步。更主要的是,它引起了西方公共财政学基本思路的变化,人们甚至因之认为导致了公共财政学从公共分配学向公共经济学转化的后果。因此,公共支出部分的这种变化,也是西方公共财政学体系的关键性变化之一。

西方公共财政学体系经过上述变化之后,目前形成的体系结构可以从近年来有较大影响的几本西方公共财政学著作中体现出来:

1. 马斯格雷夫夫妇的《公共财政理论与实践》一书。这是一本公

---

① Musgrave, R. A., "Tableau Fiscal," in Eden, L. eds., *Retrospectives on Public Finance*, Durham: Duke University Press, 1991, p. 354.

共财政学的基础性教科书，中译本书名为《美国财政理论与实践》。[①]该书自1973年出版以来取得了很大的成功，其最新版本即1989年第五版的结构为：第一篇“什么是公共部门”，第二篇“配置、分配与公共政策”，第三篇“支出结构与政策”，第四篇“税制原则”，第五篇“税收结构”，第六篇“财政联邦主义”，第七篇“财政政策与稳定”，第八篇“国际问题”。可见，该书大体上采用的是“基本理论→公共支出→公共收入→财政体制→财政政策”的体系结构。此外，最后的一篇则表明了作者的“国际财政”观点。

2. 斯蒂格利兹的《公共部门经济学》(*Economics of the Public Sector*)，其1988年第二版的结构为：第一篇“导言”，第二篇“公共支出理论”，第三篇“公共支出纲领”，第四篇“税收理论”，第五篇“美国税制”，第六篇“其他问题”，涉及的主要是财政体制与财政政策内容。这也可以说其采用的，大体上也是“基本理论→公共支出→公共收入→财政体制→财政政策”的体系结构。

3. 罗森的《公共财政学》(*Public Finance*)于1985年出版，其1995年的第四版结构为：第一章“引言”，第二篇“公共财政工具”，第三篇“公共支出分析”，第四篇“税收分析框架”，第五篇“美国公共收入体系”，第六篇“各级政府间财政”，其中第五篇包括了赤字与公债问题。该书的体系结构与前两本存在一些细微的差别，这就是采用了“基本理论→公共支出→公共收入→财政政策→财政体制”的结构。

总之，这几本公共财政学都使用“支→收→平→管”或“支→收→管→平”体系，即如果将财政体制问题归为管理问题，财政政策问题归为平衡问题的话。从这个意义上看，西方公共财政学的体系结构在百

---

① 〔美〕理查·A.穆斯格雷夫、〔美〕皮吉·B.穆斯格雷夫：《美国财政理论与实践》，邓子基、邓力平编译，北京，中国财政经济出版社1987年9月第1版。

余年间并未发生根本变化，尽管各本公共财政学的具体体系结构千变万化。

三　西方财政学书名之变化

在大致相同的体系结构和分析对象下，人们使用若干英语词组来命名其公共财政学著作。其中 Public Finance 一词，自第一本英语财政学，即巴斯塔布尔的专著采用这一书名以来，百余年来一直是被最为普遍地使用和最广为接受的关于公共财政学专著和教科书的书名。Public Finance 作为英语公共财政学专著和教科书书名的主流，只要看一下本章所附参考书目，其中该书名或与之相类似的书名占大部分，就可以明了了。

但在这一主流之外，也存在着若干其他书名。这种书名上的差异，不仅反映了作者们对公共财政这一事物认识的某种程度分歧，而且在某些时期还反映了公共财政学内容的发展变化。大体来说，西方公共财政学的其他书名主要有：

1. 阿当斯 1898 年出版的公共财政学专著，采用的是"融资科学"（science of finance）的名称，然而，Finance 一词在英语中主要指筹资、融资等意思，它几乎可以适用于经济活动的所有财务和资金运作方面，因而该书的这一名称是过于广泛和含义不明确的，难以准确概括书中描述的对象和内容。正因如此，阿当斯不得不在后面又加上"公共支出与收入"（public expenditures and public revenues）等词组，以示对"融资科学"的进一步界定和说明，因而其实质仍然是以"公共"去界定"融资"。尽管该书在当时被认为是美国财政学界的最重要著作，其书名在以后却再也无人沿用。

2. 詹森 1937 年出版的公共财政学专著，采用的是《政府财政学》的书名。他曾于 1924 年出版过一本《公共财政学问题》（*Problems of Public*

Finance）的专著，此次在10余年后再次出书时，选择了有所不同的书名，显然表明了作者对公共财政问题在认识上发生了某种变化。类似的书名在以后的西方公共财政学教科书中时有出现。

这一新的名称，明确地以"政府"一词来界定和概括财政问题，显然是要比阿当斯的书名准确得多的。但是，"政府"（government）与"公共"作为不同的词，用来界定公共财政总会存在着或大或小的差异与区别，这就在某种程度上反映了作者之间对公共财政问题的不同看法。这也表明了，"政府主体"和"公共性质"这两个问题，不仅仅是困惑着我国财政学界的问题，而且也在一定程度上引起了西方财政学界的争议和歧见。然而，对于大多数西方作者来说，他们最终选择的还是Public Finance这个词，从而Government Finance一词并未能成为西方财政学的主流书名。这其中的原因，后文还将予以详细分析。

3. 约翰森1965年出版了《公共经济学》（*Public Economics*）一书，代表着另一与Public Finance有着较强竞争力的公共财政学书名，即Public Economics的正式出现。西方公共财政学书名的这种变化，在相当程度上反映了这一时期西方公共财政理论的重大变化。对此，马斯格雷夫指出：

> （公共财政理论研究）于本世纪50年代和60年代取得的新进展，进一步为公共财政学向公共部门经济学转变作出了贡献。而这些新发展中，最重要的是公共产品论这一新理论，它或许已成为财政经济学的最中心问题。①

杜依《公共财政学》1968年的第四版将书名从原来的《政府财政：

① Musgrave, R. A., "Tableau Fiscal," p. 354.

经济分析》(*Government Finance: An Economic Analysis*),改为《公共财政:公共部门经济学》(*Public Finance: Economics of Public Sector*),也以某种折中性的态度反映了公共财政学书名的这些变化。

此后,以 Public Economics 或 Public Sector Economics 以及类似的词组命名的书名不断涌现,其中如阿特金森和斯蒂格利兹的《公共经济学教程》(*Lectures on Public Economics*),奥尔巴赫和菲尔德斯坦主编的《公共经济学手册》(上、下册)(*Handbook of Public Economics*)等,在西方公共财政学界还产生了很大的影响和声望。由于该类名称的出现,是西方公共财政学的内容发生某种实质性变化的产物,因而这些作者们显然是在有别于旧公共财政学的意义上,采用该名称的。

然而,尽管 Public Economics 一词在西方理论界有着很大的影响,但直到目前,在西方的公共财政学中,人们大体上仍是将 Public Finance 与 Public Economics 这两个词组,在等同意义上看待的,尤其是人们在 Public Finance 这一书名下,将公共产品论、社会抉择论等新研究成果也包括进公共财政学专著中的情况下,就更是这样了。

如瓦格纳在其 1983 年出版的《公共财政学:民主社会中的收入与支出》(*Public Finance: Revenues and Expenditures in a Democratic Society*)的"前言"中就指出:"本书是作为公共财政学(或公共经济学,就如它有时的另一种叫法)的较高年级课程的教材撰写的。"罗森在其 1995 年第四版的《公共财政学》的"导言"中就指出,"公共财政学"时常被称为"公共部门经济学",或简单地称为"公共经济学"。①

不仅如此,由于采用 Public Finance 之名,既能反映公共财政理论和公共财政思想新的发展成果,又能保持公共财政学科的延续性,不至于将公共经济和公共财政对立起来而变成两个完全不同的事物,因而

① Rosen, H. S., *Public Finance*, 4th ed., Homewood: Irwin, 1995, p. 4.

有其优越性。所以,Public Finance 这一书名在西方公共财政学中不仅没被否定,反而仍然保持了其主导地位,即直到目前为止西方财政学界仍然是以采用这一书名居多的。以马斯格雷夫为例,他尽管指出了从公共财政学向公共部门经济学的转变,但他的公共财政学专著在吸收了新的内容之后,使用的仍是 Public Finance 的书名。对此,布朗和杰克逊指出:

> 在大多数大学里,公共部门经济学仍在"公共财政学"的标题下被教授着。然而,在该领域历史中,公共财政学曾被认为是一个非常狭窄的研究领域,其研究仅集中在预算的税收方面。公共部门经济学是更为一般性的,它承认了从公共财政学向"公共抉择"论的过渡,从而将预算的公共支出与税收两方面联合起来了。①

第二节 内容演变

在上述整体结构和框架体系发展变化的同时,西方公共财政学的内容等,也发生了重大的变化。

一 西方财政学的新增内容

这一问题,在前文关于西方公共财政学体系结构演变的介绍中已涉及了,因为体系结构从某种意义上看,也就是内容问题。但这里要着

① Brown, C. V. and Jackson, P. M., *Public Sector Economics*, pp. 7 - 8.

重谈及的,是关于公共支出内容的变化分析,并对这些变化作具体的说明。此外,也对公共收入内容的变化作些介绍。

首先是关于公共产品论的引入公共财政学的问题。如前所述,产生于上个世纪80年代的奥地利和意大利的公共产品论,在长达半个世纪的时期内不为英语学术界所知晓。尽管皮古在其1920年的《福利经济学》一书中已提出了外溢性这一与公共产品相近似的问题,但毕竟还不是严格的公共产品问题。1936年马尔科《公共财政学基本原理》英译本的出版,表明这一新思想已被介绍到英美学术界中来,但并没有立即引起很大的反响。这一新理论经过马斯格雷夫等人在20世纪30年代末和40年代的宣扬和深化,在50年代才于英语学术界得到较大的发展,尤其是1954年和1955年萨缪尔森在其两篇著名的论文中,奠定了公共产品的需求理论,使得马尔科的著作被翻译20余年后,公共产品论终于进入了西方公共财政学的内容中。

这具体体现在马斯格雷夫1959年和布坎南1960年的公共财政学著作中,都包括了公共产品论的内容。马斯格雷夫的书第三章中出现了"公共产品"这一词组及其简单分析,而在第四章"利益方式"中,则分析了自愿交换方式等问题,并提到了林达尔解。这些,都涉及了与公共产品论相关的问题。而布坎南的书,第一篇就以公共产品论为中心,从市场经济这一基础全面系统地分析了公共经济问题。

接下来,布坎南在1966年出版的《民主程序中的公共财政学:财政制度与个人抉择》(*Public Finance in Democratic Process*:*Fiscal Institutions and Individual Choice*)中,以第二章"公共产品的个人需求"和第九章"个人抉择与公共产品之不可分性",进一步介绍了公共产品论。霍伯尔1967年的《现代公共财政学》(*Modern Public Finance*)一书的第二章"公共产品概念与集中性消费",又深化了对该理论的分析。

公共产品论逐步进入英美公共财政学内容中的过程，在杜依的《政府财政：经济分析》一书的多次再版过程中得到了较好的表现。该书于1954年出了第一版，但直至1963年的第三版为止，都没有包括公共产品论的内容。然而，从1968年的第四版开始，公共产品论的内容不仅在该书中出现，而且在此后的新版中不断得到补充、丰富和深化。在该书1968年第四版中，大体上只有第二章"个人偏好与公共产品"涉及公共产品论问题。但在1973年的第五版中，作者进行了大量扩充，其第三章"公共产品"，第四章"外溢性与政府任务"，第五章"自然垄断、使用费及非完全竞争"以及第六章"收入分配问题"等等，涉及的都是公共产品及其相关问题，并已包括了直至目前为止的西方公共财政学关于公共产品论的主要内容与基本框架。同时，如同前文所指出的那样，由于实际内容的变化，从第四版起，该书的书名作了部分修改。

与此同时，公共产品论的内容已几乎出现在所有的西方公共财政学著作中，并继续得到了补充和完善。关于公共产品最佳供应问题及其相关的林达尔模型、萨缪尔森模型，纯公共产品、非纯公共产品和混合产品等概念及其分析，也陆续进入公共财政学中，形成了西方公共财政学中占有相当篇幅的内容之一。它们不仅极大地丰富着西方公共财政学的公共支出部分的篇幅和内容，而且也大大加深了其理论深度。更有甚者，公共产品论还大大增强了西方公共财政学的基本理论分析，引起西方财政学根本思路的变化，并在西方公共财政学中占据了核心理论的地位。此时不仅公共支出是为了公共产品供应而提供费用，而税收也被从价值论上证明了是人们为享受公共产品而支付的"价格"，从而使得整个公共财政学的支出和收入部分，都从根本上围绕着公共产品的供应来展开，使得西方公共财政学的根本思路发生了变化。

接下来，是社会抉择论在20世纪60年代开始成为西方公共财政学的新内容。

瑞典经济学家威克塞尔在19世纪末已提出了某些关于公共财政的社会抉择的基本思路，而美英学术界则于20世纪40年代开始出现有关公共财政的社会抉择的论文。

> 鲍温早先关于投票问题的论著于1948年由布莱克所概括，而阿罗于1950年检验了集中性抉择和社会福利函数的逻辑问题。集中性抉择、决策规划和投票程序等被布坎南和塔洛克于1962年合并为公共抉择理论，同时唐斯于1957年提出了政党的微观行为问题，而塔洛克于1965年和尼斯坎南于1971年提出了关于官僚的理论……①

这些都是公共财政的社会抉择研究的重要成果。

而理论研究的成果，或迟或早总要反映到公共财政学专著中来。马斯格雷夫1959年的《公共财政理论：公共经济学研究》第六章“预算的投票决定”，已开始涉及社会抉择的有关内容。布坎南1966年的《民主程序中的公共财政学：财政制度与个人抉择》，其第十一章“集中性抉择的简单模型”意味着社会抉择论正式成为西方公共财政学的内容。

温弗雷1973年的《公共财政学：公共抉择与公共经济》（*Public Finance: Public Choices and the Public Economy*）一书，将社会抉择论大规模地引入公共财政学中。该书第一篇的第三章以及整个第二篇，全是关于社会抉择论的内容，在全书近600页的篇幅中占了200余页，比重达1/3以上，使社会抉择论成为公共财政学的一个完整与重要的

---

① Brown, C. V. and Jackson, P. M., *Public Sector Economics*, p. 9.

内容。

在这时期，社会抉择论的内容开始出现在几乎所有的公共财政学著作中，并且逐步补充进了单峰偏好，中间投票者模型，利益集团、政党、官僚的行为和影响等内容，形成了公共财政学内容中又一较为庞大、系统和完整的组成部分。对此，人们有的甚至认为，公共抉择论进入公共财政学中，是引起公共融资学向公共部门经济学转变的原因。①

此外，百余年来西方公共财政学支出方面增加的主要内容还有：(1)成本—效益分析方法。在安排公共工程和公共项目的实践中，人们逐步引入了私人经济所使用的成本—效益分析方法。公共财政实践的这一变化，也逐步反映到公共财政学上来，成为许多公共财政学专著支出部分的重要组成内容。(2)社会保障支出。社会保障支出在英语财政学产生之前就已存在，因而从英语财政学专著一产生就包括了这一内容。如巴斯塔布尔《公共财政学》的支出篇，就包含了济贫支出等内容。百余年来，随着西方国家社会福利纲领的扩大和完善，以及社会保险制度的建立和健全，原来在西方公共支出中仅占很小份额的社会保障支出，已急剧膨胀到占很大比重的地步。这决定了西方公共财政学的支出部分出现了包括社会保险、社会福利和社会救济等庞大的内容。

这些内容的增加，导致了西方公共财政学整个结构布局的变化，而大大增加了公共支出的理论性和所占的比重。

“边际革命”前的西方财政论著，大体上只集中于税收和公债问题的探讨上。霍布斯与休谟等涉及公共产品问题的分析，仅是在政治学和伦理学的著作中偶然提到的；威廉·配第对公共支出的分析篇幅并

① Brown, C. V. and Jackson, P. M., *Public Sector Economics*, pp. 7－8.

不多；只有在亚当·斯密和约翰·穆勒那里，人们才看到对公共支出问题有了较多的分析，但主要集中在政府职能问题上，对支出的基本理论分析也不多。相反，他们对于税收和公债却有着大量的和详细的具体探讨。李嘉图的名著《政治经济学及赋税原理》，则基本没有涉及公共支出问题。历史学派的财政学说论述主要集中在政府收入上，留给政府支出的篇幅是不多的。

对此，马斯格雷夫和皮科克就指出，斯密和李嘉图不重视政府支出，是因为当时支出本身就不重要；至于瓦格纳不重视政府支出，则是因为他将政府支出视为政治问题，而非财政问题。

剑桥学派虽然已接受了边际效用价值论，但是他们并没有运用这一理论来分析公共产品问题。正因如此，马歇尔和皮古大体上仍保留了只重视政府收入问题的传统。对于马歇尔来说，公共财政学只是对于税负转嫁与归宿问题的研究。以马歇尔和皮古为代表的这一公共财政学传统，在英美一直被保留到 50 年代中期，从而对公共财政学的研究，产生了两大重要的忽视：一是没有探讨公共预算的支出方；二是完全没有注意集中决策过程在公共财政活动中的作用。

与这种英国传统不同的是欧洲大陆的传统。从 19 世纪 80 年代开始，萨克斯、潘塔莱奥尼、马佐拉、马尔科、威克塞尔和林达尔等人，开始将边际效用价值论运用于公共支出问题的分析，其中尤其是意大利财政学派，继承了斯密和穆勒等人对公共支出的研究，将公共支出作为与税收不同的课题来分析和探讨。瑞典学派继承了这种传统，并且威克塞尔所开创的对公共决策进行研究的先例，在几十年后还导致了财政的社会抉择论的产生。随着对公共产品以及非纯公共产品最佳配置问题的研究，对公共支出增长趋势的分析，将成本—效益分析方法运用到公共支出上来，等等，都使得公共支出成为西方公共财政学中愈益庞大和重要的组成部分。

这样,公共支出和税收共同组成的有机结合体,就逐步产生了与传统的只重视税收和公债的“公共融资学”相区别的“公共经济学”或“公共部门经济学”。随着微观经济学的发展,尤其是一般均衡分析方法的发展,公共经济学在20世纪50年代产生了量上和质上的飞跃。此后,公共经济学在理论上与运用上,都已成为微观经济学增长最为迅速的部分之一,许多最困难的经济理论问题,都能在这一领域内找到。

尽管相对于公共支出来说,西方公共财政学在收入方面的内容变化要小一些,但从公共收入本身看,变化也是挺大的,因而也有必要作一介绍分析。

1. 政府收入中具有君主半私人收入性质的内容消失了。

巴斯塔布尔《公共财政学》的第三篇,标题就是“公共收入:半私人经济学”,它清楚地表明了当时西方的公共财政仍然包含有半私人性质的收入内容。该篇页数达100余页,并不比该书关于税收的150页少太多,而且排在税收之前进行分析,都表明当时这类收入在整个公共收入中的重要地位。这类收入在该书中的主要项目有:土地和森林收入、国家作为投资者收入、国家资产收入等等。然而30年后,即1922年出版的道尔顿《公共财政学原理》一书中,其收入部分就有着很大的不同。这表现在两个方面:一是税收问题的分析占了公共收入部分的绝大份额,并且税收问题的分析摆在了非税收入的前面;一是其他的收入,如第十四章“公共财产和公共企业收入”和第十五章“公共印刷厂的收入”(指纸币发行收入),都已不带有君主私人收入性质了。巴斯塔布尔和道尔顿作为英国作者,其财政学主要反映的是英国财政情况。英国在君主立宪制的背景下,由于“君主”还存在,诸如国有投资收入和国有资产收入等在名义上还可以说是君主私人的,因而出现了“半私人性质收入”的问题。但严格地讲,这些收入都已经是公共性质的了,道尔顿的专著就更为准确地反映了这点。

而在共和制而非君主立宪制的美国，同时期的公共财政著作是不包括半私人性质的收入内容的。到了本世纪 30 年代，如金 1935 年的《公共财政学》(*Public Finance*)，布依赫勒 1936 年的《公共财政学》(*Public Finance*)，以及詹森 1937 年的《政府财政学》，对于非税收入问题，都已转到对国有企业、公共设施和国有资产收入的分析上来了。这样，一直到今天，西方公共财政学的收入部分，其绝大部分的内容和篇幅，都是对税收的分析，而非税收入涉及的则主要是国有企业、国有资产和公共服务收费等内容。

2. 税收理论和实务在西方公共财政学中有了很大的变化。

自从西方公共财政学问世以来，税收一直占据了最重要的地位。随着本世纪中叶公共产品论和社会抉择论逐步进入西方公共财政学中，税收的独占地位虽已逐步丧失，但仍然是主要内容，占据的篇幅仍是最大的。这样，百余年来西方公共财政学中税收部分的变化，主要是理论广度深度的拓宽加深，以及税收制度的具体变化上。

早期的西方公共财政学，吸收了西方意义上的古典学派当时在税收理论上所达到的成就，使一开始的西方公共财政学的税收内容就具有相当的理论性。道尔顿的《公共财政学原理》，从理论上对最佳税制的特征、税收负担及其分布、税收对生产和分配的效应，以及税制的经济观等问题作了分析。皮古的《公共财政学研究》一书，其税收理论师承边沁、穆勒、埃奇沃斯和塞林格曼，而建立了产品税的最小总牺牲模型。这是建立在可测度和可比较的，基数的和同一的效用函数之上的模型。① 这种效用函数在本世纪 30 年代被否定，代之而起的是主观的个人评价的相对效用函数，从而也引起了西方公共财政学中的税收理论有关内容的变化。不过，皮古当时关于收入

① Pigou, A. C., *A Study in Public Finance*, pp. 73 – 92.

从高到低应平等化的主张，则在40年代进入最佳税制理论之中。此外，新福利经济学认为，个人的主观效用函数能够经由政治程序进入社会福利函数中，从而可作为评价税收和其他政府政策的分配效应的工具和手段。这些，也都逐步进入西方公共财政学的税收理论内容中。

另一方面，百余年来西方国家的税收制度，经历了一个由产品税、财产税为主，向以个人所得税和社会保险税为主的转变过程，这就相应引起了西方公共财政学的税收部分具体内容的变化，并且其关于税制原则、税负转嫁与归宿、税制的效率与公平、最佳税制等的理论分析，也都进一步结合新的主要税种作了分析。

3.公债和赤字内容的变化。

公债和赤字问题在巴斯塔布尔的《公共财政学》中，就已是主要内容之一，即整个第五篇"支出与收入关系"，其中以约100页的篇幅用于介绍分析了这一方面的内容。此后百余年来的各种西方公共财政学著作，几乎都包含了公债与赤字的内容。巴斯塔布尔未将公债列入"公共收入"篇，而是列入"支出与收入关系"篇，就表明了他不将公债列入政府预算收入，而仅是将公债作为弥补赤字手段的主张。

这一主张为其后几乎所有的西方公共财政学所承袭。这样，西方公共财政学的公债部分的变化，主要是其内容的变化。巴斯塔布尔的公债论述，主要是公债历史及各国公债实践的介绍，而对于公债理论的分析则很少。阿当斯1898年的《财政科学：公共支出与收入探索》的公债篇，则分析了公债的性质、用途和管理等问题，涉及了一定的公债理论问题。道尔顿1922年的《公共财政学原理》，则进一步对公债的性质、负担和偿还等问题进行了分析，使公债部分具有了更多的理论性。卢兹1924年的《公共财政学》的第五篇"公债"，分析了公债的性质、原则、形式、偿还其中包括偿债基金以及地方公债等问题，使西方公共财政学的公债部分的内容，有了很大的扩充。这一趋势，在此后的几十年中逐步得到加强。

第二次世界大战后，西方政府奉行的赤字财政政策，使西方政府的公债规模日趋扩大，其制度和管理也日益复杂，尤其是本世纪80年代以来就更是这样。公债实践的丰富，使西方公债理论得到发展，这些反映到西方公共财政学上来，就是其公债部分在理论和实践上都大大地深化和扩张了。

二 西方财政学根本思路的变化

上述西方公共财政学体系和内容的变化，其意义并不仅在于其本身，而且还在于与这些变化同时相伴随而发生的根本思路的改变。

(一)从公共政府收支向公共部门经济的转变

财政与国家或政府的关系问题，是古今中外任何财政论著都无法回避的中心问题。西方公共财政学关于这一问题的看法，是直接与其根本思路相关联的。

亚当·斯密在《国富论》中对于财政问题的分析，除了围绕着“公共性”之外，就是围绕着君主的收支而展开的。这一以国家或政府的收支为对象和内容的传统，一直为李嘉图和约翰·穆勒等人所沿袭并得到加强，从而强烈地影响着早期的西方公共财政学。这点，在当时几本有代表性的公共财政学著作中有着鲜明的表现：

1. 巴斯塔布尔的《公共财政学》第一句就是：“在过去的任何社会中，除了社会发展的最初阶段之外，某种形式的政府组织都是其本质特征之一。”在稍作分析之后，作者接着指出：“对于所有的国家来说，不管是野蛮的还是高度发展的，……国家资源的供应和运用就构成了某一研究的主题，而在英文中，该主题的最佳命名就是公共财政学

(public finance)。"①这里,鲜明地表现出"公共"和"国家"或"政府"是作者论述财政问题的两个基点。

2. 普琳的《公共财政学导论》,第一章标题就是"国家性质、职能及分类"。这也是鲜明地体现了作者对于财政问题的论述,是围绕着国家展开的。

3. 道尔顿的《公共财政学原理》,一开始就指出,公共财政涉及的是公共当局的收入与支出问题。而所谓的公共当局,指的是各种类型的政府。②

4. 皮古的《公共财政学研究》,第一句提到的也是政府。他指出:

> 在每个已发展的社会里,都存在着某种形式的政府……。政府当局,无论是中央的还是地方的,都有其职能与责任……。这些责任关系到支出,以及不可避免地也要求着收入的取得。③

这类从国家的存在及其职能的履行引导出财政活动的根本思路,是与我国财政学的分析过程有着惊人的相近之处的。

此外,同期以及其后的西方公共财政学著作,不管其采用的是Public Finance还是Government Finance的书名,也不管其对财政的看法如何,都在或大或小的程度上将财政与国家或政府的收支联系起来了。

但是,对于西方公共财政学的这种财政与国家或政府关系的分析,又不能将其简单地视为是与我国财政学的分析相一致的:(1)这里的

① Bastable, C. F., *Public Finance*, p. 1.
② Dalton, H., *Principles of Public Finance*, p. 3.
③ Pigou, A. C., *A Study in Public Finance*, p. 1.

政府,大体上是公共当局的同义语,与我国的阶级国家有着不同的含义。如道尔顿将公共当局视为政府,而政府则包括"从教区委员会到国民的、帝国的以至国际的政府"。[①] (2)这里的政府收支,也往往是从其公共性来分析的,正因为如此,财政支出大体上被称为"公共支出"(public expenditure),财政收入被称为"公共收入"(public revenuce),国家债务被称为"公债"(public debt)。而这里的政府需要,就是"公共需要"(public wants)。阿当斯《财政科学:公共支出与收入探索》导言的第三节,就是在"公共需要的性质"这一标题下,开展关于国家和政府需要问题的分析的。这样,政府仅是作为体现这种公共性的机构和实体,才得以与财政相联系的。这就为西方公共财政学在以后的发展过程中,将其根本思路从公共政府收支转到公共部门经济上来,提供了合乎逻辑的基本条件。

在以政府收支为中心开展分析的同时,早期的西方公共财政学就已开展了公共财政与私人财务相对立问题的分析。对此,汉特 1921 年的《公共财政学大纲》第 3 页至第 4 页,道尔顿 1922 年的《公共财政学原理》的第三章,卢兹 1924 年的《公共财政学》第 6 页至第 7 页,都在分析中指出了公共财政是与私人财务相对立的范畴。不仅如此,卢兹在其著作的第三章的最后一节,还专门分析了"公共经济与私人经济的差异"问题,在英美作者撰写的公共财政学著作中,可能是公共经济与私人经济相对应的这一思路的最初分析。

斯杜登斯基 1933 年的《公共财政学篇章》(*Chapters in Public Finance*)的第三十一章,其标题为"公共经济的性质与机制",就全面地分析了公共集团性质、公共经济性质、公共经济发展、最高社会利益的问题,分析了公共经济作为生产、消费、交换、分配系统的问题,公共经

---

① Dalton, H., *Principles of Public Finance*, p. 3.

济作为计划经济的问题，等等，使公共经济这一思路在西方公共财政学中得到了进一步体现。

不过，此时奥意财政学派的公共产品论及公共经济论尚未传入英美财政学界，完整系统的以公共产品论为核心的公共经济论，也未在英美学术界形成，因而此时尽管已有了某些公共经济的思想和看法，但此时西方公共财政学的根本思路，包括前述这些作者的公共财政学著作，都还是建立在对政府收支的分析上，而未能与当时的公共财政学的这种"政府收支"传统分道扬镳，未能转到"公共经济"思路上来。

1936 年马尔科《公共财政学基本原理》的翻译出版，为英美公共财政学的基点从"政府收支"转到"公共经济"上来，提供了最为重要的前提条件。该书第一章就指出：

> 所谓的私人经济学，研究的是个人的活动，并且至今为止它们涉及的是私人需要的满足问题。所谓的公共经济学或公共财政经济学，研究的是国家的生产活动，它涉及的是共同需要的满足问题。①

这就鲜明地指出了，该书是围绕着公共产品论和公共经济论展开分析和论述的。

马尔科所介绍的这种新思想，10 余年后才直接在英美公共财政学著作中反映出来。阿霖和布朗里 1947 年出版的《公共财政经济学》，首次采用了马尔科的财政学是"经济学"的观点，并贯穿于全书。该书的第一篇就是"公共经济综观"，指出随着更多的政府财政注意力被用

---

① Marco, A. D. V. D., *First Principles of Public Finance*, p. 34.

于经济的生产和就业方面,以及公共收入与支出的相互联系上,而不再如早期的公共财政研究那样,分别对公共支出、公共收入和公债等进行研究,“公共财政学正在很快地变成对公共经济的研究”。该书接着还指出政府是作为经济单位而开展活动的。①

接着,类似的书名接连出现。泰勒于 1948 年出版的《公共财政经济学》,道格拉斯 1952 年的《国民政府经济》(*Economy of the National Government*),罗尔夫 1954 年的《财政经济学论》(*The Theory of Fiscal Economics*),以及马斯格雷夫 1959 年的《公共财政理论:公共经济学研究》等,都已不再将公共财政学局限于政府或公共收支上,而是从经济的角度来看待财政问题了。这类书名的出现,为西方公共财政学最终以 Public Economics 或 Public Sector Economics 来命名,提供了一种中介,并使这种过渡显得极为自然。

这种公共财政不是“公共收支”而是“公共经济”的新思想,终于导致了约翰森《公共经济学》一书于 1965 年的出版。但该书仅是对财政政策、公债和税收的分析。不过应指出的是,该书从一开始就界定了公共部门的范围,指出了公共部门与其他部门的区别和差异。约翰逊指出,公共部门是由政府及其有关机构,政府直接拥有的企业、参股公司以及国家银行所组成。② 而公共部门区别于其他部门之处在于:

> 1. 如今的公共部门,是部分在中央当局指导下的大部门。由于其规模,它将影响该国的整个经济活动。……2. 公共当局可以

① Allen, E. D. and Brownlee, O. H., *Economics of Public Finance*, pp. 4, 6 - 7.

② Johansan, L., *Public Economics*, Amsterdam: North-Holland Publishing Company, 1965, pp. 1 - 2.

确立若干私人部门难以追求的目的。一个私人生产或贸易单位，必须将其目标建立在获得最大利润的确定程度上，否则它将无法在与其他私人单位的竞争中生存下来。这里不存在"社会便利"问题。……然而，公共部门则毫无这种必要。3. 公共当局拥有某些私人经济单位所不具有的行动手段。其可归结为此一事实，即公共当局拥有权力去指导或管理其他部门的活动，去征税，等等。4.公共当局的拨款相对于私人经济单位在很大程度上是免费的。在理论上可以说，公共当局完全不受任何预算限制，因为它们总是能够通过简单地印刷纸币而按其意愿供应货币。另外，立法者们则能够否定阻止其意愿实现的宪法或法律条件。①

这样，该书就为"公共经济"这一概念的最终确立和完善，作出了自己的贡献。而这种"拥有权力去指导或管理其他部门"的公共部门，就是国家或政府。因此，"公共经济"实际上就是"公共性质"的"政府经济"。

1969年出版的汉德森和卡梅隆的《公共经济学》(*The Public Economy*)一书，立足于公共需要的自动交换说，并试图以之去说明公共产品的需求与定价经由政治程序来确定，是市场机制行为的一种转变和表现。② 此后，相同与相似书名的公共财政学接连问世，如同前文所指出的那样，它们与Public Finance的差异，都不仅仅表明的是书名上的标新立异和名称变更，而在相当程度上反映了公共财政学的实质内容的转变。而这种实质内容的转变，又是由公共财政理论基本思路

---

① Johansan, L., *Public Economics*, pp. 4－5.

② Henderson, W. L. and Cameron, H. A., *The Public Economy*, New York: Random House, 1969, p. 35.

的转变所决定的。不过，由于它们都具有“公共”与“政府”这两个基本点，因而都没有根本否定“公共财政”这一范畴。

（二）私人需要基础上的公共需要

与这种根本思路变化相一致和相联系的，是公共财政学关于公共财政活动动机看法的转变。早期的西方公共财政学继承的是古典学派的传统，大体上是从政府履行职能的需要来展开公共财政分析的。巴斯塔布尔的《公共财政学》第一篇第一章“国民经济・总体考察”中，就是在介绍了约翰・穆勒和罗雪尔的公共需要观，介绍了关于国家职能的理论等之后，进而展开国家支出与收入的分析的。阿当斯的《财政科学：公共支出与收入探索》也认为：

> 财政科学承担的，是对国家需要以及满足这些需要的手段的分析。在该研究领域内发现的所有困难，都可以认为是与以下两个问题中的一个相联系的：首先，什么是国家的合法的与必须的需要？其次，这些需要如何才能最节约与最有利地得到满足？①

此外，皮古的《公共财政学研究》的思路也不例外。

但是，随着西方公共财政学的根本思路从政府收支逐步转到公共经济上来，其关于公共财政活动动机的看法，也从政府职能基点上的公共需要，转到个人基点的公共需要上来了。财政活动中的公共需要是以私人需要为基点的观点，在马尔科的《公共财政学基本原理》一书中表述得非常明确。在前文已提及的该书认为公共经济学涉及的是共同

---

① Adams, H. C., *The Science of Finance: An Investigation of Public Expenditures and Public Revenues*, New York: Henry Holt & Company, 1898, pp. 1-2.

需要的满足问题之后，紧接着作者指出：

> 然而，最终的分析是，那些集中性的需要，也是为私人所感觉到的。我们不应为“集中性”这个词所欺骗，而相信我们所讨论的需要仅是整个集团的感觉，仿佛这个集团是一个有感觉力的机构，能感觉高兴和疼痛一样。仅有私人才能感觉疼痛或高兴。而从两者都源于私人需要这一意义上看，作为整体的集团的需要与私人需要，是并无差别的。①

这样，尽管马尔科也认为“国家是财政的活动主体”，但国家的活动从根本上看，仍然是应该服从于而不是可以去否定私人需要。“导致国家去生产公共产品的动机和需要，仅是由个人或集团的动机和需要引起的，它们才是国家测度财政利弊的实际依据。”②这样，该书就将国家的动机和需要归结于私人的动机和需要，并以此作为全书的分析基点之一。

还应强调指出的是，早期的西方公共财政学建立于政府职能基点上的公共需要观，并不与私人需要基点观相冲突。卢兹的《公共财政学》一书就指出，巴斯塔布尔认为：

> 国家作为社会组织多种形式或阶段的一种，反映的是私人的集中性或社会性需要的存在，而其支出则是被用于满足这些需要的。③

---

① Marco, A. D. V. D., *First Principles of Public Finance*, p. 38.

② Ibid., p. 41.

③ Lutz, H. L., *Public Finance*, New York: D. Appleton & Company, 1924, p. 28.

不过，尽管此时人们也将公共需要的最深根源归结为私人需要，但其分析仍是从政府职能出发的。

这里我们应注意的是，西方财政学的政府职能的公共需要观，从一开始在本质上就是个人主义的，这与我国财政学的政府职能的政府需要观的集体主义性质，严格地讲，是有根本区别的，是不应相混淆的。正因如此，随着西方公共财政学从政府收支向公共经济这一基本思路的转化，其分析基点也从政府职能向私人需要转化，是很自然的，也是很容易的。这点，当代西方公共财政学以个人效用函数贯穿于整个的公共支出、税收和公债等问题的分析介绍上，就是一个很好的说明。马尔科的观点被介绍到英美财政学界，只是对这种私人需要基点观的凸显，起了催化剂的作用。

（三）转向市场经济的分析基点

在从政府收支向公共经济的转化过程中，西方公共财政学分析基点的另一个转变，是从政府职能向市场失效的转换。早期西方公共财政学往往是直接从政府职能的需要来展开公共财政问题论述的。汉特1921年的《公共财政学大纲》就指出：

> 政府没有超人的力量去履行向社会团体提供物资和服务这一重要职能，它不能创造物资和服务，但必须通过政府自身的或者其他机构的活动，或从某些现存资源中保证它们的提供，或使它们被生产出来。……“公共财政”的主题就是如何履行各种政府职能，即如何去取得和运用物资与服务。①

① Hunter, M. H., *Outlines of Public Finance*, p. 2.

詹森1924年的《公共财政学问题》,一开始就对国家及其收支进行了大量分析,并在第2页至第3页中特意指出国家并非是集中性活动的唯一机构,这实质是将公共财政的活动局限到国家活动上来,而不是所有的公共活动都包括在内的。同时,该书还指出,国家具有主权者的性质,国家凌驾于社会居民之上,具有权威性和强制性。① 这些,与我国财政学的分析是颇为相似的。不过,在西方公共财政学的根本思路从政府收支转向公共经济的过程中,其分析的出发点也从政府职能转到了市场效率及其失效上来,从而实现了西方公共财政学整个体系从出发点、分析基点到根本思路的全面系统转变。

而霍伯尔1967年的《现代公共财政学》一书,则是从资源稀缺及其配置困难的分析开始,再转到公共财政问题上来的。霍夫曼1970年的《公共部门经济学》(*The Economics of the Public Sector*),在开头首先是分析市场效率问题,再转入市场失效问题,从而得出公共经济具有存在的必要性的结论,等等。温弗雷1973年的《公共财政学:公共抉择与公共经济》一书,开始分析的是古典的自由放任的经济模型,分析了各种市场交换的竞争体系下的一般均衡状态,然后转入外溢性与公共产品的存在问题,以及这些状态在自由竞争下将陷入的"囚犯困境"等问题,从而指出政府介入和参与资源配置的必要性,导出了公共财政的存在,等等。

这样,西方公共财政学就从一开始分析政府职能,转到了首先分析市场效率,从市场经济在充分竞争下能达到资源有效配置的介绍开始,再指出在若干情形之下,其中主要是公共产品存在情况下市场失效的必然存在,分析了只有政府的干预和介入才有可能克服这类市场失效,

① Jensen, J. P., *Problems of Public Finance*, New York: Thomas Y. Crowell Company, 1924, pp. 1–15.

然后再据以提出政府职责，从而全面地展开了全书。这样，又将西方公共财政学的理论体系的基点，完全建立在西方的市场经济上，使之成为一门具有鲜明的市场经济性的经济学科。

不过，也应指出的是，西方公共财政学上述根本思路的转变，仅是一种主流性的普遍倾向，它没有消除，也不可能并且没有必要完全消除政府职能观。关于公共财政与国家职能相联系的思想，在西方财政学界也可以说是根深蒂固的。在公共产品论、社会抉择论和公共经济论已开始占据主流地位的环境下，西方公共财政学著作仍有传统观点存在着。纽曼1968年的《公共经济学引论》(*The Economics of the Public Sector*)一书开首第一句便是：

> 财政的起源可在国家的起源中找到。不管是由于需要(如柏拉图所建议的)，还是由于人作为政治动物的本性(如亚里士多德所宣称的)，经历了人类最初的社会发展阶段，某种形式的政府组织产生了。国家的存在——不管它的形式如何，也不管它与私人的关系是否密切——都要求着某种方式的供应。这就是，国家目标的维持要求获得资源，而为确保这一需要的满足，国家不时地从公民个人和商业企业取走资源。在任何情况下，公共财政学主题就是国家利用资源，以及这种利用对于私人经济的效应。①

当然，这种传统观点的存在，实质上反映了“财政”这一事物与国家或政府之间所存在着的必然联系，在市场经济环境下也仍然如此。

---

① Newman, H. E., *An Introduction to Public Finance*, New York: John Wiley & Sons, Inc., 1968, p. 1.

只不过在市场经济条件下，财政与国家或政府的联系，必须从“公共性”的角度加以考察，否则将会产生无法正确处理国家或政府与市场的关系的结果。所以，从市场效率、市场失效为起点，而不是从政府职责为起点来分析与论证公共财政问题，在市场经济下是更为正确的逻辑思路。上述西方公共财政学的这一转变，显然是合理的与必要的。不过，少数公共财政学没有遵循这一逻辑思路，是并不影响西方财政学根本思路转变的主流趋势的。

三　西方财政学理论基础的变化

公共财政学作为一门分支学科，它总是要建立在一定的理论基础之上的。百余年来，西方公共财政学对其理论基础的看法也存在着分歧，也经历了一定的变化。总的看，其理论基础可以从以下方面概括：

1. 财政学是仅属于经济学，还是属于政治学和经济学的交叉学科的问题。

巴斯塔布尔的《公共财政学》就指出：“从最初的意义上看，公共财政科学是经济研究的产物。”①汉特的《公共财政学大纲》第一章第三节标题就是“公共财政学是经济学的一个分支”。② 然而，道尔顿的《公共财政学原理》一书，开首第一句却是“财政学是介于经济学与政治学之间的一门学科”。③ 这就表明，在财政学的理论基础问题上，是存在着两种不同看法的。

由于美英早期传统的公共财政思想的影响，早期与中期的西方公共财政学主要是认为财政学是经济学的一个分支。这种主张，随着社

① Bastable, C. F. , *Public Finance*, p. 7.

② Hunter, M. H. , *Outlines of Public Finance*, pp. 5 – 7.

③ Dalton, H. , *Principles of Public Finance*, p. 3.

会抉择论的逐步进入西方公共财政学，而发生了很大的变化，因为社会抉择论从威克塞尔开始，就是主张政治程序进入财政视野的。为此，布坎南在其1960年《公共财政学：教科书导论》的“前言”中，就指出公共财政学是涉及经济学与政治学两个方面的学科。①

此后，尽管许多财政学著作不再指出财政的学科归属问题，但从这些著作的分析中可以感觉到，它们涉及的不仅有经济学的，而且还有政治学的内容。这样，现代西方公共财政学尽管从根本上看属于经济学，但又具有经济学与政治学交叉学科的性质，因而将其视为纯经济学科的看法，是缺乏说服力的。

2. 财政学涉及的是微观经济学的内容，还是宏观经济学的内容。

对于西方理论界来说，公共财政学从根本上看，是微观经济学的一个分支，是微观经济学在研究私人经济之后，进一步对公共经济研究的结果。西方公共财政学最初的并且其后很长时期的研究对象，都集中在效率问题上，尤其是在自由主义的经济学家们那里就更是这样。对于他们来说，在自由放任的市场经济中，遵循着自然法则，个人只要以功利主义为出发点去开展经济活动，整个经济就能自动地调节并达到和谐的最佳境地。此时经济效率是市场自由竞争的结果，充分竞争的市场所产生的所得分配状态，也将是能为社会接受的，至于资本主义经济运行中所表现出的经济波动和经济危机，也能由市场机制的自发作用而化解与消除。这样，只要确保市场经济的效率性就行了，财政作为“中性财政”，它不应被用于干预市场经济自发运行所自然形成的资源配置、所得分配和宏观运行等状态。

宏观经济学是本世纪30年代凯恩斯主义出现之后的产物，财政政

---

① Buchanan, J. M., *The Public Finances: An Introductory Textbook*, Homewood: Richard D. Irwin, Inc., 1960, p. 7.

策是宏观经济学的重要内容之一。客观实际和经济学基础理论发生的这些变化,很自然地影响着西方公共财政学。随着财政政策成为西方公共财政学的重要内容之一,其原来仅有的微观经济学基础就发生了问题,开始同时出现了宏观经济学基础。为此,威廉斯 1963 年的《公共财政与预算政策》(*Public Finance and Budget Policy*)一书的体系就分为两大部分,即"A 编:微观经济学"和"B 编:宏观经济学"。前者分析了税收、政府支出和预算范围等问题,后者则分析了经济结构、经济稳定与增长、预算与经济政策等问题。

纽曼 1968 年的《公共经济学引论》中指出,公共财政学所分析的政府三大经济任务,即马斯格雷夫指出的效率、公平与稳定,前二者属于微观经济学,而后者即稳定则属于宏观经济学。① 温弗雷 1973 年的《公共财政学:公共抉择与公共经济》,也将公共财政的微观与宏观问题分开论述,即该书的第三篇为"微观经济学与公共部门",分析税收与公共支出,第四篇为"宏观经济学与公共部门",分析凯恩斯主义、货币主义等财政政策。此外,还有许多西方公共财政学也将财政政策的内容包括进来,表明原先仅是系统地进行微观分析的西方公共财政学,已经开始引入宏观经济学的内容了。

但与此同时,许多西方公共财政学仍然坚持原有的微观经济学的分析传统。这点,只要看看许多西方公共财政学仍不包括财政政策这一宏观经济的内容,就可以明了了。布朗和杰克逊在 1978 年的《公共部门经济学》(*Public Sector Economics*)中的一段话就明确地指出了这一点:

……公共部门经济学的发展,是限制在微观经济学理论的知

---

① Newman, H. E., *An Introduction to Public Finance*, p. 223.

识范围内的。微观经济学理论，尤其是一般均衡分析的发展，在本世纪50年代使公共部门经济学发生了质的飞跃。公共部门经济学目前的理论发展，应直接归功于微观经济理论。①

瓦格纳1983年的《公共财政学：民主社会中的收入与支出》也指出：

公共财政学研究有两个主要分支：公共抉择和运用微观经济学。……运用微观经济学，检验的是公民个人对于公共抉择的反映。②

而罗森的《公共财政学》，在其1995年的第四版中，仍然坚持了不包括财政政策的原体系框架，并且也如同其他许多主张财政仅是微观经济分析的财政学一样，设有专门的微观经济学基本内容的篇章，作为全书的理论基础。至今在西方公共财政学界仍具有很大影响的阿特金森和斯蒂格利兹1980年的《公共经济学教程》，在"引言"中就指出，该书作为公共财政学的研究生教材，读者"被假定对于现代微观经济学有很好的了解，并且熟悉数学基础"。接下来，该书作者在正文一开始就指出：

直截了当地说，（本书）不打算包括稳定和宏观经济政策的内容在内……。在马斯格雷夫时代，他可以在其《公共财政理论：公共经济学研究》（1959）中包括210页的有关稳定政策的内容。然

---

① Brown, C. V. and Jackson, P. M., *Public Sector Economics*, p. 7.

② Wagner, R. E., *Public Finance: Revenues and Expenditures in a Democratic Society*, Little Brown & Company, 1983, p. 4.

> 而,自那时以来,经济学出版状况变了,人们在文献中对该问题作了大量的精彩描述。所以,我们的重点仅放在(政府)目标而不是稳定政策上。①

尽管这段话表明了作者并不反对财政学也包含有宏观经济学的内容,但至少表明了作者在公共财政学论著上,是将重点和基点放在微观经济学上的。对此,米尔利斯总结性地指出:

> 在马斯格雷夫的《公共财政理论:公共经济学研究》(1959)一书中,他以三个政策目标:配置、分配和稳定等术语概括了他的主题……。该书以超过200页的篇幅研究了稳定问题,即我们现在称为宏观经济政策的问题。在后来的教科书,即阿特金森与斯蒂格利兹的《公共经济学教程》(1980)中,宏观经济政策问题被排除了。……公共经济学,甚至公共财政学,被认为仅涉及的是配置和分配问题,而稳定问题则被留给宏观经济学及其教科书。②

然而,正如经济学的许多经济理论问题一样,关于微观经济和宏观经济的划分也是争论不休,没有绝对一致的看法的。不仅两者之间的划分没有绝对的界限,而且人们往往认为宏观经济学没有解决其微观基础问题是其一大弱点,因而尝试着将两者统一起来。这点,在西方公共财政学中也不例外,1994年奎格利与斯莫林斯基主编的《现代公共财政学》,其中由戴蒙德撰写的第八章"配置与稳定混一的预算",就是

---

① Atkinson, A. B. and Stiglitz, J. E., *Lectures on Public Economics*, New York: McGraw-Hill, 1980, pp. 15, 4.

② Quigley, J. M. and Smolensky, E. eds., *Modern Public Finance*, p. 213.

试图通过宏观分析的微观基础的发展，去统一公共财政的配置和稳定两大分支的。①

附带应指出的是，即使是主张公共财政也有宏观经济内容的公共财政学著作，其大部分的体系内容和基础部分，大体上也仍是放在微观经济分析上的。因此，在这一问题上的分歧，不在于西方公共财政学有没有包括微观经济分析的内容，而在于有没有包括宏观经济分析的内容。

这样，西方公共财政学的理论基础，仍然沿袭了微观经济学的传统，但也或多或少地加入了宏观经济学的内容。不过，在微观经济学传统中，也随着微观经济学的变化而有所变化。早期西方财政学就包含了一定的福利经济学思想，道尔顿的《公共财政学原理》第二章"社会利益最大化原则"，就有这种反映。在该章中，作者批判了萨伊的"金律"，即"最好的财政计划是尽量少花费，最好的租税是最轻的租税"的看法，反对了传统的"税收邪恶论"，提出了公共财政和税收的社会利益最大化原则。② 到了本世纪 60 年代，福利经济学已成为西方公共财政学的理论基础之一，关于公共产品最佳供应问题的分析，最终也落实到由社会福利函数所确定的最大效用点上。汉德森和卡梅隆 1969 年的《公共经济学》第三章"政府最佳任务"中分析了福利经济学，福利与市场配置等问题，就是一个例子。这样，就使得西方经济学关于私人经济的效率分析，与公共经济的效率分析都统一到福利经济学这一基础上来了。这是西方财政学更为符合市场经济的要求在理论上的表现。

3. 西方公共财政学的价值论问题。

不管西方公共财政学的作者主张公共财政学仅是经济学的分支，

---

① Quigley, J. M. and Smolensky, E. eds. , *Modern Public Finance*, p. 214.

② Dalton, H. , *Principles of Public Finance*, pp. 7 – 15.

还是认为是经济学和政治学的交叉学科,他们都必须对公共财政问题进行大量的经济理论分析。这样,西方公共财政学也必然反映并建立在当时流行的价值理论和概念上,或迟或早地按照已变化了的价值理论和概念来修改与重构自身的理论体系。在西方公共财政学出现之前,西方经济学上的"边际革命"已经发生,西方公共财政学的价值理论很自然地是建立在边际效用价值论基础上的。

对此,1922 年道尔顿的《公共财政学原理》第三章第二节,就鲜明地体现了这点。道尔顿在这一节提出了,私人分配其支出所应遵循的边际效用相等的原则,也应运用到公共收入的支出分配上来。他指出:

> 除了法律上的意义以外,公共当局并不是一个人,难以像一个人那样预计各种支出的边际效用。但是政治家们据以开展行动的总原则仍是相同的。对于公共当局来说,各种公共支出的边际效用应该相等。而既定总量的支出在不同项目间的分配,从理论上看就是这样决定的。①

同样地,在 1928 年皮古的《公共财政学研究》也有着相同的表述:"就如一个私人应通过在不同类的支出之间保持平衡,以从他的收入中获得最大满足一样,作为一个共同体通过其政府的活动也应如此。"进一步地,皮古还运用这一标准,去解决公共部门如何决定应提供哪些公共服务的难题。他指出:"支出应用于战舰还是贫困救济,应按这么一种明智的方式,即它们各自所提供的最后一先令产生相同的真实报酬来决定。"这一皮古方式试图去界定某一精确的社会平衡点,即按皮

---

① Dalton, H., *Principles of Public Finance*, pp. 17 – 18.

古的看法,如果该共同体是一个统一的存在体,“支出就应在各个方面逐步增加到这一点,此时花费的最后一先令所获得的满足,应等于由于政府服务而相应要求的最后一先令所损失的满足”。① 皮古所建立的这一模型被称为皮古模型,是现代西方财政学关于公共产品最佳供应若干著名模型中的一个。这样,皮古就从边际效用价值论出发,在理论上界定了公共部门与私人部门之间资源配置的最佳点。而这在英语财政学专著中,是第一个这样做的。

然而,皮古等人引入西方公共财政学的,是当时的可测度的、可比较的、同一的基数效用函数。这一效用函数在本世纪30年代随着帕累托新福利经济学取代了皮古的旧福利经济学而被否定,取而代之的是主观的个人评价的序数效用函数,并将等效用曲线等帕累托概念也运用到公共财政学上来,其后西方公共财政学对于公共产品的供应,对于税收的效率分析等,都建立到了效用无差异曲线上来。这样,私人部门所能适用的价值理论和其他基本概念,也都被运用到公共部门上来了,公共财政学也不再是与其他经济学相抵触的一门学科了。公共财政学与经济学在价值理论上的统一,无疑为西方公共财政学在本世纪60年代及其以后的大发展,提供了最基本的理论条件。

四　政府经济职责的变化

关于边际效用价值论对西方公共财政学的巨大影响,本书已在第九章关于公共产品论简史的介绍中,作了详细的说明。在这里要说的是,这一价值论所引起的西方公共财政论的巨大变化,必然要反映到西方公共财政学上来,从而大大地补充和丰富着西方财政学的研究内容,大大地拓展了它的研究范围。除了上述的克服了传统的西方财政学只

① Pigou, A. C. , *A Study in Public Finance*, p. 50.

重视收入而忽视支出的偏向,在传统的微观分析内容上增添了宏观分析的内容之外,还从原来只注意如何避免损害市场效率,转到注重财政自身资源配置的有效性、财政再分配国民收入的公平性、政府财政政策运作的宏观稳定性等研究领域上来。

效率问题是传统的公共财政学的研究领域。斯密和穆勒等人在研究如何以税收去保护政府履行其职能的财力需要的同时,还强调了政府和公共财政活动应限制在市场失效领域内的观点。这是传统公共财政学典型的效率观,即通过廉价政府和中性财政,去避免损害市场效率。此时的公共财政学,并没有系统地研究如何有效地配置归自身支配和安排的那部分社会资源的问题。奉行国家干预主义的新旧历史学派,从他们的国家经济观上,提出了财政自身配置资源的有效性问题。但系统全面地论证和阐述财政自身对资源配置的有效性问题的,则是边际主义的财政学家们。他们通过公共产品论的建立和分析,通过数十年的逐步发展,基本上解决了这一问题,使得西方公共财政学始终都贯彻着一条如何确保社会资源有效配置的主线,效率成为该学科最基本的研究问题。

如果说西方公共财政理论始终从不同角度研究效率问题的话,它却大体上没有涉及对收入公平问题的分析。这是与传统财政学的主流是自由放任的相一致的。但是,市场经济不能自动解决收入分配不公问题,也逐步为人们所认识。

新历史学派的财政主张,其中尤其是瓦格纳的社会政策财政学主张,就已不再局限于英国古典学派的效率视野内,而是拓展到公平准则的研究上来了。奥意学派在将边际主义引入西方财政学的同时,基本上仍是遵循了只重视效率的传统。从这点来看,他们无疑是从瓦格纳那里后退了。

马佐拉等人认为政府预算会自动地按照公众的意愿达到公平的结

果，这种理论实际上是意味着，无论政府征税是多么不公平，它都会按照公众意愿而自动变得合理和公正。威克塞尔不同意这种推断。在他和林达尔共同形成的模型中，引进了社会公平变量，从而使得公平问题在边际主义财政学中占有了一定的地位。对此，薛天栋指出：

> 大约从1880年起的四十年间，欧洲大陆的学者此起彼落地对于将福利经济学作为财政学中心课题的事进行了很大的争论。奥国、法国、瑞典、德国和意大利等学者逐步体会并认识到个人之间的所得分配，所得的边际效用，乃至全体社会福利的种种问题。……至此，公共部门的经济活动已不仅仅是有效性的问题了。资源最适配置的有效性和所得最佳分配的公平性已并驾齐驱，同日而语。而福利经济学已正式作为财政学讨论的范围。①

此后，同样是建立在边际效用价值论和边际分析基础上，在帕累托有关概念下形成的新福利经济学的若干内容，经由萨缪尔森等人的努力，被运用到公共产品最佳供应问题的分析上来，他们通过生产可能性曲线和社会福利函数，将皮古用以决定社会福利的生产和分配这两方面的因素，综合到了一个理论结构和经济模型中，从而为公共财政学关于效率与公平问题的综合分析提供了基本理论依据，为西方公共财政学的各个组成部分大量地探讨效率与公平问题，提供了理论基础。这就极大地丰富了西方公共财政学的内容。

传统的西方公共财政学，也不曾涉及经济稳定增长这一领域内的问题。这也是与自由主义的经济学家们关于市场能够自动达到宏观经济均衡的假设相一致的。但19世纪末20世纪初愈益频繁和严重的经

① 薛天栋：《现代西方财政学》，上海，上海人民出版社1983年5月第1版，第2页。

济危机,已日益体现了政府必须进行宏观经济干预要求的客观性和必要性。尽管新旧历史学派强烈主张国家干预主义,但其内容主要是以国家干预去保护本国资本和市场的发展,是以国家的力量去创造出一个合理的国民收入、财富和社会福利的分布状态,因而实际上涉及的仅是效率与公平问题。至于如何顺应着自由市场经济的宏观运行态势进行需求管理上的调控,则并不包括在他们的学说内容之中。

边际主义进入西方公共财政学领域之后,所产生的"革命性"影响首推效率方面,对于宏观经济稳定问题则没发生作用。直到近半个世纪后的30年代世界大经济危机的爆发,经济现实否定了供给自动创造需求的理论观点之后,才产生了凯恩斯主义,政府通过宏观经济政策干预经济的做法,才得到了经济学上的合理性证明。在这一背景下,宏观经济稳定问题也成为西方公共财政研究对象,从而成为公共财政学的一个重要组成内容。但应指出的是,并不是所有的西方学者都赞同稳定是公共财政学的组成内容的。这点,本书已经指出了。

第三节　若干问题分析

本章连同前两章一起,构成了本书关于公共财政论发展史的简单回顾与介绍。至此我们已简单介绍了西方财政的主要思想和理论,以及公共财政论的发展演变过程。通过这些历史的回顾,人们对于公共财政及其理论应当会有更深的理解。但仍然有一些问题需要作进一步的说明。

一　借鉴意义

西方公共财政学从其产生、发展以至完善的整个过程,始终处于较为发达的市场经济环境中,并且是随着西方市场经济的发展变化而逐步充实完善自己的,因而是与市场经济相适应的一门学说。如果抛开其资本主义制度的生产关系属性,仅从其与市场经济相适应的角度来看,是值得我国借鉴的。本人认为,对于建立在社会主义市场经济上的我国公共财政学,其可借鉴之处主要在于:

1. 我国的财政学应采用何种体系结构,一直是我国财政学界难以定论的重要问题之一。几十年来,我国各院校财政学教科书尽管具体的体系各种各样、五花八门,但万变不离其宗,大多数采用的还是“基本理论→财政收入→财政支出→财政平衡→财政体制和管理”的结构,即人们通常所说的“收→支→平→管”体系,这与西方财政学大体上采用“支→收→平→管”体系有极大的相似之处。这种现象是不应视为偶然的巧合,而是这种体系相对于其他体系具有合理性和适用性的体现。不过,西方公共财政学体系将“支”置于“收”之前,而我国财政学体系则置“收”于“支”之前,这是由西方公共财政学处于市场经济,而我国国家财政学处于计划经济这一不同的经济环境所决定的。因此,要建立我国市场经济下的公共财政学,无疑应采用的也将是“支→收→平→管”的体系结构。

2. 对 Public Finance 一词的译法,前文已作了详细分析,这里仅从财政学的角度看,也以译为“公共财政学”为好。我国财政学界过去大体上都认为该词组应译为“财政学”,并且人们在提及巴斯塔布尔、道尔顿和皮古等人的著作时,大体上也只使用“财政学”一词,而未在其之前冠之以“公共”二字。这在当时的历史背景下是允许的。西方公共财政学始终处于市场经济环境中,此时存在的仅是公共财政,即此时的财政就是公共财政;反之亦然。这样,将他们的著作仅译为“财政学”,是允许的。

但是,严格地讲,还是加上“公共”二字为好,因为如前文所述,西方学者之使用 Public 或是 Government 去定义 Finance,其用意是有区别的。尤其是对于我国来说，由于长期否定公共财政及其理论，因而目前如果不采用"公共财政学"的概念，而仍然使用"财政学"的概念，则将产生混淆公共财政与国家财政两种类型的结果，使得人们难以真正区分我国市场经济下的财政与计划经济下的财政。因此，在翻译时，最好还是按其本意将 Public Finance 和 Government Finance 分别译为"公共财政学"和"政府财政学"。否则的话，笼统地称为"财政学"，将产生由译者抹杀以至曲解作者用意的结果，导致我国财政理论的混乱，而不利于我国自己的公共财政学的建立。

3. 西方社会抉择论的具体内容是建立在西方社会的具体政治制度之上的，与我国国情有很大差距，而难以为我国的公共财政学所照搬照抄。但作为一种理论，其基本原理是可以而且应该运用到我国的公共财政问题研究中来，并形成我国新的公共财政学内容的一个组成部分。财政活动由政府直接具体进行，这就不可避免地使政治程序对财政活动比对其他任何经济活动都发生远为直接和重大的作用，60 年代我国财政学界发生的关于"财政是经济基础还是上层建筑"的争论，就是政府程序在财政活动中具有特殊地位和重大作用在我国财政理论上的反映。

财政作为政府的分配活动或经济活动，它具有非市场性，其运作过程直接表现为是对市场的否定，具有强烈的政治内容和因素。在计划经济时期，由于经济体制本身就否定着市场，本身就政企不分，因而当时财政的非市场性与计划经济本质上是相通的，只提财政的经济性而不提政治性，并不影响问题的实质，即不影响人们实际上从经济和政治两重角度去考虑财政问题。

但在市场经济下则不同。由于此时政企必须分开，这样公共财政的问题就凸显出来了：公共财政作为一种分配活动或经济活动，它是经济活动的一部分；但作为通过政治程序直接安排和操作的活动，它又与政府的具体政治制度和规则密不可分。此时如果只谈论公共财政的经济性，其结果只能是忽略政治程序在公共财政活动中的作用，忽略政治权力凭借政府收支行为，而介入和干预企业正常市场活动的可能性。这显然是不利于正确地指导公共财政实践的。

我国的财政理论否定政治程序是财政活动的内容之一，在实践上导致了忽视乃至否定建立科学规范合理的财政制度与程序的结果，使得我国实际财政工作缺乏必要的法律制度和政治程序的规范、制衡与监督。随着市场取向改革的进展，由于缺乏自我约束能力的政治权力本身的不规范行为，导致了我国财政新老问题和弊端的急剧膨胀与扩大，是目前我国财政经济工作分配秩序严重混乱，腐败浪费低效猖獗的关键原因所在。因此，在承认公共财政学基本上是一门经济学，又具有一定的经济学与政治学交叉学科的性质，正视公共财政活动中所具有的政治性质与内容，在实际的公共财政工作中相应地整顿规范有关政治程序和规则，使之从原有的与计划经济相适应的基点，转到与市场经济相适应的基点上来，才是对症下药之举。为此，在以经济学为基础理论的同时，也有必要从政治学角度来开展我国的公共财政问题研究。为此，在目前大体上空白的状态下，如何形成我国新的公共财政学中的社会抉择论内容，也应是我国财政学界需要解决的重要问题之一。

4. 我国从未讨论过财政学的基础是微观经济学还是宏观经济学的问题，但由于我国财政理论强调财政是国家作为社会中心组织进行的一种分配，是从整个社会角度进行的活动，因而人们理所当然地视财政为一种宏观经济活动，而否定从微观经济的角度来看待财政问题。这样，长期以来我国的财政学一直被人们视为是一门宏观经济学，而基本上没有开展应有的财政收支活动的微观效率分析。这是我国财政学至今仍强烈地表现为是一门政府政策学，对财政收入、财政支出、财政平衡和财政体制等的分析，也大体上都只停留在若干政府的政策性和工作原则上的理论原因之一。这点,在过去的计划经济下是无关紧要的,因为此时正是以否定企业的独立自主性和以国家从整个社会的角度直接安排国民经济活动为体制特征的,并且此时的财政是国家从整个社会角度计划安排经济建设资金的主要和基本手段。

但在市场经济下则不同。此时社会的经济单位已不再是国家而是企业了,此时的公共财政从宏观上调控经济尽管是其极为重要的内容,但尊重企业的独立市场运营主体地位,确保国家不干预企业正常的市场活动,则是我国政府和财政在市场经济条件下必须学会的崭新内容。为此,我国新的公共财政学应将效率和公平问题的分析基点,转到微观经济学上来,即我国的公共收支首先的和基本的应是微观分析,然后才谈得上在此基础上的宏观分析。也就是我国的公共财政学也应以微观经济学为理论基础,同时也应包含着宏观经济学的内容。只有这样,才能进行公共财政与市场效率、市场失效的关系,各个税种和各项公共支出对效率与公平问题作用等分析,才能建立起与市场经济相适应的新公共财政学。

为此,西方公共财政学的有关看法的借鉴作用在于:

(1)公共财政学从微观角度分析公共财政问题,是隐含着这么一种含义的,即此时的政府参与社会资源的配置,其地位如同企业和私人一样,都是身份相等的活动主体,即企业和私人是处于市场有效运行领域内的活动主体,而政府则是处于市场失效领域内的活动主体,他们进行的都是同等的资源配置活动。这样,他们之间除了依法正常交往如照章征税纳税之外,只能是互相尊重、互不侵犯和干预,依据等价原则进行交换等,而不能是政府可以凌驾于企业和私人之上,可以随心所欲地干预它们的市场正常活动。这点,对于正处于市场经济创立时期的我国公共财政来说,在界定政府和公共财政的活动范围与界限问题上,显然是富于启示的。

(2)我国的公共财政活动除了作用于宏观经济的内容之外,仅就其本身对于社会资源的配置来看,应视为是一种微观经济的行为。只有这样,才能正确界定政府在市场经济中的地位,才能克服由于将公共财政只视为是宏观调控手段,从而政府和公共财政干预企业正常的市场活动是理所当然的这一理论痼疾。这些年来,人们在财政经济工作中总会情不自禁地干预和插手企业的正常市场活动,其理论根源就在于此。这点,在防止政府及其公共财政随意干预企业问题上,是可资借鉴的。

(3)在公共财政仅是一种宏观经济行为的思想指导下,我国迄今为止在税收和公共支出的具体分析上,即如何按效率原则来取得和配置归政府支配的资源方面,其研究是相当薄弱的。这也是我国现实财政工作缺乏效率和严重浪费的关键原因之一。这与西方财政学所进行的大量卓有成效的微观经济分析,是形成鲜明对比的。为此,借鉴西方公共财政学的微观分析方法去研究我国的公共财政问题,也是我国公共财政研究亟须开展和加强的领域。

(4)长期以来,人们一直感到我国的财政学教科书缺乏应有的经济理论分析,报刊社论式的语言充斥字里行间。这种在相当程度上只能以政治性语言来说明和论证财政问题的状况,对于主张财政学仅是一门经济学的我国理论界来说,不能不说是令人尴尬的。这一弊端,只有借鉴西方财政学的微观经济分析方法才能克服之,才能大量地运用数理模式到我国的财政分析上来,而大大丰富和发展我国的财政学体系与内容。由此可知,我国的财政理论也应重新认识其经济学基础问题。

二　关于财政与经济的关系

关于亚当·斯密以前的西方财政思想,上文提到了若干作者和论著加以介绍。而如果仅从财政学的角度看,则除了威廉·配第及其《赋税论》以外,对于我国财政学界来说,基本上是不熟悉的。尽管其中的一些人如托马斯·孟、魁奈等，在经济学领域内还是颇有名气，我国理论界对于他们的经济理论和思想也有一定的了解，但对他们的财政理论和思想，则大体上是陌生的。因此，有必要对这一时期的叙述作一总结归纳。

当时的财政理论和财政思想，反映了作者们各自所处的经济环境的影响。因此，我国财政理论所认为的"经济决定财政"的原理，即使在斯密之前的西方财政思想史中也得到了验证。

在古希腊色诺芬所谈论的有关古代希腊城邦财政的话题中，我们可以得出几点看法：(1)尽管他的关于增加国家收入（即整个国家的全部收入）的第一种方法，就是关于土地和农产品的问题，但却不见关于从农业取得财政收入的论述。这是否作者疏忽，就不得而知了。从这里大致可以推知，如果说不是整个古代希腊世界，至少仅对雅典这一古希腊较具代表性的城邦来说，农业并非是其主要的财政收入来源。这与我们通常认为的在奴隶社会所处的自然经济条件下，财政收入主要为农业收入的观念，是有所抵触的。(2)色诺芬主要谈论了如何从贸易，尤其是从银矿的开采中增加财政收入的问题，这反映了当时雅典的商品货币关系已有了相当程度的发展，并且雅典的城邦财政收入也主要是由此而来。(3)色诺芬关于使用公共奴隶以增加财政收入的想法，是直接由当时所处的奴隶制经济基础所决定的。①

在这之后的封建社会以及向资本主义社会转变的这一整个历史时期内，西方的财政理论和财政思想有以下几个特点：

1. 商品货币因素是财政理论活跃与繁荣的基本前提和原因。只要读者回忆一下本书第八章的有关内容，就可以明显地体会到，举凡财政

① 参见〔古希腊〕色诺芬：《增加雅典国家收入的方法》，第29—42页。

理论活跃的时期,都是与工商业的复苏和市场关系的发展相联系的。近现代的西方财政理论正是随着商品货币关系的发展,而逐步繁荣起来的。这点,甚至在更早的古希腊时期亦如此,本书第八章关于色诺芬的财政思想的介绍,就已指出他的增加财政收入的方式,主要是发展商品货币关系。而接下来,对于西欧中世纪时期财政的论述,实际上是从15、16世纪开始的,此时已是市场因素在西欧地区蓬勃发展的时期。在此之前,从11世纪至14世纪,人们所能看到的只是一些极为简陋和零星的财政思想。但即使这样,就如前文所指出的那样,这些财政思想也是由商品货币关系的发展而诱发的,而作为一门科学的财政学是在市场经济条件下的西欧创立的,这就表明商品货币因素对于财政思想和财政理论的重大影响。这样,不仅近现代财政研究基本上是以价值形态为研究对象,而且对于西方古代财政的研究,价值形态也将是重要的乃至主要的对象。从这里人们应该可以理解,为什么在苏联和我国50年代的财政学界曾经盛行过“货币关系论”了。

然而,我国古代财政的主要研究对象则是实物和力役。由此我们可以了解,现代西方财政学之所以具有完全与市场经济相适应的特点,固然有它长期处于市场经济环境这一“后天”决定因素,但在西方市场经济形成之前,就已具有强烈的商品货币内容这一“先天”优势,则是我们所不曾认识到的影响因素。从这里我们可以联想到,在我国建立与社会主义市场经济体制相适应的公共财政模式及公共财政论,之所以会遇到种种困难和阻力,显然是与我国市场环境的“先天”因素极为弱小,而“后天”因素至今仍有很大缺陷的背景直接相关联的。

2. 随着市场因素的发育壮大,西方财政在15世纪至18世纪这一段时期,已开始从以王室收入为主向税收收入为主逐步转化。这一时期是资本的原始积累时期。这是一个社会经济关系全面发生激烈变动的历史时期,是从封建制生产方式向资本主义生产方式转变的历史时期,是从自然经济向市场经济过渡的历史时期。处在这样一个历史时期,财政理论逐步向着“公共化”的发展演变,是与社会经济的演变趋势相一致的。此时公共财政论逐步形成,并反映出了较为明显的保护与有利于资本和市场的发展的倾向,越到后来越如此。典型的如重农学派的只对土地征税的主张。当然,毋庸讳言,前述财政思想中也有反映封建性质的内容,如关于财政收入基本上只能来源于王室领地的主张,等等。

正因如此,作为资产阶级古典经济学创始人(一说为重商主义者)的威廉·配第,才会在财政收入问题上,提出税收优于王室领地收入的主张。而魁奈以及重农学派则更是主张只对土地所有者征税。究其原因,就在于他们分别所处的是17世纪或18世纪英国和法国,此时市场经济已发展到了较高的阶段,从而财政理论相应地能够反映这种客观经济状况的要求了。

应指出的是,作为代表商业资产阶级利益的重商主义的代表人物之一的尤斯蒂以及他的同时代人,也持有类似的以王室收入为基本财政收入的主张,似乎是与上述看法相矛盾的,即资产阶级思想家怎么会主张以封建性的王室收入为主要的财政收入形式呢?其实不然,在尤斯蒂那里,“王室收入”已开始改变了性质,已在很大程度上具有了公共性质。就如尤斯蒂所指出的那样:

> (此时的国家作为)最高当局的地位所以能获得巩固,是由于得到社团中各个成员的同意,既是这样,这就可以揣知这些成员的态度是愿意以他们私有财产为依据负担国家的经费的。因此,他们置备了一份财产之后,将为国家特地留出一份财产,以备应付国家的需要。这项为国家特地留出的财产叫作国有地或王室领地。①

① 〔德〕约翰·冯·尤斯蒂:《财政学》,第328页。

可见，这里的“王室领地”，从实质上看，已是在私人财产基础上的公共财产了。这样，尤斯蒂关于以王室收入为财政主要收入的主张，就不再是仅仅着眼于维护君主私人利益，而更主要是维护社会公共利益了。

当然，从西方近现代的公共财政来看，其收入基本的和主要的形式只能是税收，仍主张以王室收入为主要的和基本的形式，即使是实质上有了改变，也仍然是与财政税收发展的历史趋势相违背的。其中的原因，一方面是反映了当时德意志地区各诸侯王国的王权还具有相当的力量，另一方面也是当时德意志地区税收制度还很不完善和混乱，乃至不利于资本和市场发展状况的反映。正因这样，才有本书第八章所指出的尤斯蒂对于当时税收的根本否定态度。

3. 西方财政学的创立之所以是由亚当·斯密完成的，固然有他个人因素，但从根本上看，是由他所处的时代背景决定的。《国富论》于1776 年出版之时，距 1640 年的英国资产阶级革命已 130 余年，距英国资产阶级政权得到大致巩固的 1688 年的“光荣革命”已近 90 年，但其时英国的产业革命尚未完成，英国在很大程度上还受着残余的封建制度和流行一时的重商主义的限制政策的束缚。而另一方面，已壮大到相当程度的市场和资本，基本上不再需要国家为自己的发展提供保护了，即此时已从幼年成长为青年的英国的市场和资本，要求的是自由发展。《国富论》正是肩负着从理论上说明和论证资本与市场自由放任发展的合理性的历史使命而诞生的。对此，我国学术界是很熟悉的。

在这一历史背景下，托身于《国富论》这部经济学巨著中诞生的西方财政学，作为经济学的一个分支学科，它必然也要对财政如何适应资本和市场自由发展这一问题作出自己的解答的，即关于“公共性”问题的分析与强调。然而，正是在这一问题上，人们的认识并不是很清楚的。

由于仅处于市场经济的环境下，因而斯密所论证和提出的是公共财政学，是对与市场经济相适应的公共财政实践的理论总结、升华和体系化；反过来，它又从理论上指导着当时的财政，使之按照资本和市场自由发展的要求改造自己，使得此时的政府收支活动严格地遵循“公共性”的要求来进行。这样，西方财政及其理论就转到了公共财政模式与公共财政论上来了，就转到了与市场经济相互适应、相互促进、共同发展的轨道上来了。

4. 西方财政思想和财政理论，随着西方经济的发展演变，而经历了一个从简陋、零星、散乱到全面、系统、严密的发展演变过程。从最初的色诺芬对于财政问题的分析来看，是既缺乏系统性，更缺乏全面性的。在《增加雅典国家收入的方法》一书中，他仅零星地谈到了很少的几个增加古代雅典的财政收入的方法，而几乎没有涉及财政支出问题，更谈不上对财政平衡或赤字问题的分析了。这应是当时雅典社会经济发展水平处于很低状态，在财政思想上的具体写照。当时的雅典尽管创造了灿烂的文明，有着当时水准的经济，但毕竟只是古代社会的文明和发达，毕竟还处于人类社会发展的幼年阶段，其经济的绝对水准还很低下，城邦国家相比于近现代国家也很不健全完善，决定了当时城邦财政还很简陋幼稚，也决定了当时人们财政思想的简陋幼稚。

这点，以当时的雅典财政为例是可以明显地看出的。雅典当时主要的国库收入，是从战争中掠取的巨款。休谟在他 1752 年的《政治论文》(*Political Discourses*)中提到，所有的希腊历史家和演说家都说，雅典及其同盟各国在希腊中部及伯罗奔尼撒之间进行了一场历时几达 50 年之久的战争，搜刮积聚了 10000 塔兰特以上的巨款，并保存在国库里。然而，“大约五十年后，整个雅典城邦，包括土地、房产、货物、奴隶及货币在内，其全部价值不足 6000 塔兰特”。[①] 在这种掠夺收入占

① 〔英〕大卫·休谟：《政治论文》，载〔美〕A. E. 门罗编《早期经济思想——亚当·斯密以前的经济文献选集》，第 286—287 页。

财政收入很大比重,乃至绝对比重的背景下,是无正常的国家财政行为、活动及其相应的制度和体系可言的。由此决定了当时的财政及其思想的简陋幼稚,是很正常的。

雅典的这种财政状况,在约·雷·麦克库洛赫 1825 年的《政治经济学原理》(*Principles of Political Economy*)一书的有关论述中,也可以间接得到证实。他指出:

> 希腊、罗马时代的公民认为从事于象现代欧洲居民所从事的主要职业是有损尊严的。他们不以自己的勤劳使自己富有,而是依靠于奴隶们的非自愿的劳动以及从被征服的国家所取得的补助。……大部分罗马公民,或是服军役,或是靠被征服的省份供给谷物,过着一种不稳定和依赖的生活。①

在这种经济背景之下,当时的财政在很大程度上依靠战争掠夺收入及其相关的被征服地区的贡赋,就很自然了。

在经过了中世纪的漫漫长夜之后,在资本原始积累背景下逐步形成的西方财政思想和财政理论,是在较高的起点上开始的,即它从一开始就呈现出具有相对的全面性和体系性的特点。前文在色诺芬的财政思想之后,接着进行的是西欧中世纪时期财政思想的论述。托马斯·阿魁那的财政思想尽管只讨论了财政收入问题,但已将其归纳为王室收入和税收两大内容了。这就大体上对整个财政收入,而不是仅对几个收入形式作零星的分析了。而西欧的财政理论,则是从 15 世纪、16 世纪意大利的卡拉法和法国的让·博丹等人开始的。他们对于财政问题

---

① 〔英〕约·雷·麦克库洛赫:《政治经济学原理》,郭家麟译,北京,商务印书馆 1975 年 11 月第 1 版,第 8—9 页。

的考察，已不仅只是单一的收入，而是包括整个财政活动过程在内。他们将财政归纳为支出、收入和临时收入（它大体上相当于公债或赤字）等三大内容，并且分别对税收和公共支出等问题进行相对详细的探讨。而直至今日，这些都还是人们分析和论述财政问题时的三大基本内容。

接下来，托马斯·孟和威廉·配第等人又有较大的发展。托马斯·孟所提到的“国王是否应该积累财富”的问题，实际上涉及了财政存在的必要性这一最基本问题。而威廉·配第则详细地对公共支出和公共收入作了分析介绍，其《赋税论》大体上可以说是最早的财政问题专著，尽管还不能称为是一本财政学专著。

晚于他们一个世纪，而早于斯密《国富论》10 年问世的尤斯蒂的《财政学》，大体上可以说是最早的财政学著作了。尽管人们并不认为该书的出现意味着作为一门科学的财政学的诞生，但从前文的介绍中我们至少可以认为，该书已具备其雏形了。不仅如此，该书对于财政存在必要性的论述是富有特色的。这一分析从国家的存在入手，并分析国家履行职能必须支出费用，从而必须有公共收入的分析，直接提出财政科学的最基本的理论问题，并给出了虽不够详细但却系统严密的答案。这种思路，一直为其后的西方公共财政学和我国的财政学所沿用。如果仅就这点来看，即使是晚了 10 年，并在财政学说史上享有远较其为高声誉的《国富论》，其达到的理论深度也是较该书为逊色的。

在前人的基础上，亚当·斯密的《国富论》对财政问题作了全面的系统的详细的分析和说明，从而意味着财政学的问世。该书对国家职能按市场经济的要求进行了界定和归纳，即只能是为“社会的一般利益”而活动，从而界定了与市场经济相适应公共财政的范围；按市场经济要求归纳并分析了各类公共支出问题；在公共收入上几乎仅对税收进行探讨，君主收入已降到极为次要的地位，同时对于税收的分析和探讨是详细深入的；对公债问题也进行了远较前人详细系统的分析。这些,都是前所未有的,从而该书不仅在经济学上,而且在财政学上,都意味着一个崭新纪元的开始,都具有着震古烁今的光辉。

此后西方的公共财政学在200余年的发展过程中,尽管经历了种种重大的变化,以至给人以面目全非的感觉,但万变不离其宗,从根本上看,它们仍然未能摆脱亚当·斯密所奠定的论述公共财政问题的基本框架与思路。

而在这之后,西方公共财政论经过数百年发展,形成了现代公共财政学,即以公共产品论为核心的公共经济学或公共部门经济学,成为包括基本理论、公共支出、税收、财政体制和财政政策等内容的,全面研究公共财政问题的一门科学。

在这一发展过程中,关键性的公共财政理论往往是由伟大的思想家和经济学家们,而不是由财政专家们提出来的。这些理论的陆续提出,就构成了西方公共财政学发展的主线。对此,马斯格雷夫指出:

> 关键性的财政理论(fiscal tools),实际上是由许多伟大的理论家提出来的。这是一条从亚当·斯密开始,经由李嘉图、穆勒、杜普埃特、埃奇沃斯、威克塞尔、皮古以及凯恩斯,最后到达萨缪尔森那里的主线。①

与此同时,一般理论和公共财政论的紧密联系,还可以从一般理论的变化对各个时期公共财政理论发展的影响中明显地看出来。典型的如税负转嫁与归宿理论,其每一步的发展变化,都反映出当时流行的价格理论和分配理论的影响;关于税收平等原则的分析,深刻地反映着效用理论的发展对其的影响;帕累托理论进入福利经济学,则大大深化了

---

① Musgrave,R. A.,"A Brief History of Fiscal Doctrine,"p. 1.

公共产品论的分析;而凯恩斯经济学的产生,则赋予了政府预算政策以全新的任务和作用;等等。

对于现代西方财政学来说,它主要是在边际效用价值论的基础上形成的。“边际革命”对于西方财政学来说,不仅仅是产生了“革命性”影响和变化的问题,而且至今的各种公共财政理论和政策分析,也都是以边际效用价值论为基础的。这就可以说现代西方公共财政学与近代西方公共财政学的分界线,是以边际主义进入西方公共财政学为根本标志的。“边际”革命尽管使得人们对于公共财政问题的认识,从原来的“公共政府收支”,转到了“公共部门经济”上来。但这只是对于“财政”认识的变化,而对于财政的“公共性”问题的认识则仍然不变。因此,“公共经济”或“公共部门经济”概念的出现,丝毫也没有否定“公共财政”这一概念和范畴。

应指出的是,西方经济学和财政学的发展源远流长,各家各派的经济学说和财政思想,都不可避免地或多或少或强或弱总会在现代公共财政学中留下它们的影响痕迹与烙印。追根溯源,把握西方各种经济学说与财政学说的精义与实质,对于真正掌握和理解现代西方公共财政学说和理论,无疑是很有帮助的。但由于西方经济学说和财政学说流派众多,纷繁复杂,要一一详细列举介绍,不仅无可能,而且也没必要,因而本书的分析,是集中在西方的边际主义财政学上的。因为“边际革命”对于西方财政学来说,不仅仅是产生了“革命性”的影响和变化,而且至今的各种财政理论和政策分析,仍都是以边际效用价值论为基础的。为此,本书关于公共财政史的分析侧重点,是放在19世纪80年代以后的时期上的,因为正是从这个时期开始,边际效用价值论开始被引用到西方公共财政学中来了。顺带指出,19世纪80年代也就成为本书划分近代西方财政学与现代西方财政学的分界线。

三　关于财政与国家的关系

在西方财政思想和财政理论的发展演变过程中，尽管商品货币关系产生了重大的影响，但财政问题从来都是与国家直接相联系的。不同的作者、不同的观点和不同的学派，对于财政问题的论述，其差异都不是谈不谈国家或政府的问题，而是在多大程度上谈到国家或政府，是否将分析的重心放在国家或政府上的问题。恩格斯曾经指出亚当·斯密：

> 在1776年发表了自己关于国民财富的本质和成因的著作，从而创立了财政学。在这以前，全部财政学都纯粹是国家的；国家经济被看做全部国家事务中的一个普通部门，从属于国家本身。①

从前文的介绍中，人们可以清楚地看出，早期西方财政理论的演变，是与国家制度的变化，国家权力的加强，以及国家管理的增多直接相联系的。正因如此，斯密之前的财政思想和财政理论，大体上都是与国家问题联系在一起的，从直接的意义上看，更多地是由于分析和讨论政治事务和国家问题，才涉及国家收入、国家支出和国家公债等的。因此，就上述材料来看，即使是西方的公共财政学，也是从对国家收支问题的分析和论述开始的，并且在最初还具有相当强烈的国王私人理财学的性质，如德国的旧官房学派就如此。只是以后随着市场因素的发展，西方财政思想和财政理论才逐步地转到国家的公共性上来，去分析和论证财政问题，才开始对财政活动的国家因素的关注有所淡化。这至少表明了，西方公共财政学的发展并非都与国家毫无干系，反而是在

---

① 《马克思恩格斯全集》第1卷，第675页。

直接对国家收支问题的探讨中产生和发展起来的。

在关于国家与财政关系的论述中，值得一提的是尤斯蒂的《财政学》，在其中我们可以看到与数百年后我国的“国家分配论”形式上极为相似的论述：

> 国家是由……人们组成的社会团体，他们彼此联合在一起，目的是在于求得共同福利，为了这个目的，他们拥立一个其地位处于他们之上的最高统治者。国家为了其自身的维持，为了达到这一目的，需要作出巨大支出。它必须使它的君王或行使这个最高权力的那些人的生活方式，能够与他们的尊贵职位相称合。对于由最高当局用以管理行政和其他职务的那些人，它必须给以相当俸禄。为了保卫国家，为了全体公民的共同利益和方便而设立的那些公安机构，也需要大量经费；为了同别的国家保持关系和交往，没有经费就难以维持。因此，作为一个文明社团，如果在生活和福利的方面不从事大量花费，就不可能生存下去。……在证明国家必须作出那些支出的必要性之后，……立即得出结论，认为人民因此必须缴纳捐税。①

在上述这段话中，包含着几重含义：(1)国家的起源或形成问题，即人们为了共同福利的目的而组成国家，但这已经是“公共”国家。当然，这是尤斯蒂的财政思想与我国的国家分配论的根本差异所在。(2)国家为了自身的维持等目的，需要巨额支出，没有这些支出，国家不可能存在下去。国家分配论关于财政是为了满足国家履行其职责的需要而存在的思想，在这里已清晰可辨。(3)这些支出

① 〔德〕约翰·冯·尤斯蒂：《财政学》，第325—327页。

只是国家的必要支出。(4)人民必须为国家的必要支出而纳税。

这些分析,实际上解决的是关于财政的起源或存在的必要性等最基本的财政理论问题。它的几个基本点及其思路脉络,显然是与我国的"国家分配论"几乎完全一样的。而从"全体公民"的"共同福利"为起点提出问题,则又依稀可见"社会共同需要"的踪影。可见,只将我国的"社会共同需要论"等说成是西方的"舶来品",而将"国家分配论"说成是我国的"土产品",是不对的。应该说它们都有着西方的思想渊源,但又都是在马克思主义理论这一根本基础上,吸收借鉴形成的。

当然,在另一方面,尤斯蒂的财政起源观又必然与"国家分配论"有着种种的差异,因为200多年前的尚处于向资本主义生产关系和市场经济体制过渡阶段的德意志地区,与200多年后的处于社会主义生产关系和计划经济体制下的中国,在社会、政治、经济及其理论信仰等方面,均有着巨大的差异,从而财政理论也不可能不存在差异的,其中最根本的就是国家起源观的不同。我国的马克思主义的"阶级国家"观,与尤斯蒂的"共同福利"观,显然是不同的。尤斯蒂关于国家起源的寥寥数语,是西方源远流长的"社会契约论"极为简洁的表述。因而这样的财政观,实际上又是公共财政观。

比尤斯蒂早了两个世纪的让·博丹就已有了类似的表述。在谈到财产直接课税问题时,让·博丹同意这一税收的开征,但又坚决主张,依据早已存在于西班牙、英格兰、德意志、法兰西的习俗,该税必须建立在臣民们同意的原则之上。如果"没有臣民们的同意,国王们是无权征收,或无权要求征收该税"①。这段话所包含的公共性和民本主义的内涵,当是近代西方财政理论从创立之时,就包含有强烈的公共性因素,就具有公共财政特征和明显发展趋势的具体表现。

---

① Bullock, C. J., *Selected Readings in Public Finance*, p. 3.

然而，西欧近代“国家”的形成和发展，又是直接与市场和资本的发展相联系的，因而又可以说西方公共财政学的发展形成，既是与“国家”相联系的，也是与“市场”紧密相关的。

“直至中世纪结束时，欧洲国家的财政活动仍是相当次要的，也没有出现对它的系统研究。”①市场经济的形成发展，既导致了现代意义上的国家的产生，也导致了系统的公共财政学说和理论在西欧的出现与发展。

重商主义代表幼年资产阶级的经济思想，作为一种经济学说和政策体系，是资本原始积累时期商业资产阶级和封建专制君主的共同利益在经济理论和政策上的反映。这反映到当时的公共财政理论和政策上，就是主张国家通过关税与国内赋税政策，去保护和促进国内工商业的发展，并依靠国家力量其中包括武力支持，为本国商品开拓国际市场。此时公共财政为资本原始积累提供了强有力的服务。

对此，马克思指出：

> 原始积累的不同因素，……在英国，这些因素在十七世纪末系统地综合为殖民制度、国债制度、现代税收制度和保护关税制度。……但所有这些方法都利用国家权力，也就是利用集中的有组织的社会暴力，来大力促进从封建生产方式向资本主义生产方式的转变过程，缩短过渡时间。暴力是每一个孕育着新社会的旧社会的助产婆。②

这就表明，非市场性的公共财政作为国家权力运用的产物，在这

---

① Bullock, C. J., *Selected Readings in Public Finance*, p. 1.

② 〔德〕马克思：《资本论》第一卷，第819页。

种特定的条件下,反而能对市场经济的诞生起“助产婆”作用。正因如此,重商主义的财政思想家们是不反对公共财政干预市场的。在这里,人们对公共财政的非市场性问题似乎不予考虑,人们强调的是公共财政对市场的积极作用,并且国家的这些“干预”也仍然遵循了这么一个准则,即此时的政府并没有对本国的市场和资本的发展起否定与限制作用。到了17世纪中叶,当资本和市场已发展壮大,工业资本的发展逐渐超过商业资本时,国家干预主义和垄断对外贸易的重商主义经济理论主张,就逐渐成为市场和资本进一步发展的障碍。这就决定了西欧的经济理论和财政理论逐步开始转向自由放任主义。

在重商主义的最后阶段,已出现向经济自由主义转化的迹象,其在财政理论上的表现,是主张对君主财政的限制而突出了其公共性。约翰·洛克指出,“人们联合成为国家和置身于政府之下的重大的和主要的目的,是保护他们的财产;……”,“诚然,政府没有巨大的经费就不能维持,凡享受保护的人都应该从他的产业中支出他的一份来维持政府。但是这仍须得到他自己的同意”,否则,“就会使他们在事实上根本并不享有财产权了”。①

从这些话里可以看出,基于自然权利说,洛克实质上已提出了政府和财政的存在是为了弥补市场失效(即他所谓的“自然状态缺陷”),财政分配应经人们“同意”等公共财政的基本观点,从而实质上主张由市场对政府和财政作根本的约束与决定,这就带有经济自由主义的成分。但他赞同政府应有“巨大的经费”,则又是重商主义的国家干预观。这种理论和看法的矛盾,往往是经济体制转轨时期所必有的现象。

---

①　分别见〔英〕洛克:《政府论》(下篇),第77、87、88页。

随着产业革命的发生和自由市场经济的全面展开，资本与市场自由充分地发展的客观要求，在以亚当·斯密为代表的经济自由主义学派那里得到了大力的提倡和充分的论述。反映在财政思想上，是对公共财政的非市场性，对市场的否定方面有了充分的认识。著名的“夜警国家”“廉价政府”和“中性财政”等观点，就集中体现了他们的这一认识，以及由此而产生的大力限制政府和公共财政活动的政策主张上。为此，他们要求在规定了公共财政活动范围和尽可能压缩公共财政活动规模的前提下，公共财政收支本身应尽可能少地扭曲市场的正常运行，尽量避免危害市场效率。总之，自由放任的经济学家们是在痛斥政府和公共财政非市场性的危害的同时，凭着他们天才的眼光认识到，并且是无可奈何地承认政府必须履行某些职责，承认这种不合理的财政有其存在的必要性。

对政府和公共财政的非市场性有失偏颇的这类理论认识，是随着市场经济从自由放任向政府干预的过渡而终结的。为政府和公共财政在经济理论上“正名”的过程，是随着边际效用价值论被引入公共财政学而开始的。19 世纪 70 年代经济学上的“边际革命”，使人们能以崭新的价值理论来审视国家在市场经济中的作用问题。对此，杰文斯指出：

> 国家通过任何法律，甚或进行任何单独行动，只要它的最终结果可以增进人类幸福的总和，就不失为正当的。①

这就从效用价值观的基点赋予了国家存在的合理性。而 10 年后经济学的这种变化进入公共财政学领域，最终解决了公共财政在市场

---

① 转引自〔英〕克拉潘：《现代英国经济史》（下卷），第 484—485 页。

经济中的合理性问题。

这样，在长达数百年的努力后，西方理论界终于从经济学基本原理上证明了，公共财政不仅是市场经济所必然的和必需的，而且也是合理的和正当的伴生物。从根本上看，非市场性的公共财政已不再是市场的异己力量和否定因素了。边际财政学派解决了市场经济下公共财政的合理性问题，就为 20 世纪西方政府及其公共财政大规模地干预社会经济生活作了理论上的准备。由于这种干预所取得的巨大成效，因而尽管一直存在着各种反对国家干预，坚持经济自由放任观，非难政府失效的思想，但要政府和公共财政活动返回到以往的自由放任状态，已是不可能的了。

然而，应指出的是，边际主义财政论对于公共财政与市场根本一致性的分析，是在认识到公共财政对市场的否定本性的基础上完成的。这是它与重商主义的财政干预观的根本区别所在。相反，正是由于坚持了从非市场性的角度去考察公共财政的特性，人们才能说明，为什么公共财政学没有被取消而并入一般经济学中，为什么公共财政仍然能够弥补市场失效和大体上只能在市场失效领域内活动等基本问题。在奥意财政学派出现后的上百年间，人们在根本立足于市场的基础上，实质上是通过对公共财政非市场性特点的分析，而实现了现代公共财政论的发展和繁荣。

上述的西方公共财政论简史表现出，它是沿着一条与我国财政学完全不同的轨迹发展的。但是，这并不等于我国的财政理论完全不受西方公共财政论的影响。相反，我国的财政理论是受到近代西方公共财政论很大的影响的。

我国财政学界关于财政本质问题的几种主要观点，无论是至今仍占统治地位的“国家分配论”，还是有着重要影响的“社会共同需要论”等，它们的基本理论来源，在上个世纪 70 年代以前就已具备了。“边际革命”所引起的西方公共财政学的种种变化，既不为我国财政学界所熟悉，更没有反映到我国财政基本理论中来。

我国目前关于财政本质各种观点的思想渊源，最主要和最基本的是马克思主义的理论，这是我们所最为熟悉的，而马克思主义的形成也早于19世纪70年代。除此之外，我国财政理论重要的和基本的来源，还有古典学派和历史学派的观点。我国财政理论界是在马克思主义基本理论的基础上，吸收了古典学派的与历史学派的财政观“合理”内容之后，综合形成了自己的独立理论体系的。具体表现在以下几个方面：

1. 古典学派的“政府职责论”的影响。政府职责论亚当·斯密在《国富论》中，就已有了鲜明的体现。该书专论财政问题的第五篇就是从分析君主的三个职能入手，引申出各类必须由政府安排的支出和费用，然后才谈到为这些费用筹款而取得财政收入的问题。这是与我国的“国家分配论”颇为相似的关于“什么是财政”问题的论述。对此，前文已指出，德国尤斯蒂的《财政学》已早于《国富论》进行了更为相似的论述。然而，对于我国学术界来说，由于马克思恩格斯的推崇，是人人皆知亚当·斯密，而知晓尤斯蒂者甚微。这样，我国的“国家分配论”所主张的“财政是国家为了满足实现其职能的需要并以其为主体的分配”的理论源头，认为是亚当·斯密而非尤斯蒂，是更为合理的。斯密的这一财政基本观点，从根本上看，对于“社会共同需要论”也是有一定的影响的。斯密的“国家”，是公共国家，因而国家需要也就是一种社会共同需要。因此，说“社会共同需要论”完全不受斯密观点的影响，是难以令人信服的。只不过其所受的影响，是完全不能与“国家分配论”相提并论罢了。

但是，我国的“国家分配论”，在实质性内容和立论主张上，又与西方的“政府职责论”有着很大的不同：(1)“国家分配论”的“国家”，是马克思主义的“国家”，而非西方的社会契约“国家”。这样，我国意义上的“财政”，只是“国家财政”而非“公共财政”，财政只能是国家收支而非公共收支。马克思主义认为，剥削阶级国家只是少数人的国家，从而冠之以“公共”两字是不妥的。而西方的社会契约观却认为，“国家”是社会公众的“国家”，这就能将“财政”与“公共财政”，“政府收支”与“公共收支”相等同。而西方的财政论著也确是这样做的。(2)两者国家的具体职能不同。作为阶级国家，我国的国家可以代表劳动阶级拥有社会主要的生产资料，从而具有“经济职能”。而西方的社会契约国家则从根本上不应拥有生产资料，也不应具有直接进行赢利性投资的“经济职能”。

上述这两个实质性内容的差异，实际上反映了关于市场经济下财政问题看法的两个不同发展道路。西方理论界在斯密之后，经穆勒到皮古，大体上沿袭了斯密的“政府职能论”思路。但穆勒进一步分析了公共服务的必要性问题，则表明了西方的“政府职能论”最终将向“公共产品论”的转化。而斯密“政府职责论”发展的另一分支，却是隐约地经过马克思而到了约200年后的中国，成为“国家分配论”的思想源头之一。

2. 历史学派的“国家经济论”的影响。历史学派财政观的最高代表人物瓦格纳认为，国家为完成其职能，而获得和使用必需的财货所进行的经济活动即财政。① 这一提法相对于斯密和穆勒的“政府职责论”，有着鲜明的特点。即历史学派明确地提出了财政是国家为完成其职能所开展的活动的观点，而斯密他们则没能明确地做到这点。同时历史学派的“国家”是权力与强制的结合体，而不是一般的公共机构，因而这里所谈的财政对于“国家”有着较多的强调。

---

① 〔日〕坂入长太郎:《欧美财政思想史》，第300页。

正因如此，瓦格纳的关于财政概念的提法，已与我国的“国家分配论”的财政定义，有着惊人的相似之处。只要将“获得和使用必需的财货”，以我国术语“分配社会产品”加以替换，则瓦格纳也是将财政定义为“国家为满足自身需要而进行的活动”了。从这点来看，我国理论界关于财政的定义，是受到德国社会政策学派的很深影响的。由于历史学派是主张国家干预经济的，这使得我国计划经济下形成的财政理论与其有着某种“亲切感”和“认同感”，并受到其很大的影响，是毫不奇怪的。

但是，我国财政理论也与历史学派财政观有着很大的不同，双方是立足于完全不同的经济理论的。历史学派财政思想和马克思财政思想的差异，直接地和集中地体现在德国财政学派认为财政是经济活动，而我国则认为是分配活动上。作为一种“分配活动”，它仅是再生产的一个环节，不具有独立的自我再生产能力。但在德国财政学派那里，财政是与私人经济相对立的公共经济，即是一种“经济”，它具有独立的自身再生产能力。而这是由国家是生产性与非生产性的经济理论差异决定的。历史学派的生产性国家观，为以后的西方财政学界广为接受，最后产生了公共经济学。而我国在非生产性国家观基础上，是只能得出否定“公共经济”结论的。

总之，我国财政理论不仅有着马克思主义理论渊源，而且也受到了其他西方财政理论的影响。

四　关于“公共产品”问题

从上一章关于公共产品论的介绍与分析中，可以得出以下若干看法：

（一）关于 Public Goods 的中文译法

Public Goods 这一英语词组，以译为“公共产品”为最佳。该词组译为中文的困难,主要在于 Good 一词,因为它没有相对明确和单一的中文词语与之相对应。就 Good 的英语原意来看,是“好的”“有益的”“有效的”等;而当其转为名词时,则意思转变为“好”“好处”“利益”“用处”等;而当其再进一步被用于经济学之上时,则成为“有效用的物品”“有益的产品”;等等,不一而足。

至于 Public 一词,则我国学术界大致都将其译为“公共的”,个别的也有将其译为“共用的”,但这两个中文单词并没有实质性的差别,因而也没有产生实质性的争论。然而,当着人们将 Public 和 Good 两个单词联在一起,并在 Good 后面加上“s”以表示复数,并用以形容某种经济现象和财政活动时,问题就变复杂了。这就出现了“公共产品”“公共物品”“公共财货”“公共品”“公共财”“公共商品”等多种译法。此外,也有译为“共用品”的,但为数极少。

在这些译法中,绝大多数都使用了“公共的”这一形容词来界定后面的名词,而问题则是出在这一名词的选择上。对此,港台学术界主要采用的是“公共财”的译法,而大陆学术界则主要采用了“公共产品”的译法,也有相当部分人采用了“公共物品”的译法。

对于港台的“公共财”译法,大陆学术界几乎没人采用,这里不予置评。就大陆学术界的“公共物品”译法来看,它实际上是与“公共品”译法没有什么区别的,因为“物品”就是“品”的意思。那么,对于“产品”和“物品”来说,则是存在着一定的词义分歧的,尤其在经济上就更是如此。“物品”一词,它可以是“产品”即人们活动的产物,也可以不是“产品”即天然生成物或存在物;反之,“产品”一词,则一定是“物品”,但还必须是人类活动的产物。依据两者之间的这种词义区别来看,Public Goods 的中文词义显然是更为接近“产品”的,因为它表示的是政府活动的产物。所以,就“公共产品”和“公共物品(公共品)”等词来看,还以选择“公共产品”为好。同样地,“共用品”一词与“公共物品"并没有实质性的区别,因而也不是最佳的选择。

"公共商品"一词是吴俊培所极力主张的译法,他甚至认为,译为"公共产品"是我国学术界受到计划经济下"产品"影响的表现,而译为"公共商品"才是市场经济下的译法。① "商品"和"产品"一样,都是人们活动的产物,这点两者是没有什么区别的。两者的区别在于,"商品"是用于交换的"产品",而"产品"则并不必然是用于交换的。依据上文的分析,公共产品论认为政府的公共服务与私人纳税之间存在着等价交换关系。这样,似乎译为"公共商品"是比"公共产品"更为准确的。其实不然。

作为"商品",它具有在市场上交换的内容,而政府服务与私人纳税之间并没有经历市场交换过程。相反,如同本书第一章关于财政非市场性问题分析所指出的那样,政府服务与私人纳税之间的关系,是以非市场的方式联系在一起的,即政府并没有将公共服务作为"商品"拿到市场上出售,而私人也不是到市场上去选购"商品"以为己用的。这样,使用"公共产品"一词,反而是更好地表达了 Public Goods 是政府向社会公众提供的公共服务的这一特殊性的。此外,如果说"公共产品"和"公共商品"的译法反映了计划经济和市场经济的影响,那么一直处于市场经济环境中的港台地区的学者们,又为什么不采用"公共商品",而是采用"公共财"的译法呢?

当然,上述种种关于 Public Goods 的译法,并不能说是哪一种绝对正确,而其他的译法则全都是错误的。由于 Good 中文译词的微妙性,使得人们在翻译 Public Goods 上是只能力求相对准确的译法的。而在比较之下,上述这些主要的译法,还是以"公共产品"最为准确的。

---

① 参见吴俊培:《PUBLIC GOODS 的译名应是公共商品——兼论公共商品概念的理论意义》,载《财政研究》1994 年第 5 期,第 59 页。

（二）关于公共产品论的借鉴意义问题

如前所述，公共产品论的形成和发展，最终导致了西方公共财政学的“革命性”变革，使人们对于“公共财政”的认识，从“公共收支”进到了“公共经济”上来。而西方公共财政学在本世纪60年代和70年代的繁荣和大发展，也是借鉴并创新了奥意财政学派的公共产品论的结果。这样，公共产品论不仅没有否定公共财政的政府公共性活动这些实质内容，反而从更深更广的角度分析和考察了政府财政问题，从而成为现代西方公共财政学的核心理论。

值此我国财政要从原有的国家财政类型转到公共财政类型上来，我国财政学要进行根本创新即建立我国自己的公共财政学之际，西方的公共产品论是否对我国具有借鉴意义的问题，马上就尖锐地摆在了我国财政界的面前。为此，注入公共产品论等新鲜血液，以更新改造充实扩大自己的理论体系和内容，是必要的和可行的。公共产品论从市场失效的角度引申出财政问题，具有着鲜明的市场经济性，以其为我国公共财政学的核心理论并进而分析我国的公共收支问题，才能划清社会主义市场经济下作为社会管理者的政府活动与企业、私人活动之间的界限，才有可能使我国从计划经济的国家分配学转到市场经济的公共财政学上来。不过，西方的公共产品论毕竟诞生于西方的社会、政治、经济环境中，是不应也不能为我国财政理论界照搬照抄的。这样，如何借鉴并建立我国自己的公共产品论，是建立我国新的公共财政学所应解决的关键问题之一。

西方的公共产品论对我国财政学具有借鉴意义，是毋庸置疑的。公共产品论对于市场的模拟，对于市场效率准则的追求，对于税收价格的分析，对于社会资源和要素在公共经济与私人经济两大部门之间有效分布的探索，以及公共财政的活动范围、规模、内容等必须受到市场经济的根本决定等主张，对于我国正在建立的公共财政模式来说，无疑都是必须遵循的。①

然而,我国财政学界是否能够从根本上借鉴公共产品论,则又是存在着很大的疑义的。如前所述,公共产品论是在采用了边际效用价值论为理论基础之后,才得以确立的。然而,我国经济学的价值论基础目前仍然是劳动价值论。前文分析已表明,在劳动价值论的基础上,是不可能得出西方式的"公共产品"概念及其理论的。这就使得人们怀疑公共产品论在我国的借鉴意义,而有些惯于批判资产阶级的人们,甚至以此上纲上线进行批判。不仅如此,由于西方现代公共财政论是以公共产品论为核心的,这又使得人们进而怀疑公共财政论在我国是否能够成立,或进而对公共财政论进行批判。

在十一届三中全会的召开已经 20 年的今天,以"文革"时期大批判方式来否定公共产品论,并进而否定公共财政论,已经是没有什么市场了。不得不采用"革命大批判"的方式,本身不仅不表明否定者在理论上的力量,反而是表明了他们在理论上的软弱无力。由于西方的公共产品论和公共财政论是建立在市场经济基点之上的,因而它所体现出的与市场经济的强烈适应性和积极意义,是我国形成于计划经济时期的财政理论所不具有的,也不可能具有的。这就是这些理论必然为我国理论界所借鉴,同时也不是"革命大批判"所能够否定的根本原因所在。

但是,在经济学基础理论不同的背景下,我国应如何借鉴西方的公共产品论和公共财政论,以建立我国自己的公共财政论呢?

价值论的问题,在我国是一个牵涉到政治敏感性的问题,因而在目前是采用"不争论"方式加以处理的。然而,"不争论"不等于"没问

① 关于公共产品论对我国的借鉴意义问题,如有兴趣,可参见张馨:《比较财政学教程》,第 51—54 页。

题”。实际上,在20年的市场取向改革中,人们从市场经济角度对西方经济实践作了大量的借鉴,这不可避免地会反映到经济理论上来,从而引起了我国经济理论界的某种混乱。典型的事例是从西方引进了GDP和GNP等概念,并且已成为我国指导和考核经济实践运行状况的最基本经济指标之一。

然而,GDP和GNP等概念在劳动价值论的基础上,也是不可能成立的。在劳动价值论基础上,所能采用的只有工农业总产值等概念,因为依据劳动价值论,是只有工农业等物质生产部门才创造价值的。GDP和GNP等概念,则是以边际效用价值论为其理论基础的,其中包括着政府所创造的价值。然而,至今未见到人们对于GDP和GNP等概念的批判,其中包括大力批判公共产品论的那些同志,甚至也在那里使用GDP和GNP等概念。之所以如此,就是因为这些概念符合市场经济的根本要求,有利于我国的经济改革和经济发展实践,因而在“不争论”之下采用了这些概念,是理所当然的。由此可见,对于西方的公共产品论来说,也应当是着眼于其与市场经济相适应的根本点而借鉴之,从而形成我国自己的新公共财政论的。

(三)关于广义公共产品问题

要正确认识现代公共财政问题及其理论,关键在于对公共产品论的认识。在前文介绍了公共产品论之后,这里要着重说明一下广义公共产品问题。

本书第一章在分析市场失效问题时,曾将“公共产品”与外溢性、规模报酬递增、风险与不确定性、社会分配不公和宏观经济不稳等现象并列,都作为市场失效的一种类型来对待。这样,“公共产品”就只是市场失效若干内容中的一个。这就为否定公共财政论的观点提供了一个口实,即似乎仅以“公共产品”和“公共服务”来分析公共财政问题,是不够的,公共财政并不仅仅只是政府提供公共产品的活动。一句话,

“公共”财政不再是以“公共性”为基本性质的财政,这样推而广之,其结论将是公共财政本身是不存在的。

这种理解是不正确的,之所以产生这一误解,是因为混淆了狭义公共产品与广义公共产品的差别。通常来说,人们在分析市场失效问题时,为了条理的清晰和论述的方便,往往只以最初的和典型的公共产品,如国防、对内管理和公共工程等为对象,以便概括出公共产品的基本性质和特征。而对于非纯公共产品和混合产品等,则依据其特征而区分为外溢性、规模报酬递增和规范市场管理等类型。又如对于在后期发展起来的政府公共服务内容,如社会分配不公和宏观经济不稳等,都单独列为一种市场失效类型。这就产生了多种与“公共产品”并列的其他市场失效类型。

然而,只要依据公共产品的基本特征分析,就可以清楚地看出,上述所有类型的市场失效,都具有不同程度的非排他性和非抵抗性,因而都是公共产品,只不过其中有与个人产品相混淆的成分而已。这样,政府为弥补所有的市场失效而提供的服务,都是公共服务,都是提供公共产品的行为。第一章所分析的“公共产品”,实际上是“纯”公共产品或者“纯度”很高的公共产品,我们将其称为狭义的公共产品。而除此之外,政府为纠正外溢性、克服自然垄断、规范管理市场、公平社会分配和稳定宏观经济等所提供的服务,就其本身来说也都是政府的公共服务,即也都是公共产品。这就是广义的公共产品。

对此,可具体分析如下:

1. 外溢性的公共性。本书第一章就已指出,外溢性现象是公共产品的一种特例,原因就在于,就外溢性本身而言,它就具有消费时的非排他性和非抵抗性,即外溢性本身具有共同消费性,尽管外溢性是在个人产品的生产过程中产生的。政府对于外溢性的介入和干预,仅是为了克服其外溢影响,而不是为了干预正常的个人产品的生产。因此,政府的这类活动是具有鲜明的公共性的。

2. 自然垄断的公共性。政府对于自然垄断问题的干预,是仅针对垄断危害市场机制有效配置社会资源而言的。因此,政府的这类活动,尽管可能只是直接给某个或某些社会成员提供好处,但根本的着眼点和服务目的,则是整个市场的正常运转,是确保市场机制的有效配置社会资源,从而其产生的效果也具有根本的公共性。

3. 政府对市场的规范与管理等,是依据市场和资本的根本利益进行的。否则的话,一个无序的市场是不可能实现资源最佳配置的。这就有着为整个市场提供服务的公共性。

4. 政府提供社会保障也具有公共服务性质。众所周知,现代西方发达国家已经建立了相当程度的社会福利制度,而被称为"福利国家"。在这一社会福利制度下,西方政府通过公共财政进行再分配,大规模地将国民收入和财富直接从富裕阶层向贫穷阶层转移,从而有着鲜明的直接损害富裕阶层利益的表象。对此,如依据非公共财政论者的阶级观,是无论如何也解释不通的。因为依据他们的看法,财政作为所谓的"超经济剥削"的手段,只能是赤裸裸地对贫穷阶层进行掠夺和盘剥,怎么可能反过来大规模地将剥夺富裕阶层的收入和财富,而增大贫穷阶层的收入和财富呢?那样,公共财政不是成了"超经济反剥削"的手段了吗?马克思恩格斯他们曾经强调税收的剥夺财富的能力,曾提出对资产阶级实行高级距累进税的主张。这样,西方社会在进到20世纪之后,似乎在实践着马克思恩格斯他们的这一主张了。

其实不然,这种对于富裕阶层的部分剥夺和对于贫穷阶层的某些赐予,既是符合市场和资本的根本利益,也是符合富裕阶层的根本利益的:

(1)当一个社会贫富悬殊时,严重的社会矛盾和冲突将相应产生,这不仅是贫穷阶层处于悲惨境地的问题,而且是富裕阶层的正常生活秩序也难以保证的问题。由于此时骚动、犯罪等现象剧增,各个社会阶层之间的关系日趋紧张,整个社会处于愈益激烈的动荡不安之中。在这种环境中,不管富人穷人都是难以正常生活的。如果社会矛盾激化,其结果将是暴动、起义和革命的发生。尽管人们被告知这些事件的发生,是生产力与生产关系不相适应的结果,但就具体的原因来分析,则几乎都是直接导因于分配不公问题。“均贫富”的封建农民起义是如此,“剥夺剥夺者”的无产阶级革命也如此。

(2)退一步说,就算富裕阶层建立起了强有力的治安体系,压制住了贫穷阶层的骚动和犯罪乃至造反等行为,而在表面上大体将社会秩序维持在正常状态中,但高楼大厦与贫民窟的并存,锦衣玉食的富人与衣不蔽体的乞丐共处,富裕阶层的整个生存环境也是不正常的。贫穷往往是与疾病相伴随的,贫穷阶层状况的恶化,普遍的贫病交加还可能引发大规模的各种传染病流行,也将威胁着富裕阶层的身体健康。

(3)当着社会处于贫富悬殊状态之中时,社会成员大量地沦入赤贫境地,他们不要说发展,就连基本的生活水准也无法维持。此时如果就某一个人来说,无法维持基本的生活水准,可能只是在贫困中苦苦挣扎的问题。但如果就整个社会来说,相当部分的社会成员陷于过度贫困状态而基本生活水准无法维持,就意味着这一阶层的人数将由于市场的自然淘汰而收缩,意味着劳动者由于难以受到应有的教育和培训而无法胜任工作,或者至少是劳动力在数量和质量上难以有较大的发展。这一状况的经济学含义就是,整个社会的劳动力再生产的萎缩。对于一个社会来说,正常时期的再生产是以扩大的状态进行的,这是富裕阶层以更大规模发财的基本条件。而劳动力再生产的萎缩,也就是社会再生产的萎缩和富裕阶层发财规模的萎缩,因而也是从根本上损害富裕阶层利益的。可见,这些都要求着在一定程度上改变贫穷阶层的状况,这对整个社会各个阶层都是有利的。

在社会的收入和财富量既定的前提下，要改变贫穷阶层的状况，其所需财力物力是只能从富裕阶层取得的。在这种背景下，富裕阶层从自身的根本利益出发，也是愿意进行一定程度的再分配，在一定程度上改善贫穷阶层的境况的。此时的再分配对于社会各阶层都是有利的，即它直接改善了贫穷阶层的处境，而从根本上看则也是有利于富裕阶层的。随着社会各阶层之间关系的缓和，随着劳动力数量和质量的改善，社会处于相对"公平"的状态之中，它将确保着整个市场的正常有效运转，确保着所有社会成员正常生活的进行。因此，政府通过公共财政直接进行大规模的社会再分配，直接作用于社会公平，对于市场经济来说，也是一种必不可少的公共服务即公共产品。

正因如此，我国在进入 90 年代以来，随着建立市场经济体制的改革目标模式的提出，政府一直在努力建立其相应的社会保障制度，显然是符合市场经济要求的，是为市场经济体制的建立提供必不可少的公共服务的。

5. 政府实施宏观经济政策以稳定宏观经济，也是在提供公共服务。自本世纪 30 年代"世界末日"式的经济大危机以来，政府开始了有意识的大规模宏观经济政策运作，其所产生的利益也是整个社会性的。

在西方的市场经济条件下，政府宏观经济政策的首要目标，曾经是压缩失业率和解决就业问题，以尽可能达到充分就业。这对于市场经济来说，是极端重要的。在经济危机中，严重的失业现象不仅意味着个人损失，而且还是社会资源的大量浪费。这样，政府宏观经济政策就不仅直接关系到经济能否从低迷萧条中解脱出来，充分利用社会资源以恢复景气状态的问题，而且更主要的还在于它直接关系到社会安定和社会秩序能否正常存在，关系到市场经济体制和资本主义制度生死存亡的根本大事。在《资本论》中，资本主义的丧钟就是在经济大危机中敲响的，而敲钟人就是经济危机时期被抛入灾难深渊的失业大军。正因如此，作为西方政府从不干预转向干预的经典之作，凯恩斯的《就业、利息和货币通论》（*The General Theory of Employment, Interest, and Money*）一书，首先提及、分析和解决的就是“就业”问题，就毫不奇怪了。

反之，严重通货膨胀直接影响着市场和资本的正常运行，影响着社会成员的生活状况。至于恶性通货膨胀，如果难以很快克服，古今中外的实践无一例外地表明，其结果只能是政权的覆亡。由此而引起的大规模社会动荡，对于整个社会的各个阶层来说，尤其是贫穷阶层来说，都将遭受巨大损失。

可见，宏观经济不稳所产生的危害是社会性的。这样，政府开展宏观经济政策的运作而相对熨平经济周期，使得市场和资本能够在较为正常的状态中顺利运转，其对于社会所有成员来说，都将是有利的。正因如此，这几年来我国政府一直在通过宏观经济政策作用于经济运行态势，也显然是符合市场经济的要求所提供的公共服务。

总之，政府提供的公共服务就是公共产品，政府提供的所有公共服务也就是广义的公共产品。

（四）关于公共产品的公私共同供应问题

明了了政府的公共服务都是公共产品之后，人们紧接着会提出的问题可能是：上述分析表明，在政府所提供的各种各样公共服务中，有许多项目是完全由公共财政承担，如国防和行政管理等项目就如此，私人和企业几乎是不可能介入其中的；但也有大量的项目，是可以并且必须由政府和私人共同出资来完成的。那么，同为公共产品的提供，为什么有的必须由政府独资，而有的则可以甚至必须由政府与私人共同配合来完成？这是有着一个客观的划分标准，这就是公共产品的“纯度”的大小。

作为社会管理者的政府，是只能为市场提供具有共同消费性质的服务,因而对于公共财政来说是只能为政府提供公共产品(包括广义公共产品)而安排收支的。然而,在公共产品与个人产品之间,是存在着大量的中间过渡状态的,其中纯粹的公共产品是不多的,大量存在的倒是非纯公共产品和混合产品。对于非纯公共产品和混合产品来说,尽管其中个人消费性和共同消费性的混合程度不同,但也仍然足以扭曲市场机制的正常运行状态。因此,市场要求政府提供的公共服务,大量的是公共性和私人性混于一体的产品。此时政府的介入,是只能以服务其共同消费性为界限,而对于其中包含的个人消费性内容,则必须通过市场由私人和企业来满足。这就决定了市场经济下大量存在政府和私人共同出资举办某项事业的现象。而只有公共性的纯度很高的项目,才是政府单独提供服务的领域。

举例来说,自然垄断行业所提供的产品,具有鲜明的个人消费性,如自来水、电力和煤气等的消费,如乘坐公共汽车和拨打电话等,都具有消费时的排他性和抵抗性,因而是可以通过市场直接向消费者收取费用的。然而,由于这些行业的活动所产生的效用,又将溢出到整个社会,这才产生公共性的问题。因为这些基础设施和公用设施的完善程度如何,是直接关系到整个市场和资本能否正常运转,关系到整个生产和生活能否顺利进行的问题。严重者,基础设施和公用设施的缺乏,将导致整个生产和生活的瘫痪。

这样,基础设施和公用设施在一定程度上,是可以由私人和企业进行投资,而经由市场获得一定收益的,这就具备了私人投资的根本可能性。然而,这一行业所天然具有的自然垄断本性,又将危及市场效率,损害社会福利。这又使得政府介入这一行业干预其垄断行为和提供社会福利,也是符合市场和资本的根本利益的,因而也有其必要性。但由此却可能损害私人和企业的利益,使得它们难以获得市场平均利润率。

为此,政府可以通过部分投资或提供补贴,去弥补私人资本的利润损失，使之同样可以获得平均利润率。这就产生了政府和私人之间的配合，即通过共同维持自然垄断企业的市场运作，既保证了私人资本在这一领域内发挥应有的作用，又大大减轻了公共财政的负担和压力，还具有保证政府顺应市场的要求而提供必要的公共服务的能力。此外，对于外溢性问题的介入，尤其是基础产业和新兴产业的政府介入，也都是这样。这点，前文已有交待，这里就不再赘述了。可见，是否应当由政府和私人或企业的共同介入，关键在于政府提供公共服务的项目是否具有个人消费性。

然而，即使是具有混合性质的活动，政府也并不必然都要介入，或者也可以完全由政府来承担。这些，在不同的时期和不同的国度，有着不同的要求与做法的。典型的事例是环境污染问题。大体来看，西方发达国家在其发展的初期，政府对于环境污染问题大体上是采取放任不管的态度的。此时私人资本为追求市场赢利而拼命扩大生产，是不管污染程度大小的。但是，政府的放任不管，不等于此时的这类活动不存在公共性问题，而是由于此时市场和资本还不要求政府去解决这类问题。

这是因为，由于治理污染的费用从根本上看，是来自于市场和资本的，而此时如果治理污染，则对于市场和资本来说代价是太大的，因而政府只好听之任之了。然而，也正是由于环境污染问题有着公共性，政府最终还是必须介入。在数百年的时间内，西方政府对环境污染问题的不介入，也换取了市场经济的更快发展，并为其后政府大规模地介入和干预环境污染问题，提供了根本的财力基础。此外，西方政府对于社会不公问题的先是不介入，而后则提供了大规模的社会保障，也是相类似的事例。这些，从根本上看，也仍然是由市场所根本决定的。

对于不同的国度来说，政府提供公共服务的内容和范围也是可以不同的。这只要看看西方发达国家所提供的公共服务的具体内容就可以明了了。在西欧北欧国家,政府介入和干预社会经济生活的程度和范围是比美国等为大的。典型的是西欧北欧存在的“从摇篮到坟墓”的社会福利制度,就使得美国的社会福利制度大为相形见绌。

这种政府公共服务的内容和范围的变动不羁状态,就为非公共财政论者提供了依据来否定公共财政论。他们从公共财政的这种“不确定性”,来否定公共财政的存在。其实这种现象并非公共财政所仅有,而是社会经济活动所普遍存在的。就如“社会主义”“资本主义”“市场经济”,等等,举凡任何一个范畴都如此。但世界各国的“社会主义”“资本主义”“市场经济”等具体内容和活动范围的差异,都不足以否定这些范畴的客观存在性,在公共财政范畴上也如此。而具体就公共财政来看,为什么各国会产生内容和范围的差别,乃至很大的差别,其原因的分析是可以用社会抉择论(即公共选择论)来解释的。这就是公共财政作为社会公众的财政,它的具体活动是经由议会依据社会公众的意愿来决定的。不同时期不同国度的社会公众,对于公共服务的意愿和偏好是有差别的,对为公共服务所需税收的牺牲等的意愿也是有差别的,从而直接决定了政府介入和干预的领域与内容的差异。而社会公众的意愿和偏好,从根本上看,又是由其所处的时期与国度的市场和资本所具体决定的。

总之,政府在与私人的共同配合中为市场提供服务,并不否定这类活动仍然是政府提供公共产品的组成部分之一。

本章主要参考文献

1.〔德〕马克思:《资本论》第一卷,北京,人民出版社 1975 年 6 月第 1 版。

2.〔德〕威廉·罗雪尔:《历史方法的国民经济学讲义大纲》,朱绍文译,北京,商务印书馆 1981 年 11 月第 1 版。

3.〔德〕约翰·冯·尤斯蒂:《财政学》,载〔美〕A. E. 门罗编《早期经济思想——亚当·斯密以前的经济文献选集》,蔡受百等译,北京,商务印书馆 1985

年 12 月第 1 版。

4.〔法〕弗朗斯瓦・魁奈:《经济表》,载〔美〕A. E. 门罗编《早期经济思想——亚当・斯密以前的经济文献选集》,蔡受百等译,北京,商务印书馆 1985 年 12 月第 1 版。

5.〔古希腊〕色诺芬:《增加雅典国家收入的方法》,载〔美〕A. E. 门罗编《早期经济思想——亚当・斯密以前的经济文献选集》,蔡受百等译,北京,商务印书馆 1985 年 12 月第 1 版。

6.〔日〕阿部贤一:《财政学史》,邹敬芳译,上海,商务印书馆 1936 年 5 月再版。

7.〔日〕坂入长太郎:《欧美财政思想史》,张淳译,北京,中国财政经济出版社 1987 年 8 月第 1 版。

8.〔日〕小林丑三郎:《各国财政史》,邹敬芳译,上海,神州国光社 1930 年 11 月第 1 版。

9.〔英〕克拉潘:《现代英国经济史》(下卷),姚曾廙译,北京,商务印书馆 1977 年 9 月第 1 版。

10.〔英〕李嘉图:《政治经济学及赋税原理》,郭大力、王亚南译,北京,商务印书馆 1962 年 9 月第 1 版。

11.〔英〕洛克:《政府论》(下篇),叶启芳、瞿菊农译,北京,商务印书馆 1964 年 2 月第 1 版。

12.〔英〕托马斯・孟:《英国得自对外贸易的财富》,载〔美〕A. E. 门罗编《早期经济思想——亚当・斯密以前的经济文献选集》,蔡受百等译,北京,商务印书馆 1985 年 12 月第 1 版。

13.〔英〕威廉・配第:《赋税论　献给英明人士　货币略论》,陈冬野等译,北京,商务印书馆 1978 年 10 月第 1 版。

14.〔英〕亚当・斯密:《国民财富的性质和原因的研究》(下卷),郭大力、王亚南译,北京,商务印书馆 1974 年 6 月第 1 版。

15.〔英〕约・雷・麦克库洛赫:《政治经济学原理》,郭家麟译,北京,商务印书馆 1975 年 11 月第 1 版。

16.〔英〕约翰・穆勒:《政治经济学原理——及其在社会哲学上的若干应用》(上卷),赵荣潜、桑炳彦、朱泱、胡企林译;(下卷),胡企林、朱泱译,北京,商务印书馆 1991 年 9 月第 1 版。

17. Adams, H. C., *The Science of Finance: An Investigation of Public Expenditures*

and Public Revenues, New York: Henry Holt & Company, 1898 (1909, 1924).

18. Allen, E. D. and Brownlee, O. H., *Economics of Public Finance*, New York: Prentice-Hall, Inc., 1947.

19. Anderson, W. H., *Financing Modern Government: The Political Economy of the Public Sector*, Boston: Houghton Miffiin Company, 1973.

20. Atkinson, A. B. and Stiglitz, J. E., *Lectures on Public Economics*, New York: McGraw-Hill, 1980.

21. Auerbach, A. J. and Feldstein, M., eds., *Handbook of Public Economics*, V. 1, Amsterdam: North-Holland, 1985.

22. Auerbach, A. J. and Feldstein, M., eds., *Handbook of Public Economics*, V. 2, Amsterdam: North-Holland, 1987.

23. Bastable, C. F., *Public Finance*, London: MacMillan & Co., 1892 (1895, 1903).

24. Blinder, A. S. et al., *The Economics of Public Finance*, Washington D. C.: The Brookings Institution, 1974.

25. Boadway, R. W., *Public Sector Economics*, Combridge: Winthrop Publishers, Inc., 1979.

26. Brown, C. V. and Jackson, P. M., *Public Sector Economics*, Oxford: Martin Robertson, 1978 (1984, 1988, 1990).

27. Buchanan, J. M., *Public Finance in Democratic Process: Fiscal Institutions and Individual Choice*, Chapel Hill: The University of North Carolina Press, 1966.

28. Buchanan, J. M., *The Public Finances: An Introductory Textbook*, Homewood: Richard D. Irwin, Inc., 1960 (1965, 1970).

29. Buehler, A. G., *Public Finance*, New York: McGraw-Hill Book Company, Inc., 1936.

30. Bullock, C. J., *Selected Readings in Public Finance*, 2nd ed., Boston: Ginn & Co., 1920.

31. Cauley, T. J., *Public Finance and the General Welfare*, Columbus: Charles E. Merrill Books, Inc., 1960.

32. Dalton, H., *Principles of Public Finance*, London: George Routledge & Sons, Ltd., 1922 (1924, 1926, 1927, 1929, 1930, 1932, 1934, 1936).

33. Daniels, W. M., *The Elements of Public Finance*, New York: Henry Holt &

Co. ,1899.

34. Davie, B. F. and Duncombe, B. F. , *Public Finance*, New York: Holt, Rinehart & Winston, Inc. ,1972.

35. Douglas, P. H. , *Economy of the National Government*, Chicago: The University of Chicago Press, 1952.

36. Due, J. F. , *Government Finance: An Economic Analysis*, Homewood: Richard D. Irwin, Inc. ,1954(1963,1968,1973,1977). (From 4th ed. , this title is changed into *Public Finance: Economics of Public Sector.*)

37. Eckstein, O. , *Public Finance*, Englewood Cliffs: Prentice-Hall, Inc. , 1964 (1967,1973,1979).

38. Eden, L. , eds. , *Retrospectives on Public Finance*, Durham: Duke University Press, 1991.

39. Fagen, E. D. and Macy, C. W. , *Public Finance: Selected Readings*, New York: Longmans, Green & Co. ,1934.

40. Fisher, R. , *State and Local Public Finance*, New York: Scott, Foresman, 1988.

41. Gardner, W. D. , *Government Finance: National, State, and Local*, Englewood Cliffs: Prentice-Hall, Inc. ,1978.

42. Gifford, A. and Santoni, G. J. , *Public Economics: Politicians, Property Rights, and Exchange*, Hinsdale: The Dryden Press, 1979.

43. Groves, H. M. , *Financing Government*, New York: Henry Holt & Company, 1939(1945,1950,1954,1958,1964).

44. Haveman, R. H. , *The Economics of the Public Sector*, New York: John Wiley & Sons, Inc. ,1970(1976).

45. Henderson, W. L. and Cameron, H. A. , *The Public Economy*, New York: Random House, 1969.

46. Herber, B. P. , *Modern Public Finance*, Homewood: Richard D. Irwin, Inc. , 1967(1971).

47. Hey, L. , *Economics of Public Finance*, New York: Pitman Publishing, 1972.

48. Hicks, U. K. , *Public Finance*, Digswell Place: James Nisbet & Co, Ltd. ,1967.

49. Holcombe, R. G. , *Public Finance and the Political Process*, Carbondate and Edwardsville: Southern Illinois University Press, 1983.

50. Howard, M. S. , *Principles of Public Finance*, New York: Commerce Clearing

House,1940.

51. Hunter, M. H. , *Outlines of Public Finance*, New York: Harper & Brothers Publishers,1921(1926).

52. Hunter, M. H. and Allen, H. K. , *Principles of Public Finance*, New York: Harper & Brothers,1940.

53. Hyman, D. N. , *The Economics of Governmental Activity*, New York: Holt, Rinehart 6 Winston,Inc. ,1973.

54. Jensen, J. P. , *Government Finance*, New York: Thomas Y. Crowell Company,1937.

55. Jensen, J. P. , *Problems of Public Finance*, New York: Thomas Y. Crowell Company,1924.

56. Johansan, L. , *Public Economics*, Amsterdam: North-Holland Publishing Company,1965.

57. Kendrick,M. S. ,*Public Finance: Principles and Problems*, Boston: Houghton Miffiin Company,1951.

58. King,C. L. ,*Public Finance*,New York:The MacMillan Company,1935.

59. Lutz, H. L. , *Public Finance*, New York: D. Appleton & Company, 1924 (1926,1929,1936,1947).

60. Marco,A. D. V. D. ,*First Principles of Public Finance*,translated by Marget, E. P. ,New York:Harcourt Brace & Co,Inc. ,1936.

61. Musgrave,R. A. ,"A Brief History of Fiscal Doctrine," in Auerbach,A. J. and Feldstein, M. , eds. , *Handbook of Bublic Economics*, V.1, Amsterdam: North-Holland,1985.

62. Musgrave,R. A. ,*The Theory of Public Finance:A Study in Public Economy*, New York:McGraw-Hill Book Company,1959.

63. Musgrave,R. A. and Musgrave,P. B. ,*Public Finance in Theory And Practice*, New York:McGraw-Hill Book Company,1973(1976,1980,1984,1989).

64. Musgrave,R. A. and Peacock,A. T. ,eds. ,*Classics in the Theory of Public Finance*,2nd ed. ,London:MacMillan & Co,Ltd. ,1962.

65. Newman,H. E. ,*An Introduction to Public Finance*,New York:John Wiley & Sons,Inc. ,1968.

66. Pigou,A. C. ,*A Study in Public Finance*,London: MacMillan & Co,Ltd. ,

1928(1929,1947).

67. Plehn, C. C. , *Introduction to Public Finance*, New York: The MacMillan Company,1896 (1900,1909,1920,1926).

68. Poole, K. E. , *Public Finance and Economic Welfare*, New York: Rinebart,1956.

69. Prest, A. R. , *Public Finance in Theory and Practice*, Chicago: Quadrangle Books,1960 (1963,1967,1970,1975).

70. Quigley,J. M. and Smolensky,E. ,eds. ,*Modern Public Finance*,Cambridge, Massachusetts:Harvard University Press,1994.

71. Robinson,M. E. ,*Public Finance*,London:Nisbet & Co,Ltd. ,1922.

72. Rolph,E. R. ,*The Theory of Fiscal Economics*,Berkeley:University of California Press,1954.

73. Rolph,E. R. and Break,G. F. ,*Public Finance*,New York:The Ronald Press Company,1966.

74. Rosen,H. S. ,*Public Finance*,Homewood:Irwin,1985(1988,1992,1995).

75. Sharp,A. M. and Olson,K. W. ,*Public Finance:The Economics of Government Revenues and Expenditures*,New York:West Publishing Company,1978.

76. Sharp,A. M. and Sliger,B. F. ,*Public Finance:An Introduction to the Study of the Public Economy*,Homewood:The Dorsey Press,1964.

77. Shirras, G. F. , *The Science of Public Finance*, London: MacMillan & Co, Ltd. ,1924 (1925).

78. Shoup,C. S. ,*Public Finance*,Chicago:Aldine Publishing Company,1969.

79. Shultz,W. J. and Hatriss,C. L. ,*American Public Finance*,Englewood Cliffs: Prentice-Hall,Inc. ,1931(1932,1938,1942,1949,1954,1959,1965).

80. Somers,H. M. ,*Public Finance and National Income*,Toronto:The Blakiston Company,1949.

81. Starrett, D. A. , *Foundations of Public Economics*, Cambridge : Cambridge University Press,1988.

82. Stiglitz,J. E. ,*Economics of the Public Sector*,New York: W. W. Norton & Company,1986 (1988).

83. Studenski, P. , *Chapters in Public Finance*, New York: R. Long & R. R. Smith,Inc. ,1933.

84. Taylor, P. E. , *Economics of Public Finance*, New York: The MacMillan Company,1948 (1953,1961).

85. The Committee,*Public Finance*,New York:Pitman Publishing Corporation,1959.

86. Tresch, R. W. , *Public Finance: A Normative Theory*, Plano, TX: Society, Boston:Little,Brown & Company,1983.

87. Wagner, R. E. ,*Public Finance:Revenues and Expenditures in a Democratic Society*,Little Brown & Company,1983.

88. Williams, A. ,*Public Finance and Budget Policy*, New York: Prederick A. Praeger,Publisher,1963.

89. Winfrey,J. C. ,*Public Finance:Public Choices and the Public Economy*,New York:Harper & Row Publishers,1973.

90. Withers,W. ,*Public Finance*,American Book Co. ,1948.